EL GRAN LIBRO DE OFFICE 2016

Primera edición

Visita www.marcombo.info
para descargar gratis
el contenido adicional
complemento imprescindible de este libro.

Código: **GLOF16**

Índice general

Presentación

Office 2016 es la nueva versión de la famosísima suite de ofimática del mismo nombre. Entre las distintas aplicaciones que ofrece, hay cuatro que son, por su utilización, más conocidas y tratadas: Word, Excel, PowerPoint y Access. Word es un procesador de textos, Excel es un gestor de hojas de cálculo, PowerPoint permite la creación de presentaciones con diapositivas y Access es un sofisticado gestor de bases de datos. Las cuatro aplicaciones son utilizadas tanto por usuarios particulares como por empresas por su fácil manejo, su efectividad y el amplio repertorio de útiles de que dispone.

Estas aplicaciones mantienen una interfaz común, basada en la denominada Cinta de opciones, así como una serie de funciones que comparten su eficacia y su utilidad altamente renovada. Así, desde la vista Backstage, las cuatro aplicaciones pueden crear nuevos archivos, abrirlos, guardarlos e imprimirlos. La versión 2016, aunque se presenta solo con algunas novedades (todas ellas tratadas en este libro), facilita todavía más todas estas acciones y amplía las posibilidades de almacenamiento y de compartir documentos con otros usuarios, incluyendo la integración con alguna de las redes sociales más populares.

Como es habitual en esta colección, las novedades que presenta la última versión del programa, la 2016 en este caso, quedan señalizadas con un sello junto al título de la lección que las describe. De esta manera, aquellas personas que ya conozcan el funcionamiento de la aplicación podrán localizar fácilmente las nuevas herramientas, con las que podrá gestionar fácilmente sus documentos, hojas de cálculo, presentaciones y bases de datos.

No dude en realizar una aproximación a esta imprescindible suite de ofimática, una de las más utilizadas y defendidas por los usuarios.

1 Elementos comunes de la interfaz

1.1 Acceder a las aplicaciones de Office 2016

Office presenta numerosas novedades en su versión más reciente, la versión 2016. Lo primero que se aprecia al acceder a cualquiera de las aplicaciones que forman la suite de ofimática de Microsoft es una apariencia mucho más organizada, con todas las características que ya existían mejoradas y otras nuevas. Los responsables de la compañía han puesto todo su afán en ordenar de forma lógica y sencilla opciones y comandos para que todo sea mucho más accesible.

Antes de empezar advertiremos que, para la elaboración de este libro, hemos instalado Office 2016 sobre Windows 10, la versión más reciente del sistema operativo de Microsoft. Si todavía no se ha dejado sorprender por la renovada interfaz de Windows 10, le recomendamos que actualice su equipo de forma gratuita (dicha actualización se lleva a cabo desde Windows Update, como la de cualquier otra aplicación del sistema operativo). La combinación de Office 2016 y Windows 10 es la solución más completa del mundo para trabajar con eficacia.

1. Empezamos este libro desde el Escritorio de Windows 10. Pulse sobre el logotipo de Windows, situado en el extremo izquierdo de la *Barra de tareas*, y pulse sobre el comando *Todas las aplicaciones*.

2. Todos los programas instalados en el sistema se listan alfabéticamente en este recuperado y renovado menú de inicio de Windows. Localice por ejemplo el acceso a PowerPoint 2016 y pulse sobre él para abrir la aplicación.

3. La suite de ofimática Office 2016 cuenta actualmente con 8 aplicaciones: Word, Excel, PowerPoint, Access, Outlook, Publisher, OneNote y Skype. De las cuatro primeras nos ocuparemos en este libro. Office 2016 ya no cuenta entre sus aplicaciones con InfoPath y ha sustituido la denominada Lync por la archiconocida Skype. Al pulsar sobre el acceso a cualquiera de estas aplicaciones aparece a modo de bienvenida una ventana con el nombre del programa. Desde esta pantalla de bienvenida, puede detener la carga de la aplicación o minimizar la ventana. En pocos segundos, la aplicación se abre en pantalla.

4. Office 2016 proporciona al usuario un acceso mucho más rápido a los documentos, tanto nuevos, como recientes o plantillas. Por esta razón, antes de cargar la interfaz del programa, se abre la vista Backstage con una serie de plantillas para empezar a trabajar. En la parte izquierda de esta ventana aparecerán los documentos recientes, en el caso en que haya trabajado con alguno, y podrá acceder a la ventana *Abrir* mediante el comando *Abrir otros...* Pruebe a abrir cualquier otra aplicación de Office y compruebe como, efectivamente, en lugar de cargar la interfaz del programa con un documento en blanco se muestra esta vista.

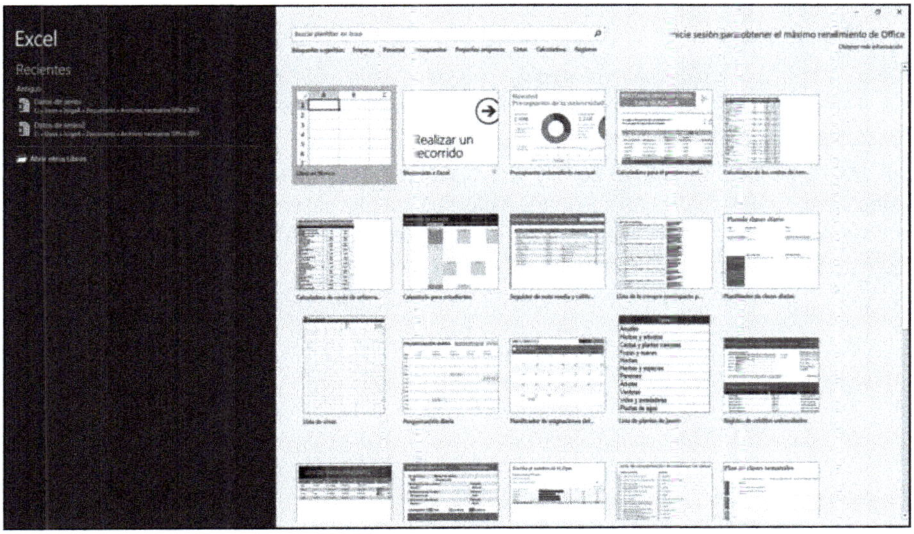

5. Como veremos más adelante, usted puede elegir empezar con un documento en blanco o una plantilla y, en este caso, puede decidir realizar una búsqueda en línea para encontrar temas concretos según sus necesidades. En la parte superior derecha de esta vista puede ver cuatro botones: el primero le conducirá a la ayuda del programa y los tres siguientes le permitirán minimizar, restaurar o maximizar y cerrar la ventana. En cuanto al texto *Inicie sesión para obtener el máximo rendimiento de Office,* hablaremos con detalle de él en la siguiente lección. Cada una de las aplicaciones de Office cuenta desde sus orígenes con un color que le representa y distingue del resto. Así, el color de Word es el azul, el de Access, el granate o fucsia, el de Excel es el verde y el de PowerPoint, el naranja. Todos estos colores han sido potenciados en la versión 2016 de la suite, de manera que son mucho más evidentes en la

interfaz de cada uno de ellos, como veremos en este libro. Mantenga abierta una de las dos aplicaciones para poder continuar trabajando con normalidad. Para cerrar la otra, pulse el botón de aspa situado en la parte superior derecha de la ventana.

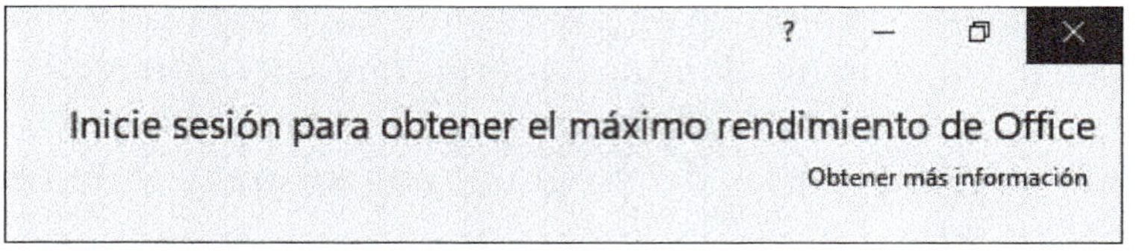

PRÁCTICA

Sea cual sea el sistema operativo con el que suele trabajar, busque la carpeta de Office 2016 y descubra cuáles son las aplicaciones incluidas en esta versión del paquete. Después, acceda a un par de estas aplicaciones para conocer la Pantalla de bienvenida y tener un primer contacto con la renovada interfaz de estos productos.

1.2. Iniciar sesión en Office 2016

Office 2016 da la oportunidad al usuario de estar disponible siempre y en cualquier lugar, desde cualquier equipo, gracias a una cuenta de Microsoft. Esta cuenta le permitirá llevar a cabo muchas acciones no solo con Office, sino también con muchos otros productos de la misma compañía. Una de estas acciones es la posibilidad de cargar sus documentos en la nube para poder consultarlos desde cualquier otro equipo o dispositivo móvil y compartirlos con otros usuarios. Como veremos más adelante, esta es una de las características que han sido notablemente mejoradas en la última versión de la suite de Microsoft.

1. En este ejercicio le mostraremos cómo iniciar sesión para sacar el máximo rendimiento de Office 2016. Para ello, supondremos que dispone de una cuenta de Microsoft. Si no es así, no se preocupe, puesto que durante el proceso le mostraremos cómo crear una fácilmente. Puede trabajar sobre cualquiera de las aplicaciones abiertas en el ejercicio anterior. Para empezar, haga clic sobre el vínculo *Inicie sesión para obtener el máximo rendimiento de Office*, en la vista Backstage.

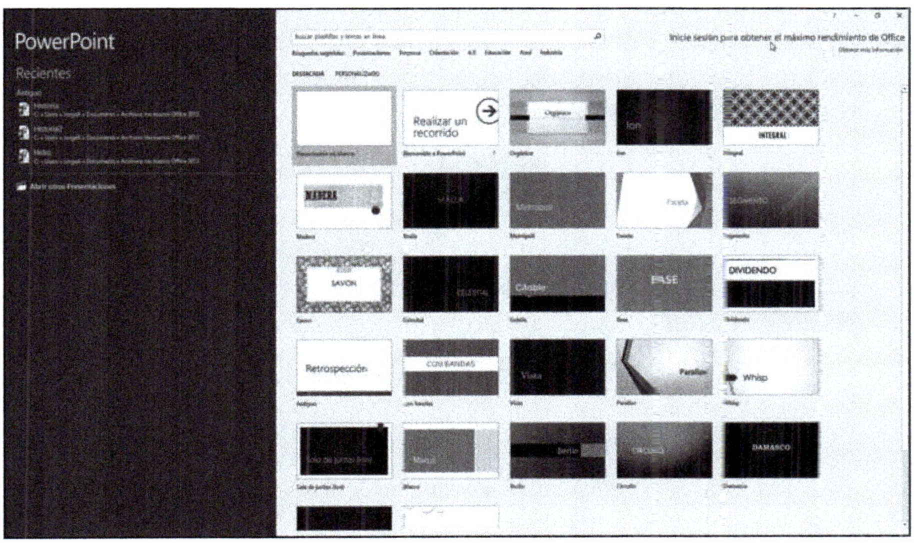

2. En la ventana *Inicio de sesión*, debe introducir la dirección de correo electrónico de la cuenta que desea utilizar con Office. Esta cuenta puede ser una cuenta personal de Microsoft, de Outlook.com, de Hotmail.com, de Gmail.

etc. O bien, puede ser el nombre de usuario y la contraseña que usa con su cuenta profesional o educativa. Mediante el vínculo *Obtener información* puede obtener más datos acerca del inicio de sesión en Office 2016 y Office 365, la versión de la suite en la nube. La principal ventaja que presenta el inicio de sesión es la posibilidad de guardar sus documentos en línea para tener acceso a ellos desde cualquier sitio y compartirlos con otras personas. Escriba su dirección y pulse el botón *Siguiente*.

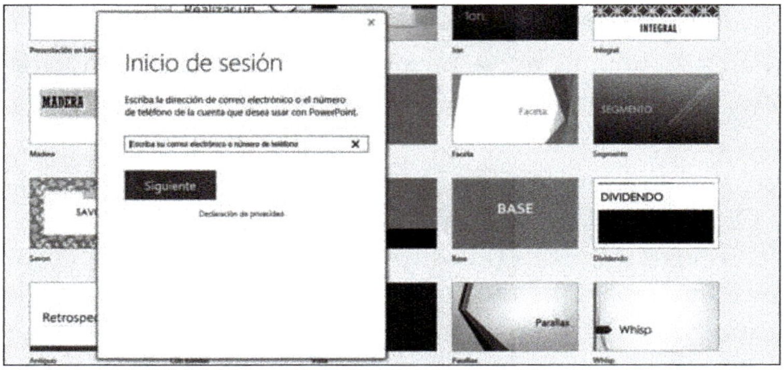

3. Siempre y cuando disponga de una conexión a Internet en el equipo, y la dirección de correo corresponda a uno de los tipos de cuenta necesarios, aparecerá la ventana *Escribir contraseña*, en la cual deberá insertar la contraseña de su cuenta. Hágalo y pulse el botón *Iniciar sesión*.

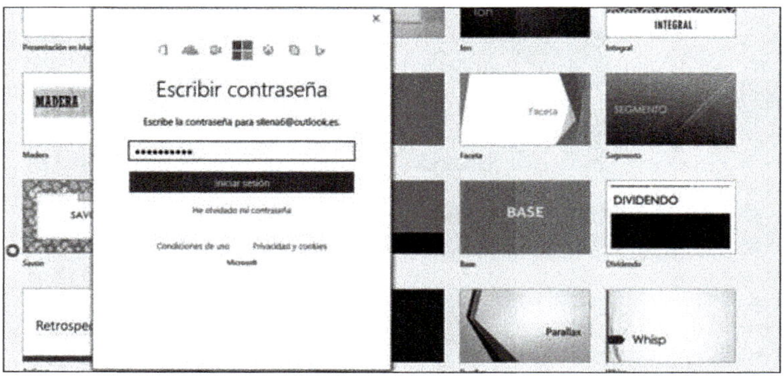

4. Si por el contrario no dispone actualmente de una cuenta Microsoft, al introducir la dirección de correo y pulsar el botón *Siguiente* aparecerá un texto en rojo que le dará la posibilidad de registrarse. Pulse sobre dicho vínculo y rellene el breve formulario para poder crear la cuenta. En la misma ventana

desde la cual realiza el registro de la cuenta Microsoft puede consultar una breve información acerca de las ventajas de poseer una cuenta de este tipo. Afortunadamente, el proceso es rápido y sencillo.

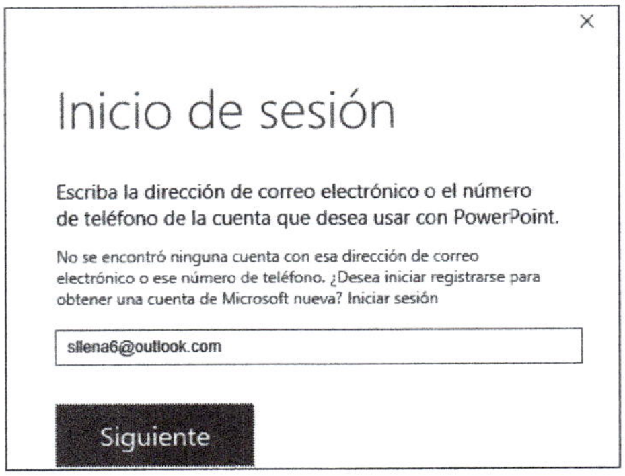

5. Una vez iniciada la sesión, los datos de su cuenta aparecen en la parte superior derecha de la ventana, tanto de esta de entrada como en la propia interfaz del programa. Además, una vez iniciada la sesión, y siempre que usted no indique lo contrario, Office le reconocerá cada vez que acceda a una de sus aplicaciones. Si pulsa el vínculo *Cambiar de cuenta* situado debajo de los datos de su cuenta volverá a la ventana *Iniciar sesión en Office* desde la cual podrá elegir otra cuenta de identificación.

6. ¿Cómo puede consultar los datos de su cuenta de Microsoft? Desde el comando *Cuenta* de la vista Backstage cuando se encuentra algún elemento abierto. Para comprobarlo, pulse sobre el elemento *Presentación en blanco*.

7. Haga clic sobre la pestaña *Archivo* y pulse sobre el comando *Cuenta*, en el panel de comandos de la parte izquierda de la ventana.

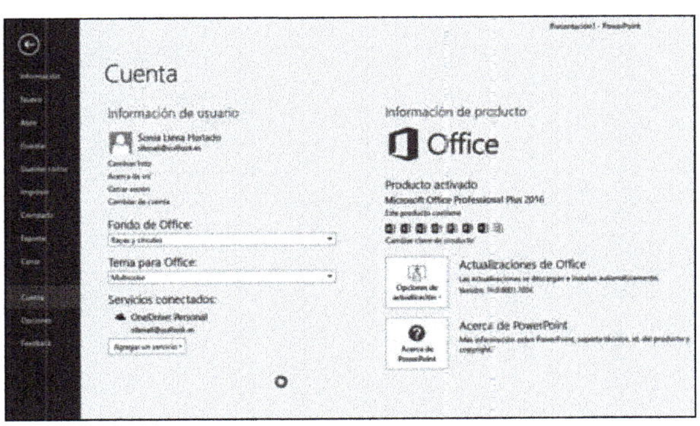

8. La sección *Cuenta* muestra a la izquierda la información de usuario y a la derecha, la del producto. Desde esta sección, puede cambiar cualquier aspecto de su cuenta, así como cerrar la sesión actual. Trataremos con todo detalle la vista Backstage de Office 2016 más adelante en este libro.

PRÁCTICA

Abra una de las aplicaciones de Office 2016 y siga el vínculo situado en la vista Backstage para iniciar sesión en Office. Siga los pasos que se indican para llevar a cabo el proceso. Si no dispone de una cuenta de Microsoft de ninguno de los tipos indicados, regístrese siguiendo igualmente los pasos indicados. Por último, una vez iniciada la sesión, entre en la sección Cuenta de la aplicación para ver los datos de su cuenta personal.

1.3 Conocer la interfaz de Office 2016

La interfaz de Office 2016 está diseñada para que el usuario encuentre todas las herramientas de un modo sencillo. Con respecto a su versión anterior, la 2013, los usuarios detectarán cambios evidentes en el diseño aunque no en la organización de los distintos elementos que componen la interfaz de las distintas aplicaciones. En esta versión, los colores característicos de cada aplicación se manifiestan en gran parte de la interfaz.

En esta lección llevaremos a cabo un paseo por los principales elementos comunes de la interfaz de las aplicaciones de Office y, después, uno a uno, los iremos descubriendo con todo detalle.

1. Aunque realizaremos este ejercicio sobre el procesador de textos de la suite, Word, puede utilizar cualquier otro de los programas disponibles, puesto que los elementos de interfaz que veremos en esta lección son comunes a todos ellos y se comportan del mismo modo. Una vez abierta la aplicación desde el menú de Inicio de Windows o desde cualquiera que sea el acceso disponible en su ordenador, haga clic sobre el elemento *Documento en blanco* para acceder a la interfaz del programa y crear a la vez un nuevo documento.

2. Como hemos indicado, vamos a ubicar en este caso los distintos elementos de interfaz que son comunes en todas las aplicaciones de Office 2016. En la parte superior izquierda se sitúa la *Barra de herramientas de acceso rápido*, que muestra por defecto en forma de icono cuatro comandos: *Guardar*, *Deshacer*, *Repetir* y el nuevo *Modo Mouse/táctil*. Si despliega este comando podrá cambiar la distribución de los elementos de la interfaz según si trabaja con el ratón o sobre una pantalla táctil. Como veremos en la lección dedicada a la *Barra de herramientas de acceso rápido*, el botón situado en el extremo derecho de esta pequeña barra permite añadir nuevos comandos a este elemento, así como quitar los existentes.

3. Para gestionar el tamaño de la ventana del programa puede utilizar los comandos situados en el extremo opuesto al que ocupa la *Barra de herramientas de acceso rápido*. De izquierda a derecha, estos botones sirven para gestionar la cinta de opciones, para minimizar la ventana, maximizarla o restaurarla y cerrarla. Haga clic en el tercer botón de este grupo para minimizar la ventana de la aplicación y, tras comprobar el cambio, vuelva a pulsar para restaurarla de nuevo.

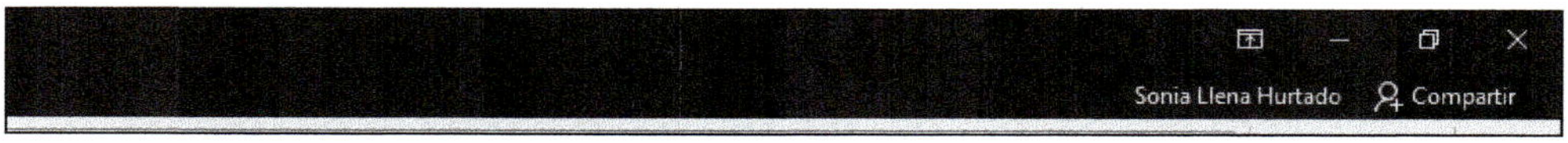

4. El elemento en el cual se encuentran la *Barra de herramientas de acceso rápido* y el grupo de botones que acabamos de comentar es la *Barra de título*, y muestra siempre el nombre del documento activo y el de la aplicación que se está ejecutando. El fondo que muestra esta parte de la interfaz de los programas de Office es una de las novedades que presenta la suite, además de algún cambio en la organización de los comandos. Haciendo doble clic sobre la Barra de título, la ventana también se restaura, es decir, disminuye sus dimensiones. Además, al hacer clic con el botón derecho del ratón en una zona libre de dicha barra abrirá un menú con los mismos comandos de gestión de la ventana que acabamos de describir en el punto anterior.

5. La *Cinta de opciones*, el elemento situado debajo de la *Barra de título*, organiza en pestañas todos los comandos del programa, los cuales, a su vez, se encuentran reunidos en grupos de herramientas según su uso y finalidad en el documento. La *Cinta de opciones* puede contraerse. Una vez desanclada o contraída la Cinta de opciones de la interfaz del programa, esta mostrará solo las pestañas. Para visualizar los comandos y opciones de la cinta, sencillamente deberá pulsar sobre la pestaña pertinente; sin embargo, sepa que cuando trabaje sobre el documento activo, la cinta volverá a contraerse. Para ello, pulse sobre el icono de punta de flecha situado en el extremo derecho de este elemento y, tras comprobar que ahora se muestran solo las pestañas, haga clic sobre una de ellas para restablecer los comandos y herramientas.

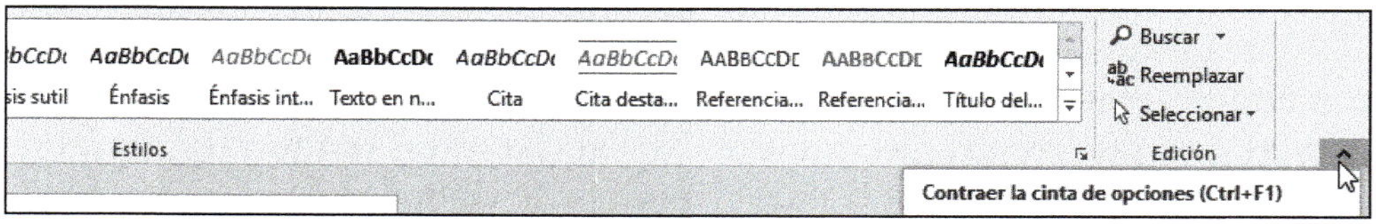

6. También puede minimizar o desanclar la *Cinta de opciones* pulsando la combinación de teclas *Ctrl + F1*. Pulse sobre el icono que muestra un pincho en la parte derecha de la *Cinta de opciones* para volver a anclarla en la interfaz del programa.

7. La pestaña *Compartir*, situada en el extremo derecho de la Cinta de opciones, es una de las principales novedades de la nueva suite Office. Hablaremos de esta interesante función en un ejercicio posterior. En la parte inferior del área de trabajo se sitúa la Barra de estado, idéntica en todas las aplicaciones de Office en cuanto a su forma aunque ligeramente distinta en cuanto a su contenido. La parte izquierda de la Barra de estado cambia en cada programa, puesto que depende del tipo de contenido generado. Por ejemplo, en Word encontrará el número de página, las palabras insertadas y el idioma utilizado por el diccionario, mientras que en PowerPoint refleja el número de diapositiva sobre el total existente, el formato aplicado a la misma y también el idioma. La parte derecha de la Barra de estado muestra los accesos a las diferentes vistas del documento, el nivel de zoom aplicado y los controles para modificar este nivel de visualización. A partir de la lección siguiente empezaremos a ocuparnos por separado de todos estos elementos de la interfaz, de su contenido y de cómo se gestionan.

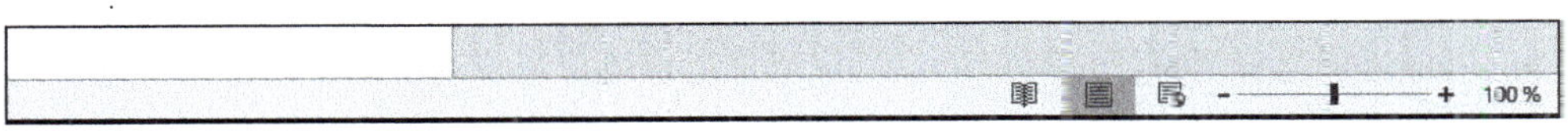

PRÁCTICA

Abra una de las aplicaciones de Office 2016 y realice una primera toma de contacto de su interfaz. Identifique la Barra de herramientas de acceso rápido, la Cinta de opciones y la Barra de estado, entre otros elementos comunes en todos los programas de la suite.

1.4 La barra de herramientas de acceso rápido

La Barra de herramientas de acceso rápido se sitúa en la parte superior de la interfaz de todas las aplicaciones de Office y está compuesta de forma predeterminada por cuatro comandos: Guardar, Deshacer, Rehacer y Modo mouse/táctil. Como su nombre indica, la Barra de herramientas de acceso rápido tiene como objetivo facilitar el acceso a aquellos comandos más utilizados por el usuario. Por esta razón, es obvio que este elemento sea personalizable en cuanto a los comandos que deba mostrar.

Sin embargo, recuerde que la Barra de herramientas de acceso rápido ha sido principalmente diseñada para facilitar el acceso y el uso de determinados comandos del programa. Por esta razón, le recomendamos que actúe con moderación en cuanto a la eliminación y la adición de comandos a este elemento de la interfaz de Office.

1. Al abrir cualquiera de las aplicaciones de Office, la *Barra de herramientas de acceso rápido* muestra cuatro comandos predeterminados, dos de los cuales se encuentran en un principio desactivados: *Deshacer* y *Rehacer*. Ello es debido a que todavía no se ha llevado a cabo ninguna acción y que, por tanto, estas funciones no pueden ejecutarse. La *Barra de herramientas de acceso rápido* se puede personalizar cambiando su posición y agregando y eliminando comandos. Para empezar, abra cualquiera de las aplicaciones de Office desde el menú de inicio de Windows.

2. Veamos en primer lugar cómo cambiar la posición de la *Barra de herramientas de acceso rápido*. Para ello, pulse sobre el botón que muestra una punta de flecha en el extremo derecho de dicha barra para desplegar el menú de opciones de la misma.

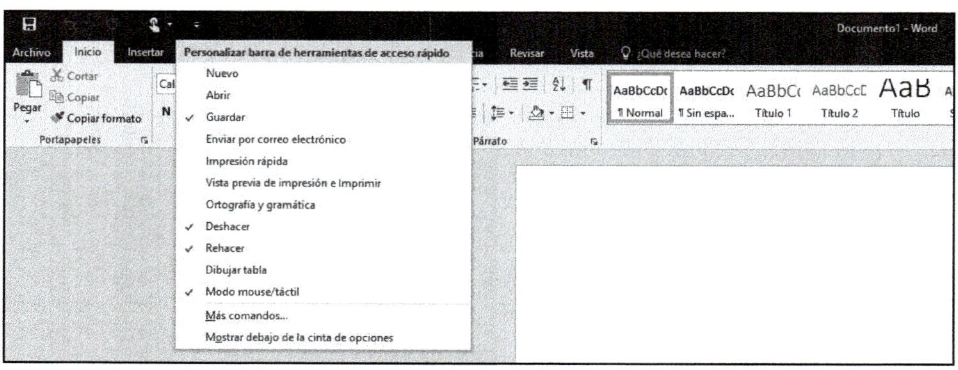

3. Se despliega el menú *Personalizar barra de herramientas de acceso rápido*. En la primera sección del mismo se muestra una lista de los comandos que el programa considera de uso más frecuente y que, por tanto, pueden ser susceptibles de incluirse en este elemento de acceso. Los que se encuentran marcados con un signo de verificación son los comandos que forman parte actualmente de la barra. El menú se completa con dos opciones más: *Más comandos*, mediante la cual es posible seleccionar cualquiera de los comandos disponibles en el programa, y *Mostrar debajo de la cinta de opciones*, cuyo efecto comprobaremos a continuación. Haga clic sobre esta opción.

4. Tal como indica la opción seleccionada, la *Barra de herramientas de acceso rápido* se ha situado por debajo de la *Cinta de opciones*, manteniendo los cuatro comandos de origen: *Guardar*, *Deshacer*, *Rehacer* y *Modo mouse/táctil*. Desde esta nueva posición llevaremos a cabo la personalización de la barra en cuanto a su contenido. Para ello, haga clic sobre la punta de flecha de la misma para desplegar el menú de opciones.

5. Vamos a desactivar uno de los comandos incluidos por defecto. Pulse sobre el comando *Rehacer* para desactivarlo en este menú y compruebe cómo desaparece de inmediato de la *Barra de herramientas de acceso rápido*.

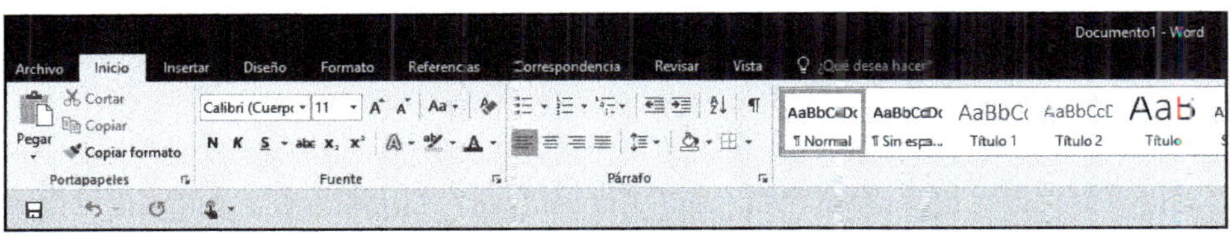

6. De esta forma tan sencilla hemos ocultado uno de los comandos predeterminados de la barra. Ahora imagine que desea agregar otro de los comandos disponibles en el programa que no forma parte de la lista propuesta en el menú de opciones. Despliegue una vez más este menú de opciones y pulse esta vez sobre la opción *Más comandos*. (Al desplegar el menú aproveche para comprobar que el comando *Rehacer* ahora aparece desactivado. Vea, si lo desea, la imagen *1.4-001* que podrá descargar de forma gratuita con el código de acceso proporcionado en la primera página del libro.)

7. Se abre de esta forma el cuadro de opciones del programa, mostrando el contenido de la categoría *Barra de herramientas de acceso rápido*. Este cuadro, al cual se accede también desde el comando *Opciones* de la vista Backstage de Microsoft Office, cuenta en dicha categoría con la opción *Mostrar la barra de herramientas de acceso rápido por debajo de la cinta de opciones*, la cual según la ubicación de la barra en la interfaz del programa se mostrará activada o desactivada. Desde aquí también puede, por supuesto, modificar dicha ubicación. Además, la opción *Personalizaciones* de este cuadro permite restablecer el aspecto original de la barra, pulsando para ello el botón *Restablecer* y eligiendo, del pequeño menú que se despliega, la opción *Restablecer solo la barra de herramientas de acceso rápido*. (Vea la imagen adicional que podrá descargar de forma gratuita con el código de acceso en nuestra web.) Para agregar comandos a la barra sencillamente es preciso seleccionarlos en el cuadro de la izquierda y pulsar el botón *Agregar*. Vamos a recuperar en este caso y en primer lugar el comando *Rehacer*. Para ello, utilice la *Barra de desplazamiento vertical* del cuadro de comandos y, cuando localice el mencionado comando, selecciónelo pulsando sobre él.

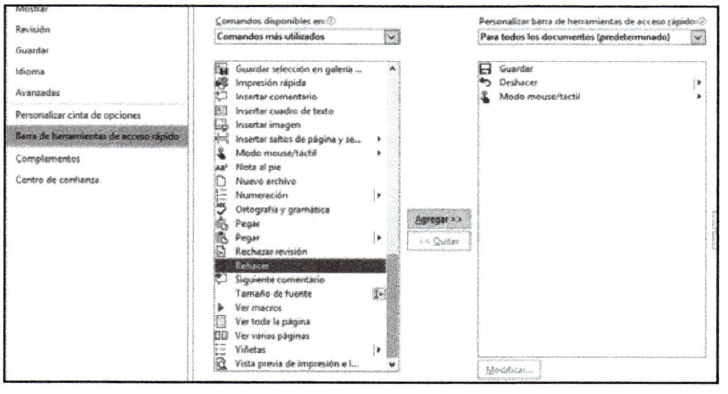

8. A continuación, pulse sobre el botón *Agregar* situado entre los dos cuadros de comandos y compruebe cómo el comando seleccionado se sitúa en el cuadro de la derecha.

9. Todos los programas de Office permiten separar grupos de comandos relacionados en la *Barra de herramientas de acceso rápido*. Para ello, es preciso situar en los puntos oportunos los denominados "separadores". Sitúese en la parte superior del cuadro de comandos y haga doble clic sobre el elemento *<Separador>*.

10. A continuación, haga doble clic sobre el comando *Copiar* y, seguidamente, doble clic sobre el comando *Cortar* para añadir estos dos nuevos comandos a la *Barra de herramientas de acceso rápido*.

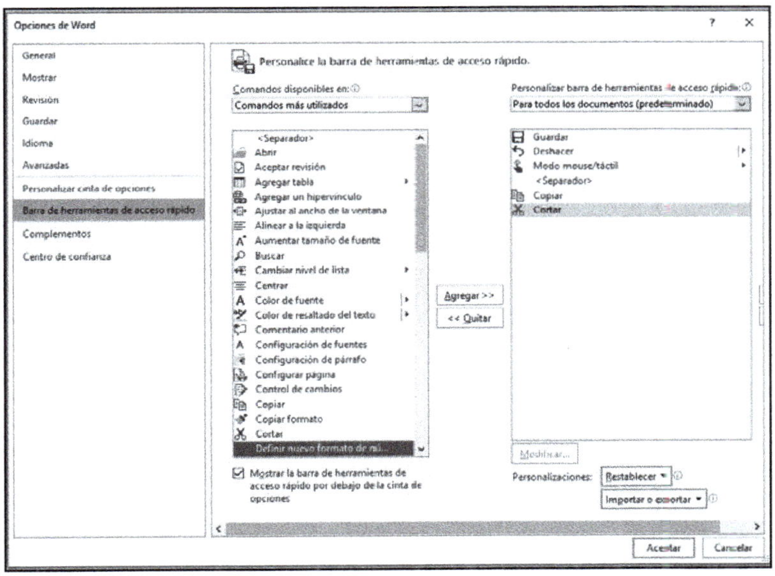

11. Haga clic en *Aceptar* para salir del cuadro de opciones y comprobar los cambios sobre la *Barra de herramientas de acceso rápido*.

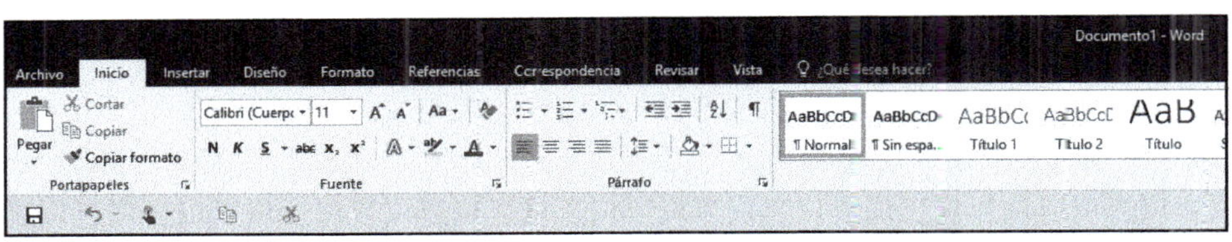

12. El comando *Importar o exportar*, situado en la parte inferior del botón Restablecer, permite exportar las personalizaciones actuales de la *Cinta de opciones* y de la *Barra de herramientas de acceso rápido* a un archivo que se pueda importar y utilizar en otros equipos. No queremos terminar sin volver a situar la barra en su ubicación original. Para ello, despliegue el menú de opciones y elija de la lista la opción *Mostrar encima de la cinta de opciones*.

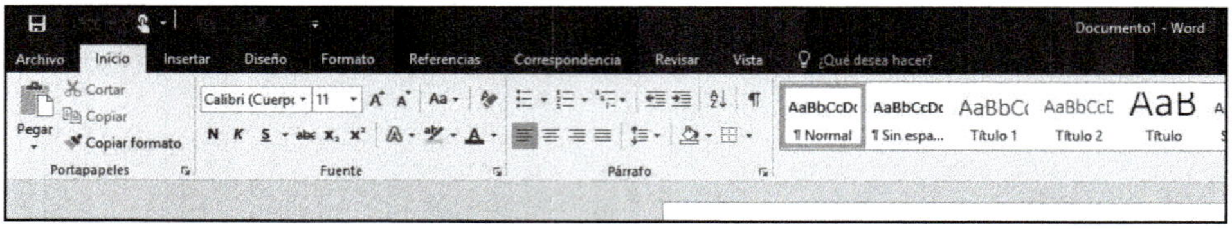

PRÁCTICA

Abra una de las aplicaciones de Office 2016 y practique con la Barra de herramientas de acceso rápido. En primer lugar, cambie su ubicación, situándola por debajo de la Cinta de opciones. Después, oculte uno de los comandos predeterminados desde el menú de opciones de la barra. Seguidamente, acceda desde este mismo menú, al cuadro de opciones del programa y, en la categoría del elemento de interfaz que nos ocupa, agregue una par o tres de nuevos comandos, utilizando en alguna ocasión uno o más separadores. Termine el ejercicio devolviendo la barra a su ubicación predeterminada.

1.5 La Cinta de opciones

La Cinta de opciones fue diseñada y presentada en la versión 2007 de Office con la finalidad de sustituir a los menús y las barras de herramientas tradicionales de las aplicaciones. La verdad es que representó un cambio positivo en la interfaz de los programas, puesto que muestra una disposición sobre todo visual de los comandos, lo que significa una mayor facilidad a la hora de encontrarlos y trabajar con ellos. Todos estos comandos se organizan en la Cinta de opciones en un conjunto de fichas o pestañas según sus funciones sobre el programa y, dentro de ellas, en los denominados grupos de herramientas.

Como todo elemento de la interfaz de los programas de Office, la Cinta de opciones se puede personalizar para que muestre aquellos comandos más útiles para el usuario.

1. La *Cinta de opciones* ocupa la parte superior del área de trabajo de las aplicaciones de Office. Para pasar de una pestaña a otra sencillamente es preciso pulsar sobre ellas. Trabajamos en este caso sobre PowerPoint 2016, aunque sepa que el uso de la *Cinta de opciones* es el mismo para todas las aplicaciones de la suite. Al abrir el programa, la *Cinta de opciones* muestra el contenido de la primera pestaña, la pestaña *Inicio*. Haga clic sobre la siguiente, en este caso, la denominada *Insertar*.

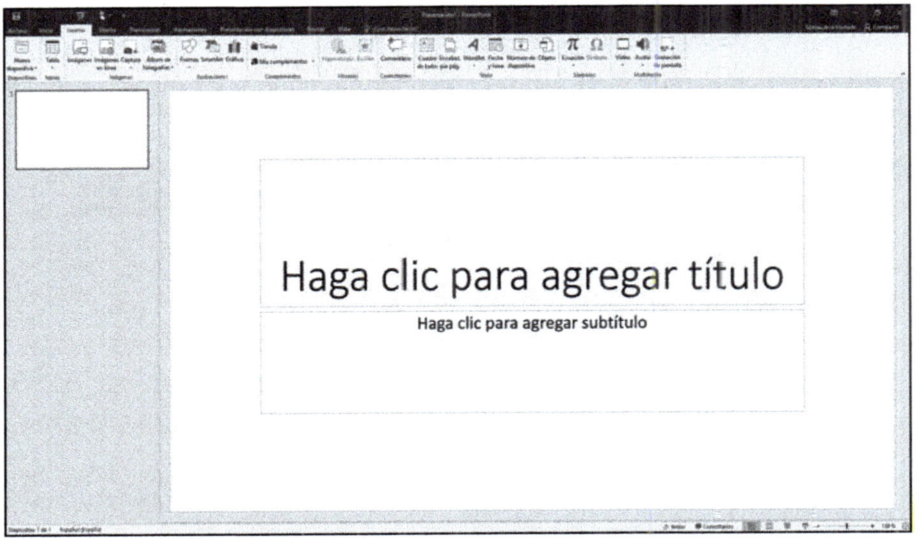

2. El número de pestañas incluidas en la *Cinta de opciones* varía en cada una de las aplicaciones de la suite. Por ejemplo, PowerPoint cuenta con ocho pestañas, las mismas que Word, y Excel, con siete. De este total, cinco son comunes en todas las aplicaciones. Estas son: *Inicio, Insertar, Diseño* (las tres primeras), *Revisar* y *Vista* (las dos últimas). Evidentemente, lo que sí que varía es el contenido de estas pestañas. Además, tras la última de las pestañas, todas las aplicaciones cuentan con una función de ayuda que ha sido extraordinariamente renovada y mejorada en la versión 2016 de la suite. Su potencial es tan grande que dedicaremos más adelante en este libro una lección en exclusiva, y es por esta razón que en estas páginas no la consideramos como una pestaña como tal. Compruebe las similitudes y las diferencias de la *Cinta de opciones* abriendo, por ejemplo, Excel 2016.

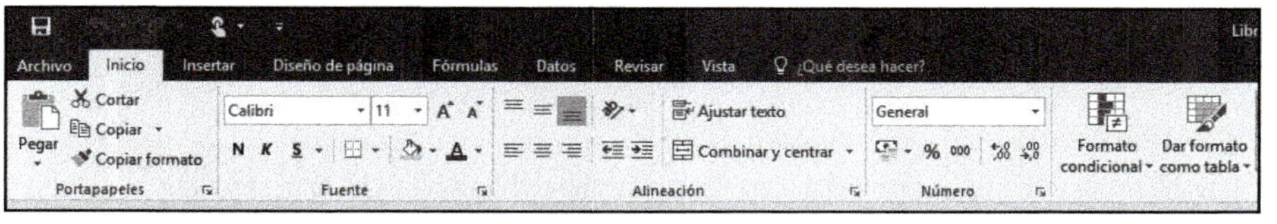

3. Cada una de las pestañas organiza su contenido en grupos de herramientas, cada uno de los cuales contiene una serie de comandos que responden a un objetivo y alguno de ellos también es común en todas las aplicaciones de la suite. Es el caso, por ejemplo, de los grupos de herramientas *Portapapeles* o *Fuente*, ambos incluidos en la pestaña *Inicio*. Algunos grupos de herramientas muestran junto a su nombre un pequeño icono; se trata del iniciador de cuadro de diálogo, el cual, como su nombre indica, da acceso a un cuadro de diálogo relacionado con el contenido del grupo. Pulse, por ejemplo, sobre el iniciador de cuadro de diálogo del grupo de herramientas *Fuente*.

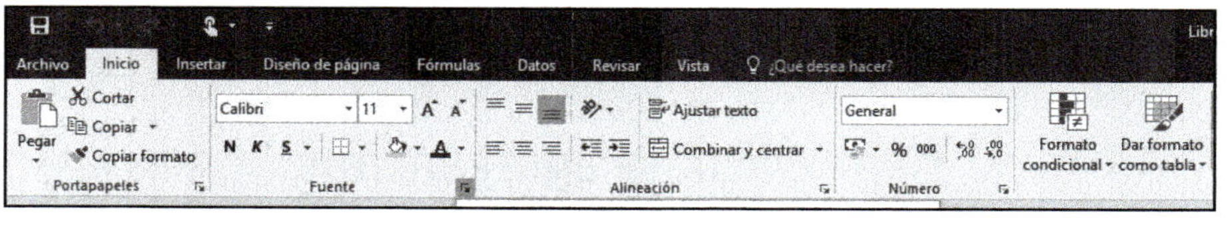

4. Efectivamente, en Excel se abre el cuadro de diálogo *Formato de celdas*. Pulse el botón *Cancelar* para cerrar este cuadro sin realizar ningún cambio.

5. Según la aplicación con la que esté trabajando y el tipo de tarea que esté llevando a cabo, quizás le interese ocultar la *Cinta de opciones* temporalmente.

Para hacerlo, dispone de varias opciones: el icono que muestra una punta de flecha en el extremo derecho de la banda de pestañas o el doble clic sobre la pestaña activa. En este caso, haga doble clic sobre la pestaña *Inicio* y compruebe el cambio en la interfaz.

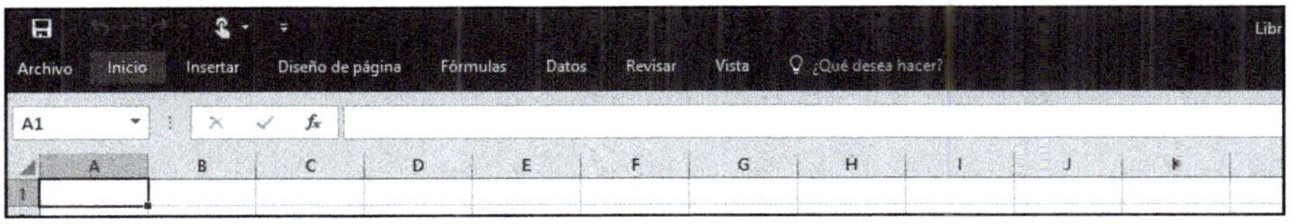

6. Ocultar la *Cinta de opciones* no significa que no pueda trabajar con ella, sino que es una manera de conseguir más espacio en el área de trabajo de la aplicación con la que se esté trabajando. Para mostrar alguna de las pestañas, sencillamente debe pulsar sobre ella, como lo haría normalmente. Haga clic sobre la pestaña *Revisar* para mostrar su contenido.

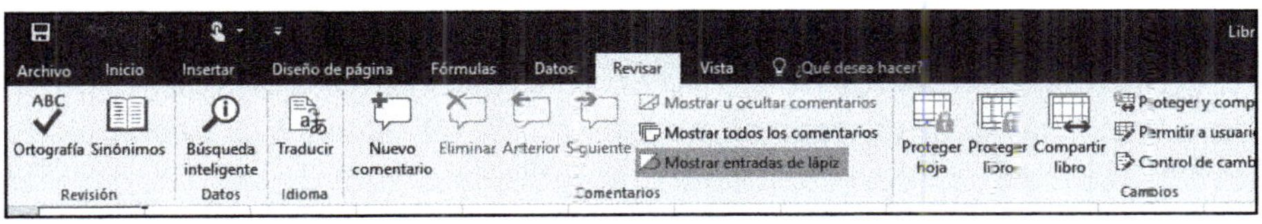

7. La pestaña muestra su contenido, aunque en cuanto continúe trabajando sobre el documento abierto esta volverá a ocultarse. Compruébelo. Haga clic en una celda de la cuadrícula o, en su defecto, en una zona libre del documento abierto.

8. El contenido de la pestaña abierta vuelve a ocultarse. Cuando la *Cinta de opciones* se encuentra minimizada pero necesita visualizar el contenido de alguna pestaña en concreto, el icono de punta de flecha que sirve para mostrar y ocultar este elemento se convierte en un pin; si pulsa sobre el pin, la Cinta quedará fija, aunque por encima del documento abierto, no ocupando su espacio original. Otro procedimiento para ocultar la *Cinta de opciones* es desplegar el menú contextual de una de las pestañas mediante la pulsación con el botón derecho del ratón y elegir la opción *Contraer la cinta de opciones*. Para volver a mostrar la *Cinta de opciones* y mantenerla en pantalla, haga clic sobre el icono del pin. (Vea, si lo desea, la imagen adicional *1.5-001*.)

9. La *Cinta de opciones* se puede personalizar ocultando por ejemplo grupos de herramientas enteros. Para ello, es preciso acceder al cuadro de opciones del programa. Haga clic con el botón derecho del ratón sobre una de las pestañas de la Cinta y, del menú contextual que se despliega, elija la opción *Personalizar la cinta de opciones*.

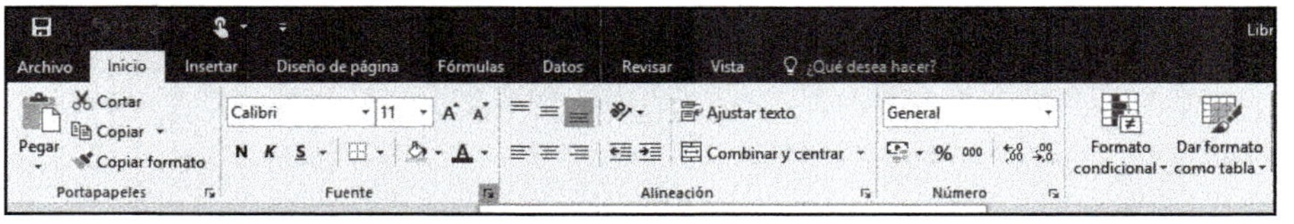

10. Ya sabe que otra forma de acceder al cuadro de opciones del programa es desde el comando *Opciones* del menú *Archivo*, o lo que es lo mismo, desde la vista Backstage de Microsoft Office. Se abre el cuadro de opciones del programa mostrando el contenido de la categoría *Personalizar cinta de opciones*, de estructura muy similar a la que vimos para la personalización de la *Barra de herramientas de acceso rápido*. En este caso, es posible activar y desactivar las pestañas disponibles, así como los grupos de herramientas que forman parte de cada una de ellas. Como ejemplo, vamos a ocultar una de las pestañas de Excel. En el cuadro de la derecha, haga clic sobre la casilla de verificación de la pestaña *Vista* para desactivarla y pulse sobre el botón *Aceptar*.

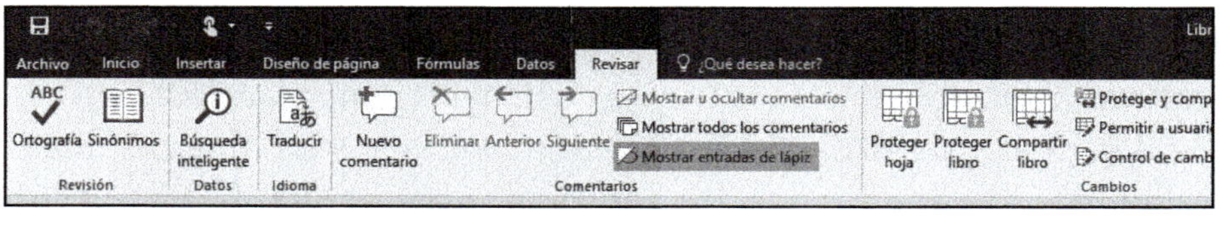

11. La pestaña seleccionada desaparece de la *Cinta de opciones*. Desde el cuadro de opciones del programa podemos también cambiar la posición de los grupos de herramientas de una ficha, así como cambiar el nombre tanto de las pestañas como de los grupos de herramientas. A modo de ejemplo, vamos a cambiar el nombre de la pestaña *Inicio* por *Iniciar* y situaremos el grupo de herramientas *Alineación* antes del grupo *Fuente*. Haga clic con el botón derecho del ratón sobre la pestaña *Inicio* y pulse sobre la opción *Personalizar la cinta de opciones*.

12. En el cuadro de la derecha, seleccione el grupo de herramientas *Inicio* y haga clic sobre el botón *Cambiar nombre*, en la parte inferior de este cuadro.

13. Se abre el cuadro de diálogo *Cambiar nombre*, en el cual sencillamente debemos introducir la nueva denominación. En este caso, y tal y como hemos indicado, escriba la palabra *Iniciar* y pulse el botón *Aceptar*.

14. El nuevo nombre se refleja ya en el cuadro de pestañas y grupos. A continuación, cambiaremos la posición de uno de los grupos de esta pestaña. Para ello, muestre el contenido de la pestaña Pulsando sobre el signo + que la precede, seleccione con un clic el grupo *Fuente*, pulse sobre el botón *Bajar*, que muestra una punta de flecha que señala hacia abajo a la derecha del cuadro de pestañas y grupos, (vea si lo necesita, la imagen *1.5-002* del material adicional) y haga clic en *Aceptar* para aplicar los cambios realizados.

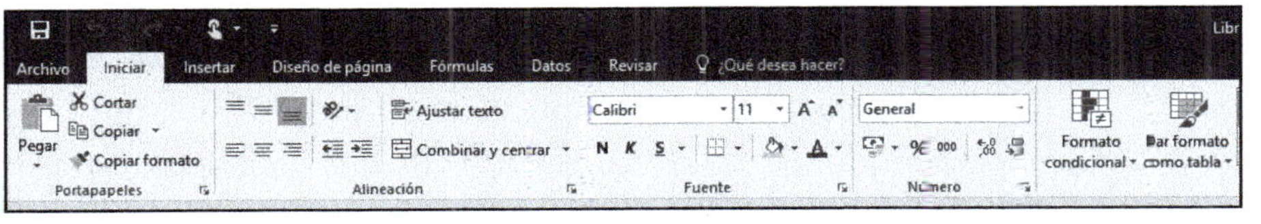

15. Todos los programas de la suite permiten al usuario personalizar todavía más la *Cinta de opciones* creando sus propias pestañas y sus propios grupos de herramientas. Para ello, es preciso utilizar los botones *Nueva pestaña* y *Nuevo grupo* respectivamente en la categoría *Personalizar Cinta* del cuadro de opciones del programa. Por otro lado, no olvide que en el cuadro de opciones del programa dispone del botón *Restablecer*, que le permitirá en cualquier momento devolver a la *Cinta de opciones* su apariencia y organización original.

PRÁCTICA

Abra las cuatro principales aplicaciones de Office y compare entre ellas las pestañas que forman la Cinta de opciones. Oculte y vuelva a mostrar este elemento de la interfaz y después acceda al cuadro de personalización para ocultar alguna de las pestañas, renombrar alguna otra y, por último, cambiar el orden de algunos grupos de herramientas. Termine el ejercicio restableciendo las características de la Cinta de opciones.

1.6 La vista Backstage de Microsoft Office

La vista Backstage de Microsoft Office se presenta como un centro de operaciones desde el cual la preparación y la finalización de los documentos resulta mucho más sencilla e intuitiva.

Después de hacer clic en la ficha Archivo, se carga la vista Backstage. Esta vista se encarga de administrar los archivos y los datos sobre ellos: creación, almacenamiento, inspección de metadatos ocultos o información personal y configuración de opciones. En resumen, todo lo que se puede hacer a un archivo que no se puede llevar a cabo dentro de él.

1. En este sencillo ejercicio, prácticamente informativo, conocerá el contenido común de la vista Backstage de las aplicaciones de Office. Como recordará, esta vista se esconde detrás de la pestaña *Archivo*, la cual comparte espacio con las fichas de la *Cinta de opciones*. Aunque se encuentra en la misma línea que dichas pestañas, la pestaña *Archivo* se considera un elemento independiente en la interfaz de Office 2016. La pestaña Archivo cambia de color según la aplicación de Office a la que pertenece, según el color de la interfaz del programa. Así, por ejemplo, en Word es azul, en Excel, verde, en PowerPoint, naranja y en Access, fucsia. En esta práctica puede trabajar con cualquier de estas aplicaciones. Para empezar, haga clic sobre la pestaña *Archivo*.

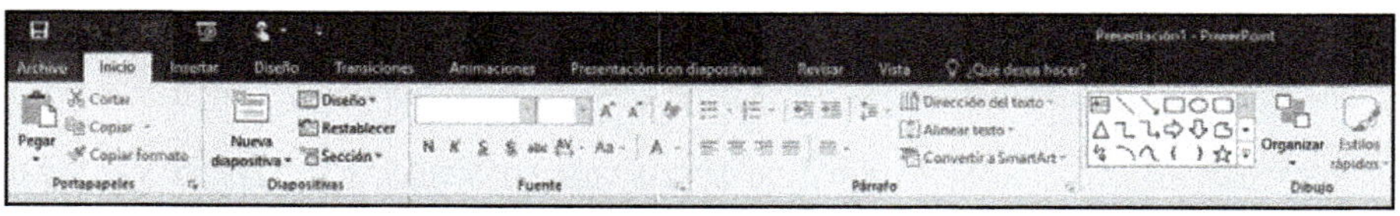

2. Prácticamente todos los comandos que se encuentran en la parte izquierda de la vista Backstage son comunes en todas las aplicaciones de Office. El primero de ellos, *Información*, contiene las opciones relativas a la protección del documento, a la preparación para ser compartido y a la administración de versiones. Pulse sobre dicho comando para consultar su contenido.

3. Los cuatro siguientes comandos permiten, en este orden, crear documentos, abrir ya existentes y guardar los que ya han sido editados. Haga clic sobre el comando *Nuevo*.

4. Tal y como se verá en su momento, desde este comando es posible crear nuevos documentos en blanco, así como basados en plantillas o en otros documentos existentes. Pulse ahora sobre el comando *Abrir*.

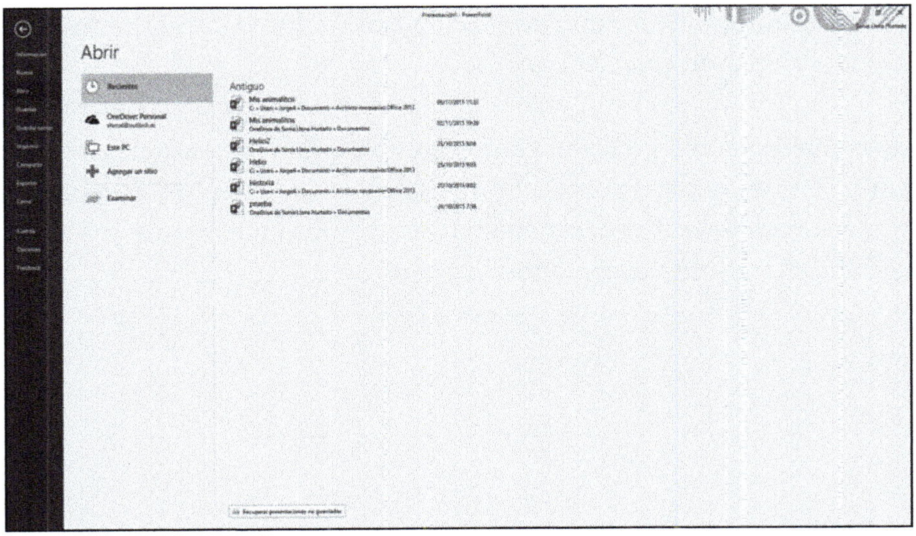

5. Este comando muestra las distintas ubicaciones desde las cuales es posible abrir documentos ya existentes. La opción que se encuentra seleccionada por defecto es *Recientes*, que muestra una lista de los últimos documentos con los que se ha trabajado en el programa. En el cuadro de opciones del programa puede indicar el número de documentos recientes que debe mostrar la vista Backstage. Lógicamente, la lista de archivos recientes se va actualizando a medida que el usuario vaya utilizando distintos archivos. Sin embargo, si usted desea que un documento en concreto permanezca siempre en esta lista puede fijarlo de la siguiente forma: haga clic sobre el icono que muestra un pin en la parte derecha del nombre del archivo reciente.

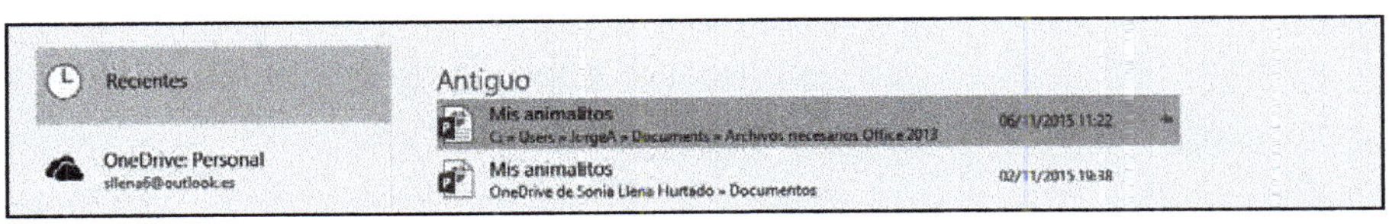

6. El documento se sitúa en la primera posición de la lista, en una sección separada del resto de archivos denominada *Anclado*. Observe que el icono del pin ha cambiado y se muestra gráficamente "clavado" en el panel. Prosigamos con el estudio de los comandos de la extraordinaria vista Backstage. Pulse sobre el comando *Guardar como*.

7. Este comando contiene las opciones que permiten almacenar, tanto en la nube (OneDrive), como en otras ubicaciones, sus documentos. Trataremos todo lo relacionado con el almacenamiento en la nube en lecciones posteriores. Haga clic ahora sobre el comando *Imprimir*.

8. Microsoft ha centralizado en la vista Backstage todas las opciones relacionadas con la impresión y la preparación previa de los documentos. El usuario agradece la inclusión en este mismo espacio de todas las opciones de configuración y de diseño de página que antes se encontraban repartidos en distintos menús o grupos de herramientas del programa. Además, la vista previa situada en la parte derecha del panel permite comprobar todos y cada uno de los cambios realizados sobre el documento antes de su impresión. De todo ello nos ocuparemos más adelante en este libro, por lo que pulse ahora sobre el comando *Compartir*.

9. Todas las opciones referentes al envío y al almacenamiento especial de los documentos se encuentran en este comando. Aquí encontrará distintas formas de compartir con otros usuarios sus documentos, tanto por correo electrónico como en línea o en la nube. Todas estas opciones serán tratadas en exclusiva más adelante en este libro. Pulse sobre el comando *Exportar*.

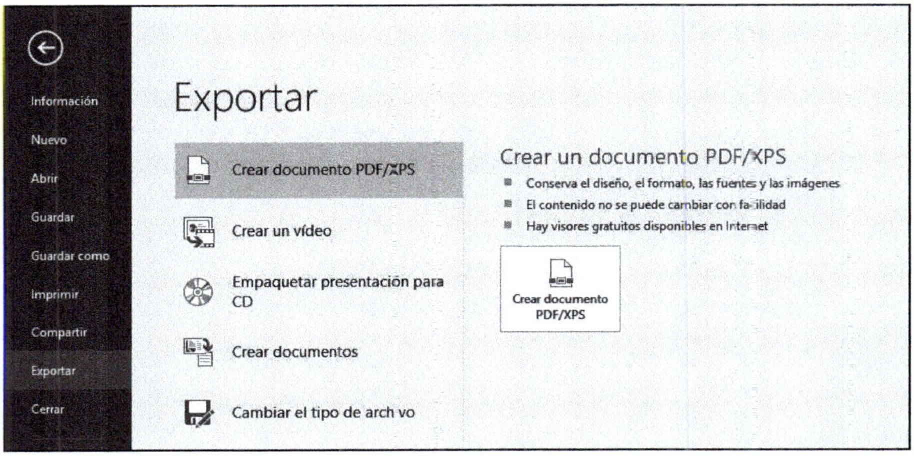

10. Este comando le permitirá exportar sus documentos en distintos formatos según sea el objetivo y la finalidad de cada uno de ellos. Así, puede exportar a PDF y guardar en distintos tipos de archivo. Mientras que PowerPoint dispone de otras tres opciones de exportación para sus presentaciones, Word y Excel solo permiten las dos citadas y Access ni siquiera la contempla, así como tampoco cuenta con el comando *Compartir*. El comando *Cerrar*, evidentemente, cierra el documento actual. Tenga en cuenta que, si cierra el documento sin almacenar los cambios en él realizados, el programa le solicita confirmación para hacerlo y le da la posibilidad de guardar las modificaciones. El comando *Cerrar* es el último del primer grupo de comandos de la vista Backstage; a continuación aparece un segundo grupo, también común a todas las aplicaciones de la suite, formado por los comandos *Cuenta*, *Opciones* y *Feedback*. Pulse sobre el primero de ellos para ver su contenido.

11. Como puede ver, el comando *Cuenta* contiene información relativa a la sesión en curso, a la cual ha accedido con su cuenta Microsoft, así como todos los datos referentes al programa. También puede obtener actualizaciones de la aplicación y, muy interesante, también ayuda. El comando *Opciones*, por su parte, abre el cuadro de opciones con el cual ya hemos trabajado en un

ejercicio anterior. Accederemos a este cuadro y trabajaremos con él en múltiples ocasiones a lo largo de este libro para llevar a cabo diferentes acciones. Por último, el comando *Feedback* representa una interesante novedad en Office 2016, de hecho se incluye en una de las actualizaciones de Windows 10. Al pulsar este comando, se abre la ventana *Opiniones sobre Windows* en la cual, tras haberse identificado con su cuenta de Microsoft, podrá dejar sus impresiones acerca de la suite o de otro producto de Microsoft, así como proponer mejoras o dejar comentarios, tanto positivos como negativos. Esta aplicación funciona como una especie de foro, es decir, al acceder se cargan todos los comentarios de otros usuarios y usted puede navegar por ellos, responder y dejar nuevas entradas. Evidentemente, es preciso contar con una conexión a Internet para poder disfrutar de esta experiencia. Descubra por su cuenta esta nueva función de ayuda incluida en la última versión de Office para despejar dudas u obtener explicaciones detalladas.

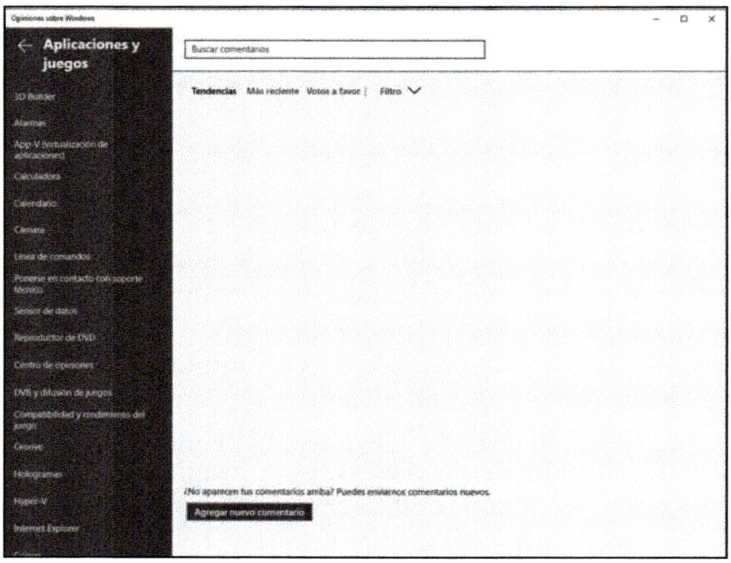

PRÁCTICA

Abra una de las aplicaciones de Office 2016 y acceda desde la correspondiente pestaña a la vista Backstage de Microsoft Office. Compruebe que la mayoría de los comandos se repiten para las principales aplicaciones de la suite y aproveche para consultar también los comandos exclusivos de cada programa.

1.7 La Barra de estado

El último elemento de la interfaz visible de las aplicaciones de Office 2016 que queremos tratar en exclusiva en este libro es la Barra de estado. Esta barra se encuentra ubicada en la parte inferior del área de trabajo y podríamos decir que tiene dos cometidos: mostrar información acerca del estado del documento y permitir la gestión de la visualización del mismo mediante las distintas vistas y el zoom.

La Barra de estado es uno de los elementos de la interfaz de los programas de Office que ha estado presente desde los orígenes de la suite. Esta barra ha ido evolucionando en cuanto a su finalidad hasta llegar a su estado actual, un centro de información relativa al documento con el que se está trabajando.

1. En este ejercicio conocerá cómo gestionar la *Barra de estado* de las aplicaciones de Office. Aunque el contenido de esta barra varía sustancialmente entre los distintos programas de la suite, le mostraremos cómo puede personalizarla y, sobre todo, cómo cambiar la visualización de los documentos. En esta ocasión, puede realizar la práctica sobre cualquier programa Office, aunque nosotros nos basaremos en Word. La parte izquierda de la *Barra de estado* se encuentra ocupada por información propia de los documentos generados con la aplicación, como el número de páginas y de palabras o el idioma utilizado como corrector ortográfico. En la parte derecha de la barra se encuentran los comandos de zoom, estos sí, comunes en todas las aplicaciones. Aumente el nivel de visualización arrastrando el control deslizante hacia el signo +.

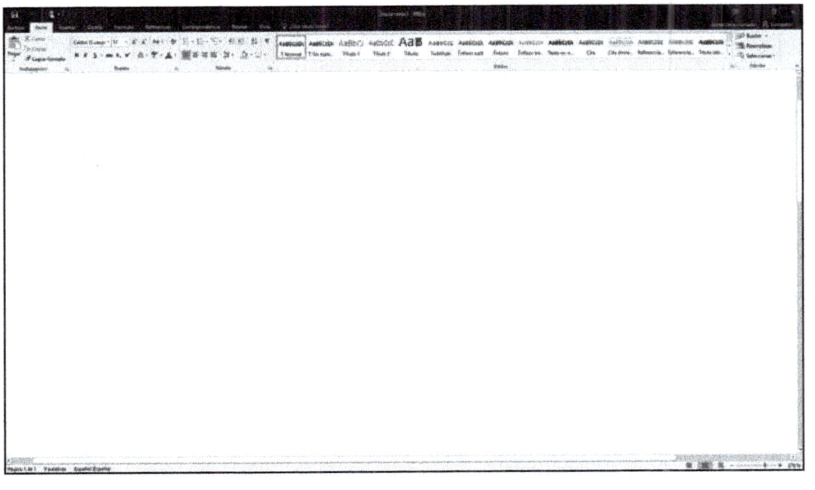

2. Aunque el documento está en blanco, puede comprobar cómo los márgenes laterales no se visualizan a simple vista, al tiempo que el cursor de edición aumenta su tamaño considerablemente. Además, el valor del zoom reflejado en la *Barra de estado* muestra el nivel aplicado, seguramente más del 100 %. Puede encontrar todos los comandos relacionados con el zoom de los documentos en la ficha Vista de la Cinta de opciones, común en todos los programas. Otra forma de cambiar la visualización de los documentos es accediendo, desde esta misma ubicación, al cuadro de diálogo *Zoom*. Para ello, haga clic sobre el valor que refleja actualmente el zoom del documento.

3. Se abre de este modo el cuadro de diálogo *Zoom*, en el cual podemos elegir entre distintos niveles de visualización para el documento. El campo *Porcentaje* refleja el valor actual y puede cambiarlo tanto introduciendo desde el teclado el valor deseado como pulsando sobre los botones de punta de flecha superior e inferior para aumentar o disminuir respectivamente punto a punto este nivel. Desde este cuadro de diálogo es posible también acercar la visualización sobre el ancho de la página o sobre el ancho del texto o bien sobre toda la página. Otra opción interesante es la de aplicar el zoom sobre varias páginas. Para ello, deberá desplegar el panel que contiene el comando de la opción *Varias páginas* y seleccionar el número de páginas que necesita visualizar. La vista previa de la parte inferior nos permite controlar cualquier cambio realizado sobre la visualización de los documentos, tanto sobre la página en sí como sobre el texto. Vamos a devolver el zoom al 100 % a nues-

tro documento. Para ello, pulse sobre el botón de opción *100 %* del apartado *Zoom* o bien escriba este valor en el campo *Porcentaje*. En cualquier caso, haga clic en *Aceptar* cuando termine para aplicarlo.

4. Los comandos situados a la izquierda de los destinados a la gestión del zoom en los documentos permiten cambiar entre las distintas vistas que ofrece un programa. Estas vistas son distintas para cada una de las aplicaciones, por lo que no realizaremos un estudio detallado de ellas. La personalización de la *Barra de estado* se lleva a cabo mediante el menú contextual de la misma y permite agregar y ocultar comandos y funciones. Para comprobar cuáles son estos comandos y funciones en el caso de Word, haga clic con el botón derecho del ratón en una zona libre de la barra para desplegar así el correspondiente menú contextual.

5. El menú contextual *Personalizar barra de estado* muestra, como hemos indicado, la lista de comandos y funciones que pueden visualizarse en dicha barra cuando se ejecutan. Las que se encuentran marcadas con un signo de verificación son las que se encuentran activas, aunque esto no significa que sean todas visibles a la vez. Por ejemplo, en el caso de las firmas, solo aparecerán cuando usted decida firmar sus documentos, acción común, por otra parte, en todas las aplicaciones de Office. Las tres últimas opciones del menú pertenecen a los comandos situados en la parte derecha de la barra, es decir, a los accesos directos a las vistas del documento y al zoom. A modo de ejemplo, haga clic sobre la opción *Control deslizante del zoom* para ocultarlo.

PRÁCTICA

Abra una de las aplicaciones de Office 2016 y estudie con calma la Barra de estado de la misma. Compare también si aparece en este elemento de la interfaz algún comando u opción distinto en alguna de ellas. Cambie el nivel de zoom tanto desde la misma Barra de estado como desde el cuadro de diálogo Zoom.

1.8 Personalizar la interfaz de usuario

Microsoft Office 2016 pone a disposición del usuario numerosas opciones que le permitirán personalizar la interfaz de los programas con los que trabaja. La personalización de la interfaz va desde el cambio de apariencia general mediante distintos colores propuestos hasta la visualización en otros idiomas de los comandos, elementos de la interfaz y cuadros de diálogo mediante la instalación de paquetes de idioma, pasando evidentemente por la personalización individual de cada una de las partes que forman la interfaz de las aplicaciones: Barra de herramientas de acceso rápido, Barra de estado, Cinta de opciones...

Gracias a las vistas previas activas, con solo pasar el puntero del ratón sobre las diferentes opciones de diseño, ya sean colores, tamaños, tipos de letra, efectos o diseños de páginas, el elemento seleccionado adopta la característica indicada, por lo que el usuario puede realizar las pruebas que sean necesarias antes de aplicarla.

1. En este ejercicio conocerá la opción común de que disponen las distintas aplicaciones que forman la suite Office 2016 para cambiar su apariencia. Además, también aprenderá a cambiar el idioma en que desea que se muestren sus aplicaciones. Para empezar, debemos acceder al cuadro de opciones del programa. Como los diseños de interfaz propuestos por Office son los mismos para todas las aplicaciones de la suite, puede llevar a cabo la práctica sobre cualquiera de los programas. Una vez abierto, haga clic sobre la pestaña *Archivo* para acceder a la nueva vista Backstage y pulse sobre el comando *Opciones*.

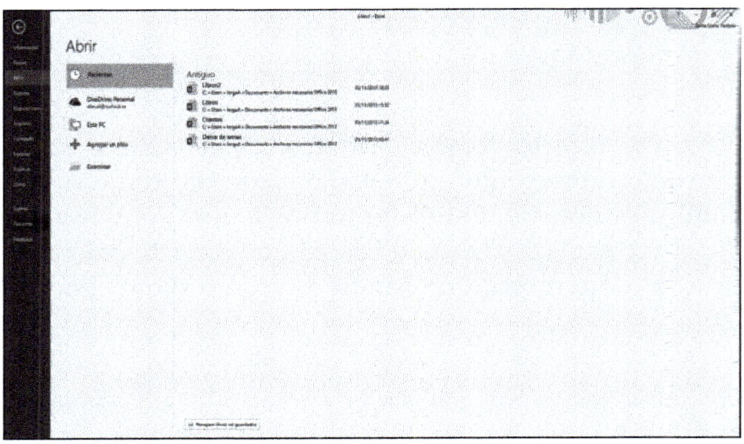

2. Se abre de esta forma el cuadro de opciones del programa. Ya sabe que todas las aplicaciones que forman parte de la suite Office 2016 cuentan con el mismo cuadro de opciones, al cual se accede siempre desde el comando *Opciones* de la nueva vista Backstage. La categoría *General* contiene las opciones de interfaz de usuario, por lo que si no se encuentra en esta categoría, sitúese en ella para poder continuar.

3. La opción *Mostrar minibarra de herramientas al seleccionar* será tratada en exclusiva más adelante en este libro. Por su parte, la opción *Habilitar vistas previas activas* permite mostrar una vista previa de cómo una característica (color, tamaño, efecto, etc.) afecta a un documento solo situando el puntero del ratón sobre dicha característica, antes de aplicarla definitivamente. Esta opción se encuentra marcada por defecto y así la mantendremos. La sección *Opciones de interfaz de usuario* puede mostrar otras opciones adicionales según la aplicación con la que esté trabajando. El campo *Estilo de información en pantalla* permite elegir si desea o no que se muestre información emergente acerca de los comandos del programa y, en el caso de hacerlo, el modo en que desea visualizarla. Por defecto, se encuentra seleccionada la opción mediante la cual, al situar el puntero del ratón sobre un comando se muestra una descripción emergente de la función que desempeña. Despliegue este campo para ver el resto de opciones que contiene.

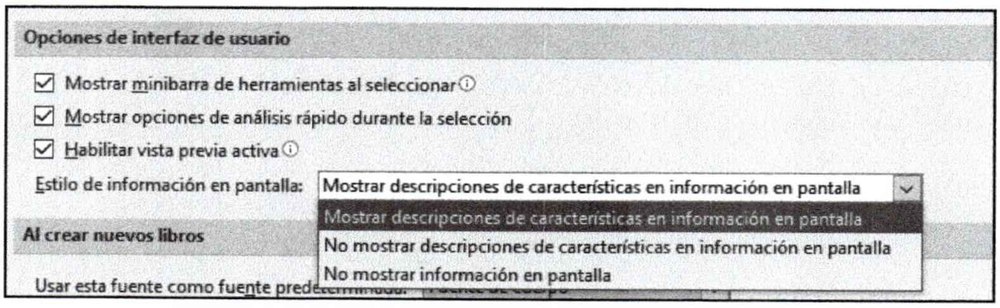

4. La opción *No mostrar descripciones de características en información en pantalla* deshabilita la información emergente, aunque mantiene las etiquetas con el nombre del comando seleccionado. Por el contrario, la opción *No mostrar información en pantalla* desactiva la aparición de cualquier etiqueta emergente. Mantenga la opción predeterminada pulsando de nuevo sobre el botón de flecha.

5. La sección que contiene los comandos para cambiar el diseño de la interfaz de usuario es *Personalizar la copia de Microsoft Office*, en concreto, los

campos *Fondo de Office* y *Tema de Office*. El primero permite modificar el diseño que aparece en la parte superior derecha de la interfaz, mientras que el segundo permite cambiar la combinación de colores del programa. Hagamos una prueba. Despliegue el campo *Fondo de Office* y elija una de las opciones de diseño disponibles.

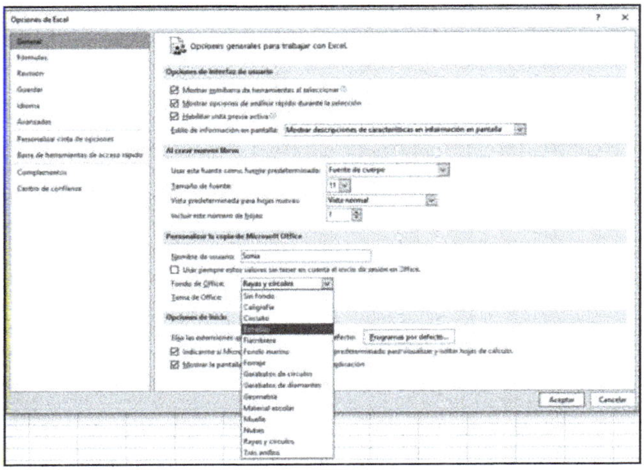

6. Antes de aceptar el cambio para poder comprobar el nuevo aspecto de la interfaz del programa, elegiremos también una nueva combinación de colores. Para ello, despliegue el campo *Tema de Office* y elija también esta vez la combinación que más le guste.

7. Ahora sí, pulse el botón *Aceptar* del cuadro de opciones para comprobar el cambio en la interfaz.

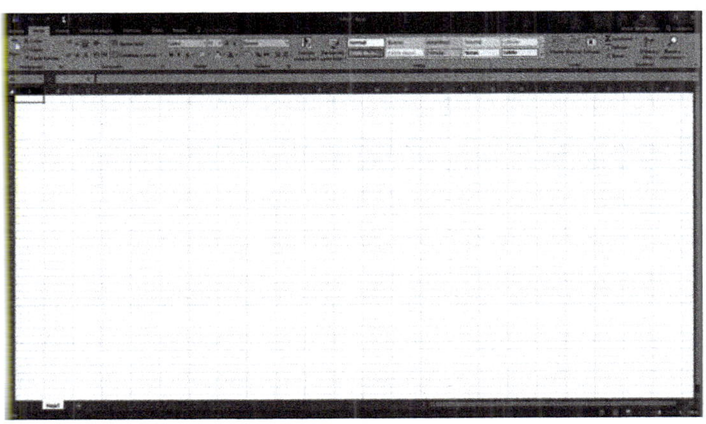

8. El cambio sobre la interfaz es inmediato y, en el caso de la combinación que haya elegido, muy evidente. Compruebe por su cuenta la otra combinación de colores disponible, *Blanco*, y mantenga la que le resulte más atractiva. El programa solo aplica la nueva combinación de colores sobre la interfaz, no sobre los cuadros de diálogo y las ventanas. Para comprobarlo, pulse sobre alguno de los iniciadores de cuadro de diálogo disponibles en la *Cinta de opciones*.

9. Efectivamente, el cuadro de diálogo muestra el marco en su color original, azul. Cierre el cuadro sin realizar cambios pulsando sobre el botón *Cancelar*.

10. A continuación, volveremos a acceder al cuadro de opciones del programa para mostrarle otra característica de personalización de la interfaz, aprovechando para devolver al programa su aspecto original. Para ello, pulse sobre la pestaña *Archivo* y haga clic sobre el comando *Opciones*.

11. Compruebe que el color identificativo de la aplicación sigue estando presente aun habiendo cambiado el tema. En el cuadro de opciones, despliegue el campo *Fondo de Office* y seleccione de nuevo la opción *Rayas y círculos*; despliegue después el campo *Tema de Office*, recupere la combinación *Multicolor* y haga clic en *Aceptar* para salir del cuadro de opciones.

12. En la segunda parte de esta lección le mostraremos cómo personalizar en otro aspecto la interfaz de los programas de Office, concretamente, en cuanto se refiere al idioma en que se muestra dicha interfaz. Debe saber que para contar con otros idiomas disponibles es preciso haber descargado previamente el paquete de idiomas oportuno. ¿Cómo podemos saber de qué idiomas disponemos? Muy sencillo. Acceda una vez más al cuadro de opciones de la aplicación y haga clic sobre la categoría *Idioma*.

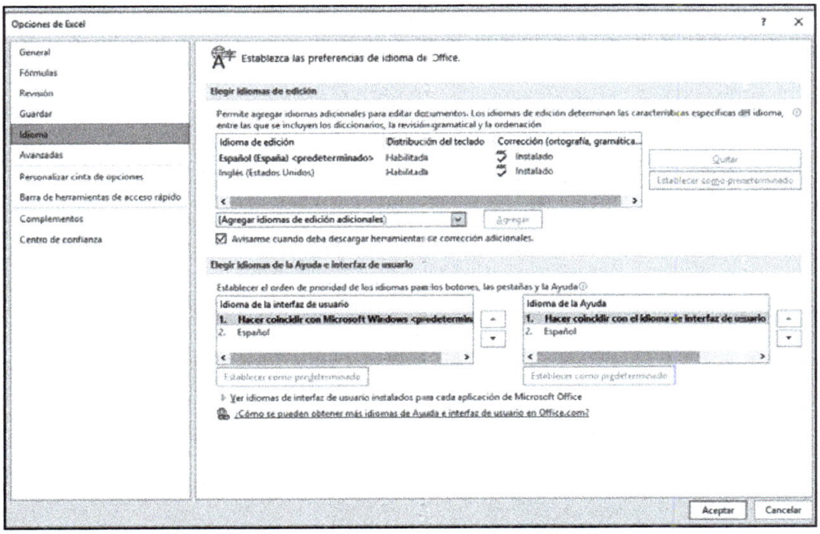

13. Esta sección se divide en dos partes: la primera se refiere al idioma para la edición de documentos y la segunda, del idioma para la interfaz de los programas de Office. Un cuadro lista aquí todos los idiomas instalados de que disponemos. Si despliega el campo *Ver idiomas de interfaz de usuario instalados para cada aplicación de Microsoft Office* podrá consultar en qué idioma se visualiza cada uno de los programas de la suite. En este caso, pulse sobre el vínculo *¿Cómo se pueden obtener más idiomas de Ayuda e interfaz de usuario en Office.com?* para acceder a Internet y saber cómo instalar nuevos paquetes de idiomas.

14. Se carga en su navegador de Internet el sitio web del Centro de descargas de Microsoft, mostrando la información que hemos solicitado. Despliegue el campo *Wich language do you need?* [¿Qué idioma necesita?] y elija el idioma que le interese descargar.

15. En la siguiente ventana, deberá elegir la versión en bits del paquete que necesite instalar, según la versión en bits de su sistema operativo. Al pulsar sobre el vínculo elegido, la descarga se lleva a cabo en cuestión de segundos; ejecútela desde el navegador como haría con cualquier otra descarga.

16. La instalación y ejecución se lleva a cabo, esta vez durante un tiempo más largo. Durante el proceso, irán apareciendo ventanas ya en el idioma elegido.

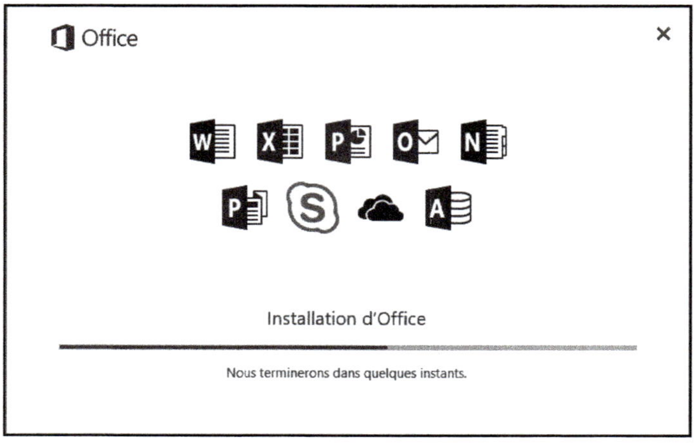

17. Y una vez finalizada la instalación, una nueva ventana le informará de ello y le indicará, en el idioma elegido, que inicie las aplicaciones de Office desde el menú inicio de Windows. Hágalo. Despliegue este menú y, dentro de Todos las aplicaciones, haga clic sobre una de ellas, la que usted desee.

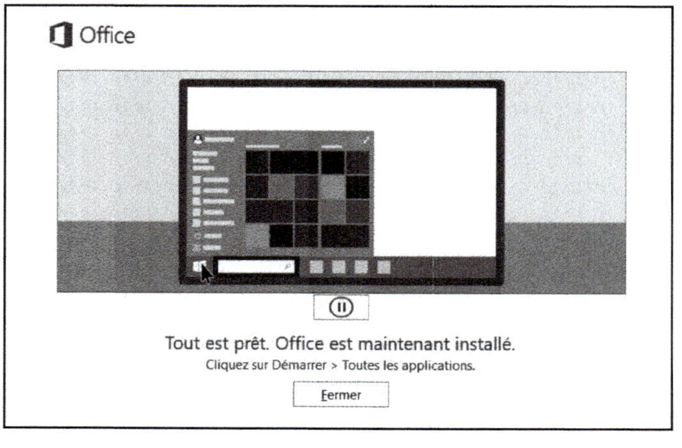

18. No espere que la aplicación se cargue en el idioma que hemos descargado; ahora es necesario configurarla para que muestre la interfaz y la ayuda en la nueva lengua. Para ello, acceda al cuadro de opciones como hemos hecho en múltiples ocasiones y, en dicho cuadro, muestre la categoría *Idioma*.

19. Efectivamente, vea como el idioma seleccionado aparece en el cuadro de idiomas instalados. Ahora se trata de seleccionarlo y designarlo como predeterminado. ¿Cómo? En el cuadro *Idioma de interfaz de usuario*, seleccione con un clic el idioma descargado, pulse tantas veces como sea necesario sobre el botón *Subir*, que muestra una punta de flecha que señala hacia arriba, hasta situarlo al inicio de la lista de idiomas disponibles, y haga clic sobre el botón *Aceptar*.

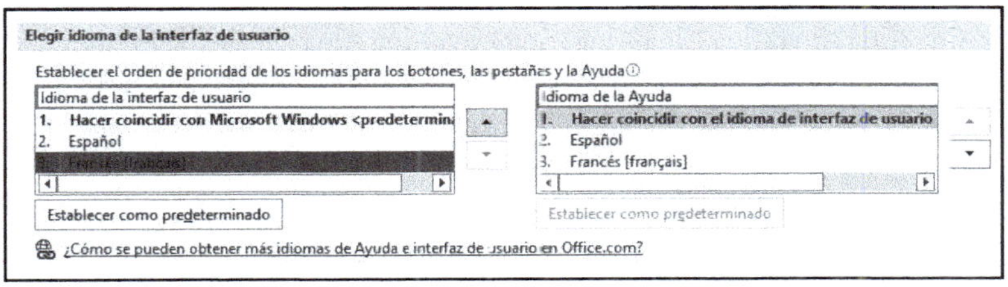

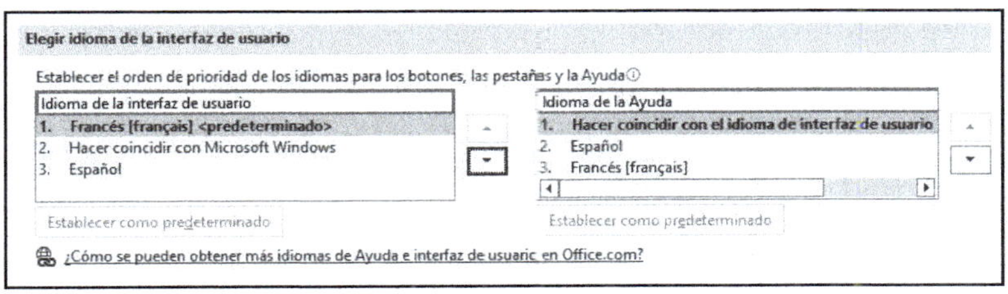

20. Un cuadro de diálogo nos informa de que ha cambiado la configuración de Office y que, para poder aplicar esta nueva configuración, es preciso cerrar los programas abiertos y volver a abrirlos. Pulse en *Aceptar* en este cuadro de información y lleve a cabo la acción indicada.

21. Por último, abra cualquier aplicación de Office 2016 y compruebe como, efectivamente, la interfaz se muestra en el idioma especificado como preferente.

22. Cuando desee recuperar el idioma inicial u original de las aplicaciones, realice el mismo proceso desde la categoría Idioma del cuadro de opciones de cualquier aplicación Office. Termine abriendo cualquier otro programa de la suite para comprobar como, efectivamente, también se muestra en el nuevo idioma seleccionando.

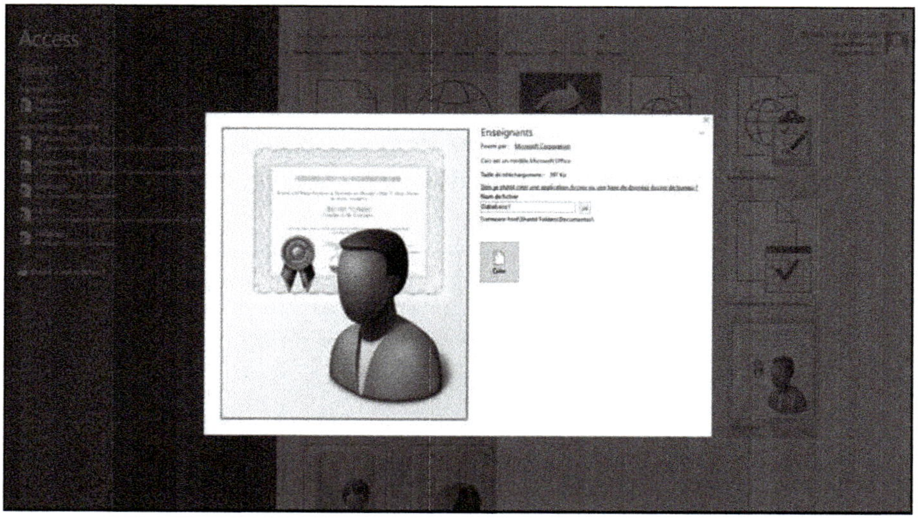

PRÁCTICA

Para terminar esta sección del libro dedicada a los elementos comunes de la interfaz de las aplicaciones de Office 2016, le instamos a que personalice a su gusto en cualquiera de los programas de la suite la interfaz de usuario, quitando y poniendo barras de herramientas, cambiándolas de ubicación, modificando el diseño general del programa, etc. Por último, atrévase a descargar desde Internet, desde el sitio Office.com, un nuevo idioma y configure Office para que muestre la interfaz y la ayuda en dicho idioma.

2 Gestión de documentos

2.1 Crear nuevos documentos

Cuando hablamos de la gestión de documentos nos referimos concretamente a aquellas características que permiten preparar y finalizar archivos, sea cual sea su destino. Así, pensamos en las opciones de creación, de apertura y de cierre, en los comandos para el almacenamiento y en los distintos modos de compartir la información reflejada en los documentos, como la impresión, la conversión en otros formatos o el envío y la publicación.

La creación de nuevos documentos en Office se puede llevar a cabo de distintas formas y desde distintas ubicaciones. La vista Backstage de Microsoft Office cuenta con el comando Nuevo, desde el cual es posible crear archivos en blanco, a partir de otros ya existentes o basados en plantillas. Todas las plantillas suelen contener diseños, colores, fuentes y efectos de tema, estilos de fondo y contenido, lo que implica que, según sea su cometido, pueden llegar a ahorrar mucho tiempo en la elaboración de los documentos. Otra forma de crear nuevos documentos pasa por utilizar los comandos disponibles en los menús contextuales de las distintas ubicaciones del sistema o del escritorio. Así, al pulsar con el botón derecho del ratón en una carpeta, por ejemplo, se despliega un menú contextual en el cual se presentan las distintas opciones para crear documentos en blanco de cualquier programa de la suite.

1. En este ejercicio le mostraremos cómo crear nuevos documentos. Llevaremos a cabo la práctica sobre el generador de presentaciones de la suite, Microsoft PowerPoint, aunque sepa que el procedimiento que seguiremos es aplicable a cualquiera de los programas de Office. Cada aplicación de Office denomina a sus documentos de un modo distinto. Así, Excel trabaja con libros, Word, con documentos y Access, con bases de datos. Este nombre se refleja siempre en la Barra de título y, al guardar el documento, suele ser sustituido por una denominación personalizada. Empiece esta práctica abriendo el mencionado programa desde el menú de Inicio de Windows.

2. Como ya sabe, todas las aplicaciones de la suite se abren con un documento en blanco, el cual denominan con un nombre de base, en el caso de PowerPoint, Presentación, seguido del número 1. Cada vez que cree un nuevo documento en la misma sesión de trabajo, este número irá incrementando, como veremos a continuación. Haga clic sobre la pestaña *Archivo* para abrir la vista Backstage de Microsoft Office.

3. Para crear un nuevo documento en blanco debemos situarnos en el comando *Nuevo*, por lo que pulse sobre él en el panel de la izquierda de la nueva vista.

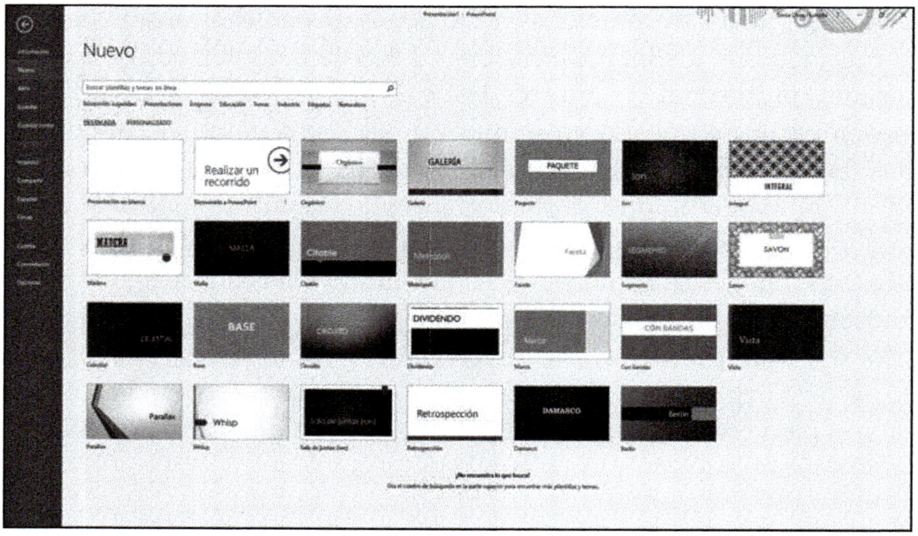

4. La ventana se actualiza mostrando las distintas opciones de que disponemos para crear nuevos documentos, en este caso, presentaciones. Este panel muestra, además del comando para crear una presentación en blanco, un interesante catálogo de plantillas sobre las cuales puede basar una nueva presentación. La opción *Presentación en blanco* (o su correspondiente en el resto de aplicaciones de Office) del comando *Nuevo* podría considerarse en sí misma una plantilla. Se trata de la plantilla más simple y genérica y su uso es el más apropiado en aquellos casos en que se empieza a trabajar con el programa, por su sencillez y porque se puede adaptar a cualquier tipo de documento final. Pulse sobre la opción *Presentación en blanco* para generar un nuevo documento.

5. Efectivamente, se abre en el área de trabajo del programa un nuevo documento. De hecho este documento en blanco tiene la misma apariencia que el original, aunque difiere en un detalle: su nombre. Compruebe en la *Barra de título* que el nuevo documento mantiene la misma denominación aunque seguido por el número 2. Ahora podríamos empezar a trabajar sobre el nuevo documento en blanco. Sin embargo, y dado que el uso y el funcionamiento de PowerPoint serán tratados en exclusiva en una sección posterior de este libro, pasaremos a mostrarle otra forma de crear nuevos documentos. Lo que haremos a continuación será utilizar una de las bonitas plantillas disponibles en esta versión del programa como base para una nueva presentación. Para ello, haga clic de nuevo sobre la pestaña *Archivo* y pulse sobre el comando *Nuevo*.

6. El uso de plantillas para crear nuevos documentos permite aprovechar tanto la estructura o el diseño original como elementos insertados en ellos. Descubra los maravillosos diseños disponibles en esta página, elija uno, el que más le guste, y haga clic sobre él para seleccionarlo.

7. En una ventana emergente se muestra con más detalle la plantilla elegida; en la mayoría de los casos, puede escoger además entre varias combinaciones de colores para dicha plantilla. Pulsando sobre una de las miniaturas de la derecha de la ventana podrá visualizar el efecto sobre la imagen de mayor tamaño. Una vez elegido el mejor aspecto, pulse sobre el botón *Crear*.

8. Inmediatamente se carga en el área de trabajo del programa un nuevo documento con el contenido de la plantilla seleccionada como base. (Vea si lo desea la imagen adicional *1.9-001*.) Compruebe en la *Barra de título* que este nuevo documento se denomina *Presentación3*. Sobre esta copia del documento podemos realizar todos los cambios que precisemos hasta conseguir el resultado deseado. ¿Cómo podemos saber cuántos y qué documentos se encuentran abiertos en estos momentos? Todos los programas de Office disponen en la *Cinta de opciones* de la pestaña *Vista*, que contiene el comando *Cambiar ventanas*. Este comando esconde una lista de todos los archivos abiertos en la misma sesión de trabajo y facilita el paso de uno a otro. Compruébelo. Haga clic sobre la mencionada ficha.

9. Seguidamente, en el grupo de herramientas *Ventanas*, haga clic en la punta de flecha del comando *Cambiar ventanas* y compruebe como, efectivamente, se muestran en este caso dos archivos: *Presentación2* y *Presentación3*.

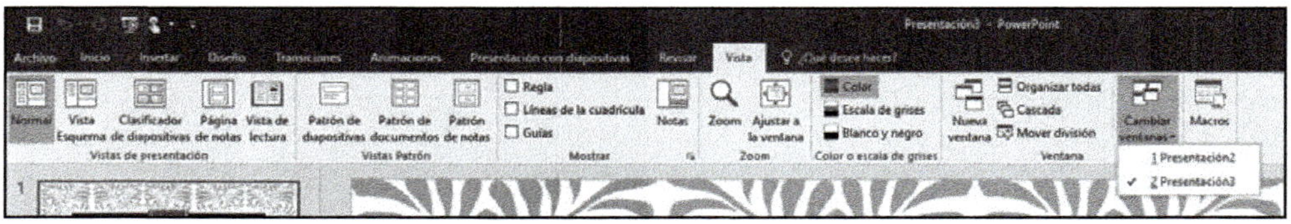

10. Debemos advertirle que el documento en blanco que se carga por defecto al abrir el programa queda sustituido por el siguiente que cree, en el caso, claro está, de no haberlo manipulado. Haga clic sobre el nombre *Presentación2* para situarla en primer plano.

11. Antes de terminar, le instamos a que cree un nuevo documento, si lo desea, a partir de una plantilla de las disponibles en Office 2016 y que mantenga los tres documentos abiertos, puesto que nos servirán para practicar en lecciones posteriores con las acciones de cierre y almacenamiento de archivos.

PRÁCTICA

Abra una de las aplicaciones de Office 2016 y cree tres nuevos documentos, uno en blanco y dos basados en una de las plantillas disponibles en la versión 2016 de Office. Experimente con los diseños de las plantillas elegidas. Por último, utilice el comando Cambiar ventanas para ver en una lista los documentos actuales abiertos en la aplicación.

2.2 Abrir y cerrar documentos

Office proporciona distintos procedimientos para abrir archivos existentes, así como para cerrarlos. La apertura de documentos puede llevarse a cabo desde el comando apropiado de la vista Backstage de Microsoft Office, el comando Abrir, aunque también pueden utilizarse las listas de archivos recientes que encontrará en esta misma vista. Para abrir documentos, todas las aplicaciones de Office disponen de una combinación de teclas que da acceso al cuadro de diálogo Abrir: la combinación Ctrl + A.

En cuanto al cierre de documentos, la acción común en todas las aplicaciones de la suite es dirigirse a la mencionada vista y ejecutar el comando Cerrar. Sin embargo, cabe destacar que algunos de los programas cuentan con un botón de aspa que cierra solo el documento y otros solo disponen del aspa que cierra la aplicación.

1. En este ejercicio le mostraremos cómo abrir y cerrar documentos en Office. Empezaremos abriendo en el área de trabajo de PowerPoint una presentación en concreto, denominada *Lugares.pptx*, que podrá descargar de forma gratuita con el código de acceso proporcionado en la primera página del libro. Una vez haya guardado este material en su equipo, haga clic sobre la pestaña *Archivo* para acceder a la vista Backstage de Microsoft Office.

2. El comando *Abrir* forma parte de los comandos comunes de esta vista para todas las aplicaciones de la suite y se encuentra en la parte superior del panel de la izquierda de dicha vista. Pulse sobre el mencionado comando.

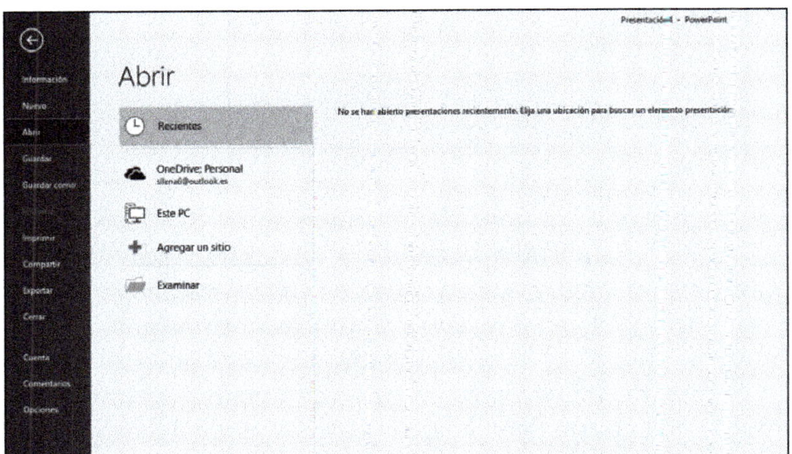

3. La ventana cambia para mostrar las distintas fuentes a partir de las cuales se pueden abrir documentos. A medida que vaya trabajando con el programa, se irá generando una lista con los documentos utilizados que usted podrá recuperar fácilmente desde la opción *Recientes*. El comando *OneDrive Personal*, del cual hablaremos con todo detalle más adelante en este libro, igual que de la opción *Agregar sitio*, le permite acceder a sus carpetas guardadas en la nube. En este caso, como nos interesa obtener una presentación almacenada en una ubicación determinada del equipo, haga clic sobre el comando *Examinar*.

4. Podríamos haber utilizado el comando *Este PC*, el cual nos hubiera generado una lista de carpetas guardadas en el directorio *Documentos* del equipo. El comando *Examinar* da acceso de esta forma al cuadro de diálogo *Abrir*, también común en todas las aplicaciones de la suite. Por defecto, este cuadro se abre mostrando el contenido de la biblioteca de documentos de Windows, en la cual deberá localizar el archivo que desea abrir. Hágalo, selecciónelo con un clic y pulse el botón *Abrir*.

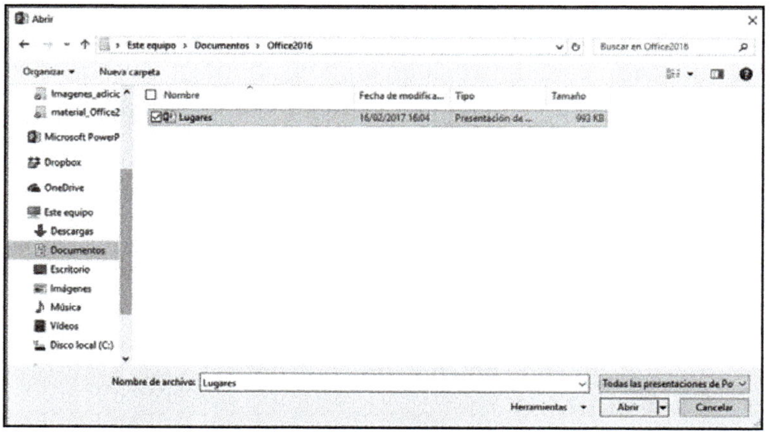

5. El botón *Abrir* del cuadro de diálogo del mismo nombre contiene un pequeño menú desplegable que permite la apertura del archivo seleccionado de distintas formas: de solo lectura, como copia, en una vista determinada, entre otras. A continuación, observe la *Barra de título* del programa; efectivamente, el documento abierto es el seleccionado. Una vez abierto, ¿cómo lo cerramos? En el caso de PowerPoint, el programa solo cuenta con un botón de aspa, situado en la parte derecha de la *Barra de título* del programa. Este botón de aspa cierra la aplicación entera, cerrando a la vez todos los

documentos abiertos. Si esto no nos interesa, debemos dirigirnos a la vista Backstage para cerrar solo el documento activo. Para ello, haga clic sobre la pestaña *Archivo* y pulse esta vez sobre el comando *Cerrar*.

6. Como no hemos realizado ninguna modificación sobre el documento, el programa lo cierra directamente. Sin embargo, si se hubiera dado el caso contrario, la aplicación habría lanzado un cuadro de diálogo advirtiendo de los cambios realizados y solicitando confirmación para almacenarlos. Cerraremos del mismo modo otro de los documentos de los que se encuentran abiertos en un segundo plano. Para ello, sitúese en la ficha *Vista* de la Cinta de opciones, despliegue el comando *Cambiar ventanas* y pulse sobre el documento denominado *Presentación2* para situarlo en primer plano.

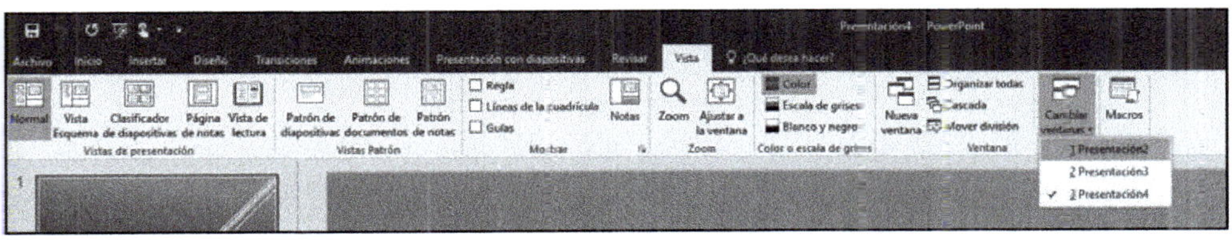

7. Como recordará, este fue el primer documento en blanco que creamos. Haga clic una vez más sobre la pestaña *Archivo* y pulse sobre el comando *Cerrar*.

8. Ahora imagine que desea volver a trabajar con alguno de los documentos utilizados. En estos casos, lo mejor y más rápido es dirigirse a la lista de archivos recientes de la aplicación. Para ello, haga clic sobre la pestaña *Archivo* y pulse sobre el comando *Abrir*.

9. Como hemos podido comprobar con anterioridad, la primera opción de este comando es, precisamente, la opción *Recientes*. (Vea si lo desea la imagen adicional *2.2-001*.) Según los documentos con los que haya trabajado en el programa, esta lista será más o menos larga (de hecho antes, esta lista estaba vacía). Si marca la opción *Obtener acceso rápido a este número de presentaciones recientes* situada en la categoría *Avanzadas* del cuadro de opciones del programa, contará también con una lista reducida de los últimos documentos utilizados en el panel de la izquierda de la vista Backstage. Puede indicar el número de elementos que debe tener esta lista. (Vea si lo desea la imagen adicional *2.2-002*.) Para abrir alguno de los archivos aquí reflejados, en este caso, la presentación *Lugares.pptx*, haga clic sobre él.

10. El archivo vuelve a abrirse sin problemas. Termine este sencillo ejercicio desplegando una última vez la vista Backstage y pulsando sobre el comando *Cerrar*.

PRÁCTICA

Abra una de las aplicaciones de Office 2016 y empiece abriendo algún documento que tenga almacenado en su equipo. Compruebe la diferencia que existe entre cerrar un documento mediante el botón de aspa situado en el extremo derecho de la Barra de título y hacerlo mediante el correspondiente comando de la vista Backstage. Utilice también la lista de archivos recientes para acceder a alguno de los documentos ya utilizados.

2.3 Almacenar documentos

Para registrar los avances realizados es necesario guardar o almacenar el archivo tratado. Si bien los procesos para salvar los cambios son idénticos en todas las aplicaciones de la suite, ello no quiere decir que la extensión de los programas sea la misma. Siendo programas de ofimática diferentes, Word muestra la extensión .docx, Excel el formato .xlsx, Access tiene como extensión archivos .accdb y PowerPoint el formato .pptx. En este ejercicio le mostraremos las distintas formas de guardar los trabajos realizados en Office 2016. Por defecto, los documentos (Word), las hojas de cálculo (Excel) y las presentaciones (PowerPoint) creados en la versión 2016 de la suite Office se almacenan con formato XML. De ahí la letra x que aparece detrás de las extensiones propias de estos programas (docx, xlsx y pptx) .

Como veremos en el ejercicio siguiente, desde la versión 2007 de la suite el usuario puede guardar sus archivos en versiones anteriores (la denominada 97-2003, por ejemplo), cuya extensión es .doc. Esto es importante para que los equipos con versiones anteriores de la suite puedan abrir sin problemas los documentos creados con Office 2016.

1. En esta lección le mostraremos las distintas formas de guardar los trabajos realizados en Office 2016, dejando para lecciones posteriores, el almacenamiento en la nube. Todas las aplicaciones que forman parte de la suite cuentan con tres comandos básicos que permiten almacenar los documentos y el procedimiento a llevar a cabo es idéntico en todas ellas. Así, la primera vez que se almacena un documento, es posible utilizar cualquiera de los comandos disponibles: el situado en la *Barra de herramientas de acceso rápido*, los comandos *Guardar* y *Guardar como* de la nueva vista Backstage e, incluso, la combinación de teclas *Ctrl* + *G*. Todos ellos le conducirán al cuadro de diálogo *Guardar como*, en el cual deberá indicar una ubicación y un nombre para el archivo. Empezaremos trabajando con una de las presentaciones que tenemos abiertas y que todavía no hemos guardado, una de las que basamos en una plantilla de PowerPoint. Haga clic sobre el comando *Guardar* de la *Barra de herramientas de acceso rápido*.

2. Accedemos así al comando Guardar como de la vista Backstage, desde el cual podemos elegir dónde queremos almacenar nuestro archivo. En este

caso, como queremos guardarlo en nuestro equipo, haga clic sobre la opción *Examinar*.

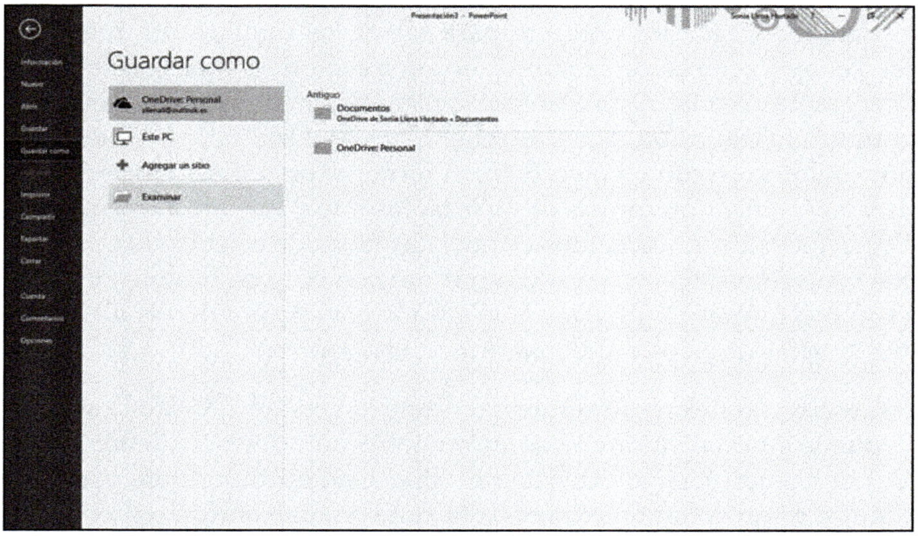

3. Se abre de este modo el cuadro de diálogo *Guardar como*, común en todas las aplicaciones de Office. Como hemos indicado, en este cuadro debemos seleccionar la ubicación en la que deseamos guardar el documento, introducir un nombre para el mismo y elegir, en el caso en que sea necesario, un formato distinto al predeterminado, cosa que no haremos en esta ocasión. Todas las aplicaciones de Office muestran como tipo de archivo predeterminado en este cuadro la extensión propia de la versión actual. A modo de práctica, vamos a guardar la presentación en el Escritorio del sistema. Para ello, en la lista de carpetas, localice dicho elemento y haga clic sobre él. (Vea, si lo necesita, la imagen adicional *2.3-001*.)

4. Si se trata de un documento en blanco, el programa propone como nombre, en el campo *Nombre de archivo*, la denominación predeterminada, la que aparece en la *Barra de título*. Ahora bien, si el archivo tiene contenido, la aplicación propone como nombre la primera frase que localiza en el mismo. Escriba en este campo el nombre que desee para su archivo.

5. La extensión corresponde al formato de archivo de PowerPoint 2016 y así la mantendremos, por lo que pulse el botón *Guardar* para almacenar el documento.

6. Compruebe ante todo el cambio en la *Barra de título* del programa, en la cual se refleja el nombre asignado al documento. (Vea la imagen adicional *2.3-002*.) Una vez almacenado el documento, a medida que vaya realizando cambios en él, puede ir guardándolos desde el mismo comando utilizado de la *Barra de herramientas de acceso rápido*. El uso de este comando ya no abrirá el cuadro de diálogo *Guardar como*, como comprobaremos más adelante. Lo que haremos a continuación es almacenar esta misma presentación con un nombre distinto. Con ello conseguiremos una copia exacta del documento original sobre el cual podremos realizar modificaciones sin temor a perderlo. Para ello, haga clic sobre la pestaña *Archivo*, pulse sobre el comando *Guardar como* y elija de nuevo la opción *Examinar*.

7. Se abre el cuadro de diálogo *Guardar como*, mostrando las presentaciones almacenadas en la última ubicación seleccionada, en este caso, el Escritorio. En el campo *Nombre de archivo*, añada al nombre actual la palabra *modificado* y pulse el botón *Guardar* para almacenar la copia del documento.

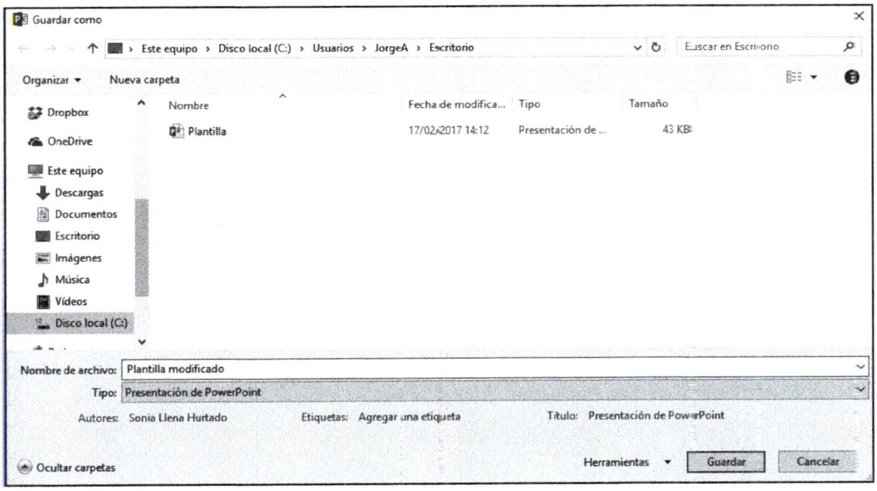

8. El nuevo documento reemplaza en el programa al archivo original, aunque este continúa existiendo en la ubicación en la que ha sido guardado. A continuación comprobaremos el efecto del comando *Guardar* de la *Barra de herramientas de acceso rápido* del programa una vez el documento ya ha sido almacenado. ¿Cómo llevaremos a cabo esta comprobación? Realizando algún cambio sobre la presentación actual. Vamos allá (Tenga en cuenta que este libro cuenta con una sección dedicada en exclusiva a las funciones más

utilizadas de PowerPoint, por lo que la tarea que llevaremos a cabo a continuación no será ni descrita ni comentada en este capítulo.) En el panel de diapositivas, situado a la izquierda del área de trabajo, haga clic con el botón derecho del ratón sobre la primera (y quizás única) diapositiva y, en el menú contextual que se despliega, pulse sobre la opción *Nueva diapositiva*. (Vea las imágenes adicionales *2.3-003* y *2.3-004* para comprobar este proceso y el resultado obtenido.)

9. Una vez realizado el cambio, pulse sobre el comando *Guardar* de la *Barra de herramientas de acceso rápido* y compruebe como, visualmente, no ocurre nada, aunque el programa almacena debidamente la modificación. Para comprobarlo, lo mejor que podemos hacer es cerrar este documento y volver a abrirlo. Haga clic sobre la pestaña *Archivo* y pulse sobre el comando *Cerrar*.

10. A continuación, muestre de nuevo la vista Backstage, visualice la lista de archivos recientes y abra desde aquí la presentación que acaba de cerrar.

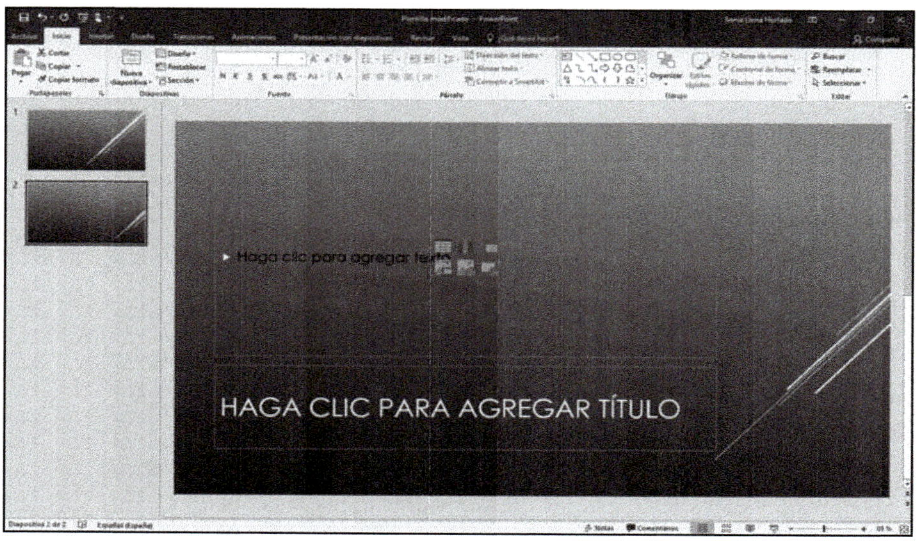

11. Efectivamente, la presentación muestra ahora una diapositiva más respecto al documento inicial. Ahora comprobaremos qué sucede cuando se han realizado cambios sobre un documento y este intenta cerrarse sin antes almacenarlos. Haga clic sobre cualquiera de las diapositivas de la presentación actual, pulse la tecla *Suprimir* de su teclado para eliminarla, haga clic sobre la pestaña *Archivo* y pulse sobre el comando *Cerrar*.

12. El programa se cerciora de que está intentando cerrar el documento sin haber almacenado los cambios realizados en él. Por esta razón, lanza un cuadro de diálogo en el cual usted puede elegir si desea o no guardar estas modificaciones. En este caso, haga clic en *Guardar* para realizar el almacenamiento y cerrar la presentación.

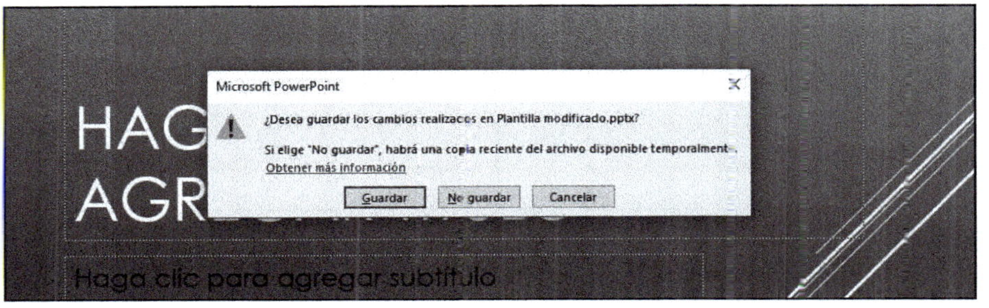

13. Hasta el momento hemos podido comprobar que el programa almacena por defecto los documentos en el formato propio. Sin embargo, debe saber que Office 2016 proporciona muchas otras opciones de formato para guardar los trabajos realizados. Aunque algunas de estas opciones de formato son distintas según la aplicación con la que se esté trabajando, no queremos terminar sin mostrarle dónde encontrar todas estas posibilidades y en qué consisten algunas de ellas. Para ello, haga clic sobre la pestaña *Archivo*, pulse sobre el comando *Exportar* y seleccione la opción *Cambiar el tipo de archivo*.

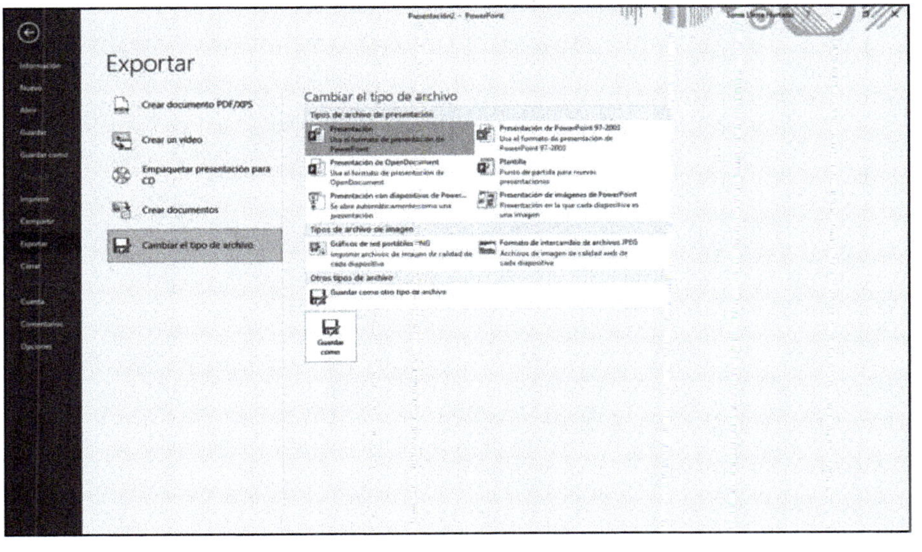

14. Evidentemente, los tipos de archivo presentados en esta opción se adaptan al formato generado por la aplicación con la que está trabajando. Así, en este caso, se muestran en la primera sección los tipos de archivos de presentación disponibles. Entre estos tipos se encuentra el formato en una versión anterior, común en todas las aplicaciones de Office 2016, opción que se estudiará con total detenimiento en la siguiente lección. Terminaremos este ejercicio cerrando el documento actual. Para ello, en la misma vista Backstage, haga clic sobre el comando *Cerrar*.

PRÁCTICA

Guarde alguno de los documentos que tenga abiertos en pantalla utilizando para ello el comando de la Barra de herramientas de acceso rápido. Después realice una copia exacta del documento en cuestión realizando un Guardar como desde la vista Backstage. Realice algún cambio sobre el documento e intente cerrarlo sin haber almacenado antes dichos cambios.

2.4 Guardar en versiones anteriores

Otra de las posibilidades en cuanto al almacenamiento de archivos común en todas las aplicaciones de Office 2016 es el guardado en versiones anteriores. Tanto la versión actual como la 2013, permiten al usuario almacenar sus archivos en la versión denominada 97-2003, cuya extensión es .doc, con la cual aquellas personas que cuenten como mínimo con la versión 2000 de la suite podrán abrir sin problemas los documentos creados con Office 2016.

En este sencillo ejercicio, aprenderá a guardar un archivo creado sobre Office 2016 en una versión anterior a Office 2007. Antes de empezar debemos advertirle que, aunque se ha incluido esta función en el apartado de características comunes de la suite, los pasos presentados pueden variar ligeramente según la aplicación utilizada. Así, nuestra práctica será válida únicamente para las siguientes aplicaciones: Excel, PowerPoint, Publisher, Visio y Word. Más adelante mencionaremos el proceso a seguir para el resto de los programas de la suite.

1. Empezaremos accediendo a Excel para abrir en él un documento creado sobre la versión 2016 del programa. El libro que utilizaremos se denomina *Discoteca.xlsx* y puede descargarlo de forma gratuita con el código de acceso proporcionado en la primera página del libro. Aun así, ya sabe que si dispone de cualquier otro archivo con esta extensión también puede utilizarlo sin problemas. Abra Excel desde el menú de inicio de Windows, cargue un libro en blanco desde la pantalla de inicio, pulse sobre la pestaña *Archivo* y haga clic sobre el comando *Abrir*.

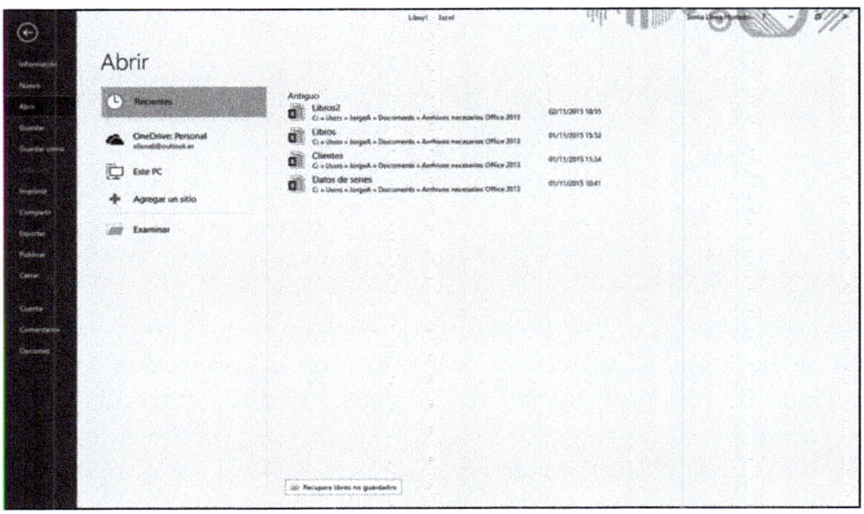

2. Seguidamente, haga clic sobre la opción *Examinar*.

3. Accedemos así, como recordará, al cuadro de diálogo *Abrir*, en el cual debemos localizar y seleccionar el archivo que deseamos obtener. En este caso, localice y seleccione el libro *Discoteca. xlsx* o, en su defecto, cualquier otro de que disponga en este formato, y pulse sobre el botón *Abrir*.

4. Ya disponemos del documento abierto en el área de trabajo de Excel. Para iniciar el proceso de almacenamiento en una versión anterior a la actual debemos dirigirnos a la vista Backstage de la suite. Así es que pulse sobre la pestaña *Archivo* y, en esta ocasión, haga clic sobre el comando *Exportar*. (Si está trabajando con Access, el comando que debe utilizar es *Guardar como*. Vea si lo desea la imagen adicional 2.4-001.)

5. En este comando, haga clic sobre la opción *Cambiar el tipo de archivo*.

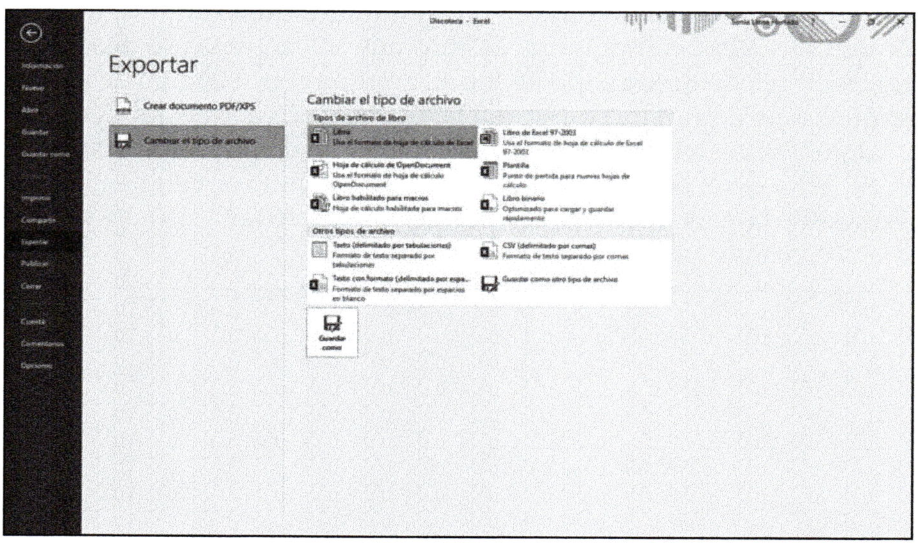

6. Es evidente que en cada una de las aplicaciones mencionadas el nombre de la opción se adaptará al tipo de documento que se genere. Así, en este caso, la opción se denomina *Libro de Excel 97-2003*, mientras que en Word la opción será *Documento de Word 97-2003* y en PowerPoint será *Presentación de PowerPoint 97-2003*, etc. Pulse en este caso sobre la correspondiente opción en Excel y haga clic sobre el botón *Guardar como*.

7. Inmediatamente, se abre el cuadro de diálogo *Guardar como*, en el cual podemos elegir una ubicación y asignar un nuevo nombre al documento. Compruebe como en el campo *Tipo* se refleja el formato de archivo seleccionado en el paso anterior. Mantendremos en este caso todas las opciones tal y como están, por lo que pulse sobre el botón *Guardar*.

8. El programa lanza el cuadro de diálogo Comprobador de compatibilidad. Gracias a esta función es posible saber de antemano qué características no se admiten en versiones anteriores de la aplicación. Como nos ocuparemos de esta función más adelante en este manual, haga clic sobre el botón *Continuar* para convertir definitivamente el archivo.

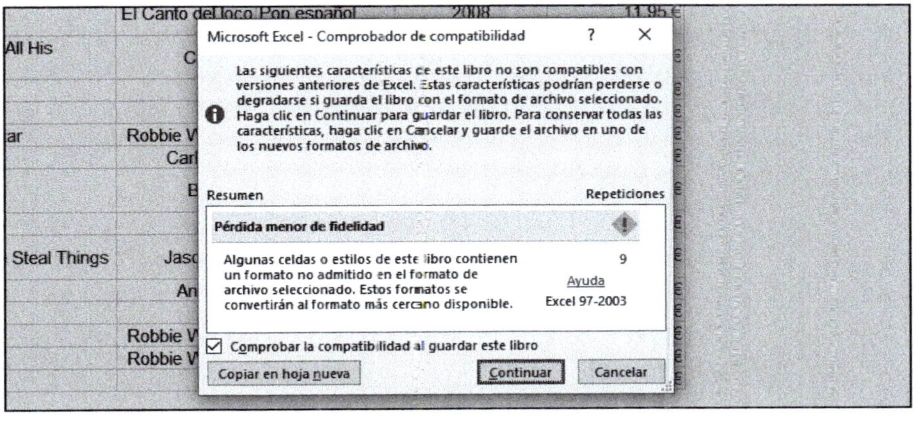

9. Compruebe que, en la *Barra de título* del programa, se muestra ya el nombre del archivo convertido con la nueva extensión (.xls). Tenga en cuenta que el documento en la versión original no ha desaparecido, sino que continúa guardado en su ubicación de origen.

PRÁCTICA

En una de las aplicaciones de Office, utilice la vista Backstage para guardar un documento en una versión anterior a la versión 2007.

Novedad Office 2016

2.5 Almacenar en la nube con OneDrive

Hay otra posibilidad de guardado de archivos común a toda la suite Office 2016: OneDrive, el almacenamiento en la nube de Microsoft. La nube es como un almacén de archivos en el cielo, al que puede llegar siempre que se encuentre conectado a Internet. Gracias a su cuenta de usuario de Office, puede cargar a este espacio sus documentos y tenerlos siempre disponibles en todos sus dispositivos móviles.

OneDrive pasa a sustituir SkyDrive, el almacenamiento en la nube que presentó Office 2013 en su momento.

1. Continuamos trabajando con el documento del ejercicio anterior, aunque sepa que los pasos mostrados en esta lección son aplicables a cualquiera de los programas de la suite Office 2016. Imaginemos que hemos trabajado en el documento y ahora nos interesa guardarlo en la nube. Para ello, haga clic en la pestaña *Archivo* y pulse sobre el comando *Guardar como*.

2. En la sección *Guardar como* aparecen una serie de ubicaciones, la primera de las cuales es *OneDrive*. La opción *Agregar un sitio* permite agregar un servicio de OneDrive o de Office365, mediante el cual podrá cargar en la nube sus documentos y compartirlos con otras personas. Pulse sobre ella y haga clic en la carpeta *OneDrive: Personal* que se muestra a su derecha.

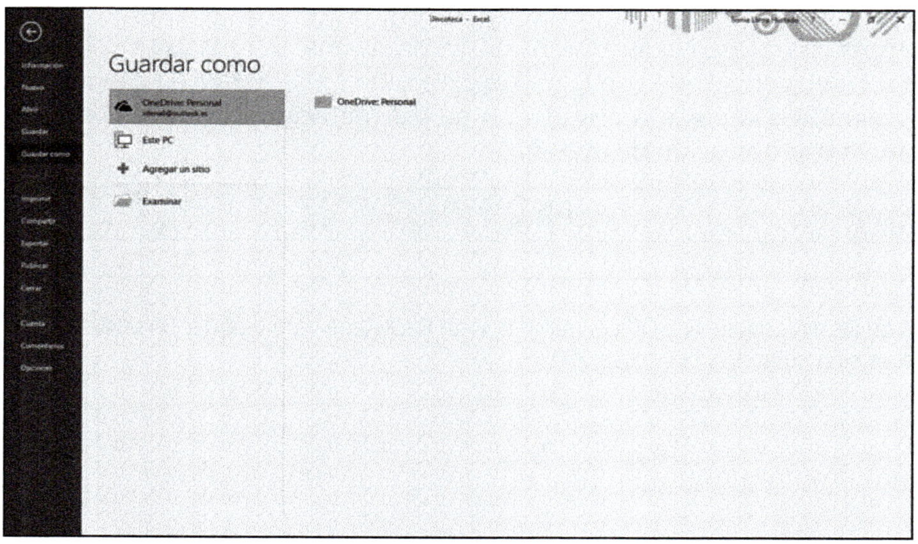

3. De esta forma se abre el cuadro de diálogo mostrando el contenido de la mencionada carpeta, un contenido que por defecto se divide en *Documentos*, *Imágenes* y *Datos adjuntos de correo electrónico*. Haga doble clic en este caso sobre el directorio *Documentos* y pulse el botón *Guardar*.

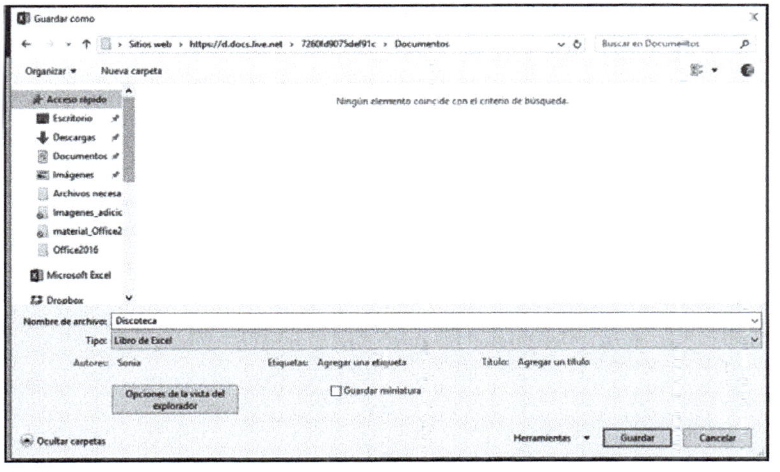

4. Office sincroniza su carpeta con el material que usted tenga en la nube. En el caso en que no hubiera iniciado sesión en Office previamente, en el momento de seleccionar OneDrive como destino para su almacenamiento, el programa le solicitaría los datos de inicio de sesión para poder llevar a cabo el proceso. En dicho caso, pulse el botón *Iniciar sesión* y siga los pasos indicados. Una vez introducidos los datos correctos, deberá seguir el mismo proceso que le hemos mostrado en este ejercicio, es decir, elegir la carpeta de destino en OneDrive y guardar el documento. En el ejercicio siguiente veremos cómo acceder a OneDrive en Internet y cómo visualizar los documentos que hemos guardado en la nube. Sepa que dispone de 15 GB de almacenamiento solo para usted y que, si necesita más, puede ampliarlo mediante alguno de los planes disponibles. Para ello, deberá acceder al sitio web de OneDrive, tal y como veremos en el ejercicio siguiente. Antes de terminar, queremos indicarle que dispone de un acceso directo a su OneDrive en Internet desde cada uno de los programas de Office. ¿Dónde? Exactamente, dentro del comando *Abrir* de la vista Backstage.

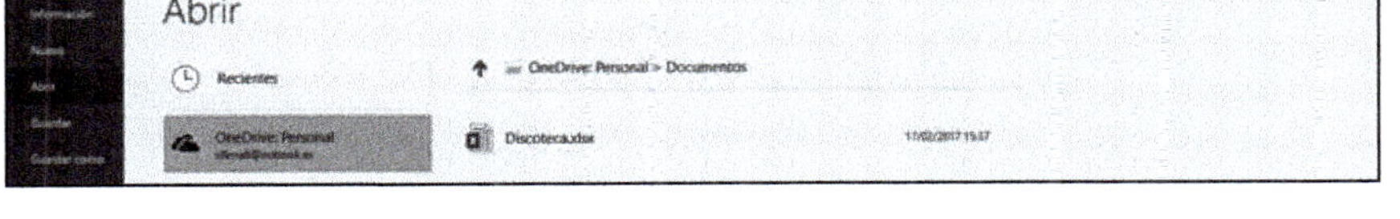

PRÁCTICA

Abra algún archivo de Office, realice en él algún mínimo cambio y, cuando termine, almacénelo en OneDrive; si no hubiera iniciado sesión en Office, siga los pasos para hacerlo antes de conectarse a OneDrive.

2.6 Visualizar documentos de Office en la nube

El almacenamiento de cualquier documento de Office en OneDrive es una novedad que presenta la versión 2016 de la suite ofimática de Microsoft. Para poder visualizar los archivos subidos a la nube, es posible utilizar los programas de escritorio instalados en el equipo o el dispositivo móvil del usuario. Sin embargo, ¿qué ocurre si este usuario no dispone de Office en dichos dispositivos? A continuación lo descubrimos.

Las aplicaciones web de Office solo están disponibles, por el momento, para Word, Excel, PowerPoint y OneNote. Por esta razón, un archivo de Access, por ejemplo, subido a OneDrive no contará con el comando Abrir en la barra de comandos, sino que será preciso descargarlo para visualizarlo con la correspondiente aplicación de escritorio.

1. En este ejercicio le mostraremos cómo acceder a OneDrive.com y cómo visualizar el documento cargado en el ejercicio anterior. Abra su navegador web, escriba *www.onedrive.com* en la *Barra de direcciones* y pulse sobre el vínculo *Inicia sesión*.

2. Seguidamente, escriba la dirección de correo electrónico que ha utilizado en ejercicios anteriores para iniciar sesión en Office, o bien escriba la contraseña, según sea lo que se le solicita, y pulse el botón *Iniciar sesión* para acceder a su espacio personal de almacenamiento en la nube.

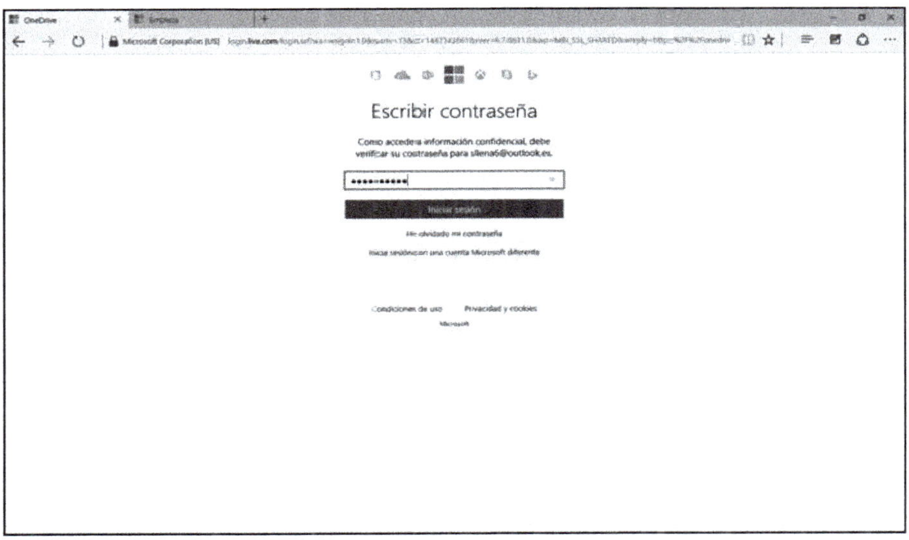

3. Si es la primera vez que accede a este espacio, se carga, además del escritorio con sus carpetas, un mensaje de bienvenida con cierta información, la cual puede resultarle muy útil para proceder con total confianza. Para entrar y visualizar el documento que hemos guardado en el ejercicio anterior, haga clic sobre la carpeta correspondiente, la denominada *Documentos*, y pulse sobre el mencionado archivo.

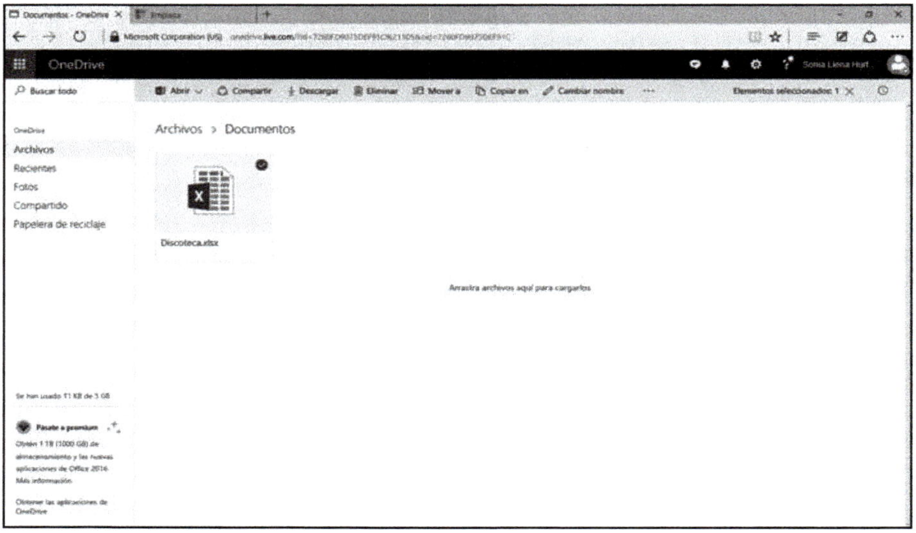

4. Este se abre por defecto en la correspondiente aplicación web. Desde aquí, podemos visualizarlo y modificarlo en un entorno básico. Despliegue el comando de edición y elija la opción *Editar en el explorador*.

5. La interfaz de la aplicación web cambia ligeramente para albergar algunos de los comandos básicos para modificar el contenido de un documento. Si lo desea, haga un pequeño cambio.

6. Esta modificación quedará almacenada en la nube automáticamente, y usted podrá recuperarla desde su carpeta OneDrive de escritorio. Compruebe que el comando de edición también le permite acceder a la aplicación de escritorio de la suite correspondiente. Cierre el documento actual pulsando sobre el botón de aspa situado en el extremo derecho de la *Barra de título*.

7. La interfaz de OneDrive cuenta en su parte superior con una barra de comandos que le permiten desde crear nuevos documentos hasta descargar los incluidos en sus carpetas. Termine este ejercicio cerrando su navegador web.

PRÁCTICA

Acceda desde su navegador web a su carpeta personal de OneDrive para recuperar y editar el documento que hemos guardado en el ejercicio anterior. Una vez abierto en OneDrive, edítelo *online* y después, también en el programa de escritorio.

2.7 Consultar las propiedades de un documento

Como ya habrá tenido la oportunidad de comprobar a lo largo de las prácticas realizadas hasta el momento, la vista Backstage es mucho más que un simple panel de comandos.

Una de las características que proporciona el uso de este elemento en Office es la posibilidad de consultar directamente las propiedades de un documento abierto en el área de trabajo, incluida una pequeña vista previa del mismo. Las propiedades que se reflejan en la vista Backstage son aquellas que en versiones anteriores de la suite se presentaban solo en el cuadro de diálogo Propiedades.

1. En esta lección le mostraremos a modo de consulta dónde puede encontrar las propiedades de un documento abierto y cómo puede acceder al cuadro de diálogo de propiedades del mismo. Vamos a trabajar en este caso sobre un documento de texto, creado con Word 2016, aunque sepa que puede llevar a cabo la práctica en cualquier otro programa, puesto que la característica relativa a la información de los archivos está presente en todas las aplicaciones de la suite. Para empezar, abra Word desde el menú de inicio de Windows.

2. El documento que utilizaremos se encuentra disponible para descargar de forma gratuita mediante el código de acceso proporcionado en la primera página del libro, con el nombre *Lectura obligatoria.docx*. Si lo desea, puede descargarlo y guardarlo en su equipo o bien utilizar cualquier otro archivo de que disponga con este mismo formato. Haga clic sobre la pestaña *Archivo* y, en la vista Backstage, pulse sobre el comando *Abrir*.

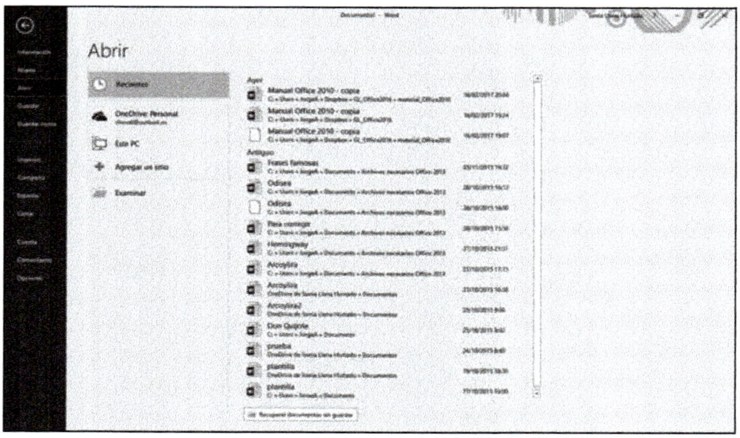

3. Pulse sobre la opción *Examinar*; en el cuadro de diálogo *Abrir*, localice y seleccione el documento que desee utilizar y pulse el botón *Abrir*.

4. El documento se abre en el área de trabajo de Word 2016. A continuación vuelva a mostrar la vista Backstage pulsando sobre la pestaña *Archivo* y haga clic sobre el comando *Información*. (Puede ser que la vista Backstage se despliegue mostrando ya el contenido de este comando.)

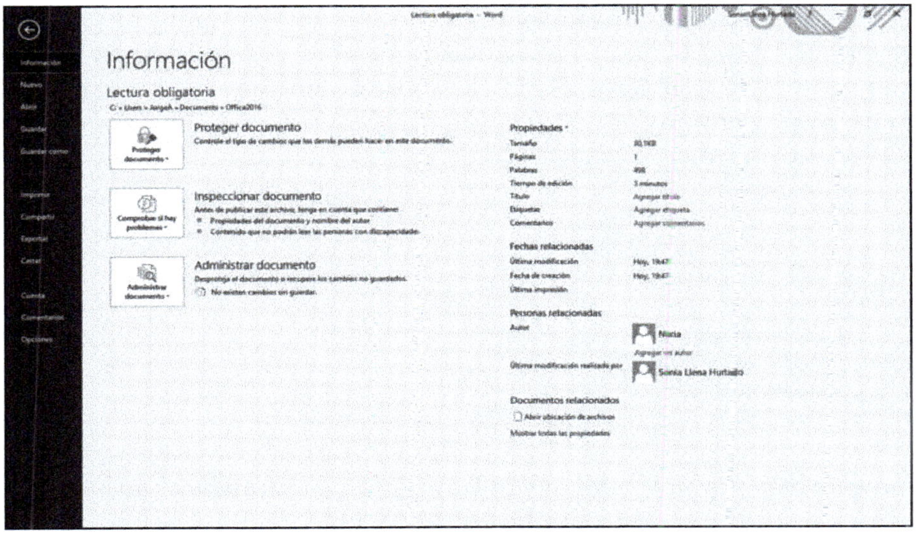

5. La parte derecha de la vista Backstage es la que nos interesa. Como puede comprobar, en la parte superior se muestra una miniatura o vista previa de la interfaz del programa con el documento abierto en primer plano en estos momentos. A continuación, se listan las propiedades del documento, organizadas en cuatro apartados: *Propiedades*, *Fechas relacionadas*, *Personas relacionadas* y *Documentos relacionados*. Todos estos apartados son comunes en todas las aplicaciones de la suite Office y todos cuentan con las mismas opciones. Sin embargo, cabe señalar que las características incluidas en el apartado *Propiedades* varían en función del tipo de documento abierto. Este apartado muestra las propiedades relacionadas directamente con el contenido del archivo y algunas de ellas se pueden editar desde este mismo panel, como es el caso del título, las etiquetas o los comentarios. Para ello, haga clic a modo de ejemplo sobre el campo *Agregar etiqueta*.

6. El campo seleccionado se pone en modo de edición, lo que indica que puede escribir directamente el texto que desee. En este caso, escriba la palabra *material* y pulse la tecla *Retorno*.

7. El apartado *Fechas relacionadas* está formado por tres opciones: la fecha de la última modificación del archivo, la de creación y la de la última impresión. En cuanto al apartado *Personas relacionadas*, el panel muestra el nombre del autor del documento y, en el caso de existir, el nombre de la persona que ha realizado la última modificación del mismo. El último de los apartados, *Documentos relacionados*, incluye un vínculo que abre la ubicación en la que se encuentra el archivo abierto. Haga clic sobre el vínculo *Abrir ubicación de archivos* para comprobarlo.

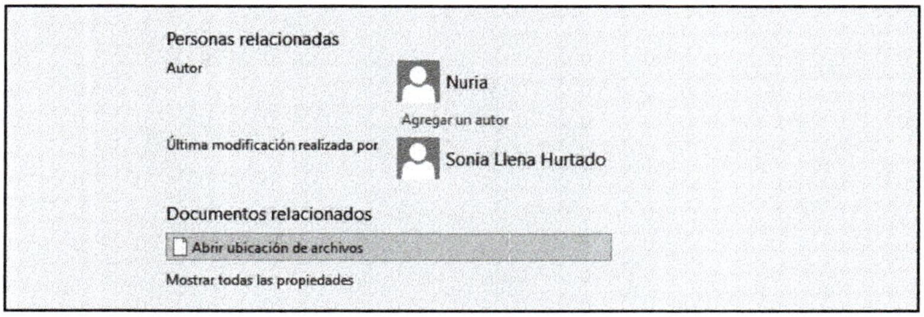

8. Se abre de esta forma la ventana de la carpeta que contiene el documento en cuestión. Una vez realizada la comprobación, pulse sobre el botón de aspa de dicha ventana para cerrarla.

9. Seguramente habrá observado que el nombre del apartado *Propiedades* muestra una punta de flecha. Esto indica que en él se esconde algún tipo de menú de opciones. Pulse sobre la mencionada punta de flecha para comprobarlo. (Vea si lo desea la imagen adicional *2.7-001*.)

10. Efectivamente, este apartado cuenta con una opción que abre el cuadro de propiedades avanzadas, en el cual se incluyen todas y cada una de las propiedades mostradas en este panel además de otras que, por espacio, no aparecen aquí. Haga clic sobre esta opción para comprobar cuáles son estas opciones avanzadas.

11. Se abre el cuadro *Propiedades de...*, que cuenta con cinco pestañas: *General*, *Resumen*, *Estadísticas*, *Contenido* y *Personalizar*. En la primera de ellas

se muestran propiedades no editables ni modificables, como la ubicación, el tamaño y las fechas de creación, modificación y acceso. En la pestaña *Resumen* se repiten las propiedades que se incluyen en el apartado *Propiedades* de la vista Backstage; en este caso, dichas propiedades sí se pueden completar o modificar. La ficha *Estadísticas* contiene muchos datos relativos a la forma y a la edición del documento. Además de las fechas de creación, modificación, último acceso e impresión, datos que se reflejan en el apartado *Fechas relacionadas* de la vista Backstage, se muestra también en el apartado *Estadísticas* información más concreta o precisa del contenido del documento; en el caso de Word, se presenta una lista con el número de páginas, de párrafos, de líneas o de palabras del archivo. La penúltima ficha, *Contenido*, muestra el tipo de contenido del documento, si cuenta con un título entre otros datos y, por último, la ficha *Personalizar* permite asignar ciertos datos concretos al documento, como un nombre, un tipo o un valor. Salga de este cuadro pulsando el botón *Aceptar*.

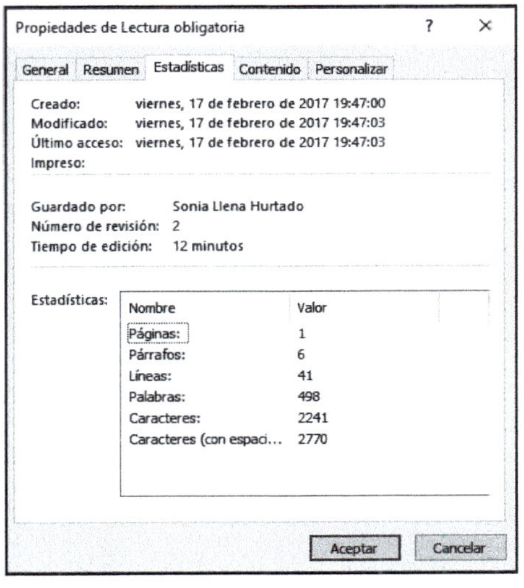

12. Por último, pulse sobre el botón Atrás de la vista Backstage para dar así por terminado este ejercicio.

PRÁCTICA

Abra un documento con contenido en Word 2016 y consulte sus propiedades desde el comando Información de la vista Backstage.

2.8 Imprimir documentos

La impresión de documentos se lleva a cabo en Office 2016 desde la vista Backstage. La principal ventaja que presenta trabajar con esta vista en el proceso de impresión es la posibilidad de visualizar el resultado final al instante, sobre la completa vista previa del documento en cuestión. Todos los aspectos relacionados con la configuración de la página se reúnen en el comando Imprimir de la mencionada vista, y desde esta ubicación también es posible abrir el cuadro de configuración de página para modificar aspectos más concretos de la preparación antes de la impresión.

En el comando Imprimir de la vista Backstage, dentro del apartado Impresora, aparece el vínculo Propiedades de impresora. Este vínculo abre el cuadro de diálogo del mismo nombre, desde el cual puede consultar y cambiar, si es necesario, las características del dispositivo de impresión instalado en su equipo.

1. En esta lección conocerá las grandes ventajas de la vista Backstage en cuanto a la preparación de un documento para su impresión. Continuamos trabajando en Word, con el documento *Lectura obligatoria.docx*, que, como recordará, forma parte del material adicional que puede descargar desde nuestra web. Este documento consta de un título, un texto y un gráfico o diagrama. Empecemos. Pulse sobre la pestaña *Archivo* y haga clic sobre el comando *Imprimir*.

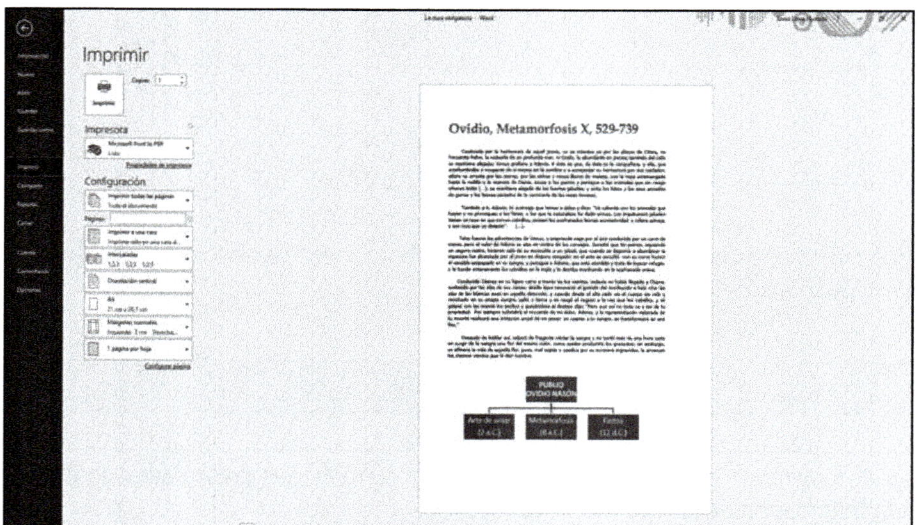

2. Este comando está formado por dos paneles: el de preparación e impresión y el de vista previa. La vista previa muestra por defecto una sola página a un nivel de zoom determinado. Este nivel de zoom se adapta al contenido de la página de manera que se pueda visualizar todo el contenido. Puede cambiar, si lo desea, este nivel de zoom mediante los botones – y + situados en ambos extremos de la barra deslizante, en la parte inferior de la vista previa, o bien utilizando directamente dicho control deslizante. Además, dispone de otra forma de cambiar la visualización del documento en este panel: se trata de utilizar el comando *Ampliar a página*, situado a la derecha de la barra deslizante del zoom. Este comando lo que hace es devolver la vista completa predeterminada a la página en el caso en que sobre esta se haya modificado el zoom. En la parte inferior izquierda de la vista previa se encuentran los controles que permiten saltar de una página a otra, en el caso de Word y Excel, o de una diapositiva a otra, en el caso de PowerPoint, o de un registro a otro en el caso de Access. El tipo de documento generado por cada programa implica diferencias básicas en cuanto a las opciones de configuración del comando *Imprimir*. En cualquier caso, la primera opción del apartado *Configuración* siempre es la que permite indicar el número de páginas que se desea imprimir. Despliegue este campo, que por defecto muestra la opción *Imprimir todas las páginas*.

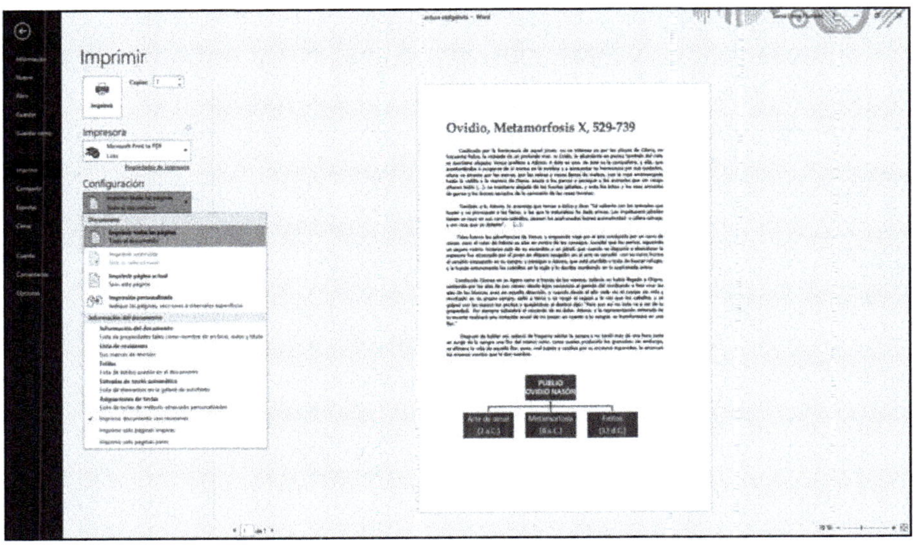

3. Compruebe que, además de indicar las páginas que se desea imprimir, también es posible especificar que se impriman ciertos elementos incluidos

en el documento, como las propiedades o las revisiones. En este caso, mantenga seleccionada la primera opción pulsando de nuevo sobre la punta de flecha del comando.

4. Si necesita imprimir solo un intervalo de páginas determinado, tanto de páginas consecutivas como aleatorias, puede indicarlo directamente en el campo *Páginas*. Si las páginas son consecutivas, deberá escribir el número de la primera página y de la última del intervalo separados por un guion. Ahora bien, si son páginas salteadas, deberá separar el número de dichas páginas mediante comas. La impresión a una cara o a doble cara se puede especificar en el siguiente campo. Cuando el documento cuenta con más de una página y usted solicita más de una copia, tiene la opción de configurar el intercalado de las mismas. Por defecto, la impresión se lleva a cabo intercalada, lo que significa que el programa realiza las copias de todo el documento; por el contrario si decide no intercalar las páginas, el programa realizará las copias por páginas. Si decide imprimir sus documentos a doble cara, sepa que puede decidir a partir de qué lado, más largo o más corto, se voltearán las páginas, así como si prefiere situar manualmente el papel en la impresora cuando el programa solicite la impresión de la segunda cara. En cuanto a la orientación del documento, esta por defecto se establece siempre vertical. Haga clic sobre la punta de flecha del campo *Orientación vertical* y haga clic sobre la opción *Orientación horizontal*.

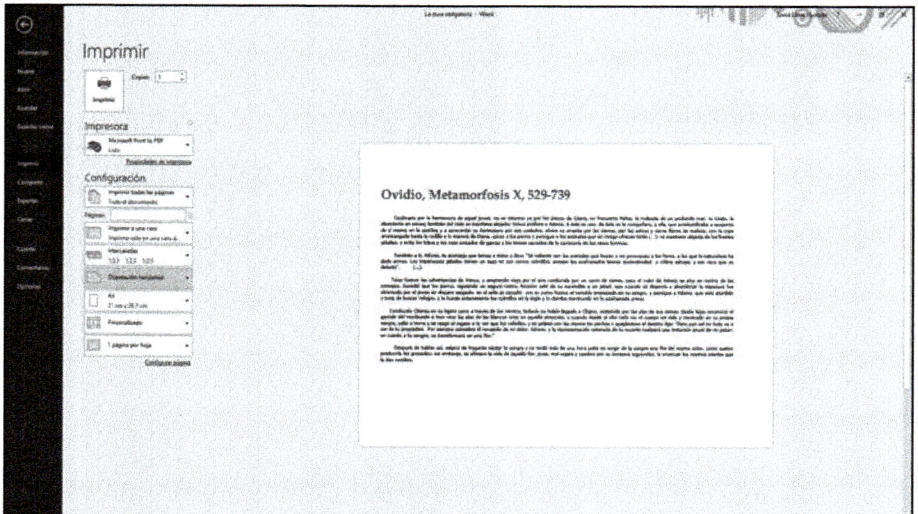

5. En este caso puede comprobar la gran ayuda a nivel de control del documento en el momento del cambio de orientación. Si está trabajando sobre el documento *Lectura obligatoria.docx* puede ver como el gráfico situado en la parte inferior de la página ha desaparecido por motivos de espacio, lo que significa que el programa ha añadido una nueva página (compruébelo en los controles que permiten el salto entre páginas, que ahora muestra 2 páginas). Haga clic sobre la punta de flecha situada a la derecha del campo 1 de 2 para visualizar la segunda página del documento y regrese del mismo modo a la primera.

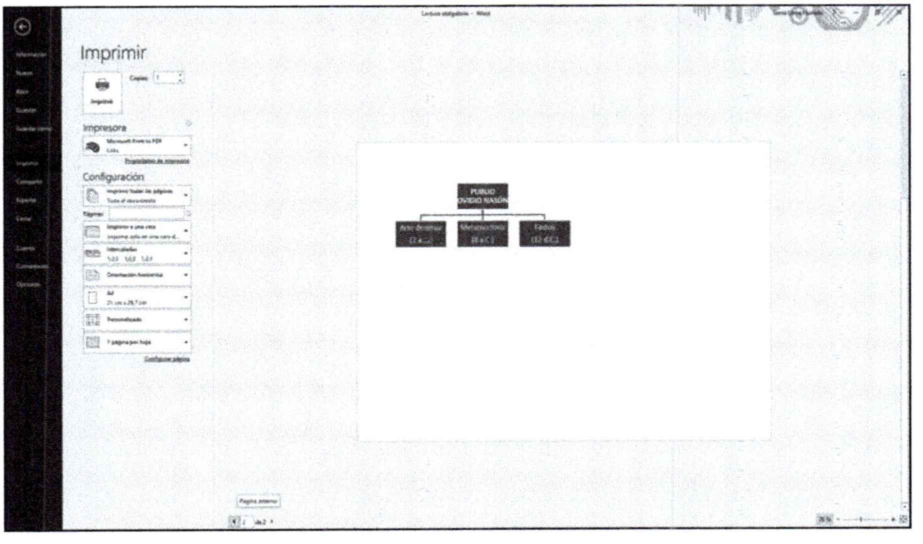

6. El siguiente campo se utiliza para cambiar el tamaño del papel en el que se pretende imprimir el documento. Este tamaño es por defecto A4. A continuación, puede personalizar los márgenes del documento desde el campo *Márgenes personalizados*. Despliéguelo para comprobar las opciones que contiene.

7. El programa propone una serie de márgenes predeterminados que puede elegir si lo desea con un clic en este menú. Cada una de estas combinaciones de márgenes muestra los valores de los cuatro márgenes del documento: superior, inferior, izquierdo y derecho. En el caso en que ninguna de estas combinaciones le satisfaga para su documento, puede acceder al cuadro de configuración de la página e indicar manualmente los valores que necesita. A modo de ejemplo, haga clic sobre la opción *Márgenes personalizados*.

8. Se abre de esta forma el cuadro de diálogo *Configurar página*, mostrando el contenido de la ficha *Márgenes*. En la primera sección de esta ficha puede introducir manualmente los valores para los cuatro márgenes, así como indicar la posición a tener en cuenta para una posible encuadernación del documento y la posición del margen interno en el caso de trabajar con páginas enfrentadas. En la sección *Vista previa* de esta misma ficha puede ir controlando los cambios realizados. Realice si lo necesita estos cambios y, cuando termine, pulse el botón *Aceptar* del cuadro de configuración.

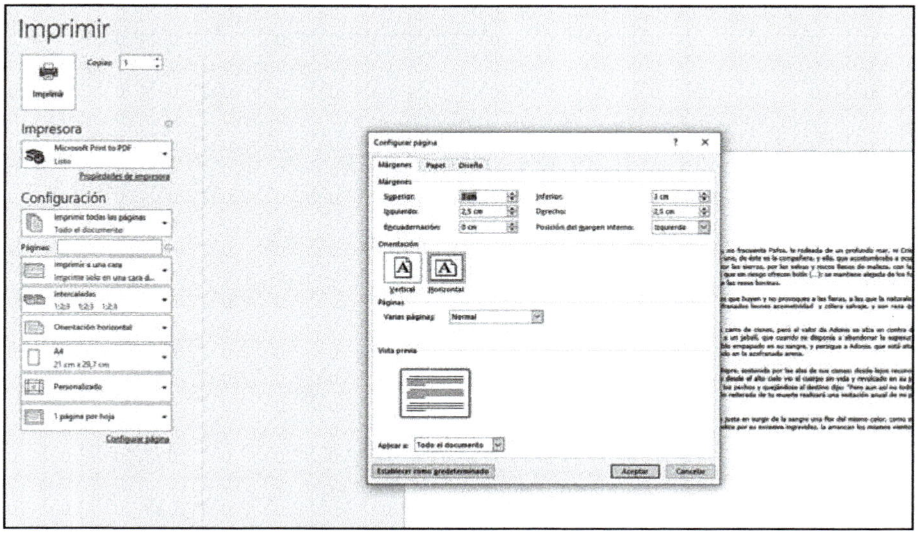

9. La última opción de configuración es la que permite establecer el número de páginas que desea imprimir por hoja. Tenga en cuenta que, según el contenido, el resultado puede no ser el esperado en el caso de indicar un número demasiado elevado de páginas en una misma hoja. Esto es debido a que el programa reduce lógicamente el tamaño del contenido de las páginas para conseguir que se muestren según la opción seleccionada. Pulse sobre la punta de flecha del último comando para comprobar las opciones disponibles y, una vez realizada la comprobación, ocúltelas pulsando sobre el mismo botón.

10. El vínculo *Configurar página*, situado en la parte inferior de las opciones de configuración, permite abrir en cualquier momento el cuadro de diálogo del mismo nombre y realizar en él todos los cambios que considere oportunos. Una vez preparado el documento para su impresión, ya puede ejecutar

el proceso. Para ello, sencillamente pulse sobre el botón *Imprimir*, situado en la sección *Imprimir*.

11. Tenga en cuenta que, al realizar la impresión desde la vista Backstage, esta se lleva a cabo directamente, sin pasar por ningún cuadro de diálogo. Esto se debe a que el programa considera que ya ha configurado el documento en todos los aspectos desde este panel. La impresión se efectúa sin problemas, según el dispositivo instalado y configurado en su equipo, y cuando finaliza el documento, se muestra con los cambios de configuración realizados en el área de trabajo del programa. En el cuadro de opciones de cada programa de la suite encontrará, tanto en la categoría *Mostrar* (apartado *Opciones de impresión*) como en la denominada *Avanzadas* (apartado *Imprimir*), opciones muy concretas relacionadas con la impresión de documentos. Resulta interesante conocer algunas de estas opciones par afinar todavía más la obtención en papel de sus archivos. Terminaremos este ejercicio cerrando Word almacenando los cambios realizados en el documento. Pulse sobre el botón de aspa de la *Barra de título* del programa y, en el cuadro de diálogo en el que se solicita confirmación para el almacenamiento, pulse sobre el botón *Guardar*.

PRÁCTICA

Abra un documento de Word e inicie el proceso de impresión desde la vista Backstage. Antes de obtener dos copias en papel del documento, cambie algunas de las características de impresión, como la orientación y los márgenes.

2.9 Crear documentos en PDF o XPS

PDF son las siglas del término en inglés *Portable Document Format*, desarrollado por Adobe Systems con la intención de poder obtener, visualizar y compartir información desde cualquier aplicación y en cualquier sistema informático. Por su parte, XPS son las siglas del término en inglés *XML Paper Specification*, un formato propuesto por Microsoft para el intercambio de documentos sin pérdida de datos. La opción Crear documento PDF/XPS del comando Compartir de la vista Backstage de Office 2016 forma parte de todas las aplicaciones de la suite. Tanto el formato PDF, propiedad de Adobe, como el formato XPS, propiedad de Microsoft, consiguen documentos que representan copias idénticas a un original creado con cualquiera de los programas de Office, con la ventaja de que conserva las fuentes, el formato y las imágenes de este original y se puede visualizar en la mayoría de los equipos, aun sin contar con la suite Office instalada. Otra de las ventajas de los documentos en PDF o XPS es que su contenido no puede ser modificado si no es desde programas especiales.

Existen programas gratuitos que se pueden obtener desde Internet que permiten la visualización de estos tipos de documentos: Adobe Reader para los documentos en PDF y el Visor de XPS para los documentos en XPS. En resumen, los formatos PDF y XPS son ideales para compartir e imprimir documentos de todo tipo.

1. En esta lección aprenderá a convertir un documento de Office en un archivo PDF y XPS. En este caso, trabajamos con el documento de Excel *Discoteca.xlsx*, aunque podría llevar a cabo el proceso sobre cualquier otro archivo creado con otra aplicación de la suite. Empiece abriendo en pantalla el mencionado documento (recuerde que puede descargarlo de forma gratuita con el código de acceso proporcionado en la primera página del libro). Cuando disponga de él en pantalla, haga clic sobre la pestaña *Archivo* para acceder a la vista Backstage de Microsoft Office.

2. En la lista de comandos de esta vista, haga clic sobre el comando *Exportar*.

3. En la misma sección desde la cual es posible guardar documentos en otros formatos se encuentra la opción que nos interesa en este caso. Haga clic sobre la opción *Crear documento PDF/ XPS*.

4. El panel de la derecha de la vista Backstage se actualiza. En él puede consultar algunas de las propiedades que presentan los formatos de este tipo, considerados como formatos fijos. Una vez leída esta información, haga clic sobre el botón *Crear un PDF/XPS*.

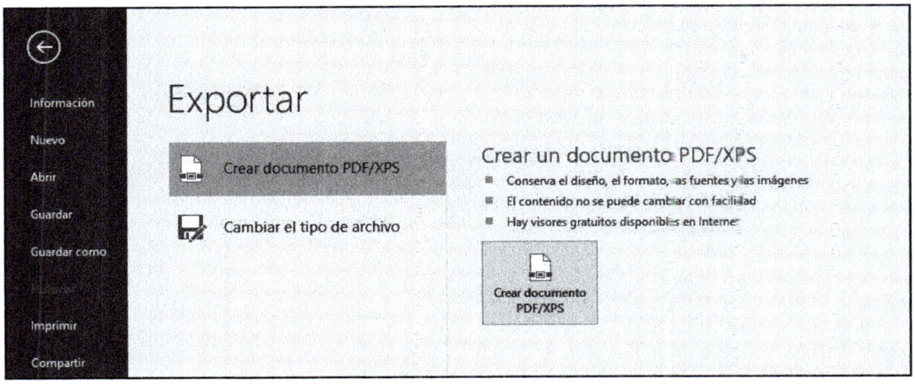

5. Se abre así el cuadro de diálogo *Publicar como PDF o XPS*, en el cual puede asignar un nuevo nombre al archivo y elegir el formato fijo con que desea almacenarlo. Despliegue el campo *Tipo* de este cuadro y haga clic sobre la opción *PDF* (puede ser que esta opción ya aparezca seleccionada por defecto; si es así, obvie este paso).

6. Podríamos cambiar la ubicación en la que guardar el archivo y su nombre, aunque mantendremos así estas dos propiedades. La opción *Abrir archivo tras publicación* permite al programa mostrar el resultado de la conversión una vez terminada sobre el lector predeterminado en el equipo. Windows 10 cuenta con la aplicación Lector que permite llevar a cabo este proceso. La sección *Optimizar para* de este mismo cuadro de diálogo permite indicar el tamaño del archivo según la finalidad que tengamos previsto darle. Si la conversión a PDF o XPS se realiza con la intención de publicar el archivo en la Red e imprimirlo en papel, lo mejor es mantener la opción *Estándar* seleccionada; ahora bien, si solo está previsto presentar el documento en línea y, por tanto, su tamaño es más importante que la calidad de impresión, puede marcar la opción *Tamaño mínimo* y conseguir así un archivo de dimensiones menores. En este caso, mantendremos la opción *Estándar* y seguiremos adelante visualizando las opciones de publicación disponibles. Para ello, haga clic sobre el botón *Opciones*.

7. Se abre el cuadro de diálogo del mismo nombre, en el cual puede establecer distintos parámetros para la publicación del documento, como el intervalo de páginas, qué parte de la hoja desea convertir y si desea o no incluir información no imprimible. En este caso, mantenga todas las opciones tal y como se encuentran configuradas por defecto y pulse sobre el botón *Aceptar*.

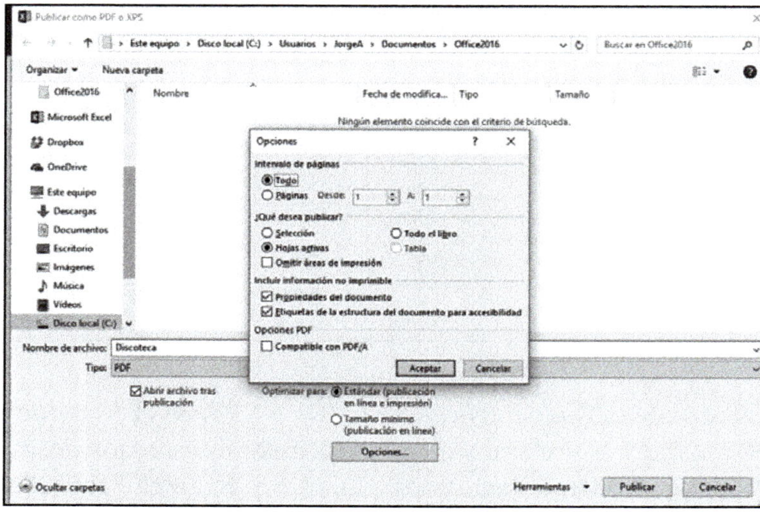

8. Ya podemos ejecutar la orden para la conversión de nuestro archivo en PDF. Haga clic sobre el botón *Publicar* y espere el resultado.

9. Como hemos mantenido activa la opción *Abrir archivo tras publicación*, el documento PDF se muestra casi de inmediato en el visor. (Vea si lo desea la imagen adicional *2.9-001*.) Tenga en cuenta que este visor no permite realizar cambios sobre el documento, sino solo visualizarlo y consultarlo. Cierre el programa pulsando sobre el botón de aspa de su *Barra de título*.

10. A continuación, realizaremos una nueva conversión de nuestro documento *Discoteca.xlsx*, esta vez al formato XPS. Recuerde que este formato es propiedad de Microsoft y fue lanzado como alternativa al formato fijo por excelencia de Adobe, PDF. Aunque podríamos seguir los mismos pasos que los realizados para la conversión del archivo en PDF, es decir, utilizar la opción *Crear documento PDF/XPS* del comando *Exportar* de la vista Backstage, le mostraremos otra forma de llevar a cabo esta conversión, común también en todas las aplicaciones de Office 2016. Se trata de utilizar el tradicional

comando *Guardar como*. Veamos cómo. Con el documento en pantalla, pulse sobre la pestaña *Archivo*, haga clic sobre el mencionado comando y pulse sobre la opción *Examinar*.

11. Se abre el cuadro de diálogo *Guardar como*, con el que ya trabajamos en lecciones anteriores. Ahora se trata de localizar en el campo *Tipo* el formato en cuestión. En este caso, despliegue dicho campo y elija el formato *Documento XPS*.

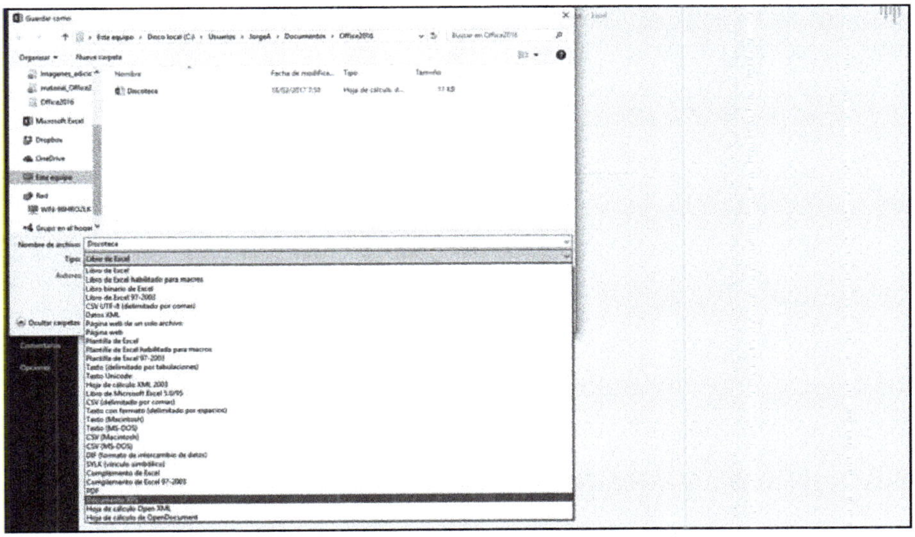

12. Al elegir este formato, el cuadro de diálogo se amplía para mostrar otras opciones, de hecho, las mismas que pudimos estudiar durante la conversión del documento a PDF. (Vea si lo desea la imagen adicional *2.9-002*.) Así, podemos elegir el tipo de optimización según la finalidad del archivo y si deseamos o no abrir el documento tras su publicación. También puede acceder al cuadro de opciones, que contiene los mismos elementos que para la conversión a PDF. Mantenga las opciones tal y como están, asigne, si lo desea, un nuevo nombre al archivo y haga clic sobre el botón *Guardar*.

13. Debido a sus reducidas dimensiones, el documento se convierte en poco segundos y se muestra, tal y como hemos indicado, en el visor oportuno. En este caso, se trata del denominado Visor de XPS, incluido en las últimas versiones de Windows. (Vea si lo desea la imagen adicional *2.9-003*.) Desde este visor es posible consultar el contenido del documento e imprimirlo pero no modificarlo, aunque sí se pueden establecerse ciertas características relacionadas con permisos y firmas. Salga de este programa pulsando sobre el botón de aspa de su Barra de título.

PRÁCTICA

Abra cualquier documento de Office y, mediante el comando pertinente de la vista Backstage, conviértalo primero en PDF y después, en un documento XPS.

2.10 Enviar documentos por correo electrónico

El comando Compartir de la nueva Backstage de Office 2016 cuenta con una opción que permite el envío por correo electrónico de cualquier documento creado con la suite de Microsoft. La opción Enviar mediante correo electrónico propone cinco formas distintas de llevar a cabo este envío, cada una de las cuales implica un formato diferente para dicho envío: como datos adjuntos en el formato original, como vínculo, como PDF y como XPS y, por último, como fax de Internet. Sea cual sea la opción que se elija para el envío, el requisito imprescindible para poder llevarlo a cabo es, evidentemente, contar con un programa de correo electrónico instalado y debidamente configurado en el equipo. El programa que forma parte de la suite Office es Outlook, el cual, para poder utilizarlo, debe tener una cuenta de correo configurada.

1. En esta lección le mostraremos cómo enviar por correo electrónico un documento de Office. Trabajaremos sobre un documento de texto creado con Word 2016, aunque sepa que puede utilizar cualquier otro archivo procedente de otra de las aplicaciones de la suite, puesto que el proceso es idéntico para todas ellas. Para empezar, abra el archivo *Lectura obligatoria.docx*, que ya hemos utilizado en ejercicios anteriores. (Si todavía no dispone de él, obténgalo antes de proseguir con el ejercicio y guárdelo en su equipo.)

2. A continuación, haga clic sobre la pestaña *Archivo*, pulse sobre el comando *Compartir* y haga clic en la opción *Correo electrónico*.

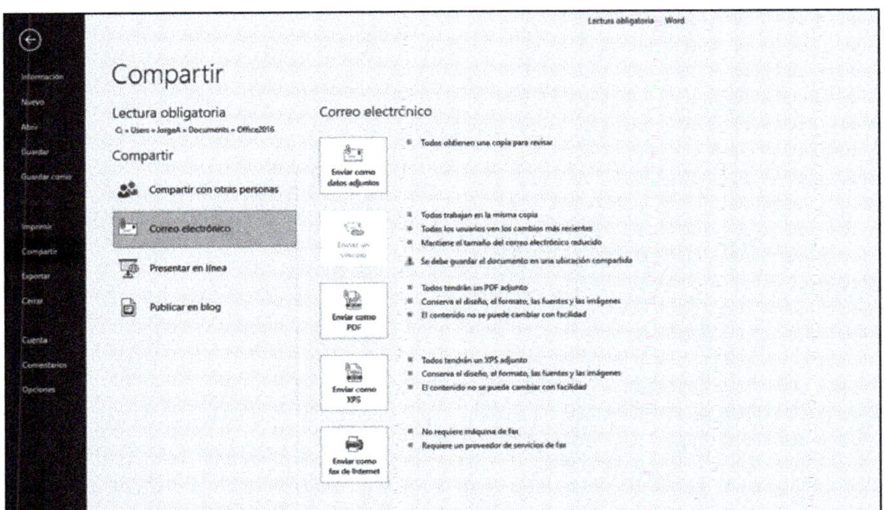

3. En la parte derecha del panel se muestran las cinco opciones distintas con que pueden enviarse los documentos por e-mail. La primera opción, *Enviar como datos adjuntos*, permite enviar el archivo en su formato original como documento adjunto al mensaje de correo electrónico. Haga clic sobre esta opción para iniciar el proceso.

4. Al instante se abre la ventana con un nuevo mensaje de correo electrónico en el gestor de correo electrónico que tenga configurado en su equipo, en la cual los campos Asunto y Adjunto se encuentran completados. Office utiliza siempre el nombre del archivo adjunto como asunto, aunque sepa que usted puede cambiarlo si así lo desea. El siguiente paso consistiría en completar el campo *Para* con la dirección del o los destinatarios del mensaje y, si es preciso, introducir también un texto como cuerpo del mensaje. Hágalo si lo desea y pulse el botón *Enviar* para mandar el mensaje; si no, haga clic sobre el botón de aspa de la *Barra de título* de la ventana del mensaje para cerrarla.

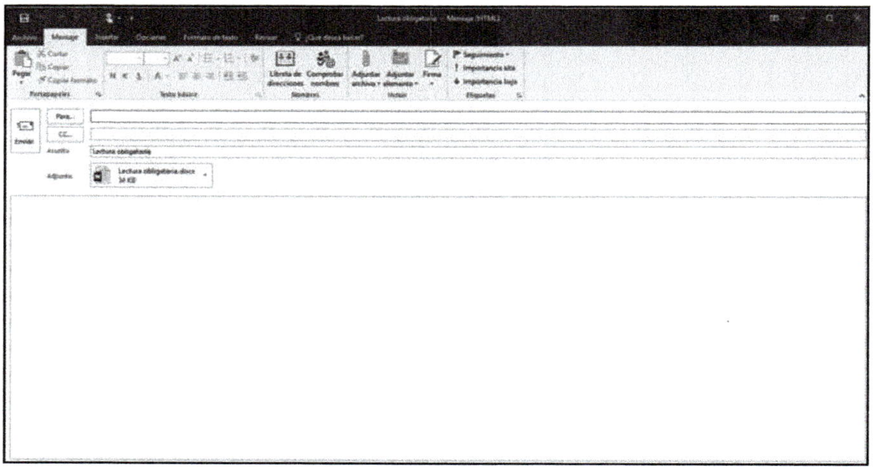

5. Volvemos al área de trabajo de Word, con el documento *Lectura obligatoria.docx* abierto en ella. Haga clic sobre la pestaña *Archivo*, pulse de nuevo sobre el comando *Compartir* y seleccione la opción *Correo electrónico*.

6. La siguiente opción mediante la cual es posible enviar un documento por correo electrónico, *Enviar un vínculo*, supone haber guardado previamente dicho documento en una ubicación compartida, razón por la cual en esta ocasión se encuentra desactivada, de color gris. Se trata en este caso de en-

viar el material como un vínculo, de manera que al pulsar sobre él el destinatario sea dirigido automáticamente a la mencionada ubicación. Una de las opciones de almacenamiento en ubicaciones compartidas que presenta Office 2016 es OneDrive, que ya tratamos en un ejercicio anterior. Seguidamente, haga clic sobre la opción *Enviar como PDF*.

7. Si necesita recordar las características de los archivos en formato PDF, no dude en consultar la lección anterior, en la cual aprendimos a convertir documentos de Office en este formato. Lo único que mencionaremos es que el envío de documentos PDF por correo electrónico es una excelente forma de compartir información sin miedo a que nadie la modifique. Al pulsar sobre la opción *Enviar como PDF* se abre un nueva ventana de correo electrónico, mostrando como datos adjuntos el icono del documento en cuestión en el formato especificado. (Vea si lo desea la imagen adicional *2.10-001*.) Complete el mensaje si desea enviarlo y pulse el botón *Enviar*; si no, cierre la ventana del correo para continuar con la práctica.

8. Pulse una vez más sobre la pestaña *Archivo*, pulse de nuevo sobre el comando *Compartir* y seleccione la opción *Correo electrónico*.

9. El formato XPS es, como recordará, el equivalente al formato PDF creado por Microsoft. Como en el caso del formato de Adobe, los documentos XPS también pueden leerse sin necesidad de contar con la suite Office instalada en el equipo, lo que supone una ventaja para los destinatarios. Ahora bien, sí que es requisito imprescindible contar con el Visor de XPS, aplicación incluida en Windows. Pulse sobre la opción *Enviar como XPS*.

10. El resultado es el mismo que para el resto de formatos, es decir, el documento se incluye como icono en el campo *Adjunto* y, en el campo *Asunto*, se muestra el nombre del documento en cuestión. (Vea si lo desea la imagen adicional *2.10-002*.) Una vez más, complete si lo desea el resto de campos y pulse el botón *Enviar* para realizar el envío del mensaje; si no, cierre esta ventana pulsando sobre el botón de aspa de su *Barra de título*.

11. La quinta y última opción que presenta Office 2016 para el envío de archivos por correo electrónico es, de hecho, una variante de este proceso. Se trata en este caso de enviar el documento como fax de Internet. Esta opción no requiere el uso de ninguna máquina de fax, aunque sí es imprescindible

contar con un proveedor de servicios de fax. Despliegue la vista Backstage pulsando sobre la pestaña *Archivo*, haga clic sobre el comando *Compartir* y, en la opción *Correo electrónico*, pulse sobre la opción *Enviar como fax de Internet*.

12. Si la aplicación detecta que no dispone de ninguna suscripción a un proveedor de servicios de fax, lanza un cuadro que le advierte acerca de esta carencia. Vamos a mostrarle los pasos que debe seguir para contratar los servicios de uno de estos proveedores. En el cuadro de diálogo que aparece, pulse en *Aceptar*.

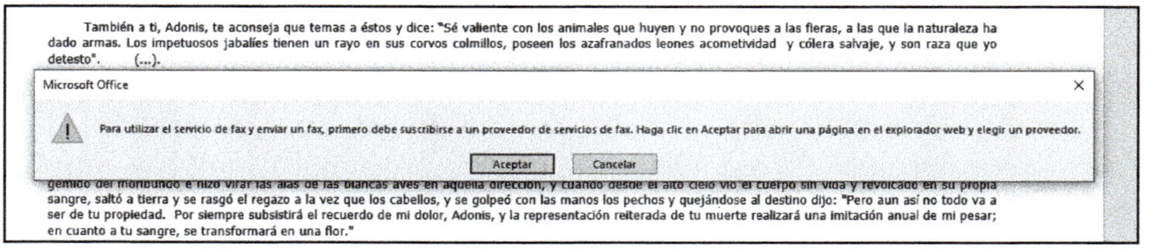

13. Se abre el navegador de Internet mostrando el contenido de la página de servicios de fax disponibles de Microsoft Office. A partir de aquí, dejamos en sus manos la contratación y activación de algunos de estos productos para poder enviar sus documentos como fax de Internet. Termine este ejercicio cerrando Word y, con él, el documento con el que hemos trabajado.

PRÁCTICA

Sobre cualquier documento de Office, compruebe las distintas opciones de que dispone la suite para el envío de documentos por correo electrónico.

2.11 Compartir documentos

Office 2016 permite compartir archivos con amigos y familiares de un modo rápido y sencillo. Esta funcionalidad de la suite fue notablemente mejorada en la versión anterior de Office y en esta podrá sacar de ella el máximo partido.

El nuevo panel Compartir forma parte de la nueva funcionalidad de Office 2016 que permite colaboraciones a tiempo real entre diferentes usuarios. Por esta razón, y dada la importancia de esta novedad, volveremos a tratarla con mayor detalle en un ejercicio posterior de este libro.

1. En este ejercicio le mostraremos el comando que Office 2016 presenta para compartir documentos. Para ello, trabajaremos sobre la presentación de PowerPoint denominada *Lugares.pptx*, que ya hemos tenido ocasión de utilizar en un ejercicio anterior; si todavía no ha trabajado con este archivo, sepa que forma parte del material adicional que puede descargar de forma gratuita con el código de acceso proporcionado en la primera página del libro. Sin embargo, sepa que puede llevar a cabo el proceso sobre cualquier otro documento de Office, puesto que los pasos a seguir son exactamente los mismos. Abra el archivo en cuestión y haga clic sobre la pestaña *Archivo*.

2. Accedemos así, como ya sabe, a la vista Backstage. El comando *Compartir* es el que nos interesa en estos momentos. Haga clic en él para mostrar las opciones que contiene.

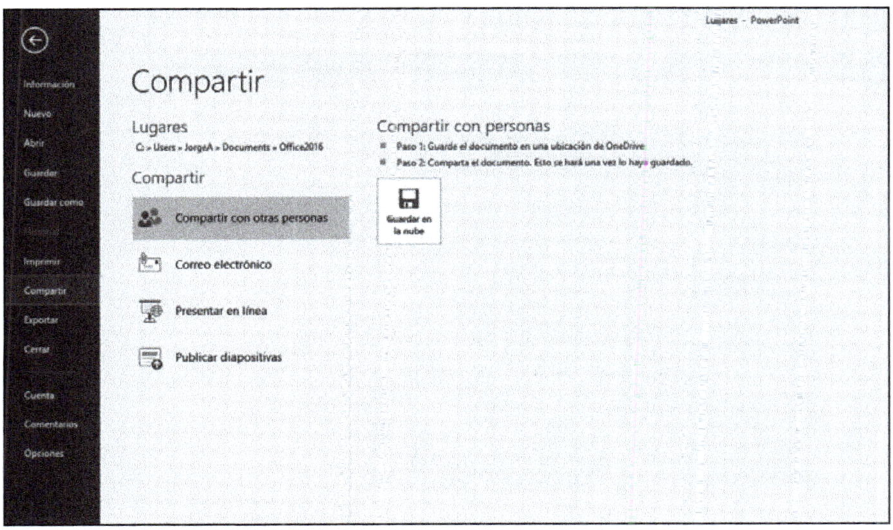

3. De esta forma Microsoft agrupa en una misma sección todas aquellas opciones destinadas a este mismo fin, compartir con otros usuarios. La opción *Compartir con otraspersonas* permite, al mismo tiempo que guarda en la nube el documento, enviar un correo electrónico a aquellas personas que tendrán acceso al documento. Pulse sobre el botón *Guardar en la nube*.

4. De inmediato, el programa nos envía a la sección *Guardar como*, con la que hemos trabajado en ejercicios anteriores. Pulse sobre la opción *OneDrive: personal*, elija una de las carpetas ubicadas en su OneDrive y guarde en ella el documento actual.

5. Al guardar el documento en la nube, la pantalla se actualiza volviendo a la sección *Compartir con personas*. Haga clic sobre el comando del mismo nombre.

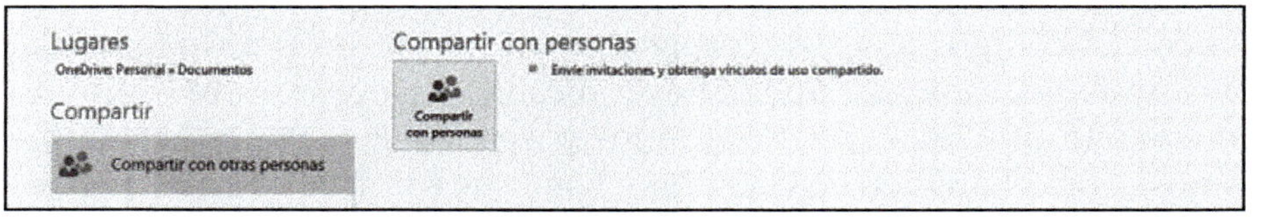

6. Como novedad en la versión 2016 de Office, este comando abre en la interfaz del programa un panel vertical, denominado *Compartir*, en el cual deberá introducir la o las direcciones de correo electrónico de las personas con las que desee compartir su documento. Hágalo y pulse el botón *Compartir*.

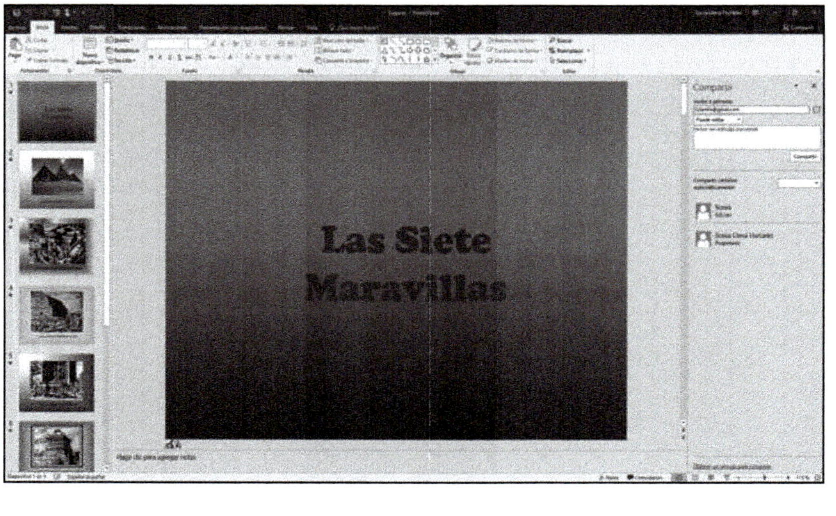

7. Además de insertar las direcciones de e-mail de los destinatarios de la invitación, también puede indicar si dichos destinatarios podrán o no modificar el contenido del documento. Los vínculos de uso compartido son útiles para compartir documentos con grupos grandes o cuando se desconoce la dirección de *e-mail* de todos los destinatarios. Si desea obtener uno, haga clic sobre el comando *Obtener un vínculo para compartir*, en la parte inferior del panel.

8. Elija si desea generar un vínculo de edición, mediante el cual los usuarios a los que envíe dicho vínculo podrán modificar el documento, o bien solo lectura, el cual impedirá la realización de cambios. Una vez realizada esta selección, el vínculo se mostrará en el panel y podrá copiarlo mediante el botón *Copiar* y pegarlo, por ejemplo, en un mensaje de correo electrónico.

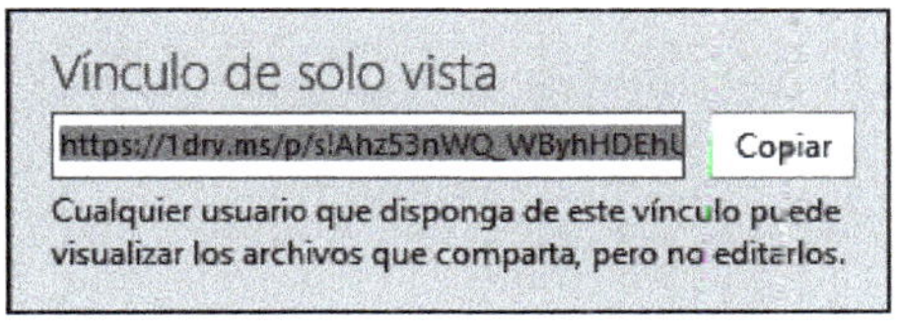

PRÁCTICA

Abra un documento de Office y comparta con alguien de su confianza su edición. Para ello, guarde el documento en su carpeta personal de OneDrive y envíe una invitación por correo electrónico a esta persona.

2.12 Presentar documentos en línea

La presentación de documentos en línea es una opción incluida en dos de los programas de Office 2016: Word y PowerPoint. Se trata de un servicio gratuito que permite visualizar *online* los documentos seleccionados ante aquellos usuarios invitados por el propietario del documento. Dicha invitación será recibida en forma de vínculo que conduce al espacio en que se lleva a cabo la mencionada presentación.

Puede resultar interesante leer el acuerdo de servicio que de forma automática usted acepta al iniciar el servicio de presentaciones en línea de Microsoft. Para ello, deberá pulsar sobre el vínculo Acuerdo de servicio situado en la descripción del servicio en la vista Backstage.

1. Llevaremos a cabo esta práctica sobre la misma presentación de PowerPoint con la que hemos trabajado en el ejercicio anterior, aunque sepa que el proceso mostrado será idéntico para cualquier documento de Word 2016. Pulse sobre la pestaña *Archivo*.

2. De esta forma accedemos a la vista Backstage. Haga clic sobre el comando *Compartir* y pulse esta vez sobre la opción *Presentar en línea*.

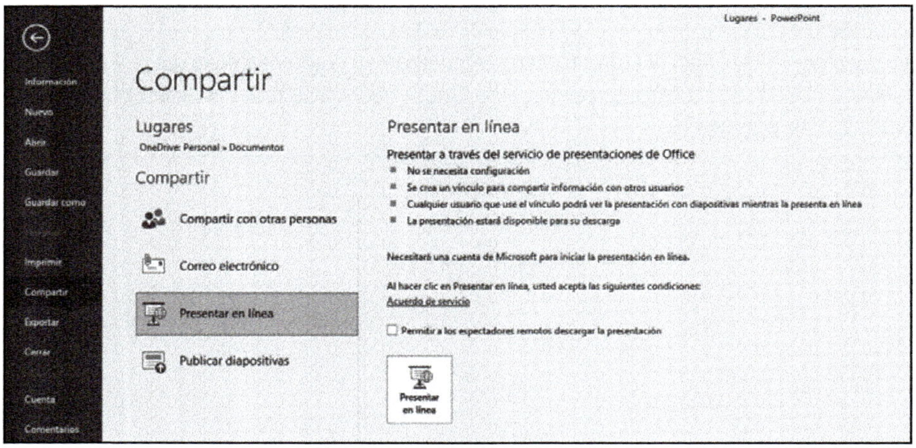

3. Al elegir esta opción puede consultar toda la información relativa a este fantástico servicio gratuito en línea. Marque la opción *Permitir a los espectadores remotos descargar la presentación* y haga clic sobre el botón *Presentar en línea*.

4. Tras un breve proceso en el cual la aplicación se pone en contacto con el servidor, se muestra en una ventana emergente el vínculo que usted enviará a los destinatarios a quien le interesa que visualicen su presentación. Puede copiar el vínculo y pegarlo en un mensaje nuevo o bien activar el envío automáticamente desde este cuadro. Si pulsa sobre la opción *Enviar por correo electrónico*, se abrirá un nuevo mensaje en cuyo cuerpo puede leerse un breve texto seguido del vínculo sobre el cual el destinatario deberá pulsar para ver la presentación en línea.

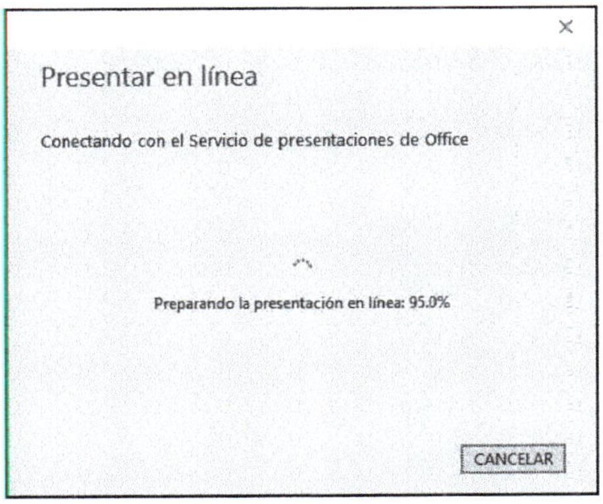

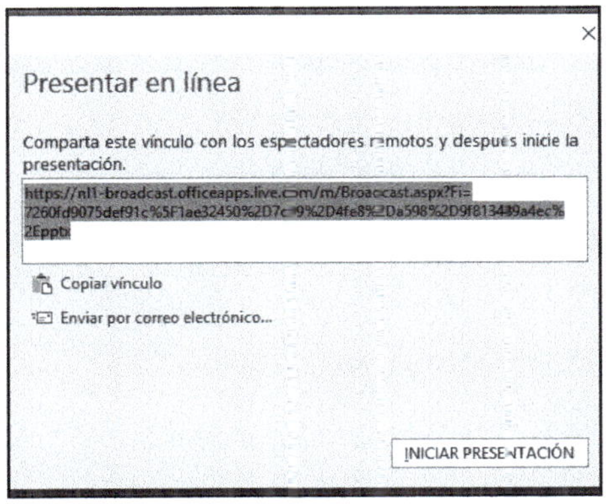

5. Una vez haya gestionado el envío del vínculo según sus preferencias, haga clic sobre el botón *Iniciar presentación*.

6. La presentación se ejecuta al instante a pantalla completa. Si sitúa el puntero del ratón en la parte inferior izquierda de la pantalla aparecen los botones para controlar la presentación. En este instante, los destinatarios que hayan recibido la invitación y hayan, por tanto, seguido el vínculo incluido en el mensaje podrán visualizar al mismo tiempo que usted el documento expuesto. Para salir de la presentación, pulse sobre el último de los controles, elija la opción *Finalizar la presentación* y, en el cuadro de diálogo que le advierte que al cerrar desconectará también a los espectadores, pulse en *Finalizar presentación en línea*.

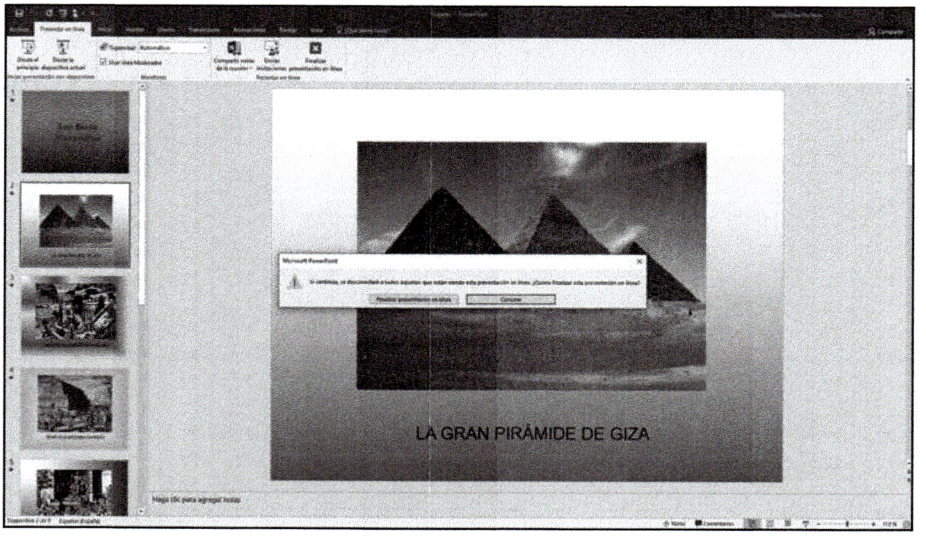

PRÁCTICA

Abra una presentación de PowerPoint o un documento de Word 2016 e inicie, desde el comando oportuno, su presentación en línea, permitiendo que los espectadores remotos descarguen la presentación. Con la presentación en marcha, finalícela mediante los controles de la misma.

3 Funciones comunes de edición

3.1 Seleccionar elementos

Todas las aplicaciones de Office 2016 cuentan con una serie de funciones de edición de contenido comunes. Con comunes entendemos en este caso que su ejecución se realiza de forma idéntica en cualquiera de los programas. Si hasta el momento hemos podido aprender muchos de los comandos también comunes relacionados con la gestión de los documentos, el modo de abrirlos y cerrarlos, de almacenarlos en distintos formatos y en diferentes ubicaciones y de compartirlos, en este apartado trataremos aquellas funciones que podríamos considerar más básicas para la edición de un documento.

Habitualmente, el paso previo a la edición de contenido de un documento de Office es la selección de dicho contenido. Seleccionar elementos, ya sea texto, objetos, imágenes o celdas, siempre implica el uso del ratón, del teclado o de una combinación de ambos dispositivos. Lo más importante en este caso es saber que la selección siempre se lleva a cabo del mismo modo, sea cual sea la aplicación de Office con la cual se esté trabajando.

La selección de elementos u objetos en una aplicación de Office supone la activación de las denominadas fichas contextuales. Estas fichas son pestañas complementarias que aparecen en la Cinta de opciones cuyo contenido varía dependiendo del tipo de elemento seleccionado. Estas fichas contextuales contienen a su vez subfichas que ayudan a organizar los comandos contenidos en ellas según su funcionalidad sobre el elemento seleccionado.

1. En esta primera lección dedicada a las funciones comunes de edición de elementos nos dedicaremos de lleno a la selección de elementos. De hecho, esta acción es el paso previo a prácticamente cualquier otra en el formato y el diseño del contenido de un documento. Vamos a empezar trabajando sobre un fragmento de texto, para lo cual abriremos el documento de Word *Lectura obligatoria.docx*. Aunque las acciones que llevaremos a cabo en esta práctica se ejecutan de forma idéntica en todas las aplicaciones de Office, le recomendamos en este caso que utilice el archivo de ejemplo, puesto que así podremos realizar el ejercicio de una forma más concreta. (Recuerde que si todavía no dispone de este archivo puede descargarlo de forma gratuita con el código de acceso proporcionado en la primera página del libro.) Cuando haya abierto el documento en el área de trabajo de Word 2016, haga doble clic sobre el nombre propio Ovidio, situado en el título del documento.

2. El doble clic es la forma más rápida y sencilla de seleccionar una palabra. Haga clic delante de la palabra seleccionada para eliminar esta selección.

3. Para deshacer cualquier selección, sencillamente es preciso pulsar en una zona libre del documento. El elemento que aparece flotante tras la selección de cualquier parte de texto es la *Barra de herramientas mini*, que permite asignar formato de forma rápida y sencilla sobre dicho texto; este elemento de interfaz será tratado en exclusiva en la siguiente lección. Si usted se siente más cómodo trabajando con el teclado que con el ratón (a muchas personas les supone una dificultad realizar el doble clic con este dispositivo), la selección de una palabra en un documento también puede llevarse a cabo sin problemas. Para ello, deberá utilizar una combinación de teclas. Con el cursor de edición delante de la palabra que desee seleccionar, pulse la tecla *Mayúsculas* y, sin soltar, pulse tantas veces como letras tenga la palabra la tecla de dirección hacia la derecha, de manera que vaya seleccionando de una en una las letras que componen esta palabra.

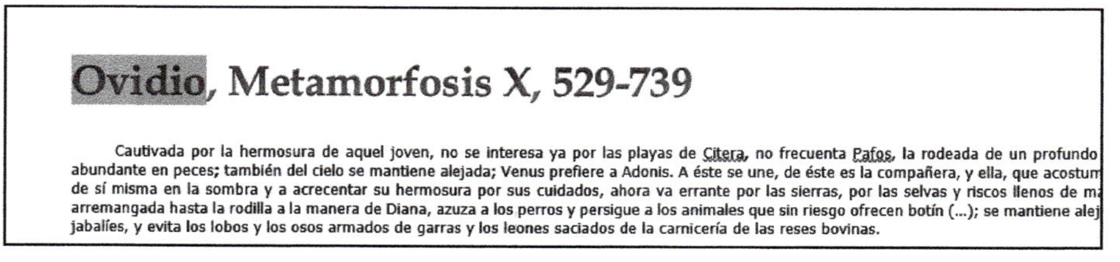
Ovidio, Metamorfosis X, 529-739

Cautivada por la hermosura de aquel joven, no se interesa ya por las playas de Citera, no frecuenta Pafos, la rodeada de un profundo abundante en peces; también del cielo se mantiene alejada; Venus prefiere a Adonis. A éste se une, de éste es la compañera, y ella, que acostum de sí misma en la sombra y a acrecentar su hermosura por sus cuidados, ahora va errante por las sierras, por las selvas y riscos llenos de ma arremangada hasta la rodilla a la manera de Diana, azuza a los perros y persigue a los animales que sin riesgo ofrecen botín (...); se mantiene alej jabalíes, y evita los lobos y los osos armados de garras y los leones saciados de la carnicería de las reses bovinas.

4. Imagine ahora que desea seleccionar todo el título o una línea de texto. Además de utilizar el teclado de la forma que hemos visto en el paso anterior, el ratón es una buena forma de llevar a cabo esta selección. Veamos cómo. Haga clic a la izquierda del título, sobre el margen del documento.

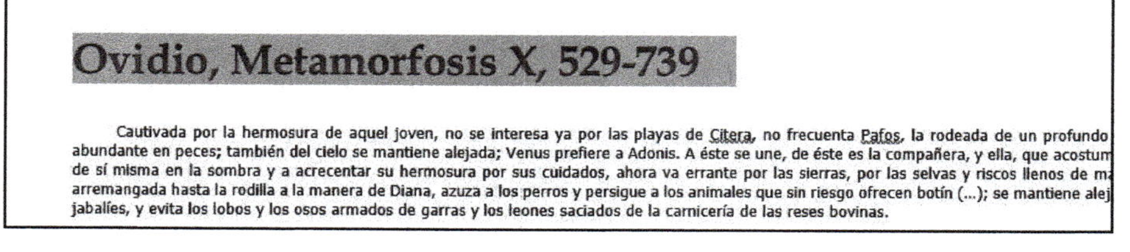
Ovidio, Metamorfosis X, 529-739

Cautivada por la hermosura de aquel joven, no se interesa ya por las playas de Citera, no frecuenta Pafos, la rodeada de un profundo abundante en peces; también del cielo se mantiene alejada; Venus prefiere a Adonis. A éste se une, de éste es la compañera, y ella, que acostum de sí misma en la sombra y a acrecentar su hermosura por sus cuidados, ahora va errante por las sierras, por las selvas y riscos llenos de ma arremangada hasta la rodilla a la manera de Diana, azuza a los perros y persigue a los animales que sin riesgo ofrecen botín (...); se mantiene alej jabalíes, y evita los lobos y los osos armados de garras y los leones saciados de la carnicería de las reses bovinas.

5. Efectivamente, el efecto conseguido es la selección del título entero con un único clic. A continuación, haga clic al inicio de la primera línea del tex-

to del documento, también sobre el margen izquierdo, para comprobar que queda seleccionada, en este caso, solo dicha línea.

6. La pulsación de la tecla *Ctrl* combinada con el uso del ratón sobre términos concretos permite seleccionar texto no consecutivo. Probémoslo. Haga doble clic (o seleccione con el teclado) el nombre propio *Citera*, situado en la primera línea del documento, pulse la tecla *Ctrl* y, sin soltarla, haga doble clic sobre el nombre *Pafos*, situado en la misma línea.

> **Ovidio, Metamorfosis X, 529-739**
>
> Cautivada por la hermosura de aquel joven, no se interesa ya por las playas de Citera, no frecuenta Pafos, la rodeada de un profundo mar, ni Cnido, la abundante en peces; también del cielo se mantiene alejada; Venus prefiere a Adonis. A éste se une, de éste es la compañera, y ella, que acostumbraba a ocuparse de sí misma en la sombra y a acrecentar su hermosura por sus cuidados, ahora va errante por las sierras, por las selvas y riscos llenos de maleza, con la ropa arremangada hasta la rodilla a la manera de Diana, azuza a los perros y persigue a los animales que sin riesgo ofrecen botín (...); se mantiene alejada de los fuertes jabalíes, y evita los lobos y los osos armados de garras y los leones saciados de la carnicería de las reses bovinas.

7. De esta manera hemos seleccionado palabras no consecutivas en una misma línea, selección muy útil en el caso de tener que aplicar un formato determinado sobre una serie de términos concretos Pulse de nuevo la tecla *Ctrl* y, sin soltarla, haga doble clic sobre los nombres *Venus* y *Adonis*, situados en la segunda línea del documento.

8. En Word, la selección de párrafos enteros se lleva a cabo mediante un doble clic a la izquierda del párrafo en cuestión, sobre el margen izquierdo del documento. Con un triple clic conseguirá seleccionar todo el documento. Una vez mostradas las formas comunes de seleccionar texto en un documento de Office (recordemos que estos procesos se llevan a cabo igual en todas las aplicaciones de la suite), pasaremos a comprobar qué ocurre cuando se selecciona un objeto. En el documento con el que estamos trabajando en esta lección disponemos de un organigrama al final del mismo, el cual nos servirá para nuestro cometido. Sitúese al final del documento con la ayuda de la *Barra de desplazamiento vertical* o bien pulsando la combinación de teclas *Ctrl+Fin* de su teclado.

9. A continuación, haga clic sobre alguna de las formas del organigrama y compruebe el cambio que se produce en el *Cinta de opciones*. (Vea la imagen completa en el archivo *3.1-001* que puede descargar de forma gratuita con el código de acceso proporcionado en la primera página del libro.)

10. Al seleccionar cualquier objeto de Office, la *Cinta de opciones* se actualiza para mostrar nuevas fichas, dependientes de las denominadas fichas contextuales. La selección de una imagen supone la aparición de la ficha contextual *Herramientas de imagen;* la selección de una tabla, la de la ficha *Herramientas de tabla;* la selección de un gráfico, la de *Herramientas de gráfico.* La pestaña que da nombre a cada una de estas fichas se muestra de un color distinto para diferenciarlas entre ellas, aunque igual para todas las aplicaciones de Office. En este caso en concreto, nos encontramos con la ficha contextual *Herramientas de SmartArt,* la cual contiene dos subfichas: *Diseño* y *Formato.* Normalmente, estas dos subfichas en concreto forman parte de cualquier ficha contextual, pudiendo variar en cuanto a número según el objeto y la aplicación con la que esté trabajando. La razón es que estas subfichas contienen los comandos destinados a modificar el diseño y el formato del elemento seleccionado, finalidad más habitual de las fichas contextuales. A modo de ejemplo, pulse sobre la subficha *Formato* para ver los comandos que contiene en este caso.

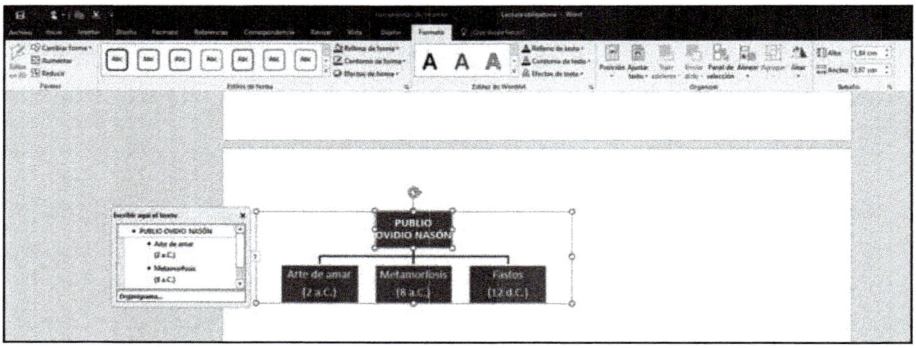

11. No queremos terminar sin mostrarle el uso de un comando común en todas las aplicaciones de Office: el comando *Seleccionar,* incluido en el grupo de herramientas *Editar* de la ficha *Inicio* de la *Cinta de opciones.* Este comando contiene distintas opciones según los elementos que se desea seleccionar, razón por la cual dichas opciones pueden variar ligeramente entre las distintas aplicaciones de la suite. Como su nombre indica, la opción *Seleccionar todo* permite seleccionar todo el contenido de un documento, tanto texto como objetos. El uso de esta opción tiene el mismo efecto que la pulsación de la combinación de teclas *Ctrl + A.* La opción *Seleccionar objetos* permite seleccionar áreas rectangulares de trazos de lápiz, formas y texto. Al elegir esta opción, el puntero del ratón cambia su aspecto para mostrar una punta de flecha de color blanco. La siguiente opción, *Seleccionar texto con formato similar*, detecta aquel texto con formato que tenga características similares y lo selecciona. Si utilizáramos esta opción en nuestro documento actual de Word, el programa seleccionaría solo el título, por ser el único texto con formato aplicado. Por último, la opción *Panel de selección* abre dicho panel, cuya finalidad es ayudar al usuario a seleccionar objetos individuales y cambiar el orden y el modo en que se visualizan. Dado el tipo de contenido de nuestro documento de texto, no tiene sentido mostrar el *Panel de selección* para que pueda comprobar su aspecto y el tipo de datos que contiene. Por esta razón, le instamos a que abra el documento *Lugares.pptx* en PowerPoint, sobre el cual sí podremos llevar a cabo esta comprobación. Cuando disponga de esta presentación en pantalla, despliegue el comando *Seleccionar* del grupo de herramientas *Editar* y haga clic sobre la opción *Panel de selección*.

12. El *Panel de selección* muestra en este caso dos objetos: un clip de audio y un cuadro de texto. Si pulsamos sobre cualquiera de ellos el elemento en cuestión quedará seleccionado en la diapositiva en la que se encuentre. Como ejemplo, haga clic sobre el primero de los elementos mostrados, un clip de audio.

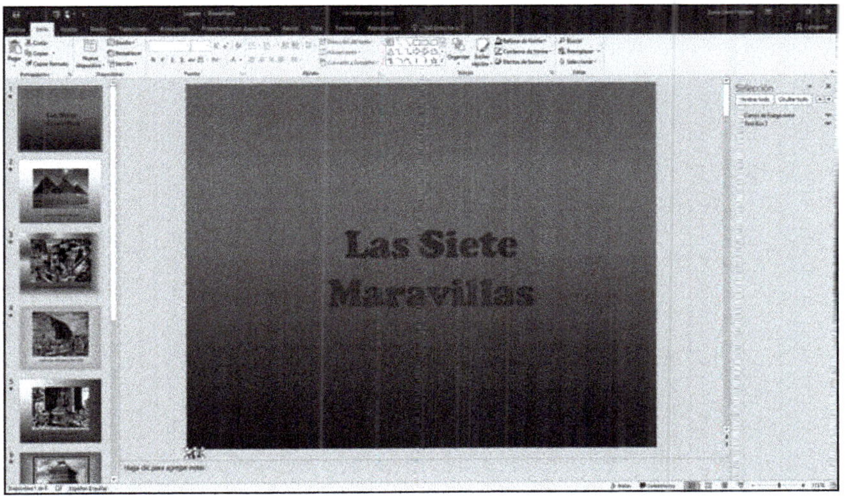

13. Efectivamente, sobre la diapositiva queda seleccionado el icono correspondiente a dicho elemento, al tiempo que se carga en la *Cinta de opciones* la ficha contextual *Herramientas de audio*, cuyas subfichas son en este caso *Formato* y *Reproducción*. Desde el *Panel de selección* podría ocultar los elementos

seleccionados y cambiar el orden en la diapositiva. Daremos por terminado este ejercicio cerrando este panel y eliminando la selección actual del objeto. Pulse sobre el botón de aspa de la cabecera del panel y haga clic en una zona libre de la diapositiva.

PRÁCTICA

Abra un documento de Word y pruebe a seleccionar con el ratón un término cualquiera; después, con una combinación de ratón y teclado, seleccione varios términos al mismo tiempo, no consecutivos. Seleccione también todo el documento con una combinación de teclas especial. Y por último, seleccione algún elemento que no sea de texto para comprobar como se carga las correspondientes fichas contextuales.

3.2 Usar la Barra de herramientas mini

La Barra de herramientas mini es un elemento de interfaz común en todas las aplicaciones de Office 2016. Al seleccionar cualquier tipo de texto en cualquier tipo de documento, el programa muestra una barra de herramientas en forma de panel semitransparente: se trata de la barra de herramientas mini, la cual ha sido diseñada para facilitar la aplicación de formato al texto seleccionado. Las características de formato que se pueden aplicar o modificar desde esta barra son el tipo, el estilo, el tamaño y el color de la fuente, la alineación, los niveles de sangría y las viñetas.

La Barra de herramientas mini no se puede personalizar en cuanto su contenido, aunque sí se puede indicar que se muestre o no en la interfaz del programa.

1. En esta sencilla lección le mostraremos las ventajas que presenta el uso de la *Barra de herramientas mini* para aplicar o cambiar el formato de un texto seleccionado. Aunque las opciones disponibles en dicha barra son básicas, es preciso conocerlas y saber cómo utilizarlas. La *Barra de herramientas mini* es común en todas las aplicaciones de Office 2016 y, para trabajar con ella, recuperaremos el documento de Word *Lectura obligatoria.docx*, con el que ya trabajamos en la lección anterior. Cuando disponga de él abierto en primer plano, seleccione con un doble clic el nombre propio *Citera*, situado hacia la mitad de la primera línea del documento.

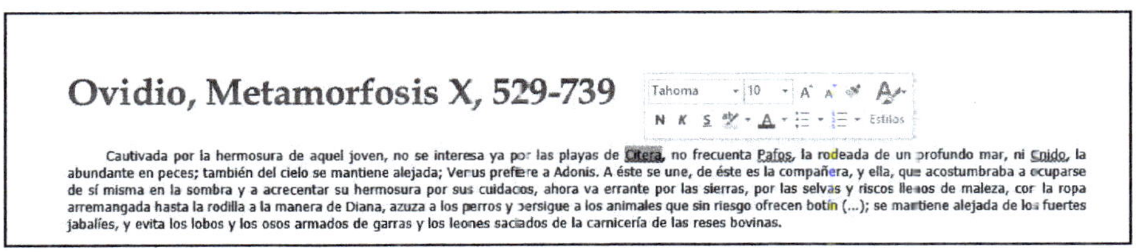

2. Al seleccionar esta palabra, se muestra en la parte superior de la misma un pequeño panel con una serie de opciones: se trata de la *Barra de herramientas mini*. Con el propósito de no molestar al usuario, esta barra es semitransparente hasta que no se sitúe el puntero del ratón sobre ella. Hágalo.

3. Efectivamente, la barra se muestra ahora opaca y no se ocultará por completo hasta que no pulse en una zona libre del documento o bien utilice alguno de los comandos de la *Cinta de opciones*. Lo que haremos a continuación es aplicar algún tipo de formato al texto seleccionado desde la *Barra de herramientas mini*. A modo de ejemplo, haga clic sobre el comando *Negrita*, que muestra una N mayúscula en dicha barra.

4. El estilo se aplica de inmediato sobre la palabra seleccionada. Mientras mantenga el puntero del ratón sobre la *Barra de herramientas mini*, esta permanecerá en pantalla, lista para seguir siendo utilizada. Aprovechemos para aplicarle también un color. Haga clic sobre el comando *Color de fuente*, que muestra una letra A sobre una línea de color rojo, y, de la paleta que se despliega, elija con un clic el color que más le guste.

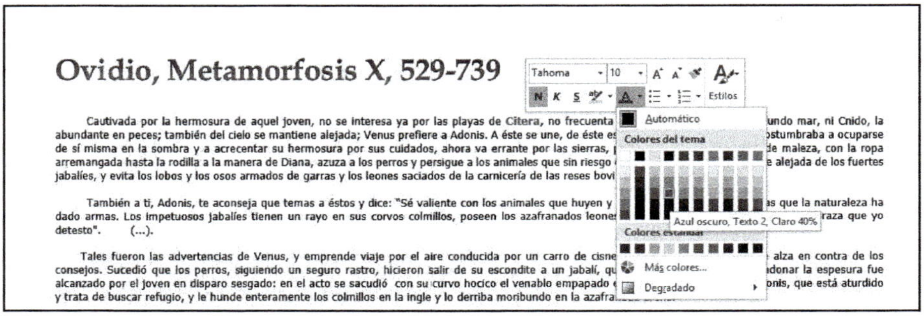

5. La *Barra de herramientas mini* no solo aparece al seleccionar una palabra, sino también líneas o párrafos enteros. Compruébelo. Haga clic delante del título del documento para seleccionarlo por completo.

6. En efecto, en la parte superior se muestra de nuevo la *Barra de herramientas mini*. En esta ocasión, cambiaremos el tamaño de la fuente. Para ello, haga clic en la punta de flecha del campo que, en este caso, muestra el valor *26*, junto al que contiene el nombre de la fuente, y elija de la lista el valor *36*.

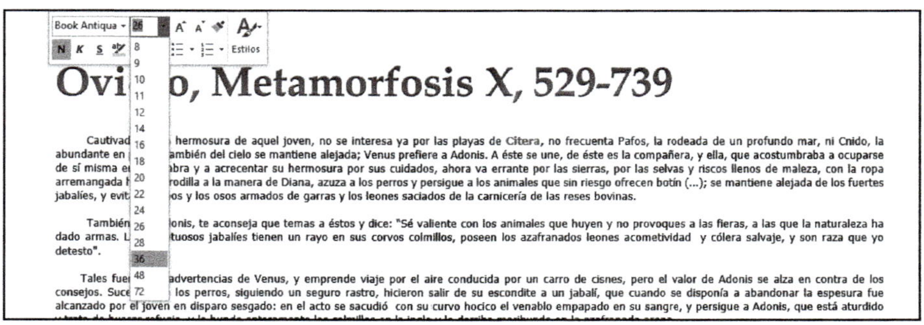

7. El nuevo tamaño se aplica al instante. Antes de terminar, le mostraremos cómo puede desactivar la aparición de la *Barra de herramientas mini* al seleccionar texto en el programa. Para ello, es preciso acceder al ya conocido cuadro de opciones. Haga clic sobre la pestaña *Archivo* y, en la vista Backstage, pulse sobre el comando *Opciones*.

8. En la categoría *General* del cuadro de opciones se encuentra la opción que nos interesa. Para deshabilitarla, pulse sobre la casilla de verificación de la opción *Mostrar minibarra de herramientas al seleccionar* y haga clic en el botón *Aceptar*.

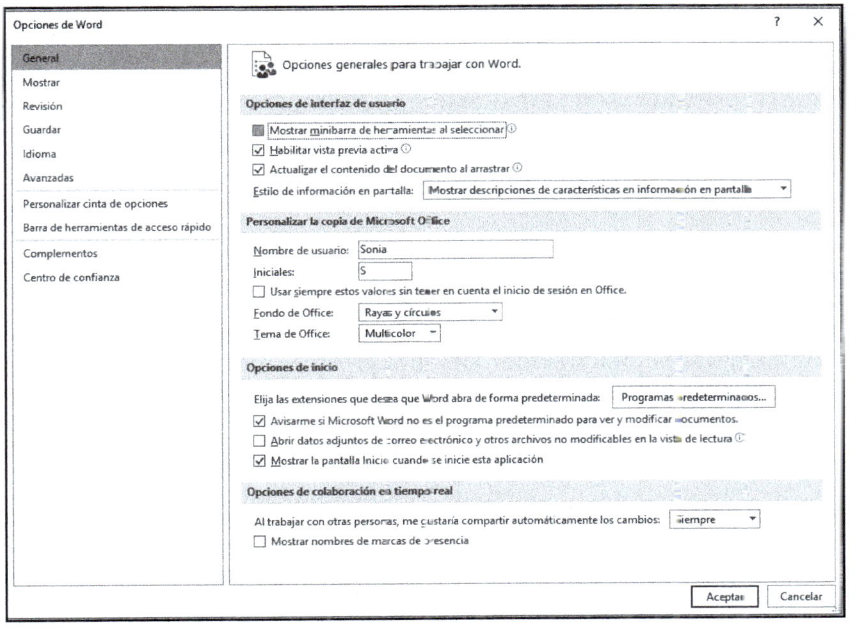

9. Solo nos queda comprobar que la *Barra de herramientas mini* ya no aparece. Seleccione cualquier parte del texto del documento y realice por usted mismo esta comprobación.

PRÁCTICA

Practique con la Barra de herramientas mini, seleccionando alguna parte del texto de nuestro documento de Word y cambiando el formato y el estilo desde dicho elemento de la interfaz de Office.

3.3 Cortar, copiar y pegar

Cortar, Copiar y Pegar son tres de los comandos más conocidos y funcionales que se utilizan en la edición de documentos. Estos tres comandos están presentes en todas las aplicaciones de la suite Office desde sus inicios. En la versión 2016 de la esta suite, las funciones de corte, copia y pegado se encuentran en el grupo de herramientas Portapapeles de la ficha Inicio de la Cinta de opciones, común en todos los programas de Office, aunque también es posible aplicarlas directamente mediante las correspondientes combinaciones de teclas.

Los comandos Cortar, Copiar y Pegar funcionan de igual forma en todas las aplicaciones; lo único que puede variar entre un programa y otro, según el tipo de contenido generado, son las opciones de pegado, es decir, el modo en que el programa devuelve los datos cortados o copiados. Las combinaciones de teclas que ejecutan las funciones de corte, copia y pegado son, respectivamente, Ctrl + X, Ctrl + C y Ctrl + V.

1. En esta lección trabajaremos con las funciones de corte, copia y pegado y conocerá cómo se comportan y se gestionan las opciones de pegado. Aunque el uso de estos comandos es idéntico para todas las aplicaciones de Office, continuaremos trabajando en un primer momento con nuestro documento *Lectura obligatoria.docx*, abierto en Word desde la lección anterior. Después descubriremos que también es posible copiar y pegar elementos entre las distintas aplicaciones de la suite. La acción previa al corte o la copia de elementos es la selección de los mismos. En este caso, haga clic al inicio del título del documento, delante de la palabra Ovidio, sobre el margen izquierdo, para seleccionarlo por completo.

2. Vamos a copiar este título en otra parte del documento. En el grupo de herramientas *Portapapeles*, haga clic sobre el comando *Copiar*, que muestra dos hojas de papel superpuestas.

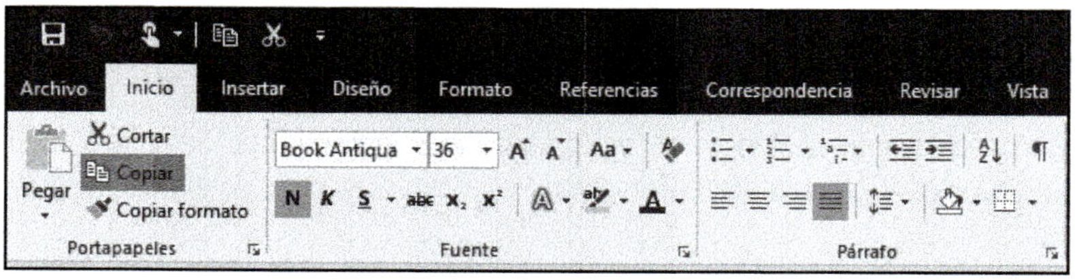

3. Aparentemente no ha ocurrido nada, aunque en realidad se ha guardado una copia del elemento seleccionado en el *Portapapeles*. El *Portapapeles*, el cual será tratado en exclusiva en la siguiente lección de este manual, es la ubicación compartida de la suite en la que se guardan los elementos copiados y cortados y desde la cual es posible recuperarlos para insertarlos en otros puntos, ya sea del mismo documento o de otro distinto. Los elementos permanecen en el *Portapapeles* hasta que el usuario lo vacía o hasta que cierra el programa. Vamos a pegar el título entre el contenido de nuestro documento, por lo que haga clic al final del tercer párrafo, detrás del punto, y pulse la tecla *Retorno* para incluir una nueva línea en el documento.

4. El comando *Pegar* del grupo de herramientas *Portapapeles* se activa cuando se han utilizado previamente los comandos *Cortar* o *Copiar*. Seguidamente, pulse sobre el comando *Pegar* del grupo de herramientas *Portapapeles* para insertar el elemento copiado.

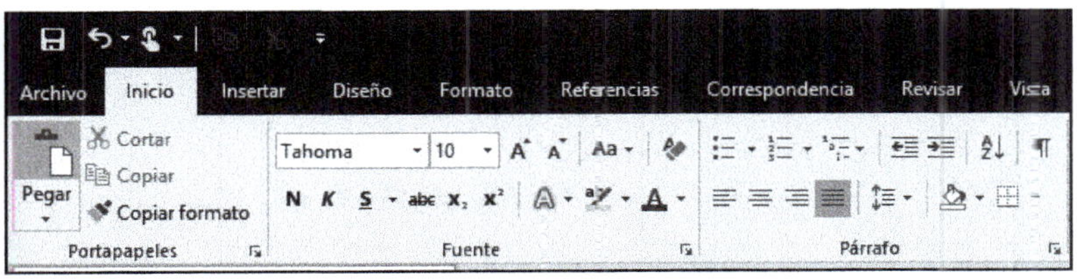

5. El título se inserta en el punto especificado, con el mismo formato de origen y mostrando a su derecha la etiqueta inteligente *Opciones de pegado*. Los comandos que contiene esta etiqueta permiten modificar el formato con que se inserta el elemento copiado, adaptándose al formato de la ubicación de destino, omitiendo cualquier tipo de formato o bien manteniendo el de origen. Si al pegar un elemento copiado o cortado pulsa inmediatamente la tecla *Retorno*, la etiqueta inteligente *Opciones de pegado* desaparecerá. Para comprobar las opciones de pegado de texto, haga clic sobre dicha etiqueta para desplegar el menú correspondiente.

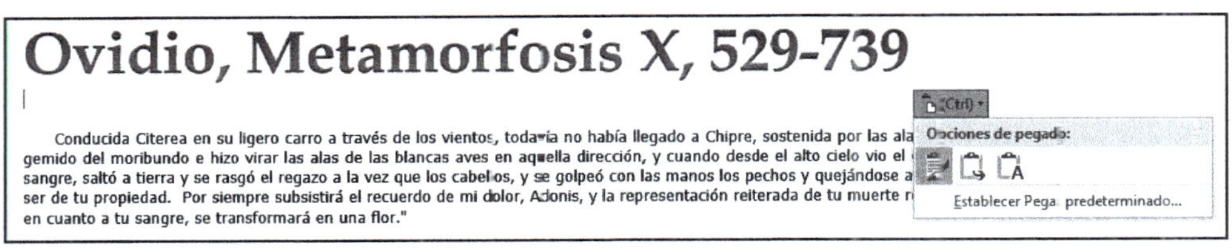

6. Si sitúa el puntero del ratón sobre cada uno de estos iconos podrá leer el correspondiente nombre del comando. Para ocultar la etiqueta inteligente de las opciones de pegado, pulse la tecla *Escape* de su teclado.

7. Es interesante saber que puede pegar el mismo elemento copiado o cortado tantas veces y en tantas ubicaciones como usted necesite. Ello es gracias al *Portapapeles*, que, como hemos indicado, almacena los elementos copiados o cortados hasta que el usuario lo vacía o sale de la aplicación. Para comprobarlo, pegaremos de nuevo el mismo título a continuación del anterior. Sin embargo, esta vez utilizaremos el comando situado en el menú contextual del documento. Haga clic con el botón derecho del ratón en el punto en que se encuentra el cursor de edición, en la siguiente línea del título insertado, y, en el menú contextual que se despliega, pulse sobre el primero de los iconos de las opciones de pegado, correspondiente a la opción *Mantener formato de origen*.

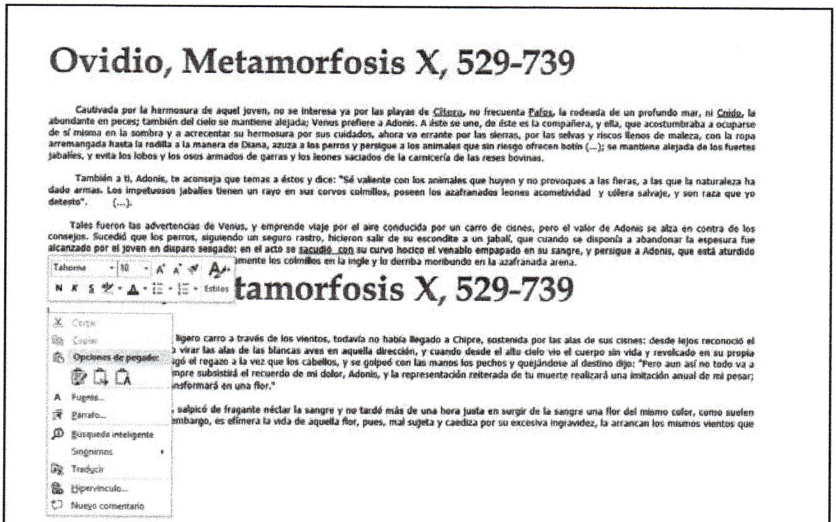

8. Efectivamente, hemos pegado el título con su formato de origen en la nueva ubicación. (Vea si lo necesita la imagen adicional *3.3-001*.) A continuación, comprobaremos la diferencia fundamental que existe entre copiar y cortar elementos. Mientras la función de copia mantiene el elemento original en su ubicación original, la función de corte la elimina. Comprobémoslo. Seleccione la segunda copia pegada del título y, en el grupo de herramientas

Portapapeles, pulse sobre el comando *Cortar*, que muestra el dibujo de unas tijeras.

9. Compruebe como el título seleccionado ha desaparecido de su ubicación original para situarse temporalmente en el *Portapapeles*. Vamos a aprovechar que el texto se encuentra en el *Portapapeles* para mostrarle que es posible compartir elementos entre documentos de una misma aplicación. Para ello, crearemos un documento nuevo y pegaremos en él el título. Despliegue la vista Backstage de Microsoft Office pulsando sobre la pestaña *Archivo*, haga clic sobre el comando *Nuevo* y haga clic sobre la plantilla *Documento en blanco*. (Si necesita recordar algunos aspectos sobre la creación o la apertura de documentos, no dude en consultar las lecciones 9 y 10 respectivamente de este manual.)

10. Pegaremos el título cortado al inicio de este nuevo documento, utilizando para ello la correspondiente combinación de teclas. Con el cursor de edición en el punto indicado, pulse la combinación de teclas *Ctrl* + *V* y compruebe el resultado.

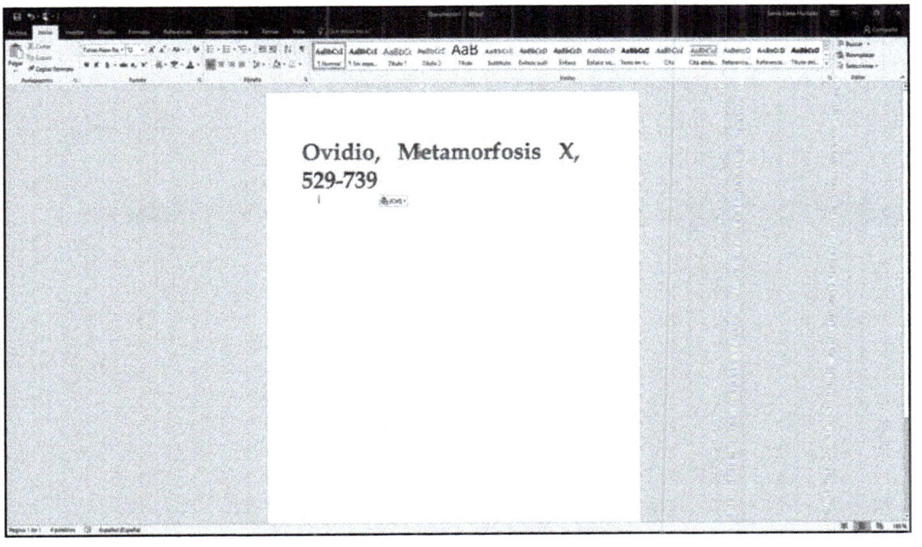

11. Efectivamente, el título se pega con el formato original, lo que supone que no quepa en una misma línea dado el cambio de tamaño del mismo en la lección anterior y el cambio de orientación del documento (recuerde que le aplicamos una orientación horizontal en la lección dedicada a la impresión

de documentos). Office no solo permite la interacción entre documentos creados con la misma aplicación sino que también es posible el intercambio de objetos entre distintos programas utilizando para ello los comandos *Cortar*, *Copiar* y *Pegar*. Vamos a realizar la comprobación entre el documento actual, todavía sin guardar, y la presentación de diapositivas *Lugares. pptx*. Nuestro objetivo será copiar una imagen de dicha presentación en el documento de texto. Para ello, abra la mencionada presentación en PowerPoint 2016.

12. Sitúese en la diapositiva número 3 haciendo clic sobre ella en el panel de la izquierda y pulse sobre la imagen contenida en ella para seleccionarla.

13. Es posible cortar, copiar y pegar cualquier elemento introducido en un documento de Office. Lo único que deberá tenerse en cuenta es el modo de seleccionar cada uno de estos elementos y las correspondientes opciones de pegado. Copiaremos la imagen desde el teclado, aunque sepa que, si lo prefiere, puede utilizar el comando *Copiar* del grupo de herramientas *Portapapeles*. Pulse la combinación de teclas *Ctrl* + *C* y vuelva a situar en primer plano el *Documento2* de Word.

14. Para pegar la imagen procedente de PowerPoint en el documento de texto, haga clic sobre el comando *Pegar* del grupo de herramientas *Portapapeles* o bien pulse la combinación de teclas *Ctrl* + *V*.

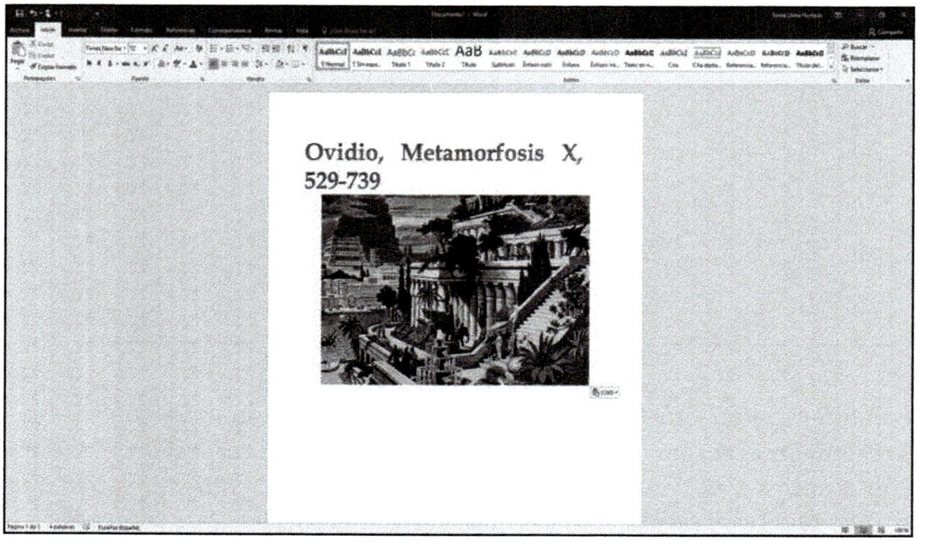

15. La imagen se inserta sin problemas en el punto en que se encontraba el cursor de edición y manteniendo por defecto el formato y tamaño original. Compruebe como igualmente ha aparecido la etiqueta inteligente de opciones de pegado, lo que significa que también en este caso es posible cambiar el modo en que se inserta el contenido. No queremos terminar sin mostrarle cómo puede configurar Office para que no se muestre esta etiqueta inteligente cada vez que pegue un elemento en sus documentos, así como otras opciones relacionadas directamente con las funciones de corte, copia y pegado. Para ello, haga clic sobre la pestaña *Archivo* y pulse sobre el comando *Opciones*.

16. En el cuadro de opciones del programa, sitúese en la categoría *Avanzadas* y localice la sección *Cortar, copiar y pegar*.

17. Las cuatro primeras opciones permiten cambiar el modo con que se pegan los elementos en cuanto al formato y al estilo se refiere. La siguiente opción hace referencia a las imágenes insertadas mediante el comando *Pegar*, mientras que las cuatro últimas permiten configurar otras opciones más concretas. La opción *Mostrar el botón Opciones de pegado al pegar contenido*, que se encuentra activa por defecto, es la que permite gestionar la mencionada etiqueta inteligente. Proceda como usted prefiera y, si realiza algún cambio, pulse el botón *Aceptar*; si no, haga clic en *Cancelar* para salir del cuadro de diálogo.

18. Cuando aparece la etiqueta inteligente *Opciones de pegado*, puede utilizar el comando *Establecer Pegar predeterminado* para abrir el cuadro de opciones del programa y configurar a su gusto el comportamiento del comando *Pegar* para cada tipo de pegado. Termine este ejercicio cerrando el documento sin título (guárdelo si lo desea) y cerrando también la presentación con diapositivas *Lugares.pptx*.

PRÁCTICA

Abra un documento de texto y, desde el grupo de herramientas pertinente, copie y pegue alguna parte del texto dentro del mismo documento. Utilice también el comando Cortar para cambiar de ubicación algún fragmento del texto. Después, utilice los comandos Copiar y Pegar entre distintos programas de la suite Office.

3.4 Utilizar el Portapapeles

El Portapapeles de Microsoft Office permite copiar distintos elementos de texto y gráficos de documentos de Office u otros programas y pegarlos en otro documento de Office, sin importar la aplicación con la que haya sido creado. La gran ventaja de conocer el Portapapeles y de trabajar con él es la posibilidad de disponer de elementos u objetos de distintos tipos guardados temporalmente en esta ubicación y pegarlos en un mismo documento en el orden deseado. Por ejemplo, puede copiar texto desde un mensaje de correo electrónico, datos de un libro o una hoja de cálculo y un gráfico de una presentación y pegarlos todos en un documento de Word.

El Portapapeles de Office se sitúa en la parte izquierda del área de trabajo a modo de panel y puede ocultarse cuando lo desee el usuario mediante el botón de aspa de su cabecera.

1. En este ejercicio le mostraremos cómo se trabaja con el *Portapapeles* de Office, un elemento de la suite en ocasiones prácticamente desconocido por los usuarios. Trabajaremos para ello con dos de las aplicaciones de Office, Word y PowerPoint. Nuestro cometido será en este caso crear un nuevo documento de texto utilizando distintos elementos procedentes de estas dos aplicaciones. Empezaremos abriendo la presentación con diapositivas denominada *Lugares.pptx*, manteniendo abierto el documento de texto *Lectura obligatoria.docx* en Word, y mostraremos el elemento *Portapapeles*. Cuando disponga de la mencionada presentación abierta en primer plano, haga clic sobre el iniciador de cuadro de diálogo del grupo de herramientas *Portapapeles*.

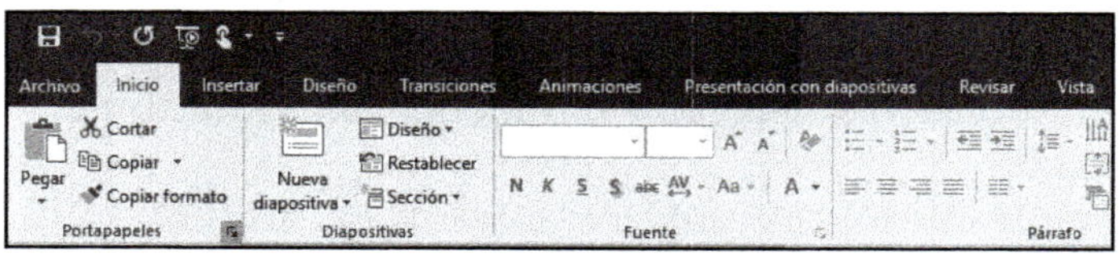

2. El *Portapapeles* se sitúa en la parte izquierda del área de trabajo a modo de panel, al tiempo que el icono que representa a este elemento se sitúa en el Área de notificación de Windows. (Vea la imagen adicional 3.4-001 para comprobar la aparición de dicho icono en la interfaz de Windows. Sepa que la ubicación del icono dependerá del número de elementos de que disponga configurados en su equipo para que se muestren en esta área.) Como todavía no hemos copiado ningún elemento u objeto, el *Portapapeles* se encuentra va-

cío. Vamos a copiar un par de imágenes de esta presentación para que compruebe cómo funciona este elemento. Seleccione una de las diapositivas, la que usted desee excepto la primera, y haga clic sobre la imagen que contiene.

3. A continuación, haga clic sobre el comando *Copiar* del grupo de herramientas *Portapapeles* o bien pulse la combinación de teclas *Ctrl* + C.

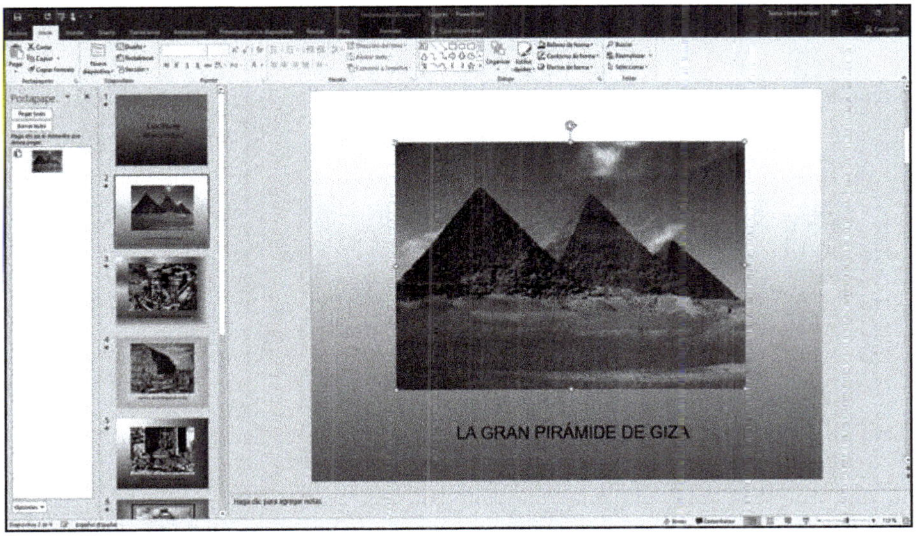

4. Compruebe lo que ha ocurrido. Al instante, aparece en el *Portapapeles* una miniatura del elemento que hemos copiado, en este caso, una imagen, precedida por el icono del programa al que pertenece el elemento. Repitamos la acción sobre una segunda imagen. Visualice una diapositiva distinta, seleccione la imagen que contiene y cópiela, ya sea desde la *Cinta de opciones*, desde su menú contextual o mediante la combinación de teclas correspondiente.

5. La segunda imagen aparece ya en el *Portapapeles*. Ya disponemos de dos elementos. Vamos a copiar ahora un texto. Para ello, en la misma diapositiva en la que se encuentre, haga clic sobre el texto para seleccionar en este caso el cuadro de texto que lo contiene y seleccione mediante la técnica de arrastre dicho contenido.

6. No se preocupe en este momento por conocer el funcionamiento de PowerPoint puesto que más adelante en este libro dedicamos una sección en exclusiva a este excepcional programa. Copie el texto seleccionado siguien-

do alguno de los métodos citados anteriormente y compruebe como, por un lado, aparece el texto en el *Portapapeles* y por otro, se muestra una etiqueta emergente sobre el área de notificación del sistema que nos informa del número de elementos guardados sobre la capacidad total disponible (en este caso, 3 elementos de 24).

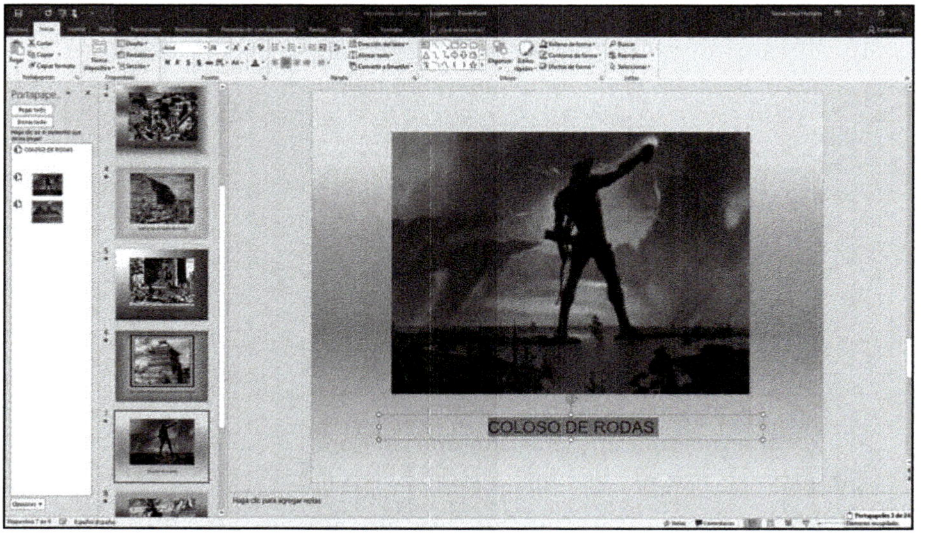

7. Lo que haremos ahora será recuperar el documento de Word *Lectura obligatoria.docx* para copiar algún otro elemento que contenga. Recupere dicho documento y, cuando disponga de él en primer plano, seleccione el título que situamos en su momento en un punto intermedio del mismo.

8. Desde el iniciador de cuadro de diálogo del grupo de herramientas Portapapeles, abra este elemento también en Word y vea como aparecen todos los elementos copiados hasta el momento, hecho que nos permite percibir la condición común de este elemento en la suite. (Vea la imagen adicional *3.4-002*.)

9. En este caso, cortaremos el texto seleccionado, por lo que pulse sobre el comando *Cortar* del grupo de herramientas *Portapapeles* o bien pulse la combinación de teclas *Ctrl* + *X*.

10. El texto copiado aparece en la parte superior del *Portapapeles*, precedido en este caso por el icono que representa a Word. De esta forma hemos

podido comprobar que el *Portapapeles* también se completa con elementos cortados, no solo copiados. Copiaremos un último elemento y pasaremos a mostrarle cómo recuperar los elementos copiados desde el *Portapapeles*. Sitúese en la parte inferior del documento de Word, seleccione con un clic el organigrama que aparece y cópielo. (Para realizar la selección sin problemas, pulse sobre el borde del cuadro que delimita todo el gráfico de manera que quede seleccionado todo el objeto.)

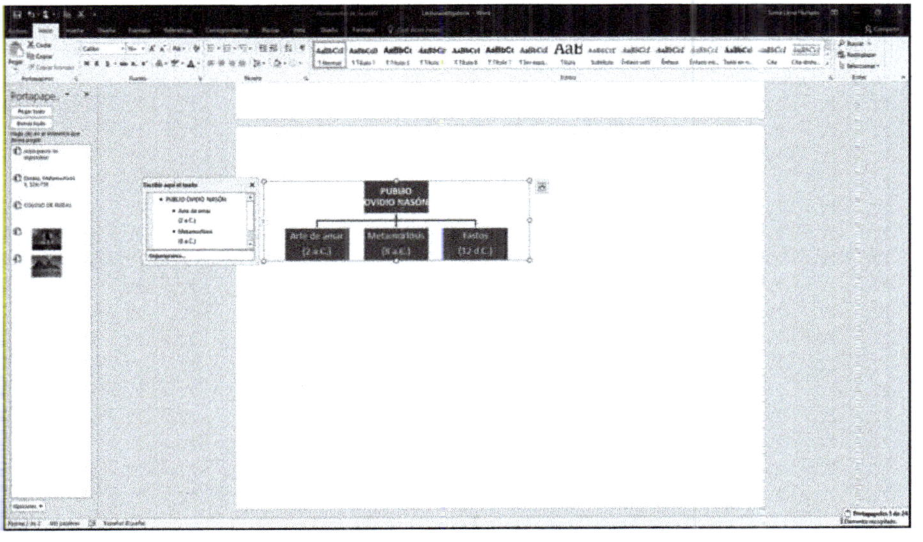

11. También el gráfico se ha agregado al *Portapapeles*. En la cabecera también puede ir controlando el número de elementos incluidos en él sobre el total disponible. Ha llegado el momento de colocar todos estos objetos en un nuevo documento. Para ello, pulse la combinación de teclas *Ctrl* + *N* o bien utilice el comando *Nuevo* de la vista Backstage de Office y, en el nuevo documento, muestre el *Portapapeles* en el área de trabajo. (Vea, si lo necesita, la imagen adicional *3.4-003*.)

12. Si le interesa pegar todos los elementos sin importar el orden, puede utilizar el botón *Pegar todo* situado en la parte superior del *Portapapeles*. Sin embargo, en este caso los copiaremos en un orden distinto. Para ello, sitúe el puntero del ratón sobre el segundo elemento del *Portapapeles*, el que corresponde al título del documento de origen, haga clic sobre la punta de flecha que aparece y pulse sobre la opción *Pegar*.

13. El título se inserta con su formato original en el punto en que se encontraba el cursor de edición, en este caso, al inicio del documento. Además, el texto sigue mostrando la etiqueta de las opciones de pegado por si necesita aplicar otro tipo de formato. Seguidamente, pulse dos veces la tecla *Retorno* para desplazar el cursor de edición dos líneas hacia abajo y haga clic sobre el primero de los elementos del *Portapapeles*.

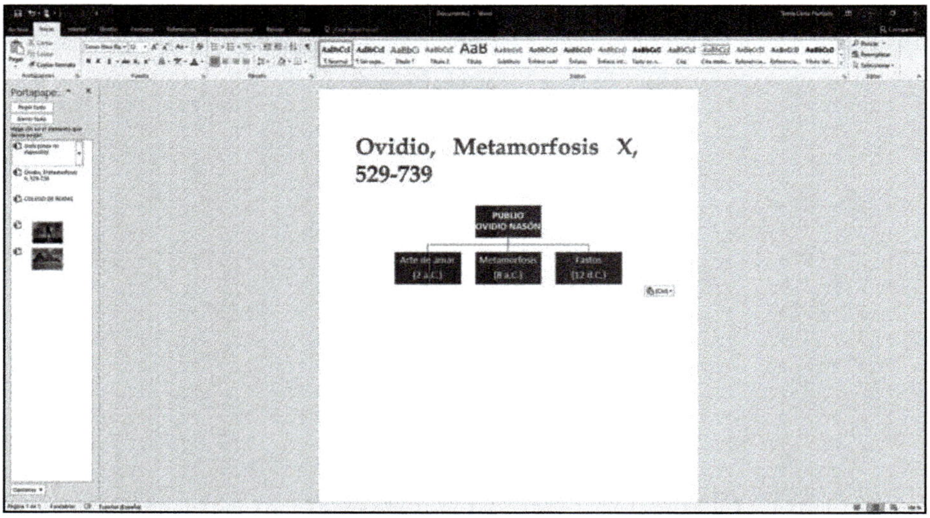

14. El clic también pega el elemento seleccionado. Termine de situar a su gusto en el documento el resto de elementos.

15. Puede eliminar los elementos del *Portapapeles* de uno a uno desde el comando *Eliminar* del pequeño menú que contiene cada uno de ellos o bien todos a la vez mediante el botón *Borrar todo* situado en la parte superior del panel. En este caso, y como no los vamos a volver a necesitar, pulse sobre este botón para eliminar todo el contenido del *Portapapeles*.

16. Una circunstancia a tener en cuenta en cuanto al cierre del *Portapapeles* es que, si lo cierra mediante el botón de aspa de su cabecera, el panel permanecerá en todos los programas de Office que tenga abiertos y con los que haya trabajado. Para cerrarlo definitivamente, deberá acudir al icono situado en el área de notificación de Windows. Compruébelo. Pulse sobre el botón de aspa del *Portapapeles*.

17. Tras comprobar que, efectivamente, el *Portapapeles* continúa activo en el siguiente documento abierto, haga clic con el botón derecho del ratón sobre el icono situado en el área de notificación del sistema y, en el menú de opciones que aparece, elija la tercera, *Detener reunión*.

18. Compruebe por su cuenta como el *Portapapeles* se ha ocultado en todas las aplicaciones abiertas.

PRÁCTICA

En alguna de las aplicaciones de Office, muestre en pantalla el Portapapeles y copie y pegue imágenes y texto entre documentos para comprobar cómo funciona este elemento. Una vez tenga distintos elementos en el Portapapeles, péguelos en otros documentos y termine borrando el contenido de este elemento. Compruebe que el cierre del panel Portapapeles en una aplicación no supone el cierre en el resto de aplicaciones. Utilice el proceso correcto para cerrar el Portapapeles en todos los programas de Office

Novedad Office 2016

3.5 Digitalizar ecuaciones escritas a mano

Otra de las novedades que presenta la versión 2016 de Office es una funcionalidad que permite digitalizar en pantalla ecuaciones o fórmulas escritas a mano, tanto con un lápiz digital como con el ratón o incluso con el dedo, en el caso de trabajar con una tableta u otro dispositivo móvil.

La digitalización de fórmulas y ecuaciones está disponible en las tres aplicaciones más utilizadas de la suite: Word, Excel y PowerPoint.

1. En este ejercicio estudiaremos en qué consiste la nueva función de digitalización de ecuaciones y qué posibilidades ofrece. Empecemos. Cree un documento de Word, una presentación de PowerPoint o un libro de Excel en blanco.

2. Seguidamente, pulse sobre la pestaña *Insertar* y, en el grupo de herramientas *Símbolos*, despliegue el comando *Ecuación* pulsando sobre la punta de flecha situada en su icono, en la parte derecha de la *Cinta de opciones*.

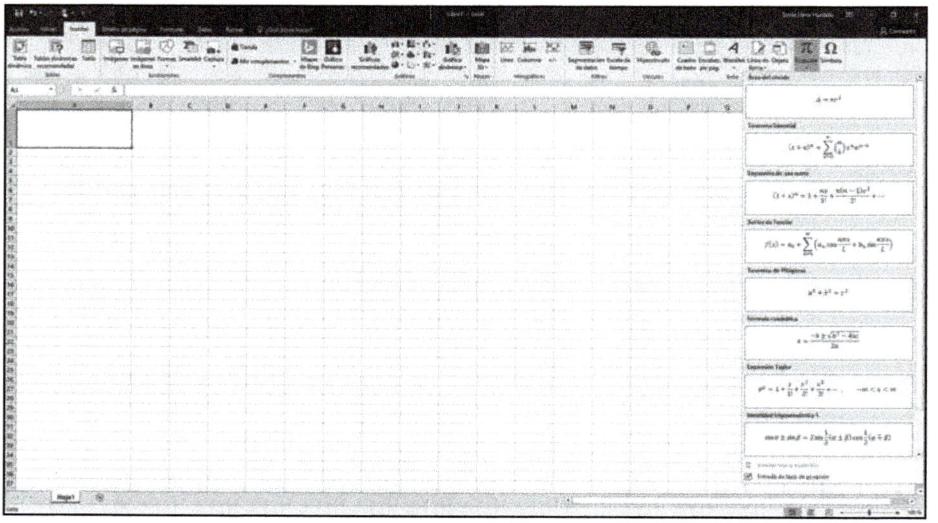

3. Se despliega así un listado de ecuaciones o fórmulas predeterminadas que, al seleccionarlas, se insertan de forma digitalizada en el punto del documento señalado. Vea la variedad y el grado de complejidad que presenta esta lista. Si utiliza la Barra de desplazamiento vertical de esta lista podrá consul-

tar alguna que otra opción más. Para comprobar cómo se insertan estas fórmulas predeterminadas en nuestro documento, pulse sobre alguna de ellas.

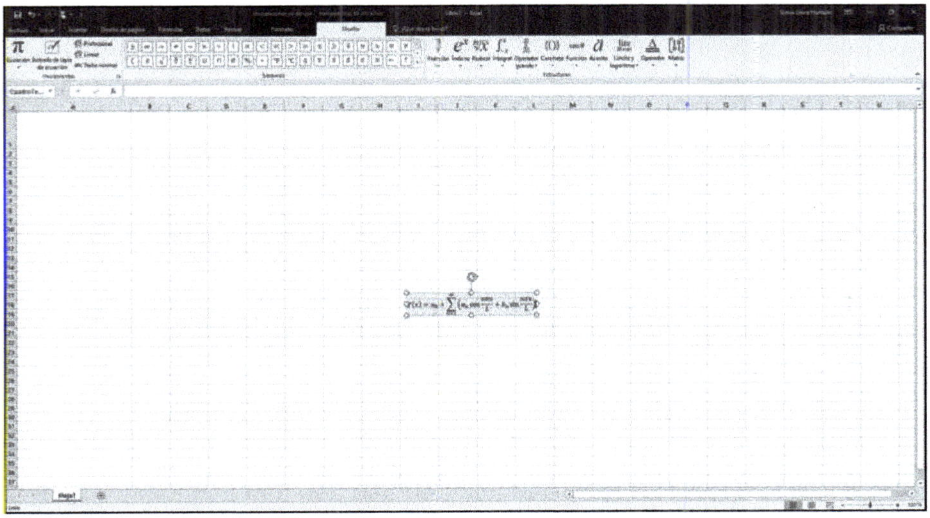

4. La ecuación se inserta en el centro del documento e implica la carga de dos fichas contextuales especiales: la denominada *Herramientas de ecuación*, con la pestaña *Diseño*, y la denominada *Herramientas de dibujo*, con la pestaña *Formato*. Gracias a estas pestañas, usted puede modificar si lo necesita alguna de las partes de la ecuación, en el caso en que esta admita variantes. De hecho, si va pulsando sobre cada uno de los componentes que conforman la fórmula verá como se muestran en modo de edición. Si lo desea, puede cambiar de ubicación la fórmula dentro del documento. ¿Cómo? Mediante la técnica de arrastre. Pulse sobre el borde del cuadro que contiene la fórmula y, sin soltar el botón del ratón, arrástrela hasta la nueva ubicación, por ejemplo.

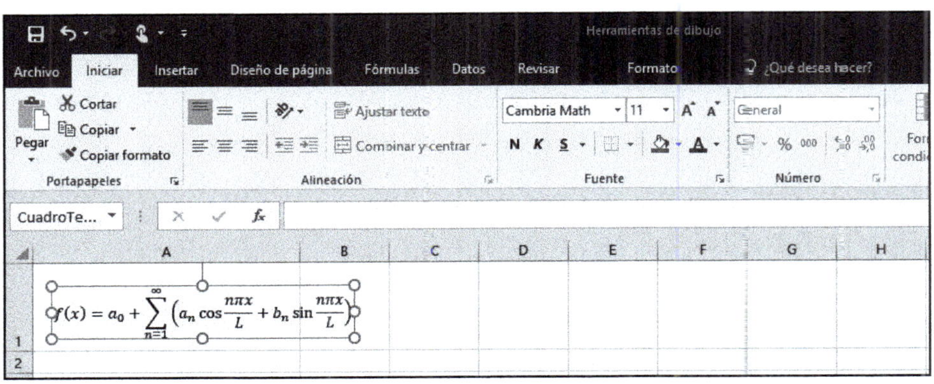

5. Sin embargo, ¿qué ocurre cuándo la ecuación o la fórmula que deseamos insertar no se encuentra en esta lista? En dicho caso, deberá utilizar el nuevo comando *Entrada de lápiz de ecuación*. Puede encontrar este comando tanto en la parte inferior de la lista de fórmulas predeterminadas del comando *Ecuaciones* con el que hemos trabajado en pasos anteriores o bien en el grupo de herramientas denominado *Herramientas* de la pestaña *Diseño* de la ficha contextual *Herramientas de ecuación*. Esta segunda opción se suele utilizar solo para modificar ecuaciones seleccionadas, puesto que al eliminar la selección, la ficha contextual desaparece de la interfaz del programa. Por esta razón, en el grupo de herramientas *Insertar*, despliegue de nuevo el comando *Ecuaciones* y haga clic sobre la opción *Entrada de lápiz de ecuación*.

6. Se abre así la ventana *Control de entrada matemática*, en la cual usted podrá escribir sus fórmulas o expresiones matemáticas a mano alzada, ya sea con el ratón o con un lápiz digital. Pruébelo. Escriba en el espacio de color amarillo la siguiente expresión:

$$x = \frac{-b \pm \sqrt{b^2 - 4ac}}{2a}$$

7. Su habilidad con el manejo del ratón o del lápiz digital facilitará más o menos al programa la identificación de cada una de las partes de la ecuación o expresión matemática. En la parte inferior del cuadro puede ver los comandos que le permitirán borrar aquello que está escribiendo, seleccionarlo o corregirlo y eliminar todo el contenido del cuadro. Le instamos a que practique por su cuenta con estos comandos y con la introducción de nuevas fórmulas.

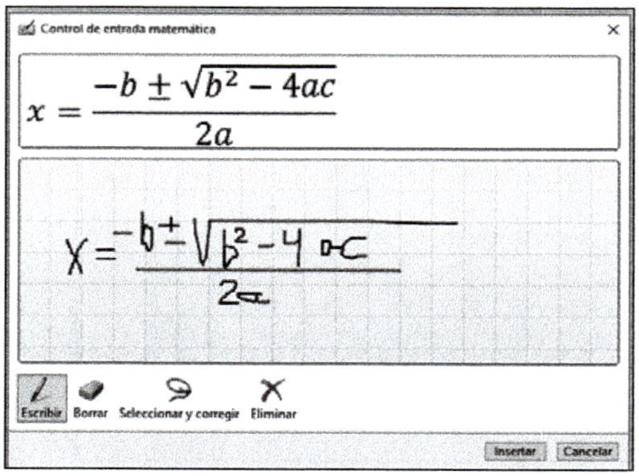

8. Una vez esté satisfecho con aquello que ha escrito y si la digitalización se ha realizado tal y como lo esperaba, puede pulsar el botón *Insertar* de este mismo cuadro para insertar la expresión en el documento. La gran ventaja de contar con el campo superior de vista previa en este cuadro es que puede ir controlando si cada elemento que escribe el programa lo interpreta de manera correcta y, de no ser así, lo puede eliminar y volver a intentarlo. Pulse el botón *Insertar* y compruebe como, efectivamente, la fórmula se agrega en el centro del documento, al tiempo que se cargan, como hemos visto con las fórmulas predeterminadas, las correspondientes fichas contextuales.

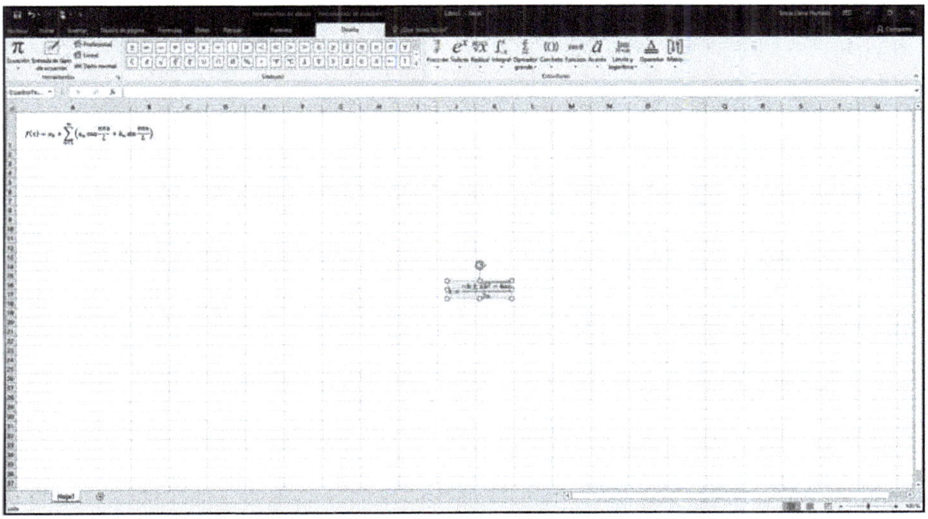

9. Aunque esta es una función común en Excel, Word y PowerPoint, solo el procesador de textos tiene la capacidad de almacenar en el programa la ecuación para poder utilizarla en otras ocasiones. Para ello, una vez insertada en el documento, verá que la fórmula queda delimitada por un cuadro de texto especial. Si pulsa sobre la punta de flecha situada en el extremo derecho de este cuadro podrá elegir la opción *Guardar como nueva ecuación*.

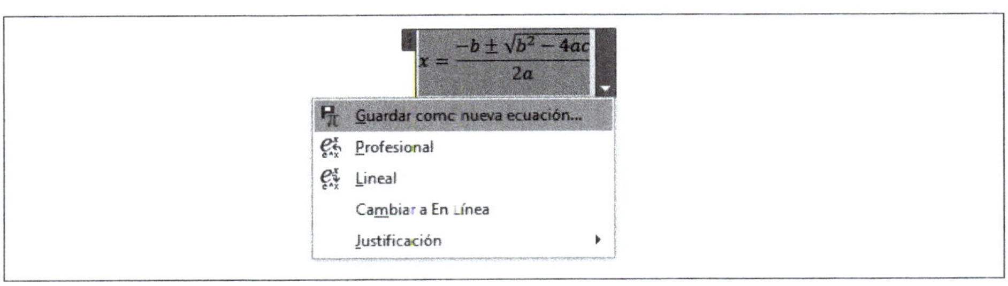

10. Se abre así el cuadro de diálogo *Crear nuevo bloque de creación*, en el cual pueda asignar las propiedades de la nueva ecuación. Como puede ver, el nuevo elemento se guardará en la galería *Ecuaciones*, para que pueda aparecer junto a las predeterminadas. Vamos a comprobarlo. Asigne una denominación en el campo *Nombre* y pulse sobre el botón *Aceptar* para guardar la nueva ecuación.

11. Seguidamente, despliegue el comando *Ecuaciones* para comprobar como, efectivamente, se ha añadido una nueva sección en la lista de ecuaciones predeterminadas que contiene la fórmula que acabamos de guardar con el nombre que le haya asignado.

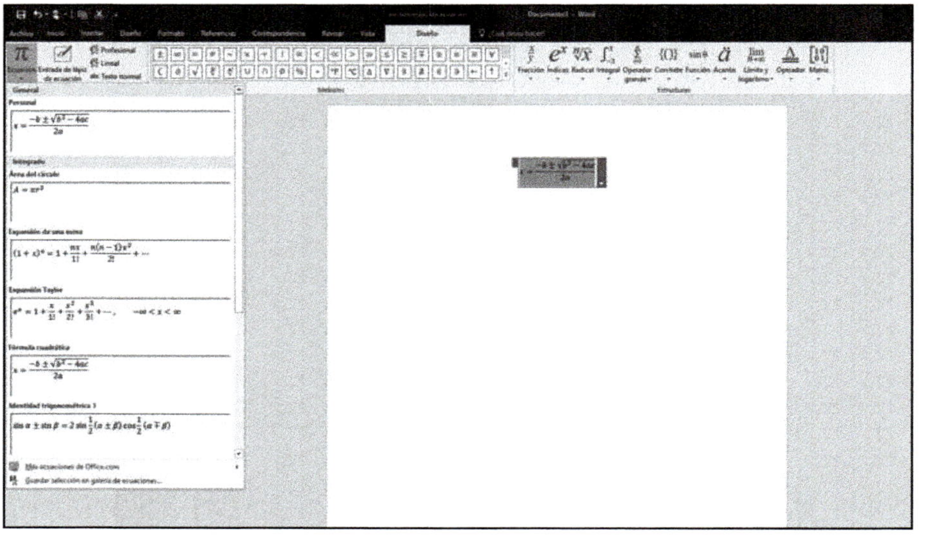

PRÁCTICA

Acceda al cuadro para la digitalización de ecuaciones y escriba una fórmula personalizada con el ratón o con un lápiz digital. Si el programa identifica correctamente cada elemento, inserte en el documento abierto la nueva fórmula. Si trabaja en Word, guarde la nueva ecuación para que quede disponible en la galería de ecuaciones.

3.6 Buscar y reemplazar elementos

Los comandos Buscar y Reemplazar son también dos de las funciones clásicas de Office. Presentes en todas las versiones de la suite y en todas las aplicaciones que la componen, estos dos comandos, uno complementario de otro, ayudan a localizar elementos en un documento, sobre todo texto, y a sustituirlos por otros propuestos.

Los comandos Buscar y Reemplazar se encuentran en el grupo de herramientas Edición de la Cinta de opciones, común en todas las aplicaciones de Office. Hay que señalar que el nombre del comando que incluye las funciones para abrir el cuadro de diálogo Buscar y reemplazar puede variar ligeramente entre las aplicaciones de la suite. Así, mientras en Word dicho comando se denomina sencillamente Buscar, en Excel podemos ver que se llama Buscar y seleccionar. En el caso de PowerPoint, debemos señalar que solo dispone de los comandos propiamente dichos Buscar y Reemplazar.

1. En esta sencilla lección le mostraremos cómo funcionan los tradicionales comandos *Buscar* y *Reemplazar* de Office. Debido a la cantidad de texto que contiene, continuaremos trabajando sobre el documento de Word *Lectura obligatoria.docx*, aunque sepa que la ejecución de los dos comandos utilizados en esta lección se lleva a cabo prácticamente de igual forma en cualquiera de las aplicaciones de Office. Con el documento en cuestión abierto en Word y el cursor de edición situado al inicio del contenido, pulse sobre el comando *Reemplazar* del grupo de herramientas *Edición* de la *Cinta de opciones*.

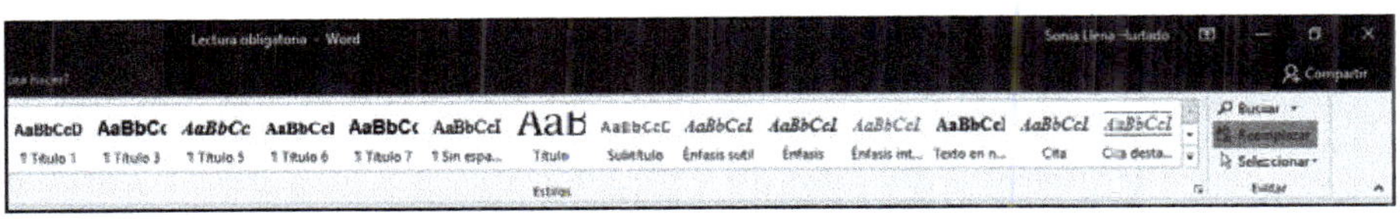

2. Si hubiéramos pulsado sobre el comando *Buscar*, el programa habría abierto en la parte izquierda del área de trabajo el panel *Navegación*. Como se trata de una función incluida solo en Word, y siguiendo el objetivo general de esta primera parte del manual, es decir, mostrar solo las funciones y los comandos comunes en todas o casi todas las aplicaciones de Office, hemos preferido pasar por alto la ejecución de este comando y tratarla en exclusiva en la sección dedicada al procesador de textos de la suite. El comando *Buscar* contiene la opción *Ir a*, que permite al usuario dirigirse rápidamente a un punto concreto del documento, ya sea una página, una sección, una nota,

un comentario, etc. En este caso, mediante el comando *Reemplazar* hemos accedido al cuadro de diálogo *Buscar y reemplazar*, común, este sí, en todos los programas de Office. Vamos a realizar la búsqueda de un término en concreto para, a continuación, mostrarle cómo sustituirlo por otro. En el campo *Buscar*, escriba el nombre propio *Venus* y pulse sobre el botón *Buscar siguiente* de este mismo cuadro para iniciar la búsqueda.

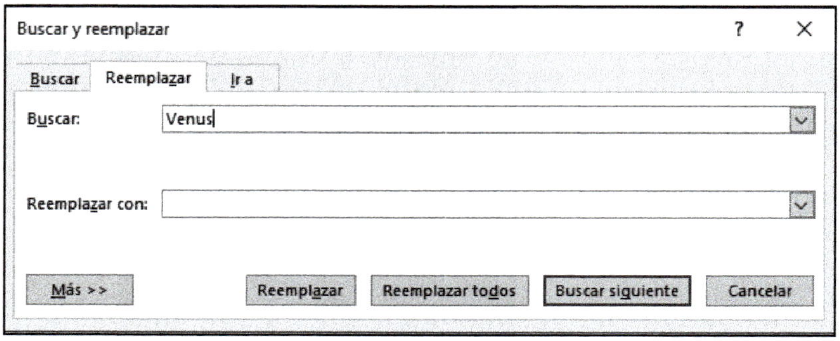

3. Sobre el documento, y con el cuadro de diálogo *Buscar y reemplazar* todavía en pantalla, el programa localiza el término introducido y lo selecciona. (Vea si lo desea la imagen adicional *3.6-001*.) Pulse de nuevo sobre el botón *Buscar siguiente* para comprobar si existen otros términos idénticos.

4. Efectivamente, el programa ha encontrado de nuevo el término solicitado. Haga clic una vez más sobre el botón *Buscar siguiente* para continuar con el rastreo.

5. En estos momentos, la aplicación nos comunica de que el rastreo ha llegado a su fin. En el caso de haber iniciado el rastreo a mitad del documento, cuando el programa llega al final del mismo, lanza un cuadro de diálogo en el cual nos informa de ello y nos da la posibilidad de continuar o no la búsqueda desde el inicio. Pulse sobre el botón *Aceptar* para cerrar el cuadro informativo.

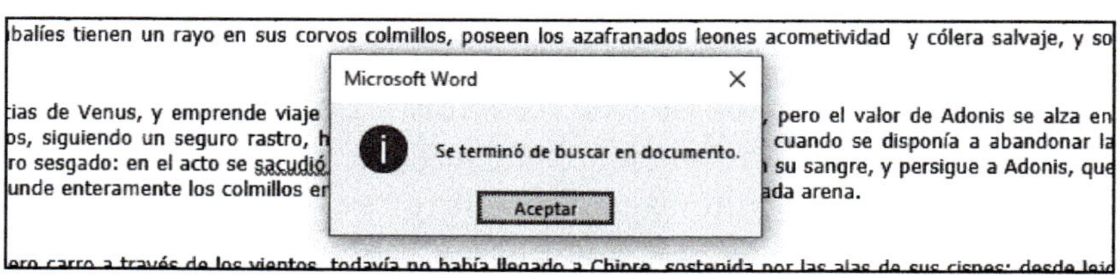

6. A continuación, y todavía con el cuadro de diálogo abierto en pantalla, le mostraremos cómo sustituir el término buscado por otro. Para ello, debemos utilizar la función de reemplazo, accesible en este mismo cuadro, introduciendo la palabra por la que debe ser sustituido. En este caso, haga clic en el campo *Reemplazar con* y escriba el nombre propio *Afrodita*.

7. La diferencia entre utilizar el botón *Reemplazar* o *Reemplazar todos* para realizar la sustitución del término es que el primero lleva a cabo la acción término a término, mientras que el segundo los sustituye todos a la vez. Esta opción solo es aconsejable si usted está muy seguro de la equivalencia de los términos que serán sustituidos. Como este es nuestro caso, haga clic sobre el botón *Reemplazar todos* y observe lo que ocurre.

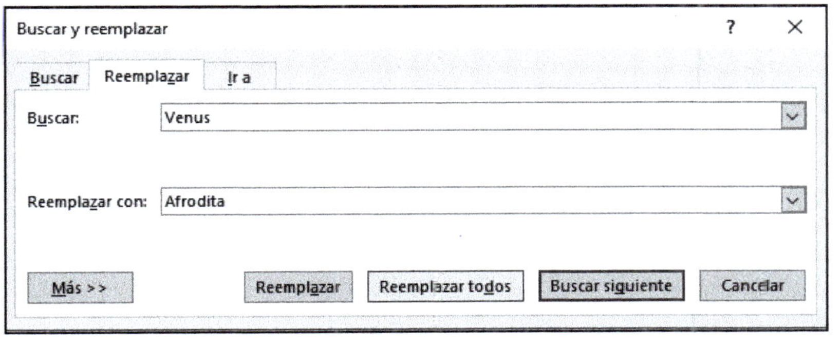

8. El programa lanza un cuadro de diálogo en el cual le informa del número de sustituciones realizadas. Pulse sobre el botón *Aceptar* para salir de este cuadro.

9. El cuadro de diálogo *Buscar y reemplazar* cuenta con un botón, el botón *Más*, que esconde opciones a tener en cuenta en cuanto a las búsquedas y las sustituciones realizadas. Haga clic sobre este botón para comprobar en qué consisten estas opciones.

10. El campo *Buscar* del apartado *Opciones de búsqueda* permite seleccionar el modo en que desea realizar la búsqueda de términos. Resulta de gran utilidad la opción *Todas las formas de la palabra*, puesto que una vez marcada permite localizar todas las palabras que tienen la misma raíz que la introducida en el cuadro de búsqueda. Conocer estas opciones tiene sentido cuando se trabaja con documentos muy extensos. En cuanto al apartado *Reemplazar* dis-

pone de dos botones, *Formato* y *Especial*. El primero permite especificar ciertas opciones relacionadas con el formato y su uso también presenta muchas ventajas. Por ejemplo, es posible sustituir una palabra por la misma en negrita o en cursiva utilizando para ello las opciones de este botón. Por su parte, el botón *Especial* nos da la posibilidad de buscar y reemplazar caracteres especiales, como tabuladores, marcas de párrafo, guiones o, incluso, saltos de página. En ocasiones, no somos conscientes de las múltiples prestaciones que incluye el cuadro de diálogo *Buscar y reemplazar*, por lo que le instamos a que no deje de practicar por su cuenta con las funciones que contiene. Termine este ejercicio pulsando el botón *Cerrar* de este cuadro para salir de él.

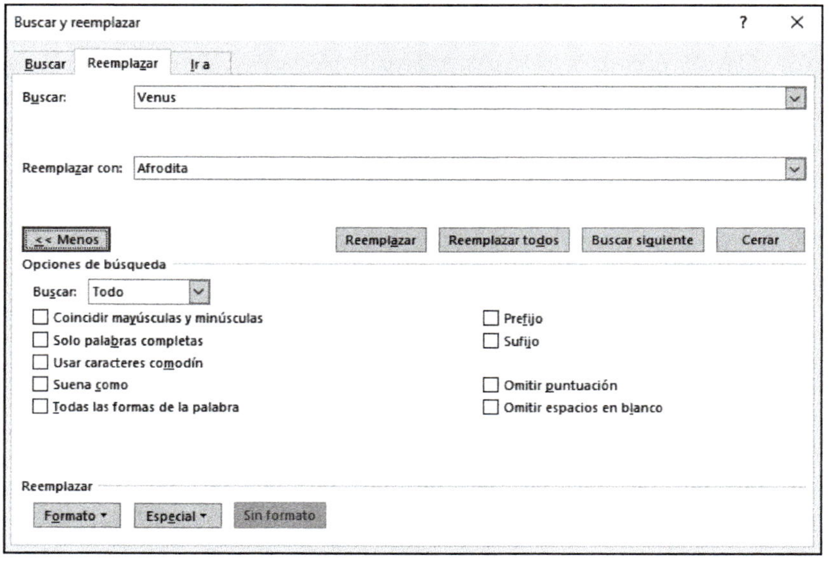

PRÁCTICA

Abra una de las aplicaciones de Office 2016 y, sobre un documento que contenga texto, realice la práctica de buscar un término y reemplazarlo por otro. Cuando termine, consulte las opciones avanzadas del cuadro de diálogo Buscar y reemplazar.

3.7 Deshacer y rehacer

Las funciones Deshacer y Rehacer también son comunes en todas las aplicaciones de Office y suponen una de las grandes ventajas de trabajar con textos en ofimática. Prácticamente cualquier acción realizada sobre un documento es reversible, lo que supone poder trabajar con mayor seguridad, sin miedo a estropear el material con el que se está trabajando. Office 2016 incorpora los comandos Deshacer y Rehacer en su Barra de herramientas de acceso rápido, comandos que no se activan hasta que no se lleva a cabo alguna acción sobre el contenido del documento. La combinación de teclas que ejecuta el comando Deshacer es Ctrl + Z, mientras que para ejecutar el comando Rehacer es preciso pulsar la combinación Ctrl + Y.

Tenga en cuenta que, aunque los comandos Deshacer y Rehacer forman parte de todas las aplicaciones de la suite Office, dichos comandos no siempre pueden aplicarse sobre todas las acciones realizadas. En ocasiones, el mismo programa nos advierte de la irreversibilidad de la acción que se pretende llevar a cabo, advertencia que se agradece para evitar la pérdida de datos.

1. En esta práctica conocerá las ventajas de utilizar los comandos *Deshacer* y *Rehacer* en Office. Para empezar, abra Excel y muestre en él el libro denominado *Discoteca.xlsx*, con el que ya hemos trabajado en alguna lección de este manual. (Si todavía no dispone de este archivo, recuerde que puede descargarlo de forma gratuita con el código de acceso proporcionado en la primera página del libro.)

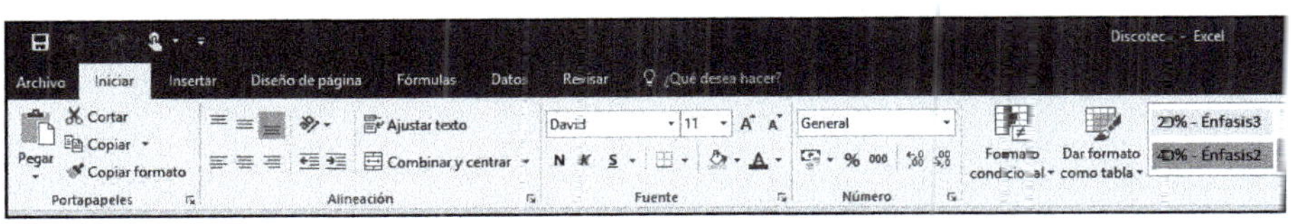

2. Al abrir un documento, sea del tipo y en la aplicación que sea, los comandos *Deshacer* y *Rehacer* de la *Barra de herramientas de acceso rápido* se encuentran desactivados. Esto es debido a que todavía no hemos empezado a trabajar sobre el documento en cuestión. El comando *Deshacer* muestra una flecha curvada hacia la izquierda de color azul, mientras que el comando *Rehacer* muestra la misma flecha aunque curvada hacia la derecha. Vamos a empezar realizando algún cambio sobre la hoja de cálculo para comprobar cómo se activa, por el momento, uno de estos comandos. Haga clic sobre la cabecera de la primera fila de la tabla para seleccionarla entera.

3. A continuación, en el grupo de herramientas *Fuente*, pulse sobre el comando *Negrita*, que muestra una letra N en mayúsculas.

4. De esta forma hemos aplicado este atributo de fuente a todo el contenido de la fila seleccionada. Compruebe como en estos momentos el comando *Deshacer* se ha activado en la *Barra de herramientas de acceso rápido*. Sin más dilación, vamos a comprobar cómo funciona. Pulse sobre el mencionado comando y vea cómo el atributo aplicado sobre la primera fila de la hoja de cálculo queda anulado al instante.

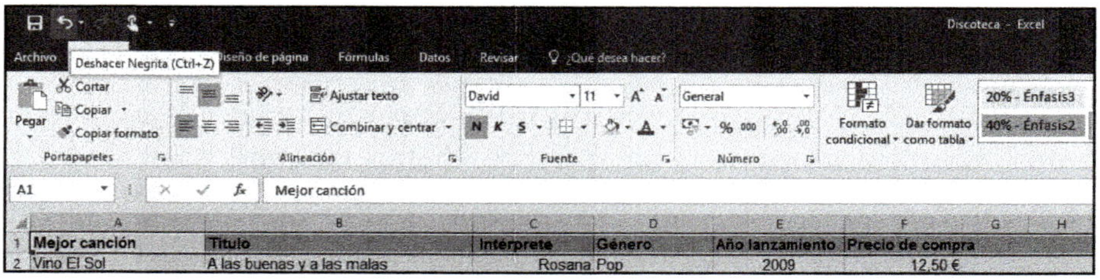

5. Al deshacer la acción, y puesto que no hemos realizado nada más sobre el documento, el comando *Deshacer* queda de nuevo desactivado, al tiempo que se activa el comando *Rehacer*, situado a su derecha en la *Barra de herramientas de acceso rápido*. ¿Qué significa esto? Que podemos volver a aplicar la acción deshecha. Comprobémoslo. Haga clic sobre el comando *Rehacer*.

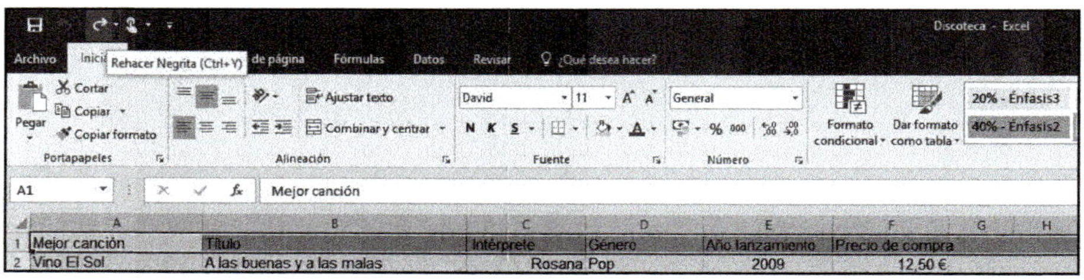

6. Efectivamente, la negrita vuelve a aplicarse sobre la primera fila del documento. La ejecución del comando *Rehacer* implica siempre la activación lógica del comando *Deshacer* en la *Barra de herramientas de acceso rápido*. Seguramente habrá observado que tanto el comando Deshacer como el comando *Rehacer* muestran a su derecha una punta de *flecha*. Esta punta de flecha despliega una lista con las últimas acciones realizadas que pueden ser deshechas y rehechas, respectivamente. El uso de estas listas resulta de gran utilidad cuando necesitamos recuperar el estado del documento en un punto

en concreto, puesto que es posible seleccionar directamente la acción que nos interesa. Para poder comprobarlo, realizaremos varias modificaciones. Seleccione con un clic la celda C2, pulse la tecla *Mayúsculas* y, sin soltarla, haga clic sobre la celda C16. (En un apartado posterior de este libro se trata con mayor detalle el funcionamiento y el manejo de Excel.)

7. Aplicaremos distintas características sobre el contenido seleccionado, todas ellas de formato y diseño. En el grupo de herramientas *Fuente*, haga clic sobre los comandos *Cursiva*, que muestra una letra K inclinada, y *Subrayado*, que muestra una letra S subrayada.

8. A continuación, haga clic sobre la punta de flecha del comando *Color de fuente*, que muestra una letra A sobre una línea de color rojo, y elija de la paleta de colores un color distinto al predeterminado, el que usted prefiera.

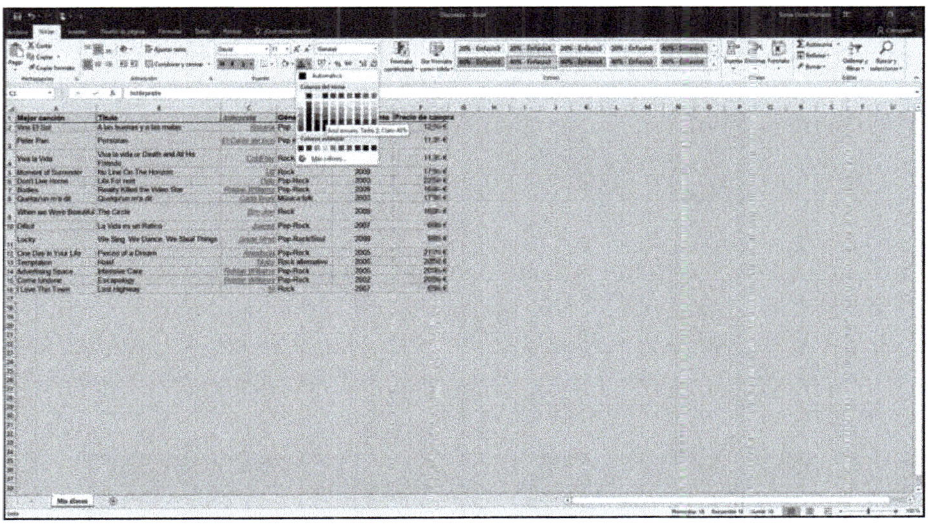

9. Por último, centraremos el contenido en la celda. Para ello, en el grupo de herramientas *Alineación*, pulse sobre el segundo comando de la segunda fila, correspondiente al comando *Centrar*.

10. Estos cambios nos bastarán para comprobar la ventaja de trabajar con la lista de acciones del comando *Deshacer*. Sin embargo, si desea realizar otras modificaciones sobre la hoja de cálculo, hágalo. Cuando termine, pulse sobre la punta de flecha situada sobre el mencionado comando.

11. Efectivamente, se muestran las acciones que haya realizado. Cuando selecciona una acción en concreto de la lista del comando *Deshacer*, en la parte inferior de dicha lista se muestra el total de acciones seleccionadas. Imagine ahora que le interesa deshacer las tres últimas, es decir, mantener solo la cursiva y descartar el subrayado, el color y la alineación. Para ello, pulse sobre la acción denominada *Subrayado*.

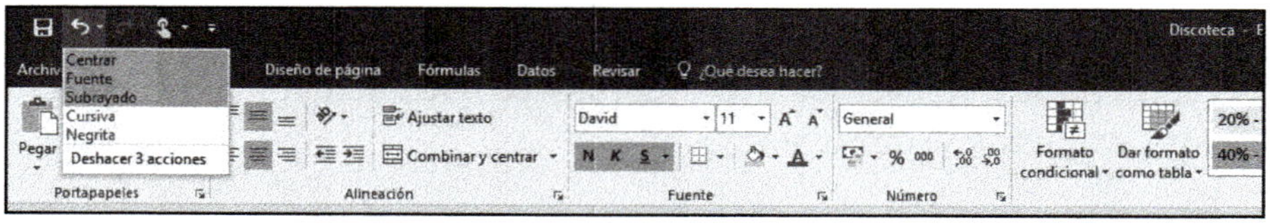

12. El comando *Rehacer* también dispone de esta lista, con la diferencia lógica de que solo refleja las últimas acciones deshechas. Para comprobarlo, haga clic sobre la punta de flecha de este comando.

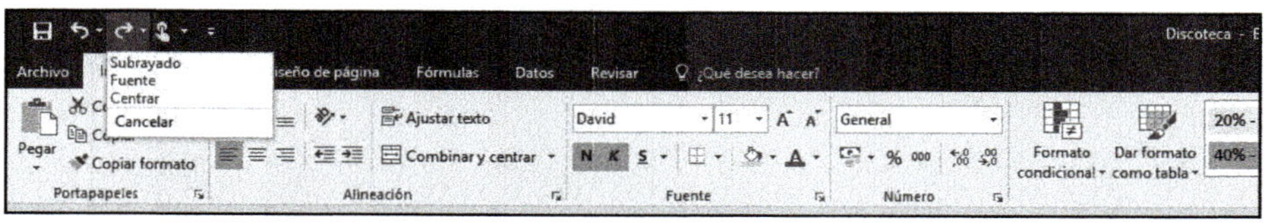

13. Efectivamente, se listan en este comando las tres acciones que acabamos de deshacer. Cuando se deshacen o rehacen todas las acciones acumuladas, el comando correspondiente se desactiva en la *Barra de herramientas de acceso rápido*. Pulse, por ejemplo, sobre la acción denominada *Fuente* para rehacer así dos acciones: el subrayado y el color de fuente.

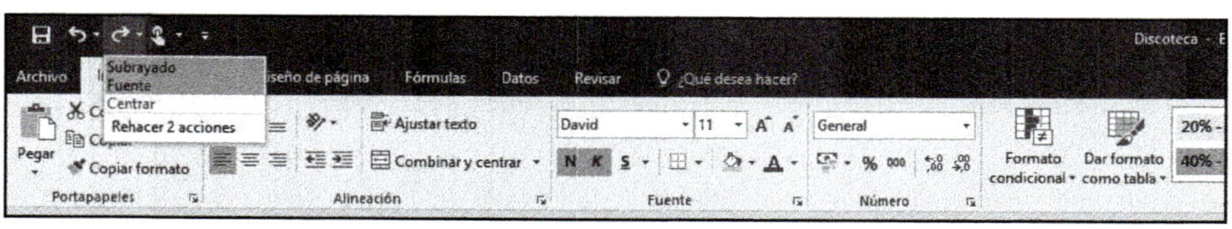

14. Al ejecutar el comando *Guardar* sobre un documento, las acciones incluidas en el comando *Rehacer* se eliminan, permaneciendo las incluidas en el comando *Deshacer*. Estas no serán suprimidas hasta que no cierre el documento. Las funciones *Deshacer* y *Rehacer* pueden ejecutarse también desde el teclado, aunque tenga en cuenta que si utiliza este método solo podrá deshacer o rehacer la última acción. Como ejemplo, pulse la combinación de teclas

Ctrl + *Z* para eliminar el color de fuente sobre el contenido seleccionado y pulse de nuevo la misma combinación para deshacer en este caso el subrayado del texto.

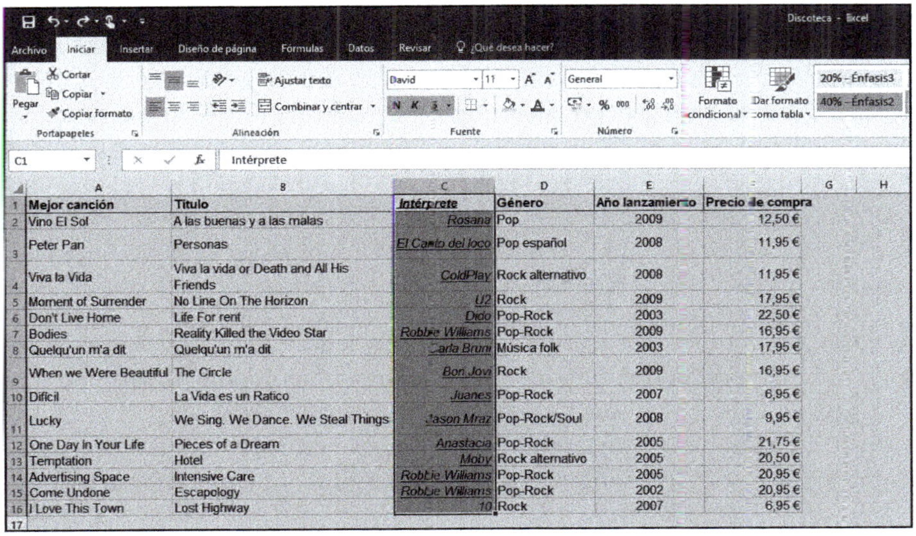

PRÁCTICA

Abra un documento de Office y compruebe el funcionamiento de los comandos Deshacer y Rehacer. Para ello, realice algún cambio en el documento y recupere su aspecto inicial desde los mencionados comandos. Utilice también la lista de acciones de ambos comandos para deshacer o rehacer ciertas acciones.

3.8 Corregir la ortografía de un documento

La corrección tanto ortográfica como gramatical es siempre muy importante, aunque sobre todo cuando se crea un documento para ser compartido. Office cuenta en todas las aplicaciones con la función Ortografía, incluida en el también común grupo de herramientas Revisión de la pestaña Revisar. Los programas utilizan un diccionario predeterminado basado en el idioma en el que se ha instalado la suite. Sin embargo, es preciso saber que la suite dispone de otros diccionarios que pueden adaptarse a la lengua en la que se está trabajando. Es posible configurar cada programa para que este revise la ortografía y la gramática mientras se escriba; de no ser así, es altamente recomendable pasar el corrector para detectar posibles errores, tanto ortográficos como gramaticales.

Aunque las aplicaciones más utilizadas de Office cuentan con la pestaña Revisar que, a su vez, contiene el grupo de herramientas Revisión, los comandos incluidos en este grupo pueden variar de una a otra. El único comando que se repite en todos los programas de la suite es el referente a la ortografía, cuyo nombre sí puede ser distinto: Ortografía y gramática en Word y Ortografía en Excel y PowerPoint.

1. En esta última lección de esta sección dedicada a las funciones comunes de edición en Office trataremos con todo detalle la corrección ortográfica de documentos. Lo primero que debe tener en cuenta es que todas las aplicaciones de la suite disponen del correspondiente comando para llevar a cabo esta corrección dada la importancia de una presentación correcta en todos los aspectos. Sin embargo, llevaremos a cabo esta práctica sobre un nuevo documento de Word, denominado *Corrección.docx,* el cual puede descargar de forma gratuita con el código de acceso proporcionado en la primera página del libro. Este documento cuenta con algunos errores ortográficos que nos servirán para practicar con la función que nos ocupa. Los errores que el programa considera ortográficos se marcan sobre el documento con una línea ondulada de color rojo, mientras que los errores considerados gramaticales quedan resaltados con una línea ondulada de color azul. Cuando disponga del documento en cuestión en pantalla, haga clic sobre la pestaña *Revisar* de la *Cinta de opciones*.

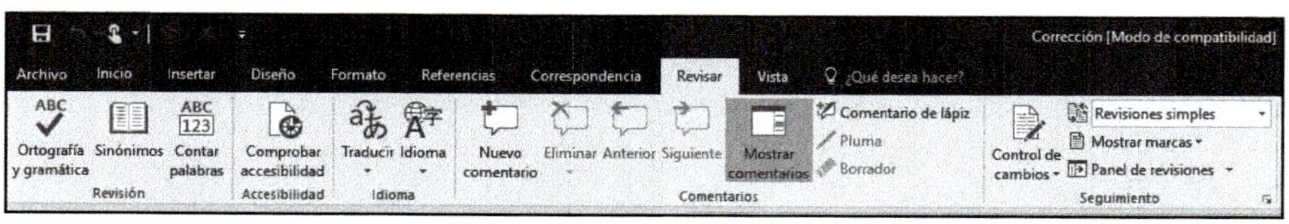

2. En las tres aplicaciones más utilizadas de Office (Word, Excel y PowerPoint), el primer grupo de herramientas de esta ficha es el que contiene los comandos para la revisión ortográfica y gramatical del documento. Para iniciar en este caso la corrección, haga clic sobre el comando *Ortografía y gramática.*

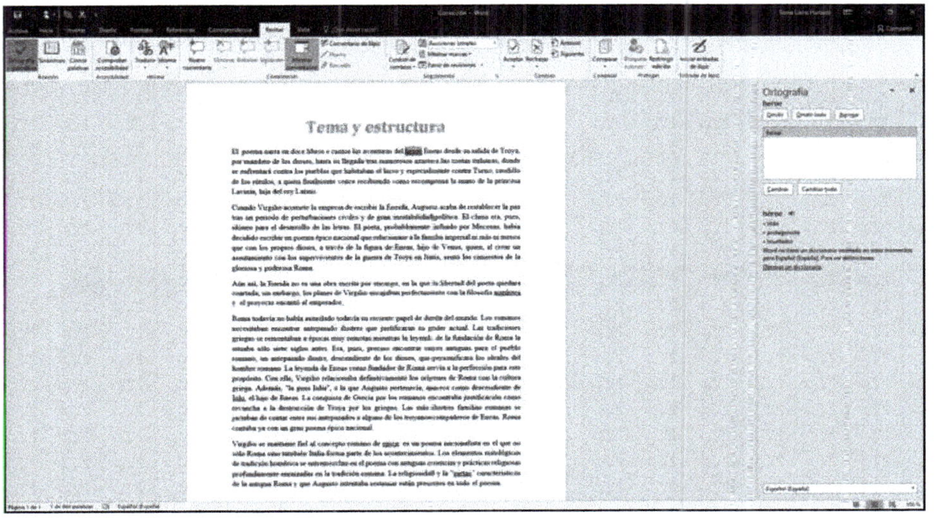

3. Se abre de esta forma el panel *Ortografía*. En todas las aplicaciones, este panel muestra, en la parte superior, la palabra no encontrada, aquella que el programa considera como error; seguidamente, los botones para corregirla, y, por último, tras la palabra sugerida como corrección, una lista de sinónimos y las características del diccionario en el cual se basa el programa. Tenga en cuenta que no todas las palabras detectadas por el corrector como errores lo son, sino que sencillamente no forman parte del diccionario del programa y, por tanto, no las reconoce. En este caso, la primera palabra localizada es *heroe*, sin acento, lo cual sí es un error. En la sección de sugerencias se muestra en este caso el término *héroe*, que coincide con la palabra correcta. Haga clic sobre el botón *Cambiar* para corregir el término.

4. El corrector sigue su revisión y detecta, en este caso, un error gramatical, por lo que el panel pasa a mostrar el título *Gramática*. En el caso de los errores de este tipo, el corrector aporta una descripción del tipo de error y una o más sugerencias para su corrección. Se trata de un doble espacio entre palabras que puede corregir pulsando el botón Cambiar. Hágalo.

5. El corrector detecta una nueva palabra, *augústea*. Imaginemos que sabemos de antemano que esta palabra se repite más veces en nuestro documento y que, además, sabe que siempre la ha escrito erróneamente. Desde este panel tiene la posibilidad de corregir en una misma acción un error repetido. Para ello, con la primera de las sugerencias seleccionada, haga clic sobre el botón *Cambiar todo*.

6. Un nuevo error de tipo gramatical por doble espacio. Como puede comprobar en el panel Gramática, los errores gramaticales no disponen de la posibilidad de realizar un cambio masivo del error, es decir, no dispone de un botón *Cambiar todo*. Pulse sobre el botón *Cambiar* para seguir adelante con la revisión.

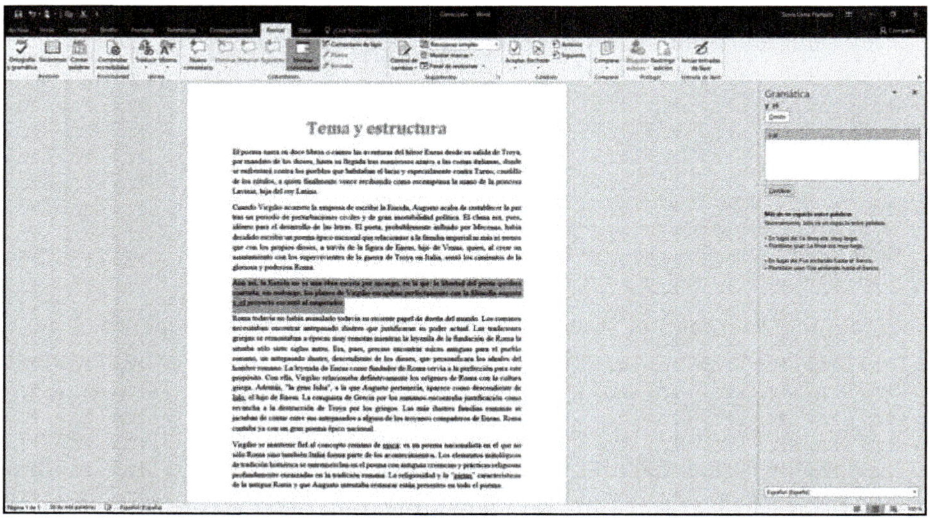

7. La siguiente palabra detectada por el programa es un nombre propio, el cual no nos interesa corregir. Por esta razón, tiene tres opciones: omitirlo, omitirlo todas las veces que aparezca en el documento para evitar que el corrector vuelva a detectarlo o bien, agregarlo al diccionario. Esta opción permitirá que el término no sea corregido en ningún documento de Office, sea del tipo que sea. En este caso, pulse sobre el botón *Omitir* para que solo se corrija esta palabra en concreto.

8. Para la siguiente palabra detectada, *epica*, escrita sin acento, vamos a utilizar una función que también es común en todas las aplicaciones de Office:

la autocorrección. Gracias a esta función, el programa es capaz de corregir automáticamente ciertos términos que, por descuido seguramente, solemos escribir mal. Lo primero que debemos hacer es asegurarnos de que la sugerencia seleccionada por el programa como corrección para el término señalado es la que nos interesa; en este caso, lo es (*épica*, con acento). Realizada esta comprobación, sencillamente pulse sobre el botón *Agregar* del panel *Ortografía*.

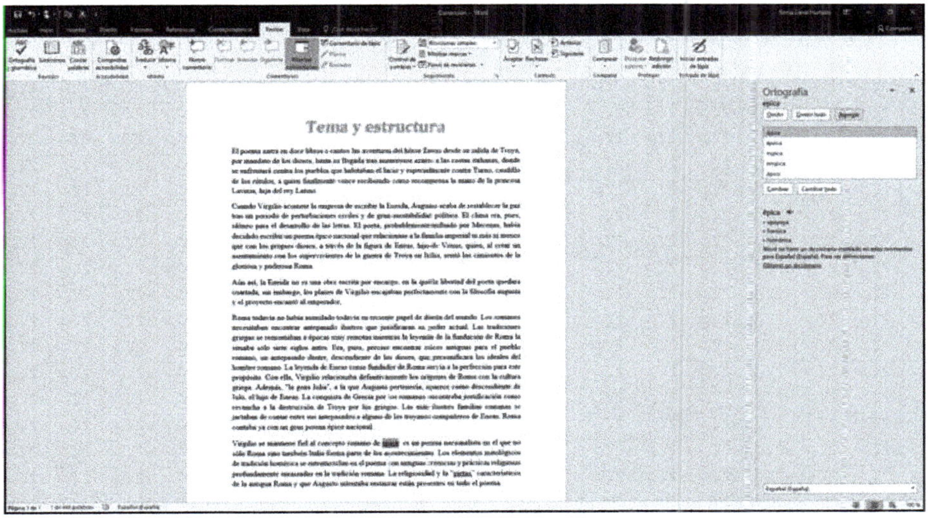

9. Aparentemente no ha ocurrido nada; sin embargo, el programa ha incluido por su cuenta el error y la sugerencia de corrección en la lista de palabras que deben autocorregirse. A partir de ahora, cuando se escriba en un documento la palabra *epica* sin acento será el programa quien, automáticamente corregirá el error por la sugerencia indicada. Le instamos a que, cuando termine el ejercicio, realice esta comprobación personalmente. La siguiente palabra detectada, *pietas,* es una palabra del latín que el programa no encuentra en su diccionario. En lugar de omitir su corrección, la agregaremos al diccionario. Haga clic sobre el botón *Agregar*.

10. Cuando termina la revisión, el programa lanza un cuadro de diálogo que nos informa de ello. (Vea la imagen adicional *3.8-001*) Haga clic sobre el botón *Aceptar* para salir de este cuadro.

11. Otra forma de realizar la revisión de un documento es aprovechando las marcas con las que, por defecto, el programa destaca aquellas palabras que él considera errores, ya sean ortográficos o gramaticales. Al pulsar con el botón derecho del ratón sobre una de estas palabras, se despliega un menú contextual con las mismas sugerencias que encontraría en el cuadro del corrector. En este caso, sencillamente debe seleccionar la palabra que le interese en este menú y la palabra quedará corregida al instante. No queremos terminar sin mostrarle cómo configurar las opciones de corrección del programa. Así pues, en cualquiera de las aplicaciones mencionadas, es preciso acceder al cuadro de opciones del programa. Para ello, puede utilizar el comando *Opciones* de la vista Backstage de cada programa o bien el botón del mismo nombre del panel de ortografía. En este caso, haga clic en la pestaña *Archivo* y, en la vista Backstage, pulse sobre el comando *Opciones*.

12. En el cuadro de opciones del programa, haga clic sobre la categoría *Revisión*.

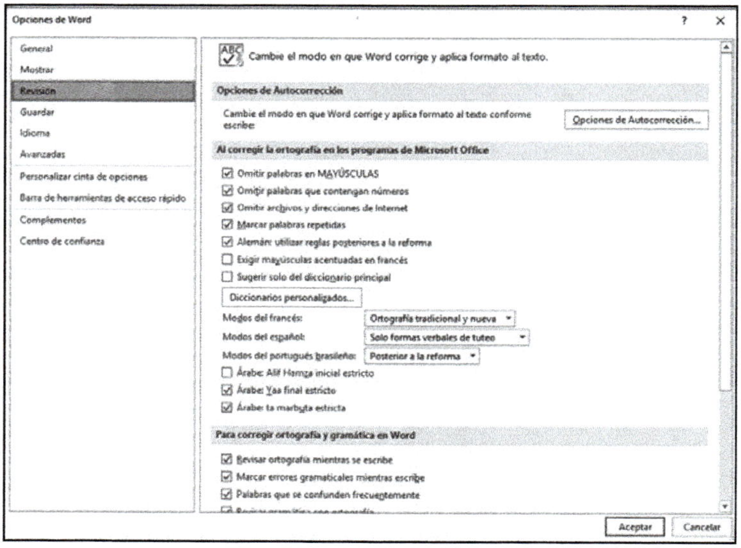

13. Con más o menos opciones, esta categoría es común en todas las aplicaciones de la suite. De hecho, la sección en la que se encuentran se denomina *Al corregir la ortografía en los programas de Microsoft Office*. Desde aquí puede establecer algunas reglas a tener en cuenta en el momento de la corrección, como la omisión de palabras en mayúsculas o términos con

números. Además, puede consultar los diccionarios disponibles e indicar o no que se revise la ortografía y la gramática mientras escribe. Consulte por su cuenta todas estas opciones y, cuando termine, haga clic sobre el botón *Aceptar* o *Cancelar*, según si ha realizado o no cambios en ellas.

14. ¿Cómo podemos cambiar el diccionario que utiliza el programa para realizar la revisión de un documento? Desde el mismo cuadro de corrección. En dicho cuadro encontrará el campo *Idioma* del diccionario, campo que puede desplegar y seleccionar el idioma que desee utilizar. Debe tener en cuenta que para utilizar estos idiomas debe haber instalado previamente el paquete de idiomas correspondiente. Para ello, deberá dirigirse a la página web de Microsoft Office y localizar, en la zona de descargas, el paquete que le interesa. Para terminar este ejercicio, cierre el documento actual guardando los cambios en él realizados.

PRÁCTICA

Abra un documento de Word y asegúrese de que contiene errores, tanto ortográficos como gramaticales. Realice la revisión del documento, corrigiendo todo aquello que pueda mediante las sugerencias que aparecen en el panel Ortografía o Gramática. Agregue también algún término al diccionario.

4 Funciones comunes de seguridad y mantenimiento

4.1 Inspeccionar documentos

El Inspector de documentos es una función común en Office 2016. La finalidad principal de la inspección de documentos es eliminar cierta información personal incluida, por ejemplo, en las propiedades de los archivos, información que no se desea compartir con otras personas. Si su intención es compartir con otros usuarios sus archivos, se recomienda realizar la mencionada inspección para que sea el propio programa quien detecte este tipo de datos y le dé la posibilidad de eliminarlos.

Aunque no resulta imprescindible, es altamente recomendable realizar la inspección de los documentos sobre una copia del archivo original. La razón es que no siempre es posible restaurar todos los datos que se han eliminado de un documento tras la inspección.

1. En este primer ejercicio dedicado a algunas de las funciones comunes en Office 2016 referentes a la seguridad y al mantenimiento aprenderá a inspeccionar sus documentos y a suprimir cierta información que podría considerarse confidencial en el momento de compartir el archivo con otras personas. Empezaremos la práctica con nuestro ya conocido documento de Excel *Discoteca.xlsx* abierto, aunque sepa que podría llevarla a cabo sobre cualquier otro documento de Office, puesto que el proceso es el mismo en todas las aplicaciones. La primera acción que efectuaremos será guardar una copia del archivo para trabajar sobre ella. Para ello, haga clic sobre la pestaña *Archivo* para acceder a la vista Backstage, pulse sobre el comando *Guardar como* y seleccione la opción *Examinar*.

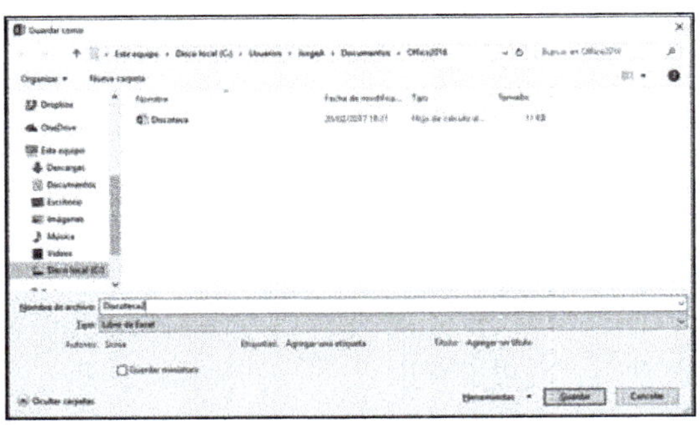

2. Se abre el cuadro de diálogo *Guardar como*, en el cual, como ya sabe, puede cambiar la ubicación, el tipo y el nombre del archivo. En este caso, solo cambiaremos el nombre, por lo que haga clic detrás de la palabra *Discoteca*, introduzca un número 2 y pulse el botón *Guardar* para almacenar la copia del archivo en cuestión.

3. Compruebe en la *Barra de título* del programa que el archivo con el que está trabajando es la copia que acaba de generar. Por tanto, ya puede empezar el proceso de inspección del documento. Haga clic de nuevo sobre la pestaña *Archivo* y sitúese, si no lo está, en el comando *Información*.

4. La opción que nos interesa forma parte de la opción común *Comprobar si hay problemas*. En la parte derecha de esta opción puede leer una descripción a modo de advertencia en la cual el programa le recuerde que el documento puede contener propiedades, el nombre del autor o la ruta de acceso a la impresora. Pulse sobre la punta de flecha de esta opción para visualizar su contenido y haga clic sobre la opción *Inspeccionar documento*.

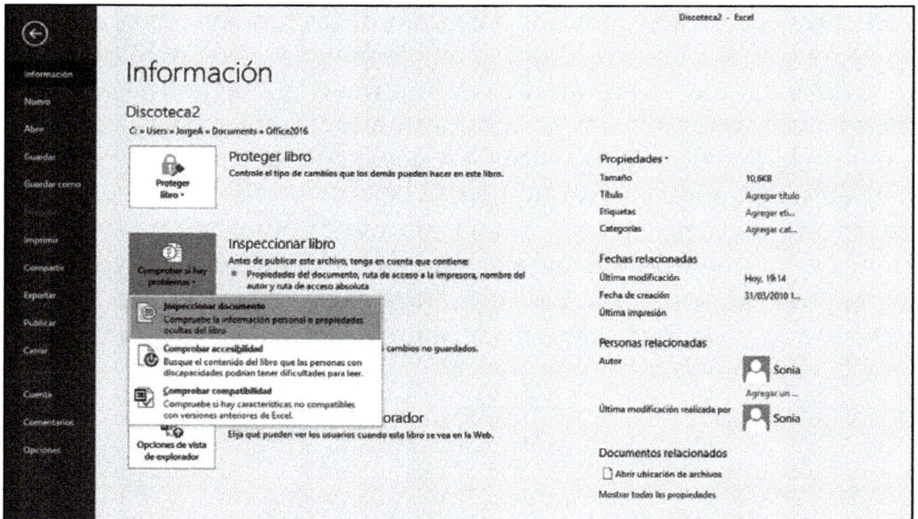

5. Se abre de esta forma la ventana *Inspector de documento*. Si hubiera realizado cambios sobre el documento antes de iniciar su inspección, el programa habría lanzado un cuadro de advertencia en el cual se recomienda almacenar estos cambios sobre el documento para evitar posibles pérdidas. Aunque

esta ventana es común a todos los documentos creados con Office, debe saber que lógicamente parte de su contenido varía según el tipo de contenido generado por cada aplicación. Por ejemplo, la información *Filas y columnas ocultas* u *Hojas de cálculo ocultas* no aparecerá en el *Inspector de documentos* de un archivo creado en Word o en PowerPoint, en los cuales se mostrarán otro tipo de contenidos detectados. Vamos a realizar la inspección del documento de todas las opciones presentadas, aunque sepa que, si lo prefiere, puede eliminar la selección de alguna de estas opciones para que el inspector pase por alto estos datos. Haga clic sobre el botón *Inspeccionar*.

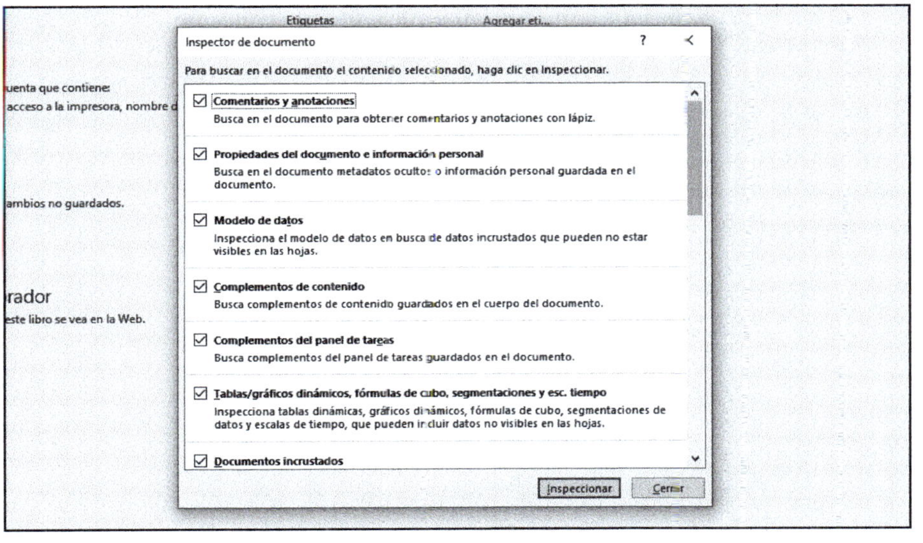

6. Tras un breve proceso de inspección, la ventana del *Inspector de documentos* muestra los resultados obtenidos. El tipo de contenido que se repite en todas las aplicaciones de Office, al menos en las más comunes y utilizadas, como Word, Excel y PowerPoint, son los comentarios y las anotaciones, las propiedades del documento y la información personal, los datos XML personalizados y el contenido invisible. Las opciones que presentan un signo de verificación sobre un fondo de color azul son las que no contienen elementos encontrados, mientras que los que muestran un signo de exclamación de color rojo son los que sí los contienen y son los precisos a tener en cuenta. En este caso, las opciones detectadas como susceptibles a ser eliminadas son las propiedades del documento y la información personal. Vamos a suponer que no le interesa que la o las personas con las que compartirá el documento visualicen estas propiedades. En este caso, lo mejor es eliminarlos. Para ello, haga clic sobre el botón *Quitar todo*, situado en la sección de las propiedades del documento y la información personal.

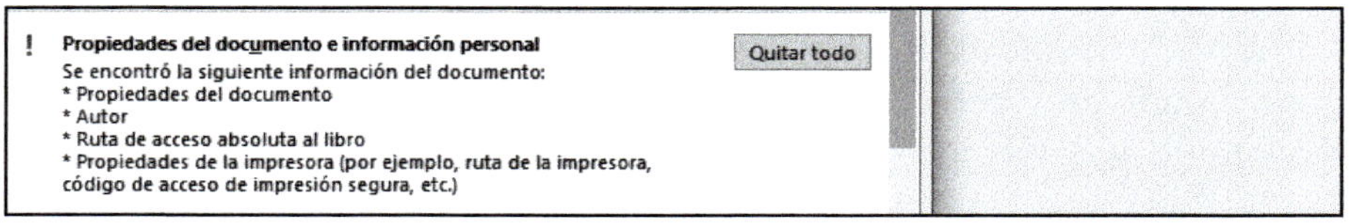

7. Los datos señalados quedan eliminados al instante. Prueba de ello es el signo de verificación que ha sustituido el signo de exclamación anterior. En la parte inferior del inspector de documentos se muestra a modo de advertencia un texto que le informa de que no todos los datos eliminados pueden deshacerse. Si lo necesita, puede volver a inspeccionar el documento para asegurarse de que no queda rastro de estos datos. Para ello, haga clic sobre el botón *Volver a inspeccionar*.

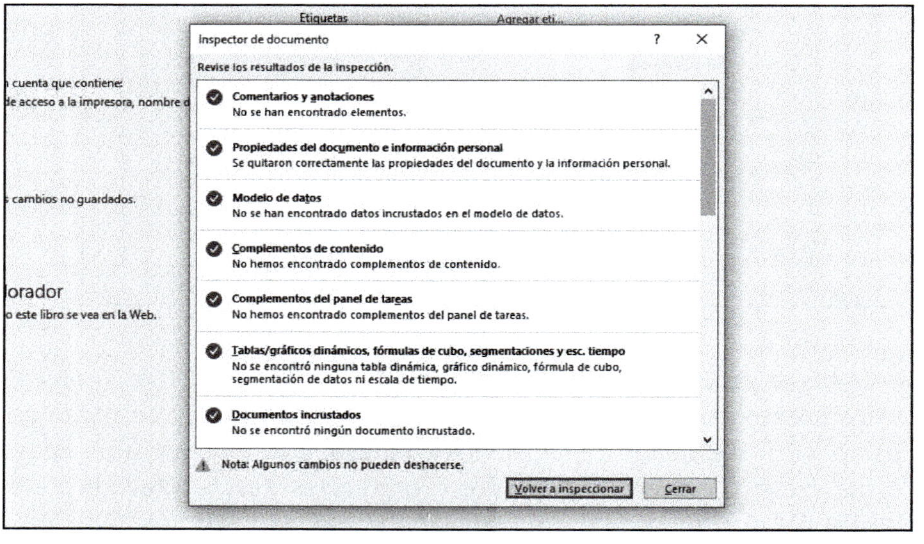

8. Efectivamente, el documento ha quedado limpio de información y datos que no nos interesa compartir. Las propiedades del documento también se denominan metadatos e incluyen detalles sobre el documento, como su autor, el tema y el título. Entre estas propiedades también se encuentran el nombre del autor y de la persona que lo guardó por última vez y la fecha de creación del mismo. Los metadatos son datos que describen a otros datos. Por ejemplo, las palabras de un documento son datos, mientras que los me-

tadatos serían el recuento de dichas palabras. Para terminar, pulse sobre el botón *Cerrar* del cuadro de diálogo *Inspector de documento*.

PRÁCTICA

Abra cualquier documento de Office de que disponga y realice una inspección para eliminar todo aquello que no desea que aparezca ante los ojos de otros usuarios.

4.2 Comprobar compatibilidad y accesibilidad

Los documentos creados en versiones anteriores a la 2016 de Office se pueden abrir y manipular en esta última versión de la suite. Sin embargo, resulta importante tener en cuenta que no todas las características de esta versión estarán disponibles si el documento se ha realizado sobre una versión anterior. Office 2016 cuenta con una función, común en todas las aplicaciones de la suite, que permite comprobar la compatibilidad de cualquier documento creado en una versión anterior a la más reciente. La ventaja de conocer y aplicar esta función es que el mismo programa convierte el documento anterior a la versión más actual para que pueda trabajar sin problemas, garantizando que tanto las novedades como las funciones mejoradas de la versión 2016 se encuentren disponibles.

El trabajo en modo de compatibilidad garantiza el uso de las nuevas y mejoradas funciones de Office 2016 sobre un documento creado en una versión anterior.

1. En esta lección le mostraremos qué ocurre al abrir un documento creado en una versión anterior a la 2016 en esta versión de la suite. Para ello, si usted dispone de algún archivo creado sobre las versiones 97-2003 o 2007 puede utilizarlo sin problemas para realizar la práctica; de no ser así, descargue desde nuestra página web los archivos *Don Quijote.doc*, creado sobre la versión XP de Word, y *Factura.xls*, elaborado también sobre la misma versión de Excel, y guárdelos en su equipo. Empiece abriendo el mencionado documento de texto en Word 2016.

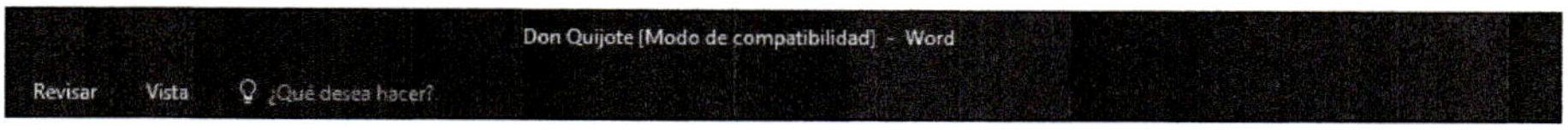

2. Compruebe como en la *Barra de título* se muestra junto al nombre del documento el término *Modo de compatibilidad* entre claudátors. Esto significa que se trata efectivamente de un documento creado sobre una versión anterior de la suite, lo que no implica que no se pueda abrir ni trabajar con la última versión. Veamos ahora cómo podemos comprobar qué modo de compatibilidad se ha aplicado en este caso. Para ello, pulse sobre la pestaña *Archivo* y, en la vista Backstage, sitúese, si no lo está, en el comando *Información*.

3. A diferencia de cuando se está trabajando sobre un documento creado en la versión 2016 de la suite, en este caso se muestra como primera opción

dentro del comando *Información* la opción *Convertir*. Como veremos en este mismo ejercicio, la opción *Convertir* convierte el documento a la versión anterior de la suite. Sin embargo, en este caso, comprobaremos primero si existen características no compatibles con versiones anteriores. Para ello, pulse sobre la opción *Comprobar si hay problemas* y elija de la lista la opción *Comprobar compatibilidad*.

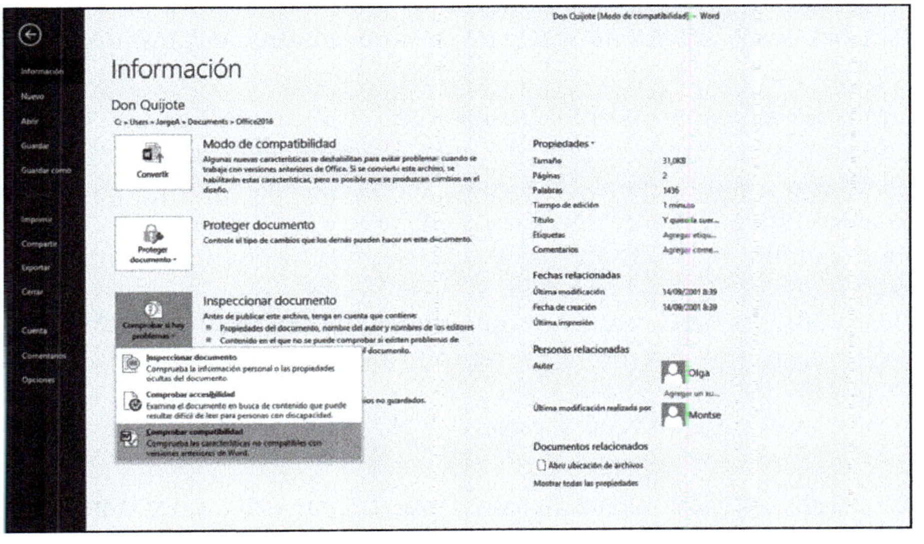

4. Al pulsar sobre esta opción aparece el cuadro de diálogo *Comprobador de compatibilidad de...* (siendo los puntos suspensivos el nombre del programa en el que se encuentra), en el cual se indica si existen o no problemas de compatibilidad. En el caso de nuestro documento, no existen tales problemas, seguramente porque el documento solo contiene texto. Veamos ahora, desde este mismo cuadro, en qué versión ha sido creado el documento. Para ello, despliegue el campo *Seleccionar versiones para mostrar*.

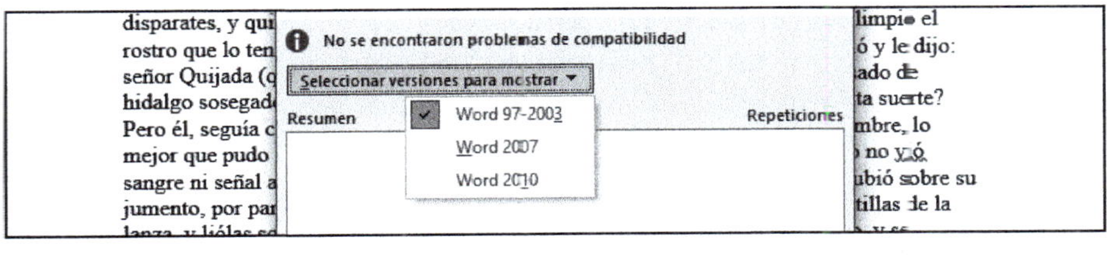

5. Este campo contiene los modos de compatibilidad disponibles y, en el caso del documento con el que estamos trabajando, el documento Don Quijote.doc, se trata del modo Word 97-2003. Esto significa que el archivo ha sido creado sobre una versión anterior a la 2003, lo que hubiera supuesto, en el caso de haber contado con títulos u otros efectos de diseño, que se hubieran detectado problemas de compatibilidad. La opción *Comprobar la compatibilidad al guardar documentos*, marcada por defecto en la parte inferior del cuadro comprobador de compatibilidad, permite que sea el programa quien realice esta comprobación de compatibilidad cuando el usuario almacene el documento. Pulse sobre el botón *Aceptar* para cerrar el cuadro de comprobación.

6. Aunque no se han encontrado problemas de compatibilidad en el contenido de ambas versiones, lo que haremos a continuación será convertir el documento a la versión actual de la suite, puesto que así podrá trabajar sin problemas con todas las características y mejoras del programa. La conversión del documento puede llevarse a cabo siguiendo dos procedimientos: utilizando la opción *Convertir*, lo que supone la sustitución del documento a la versión 2016, o bien crear una copia nueva del archivo mediante el comando *Guardar como*. Veremos este segundo proceso sobre un documento distinto, por lo que, en este caso, haga clic sobre la pestaña *Archivo* y sitúese, si no lo está, en el comando *Información*.

7. Entre las opciones que presenta este comando, haga clic sobre la primera de ellas, la opción *Convertir*.

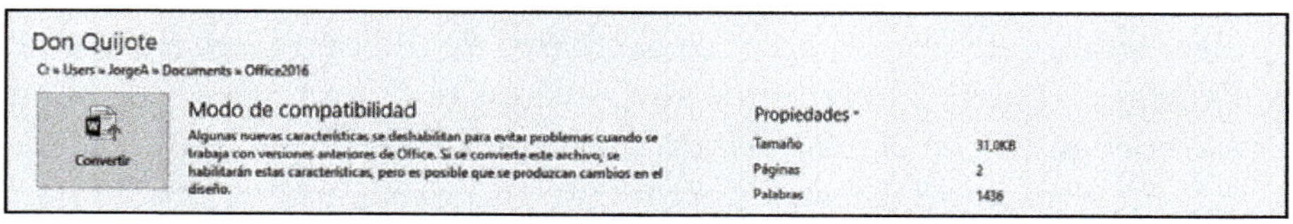

8. El programa lanza un cuadro de diálogo informativo acerca de la conversión del documento y de las consecuencias que ello supone. Si no desea que cada vez que convierta un documento a la versión 2016 del programa aparezca este cuadro informativo, marque la casilla de verificación de la opción *No preguntarme de nuevo acerca de la conversión de documentos*. Haga clic en *Aceptar* para proceder con la conversión.

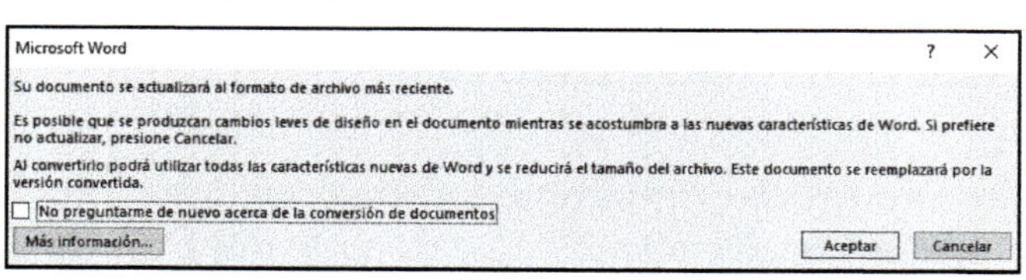

9. Compruebe como en la *Barra de título* ya no aparece el término *Modo de compatibilidad,* lo que indica que la conversión se ha llevado a cabo correctamente. Haga clic sobre la pestaña *Archivo* y, en el comando *Información,* vea como ya no aparece tampoco la opción *Convertir.*

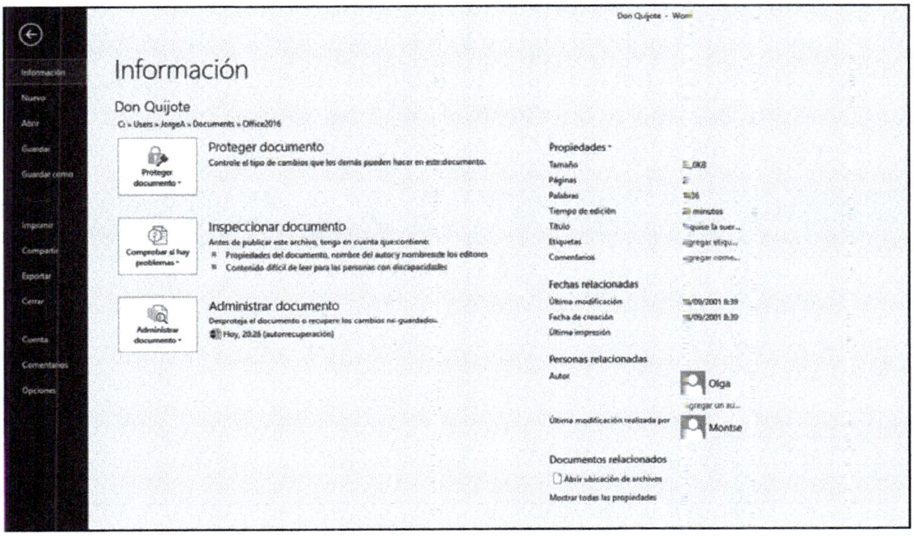

10. En la *Barra de título* del programa puede observar como la extensión del documento continúa siendo .doc, lo que indica que la conversión no cambia automáticamente el formato del archivo. Para ello, deberá guardar el documento en la nueva versión. Desde la misma vista Backstage, haga clic en el comando *Cerrar.*

11. El programa detecta el cambio de formato producido tras la conversión del archivo y, por ello, lanza un cuadro de diálogo desde el cual podrá indicar si le interesa o no almacenar el documento con el nuevo formato. Si opta por no guardar el documento, sepa que podrá continuar trabajando en él en Office 2010 en modo de compatibilidad. En este caso, haga clic en *Guardar.*

12. Solo nos queda comprobar si el documento se ha guardado con la extensión .docx, propia de la versión 2016 del programa. Para ello, desde la vista Backstage, pulse sobre el comando *Abrir* y consulte en la lista de los últimos archivos abiertos como, efectivamente, aparece el nombre del documento *Don Quijote.docx.* (Vea si lo desea la imagen 4 2-001.)

13. Si lo desea, ábralo con un clic sobre este acceso para comprobar que ya no se abre en modo de compatibilidad. No queremos terminar esta práctica sin mostrarle, tal y como hemos indicado, el segundo procedimiento que puede seguir para convertir un documento creado en una versión de la suite anterior a la 2016 a la versión más reciente. Para ello, utilizaremos el segundo documento mencionado al inicio de este ejercicio o, en su defecto, cualquier otro guardado con una extensión distinta a la de la suite 2016. Abra el documento en cuestión (si trabaja con nuestros archivos de ejemplo, abra el libro *Factura.xls* en Excel 2016).

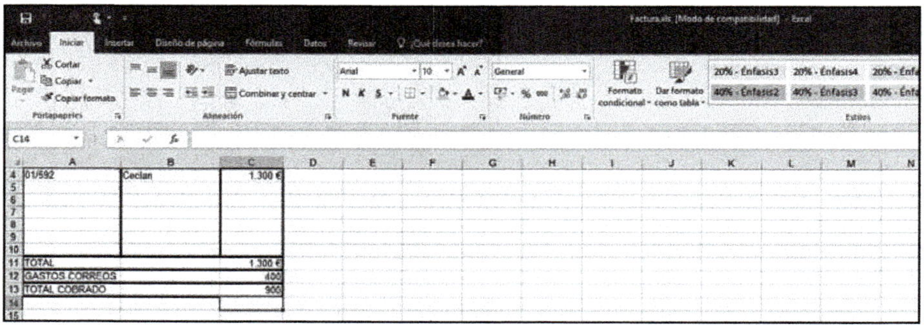

14. Una vez más, percibimos en la *Barra de título* que estamos trabajando en modo de compatibilidad. En este caso, en lugar de convertir el documento mediante la opción *Convertir*, lo guardaremos directamente con la exterior .xlsx, propia, como ya sabe, de la versión 2010 de Excel. Para ello, muestre la vista Backstage, haga clic sobre el comando *Guardar como* y pulse sobre la opción *Examinar*.

15. Se abre el cuadro de diálogo *Guardar como*, en el cual indicaremos como tipo de archivo la versión más reciente de la suite. Compruebe que en el campo *Tipo* se muestra el tipo de archivo en el que ha sido almacenado en su momento el documento. Despliegue dicho campo, haga clic sobre la primera opción de la larga lista de extensiones, la opción *Libro de Excel (.xlsx)*, y pulse sobre el botón *Guardar*. (Vea si lo desea la imagen *4.2-002*.)

16. La *Barra de título* nos indica el cambio producido sobre la extensión, aunque continúa informando de que estamos trabajando en modo de compatibilidad. Sin embargo, esto no supone que debamos llevar a cabo la conversión del documento. Para comprobarlo, haga clic sobre la pestaña *Archivo*

y, en el comando *Información*, compruebe como, efectivamente, no aparece la opción *Convertir*.

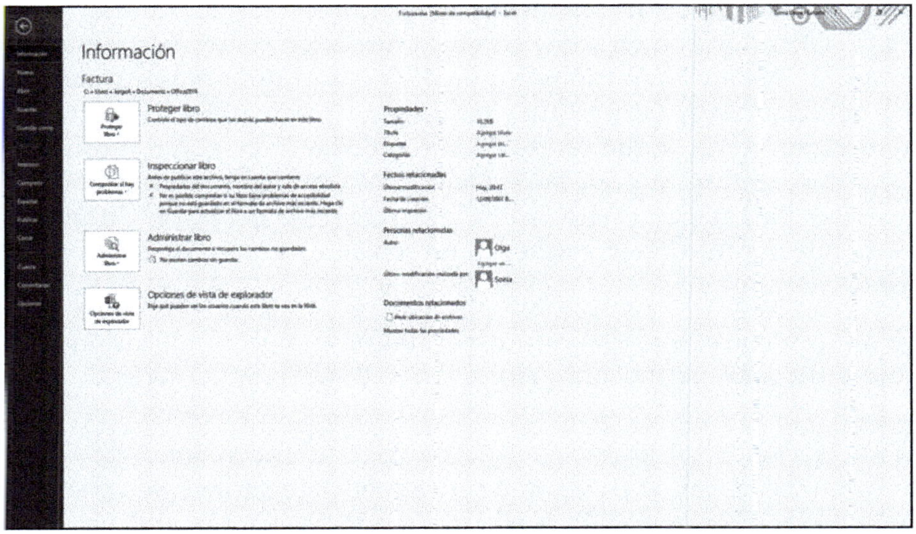

17. La próxima vez que abra el documento, la *Barra de título* del programa ya no informará acerca del modo de compatibilidad. Compruébelo por su cuenta cerrando y volviendo a abrir el archivo *Factura.xlsx*, dando así por terminada esta lección.

PRÁCTICA

Consiga algún documento creado en una versión anterior a Office 2016 y compruebe como este se abre en modo de compatibilidad. Para asegurar un óptimo rendimiento del archivo, conviértalo a la versión actual, tanto desde el comando Información de la vista Backstage como mediante el comando Guardar como.

4.3 Proteger documentos con contraseña

Una de las formas más tradicionales de proteger un documento ante la apertura y la modificación por parte de otros usuarios es utilizando una contraseña de acceso al mismo. La función de protección con contraseña es común en todas las aplicaciones de Office 2010 y permite al usuario trabajar con mayor tranquilidad, sin temor a que otros usuarios puedan manipular el contenido de sus documentos. La opción Proteger del comando Información, en la nueva vista Backstage de Microsoft Office, contiene la opción Cifrar con contraseña que permite llevar a cabo, en un sencillo proceso, la mencionada protección.

La opción Cifrar con contraseña está disponible en las cuatro aplicaciones de Office más utilizadas y conocidas: Word, Excel, PowerPoint y Access.

1. En esta lección le mostraremos cómo proteger un documento de Office con una contraseña, con el fin de que solo aquellos usuarios que conozcan este dato puedan acceder a él. Para ello, y a modo de ejemplo, trabajaremos en este caso sobre la presentación de diapositivas *Lugares. pptx*, aunque sepa que puede practicar sobre cualquier documento creado sobre la última versión de la suite. Empiece abriendo la mencionada presentación en PowerPoint.

2. Debemos dirigirnos a la vista Backstage para encontrar en ella todas las opciones referentes a la protección de un documento, por lo que pulse sobre la pestaña *Archivo*.

3. Las opciones de protección forman parte del comando *Información* de la vista Backstage, por lo que sitúese, si no lo está, en esta vista y haga clic sobre la opción *Proteger presentación*.

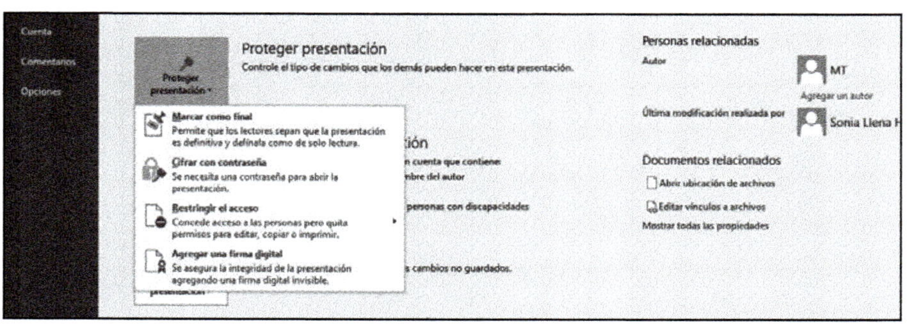

4. La opción *Proteger presentación* se denomina así en PowerPoint; sin embargo, si usted trabaja en otra aplicación, por ejemplo, en Word o en Excel 2010, sepa que la palabra presentación quedará sustituida por las palabras documento y libro 3 respectivamente. En la lista de opciones que se despliega, haga clic sobre la denominada *Cifrar con contraseña*.

5. Aparece de esta forma el cuadro de diálogo *Cifrar documento*, en el cual deberá introducir la contraseña que usted desee. Como advertencia sobre el uso de las contraseña, diremos que Office distingue entre mayúsculas y minúsculas. Además, resulta aconsejable aplicar términos que sean fáciles de recordar para usted pero difíciles para cualquier otra persona. Por esta razón, evite utilizar únicamente su nombre como contraseña, o su nombre seguido de una fecha, por ejemplo, el año de su nacimiento. En este ejemplo, escriba en el campo *Contraseña* la combinación *abcd1234* y pulse el botón *Aceptar*.

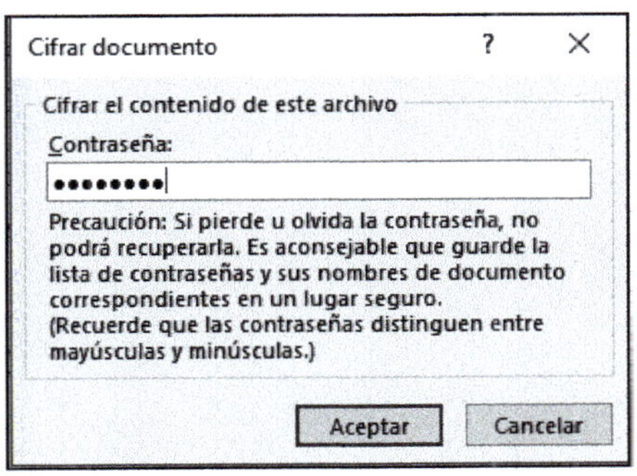

6. A modo de seguridad, al escribir la contraseña en los cuadros *Cifrar documento* y *Confirmar contraseña*, los caracteres introducidos son sustituidos por puntos de color negro. Como se indica en el mismo cuadro de diálogo de asignación de la contraseña, es altamente recomendable que guarde la combinación utilizada como contraseña en un lugar seguro o, en su defecto, que sea consciente de que no debe olvidarla. Piense que si la olvida no podrá acceder a su documento nunca más. Al terminar de introducir la contraseña, se muestra el cuadro *Confirmar contraseña* para que la repita. Se trata de una forma de asegurar la escritura correcta de la contraseña y evitar posibles errores posteriores. Escriba de nuevo en el campo *Repetir contraseña* la combinación *abcd1234* y pulse sobre el botón *Aceptar*.

7. En la ficha *Información* del documento cifrado se indica ahora que la presentación abierta en primer plano se encuentra protegida y que se precisa la introducción de una contraseña para acceder a ella. (Vea si lo desea la imagen adicional *4.3-001*.) Vamos a comprobarlo. Cierre la presentación *Lugares.pptx* pulsando sobre el comando *Cerrar* de la vista Backstage y, en el cuadro de diálogo que aparece, pulse el botón *Guardar* para almacenar la restricción de acceso con contraseña.

8. A continuación, pulse sobre la pestaña *Archivo* y, en la lista de archivos utilizados, pulse sobre el denominado *Lugares.pptx*.

9. El programa detecta que la presentación se encuentra protegida por contraseña y lanza el cuadro de diálogo *Contraseña*, en el cual debemos escribir la mencionada contraseña. Escriba en este caso la combinación *abcd1234* y pulse el botón *Aceptar*.

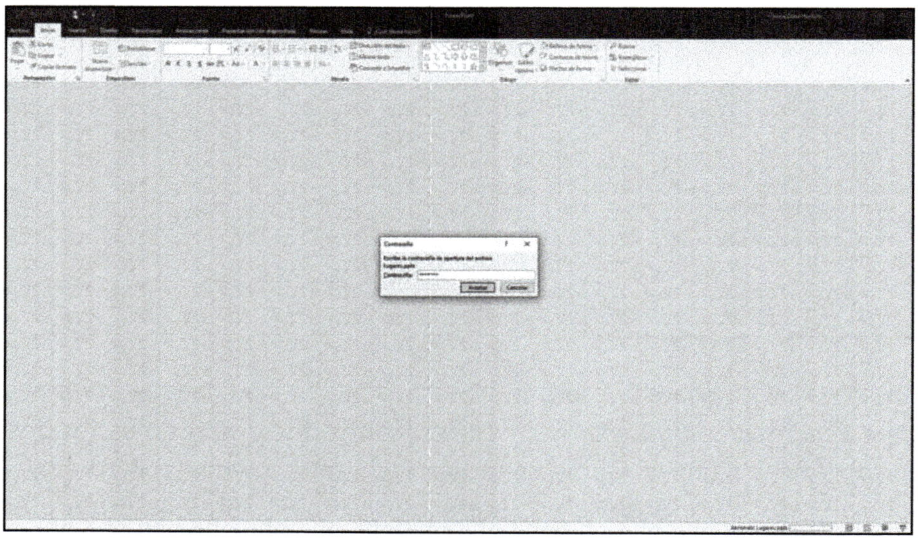

10. La presentación se abre en este caso sin problemas. En el caso de no introducir la contraseña correctamente, el programa lanzará un nuevo cuadro de diálogo en el que se advierte de este hecho y le da la oportunidad de volverlo a intentar. Para eliminar una contraseña asignada a un documento, diríjase al comando *Información* de la vista Backstage, despliegue la opción *Proteger...* y elija *Cifrar con contraseña*. En el cuadro de diálogo *Cifrar con con-*

traseña, sencillamente debe eliminar la combinación asignada y aceptar el proceso. Termine este sencillo ejercicio cerrando la presentación actual.

PRÁCTICA

Abra un documento de Office y protéjalo con una contraseña. Cierre el documento guardando los cambios y vuelva a acceder a él para comprobar como, efectivamente, necesita la contraseña.

4.4 Definir un documento como final

Con el fin de mostrar a otros usuarios, ya sean revisores o lectores, que un archivo está siendo compartido en su versión final y que, como tal, no puede ser ni editado ni modificado, Office dispone de la opción Marcar como final. Tras asignar esta característica a un documento, el documento tendrá la propiedad de Solo lectura, lo que implica que los comandos y las funciones de edición, de escritura y de revisión de cada programa se encuentran deshabilitados o desactivados.

Sin embargo, cabe destacar que la función Marcar como final de Office no puede ser considerada como una forma de proteger el documento, puesto que cualquier usuario que reciba el documento marcado con esta propiedad podrá anularla y, por tanto, editarlo.

1. Llevaremos a cabo la práctica que nos ocupa, dedicada al marcado de documentos como finales, sobre el documento de ejemplo *Lectura obligatoria.docx* creado en Word, aunque puede utilizar cualquier otro de los archivos de ejemplo propuestos hasta el momento u otro de que disponga almacenado en su equipo. Para empezar, abra el mencionado en cuestión.

2. Aunque la asignación de la propiedad Final no debe considerarse estrictamente como una función de seguridad, sino más bien de mantenimiento, debemos dirigirnos a las opciones de protección incluidas en el comando *Información* de la vista Backstage de Microsoft Office. Para ello, haga clic sobre la pestaña *Archivo* y sitúese, si no lo está, en el mencionado comando.

3. A continuación, haga clic sobre la opción *Proteger documento* y, de la lista de opciones que se despliega, pulse sobre la denominada *Marcar como final*.

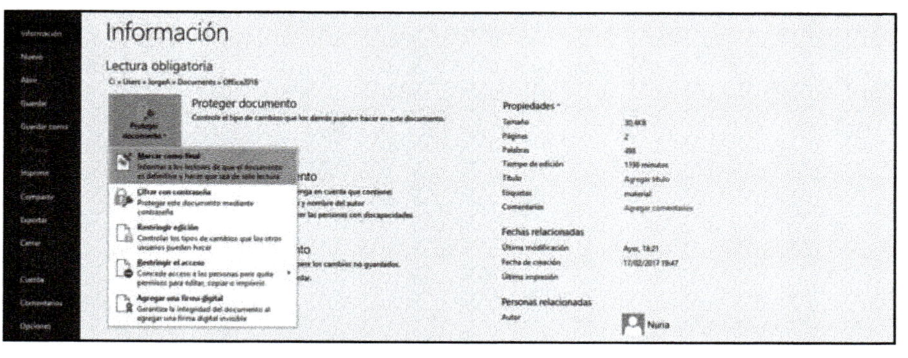

4. El programa lanza un cuadro de advertencia en el cual nos informa de que debe ser marcado como final antes de ser almacenado. Pulse en *Aceptar* para seguir adelante con el proceso.

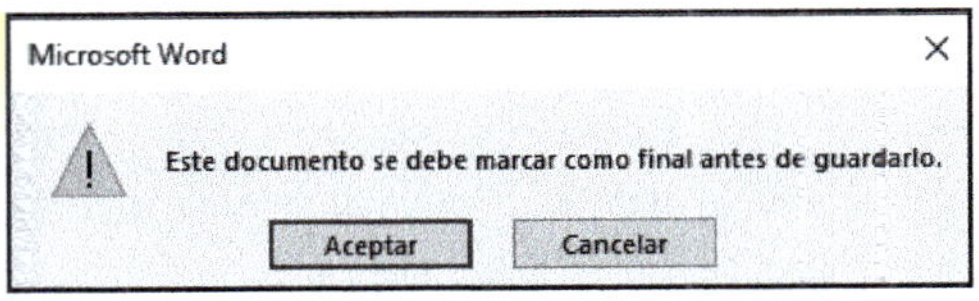

5. Seguidamente, la aplicación se encarga de informarnos de que el documento ha sido marcado como final y de las características que esta condición implica. Si no desea que cada vez que marque un documento como final aparezca este cuadro informativo, marque la opción *No volver a mostrar este mensaje*. Pulse también en *Aceptar* para salir de este cuadro y marcar el documento.

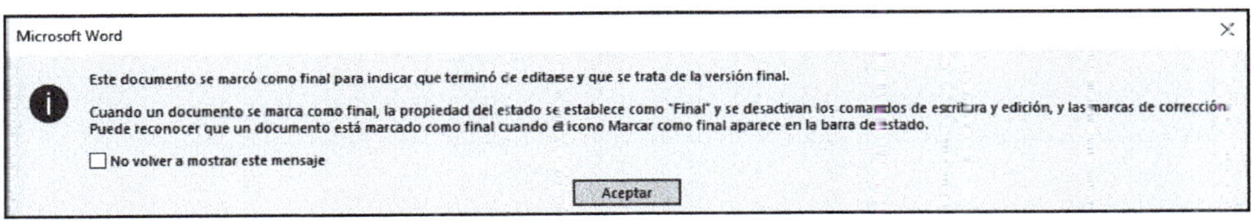

6. Además de aparecer marcado como final en la *Barra de estado*, como veremos a continuación, el comando *Información* nos informa de esta condición en la sección *Proteger documento*. El icono que indica que un documento ha sido marcado como final muestra una hoja de papel bajo un sello. Compruebe también como en la *Barra de título* se refleja el texto *Solo lectura* detrás del nombre del documento. (Vea si lo desea la imagen adicional *4.4-001*.) Pulse ahora sobre el botón *Atrás* para comprobar cómo se indica que el documento se encuentra marcado como final.

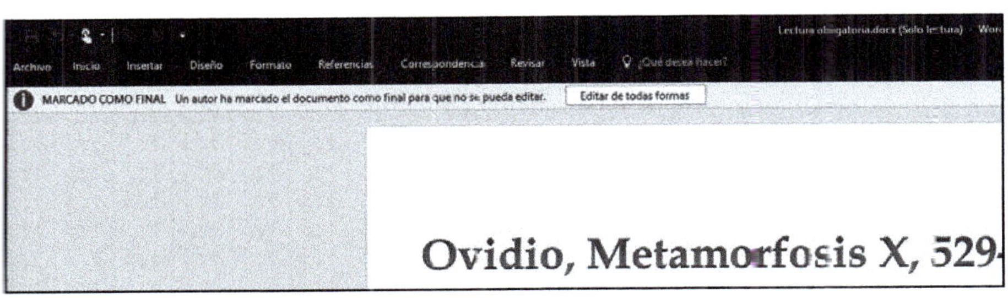

7. Ha aparecido la barra de mensajes de la aplicación, la de color amarillo, que nos informa de que el autor del documento ha marcado el archivo como final para que no se pueda editar. Sin embargo, tal y como también hemos señalado, esta condición de final no implica una protección del documento ante su manipulación, puesto que es posible desbloquearlo pulsando el botón *Editar de todas formas*. Antes de comprobarlo, haga clic sobre la pestaña *Inicio* de la *Cinta de opciones* y compruebe como, efectivamente, no aparece ninguno de los comandos disponibles, todos se encuentran desactivados.

8. Vuelva a pulsar sobre esta pestaña para visualizar de nuevo la barra de mensajes y, ahora sí, haga clic sobre el botón *Editar de todas formas*.

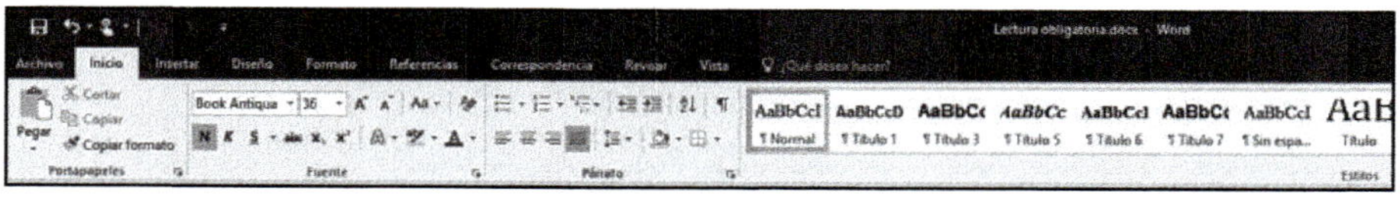

9. Automáticamente, la *Cinta de opciones* se activa por completo, el término *Solo lectura* de la *Barra de título* desaparece, así como la barra de mensajes de color amarillo. Si usted es el autor del documento y desea deshabilitar la propiedad Final del mismo, debe dirigirse a la opción *Proteger...* del comando *Información* de la vista Backstage y pulsar sobre la opción *Marcar como final*. Termine este ejercicio cerrando el documento con el que ha trabajado en esta práctica, guardando los cambios en él realizados.

PRÁCTICA

Abra un documento en Office 2016 y márquelo como final utilizando para ello el comando oportuno de la sección Información, en la vista Backstage. Una vez marcado como tal, compruebe sobre el documento cómo queda indicada esta condición.

4.5 Agregar y responder comentarios

Insertar comentarios es una de las funciones de Office más utilizadas por los usuarios en los documentos de uso personal. Esta función permite responder a aquellos comentarios introducidos por otros usuarios con los que haya compartido sus documentos. Tanto Excel como Word y PowerPoint disponen de la función que permite agregar y gestionar comentarios desde el panel Comentarios.

1. En este ejercicio nos basaremos en una presentación con diapositivas denominada *Historia.pptx*, que podrá descargar de forma gratuita con el código de acceso proporcionado en la primera página del libro. Una vez abierta en PowerPoint, compruebe como en la *Barra de estado* aparece una notificación que le advierte acerca de la existencia de comentarios en el documento. (Vea si lo desea la imagen adicional *4.5-001*.) Además, puede ver sobre la primera diapositiva que aparece un pequeño bocadillo. Este es el símbolo que se utiliza en Office para indicar que existen comentarios. Haga clic sobre la pestaña *Revisar* de la *Cinta de opciones*.

2. El grupo de herramientas de esta pestaña contiene todas las opciones para generar y editar comentarios y para navegar por los existentes. Active el panel *Comentarios* pulsando sobre el comando *Mostrar comentarios*.

3. En la parte derecha del área de trabajo se abre el panel *Comentarios*, mostrando el comentario insertado en la diapositiva actual. Desde aquí puede controlar, además del contenido del comentario, el autor del mismo y el tiempo que hace que ha sido propuesto. En la parte superior del comentario puede ver el botón que permite crear nuevos comentarios y, a su derecha, los que permiten navegar por los existentes. Haga clic dos veces sobre el botón *Siguiente*, que muestra una hoja de papel y una flecha que señala hacia la derecha.

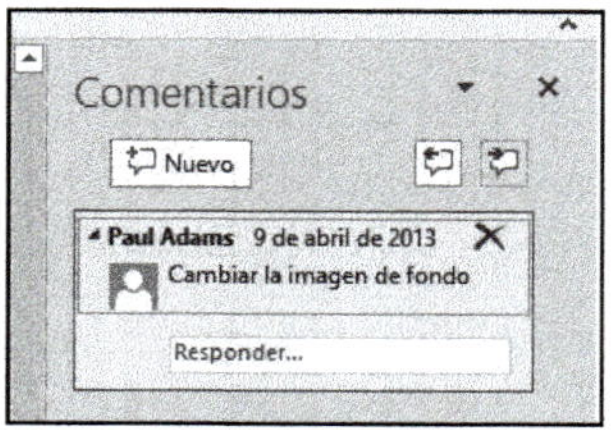

4. El programa salta a la diapositiva en la que se encuentra el siguiente comentario, al tiempo que lo muestra y resalta en el panel. Pase al siguiente comentario pulsando de nuevo el mismo botón.

5. En lugar de utilizar los correspondientes botones del panel *Comentarios*, también puede navegar por los comentarios de un documento mediante los comandos *Anterior* y *Siguiente* del grupo de herramientas *Comentarios* de la pestaña *Revisar*. Como hemos indicado en la introducción, una de las ventajas de utilizar los comentarios es la posibilidad de responder a ellos desde el mismo panel *Comentarios*. Como puede ver, en la parte inferior del comentario activo aparece el campo *Responder*. Haga clic sobre él, escriba una respuesta al comentario insertado y pulse *Retorno* para confirmarlo.

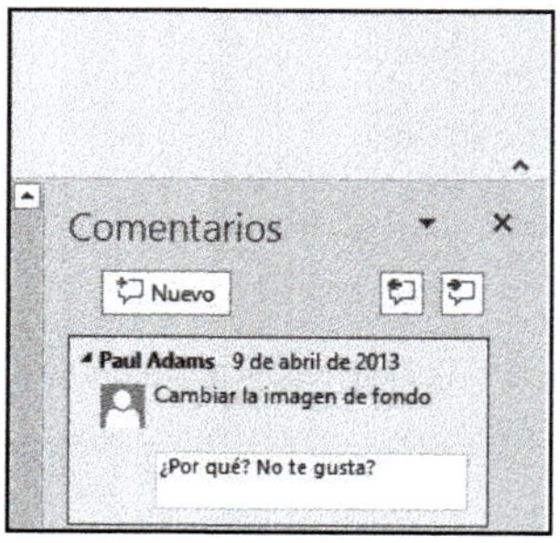

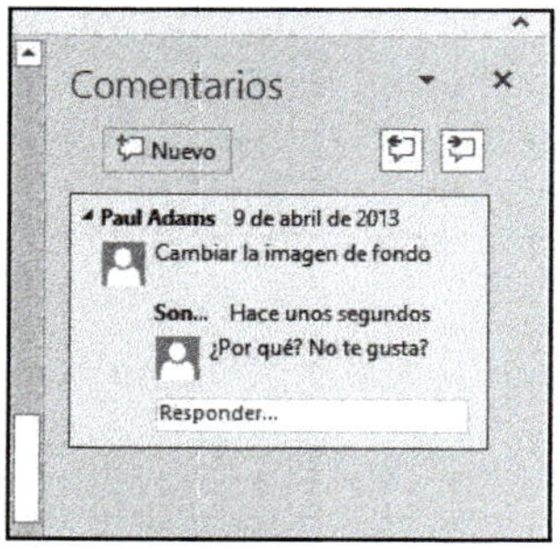

6. Al confirmar la respuesta, su nombre de usuario de Office aparece en la entrada, así como el tiempo que hace que ha insertado el comentario. Fíjese que el icono que aparece sobre la diapositiva muestra ahora dos bocadillos, lo que indica que este elemento contiene más de un comentario. El *feedback* entre usuarios es infinito. Si desea generar nuevos comentarios, utilice el comando *Nuevo* del panel *Comentarios* o el comando *Nuevo comentario* del grupo de herramientas *Comentarios*. Cierre el panel *Comentarios* pulsando el botón de aspa de su cabecera.

PRÁCTICA

Abra un documento de Office y muestre el panel de comentarios. Cree un comentario nuevo y envíelo a alguno de sus contactos; espera la respuesta y usted, a su vez, responda a dicho comentario, creando así una cadena de texto.

Novedad Office 2016

4.6 Colaborar en tiempo real

Si en el ejercicio anterior hemos podido comprobar la versatilidad del panel Comentarios de Office y la facilidad con que es posible comentar aspectos concretos de un documento, en este conoceremos la posibilidad de compartir documentos con otros usuarios y modificarlos conjuntamente en tiempo real, una de las novedades más esperadas que presenta la versión 2016 de la suite. Imagine no tener que esperar los comentarios de otros usuarios, sino poder defender o revisar los documentos al mismo tiempo con ellos.

Para beneficiarse de la nueva característica de la suite, no es preciso que los usuarios que colaboren con usted en la edición de documentos trabajen con Office 2016. En caso de que no dispongan todavía de la última versión de las aplicaciones, podrá trabajar directamente sobre el archivo guardado en OneDrive. En estos casos, lo mejor es utilizar el vínculo que proporciona el propio panel para que el usuario pueda acceder directa y cómodamente al documento. Dicho vínculo deberá pegarse en el campo destinado al mensaje personal.

1. Aunque la nueva característica de colaboración en tiempo real está presente en Word, Excel y PowerPoint, para este ejercicio le instamos a que abra el documento de texto *Arcoylira.docx*, que podrá descargar de forma gratuita con el código de acceso proporcionado en la primera página del libro. Una vez disponga de él abierto en Word 2016, haga clic sobre la nueva pestaña *Compartir*, situada en el extremo derecho de la *Cinta de opciones*, junto a su nombre de inicio de sesión.

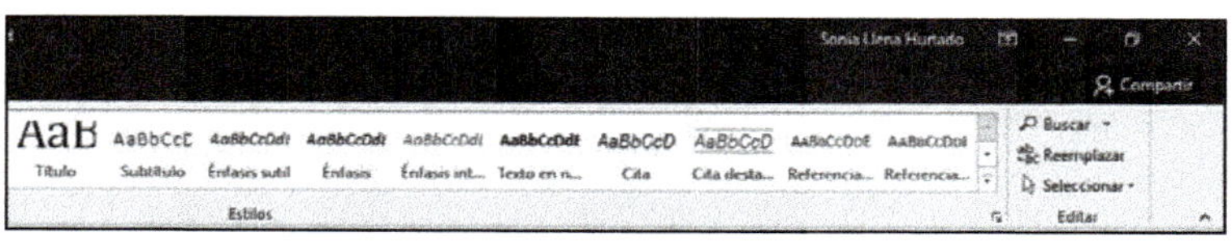

2. El programa le indica que, para poder compartir con otros usuarios el documento, deberá guardarlo en la nube, o, lo que es lo mismo, en OneDrive. Así es que pulse sobre el botón *Guardar en la nube* que aparece en el panel *Compartir* y almacene el documento con el mismo nombre.

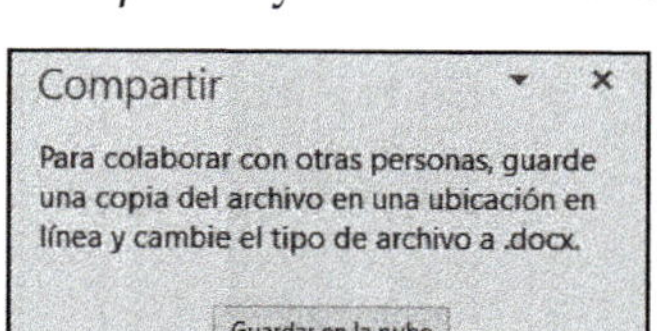

3. Una vez guardado correctamente el documento, el panel se actualiza. El primer campo albergará la dirección de correo electrónico del usuario con el que desee llevar a cabo la edición conjunta. El campo *Puede editar* le permite elegir el grado de colaboración del o los usuarios implicados: edición o solo visualización. Escriba en el primer campo la dirección del destinatario y mantenga el siguiente con el contenido predeterminado.

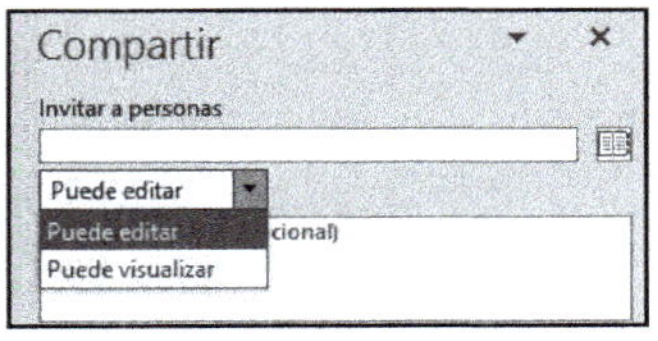

4. Seguidamente agregue si lo desea un mensaje para el destinatario y pulse el botón *Compartir*.

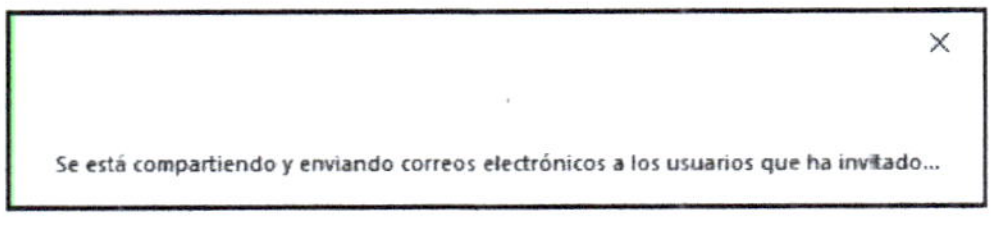

5. El programa le informa de que se está realizando el envío por correo electrónico. Ahora solo le queda esperar a que el destinatario lo vea y empiece su edición del documento, momento en que aparecerá debajo de la nueva pestaña *Compartir* un mensaje emergente comunicándoselo. Además, el nombre del usuario también pasará a formar parte del panel *Compartir*. (Vea la imagen adicional *4.6-001*.) En estos momentos, ambos pueden empezar la edición conjunta del documento. Dicha edición por parte del resto de los usuarios se indica en el margen izquierdo del elemento que se esté modificando.

6. Para poder visualizar sobre el documento los cambios que vayan realizando los colaboradores, guarde el documento y verá como se va actualizando automáticamente.

7. Una vez el usuario invitado a compartir termine sus modificaciones o aportaciones y, por tanto, cierre el documento, aparecerá una nueva notificación bajo la pestaña *Compartir* que le informa de ello.

Sin duda alguna, esta es la novedad más interesante de Office 2016, por lo que no deje de aprovecharla y de darla a conocer entre sus compañeros y otros usuarios.

PRÁCTICA

Abra un documento de Word, PowerPoint o Excel y compártalo con alguno de sus contactos con la intención de que lo edite.

4.7 Recuperar documentos

Es posible que en alguna ocasión se borre el trabajo que estamos haciendo, ya sea por un error interno del programa o un fallo del sistema, por ejemplo. Office permite recuperar todas y cada una de las versiones guardadas automáticamente por la aplicación. En este ejercicio aprenderemos a administrar las versiones de un documento guardadas automáticamente.

Cuando el programa realiza el proceso de autoguardado tras el intervalo de tiempo indicado en el cuadro de opciones, se mostrará el estado oportuno en la Barra de estado del programa con el que trabaje.

1. Seguimos utilizando la presentación de PowerPoint *Historia.pptx*, aunque sepa que todos los programas de la suite funcionan del mismo modo en este aspecto. Empezaremos comprobando que las opciones del programa necesarias para la recuperación de versiones no guardadas se encuentren debidamente activadas. Pulse sobre la pestaña *Archivo* y seleccione el comando *Opciones*.

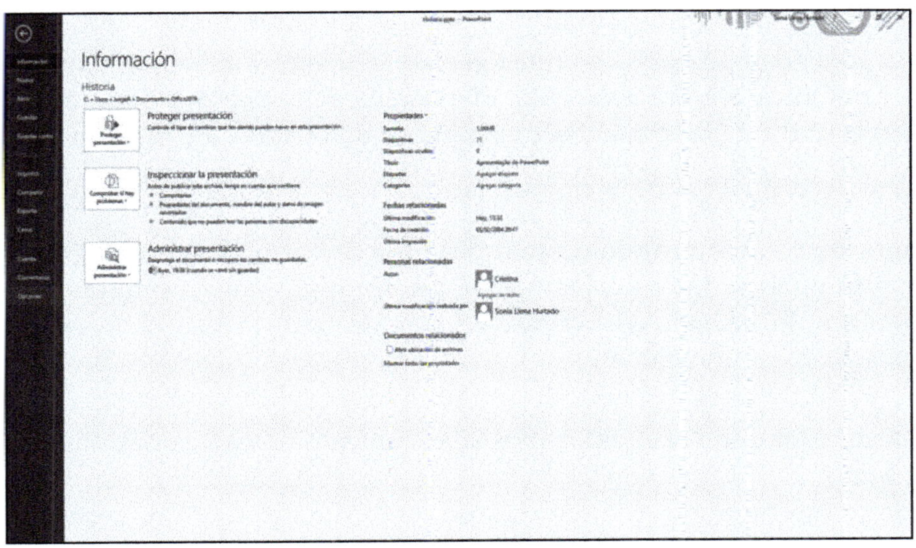

2. De entre todas las categorías del cuadro de opciones del programa, seleccione la denominada *Guardar*.

3. En la sección *Guardar presentaciones*, compruebe que las opciones *Guardar información de Autorrecuperación* y *Conservar la última versión autoguardada cuando se cierra sin guardar* se encuentran activadas. Disminuya a 1 el número de minutos para el autoguardado y pulse *Aceptar*.

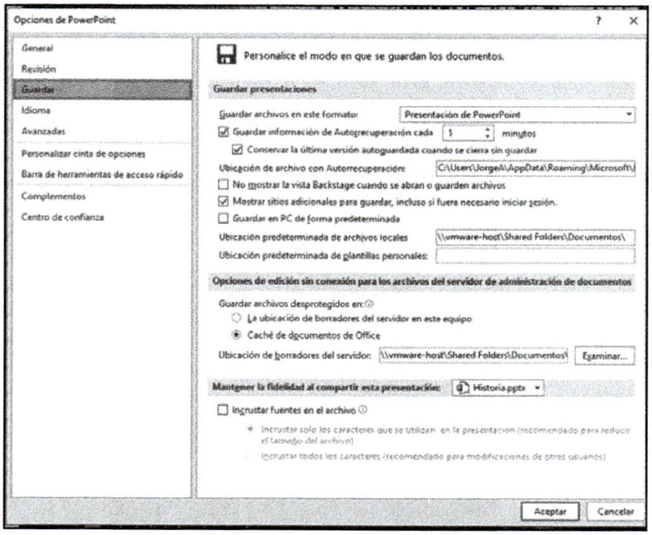

4. Para poder comprobar cómo funciona la administración de versiones sin guardar en Office, eliminaremos una diapositiva de la presentación y reiniciaremos el sistema. Seleccione, por ejemplo, la diapositiva *5* y pulse la tecla *Suprimir*.

5. Ahora le pedimos que reinicie su ordenador, sin cerrar antes el programa en curso ni guardar los cambios realizados. De esta manera simularemos que, por ejemplo, ha habido un corte en el suministro de la luz y el programa se ha cerrado inesperadamente.

6. Una vez reiniciado el equipo, abra su documento *Historia.pptx* y observe lo que ocurre.

7. Efectivamente, se abre el panel *Recuperación de documentos* que contiene, en este caso, una lista con el documento original y el modificado y, por tanto, recuperado. (Vea, si lo desea, la imagen adicional *4.7-001*.) Usted decide los que desea mantener y los que no. Sitúe el puntero sobre el documento recu-

perado, haga clic en la punta de flecha que aparece y elija la opción *Guardar como*.

8. En el cuadro de diálogo *Guardar como*, asigne un nuevo nombre al archivo recuperado o mantenga el nombre original, en cuyo caso, deberá reemplazar el existe cuando lo almacene, y pulse el botón *Guardar*.

9. Al guardar el documento, este pasa a mostrarse en el área de trabajo. Seguidamente, cerraremos el documento original. Para ello, sitúe el puntero del ratón sobre dicho archivo en el panel de recuperación de documentos, pulse sobre la punta de flecha que aparece y haga clic en este caso sobre el comando *Cerrar*.

10. Aunque en la siguiente lección se mostrará con todo detalle esta acción, terminaremos este ejercicio mostrándole dónde puede encontrar otras versiones sin guardar del documento. Pulse sobre la pestaña *Archivo*, despliegue el comando *Administrar presentación* de la sección *Información* y haga clic en la opción *Recuperar presentaciones no guardadas*.

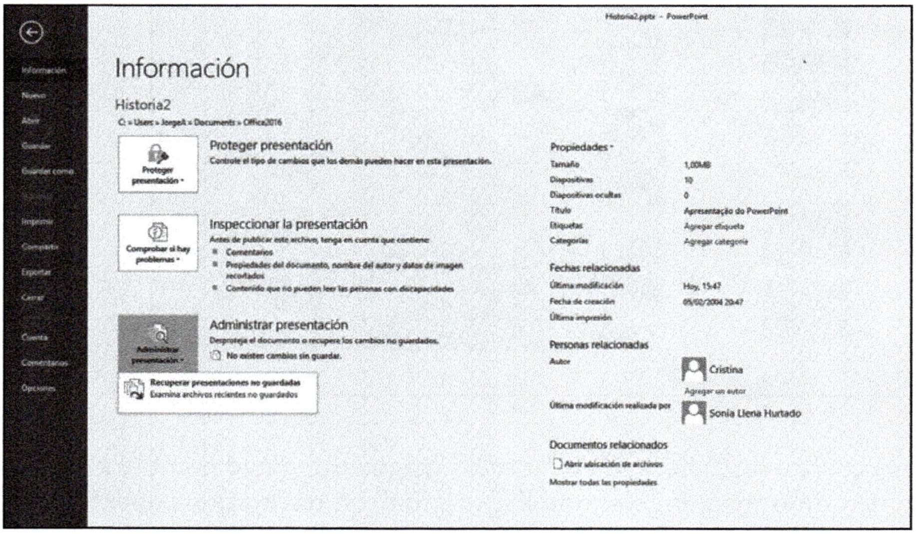

11. En esta carpeta de Office se almacenan aquellas presentaciones que no han sido almacenadas por el usuario pero sí por el sistema. (Vea si lo desea la imagen adicional *4.7-002*.) Para recuperarlas, solo tiene que seleccionarlas y pulsar el botón *Abrir*.

PRÁCTICA

Abra algún documento de Office y realice en él alguna modificación evidente. A continuación, reinicie el sistema y acceda de nuevo al documento y al programa cerrados. Desde el panel de recuperación de documentos, guarde el último archivo modificado y, si lo desea, también el original.

4.8 Agregar una firma digital

Una firma digital se utiliza para autenticar información digital, como documentos, mensajes de correo electrónicos o macros, utilizando para ello criptografía informática. Office permite insertar en sus documentos firmas digitales con el fin de confirmar, por un lado, el autor del archivo en cuestión, y por otro, la integridad del contenido del mismo. Para que estas garantías puedan ser dadas por válidas, el contenido de los documentos debe ser firmado digitalmente, al tiempo que la firma utilizada debe ser válida (es decir, legítima, vigente y no caducada ni revocada) y debe contar con un certificado asociado también vigente. Además, resulta imprescindible que el editor o persona u organización que otorga la firma sea de confianza, así como que el certificado asociado a la firma haya sido emitido por una entidad emisora de certificados acreditada. Las firmas digitales pueden ser visibles e invisibles. Las firmas invisibles pueden agregarse a documentos de Word, libros de Excel y presentaciones de PowerPoint.

Las entidades emisoras de certificados son organizaciones comerciales que emiten certificados digitales, realizan seguimientos de aquellas personas que se encuentran asignadas a un certificado, firman los certificados para comprobar su validez y controlan qué certificados están revocados o han caducado.

1. En esta lección conocerá el proceso que debe seguir para firmar digitalmente sus documentos de Office. Para ello, será preciso que cuente con un certificado digital que pueda asociar a la mencionada firma. Teniendo en cuenta que las firmas funcionan en Word, Excel y PowerPoint, trabajaremos en este caso sobre el documento de texto *Lectura obligatoria.docx*. Empiece la práctica abriendo el mencionado documento.

2. Lo primero que debemos hacer es obtener un identificador digital que le permita firmar los documentos digitalmente. Para ello, sitúese en la vista Backstage pulsando sobre la pestaña *Archivo*, haga clic en la opción *Proteger documento* del comando *Información* y elija de la lista la opción *Agregar una firma digital*. (Vea la imagen adicional *4.8-001*.)

3. Al elegir esta opción, si el programa detecta que no disponemos de ningún identificador digital, lanza un cuadro de diálogo desde el cual podemos

iniciar el proceso para obtener uno. Haga clic en *Sí* para empezar dicho proceso.

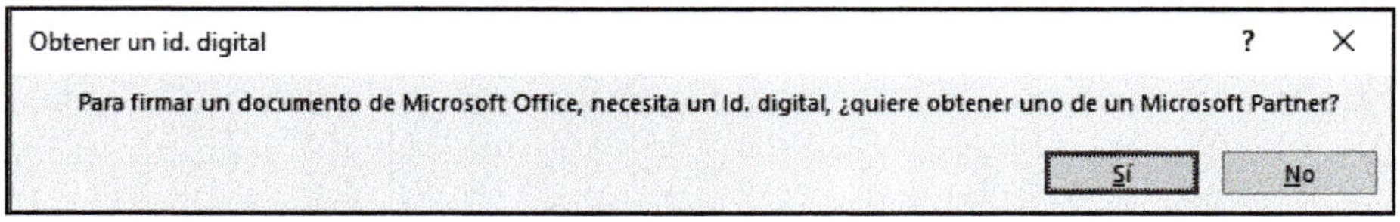

4. De esta forma se abre el navegador web predeterminado mostrando la página con toda la información referente a las firmas digitales en Office. En la parte inferior de la página, puede consultar distintos vínculos que le llevarán a sitios específicos para la creación de estos elementos. Como ejemplo para este ejercicio, pulse sobre el vínculo *visite el sitio web de DocuSign*.

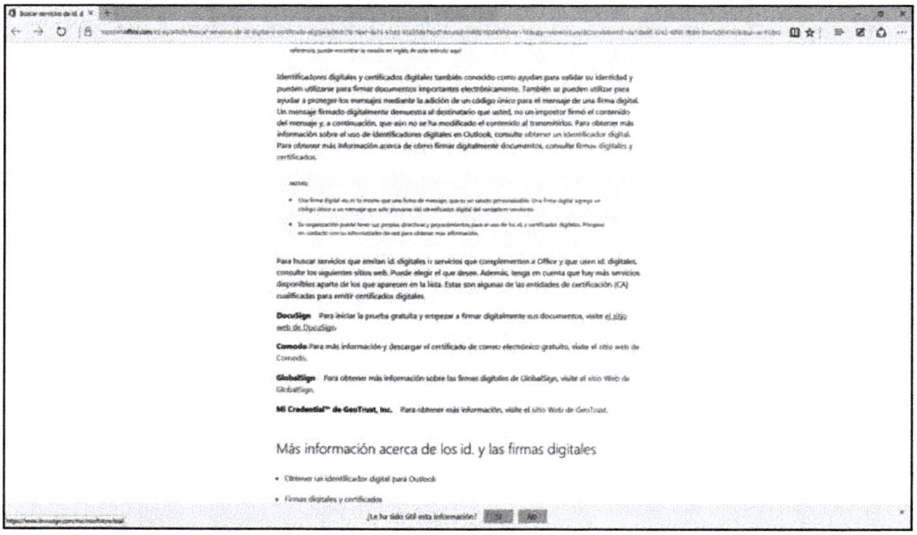

5. En la página principal de este proveedor de firmas digitales, debe elegir el tipo de firma según su condición y sus necesidades. En este caso, elegiremos una firma personal, por lo que pulse sobre el vínculo *Sign Up* de la correspondiente opción. (Vea si lo desea la imagen adicional *4.8-002*.)

6. En la página siguiente empieza el proceson de creación de la firma digital propiamente dicho. En ella verá un formulario que deberá cumplimentar con sus datos personales: nombre, apellidos, correo electrónico, teléfono,

profesión... Rellene por su cuenta este formulario y, una vez completado, pulse sobre el botón *Get started*.

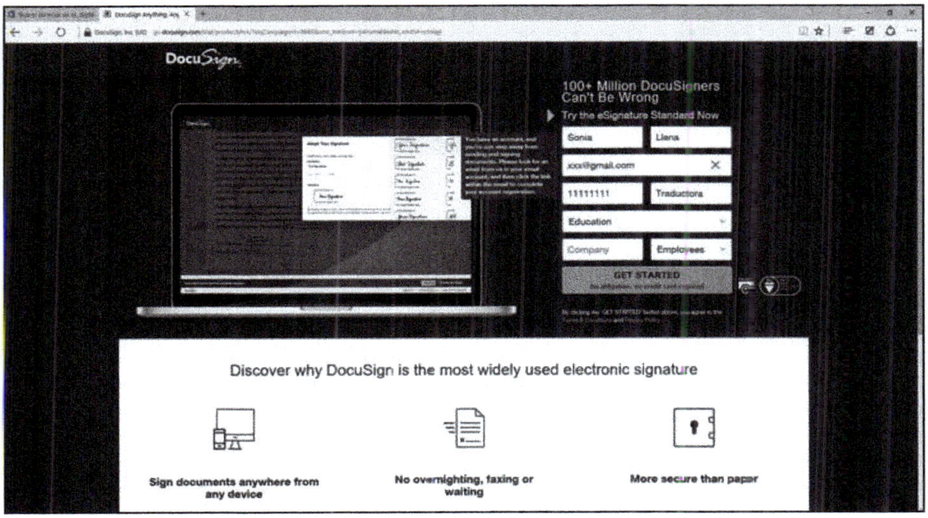

7. El servidor habrá enviado un mensaje a su buzón de correo. Deberá acceder a él antes de continuar para activar su cuenta. Pulse el botón *Activate* que aparece en el cuerpo del mensaje que habrá recibido.

8. Al pulsar este botón, se abre una nueva ventana en su navegador web que le solicita los datos que generarán su cuenta. Complete los datos solicitados, de hecho, solo deberá asignar una contraseña para su cuenta, y haga clic sobre el vínculo *Activar cuenta* para, ahora sí, poder empezar a crear su firma digital.

9. En la página web de DocuSign, pulse sobre el vínculo *Create a signature*, situado debajo de los datos de su cuenta, en la parte derecha de la página.

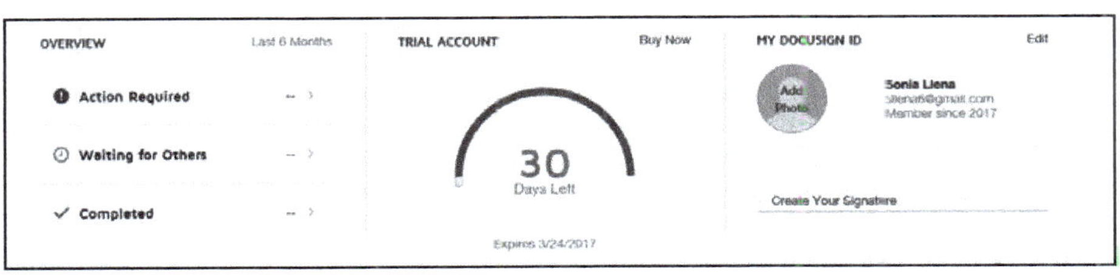

10. Se carga así el panel *Create your signature*, en el cual se muestran distintas y muy variadas propuestas para su firma digital. Fíjese que en este caso puede elegir si la firma debe contener el nombre completo o bien solo las iniciales. Así como además de elegir entre las diferentes firmas propuestas, también puede optar por dibujarla usted mismo o, incluso, utilizar un archivo almacenado en su equipo. Elija la opción que desee y pulse el botón *Create*.

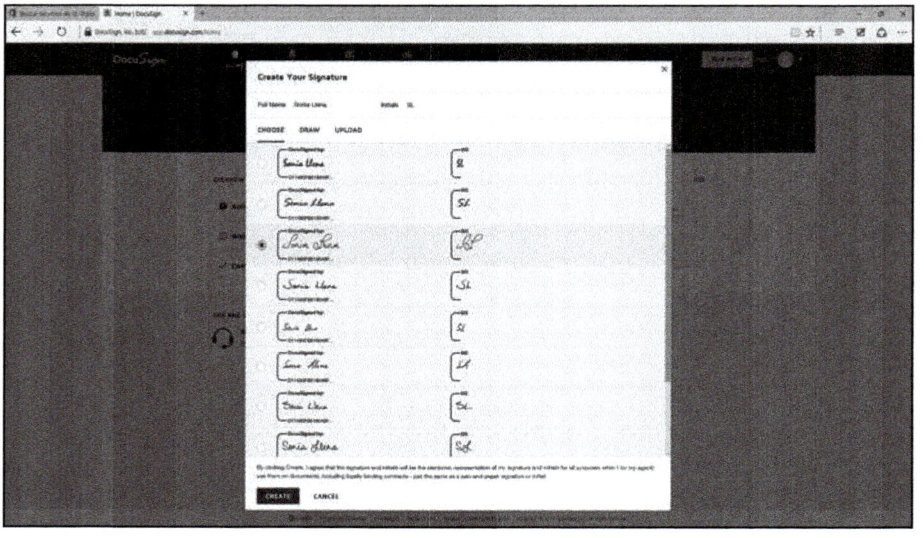

11. Ya dispone de su firma digital. Con este proceso, deberá subir sus documentos de Office a este sitio web para poder firmarlos digitalmente. Para ello, pulse el botón Documents situado en la parte superior de la ventana y, después, arrastre hasta el área de trabajo el documento que desee firmar.

PRÁCTICA

Desde una de las aplicaciones de Office, inicie el proceso para generar una firma digital. Una vez en su navegador web, y tras elegir el sistema que usted prefiera, siga los pasos indicados para crear su firma digital.

ovedad
fice 2016

4.9 Buscar con el comando Información

La ayuda de office en cada una de las aplicaciones ha sido renovada y diseñada buscando un nuevo concepto. Los responsables de la suite han querido recuperar la esencia de aquel ayudante denominado Clippo que, en la versión 2000 del producto, nos ayudaba a encontrar cualquier comando y cualquier función del programa, a veces aun sin solicitar dicha ayuda. Office 2016 presenta la función Información como alternativa, y tendrá la oportunidad de conocerla en este ejercicio.

Como veremos con todo detalle en el ejercicio siguiente, el comando Búsqueda inteligente incluido también como novedad en la nueva función Información de Office 2016 permite realizar búsquedas inteligentes fuera del entorno de aplicación actual.

1. Podríamos realizar este ejercicio sobre cualquiera de los programas de la suite, puesto que la nueva función *Información* se encuentra en todas ellas. Sin embargo, y con el fin de realizar con ejemplos este ejercicio, le instamos a que abra PowerPoint, y más concretamente, la presentación *Helio.pptx*, que podrá descargar de forma gratuita con el código de acceso proporcionado en la primera página del libro.

2. Una vez abierta la presentación, compruebe que en la *Cinta de opciones*, a continuación de la pestaña *Vista*, se encuentra un nuevo campo, que muestra una bombilla y un espacio con el texto *¿Qué desea hacer?* Esta es la nueva función *Información*. Haga clic dentro de este campo y compruebe algunas de las sugerencias de búsqueda proporcionadas por el programa.

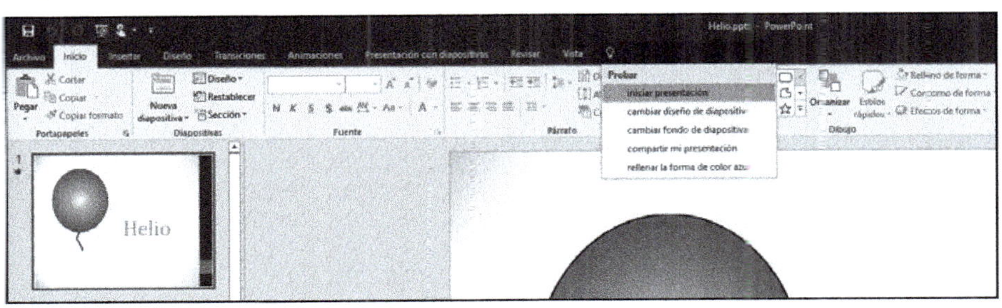

3. A modo de muestra, haga clic sobre alguna de las sugerencias de búsqueda disponibles para comprobar cómo se comporta la nueva función de búsqueda, por ejemplo, *Cambiar fondo de diapositiva*.

4. La ayuda cambia el listado y muestra, en primer lugar, los distintos comandos que puede utilizar para cambiar el fondo de la diapositiva actual. Resulta realmente interesante saber que todos los comandos mostrados son reales, lo que significa que puede llevar a cabo la acción solicitada directamente desde aquí. Compruébelo. Sitúe el puntero del ratón sobre el comando *Diseño* y elija uno de los diseños de diapositiva disponibles.

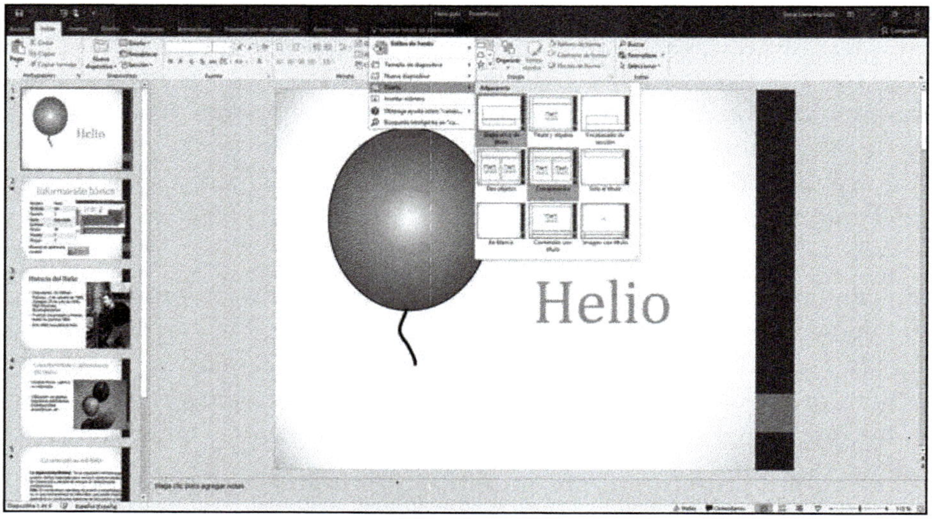

5. Si lo que pretendía no era precisamente realizar la acción solicitada si no consultar la información referente a ella, haga clic sobre el comando *Obtenga ayuda sobre...* y elija una de las opciones de ayuda disponibles.

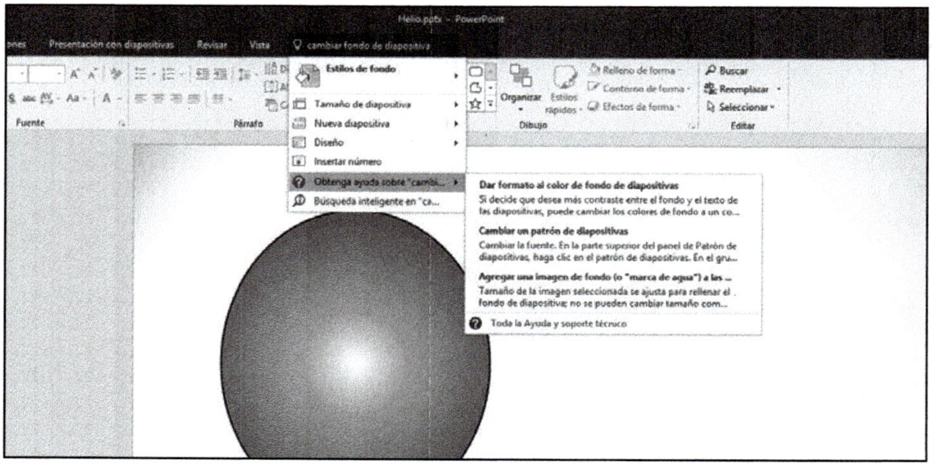

6. Este comando le conduce al también renovado panel de ayuda del programa, mostrando el contenido del tema seleccionado disponible *online*. La combinación de teclas que abre la nueva ayuda del programa es *Alt* + *Q*. Usted puede navegar por esta ayuda hasta dar con la información que necesite y pulsar sobre ella para mostrarla.

7. Antes de terminar, pruebe a escribir alguna acción en el campo *¿Qué desea hacer?* del programa para comprobar el potencial de esta nueva función. Por ejemplo, escriba el texto *Insertar vídeo* y vea como, efectivamente, a medida que va escribiendo el panel se despliega mostrando distintas sugerencias. Indudablemente, la ayuda de Office ha sido mejorada de una forma óptima y pensando únicamente en la comodidad del usuario.

PRÁCTICA

En alguna de las aplicaciones de Office, juegue con la nueva búsqueda de información de la suite. Descubra las sugerencias de ayuda que aparecen al introducir algún texto en el campo de la Cinta de opciones y navegue por el panel de ayuda una vez obtenidos los resultados.

4.10 Conocer la nueva búsqueda inteligente

Office 2016 presenta entre sus novedades una búsqueda inteligente que permite comprobar la integración del buscador de Microsoft Bing con las aplicaciones de la suite. Ahora, ya no será necesario salir del programa en el que está trabajando para realizar determinadas consultas acerca del contenido de sus documentos: un panel a la derecha de la pantalla le mostrará la información relacionada con el término seleccionado. Sencillo y cómodo: ¿qué más se puede pedir?

La gran ventaja que presenta la nueva búsqueda inteligente de Office 2016 es el poder de contar con cualquier información relacionada con nuestros documentos sin salir de la suite.

1. Seguimos trabajando sobre la presentación de PowerPoint abierta en el ejercicio anterior, aunque sepa que la función de búsqueda inteligente está presente en todos los programas de la suite Office 2016. Sitúese para empezar en la diapositiva número 3 pulsando sobre ella en el panel de diapositivas de la izquierda de la pantalla.

2. Imagine que ha recibido esta presentación por correo electrónico y debe revisarla y comprobar si los datos que contiene son correctos. Seleccione sobre la diapositiva el nombre *William Ramsay*.

3. Una vez seleccionado el elemento acerca del cual deseamos realizar la consulta, sencillamente debemos activar la búsqueda inteligente. Haga clic con el botón derecho del ratón sobre la selección para desplegar el menú contextual y pulse sobre el nuevo comando *Búsqueda inteligente.*

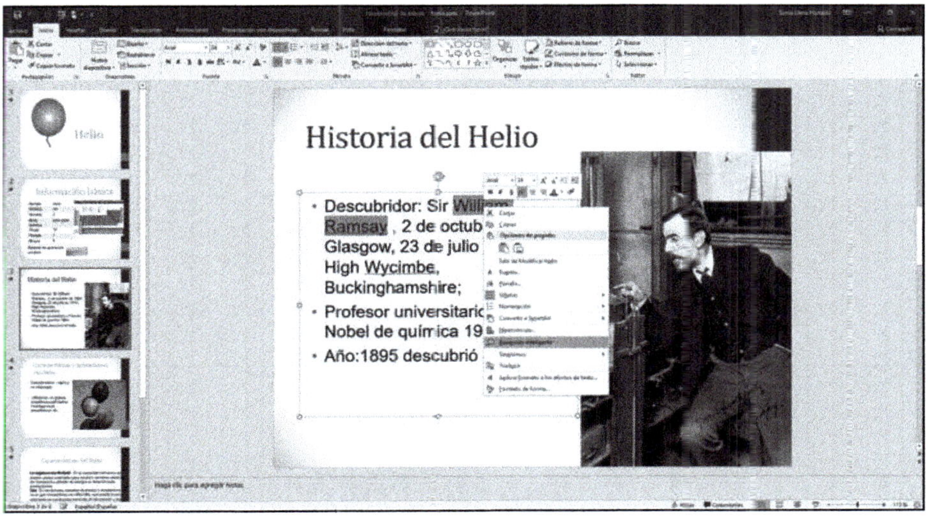

4. En la parte derecha de la pantalla se abre el nuevo panel *Datos*, mostrando la información referente al elemento seleccionado. El motor que utiliza Office 2016 es el potente buscador de Microsoft, Bing, y como primera pantalla se ofrece información acerca de dicho buscador. Si lo desea, puede leer los términos de licencia y de privacidad de Bing pulsando en el vínculo correspondiente. Pulse *Entendido* para seguir adelante.

5. El panel *Datos* pasa a mostrar, ahora sí, la información más relevante encontrada referente al término seleccionado en el documento. (Vea si lo desea la imagen adicional *4.10-001*.) Como puede ver, son múltiples las opciones que ofrece el buscador, desde artículos de enciclopedias hasta imágenes. Utilice la *Barra de desplazamiento vertical* para visualizar otras propuestas relacionadas.

6. El panel *Datos* muestra dos pestañas en la parte superior del mismo: *Explorar* y *Definir*. La pestaña *Definir* se activará y mostrará resultados cuando el elemento buscado cuente con una definición de diccionario. Como ejemplo, seleccione el término *helio* de nuevo en la diapositiva, haga clic sobre ella con el botón derecho del ratón y acceda a la búsqueda inteligente.

7. Seguidamente, pulse sobre la pestaña *Definir* del panel *Datos* y compruebe como, efectivamente, podemos consultar su definición de diccionario.

PRÁCTICA

Pruebe el potencial de la nueva búsqueda inteligente de Office 2016. Active el panel Datos con toda la información desde el menú contextual de algún término del documento abierto. Compruebe también si existe alguna definición del término buscado.

5 Microsoft Word

5.1 Insertar texto

Microsoft Word es probablemente el procesador de textos más extendido y utilizado en el mundo. Un procesador de textos es una aplicación informática destinada a la creación o modificación de documentos escritos por medio de un ordenador. Microsoft Word nos ofrece una amplia gama de funcionalidades relacionadas con la creación y edición de textos como distintas opciones tipográficas de fuente, tamaño y color. Ofrece también la posibilidad de modificar las características de los párrafos, aumentar o reducir el interlineado, aplicar sangrías o enumerar los elementos de una lista mediante números o viñetas.

El primer paso para empezar a trabajar con Word es la inserción de textos. Cuando usted ejecute Word, se encontrará con una hoja vacía en la que, o bien tiene que redactar usted mismo el contenido, o puede copiarlo o pegarlo desde cualquier otro lugar.

1. Para empezar abra Word 2016 y, en la sección *Abrir* de la vista Backstage, pulse sobre la plantilla *Documento en blanco*.

2. Se abre así un documento de texto en blanco. El documento cuenta con una página en blanco del mismo tamaño que una hoja dinA4, que será el área de trabajo donde usted insertará el texto y trabajará con él. Cuando abre este documento, un cursor parpadeante se sitúa en la parte superior izquierda del área de trabajo. El cursor siempre indica el lugar donde se insertará el texto. Tal y como se ha abierto el documento, sin mover nada, escriba con su teclado el siguiente texto: *Cuando despertó el dinosaurio todavía estaba allí.*

3. Como ve, la redacción en Word es sencilla. Ahora cambiemos alguna palabra de esta frase. Imagine que en vez de decir *Cuando despertó el dinosaurio todavía estaba allí*, quiere escribir, *Cuando despertó el dinosaurio ya no estaba allí*. Con el ratón, coloque el cursor al final de la palabra *todavía* y pulse la tecla *Retroceso* siete veces hasta que suprima la palabra todavía por completo. Cada vez que pulse la tecla *Retroceso* se eliminará un carácter.

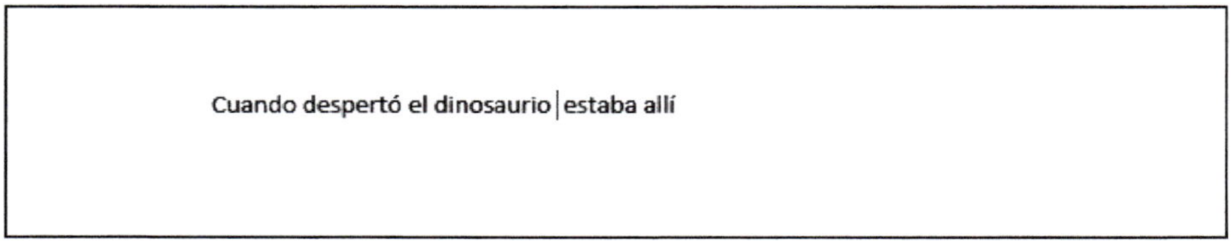

4. Ahora, teclee la palabra *ya* para sustituir la palabra eliminada y ya tiene la frase que quería.

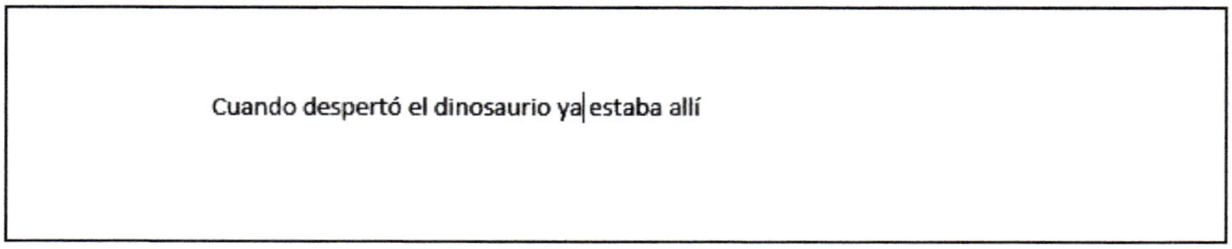

5. Para eliminar un carácter o un espacio situado a la derecha del cursor se utiliza la tecla *Suprimir*, y para eliminar un carácter o un espacio situado a la izquierda del cursor se utiliza la tecla *Retroceso*. Para pasar de una línea a otra se utiliza la tecla *Retorno*. Coloque el cursor al final de la frase y pulse *Retorno*.

6. Observe que ahora el cursor parpadeante se encuentra en la siguiente fila. Escriba aquí el nombre del autor de la frase anterior: *Augusto Monterroso*.

7. Ahora veamos qué ocurre si pulsa la tecla *retorno* cuando el cursor no se encuentra al final de la fila. Coloque el cursor entre las palabras *el* y *dinosaurio* y pulse la tecla *Retorno*.

> Cuando despertó el
>
> dinosaurio ya estaba allí
>
> Augusto Monterroso

8. Verá que efectivamente esta tecla sirve para pasar el cursor a la siguiente línea, pero se lleva con él todo lo que tiene por delante. Esta operación es útil si en algún momento quiere separar una línea en dos, o si quiere que una parte de texto se desplace una o varias líneas hacia abajo. Para volver a desplazar una línea hacia arriba tiene que colocar el cursor en el lugar a partir del cual quiere que se efectúe el desplazamiento y pulsar la tecla *Retroceso*. Coloque el cursor antes de la *d* de *dinosaurio*, al principio de la línea, y pulse la tecla *Retroceso*.

9. Para moverse por las líneas sin desplazar el contenido puede usar las teclas de dirección hacia arriba y abajo y también las teclas de dirección lateral para desplazarse en una misma fila sin añadir espacios o eliminar contenido.

10. Word 2016 ofrece una opción en la que si usted coloca el cursor en mitad de un texto y empieza a escribir, a medida que usted vaya escribiendo se irá eliminando el texto anterior. Esta opción es útil en algunos casos pero a menudo puede dar problemas, porque puede ocurrir que elimine alguna parte de contenido por error. De todos modos, veamos cómo se activa y desactiva esta opción y cómo funciona. Active la pestaña *Archivo* y haga clic sobre el comando *Opciones*.

11. Se abre así el cuadro *Opciones de Word*, donde deberá seleccionar la categoría *Avanzadas* y activar la opción *Usar la tecla Insert para controlar el modo Sobrescribir* antes de pulsar el botón *Aceptar*.

- [x] Usar cursor inteligente
- [x] Usar la tecla Insert para controlar el modo Sobrescribir
  - [ ] Usar modo Sobrescribir
- [ ] Preguntar si se actualiza el estilo

12. Ahora volveremos a modificar la frase de modo que vuelva a ser la frase original: coloque el cursor después de la palabra *dinosaurio* y pulse la tecla *Insert* para activar el modo *Sobrescribir*.

13. Con el modo *Sobrescribir* activado escriba *todavía estaba allí* y observe cómo el nuevo texto va eliminando el anterior. Si vuelve a pulsar la tecla *Insert* esta opción se desactivará, pero como durante los próximos ejercicios no la vamos a utilizar, y con tal de que no se active al pulsar la tecla *Insert* por error, desactivaremos la opción desde el cuadro de *Opciones de Word*. Vuelva a activar la pestaña *Archivo*, pulse sobre *Opciones* y cuando se abra el cuadro haga clic en la opción *Usar la tecla Insert para controlar el modo Sobrescribir* para desactivarla.

14. Cierre el cuadro de *Opciones de Word* haciendo clic en el botón *Aceptar* y guarde el documento con el nombre que desee.

PRÁCTICA

Empecemos a trabajar con Word 2016. Abra un documento en blanco y escriba desde su teclado una frase, la que usted quiera. Después, practique eliminando partes de esta frase e introduciendo saltos de línea. También active el modo de sobreescritura con la tecla Insert desde el cuadro de opciones y, tras comprobar cómo funciona, desactívelo de nuevo si lo desea.

5.2 Disfrutar del nuevo modo de lectura

Word 2016 presenta un cómodo y claro modo de lectura que convierte la pantalla de su equipo o dispositivo en un *e-book* o libro electrónico. La vista Modo de lectura muestra los documentos en la pantalla en columnas de fácil lectura, al tiempo que se eliminan las herramientas de modificación para minimizar las distracciones, pero se mantiene el acceso a funciones siempre útiles para leer como Definir, Traducir y Buscar en Internet.

1. Para llevar a cabo esta lección dedicada al interesante nuevo modo de lectura de Word 2016 vamos a recuperar el documento de texto Arcoylira.docx con el que hemos trabajado en alguna lección anterior. Recuerde que si todavía no dispone de este documento, puede descargarlo de forma gratuita con el código de acceso proporcionado en la primera página del libro. Una vez disponga del documento en el área de trabajo de Word, pulse sobre el primero de los iconos situados en la parte derecha de la *Barra de estado*, que muestra claramente el dibujo de un libro abierto.

2. Además de utilizar el correspondiente icono de la *Barra de estado*, Word permite acceder al modo de lectura desde la pestaña *Vista* de la *Cinta de opciones*, concretamente desde el comando *Modo de lectura* del grupo de herramientas *Vistas*. El cambio de vista es evidente, ¿verdad? Para empezar, el área de trabajo ha cambiado sus dimensiones y distribuido su contenido para organizar todo el texto en dos cómodas columnas de lectura. Además, la *Barra de herramientas de acceso rápido* ha desaparecido y la *Cinta de opciones* ha reducido su tamaño. Todo ello con el único objetivo de facilitar la lectura del documento abierto. Para pasar de página, pulse sobre la punta de flecha situada en el margen derecho de la página.

3. Pasamos de página. Compruebe que ahora se ha activado también el icono que permite volver a la página anterior. En la *Barra de estado* del modo de lectura puede controlar el número de pantalla en la que se encuentra con respecto al total de pantallas de que consta el documento. Veamos las funciones incluidas en la reducida *Cinta de opciones* de esta vista. Haga clic sobre la pestaña *Herramientas*.

4. Se despliega un pequeño menú con cuatro opciones: las dos primeras permiten buscar, tanto dentro del texto como en Internet utilizando para ello el buscador Bing (búsqueda inteligente, de la cual hemos hablado en un ejercicio anterior), y las otras dos permiten deshacer y rehacer acciones realizadas sobre el texto. Pulse sobre el comando *Buscar*.

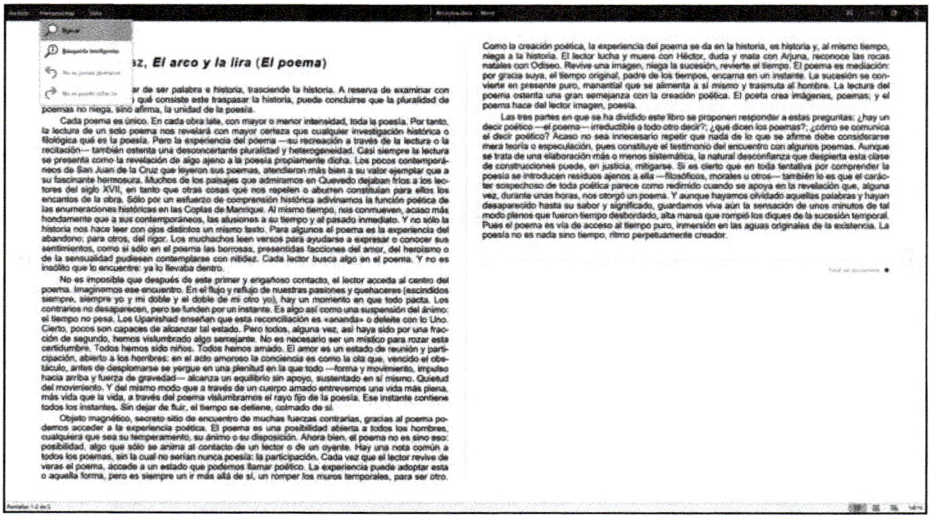

5. Se abre a la izquierda el panel *Navegación*, desde el cual puede llevar a cabo rastreos en el documento. (Vea si lo desea la imagen adicional *5.2-001*.) Realice si lo desea alguna prueba de búsqueda, cierre el panel *Navegación* y haga clic sobre la pestaña *Vista*.

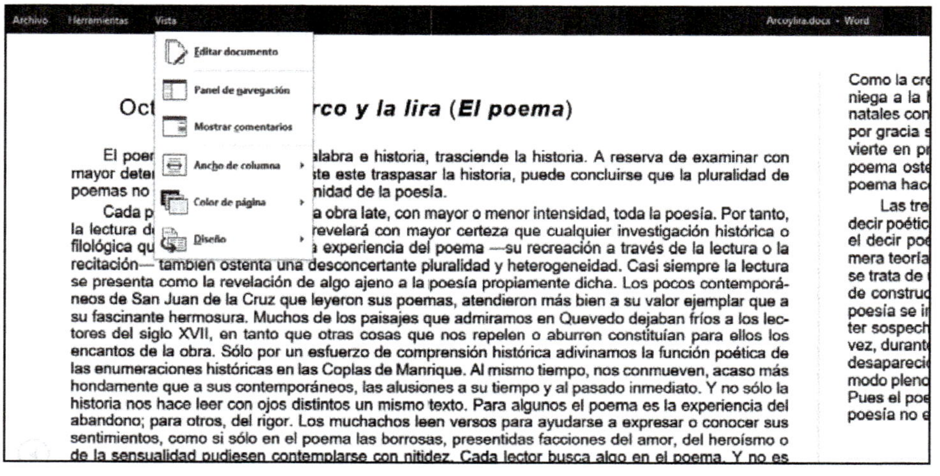

6. Desde aquí puede gestionar los elementos de interfaz que deben aparecer en el modo de lectura, cambiar la anchura de la columna, el color de fondo de la página y otros parámetros de diseño y editar el documento. Para salir del modo de lectura, pulse el tercero de los iconos situados en la parte derecha de la *Barra de estado*.

PRÁCTICA

Abra un documento de texto que tenga más de dos páginas y muéstrelo en la nueva vista de lectura presentada en esta versión del programa. Pasee por las distintas páginas del documento, realice alguna búsqueda desde el panel Navegación y, por último, cambie la forma en que se muestran las páginas en cuanto a su formato.

5.3 Aplicar atributos al texto

Los atributos de un texto son aquellas características que modifican el aspecto del texto escrito. Cuando hablamos de atributos sobre todo nos referimos a lo relacionado con la fuente: el tipo de fuente, el tamaño, el estilo de fuente, etc. Estos atributos suelen utilizarse para mejorar el aspecto y la presentación de los textos, hacer que el texto sea uniforme y resaltar algunas partes que nos interesen. A continuación aprenderemos a usar algunos de ellos y entender para qué sirven.

Las combinaciones de letras que se usan como atajo para aplicar ciertos atributos al texto son Ctrl+I para Cursiva, Ctrl+B para Negrita y Ctrl+U para Subrayar.

1. Para este ejercicio, tendrá que copiar el archivo *Absalom.docx* del CD suministrado con este libro a su equipo y abrirlo en Word 2016. Se trata de un documento de texto que cuenta con un resumen de una novela en la primera página y parte del primer capítulo de esa novela en las páginas posteriores. Durante los próximos ejercicios daremos formato a este texto y le aplicaremos diferentes recursos que ofrece Word para hacer que sea un texto bien editado y completamente presentable. Antes de empezar, tómese un momento para conocer el documento y utilice las barras de desplazamiento verticales para bajar hasta la última hoja y ver la apariencia del documento. Fíjese en que este documento cuenta con cuatro páginas. Luego vuelva al inicio del texto.

2. Comenzaremos por el resumen. Para modificar un texto, o parte de él, y aplicarle algún atributo, este texto tiene que estar seleccionado. Para seleccionar el título *Resumen* haga doble clic sobre él.

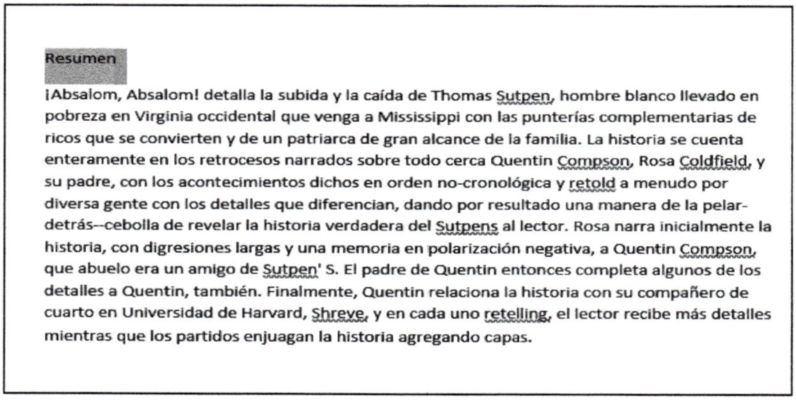
Resumen

¡Absalom, Absalom! detalla la subida y la caída de Thomas Sutpen, hombre blanco llevado en pobreza en Virginia occidental que venga a Mississippi con las punterías complementarias de ricos que se convierten y de un patriarca de gran alcance de la familia. La historia se cuenta enteramente en los retrocesos narrados sobre todo cerca Quentin Compson, Rosa Coldfield, y su padre, con los acontecimientos dichos en orden no-cronológica y retold a menudo por diversa gente con los detalles que diferencian, dando por resultado una manera de la pelar-detrás--cebolla de revelar la historia verdadera del Sutpens al lector. Rosa narra inicialmente la historia, con digresiones largas y una memoria en polarización negativa, a Quentin Compson, que abuelo era un amigo de Sutpen' S. El padre de Quentin entonces completa algunos de los detalles a Quentin, también. Finalmente, Quentin relaciona la historia con su compañero de cuarto en Universidad de Harvard, Shreve, y en cada uno retelling, el lector recibe más detalles mientras que los partidos enjuagan la historia agregando capas.

3. El texto queda marcado en gris, lo que significa que está seleccionado. Vamos a empezar a cambiar el formato del texto. En el grupo Fuente de la pestaña Inicio de la Cinta de opciones, haga clic en el botón de punta de flecha del campo que muestra el tipo de letra actual, en este caso, Calibri.

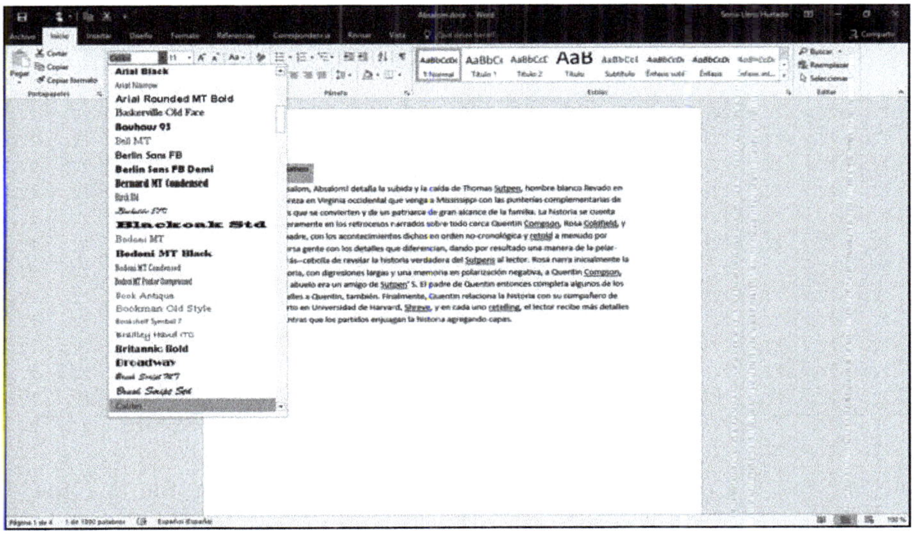

4. Calibri es el nombre de la fuente que Word aplica por defecto a los textos. Cuando despliega la lista de fuentes, verá que puede seleccionar entre una gran variedad de fuentes diferentes y que cada una está escrita con su propia fuente para que podamos identificar el aspecto que tendrá nuestro texto. Seleccione una fuente, por ejemplo, *Baskerville Old Face*, haciendo clic sobre ella y verá que se aplica automáticamente sobre el texto seleccionado haciendo que se modifique su apariencia.

5. La fuente y tamaño de la misma también se pueden modificar desde el cuadro de diálogo *Fuente* al que se accede haciendo clic en el iniciador de cuadro de diálogo del grupo de herramientas *Fuente*. Mantenga el texto seleccionado. Si hiciese clic en cualquier parte del documento la selección se desactivaría, pero no se preocupe si eso ocurre porque siempre puede volverlo a seleccionar. Ahora, despliegue la lista del tamaño de fuente haciendo clic en el botón de punta de flecha que hay en el campo 11.

6. Word ofrece una vista previa en directo, con la que es posible ver la apariencia que tendrá una determinada opción antes de seleccionarla definitivamente. Con la lista desplegada, y el texto seleccionado, vaya pasando el ratón sobre algunos de los números para ver cómo va cambiando y elija finalmente el valor 14 haciendo clic sobre él.

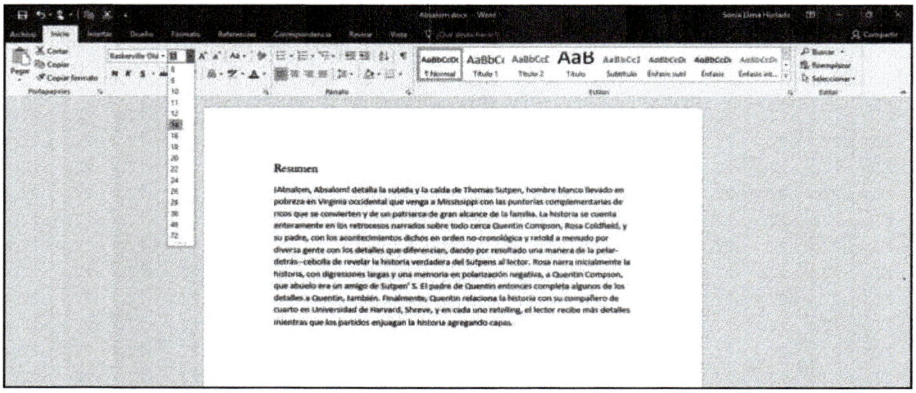

7. Los dos botones que se encuentran a la derecha de la herramienta *Tamaño de fuente* que acabamos de usar, sirven para aumentar y recudir el tamaño progresivamente. Con el texto resumen seleccionado, haga clic en el primer botón, *Agrandar fuente*, para que el tamaño aumente de 14 a 16.

8. A continuación, haremos que todas las letras que componen la palabra Resumen sean letras mayúsculas y estén subrayadas. Aún con el texto seleccionado, haga clic sobre el botón que muestra una A mayúscula y otra minúscula que está justo a la derecha de *Encoger fuente* y, de las opciones que se despliegan, pulse sobre *Mayúsculas*.

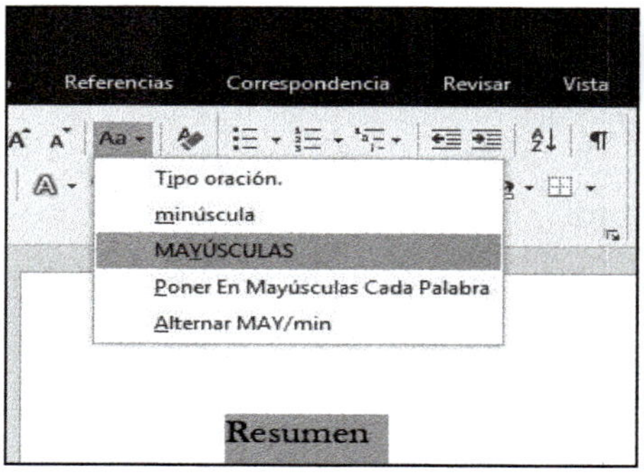

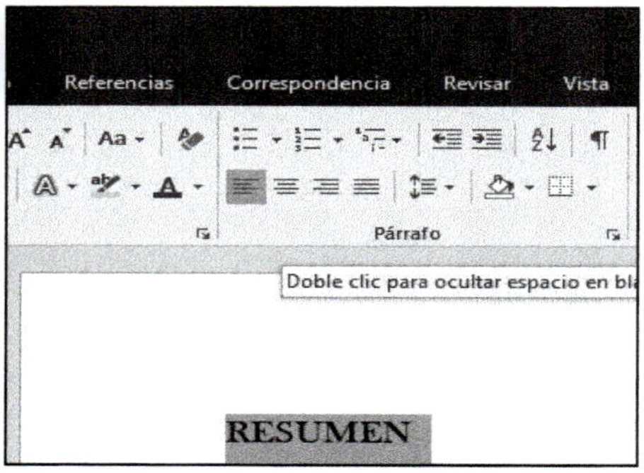

9. Verá que todas las letras del texto se han convertido en mayúsculas dándole al texto mayor apariencia de título. Ahora, por último subrayaremos esta palabra. Siga manteniendo el texto seleccionado y haga clic en la herramienta *Subrayar*.

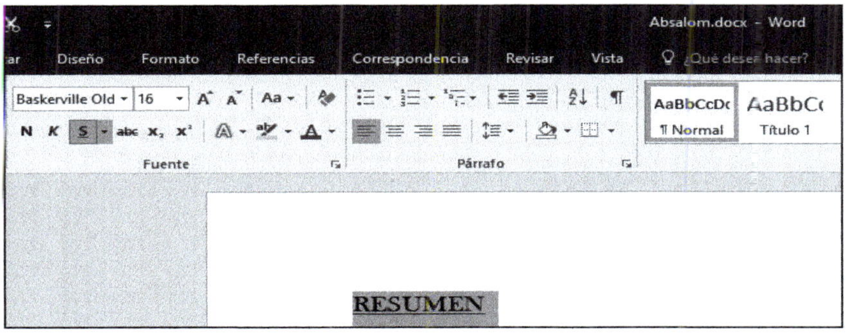

10. Por último, cambiaremos el color del texto del título para acabar de resaltarlo como tal. La herramienta para cambiar de color de fuente también se encuentra en el grupo de herramientas *Fuente*; se trata del último botón de la derecha, en el que aparece una A subrayada con una línea roja. Despliegue el campo *Color de fuente* y elija el color que más le guste de los *Colores de tema* haciendo clic sobre él. (Vea el resultado si lo desea en el imagen *5.3-001*.)

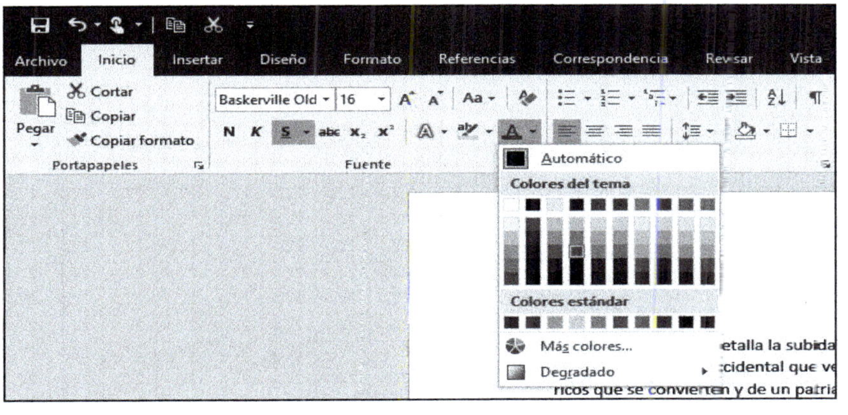

11. Ahora que ya tiene el título perfectamente editado, pasaremos a hacer lo mismo con el título del primer capítulo. Asignaremos el mismo formato que para el primer título, pero esta vez desde la Barra de herramientas mini. En primer lugar desplácese hacia abajo en el documento utilizando la barra de desplazamiento vertical hasta llegar al texto *Capítulo primero*.

12. Seleccione el texto *Capítulo primero* y aplíquele la fuente Baskerville Old Face y el valor 16 como tamaño de fuente.

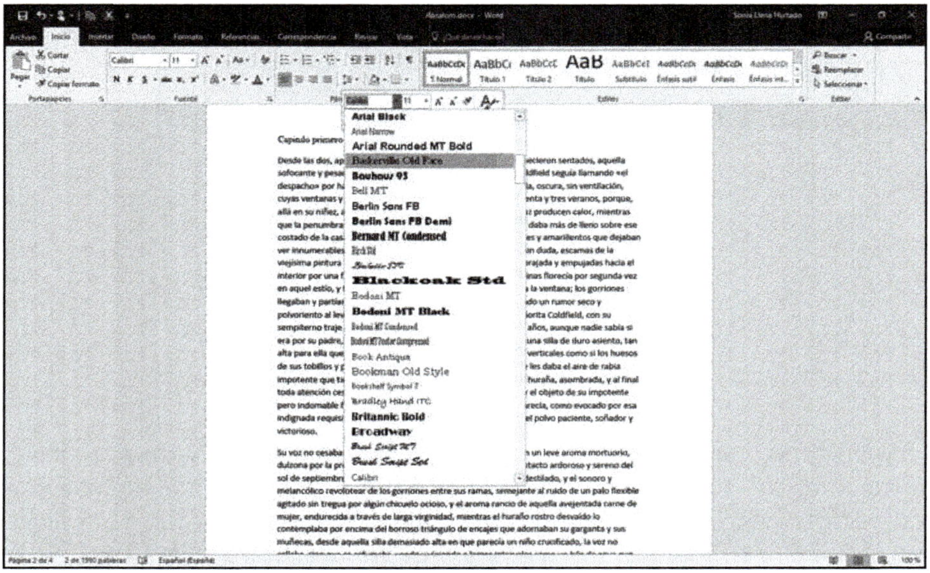

13. A continuación haga clic sobre la herramienta *Cambiar mayúsculas y minúsculas* y seleccione la opción *Mayúsculas.*

14. Por último subraye el texto y aplíquele el mismo color que le ha aplicado al texto anterior.

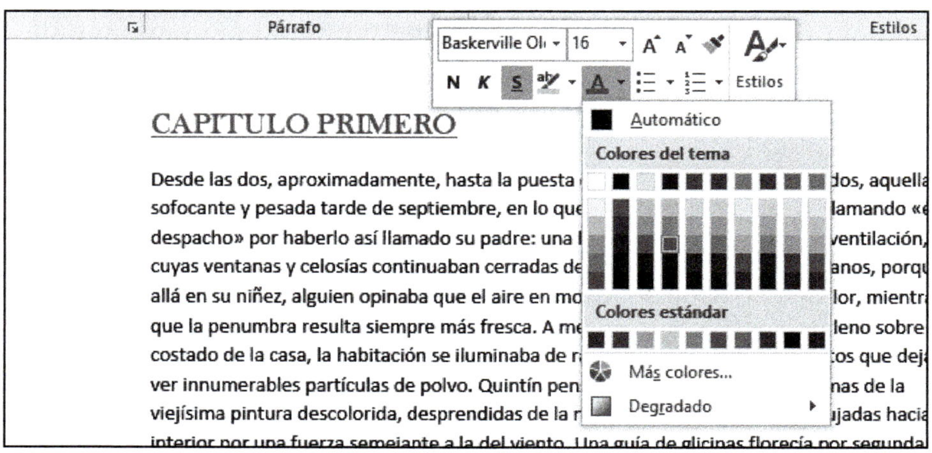

15. Para acabar de aplicar atributos al texto, haremos que las tres primeras palabras del capítulo estén en mayúsculas. Para ello, seleccione esas tres palabras, *Desde las dos*, y vuelva a elegir la opción *Mayúsculas* del comando *Cambiar mayúsculas y minúsculas*.

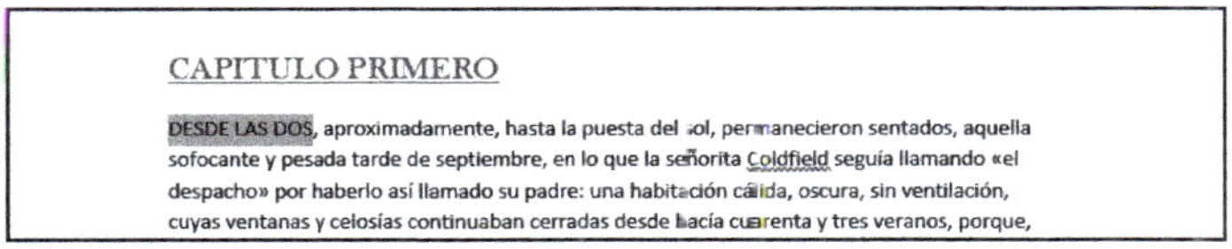
CAPITULO PRIMERO

DESDE LAS DOS, aproximadamente, hasta la puesta del sol, permanecieron sentados, aquella sofocante y pesada tarde de septiembre, en lo que la señorita Coldfield seguía llamando «el despacho» por haberlo así llamado su padre: una habitación cálida, oscura, sin ventilación, cuyas ventanas y celosías continuaban cerradas desde hacía cuarenta y tres veranos, porque,

16. Para dar por concluido este ejercicio, guarde el documento haciendo clic en el comando *Guardar* de la pestaña *Archivo*.

PRÁCTICA

Sobre un documento de Wod, seleccione una parte del texto y asígnele desde la Cinta de opciones una serie de atributos, como negritas o cursivas. Después, cambie el tipo de letra y su tamaño, esta vez desde la Barra de herramientas mini (quizás tenga que volver a seleccionar el texto), y cambie también el color de la fuente.

5.4 Modificar la alineación y el interlineado

La alineación y el interlineado son dos de las características más importantes del formato de párrafo de un texto. La alineación es la colocación del texto respecto a los márgenes del documento y puede ser de cuatro tipos: izquierda, centrada, derecha y justificada. La versión occidental de Microsoft Word alinea los párrafos por defecto a la izquierda. El interlineado es el espacio vacío que queda entre las líneas de un párrafo. De forma predeterminada, el interlineado aplicado por Word es múltiple en 1,15, pero este se puede cambiar por otros tipos de interlineados como sencillo, 1,5 líneas, doble, mínimo, exacto, etc.

La alineación forma parte de la configuración de los párrafos y, como tal, se define desde el apartado Párrafo de la ficha Inicio de la Cinta de opciones o bien desde el cuadro de diálogo Párrafo, al que se accede mediante el iniciador de cuadro de diálogo del mencionado apartado o mediante la opción adecuada del menú contextual del texto.

1. En este ejercicio seguimos trabajando con el documento *Absalom*, el cual iremos ajustando por partes para que mejore su aspecto. Comenzaremos por las partes que ya conocemos del ejercicio anterior, es decir, los títulos. Word 2016, igual que los demás programas de Office, permite seleccionar elementos que no sean contiguos utilizando la tecla *Ctrl*. Seleccione la palabra *Resumen* igual que ha hecho en el ejercicio anterior, después, pulse la tecla *Ctrl* y sin liberarla seleccione el título *Capítulo Primero*.

2. Puede comprobar que los dos textos están seleccionados usando la barra de desplazamiento, o rueda del ratón en caso de que tenga. Asegúrese de que los dos títulos están marcados en gris y que el resto del texto no está seleccionado.

3. Las herramientas de alineación se encuentran en el grupo de herramientas *Párrafo* de la ficha *Inicio*. Se trata de cuatro botones, uno para cada tipo de alineación ya mencionado, que definen su función de una forma visual. Fíjese en ellos: el primero, que está seleccionado, alinea el texto en la izquierda, el segundo lo centra, el tercero en la derecha y el cuarto lo justifica, tal como indica gráficamente cada botón. Ahora, con los dos títulos seleccionados, pulse sobre el botón *Centrar*.

4. El resultado es que los dos títulos se han centrado y han quedado colocados de forma equidistante respecto a los márgenes. Esta alineación está bien para el título del capítulo, pero quizás sea más conveniente que el título del resumen esté alineado en la izquierda. Para ello, desactive la selección de los dos textos haciendo clic en cualquier lugar del texto y cuando ninguno de los títulos esté en gris, seleccione la palabra *Resumen*.

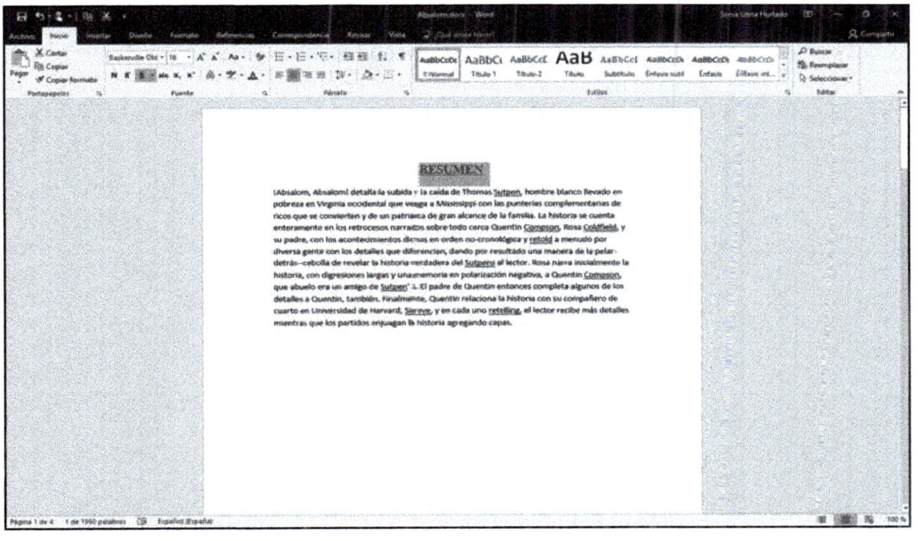

5. Haga clic sobre el botón *Alinear a la derecha* y observe el resultado.

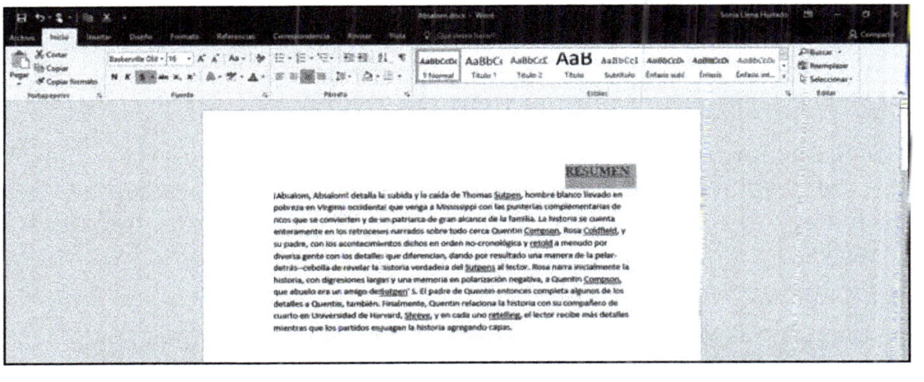

6. Ahora pasaremos a encargarnos del cuerpo del texto. En primer lugar alinearemos el texto de la misma forma que su título, es decir, a la derecha. Seleccione todo el párrafo haciendo un doble clic en el margen izquierdo del

mismo; debe quedar todo el resumen seleccionado y marcado en gris. (Vea si lo necesita la imagen adicional *5.4-001*.)

7. Vuelva a pulsar, igual que con el título, el botón *Alinear a la derecha* para que el texto se alinee y haga clic fuera de la selección para ver el resultado correctamente.

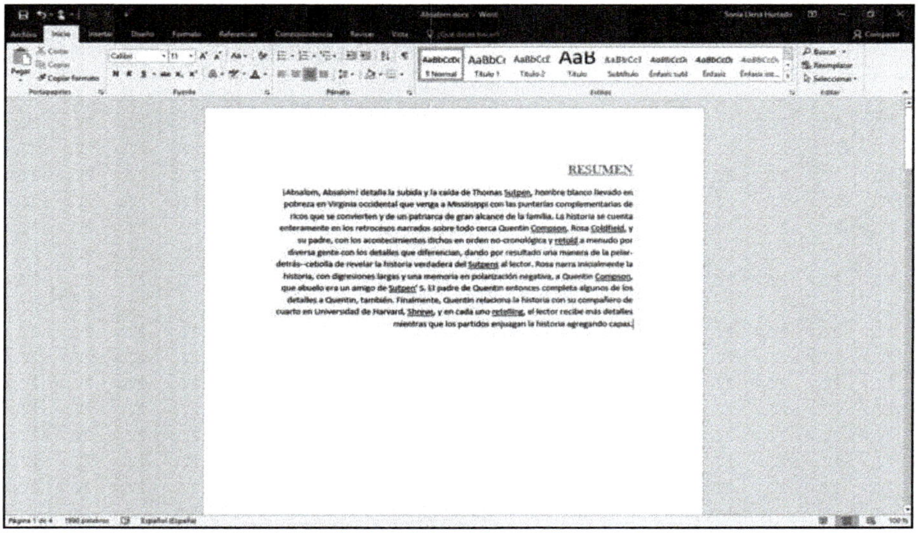

8. A continuación, seleccione todo el texto del primer capítulo. Para ello, haga clic antes de la primera palabra del capítulo, Desde, pulse la tecla *Mayúsculas* y sin soltarla baje la barra de desplazamiento hasta llegar al final del documento y haga clic después de la última palabra.

9. Observe que todo el texto habrá quedado marcado en gris, lo cual quiere decir que todo está seleccionado y listo para modificar. Ahora pulse sobre el botón *Justificar* y haga clic sobre cualquier punto del documento para desactivar la selección y poder observar los cambios realizados. (Vea si lo desea la imagen adicional *5.4-002*.)

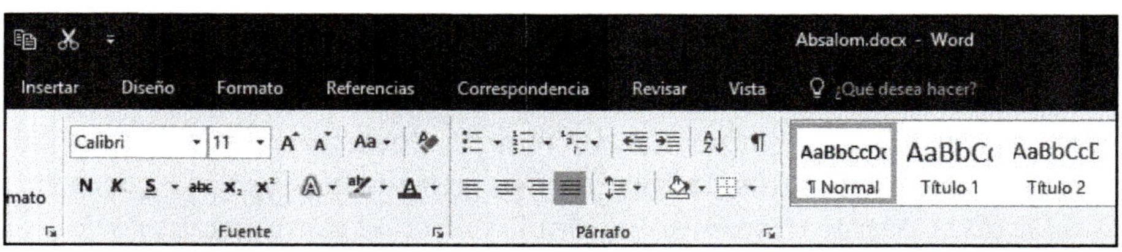

10. Fíjese ahora en el espacio que hay entre las líneas del texto. Word por defecto establece el interlineado entre líneas de un mismo párrafo como Múltiple en 1,15 y un espacio de 10 puntos entre la última línea de un párrafo y la primera de otro. Salta a la vista a lo largo de todo el documento que el espacio entre párrafos es ligeramente más grande que el espacio entre líneas. Ahora practicaremos con las opciones de interlineado de párrafo, y lo haremos en el texto Resumen. Tenga en cuenta que la modificación del interlineado de un párrafo no requiere la selección del mismo, sino que basta con situar el cursor sobre cualquier punto de este. Aun así, seleccione el párrafo de la primera página.

11. Una vez tenga el texto seleccionado haga clic en el iniciador de cuadro de diálogo del grupo de herramientas *Párrafo*, botón que se encuentra en el vértice inferior derecho del grupo.

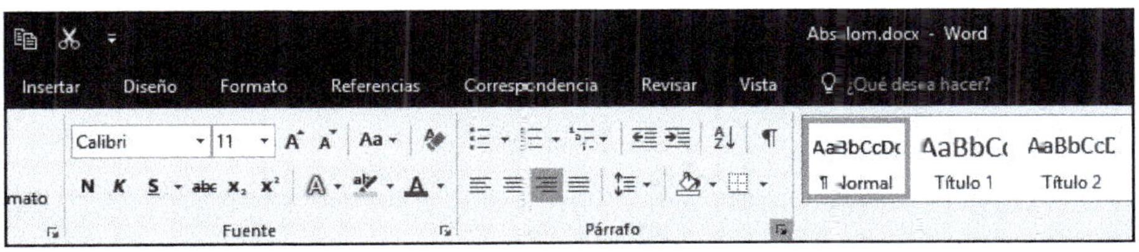

12. Se abre así el cuadro *Párrafo* con la ficha *Sangría y espacio* activada. En la categoría *general* puede observar que este párrafo está alineado en la derecha, como hemos definido antes desde los botones de alineación. En la categoría *Espaciado* están definidos los valores que Word determina por defecto. La opción *Espaciado Posterior* hace referencia al espacio que hay entre dos párrafos, e *Interlineado*, al que hay entre dos líneas. En esta ocasión dejaremos el espaciado como está y cambiaremos el interlineado. Despliegue el campo *Interlineado* para ver las opciones que ofrece.

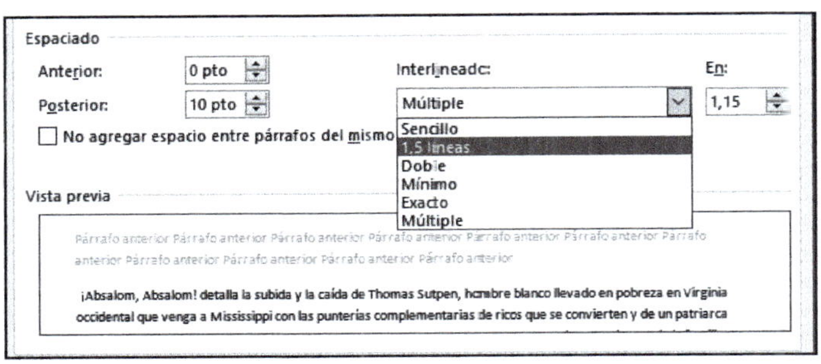

13. Antes de seleccionar ninguna opción, fíjese en el cuadro *Vista previa* que hay en la parte inferior. En ese cuadro podrá previsualizar la apariencia que tendrá el cambio de interlineado. Ahora, seleccione la opción *1,5 líneas*, fíjese en el cuadro vista previa y pulse el botón *Aceptar*.

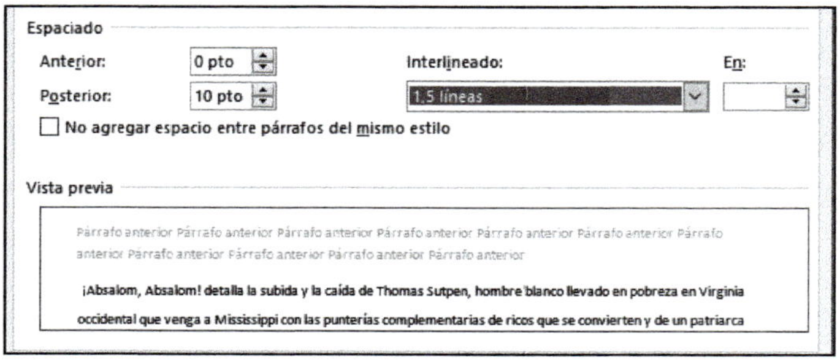

14. Fíjese en el resultado obtenido en el párrafo (Vea si lo desea la imagen adicional *5.4-003*) y guarde el documento haciendo clic sobre el botón *Guardar* de la *Barra de herramientas de acceso rápido*.

PRÁCTICA

Sobre un documento de Word, seleccione un párrafo entero y cambie la alineación del mismo para comprobar el aspecto del texto. Seguidamente, practique también con el interlineado, cambiando la configuración predeterminada por otra que prefiera.

5.5 Aplicar sangrías

La sangría de un párrafo es la distancia establecida entre el texto y los márgenes dispuestos en el documento, tanto el derecho como el izquierdo. Generalmente se aplica a todo un texto y puede ir variando de un párrafo a otro. Las líneas de un texto sin sangría alguna ocuparían todo el ancho de página, desde un lateral hasta el otro, sin dejar un espacio vacío entre caracteres y margen. Microsoft Word por defecto aplica una sangría de 3 centímetros a cada lado de la página, pero define ese punto como 0. Si usted quisiera eliminar completamente la sangría debería ponerla a -3. A menudo la primera línea de cada párrafo suele tener una sangría diferente al resto y sirve para definir y diferenciar los párrafos.

La composición de la página, tal y como la conocemos, con espacios entre palabras, líneas y párrafos se ha ido desarrollando históricamente para conseguir documentos más visuales que facilitan la lectura.

1. En este ejercicio seguiremos trabajando con el archivo *Absalom* y nos dedicaremos al cuerpo del texto del primer capítulo dejando la primera página, de momento, como está. Antes de empezar fíjese en los márgenes de este texto. A cada lado, tanto derecho como izquierdo, hay un espacio de 3 centímetros entre texto y margen de página. Ahora seleccione el primer párrafo completo para comenzar.

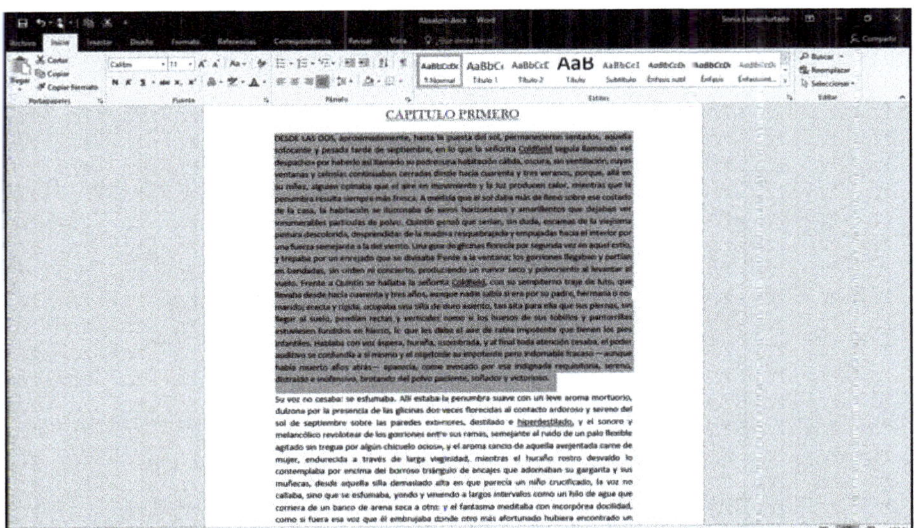

2. Con el párrafo seleccionado, haga clic en el iniciador de cuadro del grupo de herramientas *Párrafo*.

3. Se abre así el cuadro de diálogo *Párrafo* con la ficha *Sangría y espacio*, que ya conocemos, activada. Fíjese que en la categoría *Sangría* los campos *Izquierda* y *Derecha* están a 0, lo que significa que el espacio que hay en este momento entre margen y texto se define como 0 y por tanto es el predefinido por Word. Ahora comprobemos cómo será el texto si no hubiese ningún espacio entre margen y texto. Haga clic en el campo *Izquierda*, borre el contenido e introduzca la cifra *-3*.

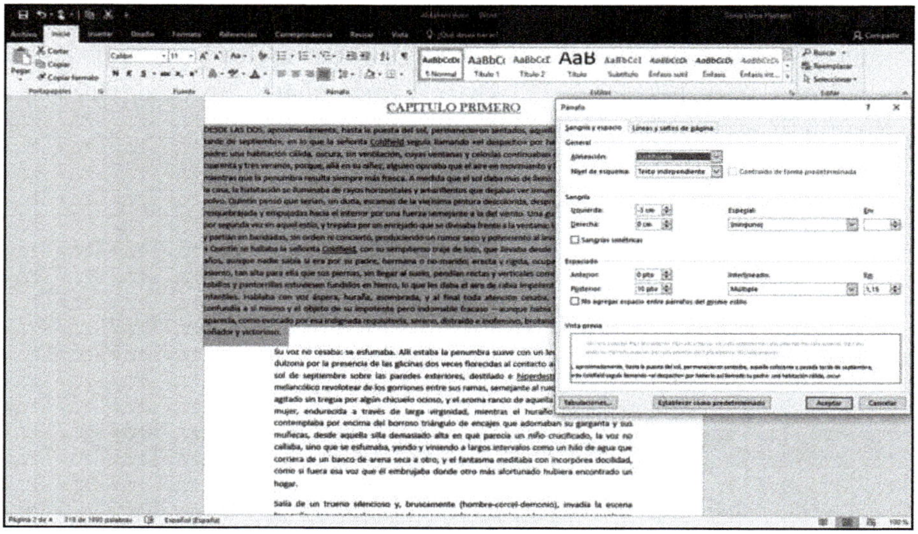

4. A continuación con los botones de flecha del campo *Derecha* haga que el número vaya descendiendo hasta *-3* y mientras tanto vaya fijándose en cómo cambia el aspecto del texto seleccionado en la *Vista previa* y pulse el botón *Aceptar*. (Vea si lo desea la imagen adicional *5.5-001* para ver el resultado obtenido sobre el texto.)

5. Observe que el primer párrafo es un texto sin ninguna sangría lateral, lo cual, además de no ser demasiado estético, dificulta la lectura. Haga clic dos veces en el botón *Deshacer* de la *Barra de herramientas de acceso rápido* para devolver el párrafo a su estado anterior.

6. Ahora que ya sabemos cómo modificar las sangrías de un párrafo, continuaremos con la tarea de editar este documento para hacer que sea lo más presentable posible. Desplace el documento hasta la página 3 y fíjese en que hay dos párrafos que comienzan con un guion.

7. El texto de estos párrafos forma parte de una conversación y para diferenciar el estilo les aplicaremos una sangría diferente. Seleccione estos dos textos y, una vez seleccionados, haga clic en el iniciador de cuadro de diálogo del grupo *Párrafo*.

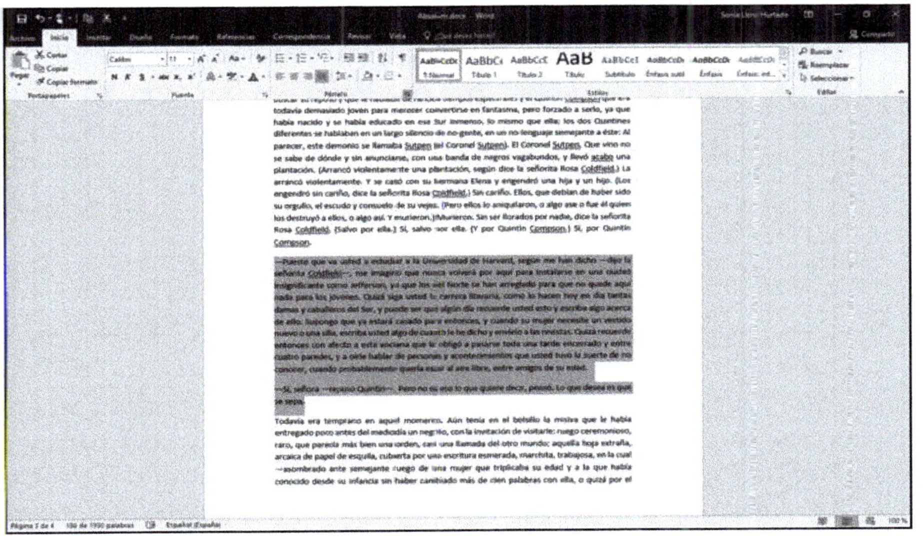

8. En el cuadro Párrafo indicaremos la sangría que tendrá el texto seleccionado. En el campo *Izquierda* introduzca el número *1*, haga lo mismo en el campo *Derecha* y pulse el botón *Aceptar*. (Si desea ver el resultado obtenido, vea la imagen adicional *5.5-002*.)

9. Verá que los dos párrafos seleccionados tienen una sangría superior al resto del texto, cosa que hace que la conversación esté diferenciada. Para acabar con la aplicación de sangrías, haremos que la primera línea de cada párrafo tengo una sangría algo superior al resto de líneas. En primer lugar, seleccione todo el texto del primer capítulo, igual que ha hecho en el ejercicio anterior para justificar la alineación.

10. Con el texto seleccionado, vuelva a abrir el cuadro de diálogo *Párrafo.*

11. En la categoría *Sangría,* haga clic sobre el botón de punta de flecha del campo *Especial* y fíjese en las dos opciones que ofrece Word.

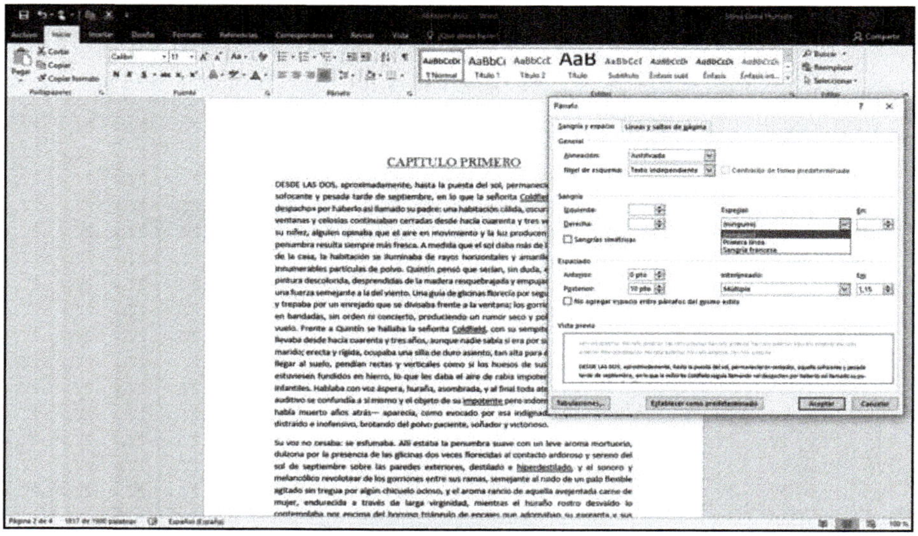

12. La opción *Sangría francesa* hace que la primera línea de cada párrafo esté, por la parte izquierda, más cerca del margen que el resto del párrafo. La sangría *Primera línea* hará que la primera línea de cada párrafo esté más alejada del margen izquierdo haciendo que el inicio de línea se introduzca en el párrafo. Seleccione la opción *Primera línea* haciendo clic sobre ella.

13. El campo *En* permite definir en centímetros la distancia a la que queremos que empiece la primera línea. Word por defecto aplica 1,25 cm a la primera línea. Usando los botones de flecha de ese campo, colóquelo a 1 cm y pulse el botón *Aceptar*.

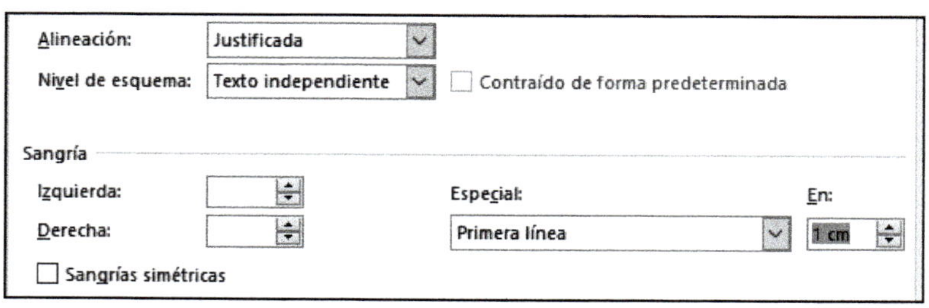

14. Desplácese arriba y abajo por las páginas del documento para observar cómo van quedando los cambios que está realizando y guarde el archivo con la combinación de teclas *Ctrl+G*.

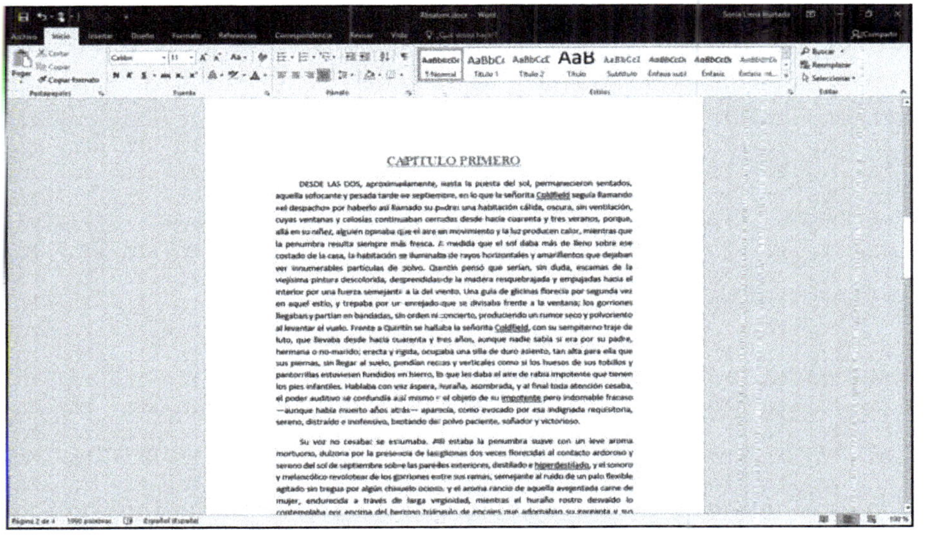

PRÁCTICA

Practique ahora con las sangrías del texto. Tras seleccionar el párrafo que desee modificar, acceda al cuadro de diálogo Párrafo y, desde allí, cambie la sangría, tanto izquierda como derecha. En algún otro párrafo, aplique una de las sangrías especiales de Word.

5.6 Utilizar estilos y formatos

Un estilo es un conjunto de atributos de formato, como fuente, tamaño y color de fuente, alineación, sangría, etc. que se almacena e identifica con un nombre. Cuando se le aplica un estilo determinado a un texto, se modifican en ese texto todas las características reflejadas en dicho estilo. Word ofrece una gran cantidad de estilos predefinidos pero usted mismo puede crear y almacenar sus propios estilos.

Editar los textos aplicando estilos agiliza mucho el trabajo ya que al hacerlo no suele ser necesario aplicar cada atributo por separado como hemos hecho en los ejercicios anteriores.

1. En este ejercicio aprenderemos a aplicar uno de los estilos predefinidos de Word y después a crear, almacenar y aplicar un estilo personalizado. Puesto que de momento no nos interesa modificar el aspecto del documento original, copiaremos un fragmento de nuestro texto y lo pegaremos en un nuevo documento en blanco. Para empezar, seleccione un fragmento del texto del primer capítulo, el segundo por ejemplo, y haga clic con el botón derecho del ratón sobre la selección.

2. En el menú contextual que se despliega, seleccione la opción *Copiar*.

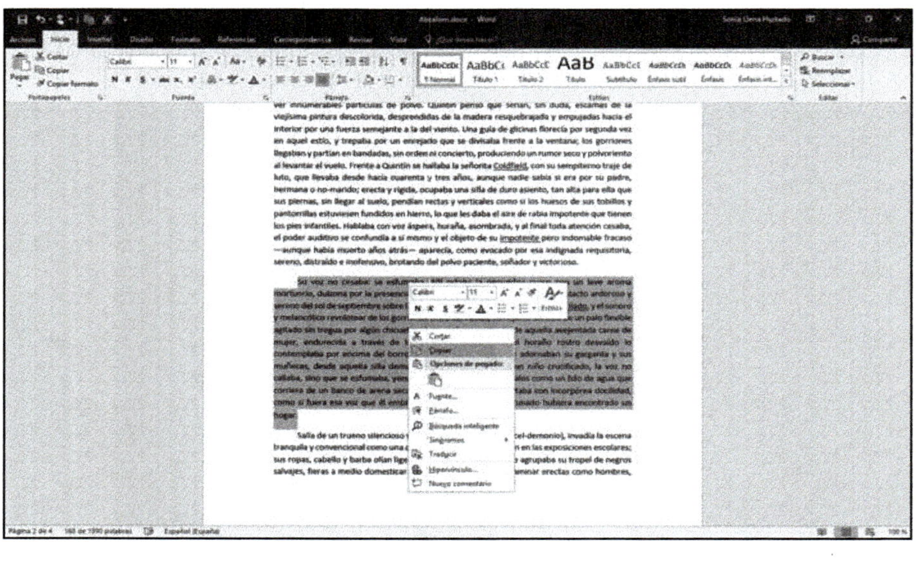

3. Ahora, haga clic en la pestaña *Archivo* y seleccione la opción *Nuevo*; de las opciones disponibles escoja *Documento en blanco* haciendo clic sobre él y creando así un nuevo documento en blanco.

4. En el documento en blanco, haga clic con el botón derecho sobre el área de trabajo y seleccione la primera de las opciones de pegado, *Mantener formato de origen*.

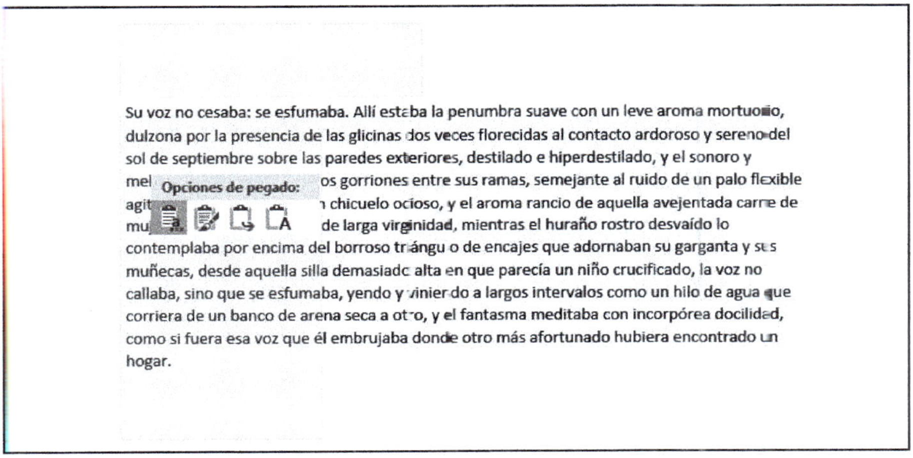

5. Para empezar comprobaremos cuáles son los atributos de formato aplicados a la primera línea de este texto. Haga clic en el margen izquierdo de la primera línea del documento para seleccionarla, y cuando esté resaltada en gris, pulse sobre el iniciador de cuadro de diálogo del grupo de herramientas *Estilos* para mostrar el panel *Estilos*.

6. En el panel *Estilos* se muestra seleccionado el estilo *Normal*, al que corresponde nuestra selección. Si mantiene unos segundos el puntero del ratón sobre el nombre de alguno de los estilos, aparecerá una etiqueta emergente con las características de dicho estilo. Ahora, aplique a la selección uno de los estilos que aparecen en la lista. Haga clic por ejemplo en el estilo *Cita destacada* y desactive la selección para ver el resultado. (Vea si lo desea la imagen adicional *5.6-001*.)

7. Como ve, el aspecto de esta línea ha cambiado completamente. Detengámonos un momento para ver cuáles son los atributos que ha modificado este estilo. A simple vista podemos decir que ha cambiado el color de la fuente y que se le han aplicado los efectos Negrita y Cursiva. Imagine que este estilo no le acaba de convencer y que quiere modificar alguno de sus atributos. Ponga el ratón sobre el estilo *Cita destacada*, en el panel *Estilos*, cuando aparezca el botón de punta de flecha haga clic sobre él y del menú que se despliega seleccione la opción *Modificar*.

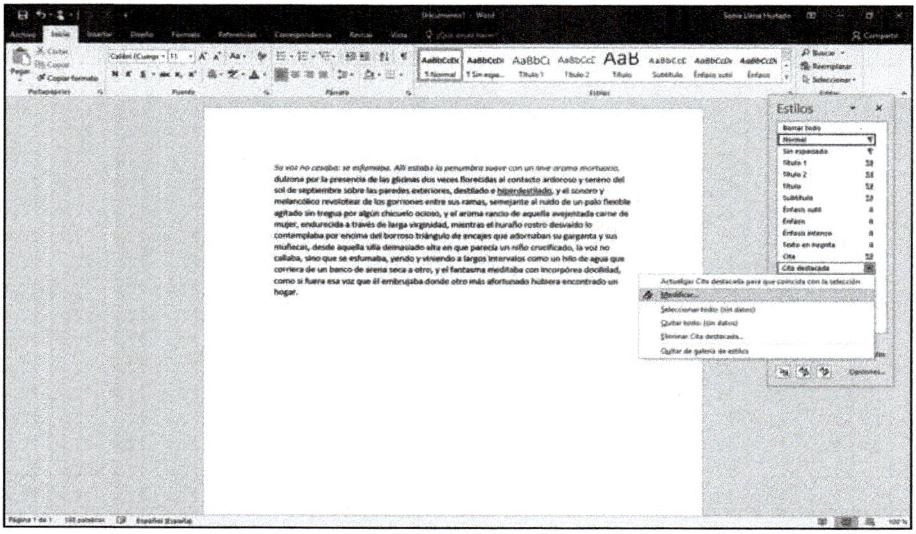

8. Esta opción nos conduce al cuadro *Modificar estilo*, en el que están definidas todas las características del estilo y pueden ser modificadas. Imagine que no le convence el color de la fuente y que tampoco le interesa que esté en cusiva, pero quiere que esté subrayado. En primer lugar haga clic sobre el icono K de cursiva para desactivar este atributo y active el icono S de subrayado.

9. A continuación despliegue el campo del color de la fuente y, del panel de colores que se despliega, seleccione el que desee. Cuando lo tenga definido pulse el botón *Aceptar*.

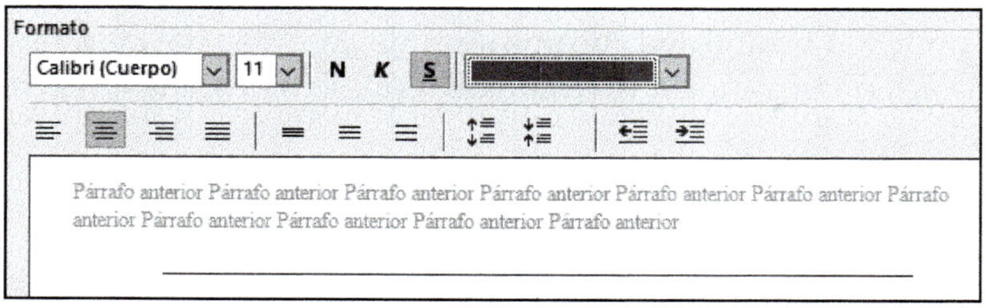

10. Al modificar el formato de un estilo, todos los textos que tenga ese estilo aplicado, aunque no estén seleccionados, cambian también. Cierre el documento sin guardar los cambios.

11. Como ya sabe aplicar y modificar estilos, para acabar con este ejercicio, crearemos un estilo en nuestro documento *Absalom*. Vuelva a dicho documento, coloque el cursor al final del mismo y pulse la tecla *Retorno* una vez.

12. Cuando usted crea un estilo, este, además de añadirse a los estilos de Word, se aplica directamente sobre el párrafo en el que se encuentre el cursor. Por eso es importante que coloque el cursor fuera del texto. Abra el panel *Estilos* mediante el iniciador de cuadro de diálogo y haga clic en el icono *Nuevo estilo*, el primero de los que se encuentran al pie del panel.

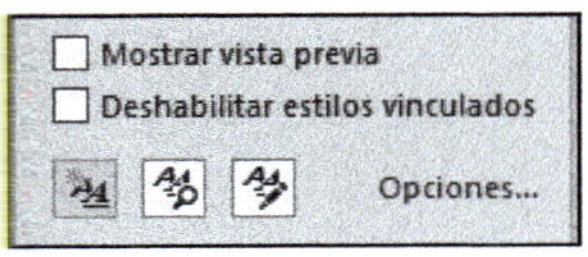

13. Se abre así el cuadro *Crear nuevo estilo a partir del formato*, donde definiremos los atributos del nuevo estilo. En el campo *Nombre* indique cómo identificará el estilo, escriba por ejemplo la palabra *personal*.

14. Modifique la fuente y demás atributos. Seleccione la fuente *Harlow Solid Italic* y aplíquele el color que desee.

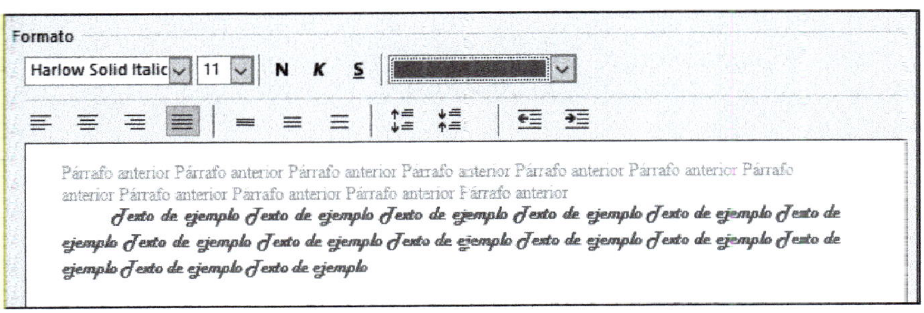

15. En la parte inferior izquierda del cuadro se encuentra el botón *Formato*. Si hace clic sobre la flecha de dicho botón, se despliega un menú de opciones. Cada una de esas opciones le llevará al cuadro correpondiente para poder modificar ditintos atributos y opciones de formato. Haga clic en la opción *Fuente* para acceder al cuadro del mismo nombre que ya conoce.

16. El cuadro *Fuente* se abrira con las opciones que haya aplicado en el cuadro anterior. Ahora aplique al texto una ligera sombra seleccionando la casilla de verificación *Versalita* y pulse el botón *Aceptar*.

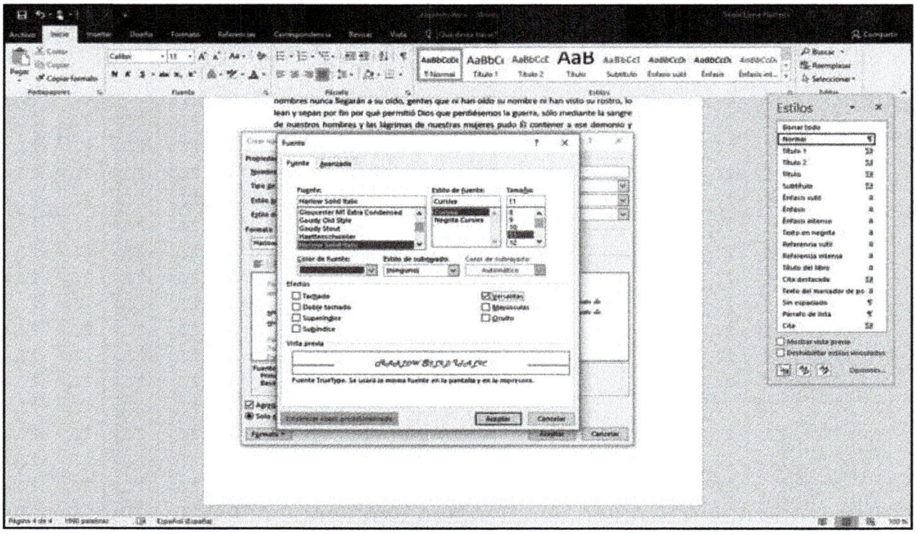

17. En el cuadro *Crear nuevo estilo a partir de formato*, vuelva a pulsar el botón *Aceptar*.

18. Observe que el nuevo estilo pasa a formar parte del panel *Estilos*, así como del grupo de herramientas Estilos de la Cinta de opciones. En el punto en que se encuentra ahora el cursor de edición, al final del documento, escriba cualquier palabra y verá que el estilo con su nombre se ha aplicado directamente.

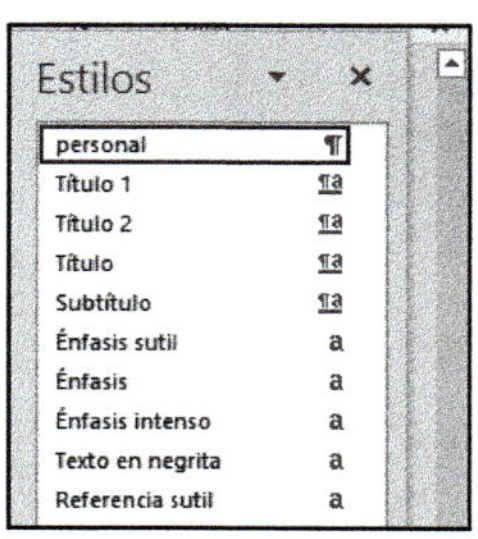

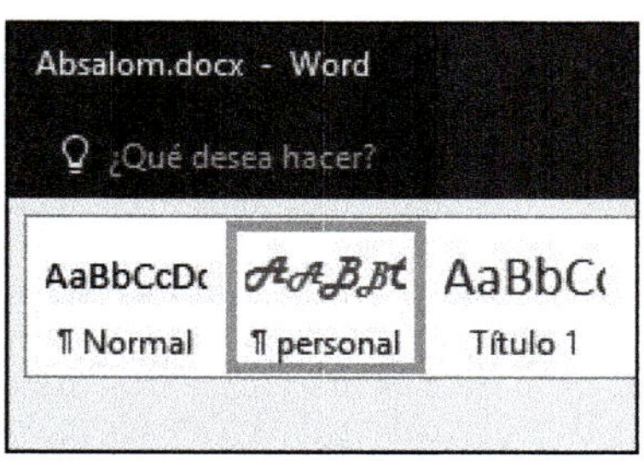

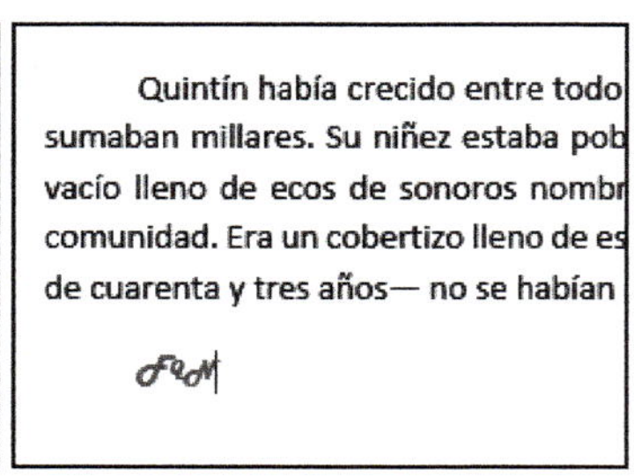

19. Para acabar, guarde el documento con la combinación de teclas *Ctrl+G*.

PRÁCTICA

En su documento de Word, aplique a un fragmento del texto uno de los estilos predeterminados de Word 2016. Seguidamente, cree un nuevo estilo con aquellas opciones de formato que desee y, una vez creado, aplíquelo a una parte del texto.

5.7 Aplicar efectos visuales al texto

Word 2016 dispone de una espectacular herramienta de efectos visuales para texto. Los efectos visuales propios de las imágenes, como sombras, biseles, iluminación o reflejos pueden ser aplicados a los textos gracias a esta herramienta. El comando desplegable Efectos de texto, está incluido en el grupo de herramientas Fuente de la ficha Inicio y contiene, ordenados por categorías, todos los efectos visuales disponibles.

Además de permitir la aplicación de espectaculares efectos visuales sobre el texto de un documento, Word 2016 también permite aplicar formato al texto para que se fusione a la perfección con las imágenes incluidas.

1. En este ejercicio le aplicaremos distintos estilos de texto al título *Resumen* de nuestro documento. Los efectos visuales son sencillos de aplicar y con ellos se pueden conseguir resultados realmente óptimos. En primer lugar seleccione el mencionado texto y haga clic en el botón *Efectos de texto y tipografía* del grupo de herramientas *Fuente*, que muestra una letra A con el borde resaltado en azul.

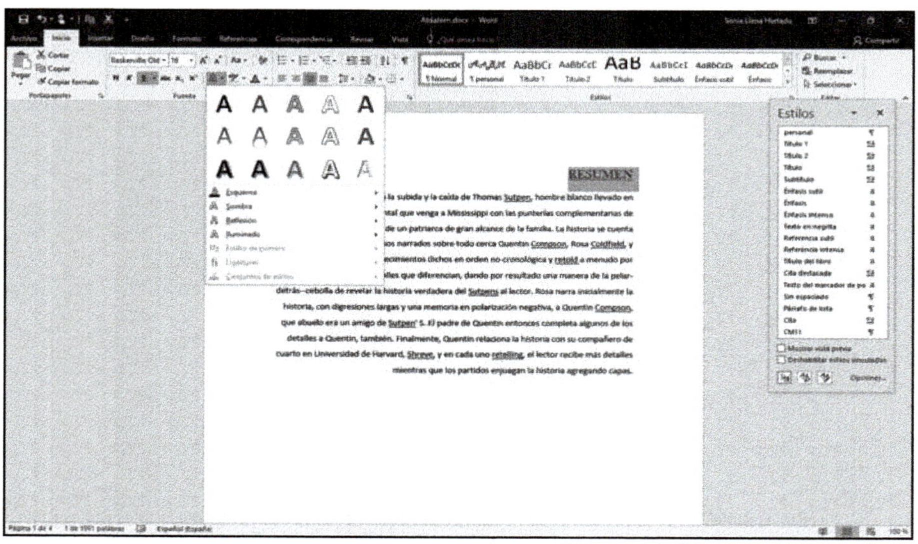

2. Verá que se despliega un panel con varios estilos de efectos predefinidos y una lista con todas las opciones de efectos de texto disponibles en la parte inferior. Pase su ratón sobre algunas de estas opciones, sin hacer clic sobre

ellas, y verá que el efecto se va aplicando a su texto. Esta opción permite ver el aspecto que tendrá el texto con determinado efecto antes de aplicarlo definitivamente. A pesar de que el texto esté seleccionado, cuando tiene un estilo seleccionado en vista previa, la marca gris que indica la selección desaparece para que pueda visualizar mejor el efecto. Cada uno de los estilos que aparecen en el panel tiene varios efectos aplicados, y en vez de seleccionar uno directamente, iremos creando el estilo de nuestro título paso a paso, aplicando los efectos de uno en uno. En primer lugar, veremos las opciones que están listadas en el panel desplegable. Sin hacer clic de momento, ponga el ratón encima de la opción *Esquema*.

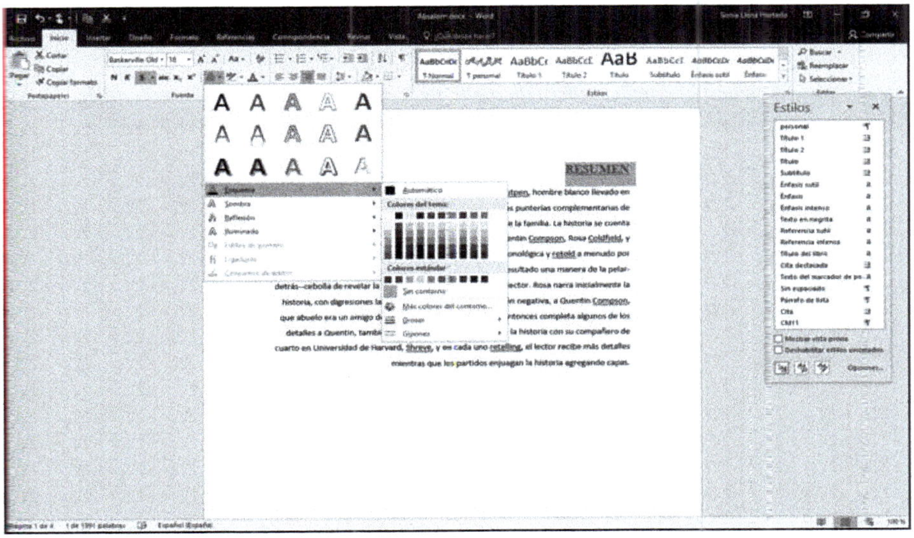

3. El efecto *Esquema* añade una especie de borde de color al texto. Pruebe a pasar el ratón por varios de los colores disponibles en el panel de colores y observe se van aplicando sobre el texto seleccionado, igual que ocurría con los efectos predefinidos.

4. Ahora sí, haga clic sobre uno de los colores para aplicárselo al texto seleccionado. Elija el color que más le guste.

5. Verá que, cuando hace clic sobre alguna de las opciones, esta se aplica y el panel desplegable de efectos de texto se cierra. Para que el texto del título no quede demasiado cargado, eliminaremos el subrayado que le habíamos

aplicado en un ejercicio anterior. Con el título seleccionado, haga clic en el icono de subrayado para desactivar esa opción.

6. A continuación, le aplicaremos a ese mismo título un efecto de iluminación. Este efecto añade un difuminado de color, claro y brillante alrededor del texto, lo que hace que parezca que está iluminado. Las opciones predefinidas del efecto *Iluminado* son de colores claros, pero en la paleta de colores puede elegir cualquier color y aplicárselo. Eso sí, el efecto cambia mucho si el color aplicado es oscuro. Compruébelo. Haga clic de nuevo en el icono *Efectos de texto,* seleccione la opción *Iluminado* y sobre la paleta de colores que despliega la opción *Más colores de iluminado* sitúe el ratón sobre un color oscuro.

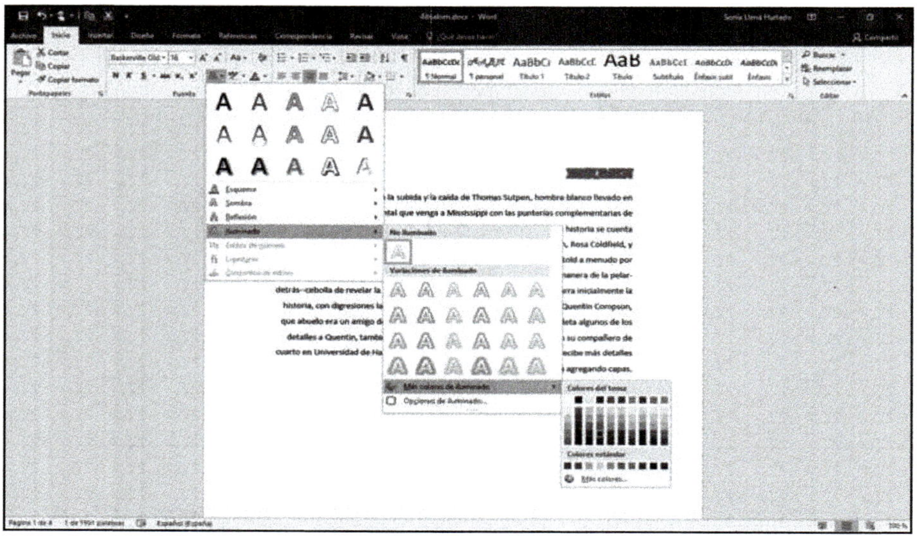

7. Esta opción hará que el texto se vuelva casi ilegible y estéticamente poco agradable. De modo que elija una de las opciones predeterminadas de iluminación, a poder ser, una de las de las filas superiores, que tiene un iluminado más discreto y haga clic sobre ella.

8. Haga clic al lado del título para desactivar la selección y ver los resultados.

RESUMEN

9. Antes de continuar analizando y aplicando los siguientes efectos, quitaremos los efectos que hemos aplicado hasta ahora para que no se sature el texto. Vuelva a seleccionar el título, haga clic en el icono *Efectos de texto*, seleccione el efecto *Esquema* y pulse sobre la opción *Sin contorno*.

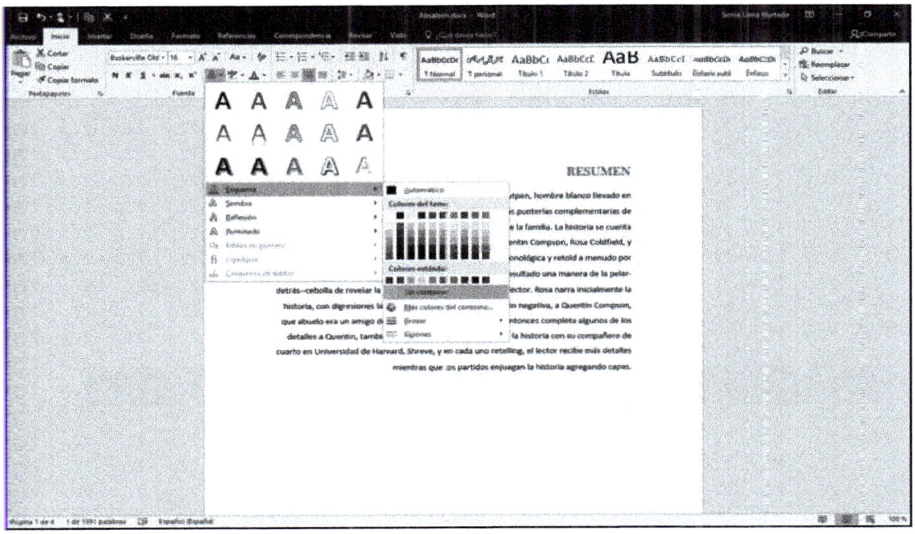

10. A continuación, despliegue una vez más el comando *Efectos de texto*, haga clic sobre el efecto *Iluminado* y elija en esta ocasión el primero de los diseños, denominado *No iluminado*.

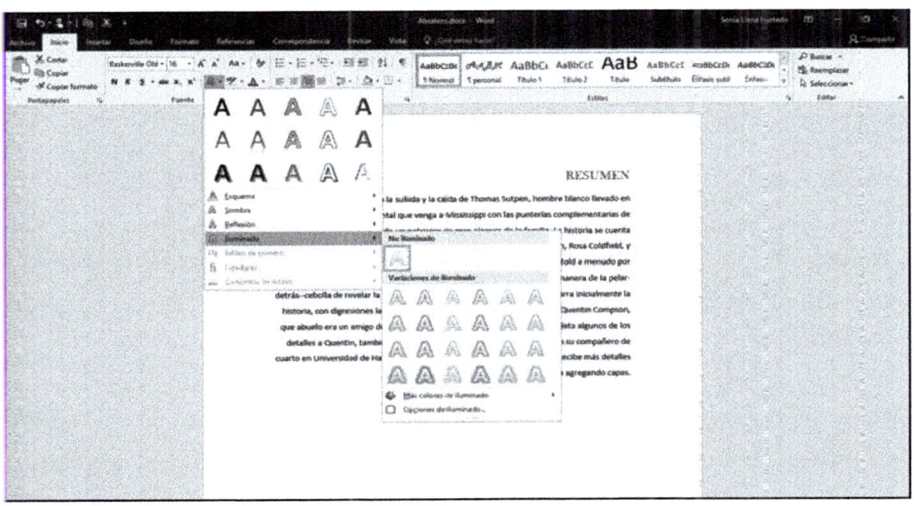

11. Con la palabra *Resumen* aún seleccionada, pero ahora sin efecto alguno aplicado, haga clic en el iniciador de cuadro del grupo de herramientas Fuente.

12. Se abre así el cuadro *Fuente* que ya conoce. Los efectos de texto, además de tener el icono de herramientas en la barra de herramientas, cuentan con un cuadro donde pueden aplicarse todas las opciones disponibles y crear distintas combinaciones. Haga clic en el botón *Efectos de Texto,* en la parte inferior de cuadro *Fuente*.

13. Se abre así el cuadro *Formato de efectos de texto*. Muestre la categoría *Relleno de texto* pulsando sobre el botón de punta de flecha que la precede, haga clic en el icono *Color* y seleccione un color.

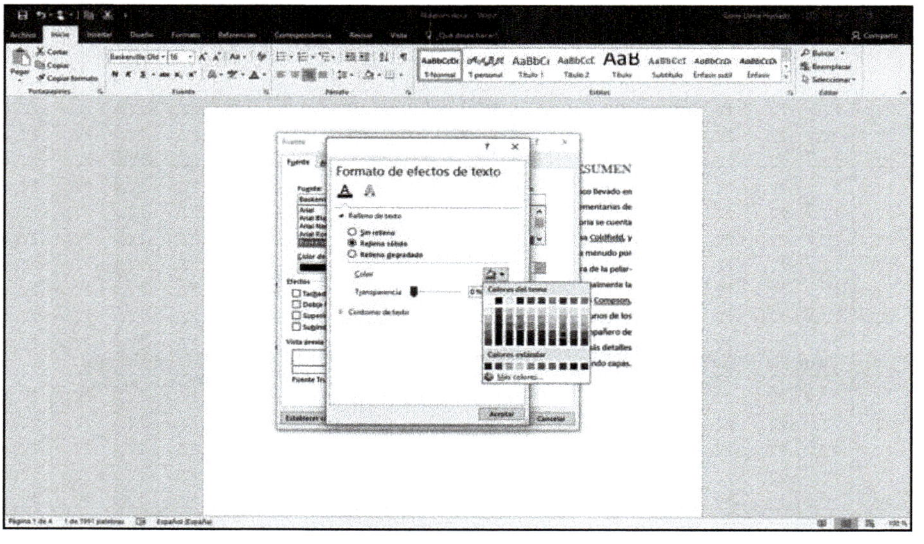

14. A continuación, active la categoría *Efectos de texto* haciendo clic sobre la letra A situada en segunda posición bajo el título del cuadro y pulse sobre la opción *Sombra*. (Vea si lo desea la imagen adicional *5.7-001*.)

15. El cuadro *Formato de efectos de texto* tiene algunas ventajas y algunos inconvenientes. Lo bueno es que usted mismo puede ajustar cada efecto y personalizarlo. Lo malo es que al no haber una vista previa, es difícil saber

exactamente el aspecto que tendrá. En la categoría *Sombra,* haga clic sobre el botón *Preestablecidas,* y del panel que se despliega elija una opción.

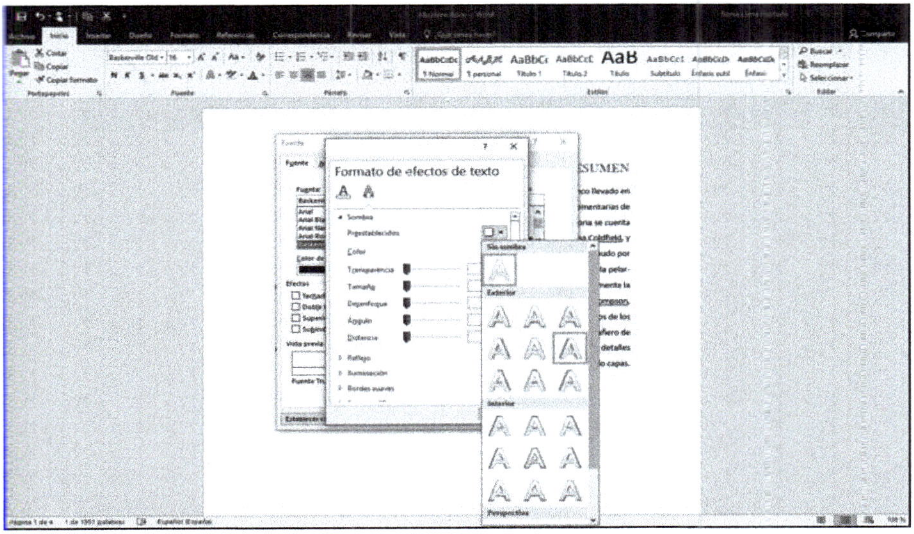

16. Ahora usted puede ajustar a su medida cada uno de los valores que intervienen en el efecto elegido. Es más difícil comenzar desde cero con los ajustes. Cambie el color de la sombra, reduzca unos 30 grados el ángulo, aumente 3 o 4 puntos la distancia y reduzca la transparencia, sobre todo si ha elegido un color claro para la sombra.

17. Cuando tenga la sombra configurada pulse el botón *Cerrar* para volver al cuadro *Fuente* y poder obtener una vista previa de los efectos aplicados hasta ahora.

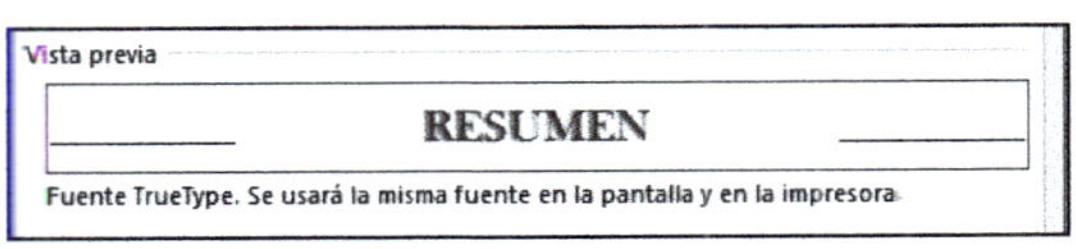

18. Vuelva a pulsar sobre el botón *Efectos de texto* para que se vuelva a abrir el cuadro *Formato de efectos de texto* y aplicarle así un último efecto a nuestro texto.

19. En el cuadro, active la categoría *Efectos de texto* y pulse sobre la opción *Formato 3D.*

20. Los efectos 3D son más visibles en textos de gran tamaño, y puede que en este no lo sea tanto. De todos modos, comprobemos cómo funcionan y cómo se aplican estos efectos. En primer lugar, haga clic en el botón de flecha del efecto *Bisel Superior* y seleccione una opción.

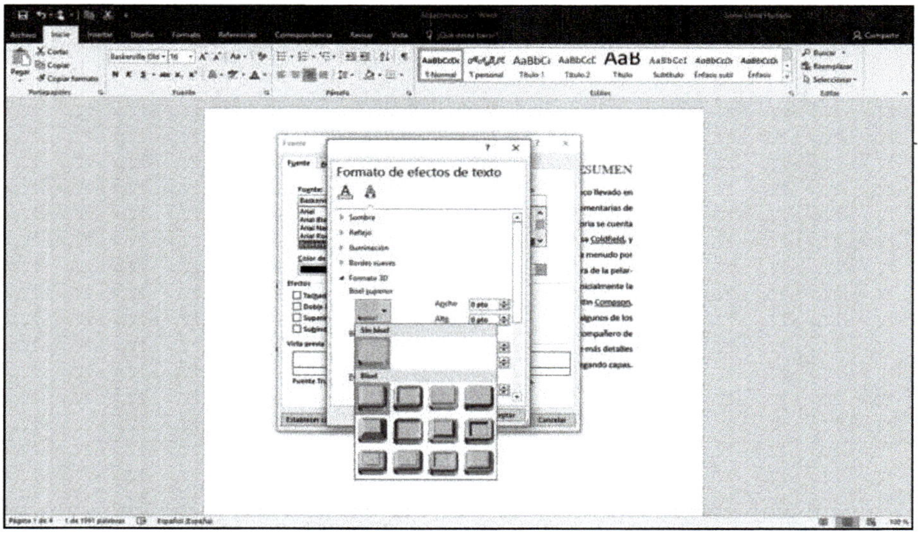

21. Aumente la altura en unos 3 o 4 puntos y haga lo mismo con la parte inferior: elija un tipo de bisel y modifíquele la altura.

22. Por último, despliegue el campo *Material*, seleccione uno de los materiales y cuando lo tenga haga clic en el botón *Aceptar*.

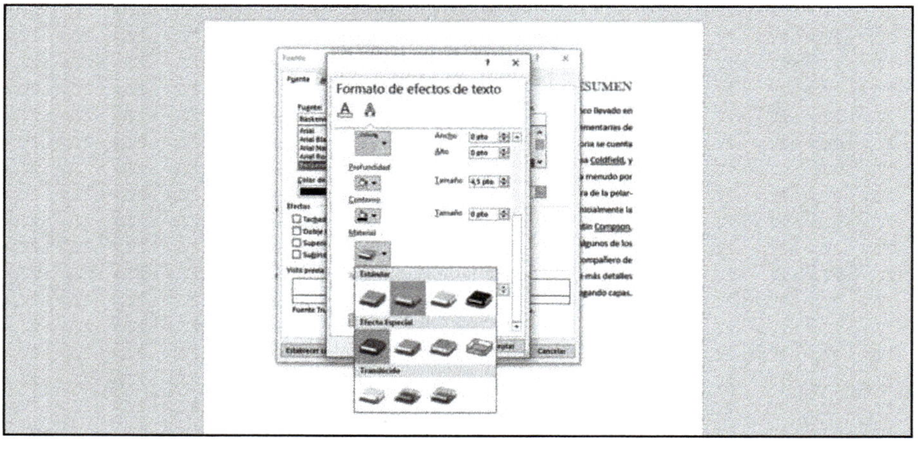

23. Volverá así al cuadro *Fuente*. Como hemos comentado, en un texto de tamaño tan pequeño es difícil apreciar algunos efectos, así que le proponemos que aumente el tamaño del texto seleccionando *24* en el campo *Tamaño*.

24. Para acabar, pulse el botón *Aceptar* del cuadro *Fuente* para que se cierre y haga clic en algún punto del texto para que se desactive la selección y pueda observar los efectos aplicados.

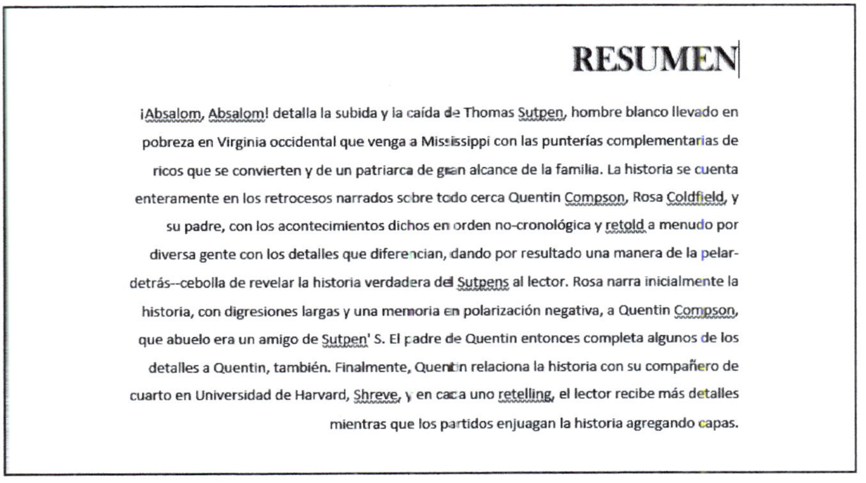
RESUMEN

¡Absalom, Absalom! detalla la subida y la caída de Thomas Sutpen, hombre blanco llevado en pobreza en Virginia occidental que venga a Mississippi con las punterías complementarias de ricos que se convierten y de un patriarca de gran alcance de la familia. La historia se cuenta enteramente en los retrocesos narrados sobre todo cerca Quentin Compson, Rosa Coldfield, y su padre, con los acontecimientos dichos en orden no-cronológica y retold a menudo por diversa gente con los detalles que diferencian, dando por resultado una manera de la pelar-detrás--cebolla de revelar la historia verdadera del Sutpens al lector. Rosa narra inicialmente la historia, con digresiones largas y una memoria en polarización negativa, a Quentin Compson, que abuelo era un amigo de Sutpen' S. El padre de Quentin entonces completa algunos de los detalles a Quentin, también. Finalmente, Quentin relaciona la historia con su compañero de cuarto en Universidad de Harvard, Shreve, y en cada uno retelling, el lector recibe más detalles mientras que los partidos enjuagan la historia agregando capas.

25. Por último guarde los cambios efectuados haciendo clic en el botón *Guardar* de la *Barra de herramientas de acceso rápido*.

PRÁCTICA

Sobre un documento de Word 2016, descubre los espectaculares efectos visuales incluidos en esta versión del programa. Aplique a una parte del texto, por ejemplo, al título, un contorno de color y asigne una sombra a dicho texto. Practique con otros efectos visuales para comprobar el gran potencial de esta funcionalidad.

5.8 Crear tabulaciones

Las tabulaciones son unas posiciones en la regla horizontal que se utilizan para ubicar y alinear el texto en una posición determinada de la página. Existen cuatro tipos de tabulaciones que alinean el texto de diferente forma: izquierda, derecha, centrada y decimal. Las tabulaciones suelen ser muy útiles para poder alinear en la misma posición elementos de filas distintas, por ejemplo los número de un índice, etc.

Por defecto, la tecla Tab mueve el cursor 1,25 cm a lo largo del ancho de la página a no ser que se hayan especificado unas tabulaciones concretas. Las tabulaciones pueden modificarse manualmente desde la regla horizontal o desde el cuadro de diálogo Tabulaciones.

1. En este ejercicio utilizaremos las tabulaciones para dar formato a una lista de referencias cronológicas. Para ello, utilizaremos el documento *Cronología.docx*, que forma parte de los archivos necesarios que puede descargar de forma gratuita con el código de acceso proporcionado en la primera página del libro. Cuando lo abra en Word 2016 se dará cuenta de que se trata de un documento que contiene una cronología de sucesos que están ordenados por años, pero no de una forma demasiado visual. En primer lugar, copiaremos este texto y lo pegaremos en el documento en el que venimos trabajando en los anteriores ejercicios, el denominado *Absalom*. Para seleccionar todo el texto, haga clic en cualquier parte del mismo y con su teclado pulse la combinación de tecla *Ctrl+E*.

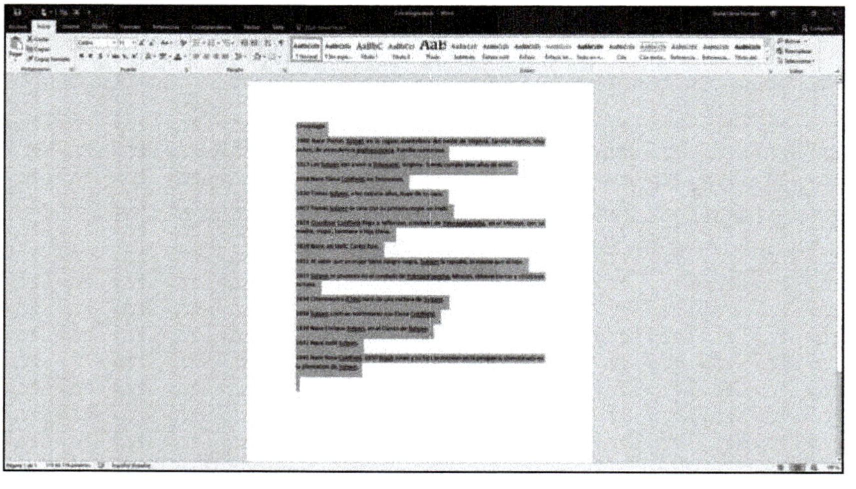

2. Verá que todo el texto está seleccionado. Ahora, haga clic con el botón derecho del ratón sobre un punto del texto seleccionado y, del menú contextual, escoja la opción *Copiar*.

3. A continuación, ponga en primer plano el documento *Absalom* y haga clic al final del documento, es decir, en la parte inferior de la página 4; pulse la tecla *Retorno* tantas veces como sea necesario para pasar a la página siguiente.

4. Utilice las barras de desplazamiento para centrar la vista de esta nueva página y pulse la combinación de teclas pegar *Ctrl+V*.

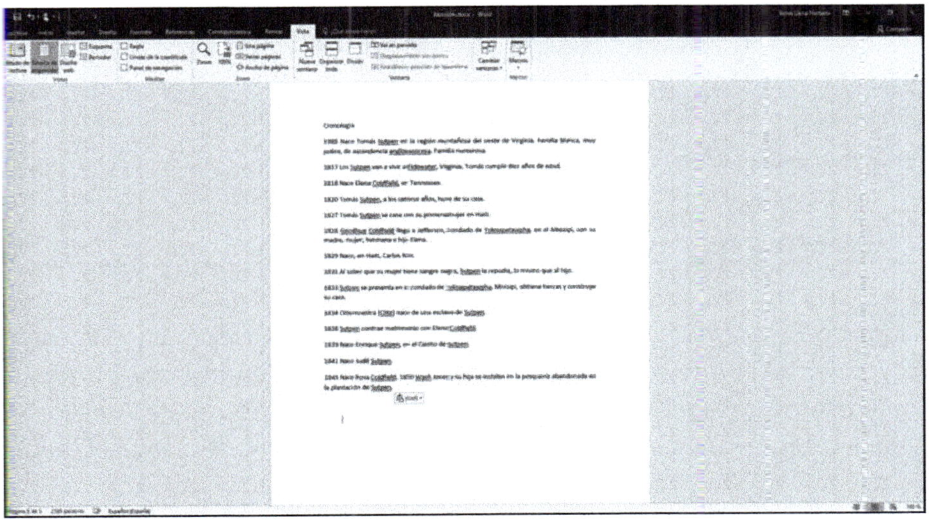

5. La cronología que ha copiado del documento anterior se habrá pegado en esta nueva página. Para hacer más visual y útil la cronología que acabamos de pegar en nuestro documento, le aplicaremos tabulaciones y sangrías. La tabulación hará que podamos separar el año del texto y alinear todos los textos a una misma distancia. En primer lugar en necesario establecer las características de la tabulación. Para eso, coloque el cursor antes del texto de la primera línea de la cronología, justo antes de la letra N de Nace. Asegúrese de que el espacio que hay entre el año y el texto se encuentra antes del cursor y no después.

6. A continuación, haga clic en el iniciador de cuadro del grupo de herramientas *Párrafo* y pulse el botón *Tabulaciones*.

7. Por defecto Word establece las tabulaciones con unos parámetros predefinidos, pero usted puede modificarlos para que se adapten a sus necesidades. En el campo *Posición* introduzca la cifra 2 y pulse el botón *Establecer*.

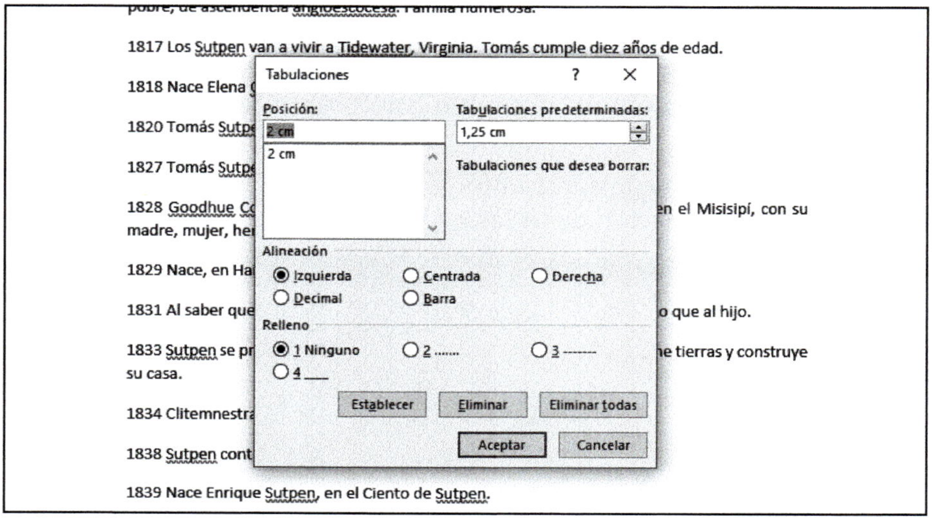

8. El campo *Posición* ya está fijado. En cuanto a la *Alineación*, en este caso, es más conveniente que sea por la izquierda y así queden todas las líneas a la misma distancia respecto a la cifra del año. Deje el campo *Alineación* como está y, en la categoría *Relleno*, seleccione la opción 2 y pulse de nuevo el botón *Establecer*.

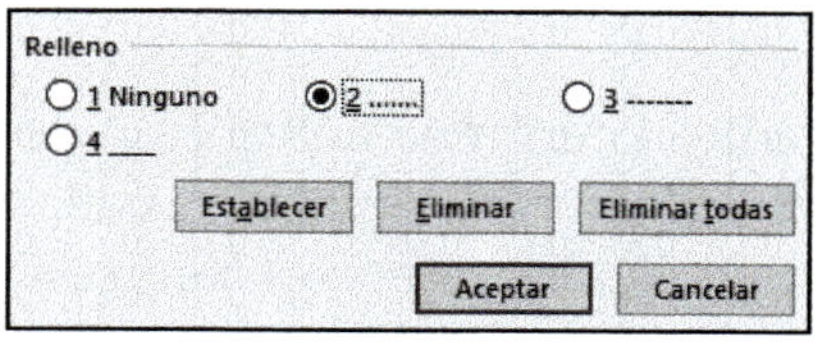

9. Una vez están definidos los parámetros de tabulación que aplicaremos, veremos cómo se aplican. Las tabulaciones se insertan con la tecla *Tab*, que se encuentra en la parte izquierda del teclado. Sin cambiar la posición del cursor de edición, pulse dicha tecla una vez.

10. Verá que el texto se ha desplazado exactamente 2 centímetros, que se ha alineado por la izquierda a partir de esa posición y que el hueco entre el

número y el texto se ha rellenado de una línea de puntos. Ahora colóquese en la misma posición, pero en el siguiente suceso y vuelva a pulsar la tecla *Tab*.

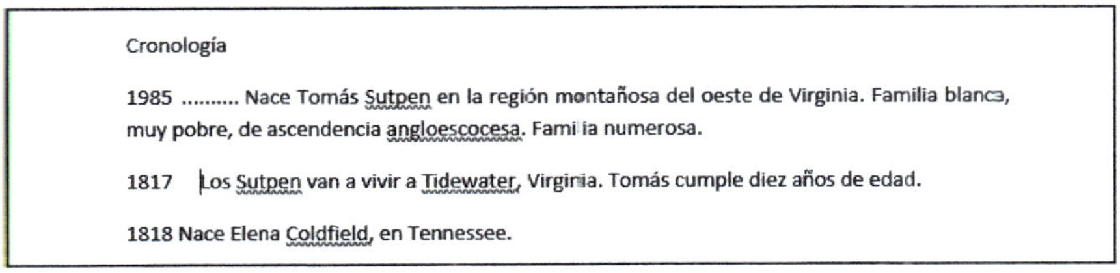

11. Observe que esta vez no se han aplicado los criterios de tabulación que hemos establecido y que Word ha aplicado la configuración predeterminada. Para que se apliquen los mismos criterios de tabulación a todas las líneas, tiene que seleccionar todo el texto antes de definirlos. Seleccione todo el texto de la cronología haciendo clic en la primera fila y arrastrando hasta la última.

12. Con el texto seleccionado vuelva a abrir el cuadro *Párrafo* y haga clic en el botón *Tabulación*.

13. Fije la posición en 2 centímetros, la alineación en *Izquierda* y el relleno en *Ninguno*, haga clic en el botón *Establecer* y pulse sobre el botón *Aceptar*.

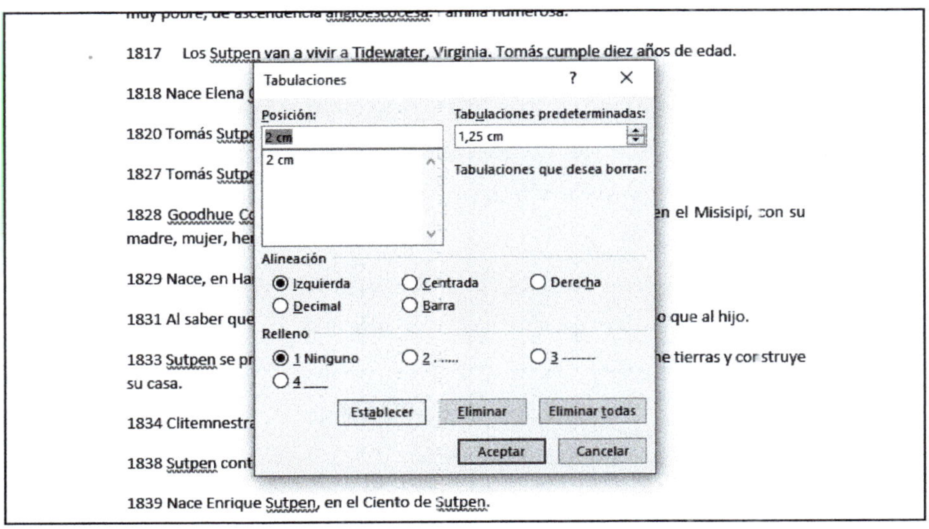

14. Verá que se ha aplicado este tipo de tabulación a las dos que habíamos insertado, que la primera ya no tiene el relleno de puntos y en la segunda ha aumentado el espacio de separación. Ahora, debe insertar una tabulación entre cada cifra de año y su suceso correspondiente de la misma forma que ha hecho antes. Coloque el cursor tras el año y pulse la tecla *Tab* para cada ocasión. De momento no se preocupe de los sucesos que tienen más de una línea; aplique la tabulación solo en la primera.

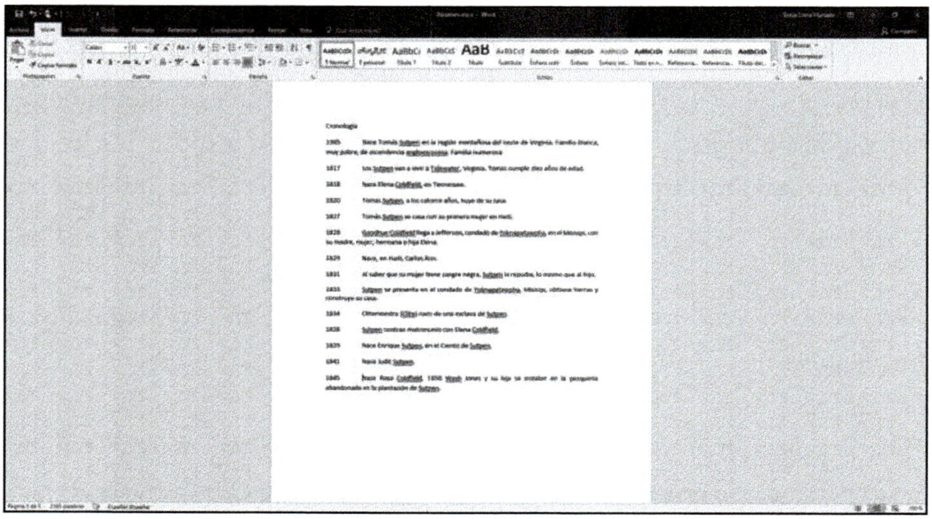

15. Asegúrese de haber aplicado la tabulación después de todas las cifras de año y compruebe que su texto tiene el mismo aspecto que el de la imagen. Por último, nos ocuparemos de las líneas que no han quedado alineadas. Seleccione de nuevo todo el texto y vuelva a abrir el cuadro *Párrafo*.

16. En la categoría *Sangría,* haga clic en el botón de punta de flecha del campo *Especial* y seleccione la opción *Sangría francesa*.

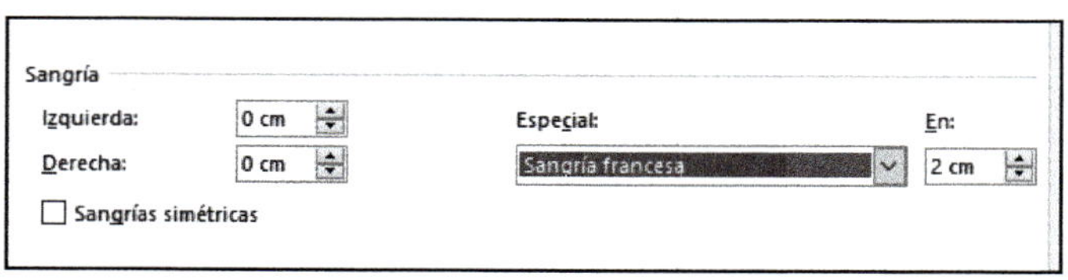

17. El campo *En* muestra el valor 2 cm, que coincide con la tabulación aplicada al texto, por lo que la mantendremos para que la sangría quede alineada con la tabulación. Pulse el botón *Aceptar*.

18. Haga clic en una zona libre del documento para eliminar la selección del texto y observar como la alineación y formato de la cronología son ahora mucho más visuales y adecuados que al principio.

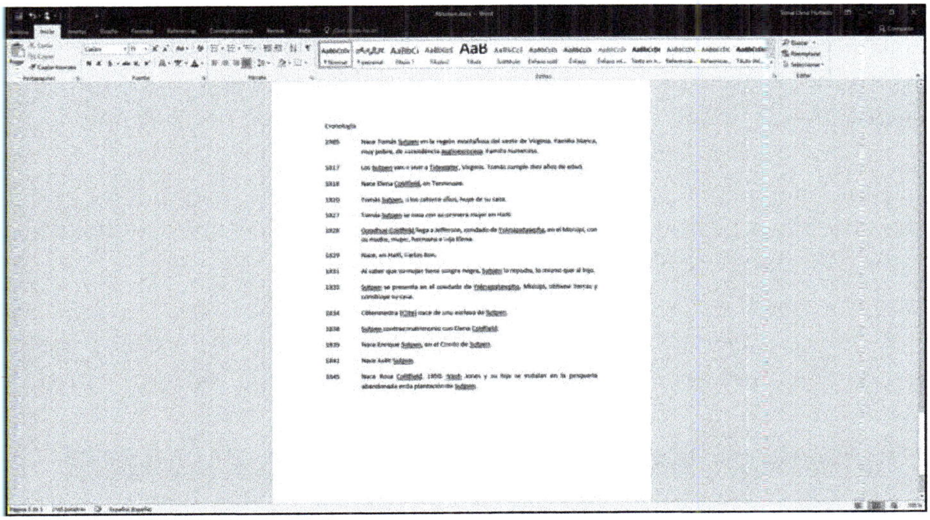

19. Termine este ejercicio guardando el documento con la combinación de teclas *Ctrl+G*.

PRÁCTICA

Para poder practicar con las tabulaciones, abra un documento de Word que contenga una lista de elementos. Seguidamente, configure una tabulación para todos los elementos situándola a la derecha, en una posición de 3 cm y con un relleno de puntos. Aplique la tabulación a todas las líneas del documento. Juegue con la sangría en el caso en que haya párrafos de dos líneas para que queden alineadas con la tabulación.

5.9 Crear listas con viñetas y numeración

La aplicación de viñetas y numeración a las listas es sumamente útil a la hora de presentar y configurar listas de información en los documentos. Las viñetas son símbolos que se insertan delante de cada entrada y que suelen utilizarse cuando los distintos elementos de la lista no siguen un orden establecido. La numeración de listas, sin embargo, se utiliza para numerar los distintos elementos de una lista y suelen utilizarse en aquellas relaciones en las que hay un orden establecido.

El uso de viñetas constituye una forma perfecta de separar los distintos pasos a seguir en un procedimiento, o las distintas partes de un elemento.

1. Para este ejercicio, igual que ha hecho en el anterior, deberá obtener del material adicional un nuevo documento, denominado en este caso *Bibliografía*. Cuando disponga de él, ábralo con Word 2016.

2. Igual que en el ejercicio anterior, copie el contenido de este archivo, inserte una página al final del documento *Absalom* y péguelo en esa nueva página en blanco.

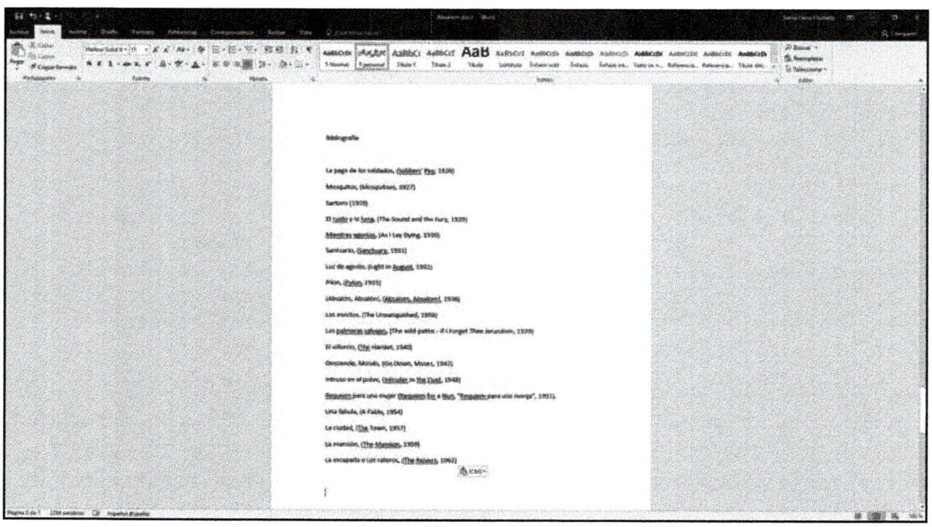

3. Como ve, el contenido del archivo *Bibliografía* se trata de una lista de todas las novelas escritas por William Faulkner y ordenadas cronológicamente. Aplicar viñetas a cada elemento de esta lista es algo bastante sencillo.

Para empezar, seleccione todo el contenido de la lista. Haga clic al principio del primer título de la lista, pulse la tecla *Mayúsculas*, y sin soltarla haga clic al final de la última fila de la lista.

4. Con el texto seleccionado, pulse sobre el comando *Viñetas*, el primero del grupo de herramientas *Párrafo*.

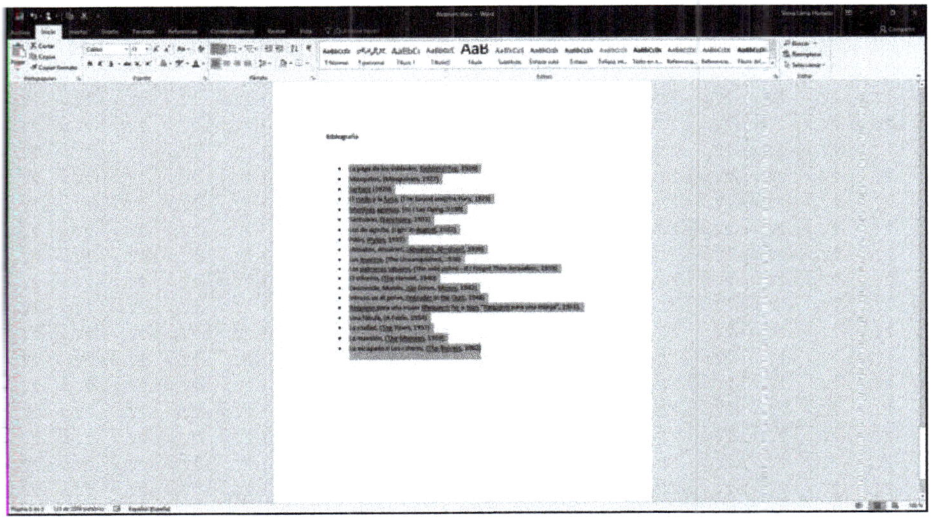

5. Al inicio de cada elemento de la lista se ha añadido una viñeta que hace que cada título sea más definido y más identificable. Pero fíjese también que ha cambiado el interlineado y ahora las líneas están más cerca unas de otras. Ahora, despliegue el comando *Viñetas*.

6. Se despliega un panel con una selección de viñetas predefinidas. Pase el ratón sin hacer clic sobre algunas de ellas y verá el resultado en la vista previa en directo.

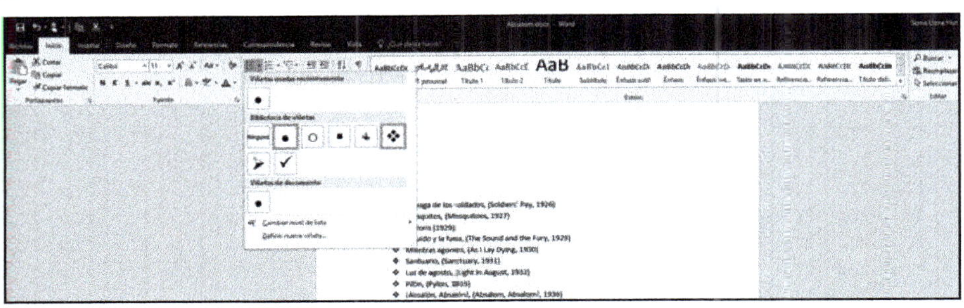

7. Haga clic ahora sobre la opción *Definir nueva viñeta.*

8. Se abre así el cuadro *Definir nueva viñeta,* donde puede, además de añadir nuevos iconos de viñetas, establecer el formato, fuente y demás atributos que se aplicarán junto con las viñetas. En primer lugar seleccionaremos el tipo de forma que se insertará antes de cada ítem de la lista, que puede ser un símbolo o una imagen. Haga clic en el botón *Imagen.*

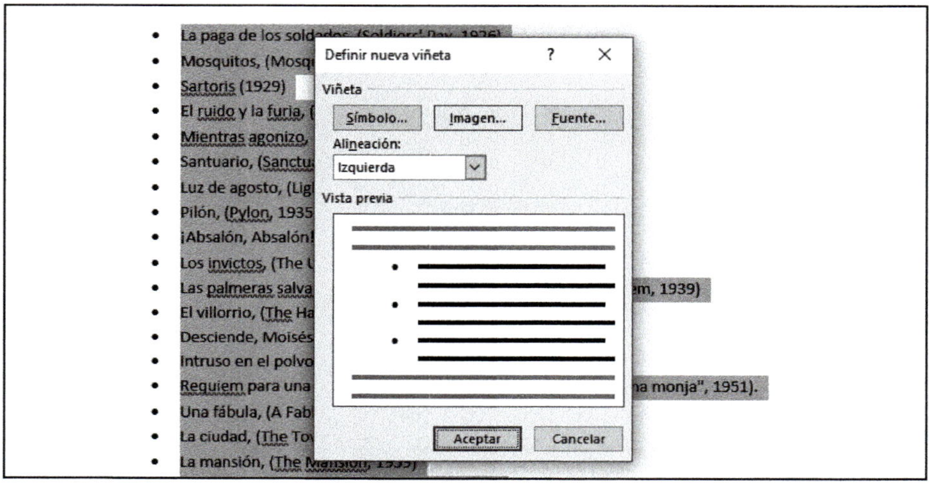

9. Se abre el cuadro *Insertar imágenes,* que nos permite seleccionar distintas ubicaciones desde las cuales elegir la imagen que deseamos utilizar: desde un archivo propio, desde la web tras una búsqueda de imágenes en Bing o desde su espacio en la nube OneDrive. Este cuadro, común en todas las aplicaciones de Office, permite también elegir fotografías colgadas en Facebook y en Flickr. En definitiva, la versión 2016 de Office ya no cuenta con las clásicas galerías de imágenes prediseñadas. En este caso, buscaremos una imagen relacionada con libros, por lo que escriba en el campo destinado a los búsquedas en Bing precisamente la palabra *libros* y pulse *Retorno* para iniciar el rastreo.

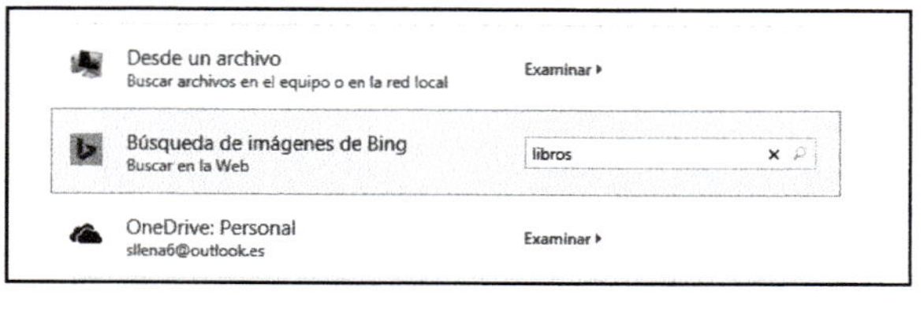

10. No hace falta decir que es preciso que su equipo se encuentre conectado a Internet para que esta búsqueda dé los resultados esperados. En cuestión de segundos, se muestran los primeros resultados de, seguramente, una larga lista. Si está buscando una imagen con un tamaño, un formato o un color en concreto, puede utilizar los campos de la parte superior para filtrar la lista de resultados. Desplácese por ellos con la ayuda de la *Barra de desplazamiento vertical* y, cuando vea una imagen que crea que puede servirle, selecciónela con un clic y pulse sobre el botón *Insertar*.

11. De vuelta al cuadro *Definir nueva viñeta*, pulse el botón *Aceptar*.

12. Ahora aplicaremos la imagen a los elementos de la lista desde el comando *Viñeta*. Despliegue dicho comando en el grupo de herramientas *Fuente*, seleccione con un clic la imagen descargada y vea el resultado sobre el documento.

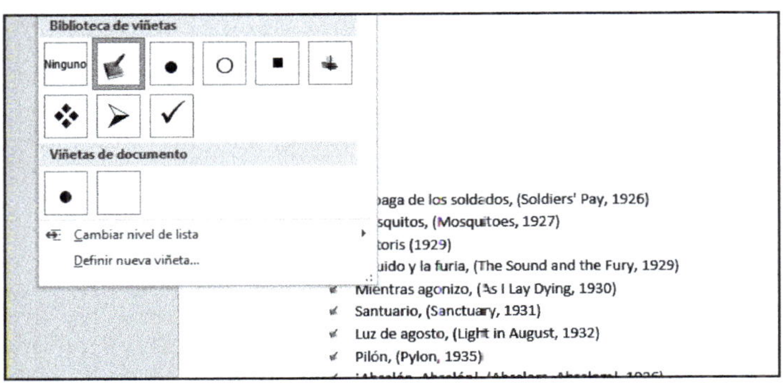

13. Veamos cuáles son las opciones de símbolo que ofrece Word. Muestre de nuevo el cuadro *Definir nueva viñeta* y haga clic en el botón *Símbolo*.

14. Se abre así el cuadro *Símbolo*, donde puede elegir entre una gran variedad de símbolos con fuentes distintas. Seleccione uno de los símbolos haciendo clic sobre él y pulse el botón *Aceptar*.

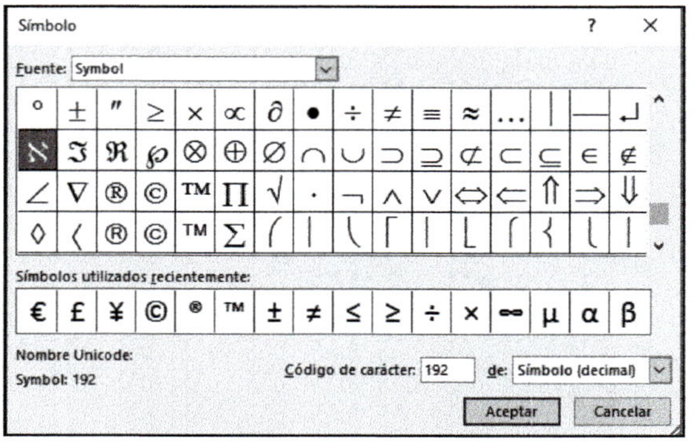

15. Se cierra el cuadro *Símbolo* y el símbolo que usted ha seleccionado se inserta en la muestra de la vista previa del cuadro *Definir nueva viñeta*. Cuando la forma de la viñeta que ha elegido es un símbolo se activa el botón *Fuente* desde el que puede modificar el tamaño y otros atributos del símbolo. Haga clic en el mencionado botón.

16. El cuadro *Fuente* le permite modificar el tamaño, el estilo (negrita, cursiva) y el color del símbolo. Aumente el tamaño de la fuente a 14 y cambie su color seleccionando uno de los colores de la paleta desplegable. Ahora pulse el botón *Aceptar* para salir del cuadro.

17. Regresará así al cuadro *Definir nueva viñeta*, donde podrá ver la viñeta que ha configurado. Si le parece adecuada, ya puede pulsar el botón *Aceptar* para que se apliquen los cambios sobre su documento.

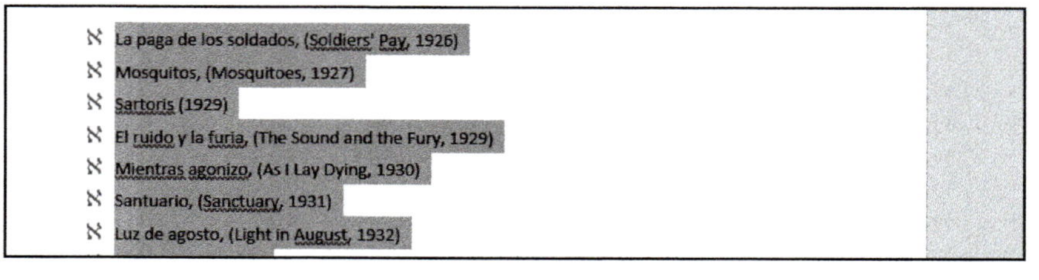

18. Verá que además de haber cambiado la forma de la viñeta, al haberle aumentado a esta el tamaño, ha hecho que el interlineado del texto aumentase. Ahora vuelva a hacer clic en el botón *Viñetas* para desactivarlo y verá que el texto vuelve a su estado original.

19. Por último, veremos cómo crear listas numéricas y descubriremos que el proceso es casi idéntico al de aplicar viñetas a una lista Con el texto seleccionado haga clic en el comando *Numeración*, que se encuentra justo a la derecha del comando *Viñetas*.

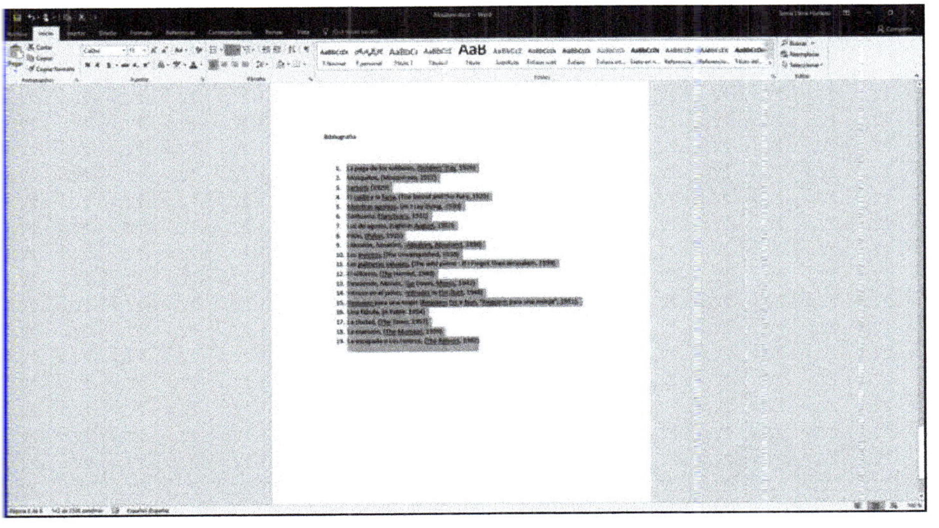

20. Se aplica así, directamente, una serie de números a la lista. Estos números tienen el color y formato de las viñetas que hemos aplicado anteriormente, formato y color que puede ser efectivamente modificado. Despliegue el comando *Numeración* y pase el ratón, sin hacer clic, sobre las opciones predefinidas de numeración.

21. Observe en la vista previa en directo el aspecto que tendría cada una y haga clic en la opción *Definir nuevo formato de número*.

22. Se abre el cuadro *Definir nuevo formato de número*, a través de cuyo botón *Fuente* puede modificar los atributos, tamaño y fuente de la numeración. Haga clic en el mencionado botón.

23. En el cuadro de diálogo *Fuente* asigne el estilo cursiva a los números y aplique además un color a los mismos; después, pulse el botón *Aceptar* en los dos cuadros para ver los resultados sobre su documento.

Bibliografía

1. La paga de los soldados, (Soldiers' Pay, 1926)
2. Mosquitos, (Mosquitoes, 1927)
3. Sartoris (1929)
4. El ruido y la furia, (The Sound and the Fury, 1929)
5. Mientras agonizo, (As I Lay Dying, 1930)
6. Santuario, (Sanctuary, 1931)
7. Luz de agosto, (Light in August, 1932)
8. Pilón, (Pylon, 1935)
9. ¡Absalón, Absalón!, (Absalom, Absalom!, 1936)
10. Los invictos, (The Unvanquished, 1938)
11. Las palmeras salvajes, (The wild palms - If I Forget Thee Jerusalem, 1939)
12. El villorrio, (The Hamlet, 1940)
13. Desciende, Moisés, (Go Down, Moses, 1942)
14. Intruso en el polvo, (Intruder in the Dust, 1948)
15. Requiem para una mujer (Requiem for a Nun, "Requiem para una monja", 1951).
16. Una fábula, (A Fable, 1954)
17. La ciudad, (The Town, 1957)
18. La mansión, (The Mansion, 1959)
19. La escapada o Los rateros, (The Reivers, 1962)

24. Para acabar, guarde los cambios en el documento con la combinación de teclas *Ctrl+G*.

PRÁCTICA

Consiga un documento de texto que contenga una lista de elementos y asigne a los elementos de esta lista una de las viñetas predeterminadas del programa. Después, pruebe a aplicar una imagen como viñeta, ya sea buscando por Internet o utilizando alguna imagen que tenga guardada en su equipo. Por último, cambie las viñetas por una lista numerada.

5.10 Insertar una portada

Una portada es la "primera plana de los libros impresos, en que figuran el título del libro, el nombre del autor y el lugar y año de la impresión". La herramienta Portada permite añadir una portada a cualquier documento de Word. La portada se crea como si se tratase de una nueva página y adopta el diseño que seleccionemos en la Galería de portadas que aparece al hacer clic sobre la herramienta en cuestión.

Una vez insertada la portada, al situar el puntero sobre cada uno de los campos de la misma, el programa nos informa de los datos que debemos añadir en ellos: su título, su autor, un resumen del mismo, la fecha de creación, etc.

1. En este ejercicio seguiremos editando y dando formato al documento con el que llevamos trabajando las últimas lecciones. En esta ocasión aprenderemos a insertar una portada. En primer lugar active la ficha *Insertar* haciendo clic en la pestaña del mismo nombre de la *Cinta de opciones*

2. En el grupo *Páginas* de la ficha *Insertar* se encuentra el comando *Portada*, que es la herramienta necesaria para insertar una nueva portada. Despliegue dicho comando.

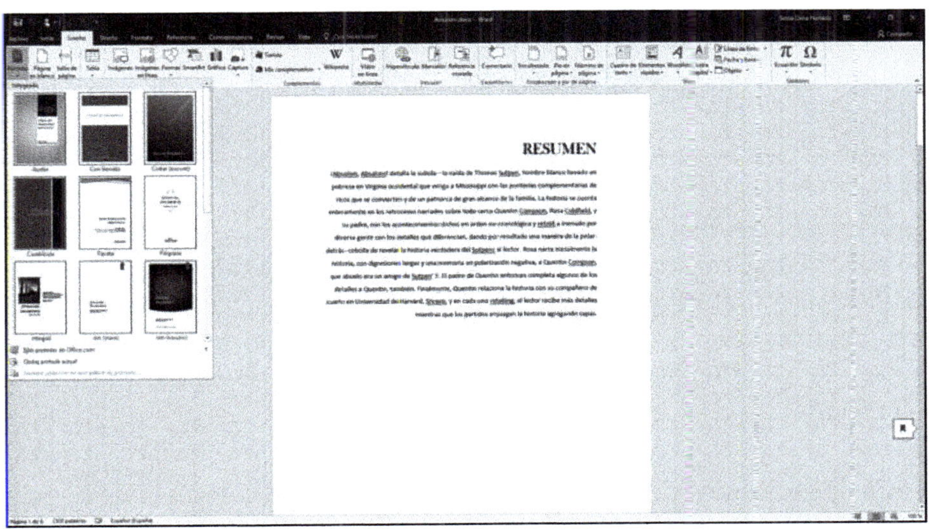

3. Se despliega así un panel con muchas de las opciones de diseño de portada disponibles en Word. Puede utilizar la *Barra de desplazamiento vertical* del

propio panel para desplazarse hacia abajo y visualizar todas las opciones. En esta ocasión, elegiremos un diseño de portada que no tenga ninguna imagen ya que en el siguiente ejercicio aprenderemos a insertar una imagen y así no tendrá que depender de las imágenes ya preestablecidas. Seleccione con un clic uno de los diseños disponibles.

4. Compruebe como, en el campo *Página* de la *Barra de estado*, se ha insertado una nueva página al inicio del documento y que en ella se ha insertado el diseño de portada que ha seleccionado. Haga clic en el campo destinado al título del documento y escriba, por ejemplo, *Literatura del siglo XX*.

5. Cada uno de los diseños de portada cuenta con unos campos predefinidos, entre los cuales siempre se encuentra uno destinado al título del documento. Complete del mismo modo y según sus preferencias el resto de los campos de la portada. Si hay alguno de los campos que no le interesa que se muestre, sencillamente selecciónelo y pulse la tecla *Suprimir* de su teclado para eliminarlo.

6. Ahora que los datos de la portada están introducidos correctamente, personalizaremos el diseño de esta portada modificando algunos colores. Haga clic sobre el diseño de la portada para seleccionar su contenido y vea que a la *Cinta de opciones* se ha añadido una nueva pestaña, *Herramientas de dibujo,* con una única subficha.

7. Pulse sobre la subficha *Formato* para ver su contenido.

8. Desde esta ficha se pueden insertar formas, modificar el estilo y los efectos de sombreado de los objetos, añadirles efectos tridimensionales, organizar los elementos e incluso cambiar su tamaño. Haga clic en el botón *Más* del grupo *Estilos de forma*, el tercero de los botones de flecha, y del panel de estilos, seleccione el que más le guste.

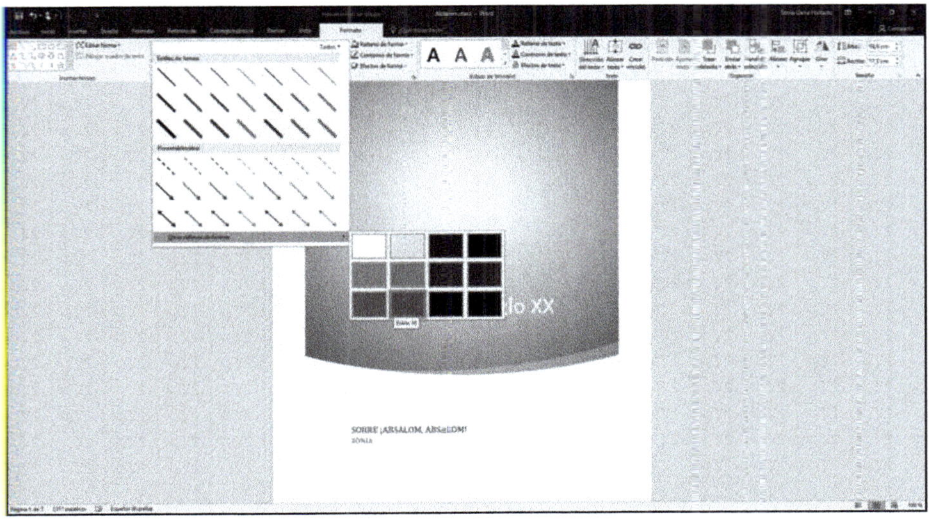

9. Con los estilos rápidos puede modificar cualquiera de los elementos de la portada, y también puede utilizar las herramientas *Relleno de forma* y *Contorno de forma* del grupo de herramientas *Estilos* para modificar los elementos de la portada. Además de modificar los elementos ya existentes, la ficha contextual *Herramientas de dibujo* permite insertar nuevas formas y elementos. Haga clic sobre la forma de estrella del grupo de herramientas *Insertar formas*.

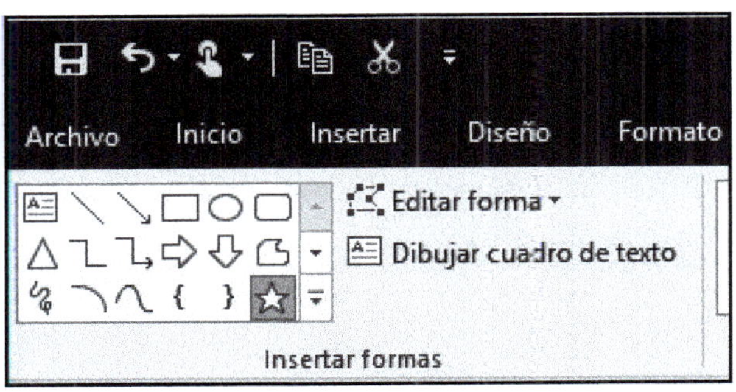

10. El puntero del ratón cambia y adquiere forma de cruz. Haga clic con el ratón en un punto del documento y, sin liberar el botón, arrastre y observe cómo se va creando la forma de estrella y su tamaño va cambiando. Sin soltar el botón del ratón, puede ir aumentando y reduciendo el tamaño. Suelte el botón del ratón cuando la forma tenga las dimensiones de su agrado.

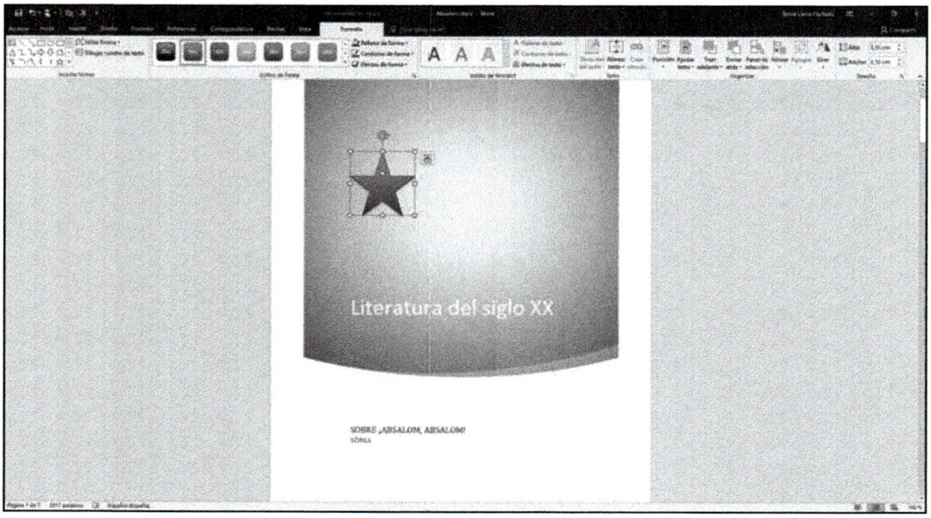

11. Con la estrella seleccionada, utilice las herramientas *Relleno de forma*, *Contorno de forma* y *Efectos de forma* que ya conoce para modificar el objeto y darle la apariencia que desee.

12. Por último guarde los cambios realizados utilizando cualquiera de los métodos de guardar que ya conoce.

PRÁCTICA

Inserte una portada en el documento con el que está trabajando eligiendo uno de los fabuloso diseños que propone Word 2016. Cambie alguna de las características de dicho diseño y guarde los cambios realizados en el documento.

5.11 Añadir una imagen

Microsoft Word permite insertar, adaptar y editar imágenes con el fin de mejorar nuestros documentos mediante la inserción o tratamiento de elementos ajenos (pero complementarios) al texto.

El usuario puede insertar imágenes (y vídeos) en línea sin necesidad de almacenarlas en su equipo. En este ejercicio le mostraremos diferentes formas de insertar una imagen en un documento de texto.

1. En primer lugar aprenderemos a insertar una imagen prediseñada. Colocaremos una imagen en el espacio en blanco que hay al final de la página de la cronología. Utilice las barras de desplazamiento verticales para situarse al final de esa página y coloque el cursor una fila debajo de la última.

2. Con el cursor en la posición adecuada haga clic sobre la pestaña *Insertar* en la *Cinta de opciones* y seleccione la herramienta *Imágenes en línea* del grupo de herramientas *Ilustraciones*.

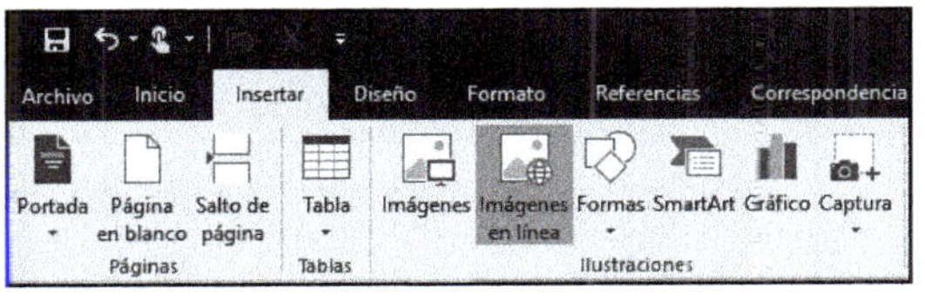

3. De este modo se abre la ventana Insertar imágenes, desde la cual usted decide el origen en línea dónde realizará la búsqueda: Bing como buscador de imágenes o su espacio de almacenamiento en la nube OneDrive. En este caso, escriba, por ejemplo, la palabra *aldea* en el campo de búsqueda de la primera opción y pulse *Retorno* para iniciar la búsqueda.

4. En pocos segundos aparecen los resultados referentes al término buscado. Estos resultados, por defecto, muestran fotografías, imágenes prediseñadas, dibujos con líneas e imágenes con transparencias. Tal y como se indica en la banda de color amarillo que aparece tras la búsqueda, ponga atención a las licencias y los derechos de autor que pueden tener muchas de las imágenes encontradas. En este caso, y con el fin de acotar la lista de resultados, despliegue el campo *Tipo* y, de las opciones que aparecen, haga clic en *Imágenes prediseñadas*.

5. Word restablece la lista de resultados para mostrar solo aquellos que coinciden con el filtro aplicado. Elija una de las imágenes disponibles y sitúe el puntero del ratón sin hacer clic sobre ella.

6. La imagen queda enmarcada por un marco de color gris en el cual puede consultar el tamaño original de la imagen y su origen. Haga clic ahora sobre la imagen y pulse sobre el botón *Insertar* para que se inserte en el documento.

7. La imagen se inserta en el documento pero se dará cuenta de que no exactamente en el lugar donde habíamos decidido hacerlo. (Vea, si lo desea, la imagen adicional *5.11-001*.) Lo que ha sucedido es que el tamaño de la imagen es demasiado grande para caber en el espacio disponible y ha saltado a la página siguiente. La solución será reducir el tamaño de la imagen. Para ello, y con la imagen aún seleccionada, sitúe el ratón en uno de sus vértices; cuando el cursor tenga el puntero en forma de dos flechas opuestas, haga clic y, sin soltar el botón del ratón, arrastre hacia el interior de la imagen hasta que el tamaño se reduzca levemente.

8. En cuanto reduzca la imagen un poco y suelte el ratón verá que esta salta automáticamente a la página anterior. (Vea si lo desea la imagen adicional *5.11-002*.) Si esto no ocurre, redúzcala un poco más. El icono que aparece a la derecha de la imagen al insertarla permite ubicar dicha imagen con respecto al texto que acompaña. Haga clic sobre dicho icono y, de entre las opciones que contiene la sección Con ajuste de texto, elija la denominada *Detrás de texto*, la segunda de la segunda línea. (Vea la imagen adicional *5.11-003*.)

9. Cuando haya hecho clic sobre la opción *Detrás de texto*, parecerá que en la imagen no ha sucedido nada, aunque puede fijarse en que al insertar la imagen el texto de la Bibliografía se había desplazado hacia abajo y ahora ha vuelto a su lugar. Además, con la opción *Detrás de texto* activada, usted puede arrastrar y mover la imagen y colocarla en cualquier punto de la página. Para ello sencillamente utilice la técnica de arrastre con la imagen seleccionada. Ahora que ya sabe cómo insertar y ajustar una imagen prediseñada, pasemos a insertar una imagen desde un archivo. Para esta parte del ejercicio puede usar una imagen que usted tenga en su equipo o bien utilizar el archivo *Imagenportada.jpeg* que podrá descargar de forma gratuita con el código de acceso proporcionado en la primera página del libro. Una vez disponga de ella, vuelva a utilizar las barras de desplazamiento para situarse ahora en la página de portada del documento y haga clic en el centro del documento.

10. A continuación, pulse el botón *Imágenes* del grupo de herramientas *Ilustraciones* de la ficha *Insertar*.

11. Se abrirá así el cuadro *Insertar imagen*, con la carpeta de imágenes abierta. Si su imagen se encuentra en esa carpeta selecciónela. Si no es así, mediante el explorador incluido en el cuadro, diríjase a la carpeta en la que se encuentra, selecciónela y pulse el botón *Insertar*.

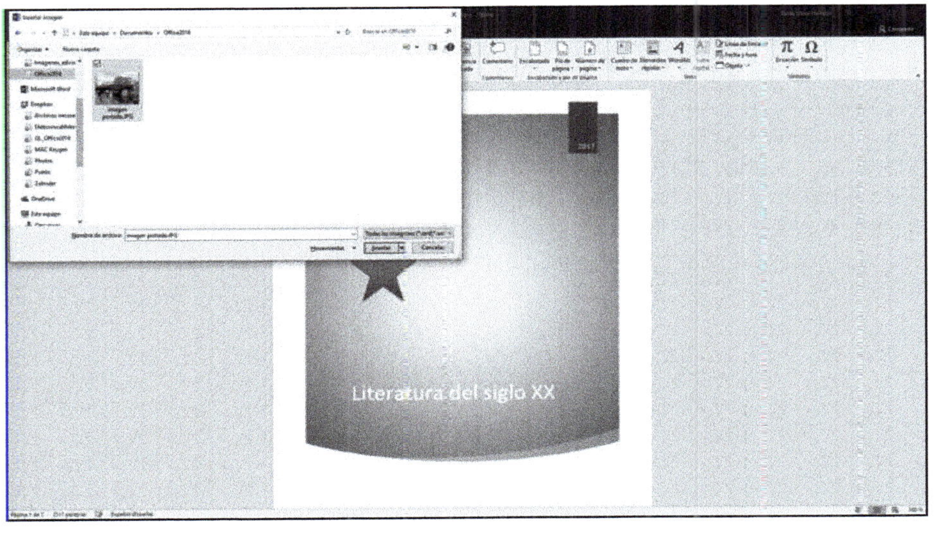

12. En esta ocasión ha ocurrido lo mismo que con la imagen prediseñada: la imagen insertada ha saltado a la página siguiente haciendo que el contenido de esta se desplazase hacia abajo. Coloque el ratón sobre la imagen, haga clic y, sin soltar el botón del ratón, arrástrela hasta la página de portada.

13. Ahora que ya tiene una portada completa, guarde los cambios con el botón *Guardar* de la *Barra de herramientas de acceso rápido.*

PRÁCTICA

Imagine que desea insertar una imagen en su documento en la que aparezca una playa o un atardecer. Inicie el proceso para llevar a cabo la inserción de la imagen, realice una búsqueda en Bing y, tras analizar el tamaño de la imagen seleccionada, insértela en el documento. Ajústela con el texto de la página. Después, inserte otra imagen, esta vez utilizando un archivo que tenga almacenado en su equipo.

5.12 Editar imágenes

Las herramientas de edición de imágenes de Word 2016 permiten insertar, recortar y agregar efectos especiales de imágenes sin la necesidad de usar otros programas de edición de fotografías.

El comando Quitar fondo permite eliminar partes de la imagen que no interesan. Al pulsar sobre este comando, la Cinta de opciones cambia para mostrar el contenido de una nueva pestaña, Eliminación del fondo, desde la cual es posible designar las partes de la imagen que hay que mantener o quitar, así como gestionar los cambios realizados.

1. En este ejercicio aprenderemos a editar una imagen en un documento Word mediante las herramientas que incluye esta versión del programa. Para empezar haga clic sobre la primera imagen que hemos insertado en el ejercicio anterior, es decir, la imagen de la aldea de la página de la cronología del archivo.

2. Cada vez que seleccione una imagen, aparecerá la ficha contextual *Herramientas de imagen*. Haga clic en la subficha *Formato* para activarla.

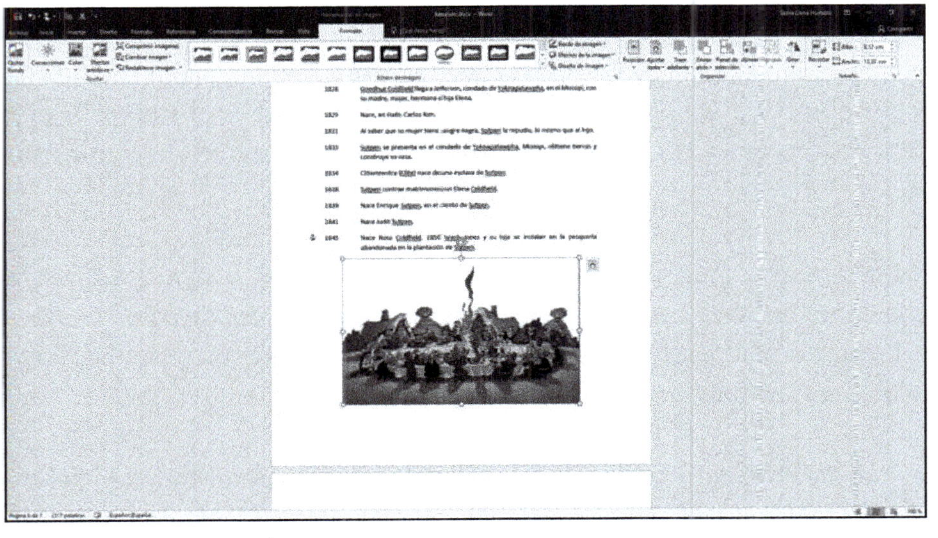

3. Haga clic en la herramienta *Correcciones* del grupo de herramientas *Ajustar*.

4. Se despliega así un panel de opciones desde el cual puede ajustar la nitidez de la imagen, así como el brillo y el contraste de la misma. La vista previa en directo le permitirá visualizar el resultado de cada una de las opciones antes de seleccionar la definitiva. Pase el ratón sobre las distintas opciones y seleccione una de ellas.

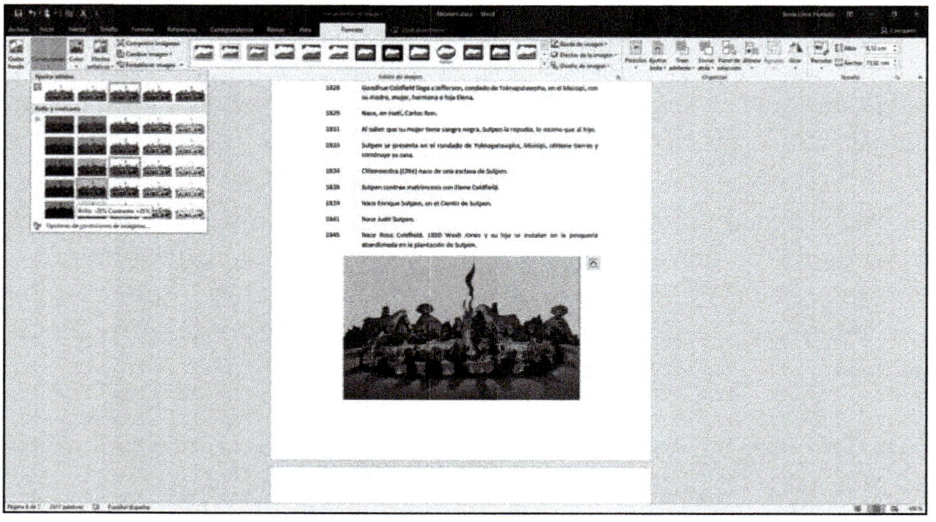

5. Verá que el aspecto de la imagen habrá cambiado y, dependiendo de la opción que haya elegido, se habrá oscurecido, aclarado o intensificado. A continuación, haga clic en el comando *Color* del grupo de herramientas *Ajustar*.

6. La herramienta *Color* contiene un panel, parecido al que hemos utilizado para ajustar el brillo y contraste, que ofrece varias opciones de color predefinidas. En esta ocasión, en vez de elegir una de las opciones disponibles, haga clic en *Opciones de color de imagen*.

7. Se abre así el panel *Formato de imagen*, donde se encuentran todas las categorías de edición de imagen disponibles en Word 2016. Este panel se abre por defecto con la categoría *Color de imagen* activada. Despliegue el campo *Volver a colorear* y fíjese en que las opciones disponibles son las mismas que ha visto en el comando *Color* de la subficha *Formato*.

8. Active ahora la primera de las categorías, denominada *Relleno y línea*, que muestra un cubo de pintura, despliegue el comando *Línea* y seleccione la opción *Línea sólida*.

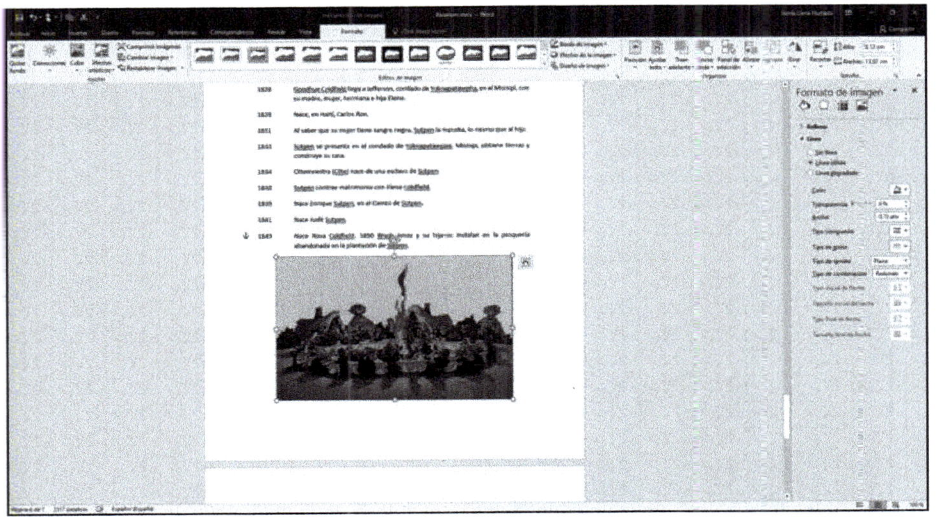

9. De esta forma añadiremos un marco o borde a la imagen. A continuación despliegue el comando *Color* y seleccione el color que usted desee para este borde haciendo clic sobre él.

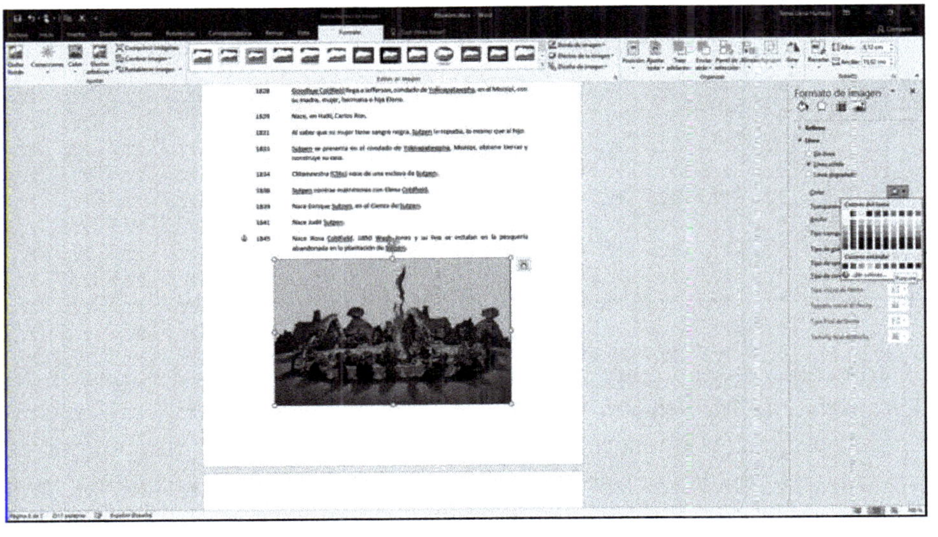

10. Deje el resto de opciones como se encuentran y pulse el botón *Cerrar* para salir del panel *Formato de imagen*.

11. Pulse fuera de la imagen para comprobar el cambio sobre la misma.

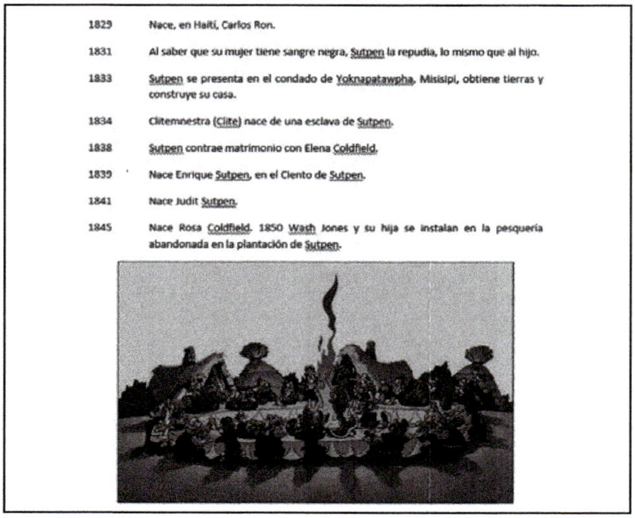

12. Ahora, veremos los estilos rápidos disponibles en el grupo de herramientas *Estilos de imagen*. Seleccione de nuevo la imagen y, en la pestaña Formato de la ficha contextual Herramientas de imagen, despliegue la galería de estilos rápidos.

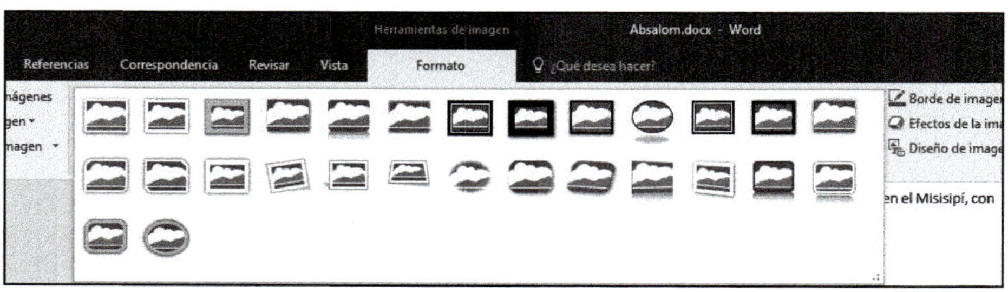

13. Cada estilo es una combinación predefinida de efectos de imagen diferentes que se aplican de un solo clic. Usted puede conseguir ese mismo estilo pero para hacerlo debería ir aplicando los efectos uno a uno y la tarea se alargaría bastante. Fíjese que los estilos rápidos también ofrecen una vista previa en directo. Merece la pena detenerse un momento en observar los

efectos, ya que son bastante diferentes entre ellos y el resultado puede variar enormemente de uno a otro. Vaya situando el puntero del ratón sobre algunas de las opciones para ver el resultado que tendrán. Cuando haya decidido cuál es el estilo que más le conviene en esta ocasión, haga clic en él para que se aplique sobre la imagen.

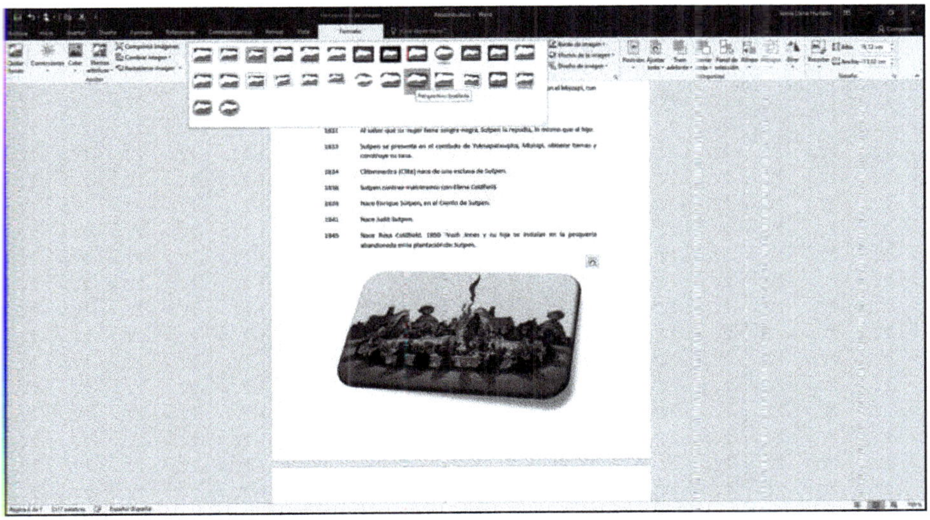

14. Dejaremos así esta imagen y pasaremos a editar la imagen de la portada. Utilice la *Barra de desplazamiento vertical* para llegar hasta la portada.

15. Haga clic sobre la imagen para seleccionarla y, en la ficha contextual *Herramientas de imagen*, active la subficha *Formato*.

16. Haga clic en el comando *Efectos artísticos* del grupo *Ajustar*.

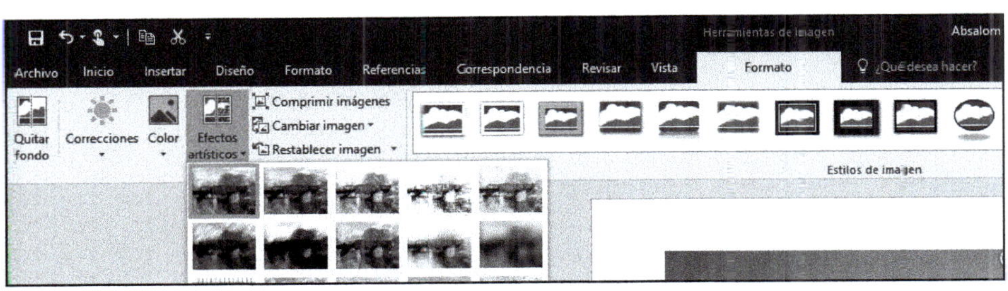

17. Se despliega así un nuevo panel con varias opciones de efectos artísticos disponibles. Cada uno de estos efectos simula algún estilo de dibujo manual haciendo que la imagen parezca haber sido elaborada a pincel, tiza, lápiz, pastel, etc. Seleccione la opción que más le convenza haciendo clic sobre ella.

18. Para finalizar guarde los cambios realizados haciendo clic en el botón *Guardar* de la *Barra de herramientas de acceso rápido.*

PRÁCTICA

Edite las imágenes insertadas en el ejercicio anterior; corrija por ejemplo el tono y la saturación de las mismas, aplique una sombra o un marco y asigne alguno de los maravillosos estilos rápidos que Word 2016 pone a su disposición. Además, consulte también los efectos artísticos disponibles y elija uno de ellos para dar un toque más espectacular a sus imágenes.

5.13 Insertar y ver vídeos en línea

Otra de las impresionantes características que ofrece Word es la función para insertar en sus documentos vídeos en línea y la capacidad de poder visualizarlos directamente en el documento. El comando Vídeo en línea abre una ventana en la cual el usuario elige el origen del vídeo que desee insertar. Dicho origen puede ser una búsqueda en el buscador Bing, YouTube o un código de programación si es que el vídeo en cuestión forma parte de un sitio web.

La ventana que muestra los resultados de la búsqueda ofrece como datos del material seleccionado el título del mismo, la duración y la fuente.

1. Seguimos trabajando sobre nuestro documento, en el cual insertaremos en este caso un vídeo. Para empezar debemos situar el cursor de edición en el punto en que queremos insertar el vídeo. En este caso, haga clic al final de la bibliografía y pulse la tecla *Retorno*.

2. A continuación, haga clic en la pestaña *Insertar* de la *Cinta de opciones* y, en el grupo de herramientas *Multimedia*, pulse en el comando *Vídeo en línea*.

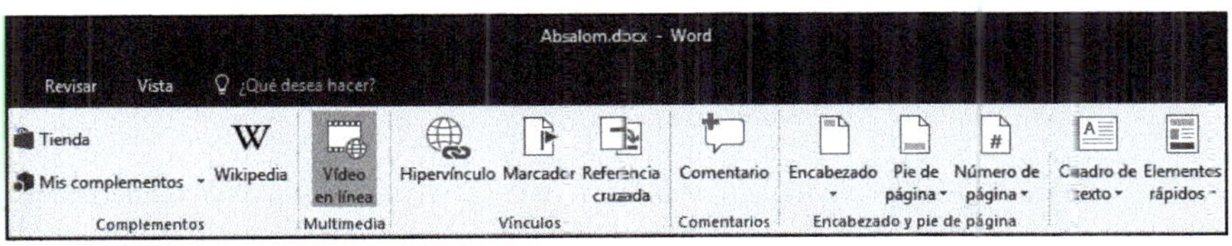

3. Se abre la ventana *Insertar vídeo*, desde la cual usted decide el origen en línea dónde realizará la búsqueda: Bing como buscador de vídeos, YouTube o un código de programación. En este caso, escriba, por ejemplo, el nombre *Hemingway* en el primer campo de búsqueda y pulse *Retorno*.

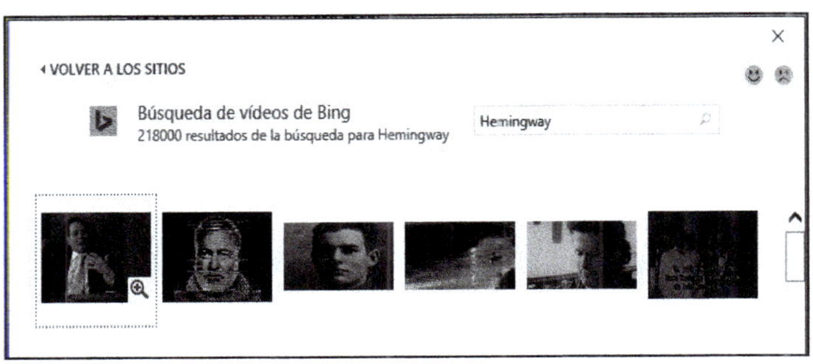

4. En pocos segundos aparece el resultado referente al término buscado. Elija con un clic el vídeo que más le guste y pulse el botón *Insertar*.

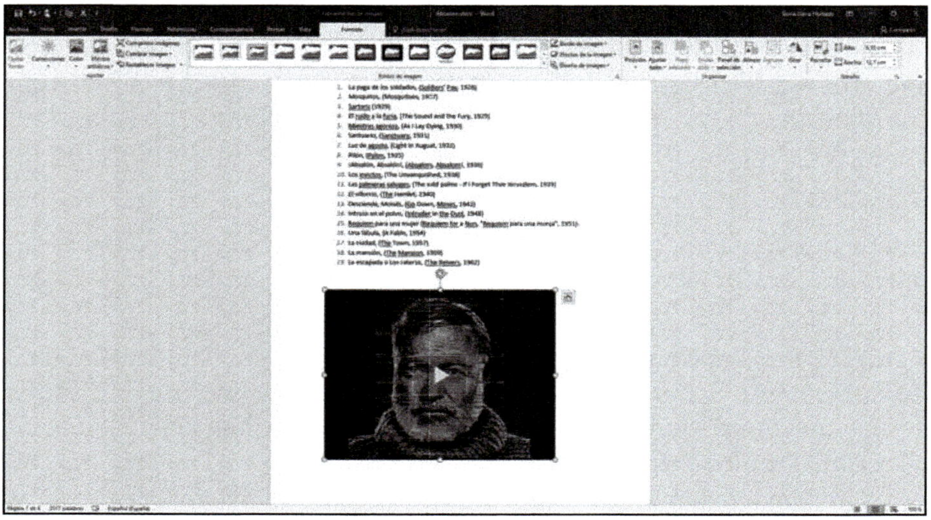

5. Como si fuera una imagen, el vídeo se inserta en el punto en que se encuentra el cursor de edición. Vea que también puede modificar su tamaño y aplicarle efectos y estilos, como si fuera una fotografía. Sin embargo, el aspecto más importante es la inclusión de un control de reproducción sobre el mismo vídeo. Esto es lo que va a permitir a cualquier usuario visualizar este material desde el mismo programa. Haga clic sobre dicho control de reproducción y, en la ventana que se abre, repita esta acción para dar inicio a la visualización.

6. El vídeo se reproduce. Desde la ventana del reproductor puede gestionar el volumen e incluso cambiar al modo de pantalla completa. Una vez finalizada la visualización, sencillamente haga clic fuera del reproductor para volver a la página del documento.

7. Si una vez insertado el vídeo desea cambiarlo de sitio, haga clic sobre él y, sin soltar el botón del ratón, arrástrelo hasta el punto de la página que le interese. Le instamos a que reorganice los elementos de su documento, cambiándolos de posición y de tamaño y utilizando la función de alineación del programa.

8. Termine este ejercicio guardando los cambios mediante la combinación de teclas *Ctrl* + *G*.

PRÁCTICA

En una de las páginas de su documento, inserte un vídeo tras realizar una búsqueda en la web de una palabra clave que le interese, si puede ser relacionada con su documento. Una vez insertado el vídeo en el documento, reprodúzcalo y cámbielo de posición.

5.14 Usar WordArt

WordArt es una herramienta destinada a insertar texto decorativo con el objetivo de mejorar el aspecto de sus documentos. Gracias a WordArt la creación de un título llamativo y original es más sencillo; el usuario puede girarlo, alargarlo, sombrearlo, etc.

El estilo de WordArt elegido puede no ser el definitivo, puesto que puede cambiarse posteriormente desde el grupo de herramientas Estilos de WordArt.

1. En este ejercicio aprenderemos a insertar un título para este documento con la herramienta de diseño WordArt. Para ello, eliminaremos el título actual del documento e insertaremos uno nuevo. Para empezar sitúese en la portada del documento, seleccione este elemento y pulse la tecla *Suprimir*.

2. El título se ha eliminado, dejando un espacio vacío donde en este momento se sitúa al cursor. Haga clic en la pestaña *Insertar* para activar la ficha del mismo nombre.

3. En la ficha *Insertar*, haga clic sobre el botón *WordArt* del grupo de herramientas *Texto*.

4. Se despliega el panel donde puede elegir entre los distintos diseños de WordArt. Fíjese bien en todos ellos y seleccione el que más le guste haciendo clic sobre él.

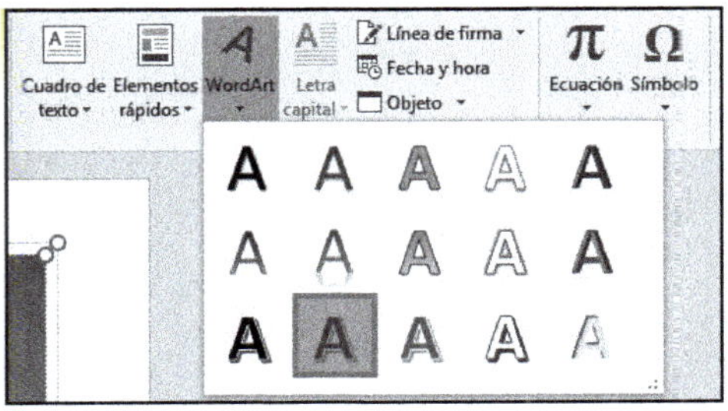

5. Una vez haya seleccionado la opción de WordArt deseada, se inserta un cuadro de texto en el documento. Es probable que este cuadro se haya insertado en la parte superior de la página o en algún lugar que no sea en el que usted quiere colocar el título. En ese caso debe situar el ratón en uno de los bordes del cuadro, cuando el puntero adquiera forma de cuatro flechas opuestas, haga clic sobre él y sin soltar el botón arrástrelo hasta la posición adecuada.

6. Al insertarse el espacio para el nuevo texto, se carga en la *Cinta de opciones* la ficha contextual *Herramientas de dibujo*. Desde esta ficha es posible estable-

cer las propiedades del texto WordArt. Haga clic en el cuadro de texto, borre el contenido y escriba el título para el documento: *Literatura del siglo XX*.

7. El título se inserta según el formato que hemos establecido. Ahora vamos a aplicar un efecto al texto. Para ello, seleccione el texto, no el cuadro de texto, y, en el grupo de herramientas *Estilos de WordArt* de la ficha *Formato*, despliegue el comando *Efectos de texto*.

8. Se despliega un panel con varias opciones. Haga clic sobre la opción *Transformar* y, de las distintas formas que aparecen disponibles, seleccione la que más le guste. (Utilice la vista previa en directo para asegurase de que elige una opción que permita que se vea todo el texto.)

9. Seguidamente rellenaremos el texto con un color sólido, aunque sepa que puede utilizar como relleno un degradado e incluso una imagen o una

textura. Despliegue el comando *Relleno de texto*, en el grupo de herramientas *Estilos de WordArt*, y elija uno de los colores de la paleta.

10. También podemos cambiar el contorno del texto, tanto su color como su grosor. Para ello, despliegue el comando *Contorno de texto*, pulse sobre la opción *Grosor* y elija de la lista un valor mayor que el actual.

11. Cuando dé por acabado el proceso de edición de WordArt, deseleccione el cuadro de texto para comprobar el resultado final y guarde los cambios realizados.

PRÁCTICA

Aplique sobre el título del documento un estilo WordArt. Modifique dicho estilo cambiando su color, su grosor, transformando su forma y aplicando algún que otro efecto de texto.

5.15 Insertar letras capitulares

Las letras capitulares o capitales son letras mayúsculas de gran tamaño situadas al inicio de un párrafo. La herramienta Letra capital cumple la función de crear y dar formato a la primera letra de cualquier párrafo, que puede servir para empezar de manera destacada un documento, un capítulo, o simplemente, para agregar interés a un texto.

1. En este ejercicio aprenderemos a crear y editar una letra capital. Aplicaremos esta letra capital en el inicio del primer párrafo del capítulo primero. Para empezar, debemos ubicar el cursor al principio del párrafo en el que queremos aplicar la letra capital. En este caso, coloque el cursor delante de la palabra *Desde*.

2. A continuación active la ficha *Insertar* haciendo clic sobre la pestaña del mismo nombre y despliegue el comando *Letra capital* del grupo de herramientas *Texto*.

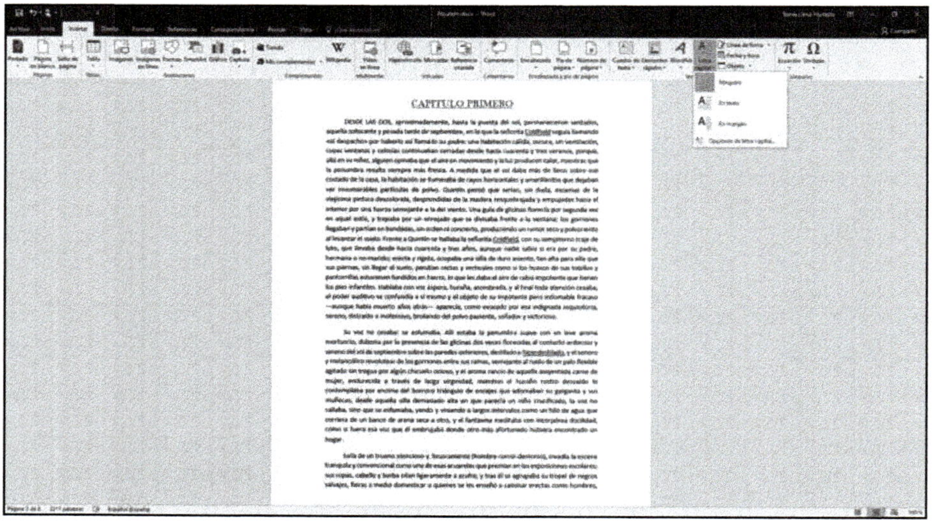

3. Se despliegan tres opciones de inserción de este elemento, cada una ilustrada con una imagen explicativa. Sitúe el puntero del ratón sobre cada una de las opciones para ver el resultado en la vista previa en directo y finalmente seleccione la opción *En texto*.

4. La primera letra del párrafo en que se encontraba el cursor ha aumentado de tamaño y, aunque sigue integrada en el cuerpo del párrafo al que pertenece, ahora se encuentra seleccionada como un objeto independiente. Haga clic con el botón derecho del ratón en el margen de la letra y pulse sobre la opción *Letra capital*.

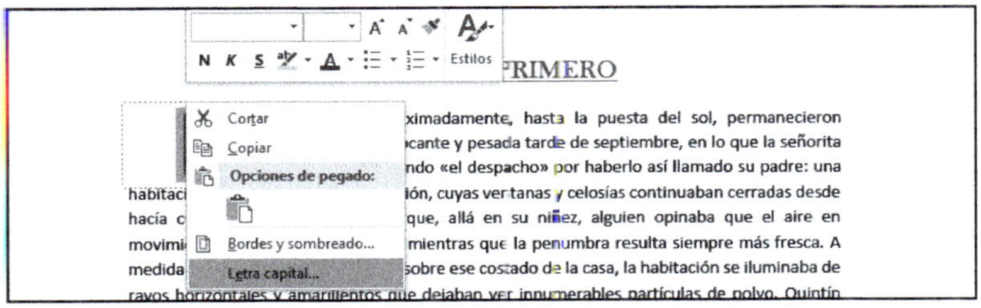

5. Se abre así el cuadro *Letra capital*, desde el que se pueden modificar la posición de la letra capital respecto al texto, la fuente, las líneas que ocupa y las distancia desde el texto. Despliegue el campo *Fuente* y seleccione un tipo de letra, como Harlow Solid Italic, Castelar u Old English Text MT. (Le proponemos estos tipos de letra porque son bastante diferentes en aspecto a la letra Calibri, con la que está escrito el resto del texto, y así se podrá percibir más y mejor la diferencia.)

6. El campo *Líneas que ocupa* definirá las líneas de texto que debe ocupar la letra capital en altura. Cuantas más líneas ocupa mayor será el tamaño de la letra capital. En este campo, introduzca el valor *2* para hacer que la letra capital sea un poco más pequeña.

7. El campo *Distancia desde el texto* define la distancia que habrá entre la letra capital y el texto que le precede. Cuanto mayor sea este número más espacio en blanco habrá entre la letra capital y el texto siguiente. En este campo, introduzca el valor *0,2 cm* y pulse el botón *Aceptar* para cerrar el cuadro *Letra capital* y aplicar los cambios seleccionados sobre la letra capital.

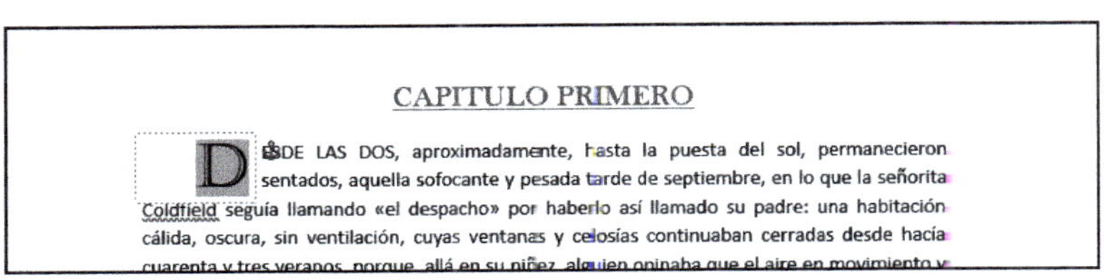

8. Verá que el aspecto del párrafo ha cambiado según los criterios establecidos. Sepa que la letra capital funciona como un texto al que se le pueden aplicar los distintos efectos del comando *Efectos de texto*. Con la letra capital seleccionada, active la ficha *Inicio* haciendo clic sobre la pestaña del mismo nombre y despliegue el mencionado comando.

9. Hasta ahora hemos utilizado en varias ocasiones estas herramientas, de modo que puede aplicarle a la letra capitular los efectos de sombra, reflexión, esquema o iluminado que desee o bien aplicarle alguno de los estilos predefinidos.

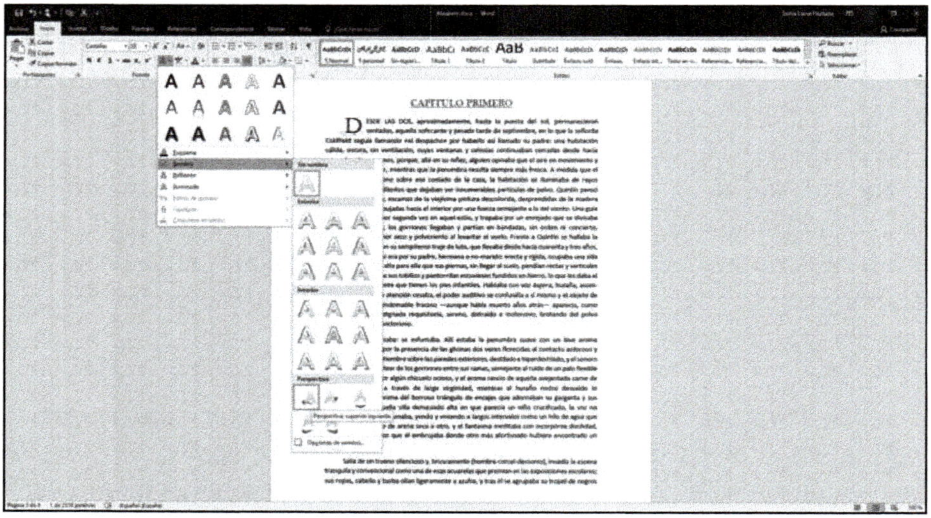

10. Antes de acabar con este ejercicio, aplicaremos a la letra capital un sencillo borde decorativo. Haga clic con el botón derecho del ratón en el borde de dicho elemento y, en el menú contextual que aparece, pulse sobre la opción *Bordes y sombreado*.

11. Se abre así el cuadro *Bordes y sombreado*, con el que ya hemos trabajado en alguna otra ocasión. En el apartado *Valor*, seleccione la opción *Cuadro*.

12. Despliegue ahora el campo *Color*, seleccione la muestra de color que más le guste y, manteniendo el resto de opciones tal y como se muestran, pulse el botón *Aceptar* para aplicar el borde a la letra capital.

13. Haga clic delante del título del texto para deseleccionar la letra capital y poder comprobar su aspecto. Para acabar guarde los cambios realizados con la combinación de letras Ctrl+G.

CAPITULO PRIMERO

DESDE LAS DOS, aproximadamente, hasta la puesta del sol, permanecieron sentados, aquella sofocante y pesada tarde de septiembre, en lo que la señorita Coldfield seguía llamando «el despacho» por haberlo así llamado su padre: una habitación cálida, oscura, sin ventilación, cuyas ventanas y celosías continuaban cerradas desde hacía cuarenta y tres veranos, porque, allá en su niñez, alguien opinaba que el aire en movimiento y la luz producen calor, mientras que la penumbra resulta siempre más fresca. A medida que el sol daba más de lleno sobre ese costado de la casa, la habitación se iluminaba de rayos

PRÁCTICA

En uno de los párrafos de su texto, convierta la primera letra en una letra capital o capitular. Una vez modificada, cambie alguna de sus características de formato.

5.16 Insertar números de página

La numeración de páginas consiste en identificar cada una de las páginas de un documento con un número. Estos números irán siempre en orden y eso hará que sea fácil localizar una página concreta o crear un índice que nos indique en qué página se encuentra un contenido concreto. Los números de página se pueden insertar en la parte superior, en la parte inferior o en los márgenes de un documento.

El número de página se puede insertar en la parte inferior o superior de la página o bien en los márgenes de la misma. Para editar el formato de la numeración es necesario activar los espacios de Encabezado y Pie de página. La información que se incluye en los encabezados y pies de página es independiente del cuerpo del documento, por lo que para modificarla hay que hacer doble clic sobre ella para que aparezca la ficha de herramientas contextual correspondiente a este elemento.

1. En este ejercicio numeraremos las páginas de nuestro documento a partir de la página del resumen. Para empezar, active la ficha *Insertar* de la *Cinta de opciones* pulsando sobre su pestaña.

2. Haga clic en el comando *Número de página* del grupo de herramientas *Encabezado y pie de página* para desplegar todas las opciones disponibles.

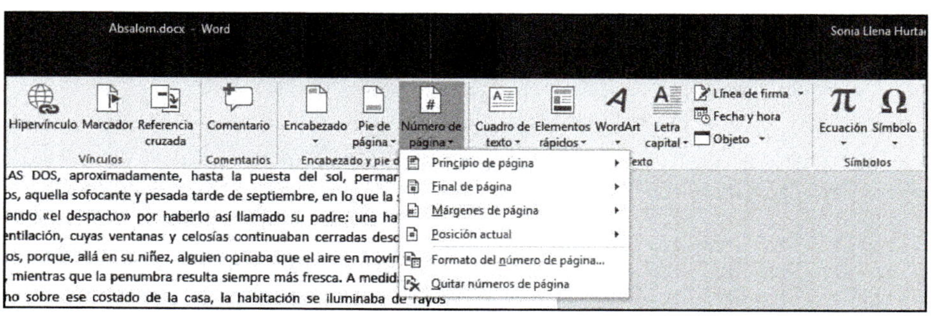

3. Se despliegan así las distintas opciones de colocación de los números de página. Estas opciones tienen que ver con la posición en la que se colocarán los números, es decir, en la parte superior o inferior de la página o en los márgenes de la misma. En esta ocasión haga clic sobre la opción *Final de página*.

4. Esta opción contiene un panel con distintos estilos de diseño de numeración inferior. Utilice la *Barra de desplazamiento vertical* del panel para visualizar todas las opciones y seleccione la primera de la categoría *Con formas,* denominada *Cinta*.

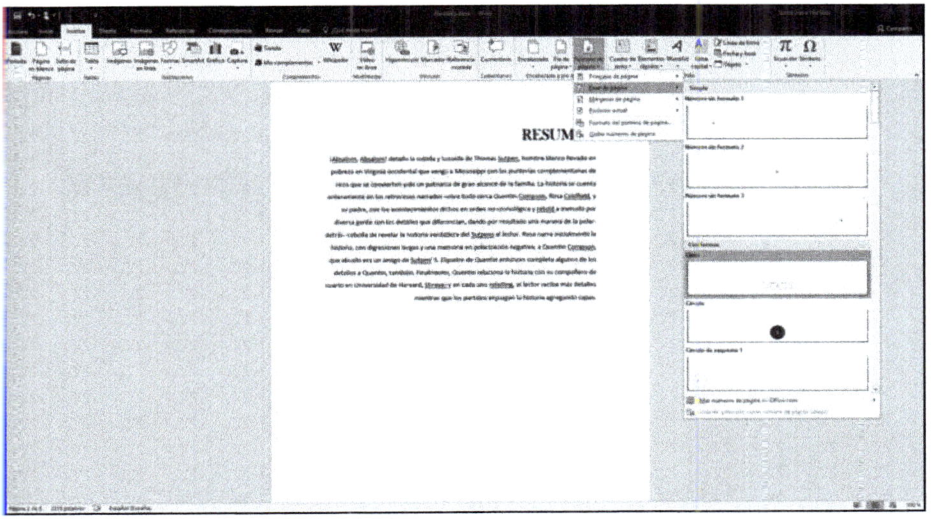

5. Se ha insertado un número en cada una de las páginas del documento comenzando desde la página del resumen. (Vea la imagen adicional *5.16-001*.) Word identifica la primera página, que hemos insertado a través de la herramienta Portada, como portada y por tanto a esta no se le aplica la numeración. Junto con el número de pie de página se han activado la ficha contextual *Herramientas para encabezado y pie de página* y los espacios de página correspondientes al encabezado y el pie de la página. Sitúese en la página 1 y haga clic sobre el número de página.

6. Al seleccionar el elemento, junto con la ficha *Herramientas para encabezado y pie de página*, se ha activado la subficha *Diseño*, que incluye las herramientas necesarias para modificar el diseño de estas secciones del documento. Si lo que deseamos es cambiar el formato de, en este caso, el pie de página, debemos dirigirnos al menú contextual del elemento. Para ello, haga clic con el botón derecho del ratón sobre el número de página y despliegue el comando *Estilos*.

7. Del panel de estilos predefinidos que se despliega, seleccione el que más le guste haciendo clic sobre él. (Vea la imagen adicional *5.16-002*.)

8. Fíjese en que el estilo seleccionado se ha aplicado sobre los cuadros de texto de los número de todas las páginas. Seguidamente le aplicaremos un efecto de iluminación. Haga clic de nuevo con el botón derecho del ratón sobre el número de página y elija esta vez el comando *Formato de forma.*

9. Se abre así el panel *Formato de forma* con el que ya hemos trabajado en ejercicios anteriores. Pulse sobre la categoría *Efectos*, pulse sobre el comando *Iluminación* y elija, del campo *Preestablecidos*, el efecto que desee.

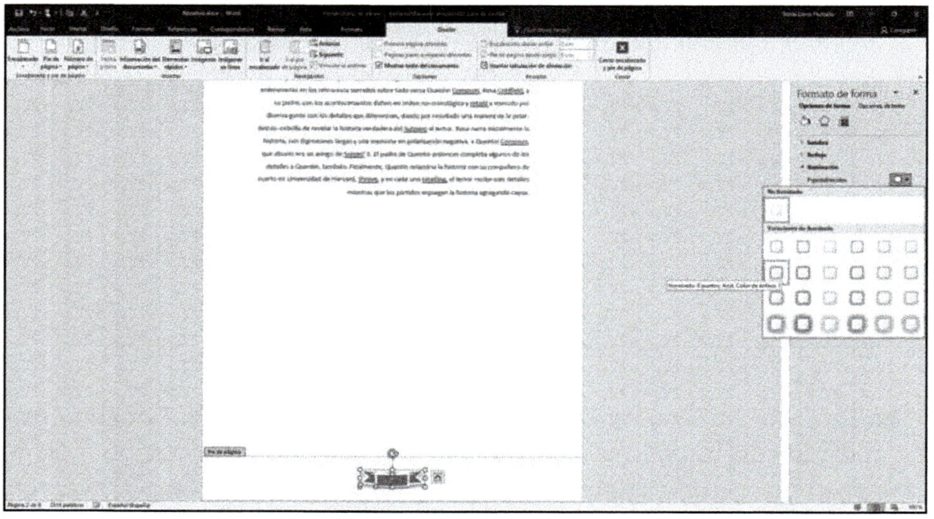

10. Una vez modificado el diseño del cuadro de texto, veremos cómo cambiar el formato del número de página. Haga clic en la pestaña *Diseño* de la ficha contextual *Herramientas para encabezado y pie de página.*

11. Pulse sobre el comando *Número de página* del grupo de herramientas *Encabezado de pie de página* y haga clic en *Formato del número de página.*

12. Se abre así el cuadro de diálogo *Formato de los números de página*, desde el cual podemos cambiar el formato del número e incluir el número de capítulo. Desde este cuadro también podríamos cambiar el inicio de la numeración de páginas y hacer que la numeración comenzase por ejemplo desde la portada dándole a esta el número 1. Despliegue la categoría *Formato de número* y de las opciones que se despliegan elija, por ejemplo, la segunda.

13. A continuación pulse el botón *Aceptar* para cerrar el cuadro *Formato de números de página* y vea los cambios que se han aplicado sobre los números de cada página.

14. El comando *Cerrar encabezado y pie de página* desactiva las zonas de encabezado y pie de página, cierra sus fichas contextuales y activa el espacio de redacción del centro de la página. Para dar por concluido este ejercicio, pulse sobre el mencionado comando y guarde el documento pulsando sobre el botón *Guardar*.

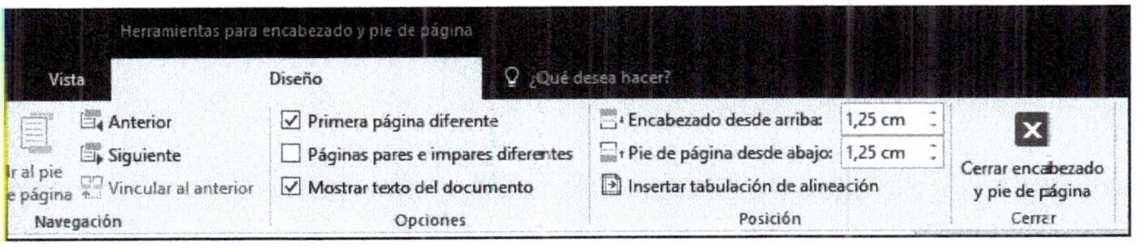

PRÁCTICA

Sobre un documento que tenga múltiples páginas, agregue a cada una de ellas excepto en la portada un número de página en la parte inferior derecha de las mismas. Cambie el formato tanto de la forma como de los números.

5.17 Aplicar bordes y sombreados

Los bordes y sombreados son elementos de diseño que se le pueden aplicar a un documento o a una parte del mismo. El comando Bordes y sombreado abre el cuadro de diálogo del mismo nombre, desde el cual es posible aplicar color de relleno a un elemento concreto, encuadrar la página con un borde, encuadrar partes o elementos determinados de una página, insertar un filete de división horizontal, etc.

1. En este ejercicio aplicaremos bordes y sombreados a distintas partes del documento. Los bordes pueden ser completos y bordear un elemento por los cuatro costados, o tratarse de una sola línea de borde. Para empezar aplicaremos un borde a la cronología de la página 5 haciendo que su apariencia sea más ordenada y definida. En primer lugar, debe seleccionar el texto al que quiere aplicarle el borde. Use la tecla *Mayúsculas* para seleccionar todo el texto dejando el título fuera, desde la cifra *1985* hasta la palabra *Sutpen* en la última fila.

2. Con el texto seleccionado active la ficha *Inicio* haciendo clic sobre la pestaña del mismo nombre y despliegue el comando *Bordes*, en el grupo de herramientas *Párrafo*.

3. Verá que se despliega una serie de opciones con los distintos bordes que podemos aplicar. Para empezar, seleccione la opción *Borde superior* haciendo clic sobre ella.

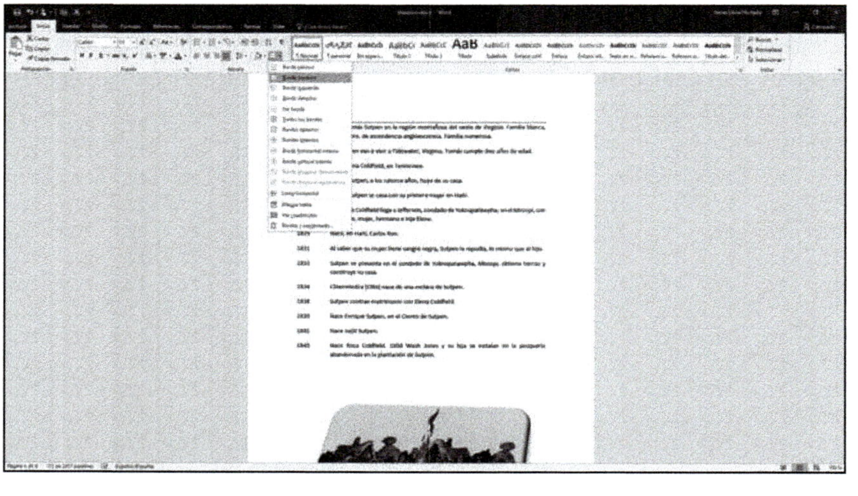

4. Observe que se ha insertado un borde en la parte superior de la selección, un borde en forma de línea negra. Con el texto aún seleccionado, vaya seleccionando de una en una las opciones *Borde inferior*, *Borde izquierdo* y *Borde derecho*.

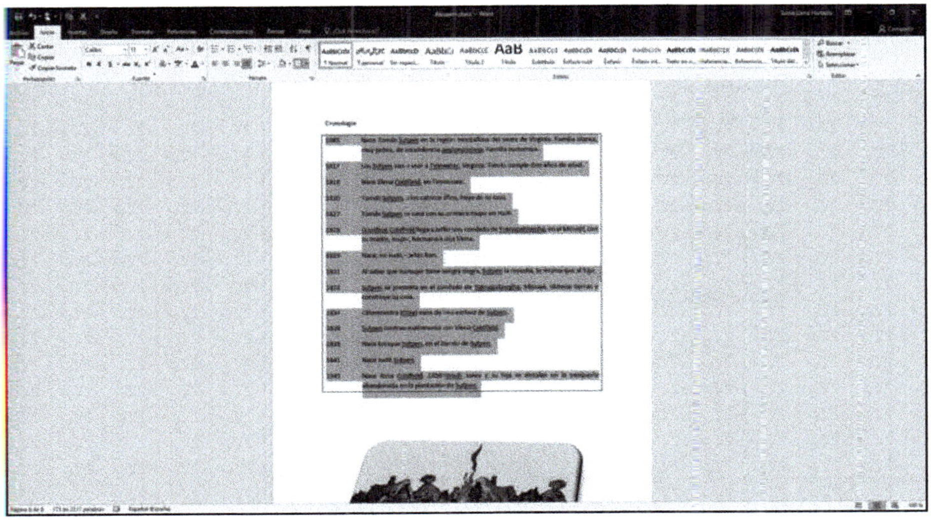

5. Cuando haya seleccionado y aplicado cada una de ellas, se dará cuenta de que su texto está rodeado de un borde completo en forma de cuadro. Despliegue de nuevo el comando *Bordes* y observe que, además de estar las cuatro opciones que usted ha seleccionado activadas, también lo está la opción *Bordes externos*, ya que los cuatro bordes equivalen a los bordes externos. A continuación, haga clic sobre la opción *Bordes y sombreado*.

6. Se abre así el cuadro *Bordes y sombreado* con la opción *Cuadro* seleccionada, ya que es este el tipo de borde que tenemos aplicado en este momento. La categoría *Estilo* definirá el tipo de línea que se aplicará para crear el borde. Utilice la *Barra de desplazamiento vertical* para ver todas las opciones disponibles y seleccione una de ellas.

7. En cuanto seleccione una de ellas, se aplicará sobre la vista previa para que pueda hacerse una idea del aspecto que tendrá su cuadro. A continuación despliegue la paleta de colores disponibles haciendo clic sobre el comando *Color* y seleccione uno de los colores.

8. El comando *Ancho* permite modificar el grosor de la línea de borde. Ahora, haga clic sobre la opción *Sombra* en la lista de opciones de la columna izquierda de este cuadro para activarla.

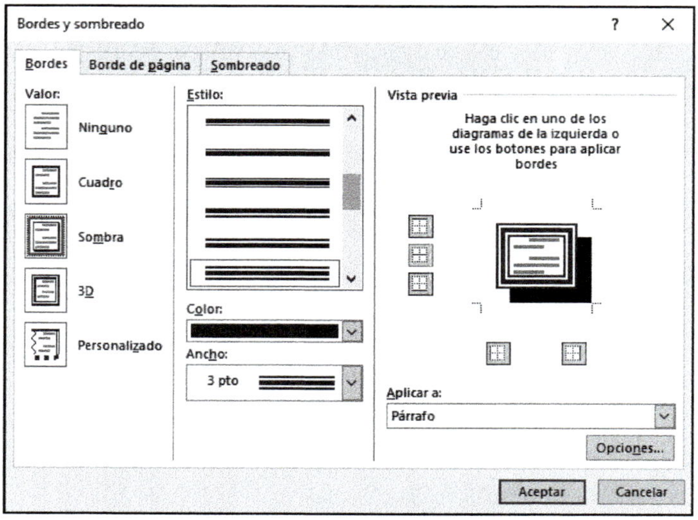

9. Esta opción hace que al borde se le aplique una sombra que le da profundidad. Pulse el botón Aceptar para aplicar los cambios y haga clic sobre algún punto del texto para desactivar la selección y poder así observar mejor los resultados.

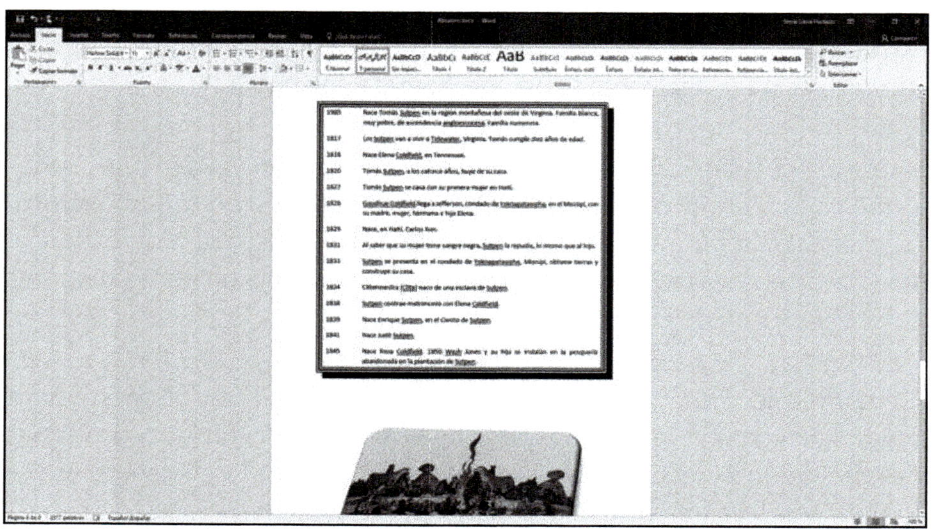

10. Ahora que ya sabe cómo aplicar un borde a una selección de texto, veremos cómo se le aplica un borde a toda una página. En esta ocasión trabajaremos con la página de la bibliografía, es decir, la página 6. Para que un borde de página se aplique a una sola página, es necesario establecer esa página como sección independiente, ya que si no el borde se aplicará a todo el documento. Sitúe el cursor al inicio de la página 6, es decir, justo antes de la palabra *Bibliografía*.

11. Con el cursor en la posición adecuada, active la ficha *Formato* haciendo clic sobre la pestaña del mismo nombre y, en el grupo de herramientas *Configurar página*, pulse el comando *Saltos*.

12. Se despliegan así todas las opciones de saltos disponibles. Como nos interesa que la sección empiece en el lugar preciso en el que se encuentra el cursor, haga clic sobre la opción *Continua* de la categoría *Saltos de sección*.

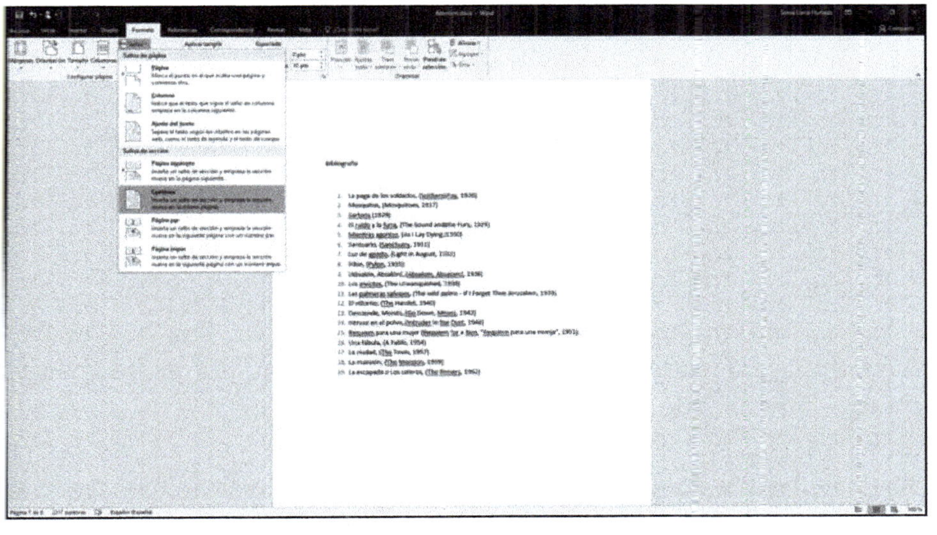

13. Aparentemente no ha pasado nada, pero cuando vayamos a aplicar un borde a la página nos daremos cuenta de que esta página funciona ahora como sección independiente. Vuelva a activar la ficha *Inicio*, despliegue el comando *Borde* en el grupo de herramientas *Párrafo* y seleccione la opción *Bordes y sombreados* para acceder al cuadro del mismo nombre.

14. En el cuadro *Bordes y sombreados* active la ficha *Borde de página,* donde encontrará las distintas opciones relacionadas con los bordes que se aplican sobre la página entera.

15. También es posible acceder a la ficha *Borde de página* del cuadro *Bordes y sombreados* usando la herramienta *Bordes de página,* incluida en el grupo de herramientas *Fondo de página* de la ficha *Diseño de página* de la *Cinta de opciones.* Despliegue las opciones de la categoría *Arte* y utilice la *barra de desplazamiento vertical* para ver todas las opciones de bordes disponibles.

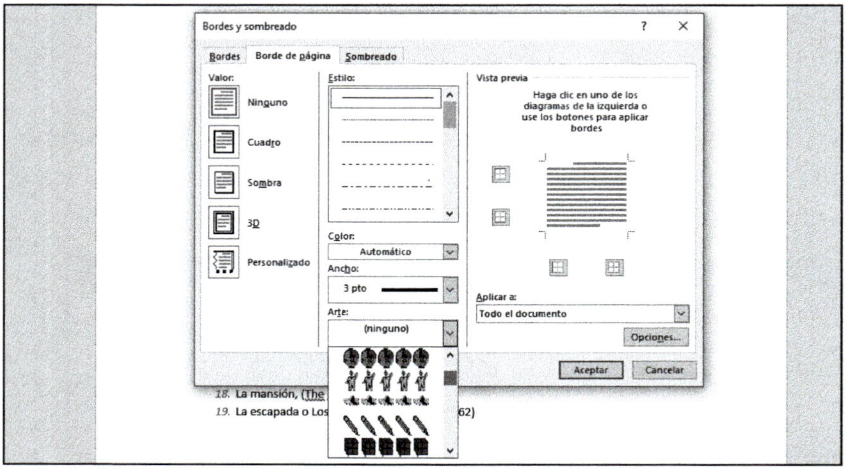

16. Seleccione con un clic el borde que más le guste.

17. A continuación tendrá que indicar en qué páginas quiere que se aplique dicho borde. Para ello, despliegue la categoría *Aplicar a.*

18. Se despliegan varias opciones. Puesto que nos interesa aplicar el borde únicamente a la última página, que ya ha convertido en sección independiente, seleccione la opción *Esta sección* y haga clic sobre el botón *Aceptar* para aplicarlo.

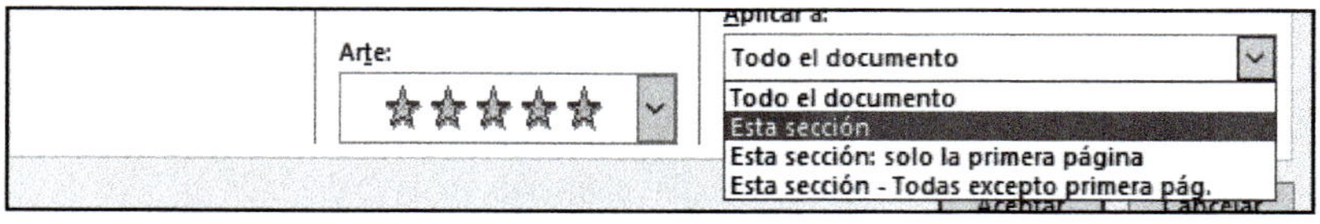

19. Observe el resultado y guarde los cambios utilizando la combinación de teclas Ctrl+G.

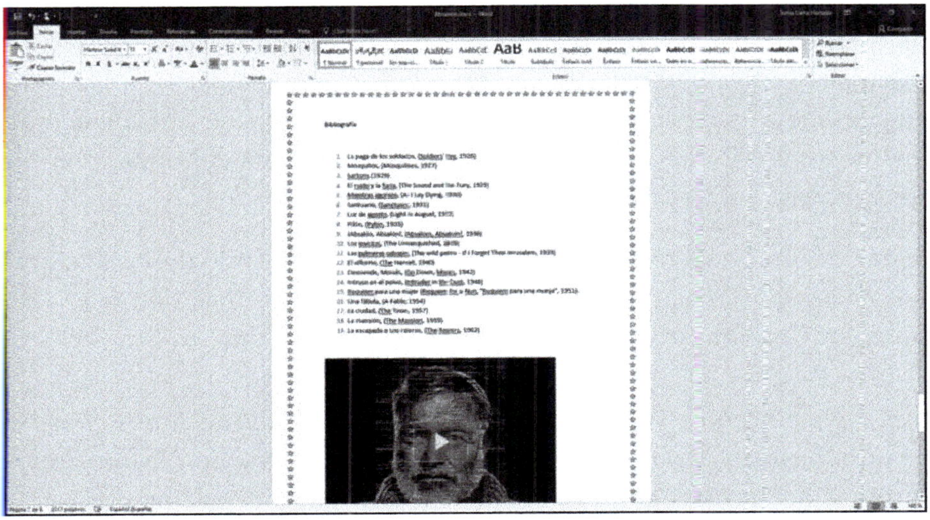

PRÁCTICA

Trabaje sobre la página de un documento, seleccione un fragmento de texto y aplíquele un borde de color rojo con una línea discontinua. Seguidamente, elija una página entera, conviértala en sección independiente y aplíquele un borde a toda la página, un borde con alguno de los diseños artísticos incluidos en Word 2016.

5.18 Crear y añadir columnas

Las columnas son, en impresos o manuscritos, cada una de las partes en que se dividen las planas por medio de un corondel o línea que las separa de arriba abajo. Las columnas son un tipo de formato que suele aplicarse a documentos de tipo periodístico, a folletos, a boletines, etc. Los textos que habitualmente escribimos en Word cuentan con una sola columna, pero es posible aplicarles formato de dos, tres o más columnas.

Para crear columnas es necesario situar el cursor allí donde desea que empiece este tipo de formato y utilizar el comando Columnas del grupo de herramientas Configurar página de la ficha Formato.

1. Para llevar a cabo este ejercicio seguiremos trabajando sobre el mismo documento, y nos centraremos en la parte del resumen. Con las opciones de columnas de Word podemos hacer que este texto se divida en dos o tres columnas. Para empezar haga clic antes de la primera palabra del párrafo y con la tecla *Mayúsculas* pulsada, haga clic al final del párrafo haciendo así que todo el párrafo quede seleccionado.

2. Con el texto seleccionado, active la ficha *Formato* y haga clic sobre el comando *Columnas* del grupo de herramientas *Configurar página*.

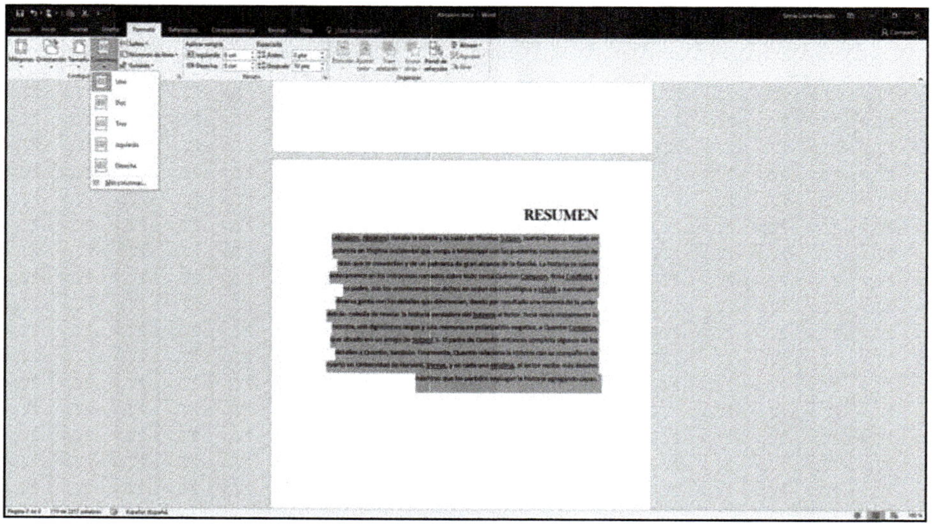

3. Se despliega así un panel que muestra las distintas opciones de columnas. Word ofrece varias configuraciones de columnas predeterminadas, con la cantidad de columnas y el tamaño de las mismas definido, permitiendo crear párrafos de hasta once columnas. De momento, aplicaremos un formato de dos columnas, por lo que haga clic sobre la opción *Dos*.

4. Verá que el texto seleccionado se ha dividido automáticamente en dos columnas, tal y como hemos indicado. De forma predeterminada Word aplica una anchura y un espacio entre columnas concreto. A continuación modificaremos estos valores para adaptarlos a nuestras necesidades. Despliegue nuevamente el comando *Columnas* y haga clic sobre la opción *Más columnas*.

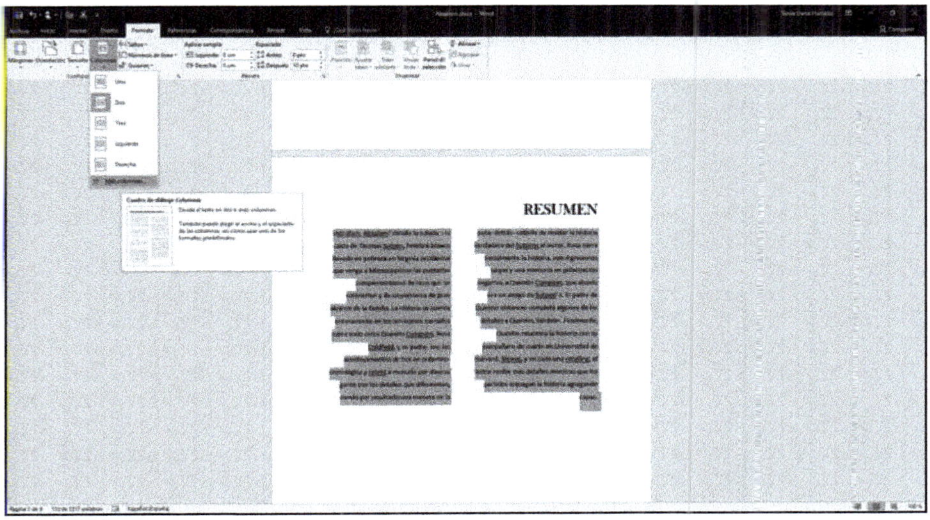

5. Se abre así el cuadro *Columnas*, a través del cual se pueden configurar las distintas opciones relacionadas con las columnas. Como puede ver, está seleccionada la opción 2 y el ancho de columna es el definido por Word. Haga clic en el campo *Ancho* e introduzca el valor *6,5 cm*.

6. Al cambiar el ancho de la columna, se modifica el valor del espacio. El espacio es el hueco vertical que hay entre las dos columnas y el ancho de las columnas determinarán el tamaño del espacio, o viceversa. Como ve, si el ancho de columna es de 6,5 cm el espacio entre ella será de 2 cm. Es posible aplicar una línea que defina las dos columnas y colocarla en el espacio del centro. Para ello, active la casilla de verificación *Línea entre columnas*.

7. En la vista previa puede ir visualizando el aspecto que tendrán sus columnas. Ahora haga clic sobre el botón *Aceptar* para confirmar y aplicar los cambios.

8. Observe que se ha colocado una línea vertical en medio de las dos columnas y que estas son ahora más estrechas. El cuadro *Columnas* nos permite configurar cualquier opción relativa a las columnas. Ahora, con el texto de las dos columnas seleccionado, vuelva a abrir el cuadro columnas desde la opción *Más columnas* del comando *Columnas*.

9. Esta vez, haremos que el texto se divida en tres columnas y que cada una de ellas tenga una anchura diferente. Haga clic sobre la opción *Tres* de la categoría *Preestablecidas*.

10. El tamaño predeterminado para una columna en una página con tres columnas es de 4,17 cm. Para modificar el ancho de las columnas y hacer que cada una tenga un valor diferente desactive la opción *Columnas de igual ancho*.

11. Al desactivar esta opción se activan los cuadros en los que podemos introducir los valores de las distintas columnas. En la primera columna, introduzca el valor *3,8 cm*.

12. Habrá podido observar que al modificar uno de los valores de ancho de columna, las otras columnas se modifican automáticamente. Esto responde a la limitación del ancho de página que debe respetar el texto de Word. El ancho de las tres columnas no puede salir de los márgenes laterales y por tanto si aumentamos el tamaño de una columna, alguna otra tendrá que reducir su tamaño. Ahora reduzca el tamaño de la tercera columna también a 3,8 centímetros y deje que la columna central se adapte y adquiera el tamaño necesario. En este caso será de 4,37 cm.

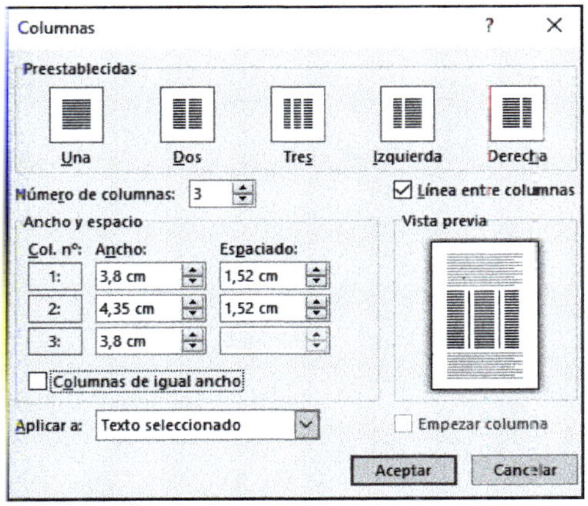

13. A continuación desactive la opción *Línea entre columnas* y pulse sobre el botón *Aceptar*.

14. Haga clic sobre cualquier punto de la página para desactivar la selección y observar los resultados.

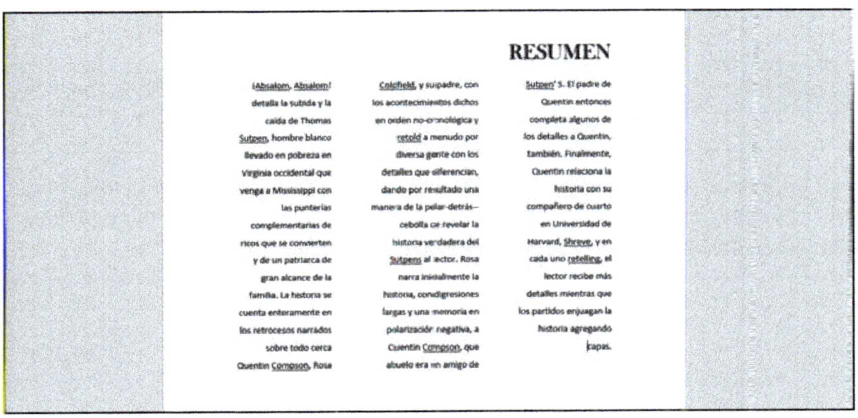

15. El texto ahora está dividido en tres columnas, con una columna central más ancha que las dos laterales. Ahora haga clic en el icono *Deshacer* de la *Barra de herramientas de acceso rápido* para volver al texto de dos columnas.

16. Para ver cómo se comporta un texto dividido en columnas coloque el cursor al inicio de la primera línea del párrafo y pulse una vez la tecla *Retorno*.

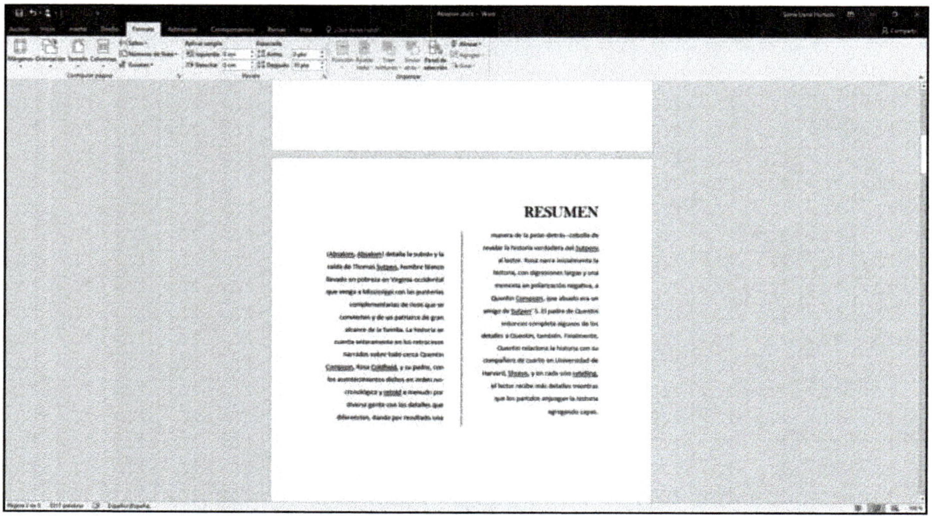

17. Verá que todo el texto se desplaza una línea hacia abajo y que la última línea de la primera columna se desplaza a la columna siguiente. Para acabar guarde los cambios realizados en este ejercicio.

PRÁCTICA

Seleccione un fragmento de texto largo y colóquelo en dos columnas. Después, sitúe una línea divisoria entre las dos columnas. Pase el texto a tres columnas, elimine la línea divisoria y cambie el ancho entre columnas de forma independiente.

5.19 Insertar un título

El comando Insertar Título, incluido en el grupo de herramientas Títulos de la ficha Referencias, permite agregar un título a una imagen, a una tabla o a una ecuación. Como ya sabe, un título es un breve texto que aparece debajo o encima de un elemento para describirlo brevemente o simplemente para numerarlo.

1. En este ejercicio aprenderemos a agregar títulos de forma automática y de forma manual. Word ofrece la posibilidad de añadir un título de forma automática cada vez que insertemos un nuevo objeto. Para que esto ocurra, es necesario especificar al programa cuándo debe insertar un título y cómo debe ser. Para empezar, active la ficha *Referencias* haciendo clic sobre la pestaña del mismo nombre en la *Cinta de opciones*.

2. Haga clic sobre el comando *Insertar título* del grupo de herramientas *Títulos*.

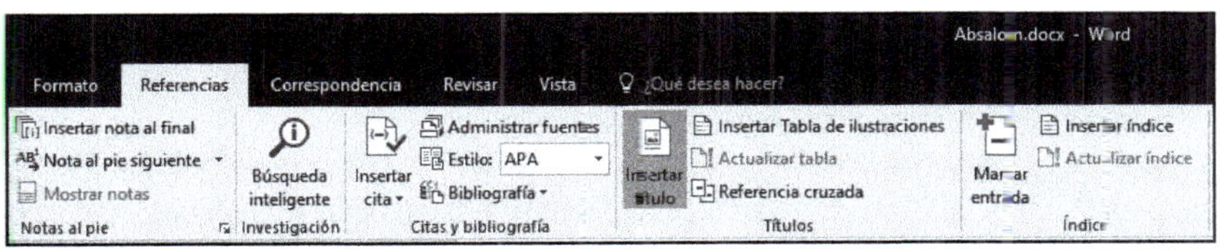

3. Se abre así el cuadro de diálogo *Título*, en el que podemos especificar las características que tendrán los títulos que insertaremos manualmente y definir qué elementos recibirán títulos de manera automática. En este cuadro, pulse sobre el botón *Autotítulo*.

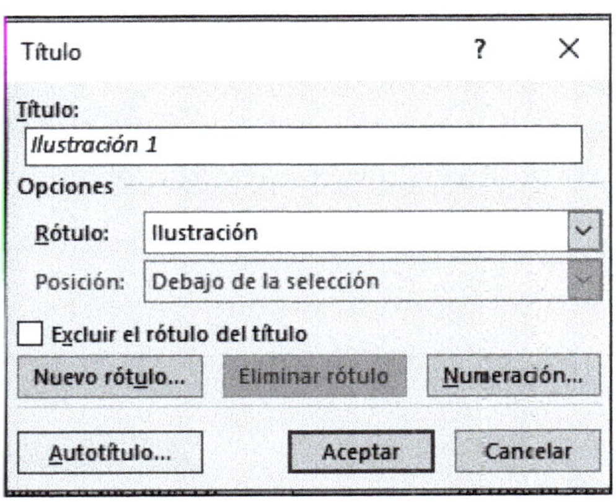

4. El cuadro *Autotítulo* que se acaba de abrir, contiene una lista de todos los elementos que se pueden insertar en un documento de Word. Marque la casilla de verificación de la opción *Microsoft PowerPoint Slide* para indicar que al insertar una diapositiva de PowerPoint a modo de objeto, este reciba automáticamente el título que le corresponde.

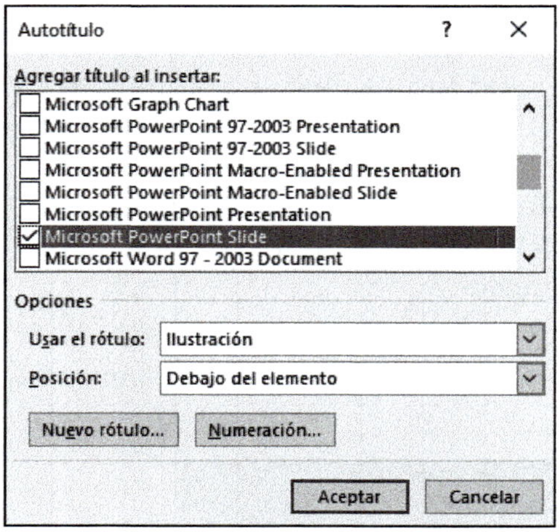

5. Despliegue el campo *Usar el rótulo* para ver los títulos que Word ofrece como predeterminados.

6. Verá que las opciones son *Ecuación, Ilustración* y *Tabla*. Puede ocurrir que ninguna de estas opciones le resulte adecuada y que necesite un nuevo título. Para crearlo, haga clic sobre el botón *Nuevo rótulo*.

7. Se abre así el cuadro de diálogo *Nuevo rótulo*, en cuyo cuadro de texto puede usted escribir el título que quiera que se le aplique a las nuevas diapositivas que inserte. Escriba por ejemplo el título *Literatura* y pulse el botón *Aceptar*.

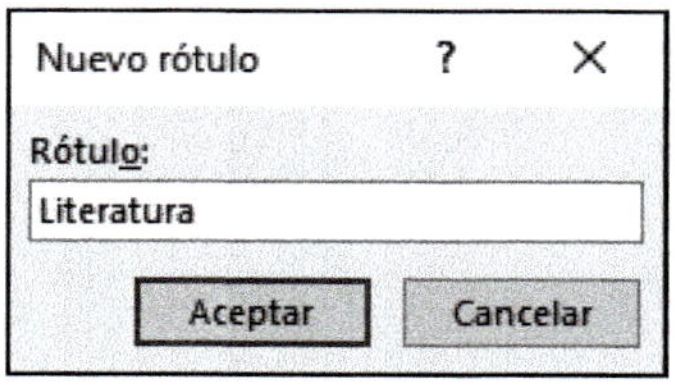

8. El nuevo rótulo se añade a los títulos predefinidos del campo *Usar el rótulo*. A continuación despliegue el campo *Posición*, seleccione la opción *Encima del elemento* y haga clic sobre el botón *Aceptar*.

9. Comprobemos ahora qué ocurre cuando insertamos una nueva diapositiva de PowerPoint en nuestro documento de texto de Word. Para ello, en primer lugar insertaremos una nueva página en blanco al final del documento. Sitúese en la última página, active la ficha *Insertar* y haga clic sobre el botón *Página en blanco*.

10. Como podrá observar esta página tendrá el mismo formato que la página anterior, es decir, contará con el borde de página que hemos aplicado a la página de la bibliografía. Ahora, despliegue el comando *Objeto*, en el grupo de herramientas *Texto*, y seleccione la opción *Objeto*.

11. En el cuadro objeto puede seleccionar el tipo de objeto que desea insertar en su documento. Como hemos seleccionado un autotítulo para las diapositivas de PowerPoint, haga clic sobre la opción Microsoft PowerPoint Slide para seleccionarla, asegúrese de que la opción *Mostrar como icono* esté desactivada y pulse sobre el botón *Aceptar*.

12. Se inserta así una nueva diapositiva de PowerPoint en blanco con el título *Literatura 1* encima de la misma. (Vea la imagen adicional *5.19-001*.) Esta

diapositiva está en blanco y ahora deberíamos completarla, pero considerando que en el siguiente aparatado nos dedicaremos a conocer PowerPoint en profundidad, de momento, haga clic fuera de la misma para eliminar su selección.

13. El título *Literatura 1* seguirá estando en nuestra página. Sepa que el título insertado como autotítulo es perfectamente editable. Es decir, usted puede seleccionarlo y modificar su formato, fuente y aspecto igual que si se tratase de cualquier texto normal. Pero en esta ocasión borraremos también el título. Selecciónelo y pulse la tecla *Retroceso* para eliminarlo.

14. A continuación, agregaremos un título a una de las imágenes que contiene el documento. Sitúese en la página 5, en la que hemos insertado la imagen de la aldea, selecciónela haciendo clic sobre ella y pulse el botón *Insertar título* de la ficha *Referencias*.

15. Se abre así de nuevo el cuadro *Título*. Pulse sobre el botón *Nuevo rótulo* para añadir un nuevo título, escriba el término *Aldea* y pulse el botón *Aceptar*.

16. Asegúrese de que tiene la opción *Encima de la selección* activa y vuelva a pulsar *Aceptar* en el cuadro *Título* para ver cómo se inserta el título sobre la imagen.

17. Para acabar haga más pequeño el cuadro de texto del título haciendo clic sobre uno de los vértices y arrastrándolo hasta el tamaño adecuado para que no ocupe parte de la imagen y ya puede guardar los cambios con las teclas *Ctrl+G*.

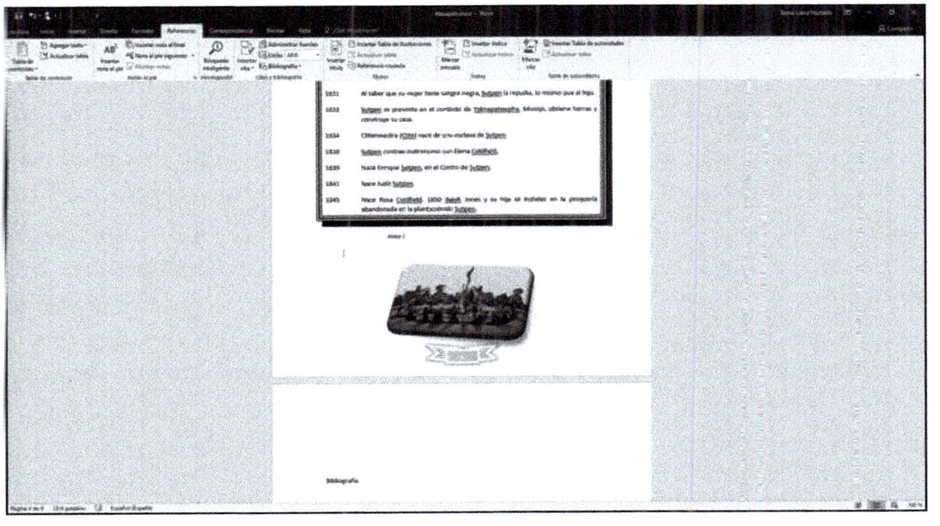

PRÁCTICA

Agregue un título a su documento para alguno de los objetos disponibles en Word 2016. Después, seleccione una imagen y agregue también un título sobre este elemento.

5.20 Añadir capturas de pantalla

Word 2016 incorpora entre sus comandos para la inserción y edición de imágenes uno destinado a insertar capturas de pantalla. Una captura es una instantánea de aquello que se visualiza en la pantalla del ordenador. Esta instantánea se puede guardar con formato de imagen y ser insertada en un documento.

1. El comando *Captura de pantalla* permite realizar capturas de dos maneras distintas. La primera de ellas consiste en aprovechar cualquier ventana que tenga abierta en su equipo para que sea Word quien la defina y la guarde como imagen; la segunda consiste en recortar manualmente una parte del pantallazo que nos interese. Veamos cómo llevar a cabo las dos acciones. Antes de empezar abra alguna imagen que tenga almacenada en su equipo con el visualizador Fotos de Windows o con el visor de imágenes de que disponga. O en su defecto puede abrir una página de Internet con alguna imagen. Cuando lo haya hecho vuelva a activar la ventana de Word 2016.

2. Sitúese en la última página del documento, la que hemos insertado en el ejercicio de Autotítulo y que ahora se encuentra vacía. Active la pestaña *Insertar*, pulse sobre el comando *Captura de pantalla* del grupo de herramientas *Ilustraciones* y haga clic sobre el único comando disponible, *Recorte de pantalla*.

3. En estos momentos, la ventana de Word se ha minimizado, al tiempo que el cursor muestra una cruz y la pantalla muestra un color difuminado. Esto indica que se encuentra en el área de recorte. Para que Word capture una pantalla es necesario que se asegure de que la ventana en cuestión esté maximizada. De otro modo, la aplicación no contemplará ninguna de las ventanas minimizadas. ¿Qué hacemos ahora? Trazar con el puntero del ratón mediante la técnica de arrastre el área que deseamos obtener como recorte. Hágalo y, cuando suelte el botón del ratón, compruebe lo que ocurre.

4. Verá que la ventana que usted ha seleccionado se acaba de insertar en forma de imagen en la página del documento de texto. (Vea la imagen adicional *5.20-001*.) Esta imagen puede ser editada y modificada como si se tratase de una imagen que hemos insertado desde un archivo. De hecho, observe también que se ha activado la ficha contextual *Herramientas de imagen*. Si le parece que al llevar a cabo el recorte de pantalla no ha acabado de quedar del todo preciso y le gustaría que la imagen estuviese más encuadrada, puede utilizar la herramienta *Recortar* del grupo *Tamaño* para acabar de darle la medida necesaria. Como cualquier otra imagen, la captura insertada también puede manipularse mediante todos los comandos de edición del programa. A modo de ejemplo, despliegue el comando *Efectos artísticos* del grupo de herramientas *Ajustar* y elija el efecto que quiera aplicar.

5. Sepa que otra opción para insertar una captura de pantalla es mediante la tecla *ImpPant*. Esta tecla hará de forma automática una captura de todo lo que haya en pantalla en el momento de la pulsación, es decir, no permite seleccionar ni recortar nada. Si a usted le intresea capturar una ventana concreta, esta ventana deberá esta en primer plano. Una vez hecha la captura, puede volver al documento de Word y pegarla utilizando la combinación de teclas *Ctrl+V*.

6. Para acabar guarde los cambios realizados en este ejercicio haciendo clic sobre el icono *Guardar* de la *Barra de herramientas de acceso rápido*.

PRÁCTICA

Mediante el comando oportuno de Word 2016, realice una captura de pantalla de alguna imagen abierta previamente en un visor de imágenes y insértela en una de las páginas en blanco de su documento. Compruebe que es posible manipular esta imagen como si se tratara de cualquier otro archivo de imagen insertado.

5.21 Insertar símbolos

En alguna ocasión le puede resultar necesario introducir algún símbolo que no aparece en nuestro teclado. Entre estos símbolos se encuentran por ejemplo los correspondientes al alfabeto griego, cirílico, árabe o hebreo, así como otro tipo de símbolos como puede ser el de copyright u otros caracteres especiales como matemáticos.

Puede insertar símbolos y caracteres mediante el cuadro de diálogo Símbolo o las teclas de método abreviado. También puede utilizar Autocorrección para reemplazar automáticamente el texto que escribe por símbolos. Desde el cuadro de diálogo Símbolos, existe la posibilidad de asociar una tecla a un símbolo específico a través del botón Teclas. También debe saber que el Código de carácter se utiliza básicamente para identificar a los caracteres, con el fin de facilitar la búsqueda de los mismos.

1. Para empezar sitúese en la última página, justo después de la captura de pantalla que hemos insertado, y active la ficha *Insertar* de la *Cinta de opciones*.

2. En el grupo de herramientas *Símbolos* encontrará el comando *Símbolo*. Haga clic sobre él para desplegar el panel de símbolos.

3. En el panel de símbolos aparecen veinticinco símbolos que suelen ser los utilizados más recientemente. Si es la primera vez que utiliza esta opción, en

este panel aparecerán algunos símbolos predefinidos por el sistema. Ahora haga clic en la opción *Más símbolos* para acceder al cuadro donde podremos encontrar todos los símbolos disponibles.

4. Se abre el cuadro *Símbolo* con la ficha *Símbolos* activada. En esta ficha encontrará la categoría *Fuente* donde puede seleccionar distintos tipos de fuente y la categoría *Subconjunto*, donde encontrará la clasificación de los símbolos pertenecientes a la fuente que tenga seleccionada. Los tipos de símbolos y caracteres que se pueden insertar dependen de las fuentes disponibles. Por ejemplo, algunas fuentes incluyen fracciones (¼), caracteres internacionales (Ç, ë) y símbolos monetarios internacionales (£, ¥). La fuente integrada Symbol incluye flechas, viñetas y símbolos científicos. También puede tener fuentes de símbolos adicionales, como Wingdings, que incluye símbolos decorativos. Para elegir la fuente despliegue el campo *Fuente* y, utilizando la *Barra de desplazamiento vertical* para encontrarla, seleccione por ejemplo la fuente *Arial*.

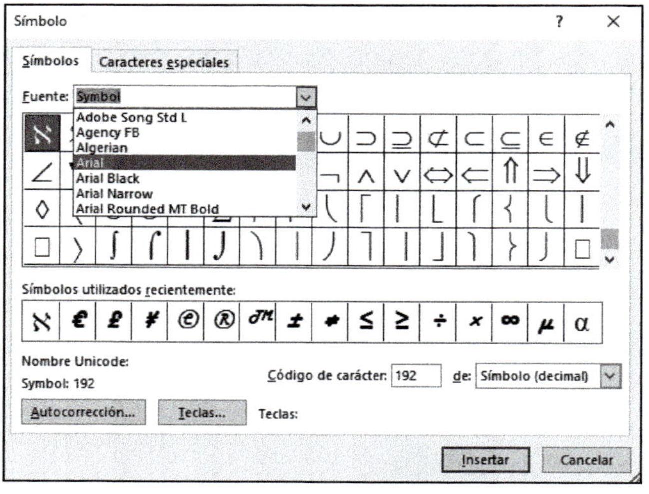

5. A continuación despliegue las opciones de la categoría *Subconjunto* y seleccione la opción *Figuras geométricas*.

6. En el panel de ejemplo de símbolos del centro del cuadro, quedará seleccionado el primer símbolo de ese conjunto. Fíjese que entre estos símbolos se encuentran los cuatro de la baraja de cartas francesa. Para insertar uno de

estos símbolos en su documento de texto solo tiene que hacer doble clic sobre él. Haga doble clic sobre el símbolo de la pica.

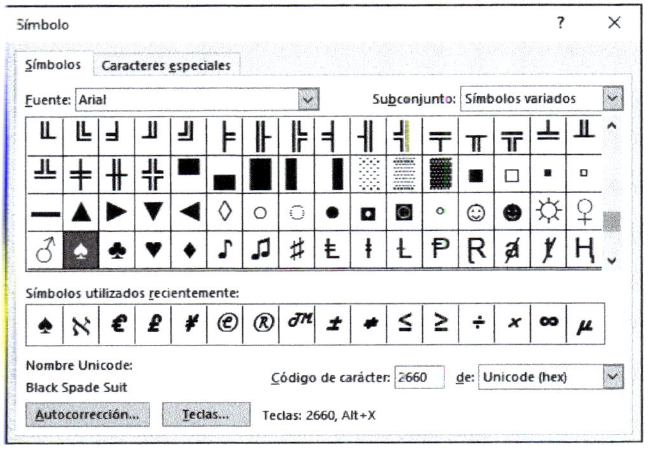

7. Haga doble clic también en los siguientes tres símbolos de la baraja para que se inserten en su documento y, a continuación, pulse sobre el botón *Cerrar* del cuadro *Símbolo* para cerrarlo.

8. Ahora puede observar que los cuatro símbolos han sido insertados en su hoja. Seleccione los cuatro símbolos como si de un texto normal se tratase y active la ficha *Inicio* de la *Cinta de opciones*.

9. Utilice las herramientas del grupo *Fuente* para cambiar el tamaño del texto. Auméntelo a 24.

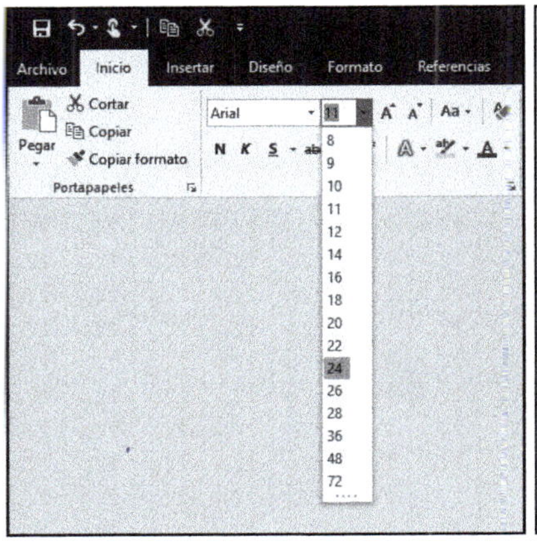

10. Dado que estos símbolos pueden ser editados igual que los textos, también es posible aplicarles distintos efectos de texto. Haga clic sobre el comando *Efectos de texto* y elija uno de los efectos predeterminados haciendo clic sobre él.

11. Imagine ahora, que hay algún símbolo que sabe que va a utilizar muy a menudo y cree que perderá mucho tiempo teniendo que abrir el cuadro Símbolo cada vez que lo necesite. Para estos casos Word permite establecer qué teclas o combinación de teclas darán como resultado un símbolo concreto. Para definir las teclas que insertarán un símbolo debe abrir el cuadro *Símbolo*. Desde la pestaña Insertar de la Cinta de opciones, despliegue el comando *Símbolos* y haga clic en la opción *Más símbolos*.

12. En primer lugar debe seleccionar el símbolo que quiere que sustituya a una combinación de letras. Por ejemplo, seleccione el símbolo Pi del alfabeto griego haciendo un solo clic sobre él y, con el símbolo seleccionado, pulse el botón *Autocorrección*.

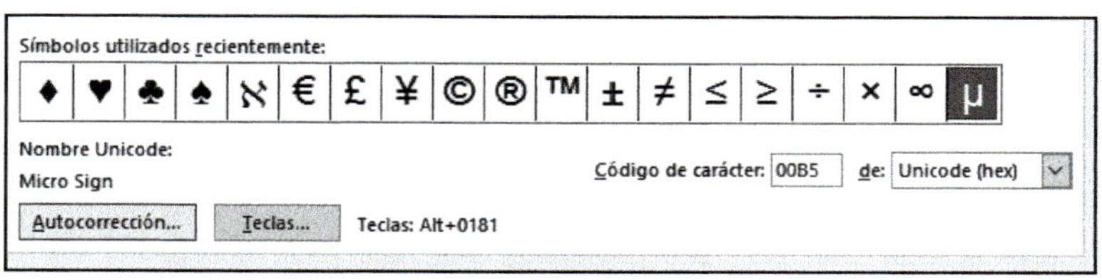

13. Este botón da paso al cuadro *Autocorrección*. En primer lugar asegúrese de que la opción *Reemplazar texto mientras escribe* está activada. Seguidamente fíjese que en el campo *Con* se encuentra el símbolo que hemos seleccionado en el cuadro *Símbolo*. Hacer que este símbolo reemplace una combinación de teclas es tan sencillo como introducir dicha combinación en el campo *Reemplazar*. Introduzca en este campo la combinación *P!*.

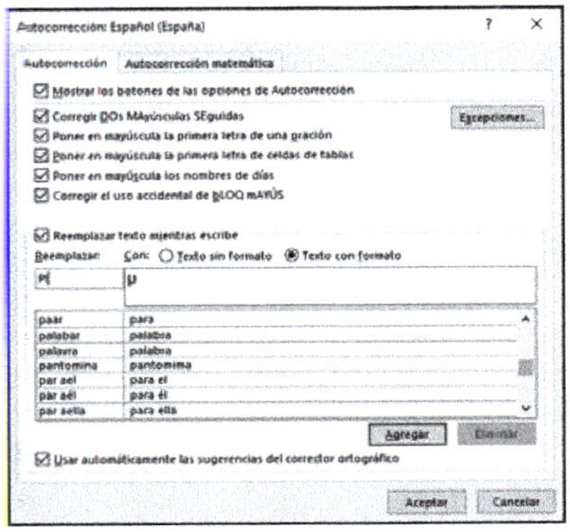

14. Para confirmar esta combinación pulse el botón *Agregar* y compruebe que el nuevo símbolo se ha añadido a la lista de autocorrección.

15. Vamos ahora a utilizar sobre nuestro documento este atajo que acabamos de crear. Para ello pulse el botón *Aceptar* en el cuadro *Autocorrección* y el botón *Cerrar* en el cuadro *Símbolo*.

16. Ahora sitúese dos líneas por debajo de los símbolos de baraja francesa que acabamos de introducir y escriba P!.

17. Esta combinación de teclas se convertirá de forma automática en el símbolo Pi.

PRÁCTICA

En un documento de texto, inserte algunos símbolos desde el cuadro de diálogo Símbolo. Pruebe a cambiar la fuente y el subconjunto para poder visualizar los distintos símbolos disponibles. Además, cambie el formato de los símbolos añadidos.

5.22 Insertar comentarios

Insertar comentarios es una de las funciones de Word más utilizadas por los usuarios en los documentos de uso compartido. Un comentario no quita espacio y es muy útil como recordatorio o ayuda. Es, pues, una nota que un autor o revisor agrega a un documento pero sin modificar el contenido de este.

1. Para comenzar con este ejercicio, en el que aprenderemos a insertar y utilizar comentarios, debe seleccionar el fragmento de texto al que se referirá el primer comentario. Un comentario puede referirse a una palabra, un párrafo o una página entera. En esta ocasión, agregaremos un comentario referente al segundo párrafo del apartado Capítulo primero. Haga clic antes de la primera letra del párrafo y, con la tecla *Mayúsculas* pulsada, haga clic al final del párrafo.

2. A continuación active la ficha *Revisar* de la *Cinta de opciones* y pulse el botón *Nuevo comentario*.

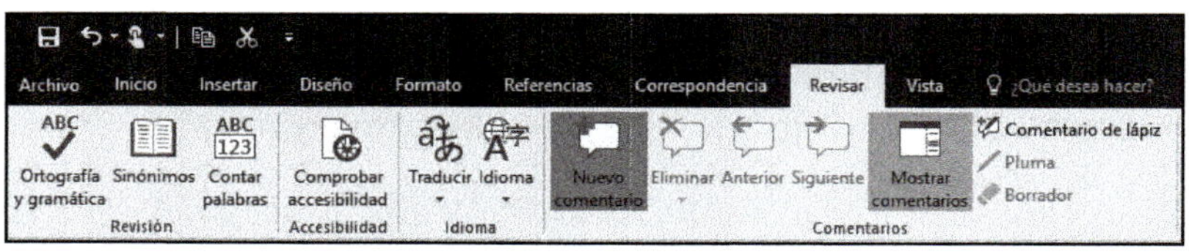

3. Automáticamente todo el texto seleccionado queda marcado de color rosa y se abre un globo de comentario que se sitúa en el área de revisiones, en el margen derecho de la página. Cuando se inserta un comentario, el globo de comentario se inserta en modo edición, donde puede escribir directamente, sin tener que hacer clic sobre él. En este caso, escriba, por ejemplo, la palabra *Eliminar*.

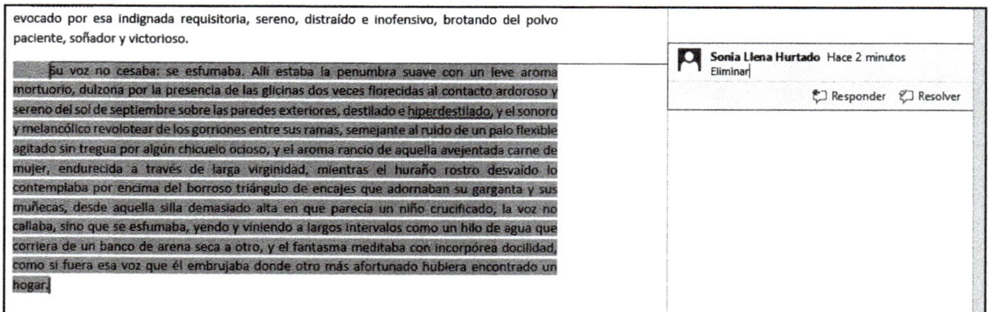
evocado por esa indignada requisitoria, sereno, distraído e inofensivo, brotando del polvo paciente, soñador y victorioso.

Su voz no cesaba: se esfumaba. Allí estaba la penumbra suave con un leve aroma mortuorio, dulzona por la presencia de las glicinas dos veces florecidas al contacto ardoroso y sereno del sol de septiembre sobre las paredes exteriores, destilado e hiperdestilado, y el sonoro y melancólico revolotear de los gorriones entre sus ramas, semejante al ruido de un palo flexible agitado sin tregua por algún chicuelo ocioso, y el aroma rancio de aquella avejentada carne de mujer, endurecida a través de larga virginidad, mientras el huraño rostro desvaído lo contemplaba por encima del borroso triángulo de encajes que adornaban su garganta y sus muñecas, desde aquella silla demasiado alta en que parecía un niño crucificado, la voz no callaba, sino que se esfumaba, yendo y viniendo a largos intervalos como un hilo de agua que corriera de un banco de arena seca a otro, y el fantasma meditaba con incorpórea docilidad, como si fuera esa voz que él embrujaba donde otro más afortunado hubiera encontrado un hogar.

Sonia Llena Hurtado Hace 2 minutos
Eliminar
Responder Resolver

4. Una vez insertado el comentario es posible insertar nuevos comentarios de dos formas distintas. Puede insertar un comentario sobre otra parte del texto, para lo que debería seleccionar el fragmento de texto que le interese y pulsar el comando *Nuevo comentario*, como hemos hecho hace un momento. Seleccione una palabra del siguiente párrafo y haga clic sobre el botón *Nuevo comentario*.

5. Dentro del nuevo globo de comentario que se acaba de insertar introduzca por ejemplo la palabra *Cambiar*.

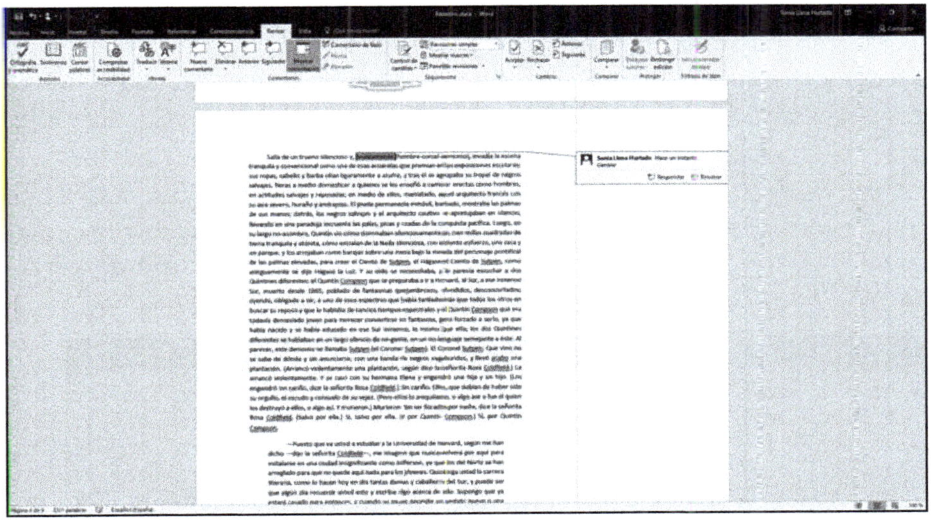

6. Sin embargo, también es posible insertar comentarios que respondan a comentarios existentes. Esta última opción suele ser muy útil cuando hay más de una persona trabajando sobre el mismo documento y alguien quiere responder a un comentario, cambiarlo, debatirlo, etc. Para responder a un comentario es imprescindible tener dicho comentario seleccionado antes de agregar uno nuevo. Asegúrese de que tiene el comentario que acabamos de insertar seleccionado y haga clic sobre la opción *Responder*, dentro del mismo comentario.

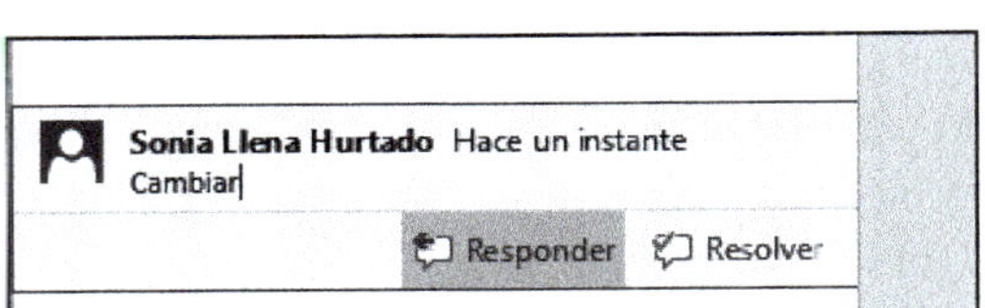

7. En este último comentario escriba la palabra *Mantener*.

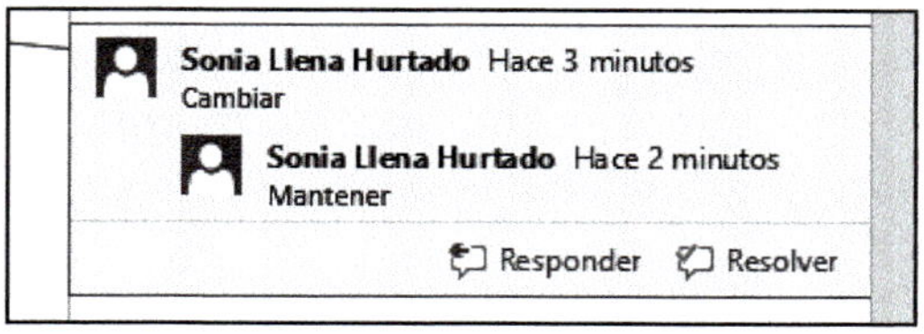

8. Ahora veremos cómo eliminar un comentario. Haga clic dentro del globo del primer comentario que hemos introducido para seleccionarlo.

9. A continuación despliegue el comando *Eliminar,* en el grupo de herramientas *Comentarios,* y seleccione la opción *Eliminar* haciendo clic sobre ella.

10. Antes de acabar, accederemos al *Panel de revisiones* en el que Word nos informa de todos los cambios y comentarios que se han introducido en el documento. Despliegue el comando *Panel de revisiones* del grupo de herramientas *Seguimiento* y seleccione la opción *Panel de revisiones horizontal*.

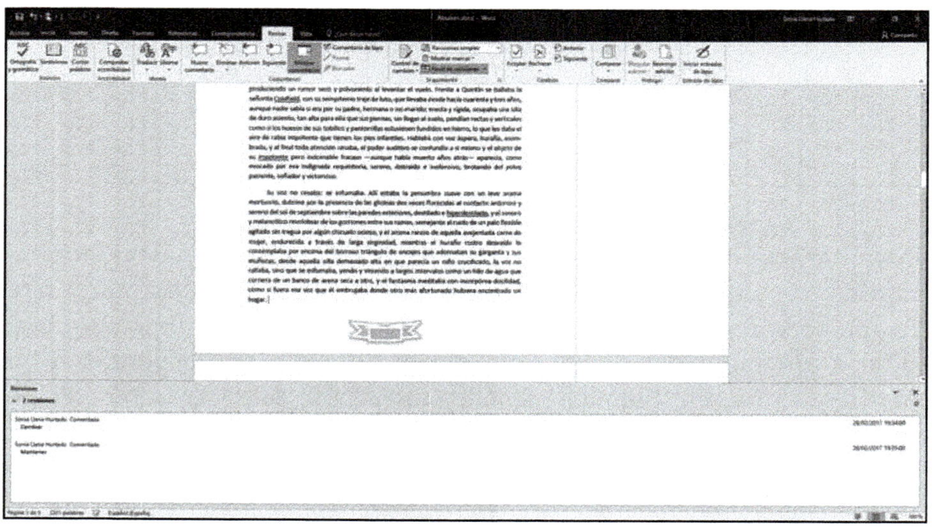

11. Se abre el *Panel de revisiones* en la parte inferior del área de trabajo y en él se muestran todos los comentarios existentes en el documento. Este panel es realmente útil cuando trabajamos con documentos largos a los que se le han insertado muchos comentarios y queremos localizar alguno de ellos.

Cierre este panel haciendo clic sobre su botón de aspa del vértice superior derecho y, para acabar, guarde los cambios utilizando el botón *Guardar* de la *Barra de herramientas de acceso directo*.

PRÁCTICA

Seleccione un fragmento de texto e inserte un comentario de revisión. Responda a este comentario e inserte otros nuevos comentarios en otros puntos del documento. Elimine algunos de los comentarios y muestre el Panel de revisiones para ver todos los comentarios existentes.

5.23 Insertar un cuadro de texto

Un cuadro de texto es un contenedor móvil de tamaño variable para texto o gráficos. Los cuadros de texto se utilizan básicamente por motivos estéticos y organizativos ya que permiten diferenciar a la perfección distintos bloques de texto que figuren en una misma página.

Los cuadros de texto se insertan desde el comando Cuadro de texto y se pueden tanto dibujar y editar manualmente como seleccionar un diseño predeterminado que ofrece Word.

1. En este ejercicio insertaremos un cuadro de texto en la parte inferior de la página del resumen. Los cuadros de texto se pueden insertar de dos formas diferentes: manualmente o a partir de una extensa galería que nos ofrece Word. Para empezar sitúese debajo del texto del resumen y active la ficha *Insertar* haciendo clic sobre la pestaña del mismo nombre.

2. En la ficha *Insertar* encontrará el comando para insertar cuadros de texto en el grupo de herramientas *Texto*. Haga clic sobre él.

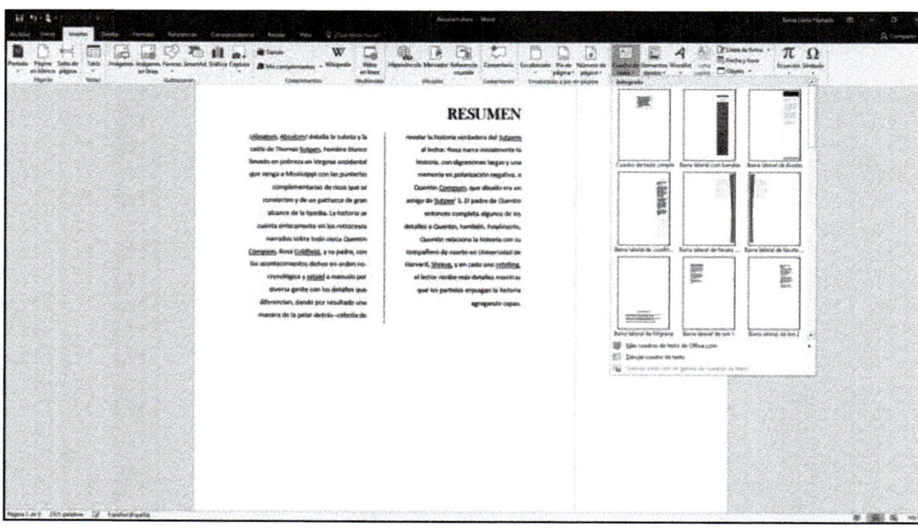

3. Verá que desde el comando *Cuadro de texto* se despliega un panel en el que podrá encontrar los distintos estilos de cuadro de texto predeterminados que ofrece Word. Utilice la *Barra de desplazamiento vertical* para ver los distintos estilos y haga clic sobre la opción *Cita de Austin*.

4. Tras el clic, de forma automática el cuadro de texto se inserta en la ubicación en la que se encontraba el cursor, mostrando un texto predeterminado informativo acerca del uso de este tipo de elementos en sus documentos. También le indica que, para cambiar el cuadro de posición, sencillamente debe arrastrarlo. A continuación insertaremos un texto propio dentro del cuadro de texto. Con el texto seleccionado, escriba el siguiente texto: *La sabiduría suprema es tener sueños bastante grandes para no perderlos de vista mientras se persiguen.*

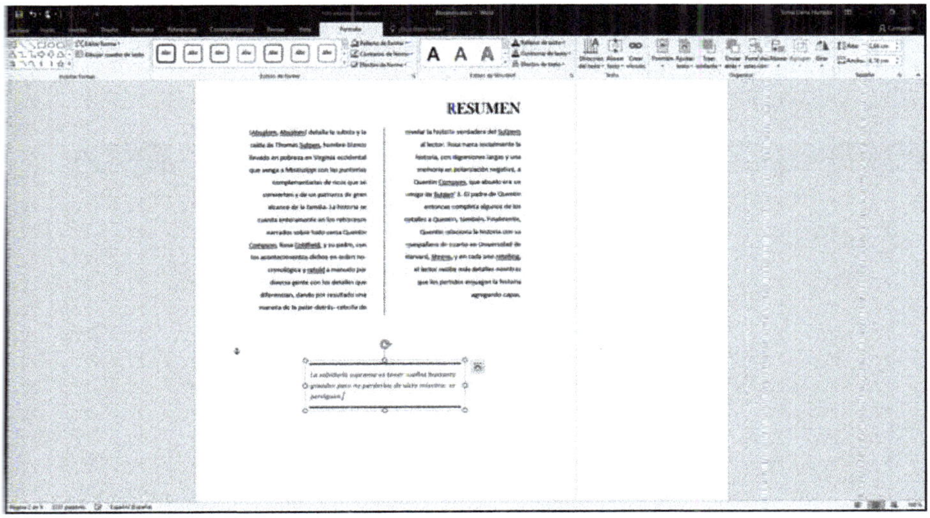

5. Con el texto ya introducido modificaremos su formato predeterminado. Haga clic sobre el texto y pulse la combinación de teclas *Ctrl+A* para seleccionarlo todo.

6. Por defecto, debido al estilo de cuadro de texto que hemos seleccionado, el texto introducido está en cursiva. Ahora con el texto aún seleccionado, haga clic sobre el icono *Cursiva*, representado con una K, del grupo de herramientas *Fuente* para desactivarlo.

7. Ahora haga clic en cualquier punto dentro del cuadro para deseleccionar el texto.

8. Una vez cambiado el formato del texto, pasaremos a cambiar el diseño del cuadro. Cuando se inserta un cuadro de texto en un documento de Word,

cada vez que este esté seleccionado, se activará la ficha contextual *Herramientas de dibujo* con su subficha *Formato*. Haga clic sobre esta subficha para activarla.

9. Como sabe, Word ofrece una gran variedad de estilos predeterminados que se pueden aplicar mediante un solo clic. Estos estilos se encuentran dentro del panel que se despliega al hacer clic sobre el botón *Más* de los estilos directos del grupo de herramientas *Estilos de formas*. Sin embargo en este caso, solamente modificaremos algunos de los aspectos del diseño del cuadro de una forma manual. Con el cuadro seleccionado haga clic en el comando *Relleno de forma*.

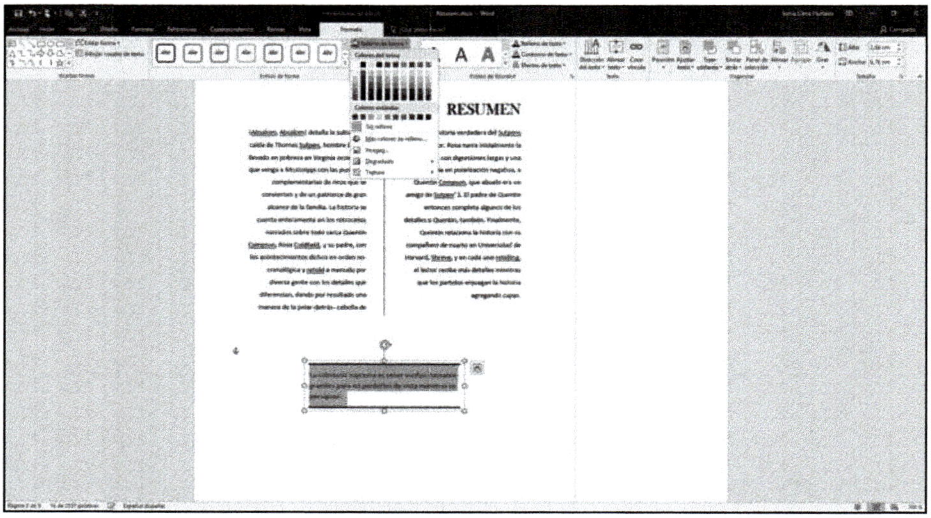

10. Verá que se despliega un panel con las diferentes opciones de color que ya conoce. Haga clic sobre un color para aplicárselo al cuadro como fondo.

11. En este ejercicio dejaremos aquí las cuestiones de diseño del cuadro de texto, pero si usted lo desea puede seguir aplicándole distintos atributos de diseño. Por último aprenderemos a insertar un cuadro de texto de forma manual. Fíjese en el grupo de herramientas *Insertar formas* de la subficha *Formato*. Las herramientas de este grupo permiten insertar formas manualmente y aplicarles posteriormente estilos de diseño. Haga clic sobre el icono *Dibujar cuadro de texto*.

12. Tras haber seleccionado la herramienta *Dibujar cuadro de texto*, el puntero del ratón se transforma adquiriendo forma de cruz. Este tipo de puntero indica que ya puede dibujar la forma. Haga clic sobre un punto en blanco de la hoja, y sin soltar el botón arrástrelo hasta que el cuadro tenga el tamaño deseado. Entonces suéltelo para que la forma se inserte.

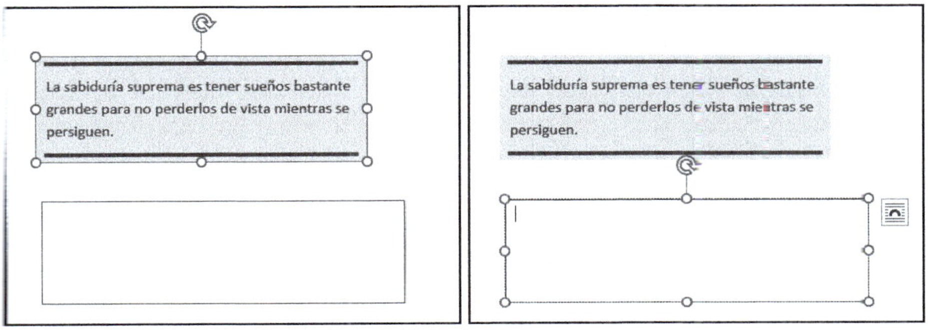

13. El cuadro que se acaba de insertar tiene un cursor parpadeante dentro de la caja, el cual indica que puede redactar un texto en su interior. Compruébelo escribiendo algo breve como, por ejemplo, su nombre.

14. Este último cuadro ha sido insertado solo a modo de ejemplo y, por tanto, no será necesario mantenerlo en nuestro documento. Haga clic en uno de los laterales del cuadro para seleccionarlo entero y pulse la tecla *Suprimir* para eliminarlo.

15. Para acabar con este ejercicio guarde los cambios realizados pulsando el botón *Guardar* de la *Barra de herramientas de acceso rápido*.

PRÁCTICA

Inserte en una de las páginas de su documento un cuadro de texto a partir de los estilos prediseñados de Word. Personalice el contenido del cuadro de texto y aplíquele un nuevo formato. Seguidamente, inserte un nuevo cuadro de texto de forma manual y escriba en él el texto que desee.

5.24 Crear y formatear tablas

En Word 2016 se puede insertar una tabla eligiendo un diseño entre varias tablas con formato previo o seleccionando el número de filas y columnas deseadas. Se puede insertar una tabla en un documento o bien insertar una tabla dentro de otra para crear una tabla más compleja.

El uso de las tablas en Word se justifica por la obtención de una mejor y más comprensible presentación de los documentos. El uso de las tablas facilita también la organización de la información y puede ser muy útil dependiendo del tipo de documento en el que se esté trabajando.

1. En este ejercicio aprenderemos a insertar tablas de diferentes maneras en un documento. Antes de realizar ninguna operación, pulse la combinación de teclas *Ctrl+Fin* para situar el cursor al final del documento y pulse *Retorno* tantas veces como sea necesario para que se inserte una nueva página.

2. Ya tenemos el cursor de edición en el punto deseado para que se sitúe la tabla. En primer lugar, insertaremos una de las tablas predeterminadas. En la pestaña *Insertar* de la *Cinta de opciones*, despliegue el comando *Tabla* del grupo de herramientas *Tablas* y pulse sobre la opción *Tablas rápidas*.

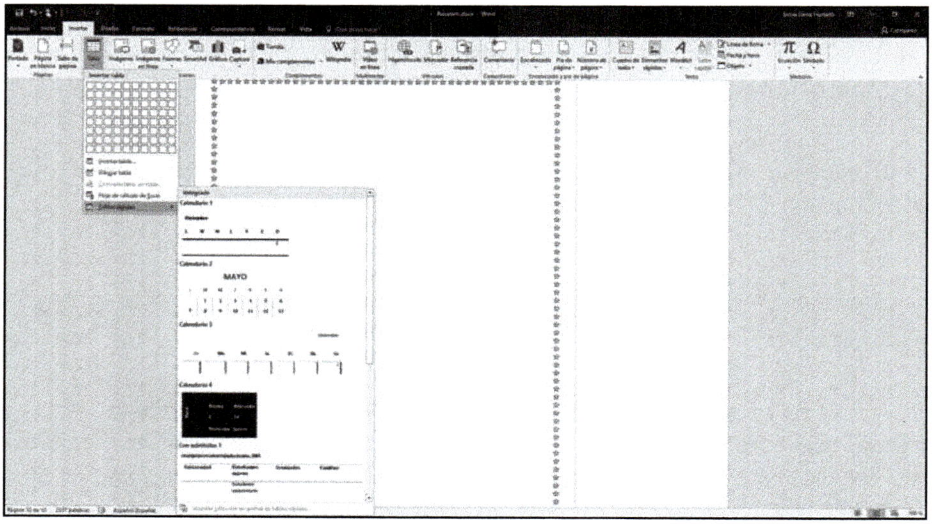

3. Aparece así la galería de tablas rápidas. En la parte inferior de esta galería, seleccione el diseño denominado *Lista tabular*.

4. Automáticamente la tabla seleccionada se inserta en el punto en que se encontraba el cursor de edición y con el formato preestablecido. Junto con la tabla se habrá activado la ficha contextual *Herramientas de tabla*. Ahora crearemos otra tabla especificando su número de filas y columnas. Para ello, haga clic debajo de la tabla para deseleccionarla y pulse la tecla *Retorno* para añadir una línea en blanco al documento.

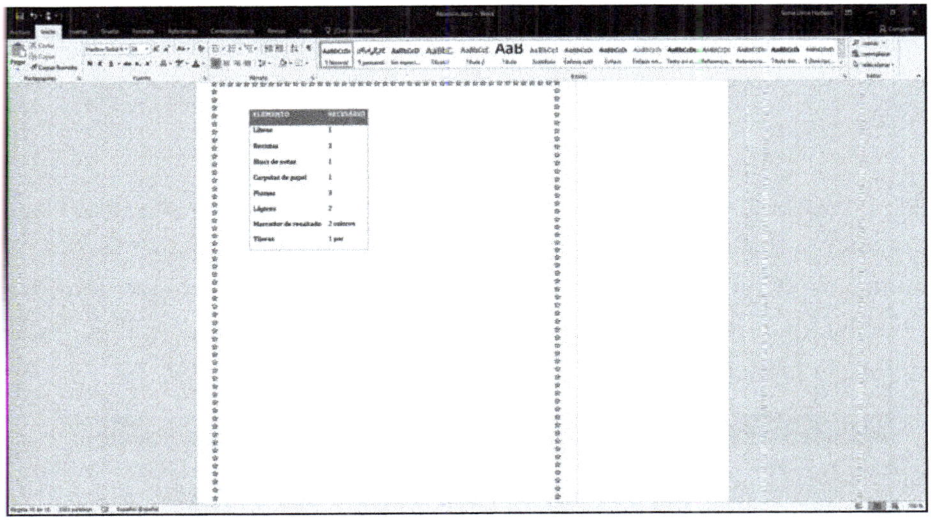

5. Sitúese en la ficha *Insertar* de la *Cinta de opciones*, haga clic nuevamente en el comando *Tabla* del grupo de herramientas *Tablas* y pulse sobre la opción *Insertar tabla*.

6. Inserte el valor 3 tanto en el campo *Número de columnas* como en el campo *Número de filas* del cuadro *Insertar tabla* y pulse el botón *Aceptar*.

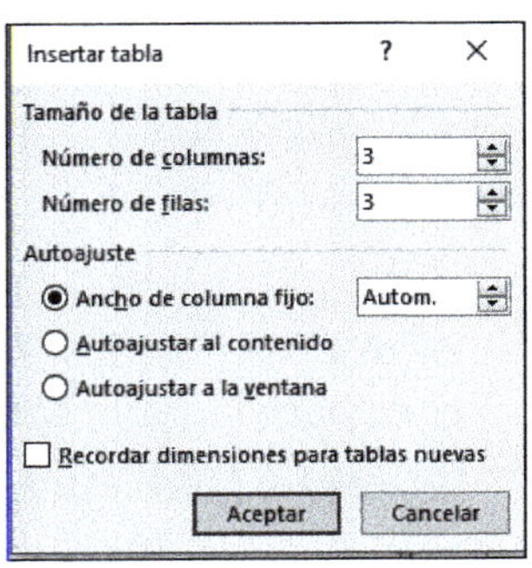

7. La nueva tabla aparece ya en el documento con las dimensiones que hemos establecido. (Vea la imagen adicional *5.23-001*.) Ahora borraremos esta tabla y crearemos otra usando el esquema que incluye el comando *Tabla*. Haga clic en la pestaña *Presentación* de la ficha *Herramientas de tabla*, despliegue el comando *Eliminar* del grupo de herramientas *Filas y columnas* y, de las opciones que se muestran, elija *Eliminar tabla*.

8. Active nuevamente la ficha *Insertar* de la *Cinta de opciones* pulsando sobre su pestaña.

9. Despliegue una vez más el comando *Tabla* y haga clic en la segunda casilla de la tercera fila del esquema de celdas para crear una tabla de tres filas y dos columnas. (Compruebe como, a medida que va pasando el puntero del ratón por las distintas celdas de este esquema, el programa actualiza en el documento la tabla resultante.)

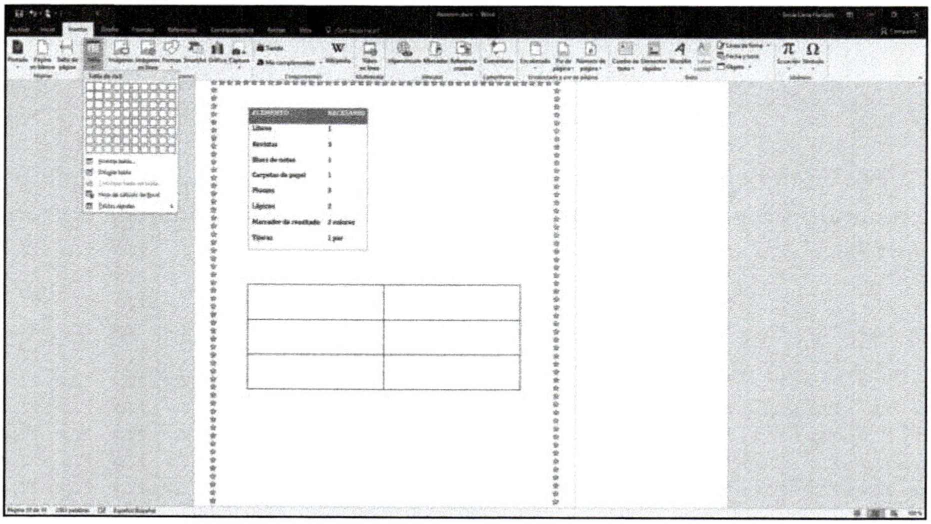

10. A continuación utilizaremos las herramientas de tabla para modificar el aspecto de las dos tablas creadas. Para empezar, haga clic sobre la tabla rápida para seleccionarla y pulse sobre la pestaña *Diseño* de la ficha contextual *Herramientas de tabla*.

11. Haga clic en el botón *Más* de la galería de estilos de tabla, el que muestra una pequeña línea horizontal sobre una punta de flecha, y pulse sobre uno de los estilos de lista disponibles para aplicarlo a la tabla seleccionada.

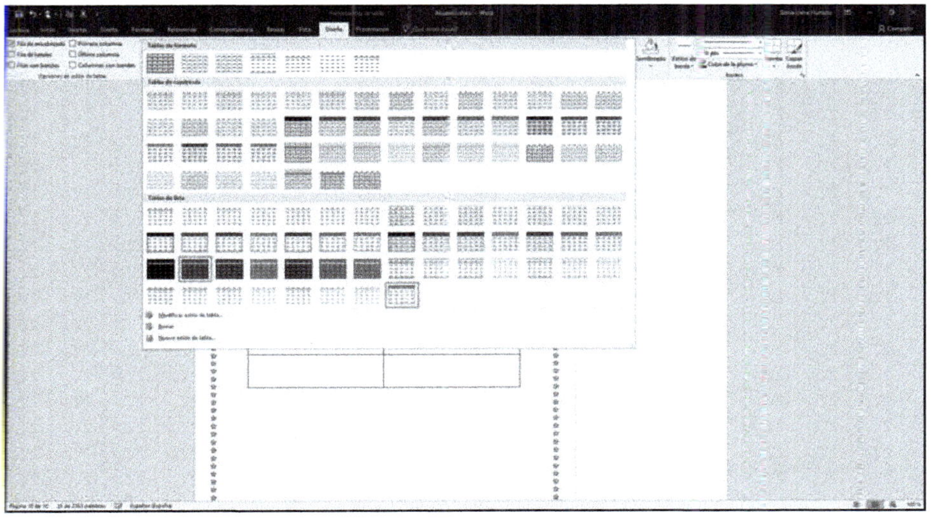

12. En el grupo de herramientas *Opciones de estilo de tabla* podemos activar o desactivar las opciones que queramos para seguir modificando el estilo. Active, por ejemplo, la opción *Filas con bandas* pulsando en su casilla de verificación.

13. Haga clic en la pestaña *Presentación* de la ficha *Herramientas de tabla* y, en el grupo de herramientas *Datos*, pulse sobre el comando *Ordenar*.

14. En el cuadro de diálogo *Ordenar*, mantenga la configuración por defecto y pulse el botón *Aceptar*.

15. Ahora, centraremos en sus celdas el contenido de la columna *Necesario*. Haga clic sobre la palabra *Necesario* para situar el cursor de edición en esa columna, despliegue el comando *Seleccionar* del grupo *Tabla* y haga clic en la opción *Seleccionar columna*.

16. También puede seleccionar una columna entera pulsando sobre el margen superior de la misma. Para alinear los datos de esa columna en las celdas, pulse sobre el segundo comando de la segunda fila del grupo de herramientas *Alineación*.

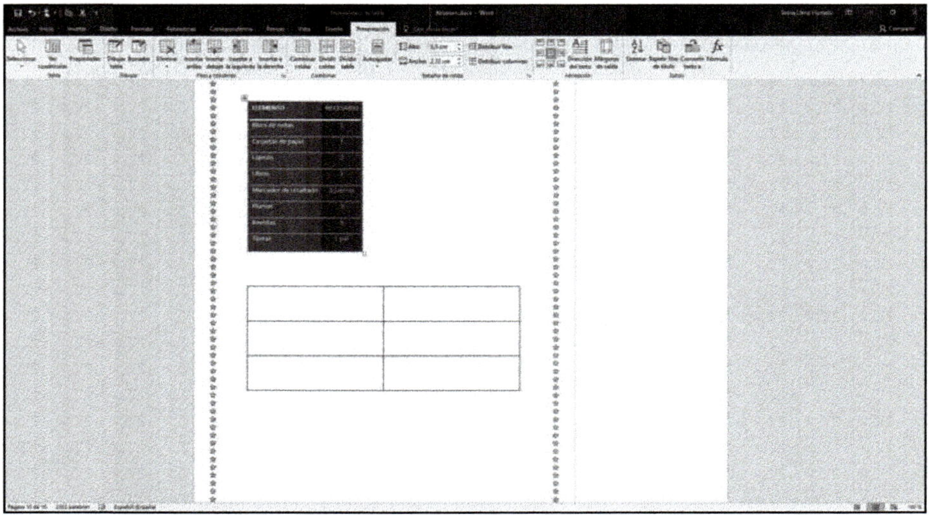

17. Una vez modificado el aspecto de esta tabla rápida, cambiaremos también el de la tabla de tres filas que hemos insertado manualmente. Haga clic dentro de la primera celda de dicha tabla para seleccionarla, active la subficha *Diseño* de la ficha *Herramientas de tabla* pulsando sobre su pestaña, despliegue el comando *Bordes* y pulse en la opción *Bordes y sombreado*.

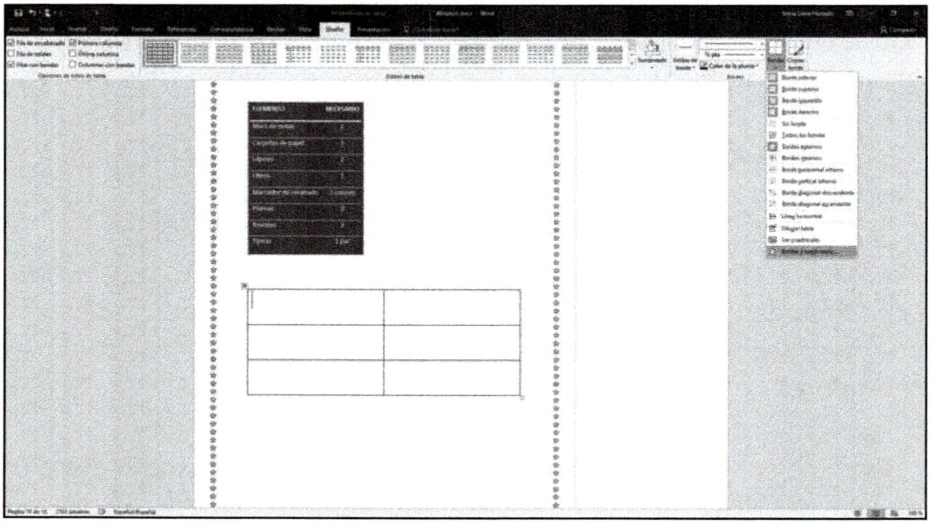

18. Aplique el color y la anchura que usted quiera a los bordes de la tabla y pulse el botón *Aceptar* para aplicar el nuevo estilo de línea.

19. Para terminar el ejercicio, veremos el modo de eliminar de una tabla filas y columnas. En la subficha *Presentación* de la ficha *Herramientas de tabla*, haga clic en el comando *Eliminar* del grupo *Filas y columnas*, pulse sobre la opción *Eliminar filas* y vea cómo la tabla pasa a tener solo dos filas.

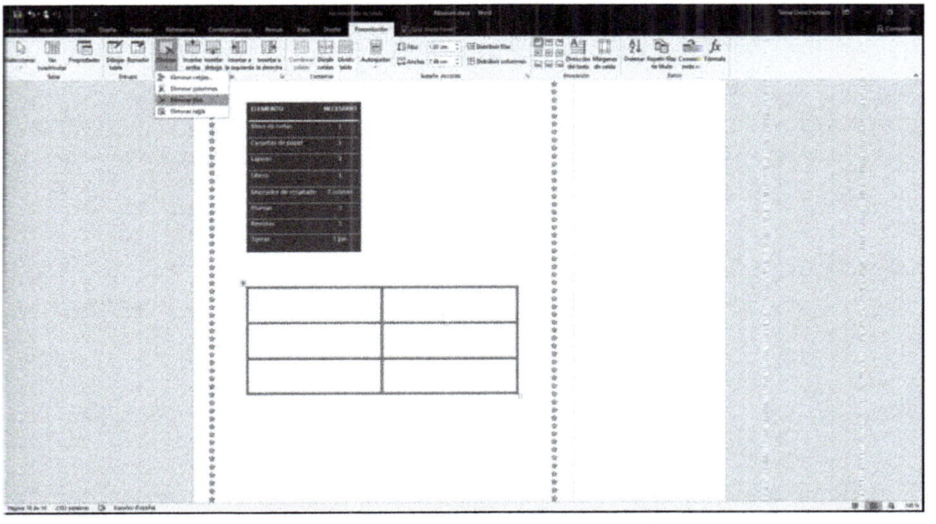

20. Guarde los cambios realizados haciendo clic en el botón *Guardar* de la *Barra de herramientas de acceso rápido*.

PRÁCTICA

En una página en blanco, inserte una nueva tabla a partir del catálogo de tablas prediseñadas de Word 2016. Cambie algunas de las características de esta tabla. Seguidamente, utilice el cuadro de diálogo Insertar tabla para crear una nueva tabla de 6 columnas y 8 filas. Elimine una fila de esta nueva tabla y aplíquele alguno de los estilos disponibles en el programa.

5.25 Añadir encabezados y pies de página

El encabezado es un área del margen superior de una página que normalmente se utiliza para insertar el nombre del autor, la fecha de creación del documento, el título del mismo, etc.

Por otro lado, los pies de página son áreas ubicadas en el margen inferior del documento y también se utilizan con la misma finalidad.

1. En este ejercicio aprenderemos a insertar, editar y quitar encabezados y pies de página. Pero antes de hacerlo, eliminaremos el borde de página que hemos aplicado a la segunda sección del documento. Sitúese en la página 7, en la que hemos insertado la bibliografía, utilizando la barra de desplazamiento vertical y haciendo clic sobre la página.

2. Active la ficha *Inicio* haciendo clic sobre la pestaña del mismo nombre y haga clic sobre el comando *Bordes y sombreados* del grupo de herramientas *Párrafo*.

3. Del menú que se despliega seleccione la opción *Bordes y sombreados*.

4. Se abre así el cuadro *Bordes y sombreados* con la ficha *Bordes* activada. Haga clic sobre la pestaña *Borde de página* y en el campo *Arte* seleccione la opción *Ninguna*.

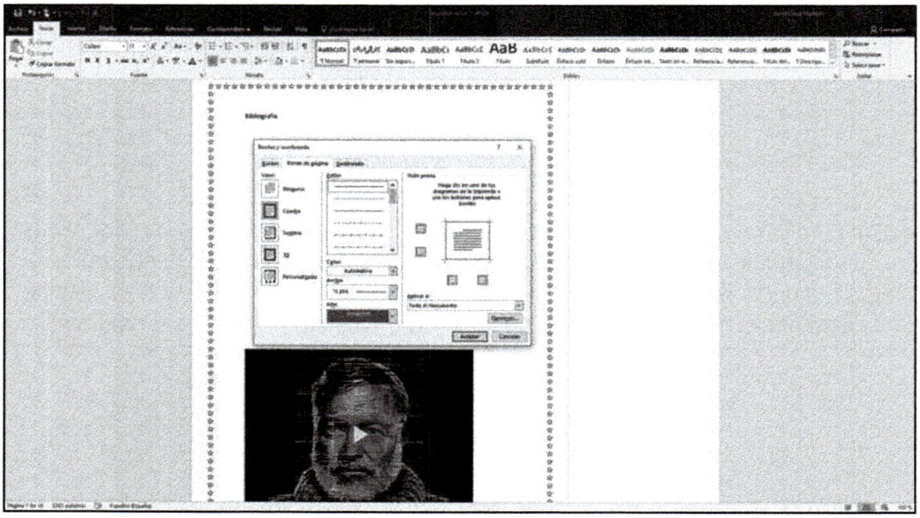

5. Pulse el botón *Aceptar* para cerrar el cuadro *Bordes y sombreado* y aplicar los cambios realizados.

6. Observará que el borde que rodeaba las páginas ha desaparecido. Esto nos permitirá visualizar mejor los encabezados y pies de página que insertaremos a continuación. Sitúese ahora en la página 2 del documento, active la ficha *Insertar* y haga clic en el comando *Encabezado* del grupo de herramientas *Encabezado y pie de página*.

7. En la galería de diseños de encabezados, pulse sobre el diseño denominado *Con bandas*.

8. El diseño seleccionado únicamente incluye una banda de color y un apartado en el que podemos introducir el título del documento. Dependiendo de la configuración de Word que tenga definida, el encabezado se puede insertar con el texto *Título del documento* o con el título del documento ya escrito. En cualquiera de los dos casos, asegúrese de que en el encabezado se pueda leer el texto *Literatura del siglo XX* ya sea dejándolo como está o escribiéndolo usted mismo.

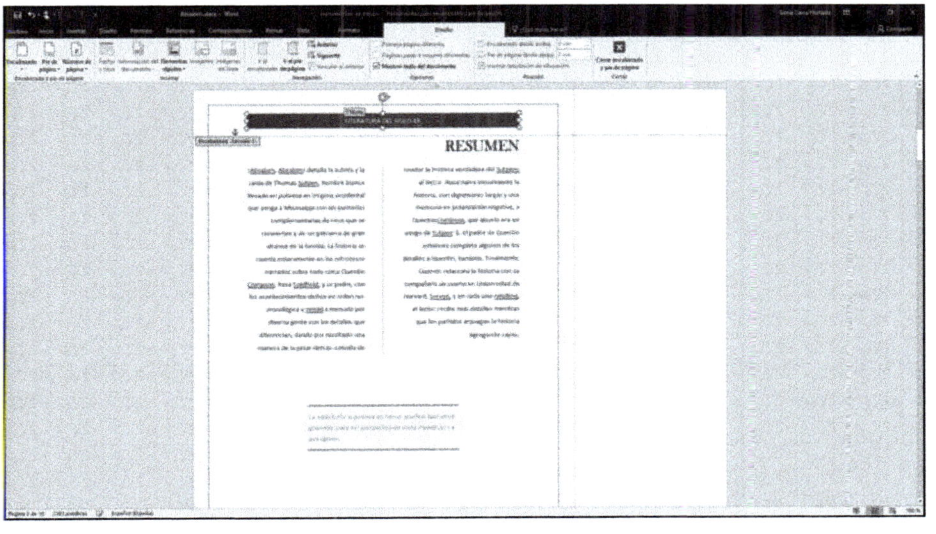

9. Ahora cambiaremos, a modo de ejemplo, la posición del encabezado desde arriba. Para ello, haga clic fuera de la banda con el título, pero dentro del encabezado y escriba el valor 2 en el campo *Encabezado desde arriba* del grupo

de herramientas *Posición,* en la ficha contextual *Herramientas para encabezado y pie de página,* y pulse la tecla *Retorno* para aplicar el cambio.

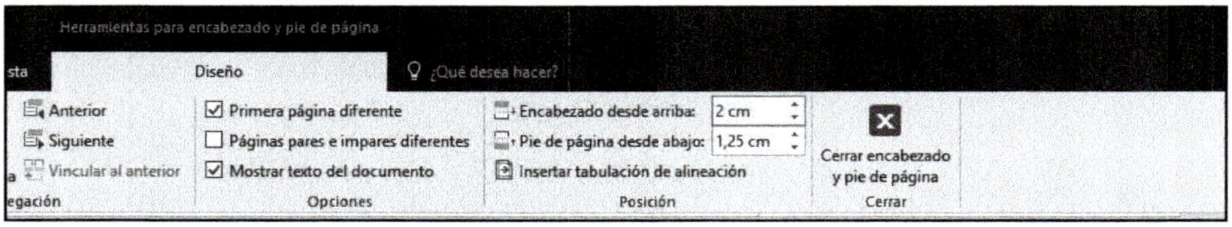

10. El texto de un encabezado o de un pie de página se puede modificar como cualquier otro texto del documento. En este caso, vamos a cambiar el color de la fuente del encabezado. Seleccione el título entero, despliegue el campo *Color de fuente* en la *Barra de herramientas mini* y, en la paleta de colores que aparece, seleccione la muestra que desee.

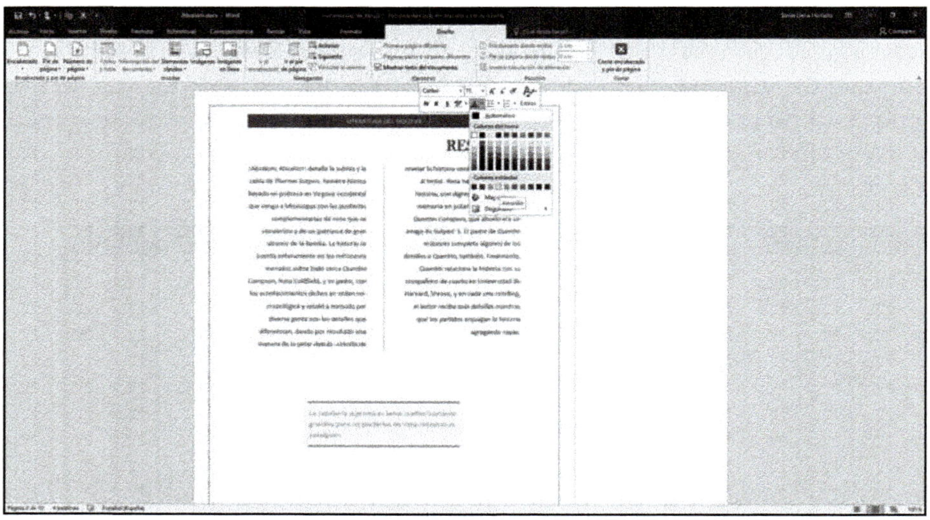

11. Ahora cerraremos el encabezado y comprobaremos que se ha insertado en todas las páginas del documento. Pulse el botón *Cerrar encabezado y pie de página* de la ficha *Diseño.*

12. Utilice la *Barra de desplazamiento vertical* para pasar a la página siguiente y comprobar que en esta también se ha insertado el mismo encabezado.

13. Le mostraremos ahora una forma sencilla de acceder al encabezado de página y cerrarlo sin tener que utilizar los botones y herramientas de la *Cinta* *de opciones*. Haga doble clic sobre el encabezado y observe que este se activa y puede editarlo.

14. Para salir del modo de edición del encabezado solo tiene que volver a hacer doble clic pero esta vez fuera de esta área.

15. Seguidamente, active la ficha *Insertar* de la *Cinta de opciones*, despliegue el comando *Encabezado* y pulse sobre la opción *Quitar encabezado*.

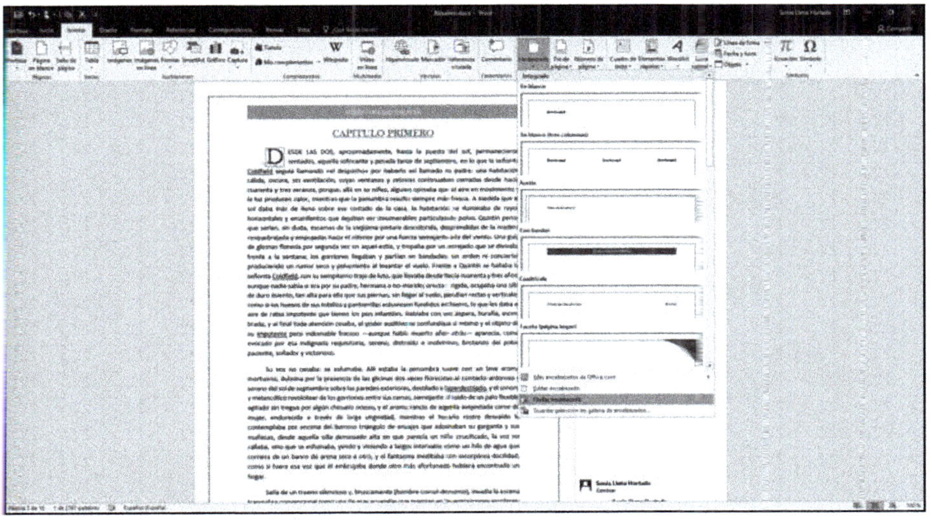

16. Una vez eliminado el encabezado, veremos cómo insertar un sencillo pie de página. Haga clic en el comando *Pie de página* y seleccione de nuevo el diseño *Con bandas*.

17. En este caso, el pie de página seleccionado incluye un apartado donde se ubica el número de la página. Fíjese también que al insertarse este pie de página ha desaparecido el número de página que habíamos insertado anteriormente. Para cerrar y desactivar el modo de edición del pie de página, haga doble clic sobre algún punto del texto de la página.

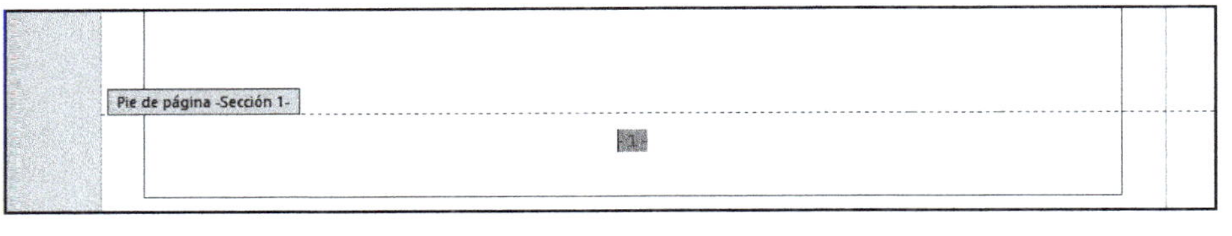

18. Para acabar pulse el botón *Cerrar encabezado y pie de página* de la ficha *Diseño* y guarde los cambios realizados en el documento.

PRÁCTICA

Inserte en su documento un encabezado en el que pueda leerse el título del archivo. Cambie el formato y el estilo del encabezado, incluyendo su posición en la página desde arriba. Una vez acabado, inserte también un pie de página que incluya el número de página.

5.26 Insertar gráficos

El objetivo de un gráfico es representar de forma agradable e inteligible las series de datos que, en ocasiones, presentan ciertas tablas de un documento, o simplemente mostrar una serie de datos que tal vez no figuren en ninguna otra parte del documento y que simplemente se desea representar a través de un gráfico.

1. En este ejercicio aprenderemos a insertar un gráfico en un documento de Word. Para empezar, como viene siendo habitual, situaremos el cursor de edición en el punto donde queramos que se inserte el objeto. En este caso, antes de empezar, eliminaremos las dos tablas que hemos creado en un ejercicio anterior e insertaremos el gráfico en el mismo lugar donde ahora se encuentran estas. Haga clic sobre la primera tabla, active la subficha *Presentación* y dentro del comando *Eliminar* seleccione la opción *Eliminar tabla*.

2. A continuación seleccione la segunda tabla y haga exactamente lo mismo con esta.

3. Ahora sí estamos listos para insertar un gráfico en este documento. Una vez ubicado el cursor, active la ficha *Insertar* de la *Cinta de opciones* pulsando en su pestaña y haga clic en el comando *Gráfico* del grupo de herramientas *Ilustraciones*.

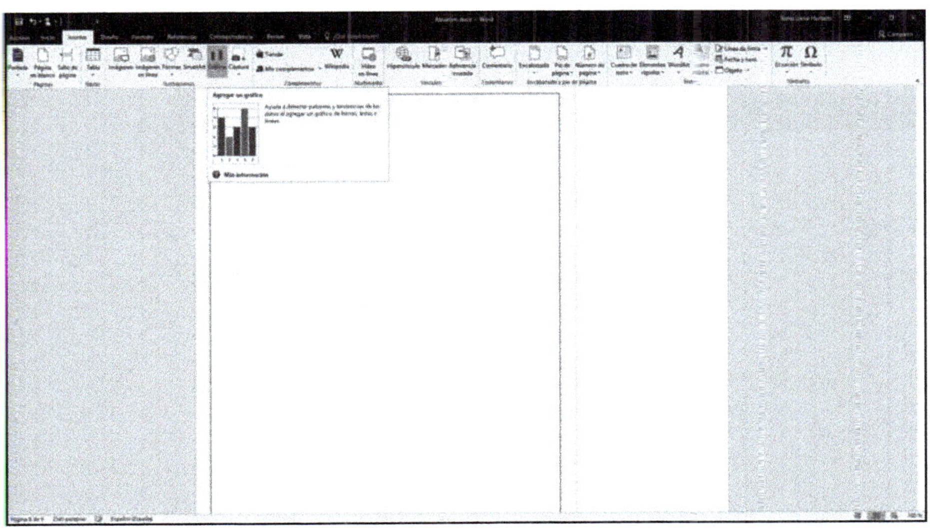

4. Se abre de este modo el cuadro de diálogo *Insertar gráfico*, donde debemos escoger el tipo de gráfico que nos interesa crear. Muestre el contenido de la sección *Circular*, haga clic sobre el quinto estilo de gráfico para seleccionarlo y pulse el botón *Aceptar*.

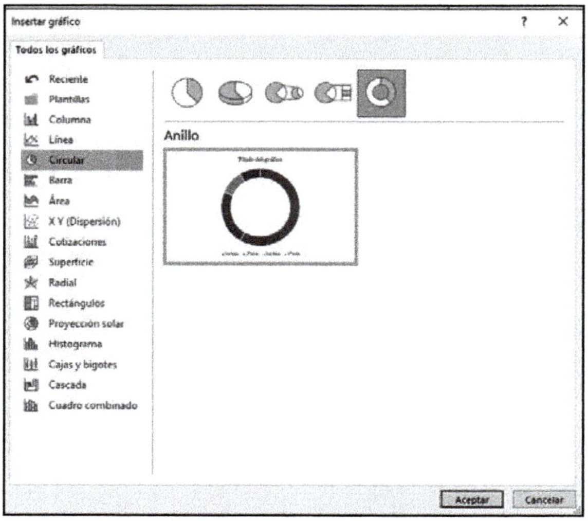

5. El gráfico provisional se inserta en el punto indicado, al tiempo que se abre una hoja de cálculo de Excel donde aparecen unos datos de muestra que podemos modificar según sean nuestras necesidades. Imaginemos que deseamos representar sobre el gráfico los millones de ejemplares vendidos de cuatro libros concretos. En la celda A2, escriba el título de uno de los libros de la bibliografía e introduzca en las celdas A3, A4 y A5 tres títulos más.

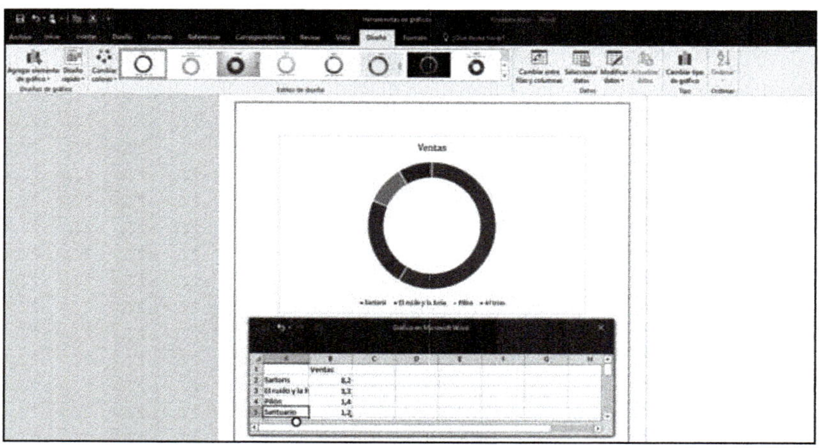

6. Los datos numéricos, referentes a las ventas puede tanto modificarlos como dejarlos tal cual están. Sepa que estos datos no son reales, sino que se utilizan aquí y ahora a modo de ejemplo. Una vez editados los datos que desea representar sobre el gráfico, cierre la hoja de cálculo haciendo clic sobre el botón de aspa de su *Barra de título.*

7. Como ve, los nombres introducidos se muestran correctamente reflejados en el gráfico. Vamos a cambiar, en primer lugar, el diseño de este gráfico. En la pestaña *Diseño* de la ficha contextual *Herramientas de gráficos,* despliegue el comando *Diseño rápido* del grupo de herramientas *Diseños de gráfico* y pulse sobre el tercer diseño de la segunda fila.

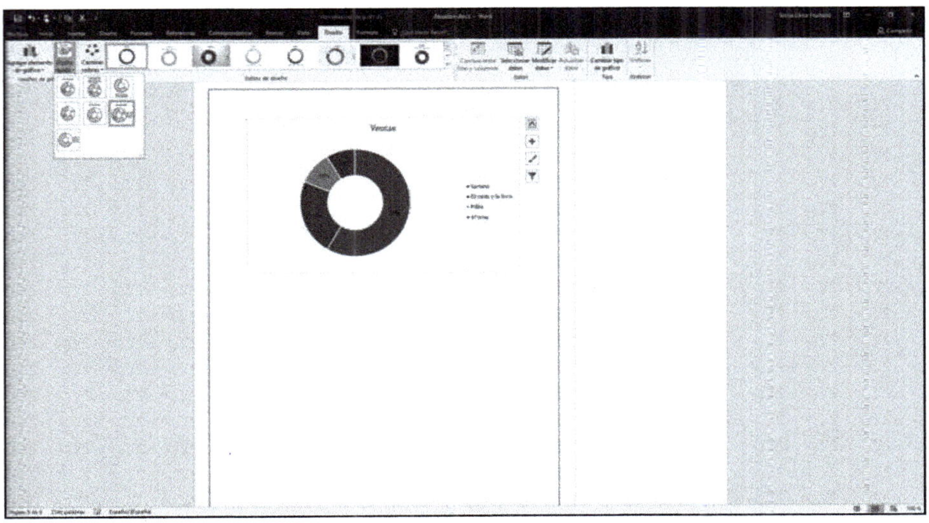

8. De este modo, el gráfico muestra ahora en cada porción el porcentaje de ventas. Pulse ahora en el botón *Estilos rápidos,* en el grupo de herramientas *Estilos de diseño,* y seleccione el estilo que desee aplicar al gráfico.

9. Imagine que desea cambiar el fondo del gráfico. Para ello, haga clic en la pestaña *Formato.*

10. Mantenga el elemento *Área del gráfico* seleccionado en el grupo de herramientas *Selección actual* y pulse sobre el botón *Aplicar formato a la selección.*

11. Se abre así el panel *Formato del área del gráfico* que nos permite modificar todas las características de este elemento. Despliegue el comando *Relleno* y haga clic sobre la opción *Relleno sólido.*

12. Verá que al seleccionar esta opción se ha activado el comando *Color,* que contiene una paleta de colores de muestra. Despliegue dicho comando y elija el color que desee haciendo clic sobre su muestra.

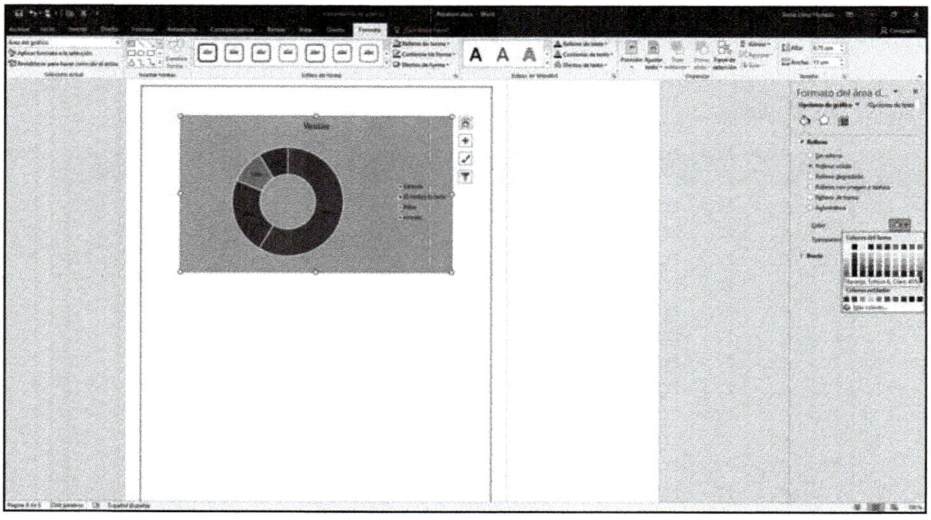

13. Cierre el panel *Formato del área del gráfico* pulsando sobre el botón de aspa.

14. Si ahora quisiera modificar alguno de los datos del gráfico debería volver a abrir el archivo Excel vinculado que se ha creado. Para abrirlo, desde la pestaña *Diseño,* pulse sobre el comando *Modificar datos* del grupo de herramientas *Datos.*

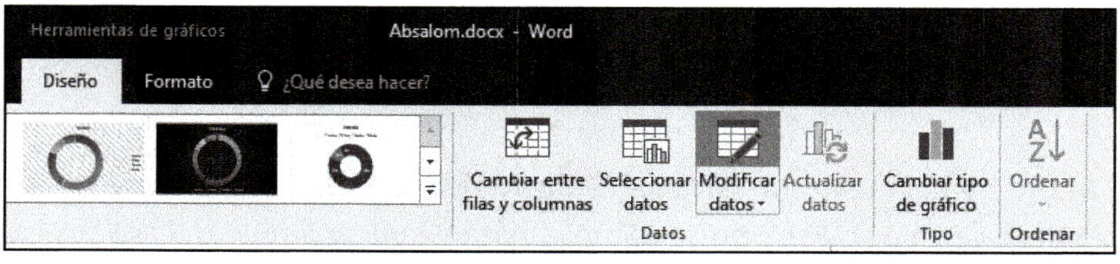

15. Se vuelve a abrir así la hoja de cálculo de Excel donde podrá realizar las modificaciones necesarias. Haga clic sobre la celda B2, introduzca la cifra 9,3 y cierre el documento Excel pulsando el botón de aspa de la *Barra de título*.

16. Compruebe que efectivamente los datos recién modificados se han actualizado en el gráfico de Word. Para acabar guarde los cambios con la combinación de teclas *Ctrl+G*.

PRÁCTICA

En una página en blanco de su documento, inserte un gráfico eligiendo uno de los múltiples diseños disponibles en Word 2016. Personalice el contenido del gráfico y modifique su formato. Una vez cambiado el aspecto, modifique también los datos que los componen.

5.27 Insertar gráficos SmartArt

Los gráficos SmartArt permiten la representación gráfica de una información, representación que se puede crear fácil y rápidamente gracias a los diferentes diseños que ofrece Word 2016.

La nueva versión del programa ha agregado nuevos estilos que ayudan a proporcionar impactos visuales a los documentos.

1. Para empezar este ejercicio, debe situar el cursor de edición en el punto donde desee insertar el gráfico SmartArt, en este caso, lo insertaremos justo debajo del gráfico que acabamos de crear. En este momento el gráfico se encuentra seleccionado y para situar el cursor en la posición adecuada será preciso deseleccionarlo. Haga doble clic fuera del área del gráfico y coloque el cursor debajo del mismo; para asegurarnos de que el área del gráfico y el nuevo gráfico SmartArt quedan bien definidos pulse la tecla *Retorno* varias veces.

2. Active la ficha *Insertar* haciendo clic sobre la pestaña del mismo nombre en la *Cinta de opciones*.

3. Pulse sobre el comando *SmartArt* del grupo de herramientas *Ilustraciones*.

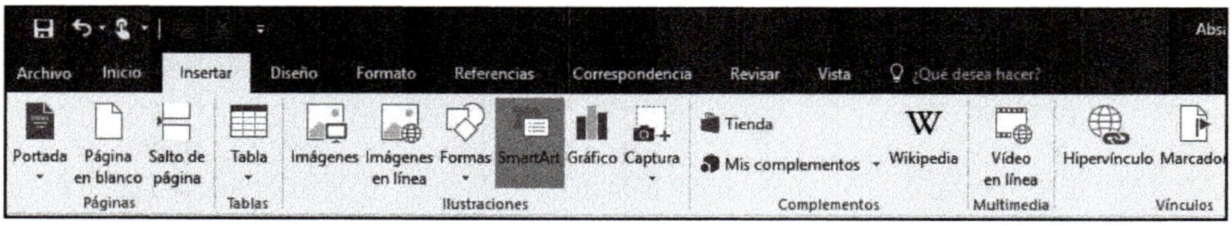

4. Se abre de este modo el cuadro *Elegir un gráfico SmartArt*, donde se muestra una lista de todos los tipos de gráficos SmartArt que ofrece Office 2016 y los diferentes diseños disponibles en cada uno de ellos. En este caso imagine que queremos representar gráficamente un sencillo proceso de tres pasos. Pulse sobre el tipo de gráfico *Proceso*.

5. Word 2016 ha ampliado la galería de gráficos, agregando estilos realmente originales, aplicables a contenido concreto. Haga clic sobre el primer diseño de la tercera fila, denominado *Bloque continuo*, y pulse el botón *Aceptar*.

6. Aparece el gráfico y su correspondiente panel de texto, en el que debemos introducir el texto que se va a mostrar. Compruebe que también se ha activado la ficha contextual *Herramientas de SmartArt*. Escriba el término *Buscar pistas* en el primer elemento del gráfico, donde en este momento se encuentra el cursor activo en modo de edición.

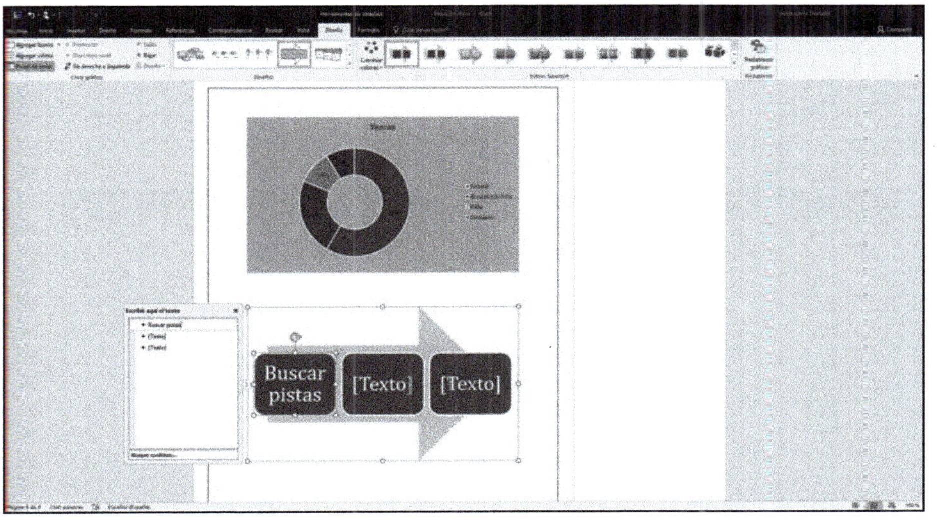

7. Fíjese que según va introduciendo el texto en el panel de texto, este se va actualizando en su caja correspondiente del gráfico. Ahora pulse sobre la palabra *Texto* correspondiente al segundo elemento del gráfico, en el panel de texto, y escriba el término *Poner en común*.

8. Por último, haga clic en el tercer elemento del panel de texto y escriba el término *Resolver*.

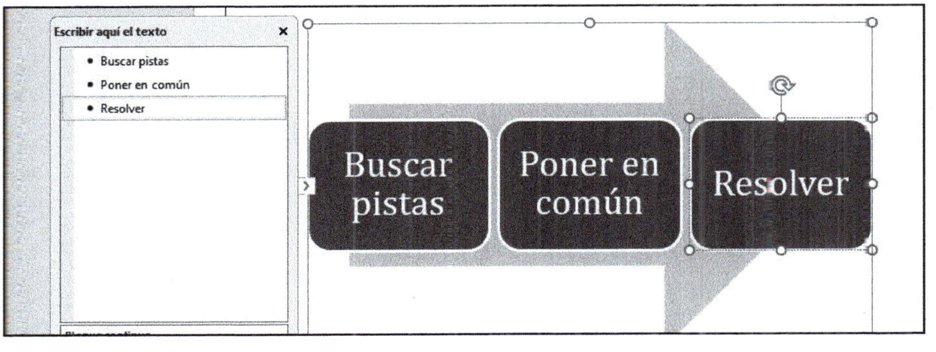

9. Una vez introducido el texto que se debe mostrar en el gráfico, oculte el panel de texto pulsando en el botón de aspa de su cabecera.

10. Vamos a cambiar ahora los colores y el estilo del gráfico. Es posible modificar, tanto manualmente como utilizando estilos predeterminados, el diseño de los gráficos SmartArt. Haga clic en el comando *Cambiar colores* del grupo de herramientas *Estilos SmartArt* y del panel de colores que se despliega pulse sobre la tercera combinación de colores del apartado *Multicolor* para seleccionarla y aplicarla.

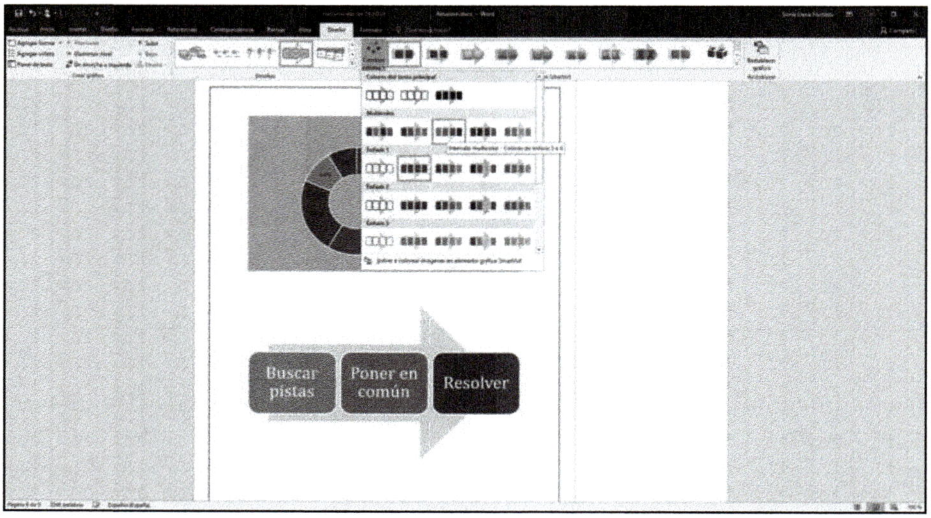

11. A continuación, haga clic en el botón *Más* del apartado *Estilos SmartArt* y haga clic sobre el estilo que más le guste del apartado 3D para aplicarlo al gráfico.

12. Los textos que hemos introducido en los distintos elementos de este gráfico SmartArt desde el panel de texto no son definitivos e inamovibles. A continuación cambiaremos el contenido de uno de los cuadros. Haga clic sobre el tercer cuadro, el que contiene el texto *Resolver*, y observe cómo cambia de forma y se activa el cursor en modo edición.

13. Sitúe el cursor al final de la palabra *Resolver* y añada el texto *Caso.*

14. Cuando haya introducido el texto, haga clic en algún punto fuera del cuadro para confirmar la entrada y hacer que el cuadro vuelva a su forma original.

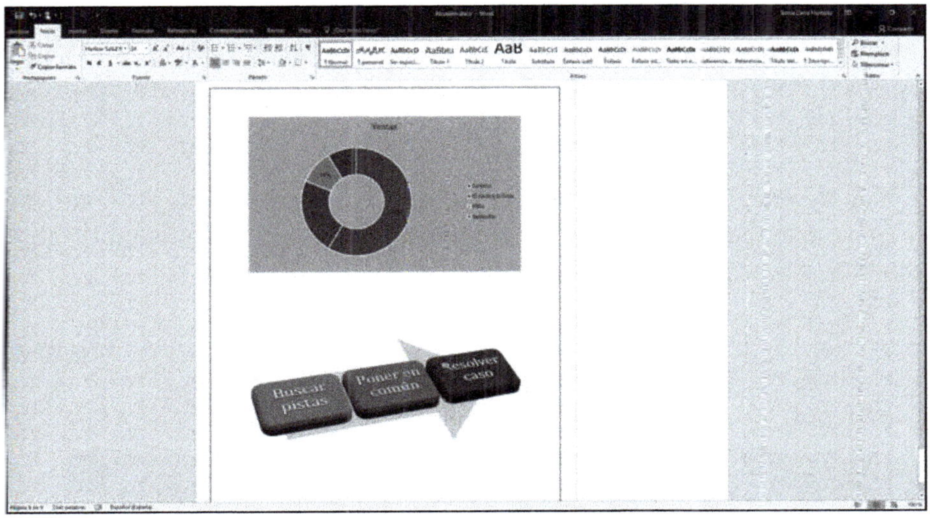

15. De este modo podemos ir modificando el gráfico hasta darle el aspecto deseado. Guarde los cambios pulsando el icono *Guardar* de la *Barra de herramientas de acceso rápido*.

PRÁCTICA

Agregue en su documento un gráfico SmartArt eligiendo entre uno de los muchos diseños de que dispone Word 2016. Una vez insertado, inserte el texto que desee para completarlo y modifique, si lo desea, su diseño.

5.28 Aplicar fondo a una página

Los fondos o páginas de color se suelen aplicar a aquellos documentos que se van a visualizar en un explorador Web para conferirles un aspecto más atractivo.

Los fondos de página pueden verse en todas las vistas excepto en las denominadas Borrador y Esquema.

1. En este ejercicio veremos el modo de colorear una página y de aplicar una imagen como fondo. Para empezar, active la ficha *Diseño* pulsando sobre su pestaña.

2. En primer lugar, colorearemos el fondo de la página con un color personalizado. Haga clic en el comando *Color de página* del grupo de herramientas *Fondo de página*.

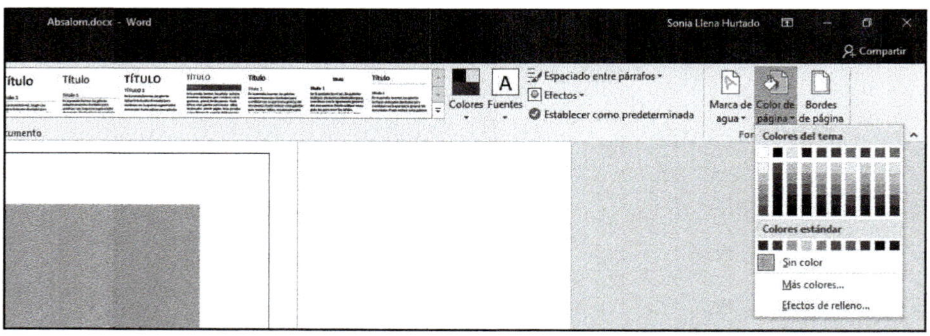

3. Si hiciésemos clic sobre uno de los colores que ofrece la paleta de colores, este se aplicaría directamente como fondo de página. Sin embargo en este caso crearemos un color personalizado. Pulse en la opción *Más colores*.

4. Se abre así el cuadro de diálogo *Colores*, cuyas fichas *Estándar* y *Personalizado* incluyen una paleta de colores más amplia. Pulse sobre la pestaña *Personalizado*.

5. Incluya en el campo *Rojo* el valor *251*, en el campo *Verde*, el valor *205* y en el campo *Azul*, el valor *155* y pulse el botón *Aceptar* para aplicarlo como fondo de la página. (Si lo desea cree un color distinto al propuesto aplicando otros valores.)

6. El botón *Aceptar* cierra el cuadro de diálogo *Colores* y aplica el color seleccionado a la totalidad de las páginas del documento. A continuación, aplicaremos como fondo de página una imagen, denominada *rio.jpeg*, que puede descargar de forma gratuita con el código de acceso proporcionado en la primera página del libro. Si lo desea puede utilizar cualquier otra imagen propia en este formato. En cualquiera de los dos casos asegúrese de guardarlo en una carpeta cuya ubicación pueda recordar y localizar fácilmente. Haga clic en el botón *Color de página* del grupo de herramientas *Fondo de página* y pulse en la opción *Efectos de relleno*.

7. Se abre así el cuadro *Efectos de relleno*, desde el que podemos aplicar un degradado, una textura, una trama o una imagen como fondo de página. Pulse sobre la pestaña *Imagen* y haga clic sobre el botón *Seleccionar imagen*.

8. Este botón abrirá el cuadro *Insertar imágenes*, en el que podemos elegir, como ya hemos visto en otras ocasiones, las distintas ubicaciones desde las cuales podemos obtener las imágenes. En este caso, y si desea utilizar el archivo mencionado, haga clic sobre el vínculo *Examinar*, localice y seleccione con un clic la imagen que desee utilizar y pulse el botón *Insertar*.

9. Tras pulsar el botón *Insertar* el cuadro *Insertar imágenes* se cierra y la imagen seleccionada aparece en modo de vista previa en el cuadro efectos de relleno. Pulse el botón *Aceptar* en el cuadro *Efectos de relleno* para aplicar la imagen seleccionada como fondo de página de nuestro documento.

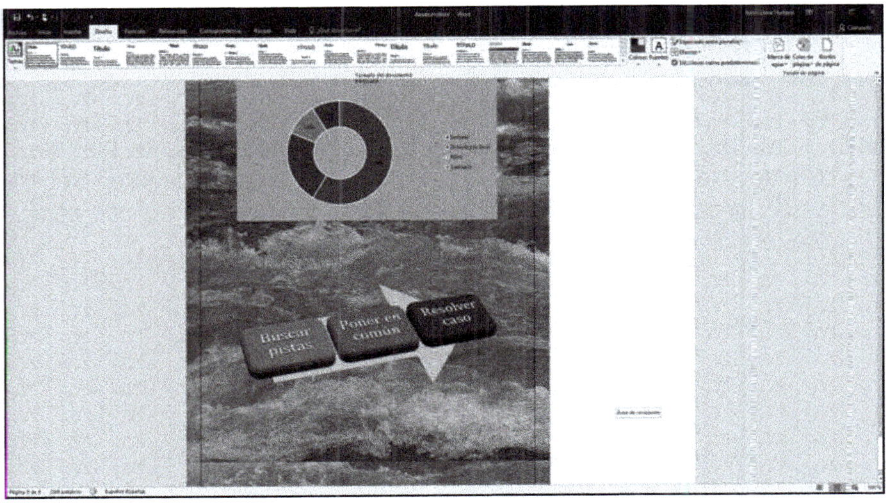

10. Como puede ver, al aplicar una imagen como fondo de página, esta se muestra a modo de mosaico para rellenarla por completo. Para acabar el ejercicio, volveremos a mostrar la página sin ningún fondo y guardaremos los cambios. Pulse nuevamente en el botón *Color de página* y haga clic en la opción *Sin color*.

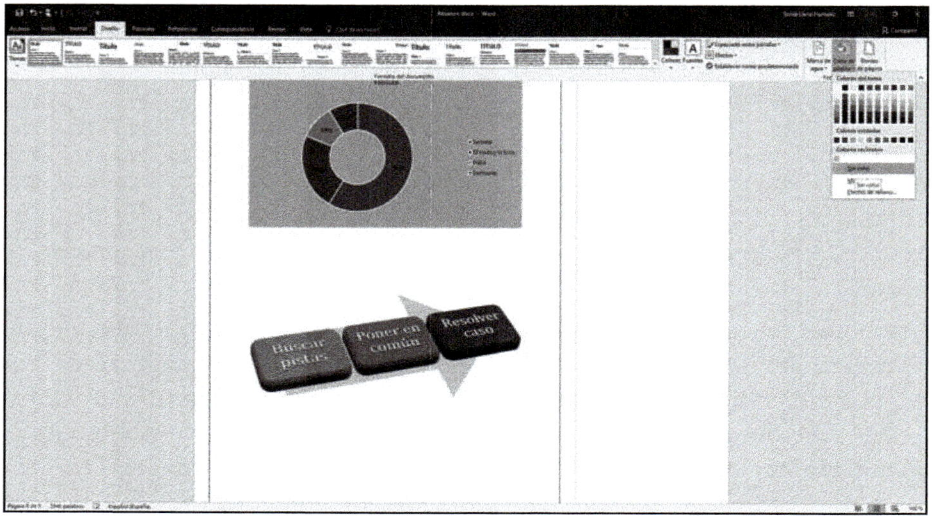

11. Guarde los cambios pulsando el icono *Guardar* de la *Barra de herramientas de acceso rápido* para dar por acabado el ejercicio.

PRÁCTICA

Aplique un color sólido y personalizado como fondo de página de su documento. Después, cambie este color de fondo por una imagen, ya sea propia o de Internet. Tras comprobar cómo queda el documento, pruebe a aplicar otros efectos al fondo de las páginas, como texturas o colores personalizados.

5.29 Aplicar temas

Un tema es un conjunto de elementos de diseño, imágenes de fondo, combinaciones de colores, etc., que se aplican a los documentos con el objetivo de embellecerlos y conferirles un aspecto más profesional.

1. Como recordará, en ejercicios anteriores agregamos un gráfico y un gráfico SmartArt al final de este documento. Esto nos ayudará a comprobar que el cambio de tema afecta también a esos elementos. Active la ficha *Diseño* pulsando en su pestaña.

2. Haga clic en el botón *Temas* del grupo de herramientas del mismo nombre y, en la galería de temas predeterminados, utilice la barra de desplazamiento vertical para encontrar el tema denominado *Malla* y pulse sobre él para aplicárselo al documento.

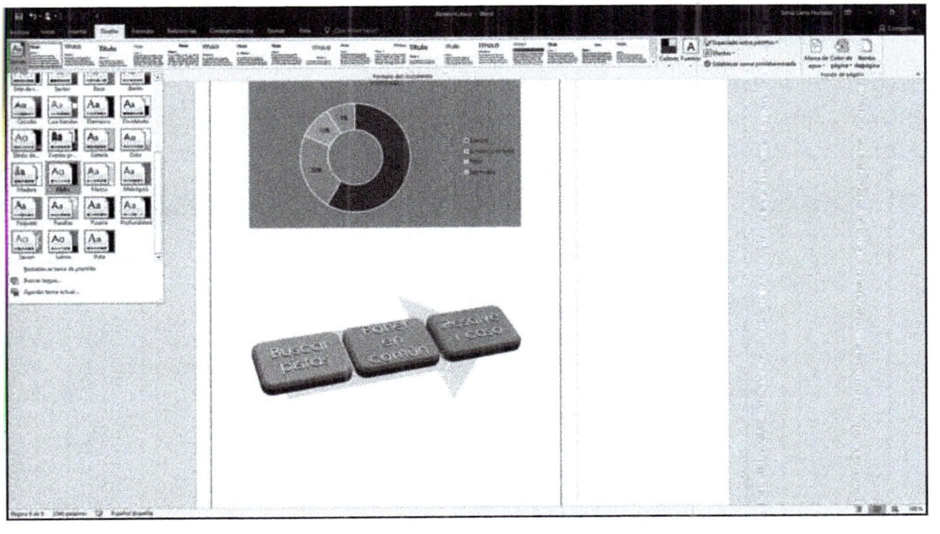

3. Antes de hacer nada, desplace hacia arriba y abajo las barras de desplazamiento de su documento y fíjese en algunos de los cambios que ha aplicado este tema. Por ejemplo los colores de la portada se han modificado así como el fondo del gráfico y los colores del gráfico Smart Art. (Vea la imagen adicional *5.28-001*.) Ahora cambiaremos los estilos de la página y guardaremos en la galería el tema resultante de la modificación para poder utilizarlo siempre que queramos. En la misma pestaña *Diseño*, despliegue el comando *Colores* y pulse sobre la combinación de colores que más le guste.

4. A continuación, despliegue el comando *Fuentes* y, de la lista de fuentes predeterminadas que se muestra, elija con un clic la llamada *Consolas-Verdana*, en la que tanto los títulos como el texto normal se crearán con la fuente Verdana.

5. Una vez modificado el tema actual, despliegue el comando *Temas* y pulse sobre la opción *Guardar tema actual*.

6. Se abre el cuadro *Guardar tema actual*, mostrando las tres carpetas de documentos de tema que incluye Office por defecto. En el campo *Nombre de archivo*, escriba el término *Prueba* y pulse el botón *Guardar*.

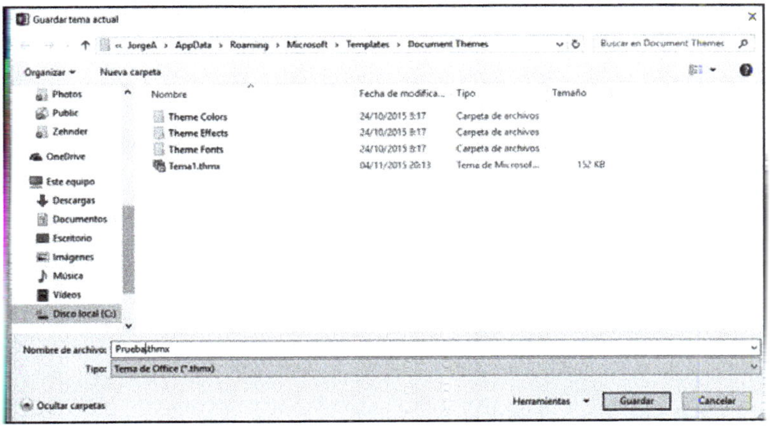

7. Para acabar, comprobaremos que el tema *Prueba* que acabamos de configurar se encuentra ya disponible en la galería de temas y puede aplicarse a cualquier otro documento. En primer lugar comprobemos que efectivamente este nuevo tema se ha añadido al panel de temas disponibles. Haga clic en el comando *Temas* y fíjese que en la categoría *Personalizados* se encuentra nuestro tema.

8. Ahora sí abra cualquier otro documento de Word que tenga almacenado en su equipo o, en su defecto, cree uno nuevo en blanco, active la ficha *Diseño*, despliegue el comando *Temas* y pulse sobre el tema *Prueba* para aplicarlo al documento.

9. Si ahora accediéramos a los conjuntos de colores, de fuentes y de efectos de tema podríamos ver que son los que hemos establecido para el tema *Prueba*. Cierre el nuevo documento sin guardar los cambios realizados.

PRÁCTICA

Aplique uno de los temas que Word pone a su disposición y modifíquelo a su gusto. Guarde el tema con un nombre personalizado y aplíquelo sobre cualquier otro documento de Word.

5.30 Traducir

La función Referencia permite traducir palabras o frases cortas, utilizando para ello diccionarios bilingües, o bien traducir un documento entero con los servicios de traducción automática basada en Web que ofrece Word.

1. En este ejercicio aprenderemos a traducir una palabra concreta, una frase y un documento entero utilizando para ello las herramientas de traducción que Word 2016 pone a nuestra disposición. Empezaremos seleccionando una palabra. Sitúese en la página Bibliografía y haga doble clic sobre el segundo título, Mosquitos, para seleccionar la palabra.

2. Pulse sobre el comando *Traducir*, incluido en el grupo de herramientas *Idioma* de la ficha *Revisar*.

3. Desde el comando *Traducir* se despliegan tres opciones. En esta ocasión, dado que tenemos un texto seleccionado haga clic sobre la opción *Traducir texto seleccionado*.

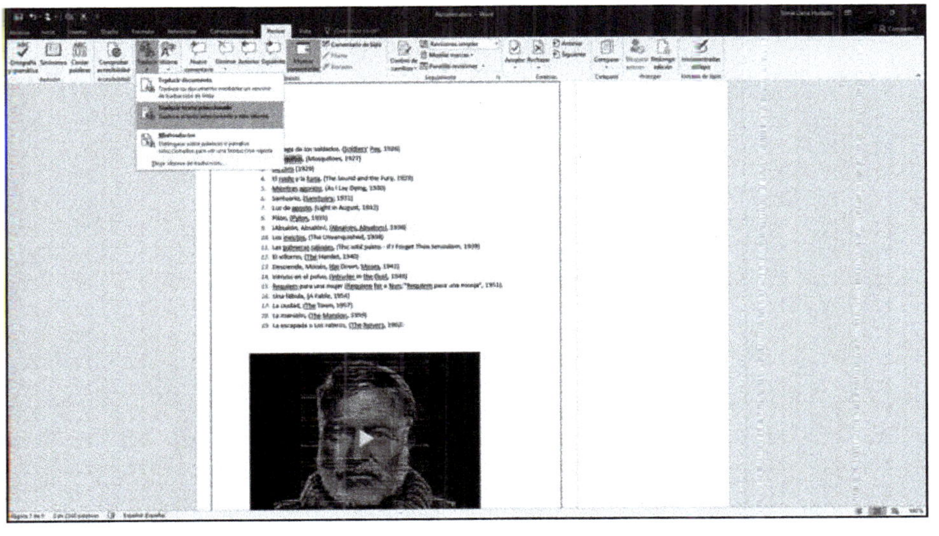

4. Aparece un cuadro de diálogo en el cual se informa de que el texto seleccionado se enviará a través de Internet en un formato seguro para realizar la traducción a Microsoft o a otro proveedor de servicios. Si le parece adecuado este procedimiento, haga clic en *Sí* para continuar.

5. En la parte derecha del área de trabajo aparece el panel de tareas Referencia con la función *Traducción* activada. Por defecto Word tiene activado el idioma *Español* en el campo *De* e *Inglés* en el campo *A*. Esto significa que el texto se traducirá de español a inglés. Como puede ver en la parte inferior, bajo el título *Diccionario multilingüe* puede encontrar la traducción, que efectivamente coincide con el título en inglés que está entre paréntesis. Si quisiera modificar estas opciones solo tendría que hacer clic en el botón de punta de flecha de cada campo y seleccionar el idioma que le interesase. En este caso, pruebe por ejemplo a cambiar el idioma al que se traducirá el texto. Despliegue el campo *A* y de las opciones de lenguas que se despliegan seleccione por ejemplo *Ruso*.

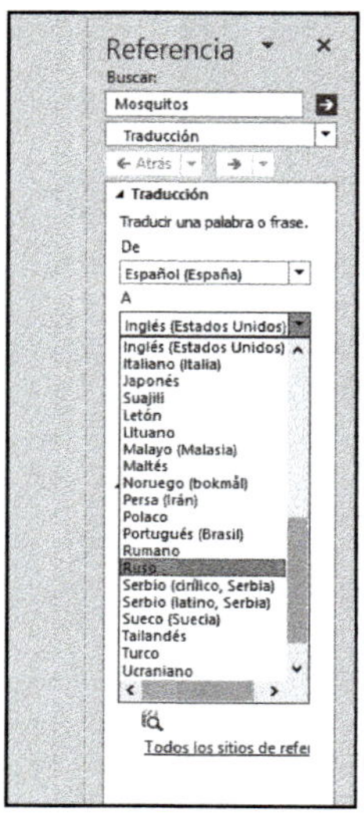

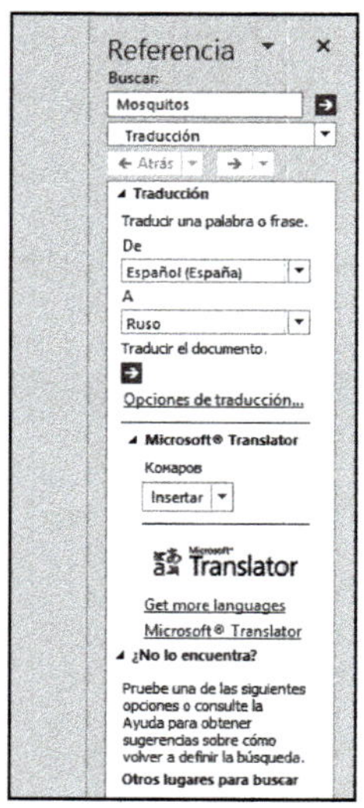

6. Verá que de forma automática la palabra seleccionada ha sido sustituida por la versión rusa de la misma palabra. Veamos ahora cómo traducir una palabra sin necesidad de que esta pertenezca al documento activo, sino simplemente a modo de consulta. En el campo *Buscar* del panel *Referencia*, escriba la palabra *Flor*.

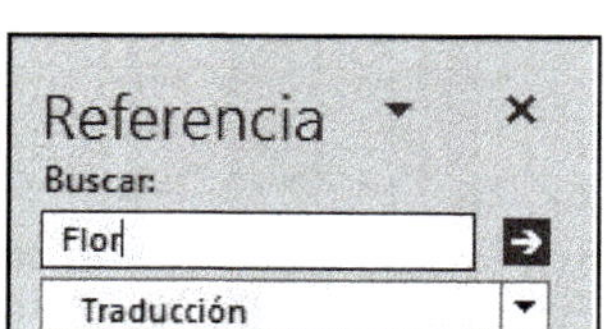

7. Despliegue de nuevo el campo *A*, vuelva a seleccionar el idioma *Inglés* y verá que la palabra también se traduce de forma automática a esta lengua.

8. Pulse el botón de aspa de la *Barra de título* del panel *Referencia* para cerrarlo.

9. Ahora probaremos a traducir una frase entera del documento. Sitúese en la página de la cronología y seleccione la primera frase de la página: *Nace Tomás Stupen en la región montañosa del oeste de Virginia.*

10. Pulse la tecla *Alt* y, sin soltarla, haga clic sobre el fragmento de texto seleccionado.

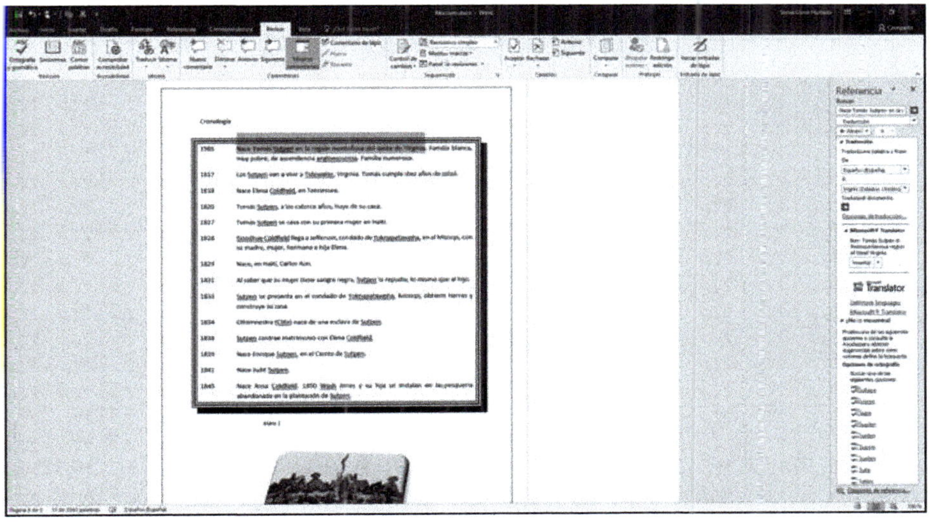

11. Se abre nuevamente el panel *Referencia* mostrando la traducción al inglés del fragmento de texto seleccionado. Antes de acabar este ejercicio en el que hemos aprendido a traducir texto en Word, traduciremos todo el documento actual al inglés. Haga clic sobre el icono que muestra una flecha sobre un fondo blanco debajo de la opción *Traducir el documento*.

12. Aparecerá en pantalla el mismo cuadro de alerta que habrá visto anteriormente. Pulse el botón Sí del cuadro *Traducir todo el documento* para proceder a la traducción.

13. Se abre así su navegador de Internet mostrando en primer lugar el indicador del proceso de traducción y después el resultado de la traducción de nuestro documento al inglés en la página del traductor predeterminado. Con la ayuda de la Barra de desplazamiento vertical, navegue por las páginas del documento traducido para ver la corrección de la traducción llevada a cabo.

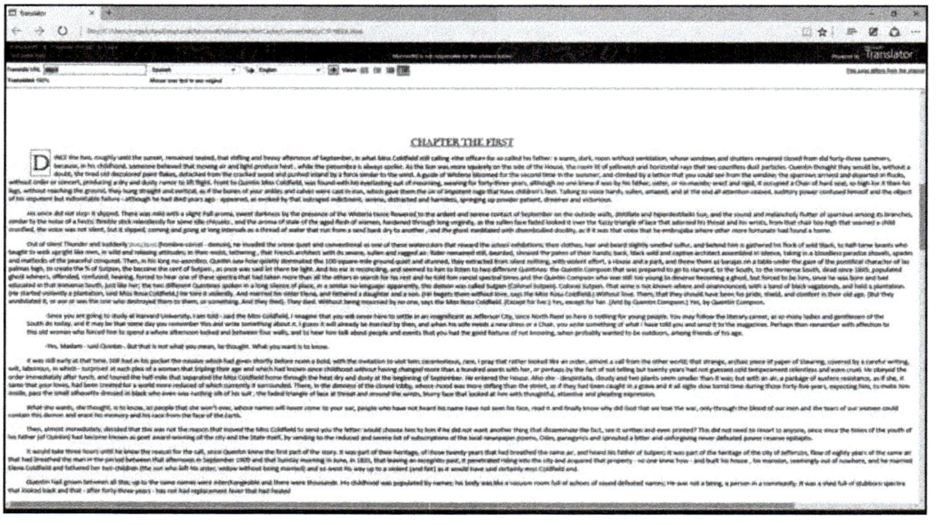

PRÁCTICA

En un documento de texto, seleccione primero una palabra del mismo y ejecute su traducción al italiano mediante el comando adecuado de Word. Desde el panel Referencias, cambie la lengua de destino de la traducción para comprobar la ejecución automática e inmediata del proceso. Por último, traduzca todo el documento para comprobar que este servicio lo ofrece Microsoft en Internet.

5.31 Buscar sinónimos

El comando Sinónimos, que encontramos en el grupo de herramientas Revisión de la ficha Revisar, nos conduce al panel Referencia, donde podemos buscar sinónimos (diferentes palabras con un mismo significado) y antónimos (palabras con el significado opuesto a la seleccionada).

1. En este ejercicio aprenderemos a buscar sinónimos en Word. Para ello, seguiremos trabajando en la página de la cronología que hemos editado en el ejercicio anterior. Seleccione el término *casa,* la última palabra del cuarto acontecimiento listado, y haga clic con el botón derecho del ratón sobre dicho término.

2. En el menú contextual que se despliega, sitúe el puntero del ratón sobre la opción *Sinónimos.*

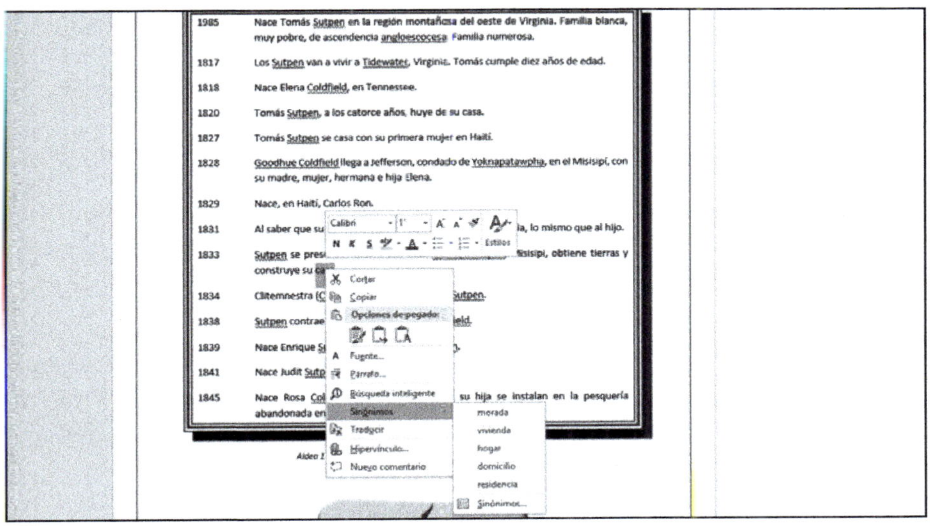

3. Verá que aparecen varios sinónimos entre los que puede elegir. Haga clic sobre la palabra *Hogar.*

4. Efectivamente, la palabra *casa* ha sido sustituida por *hogar.* A continuación, accederemos al panel *Referencia.* Tras situarse en la pestaña *Revisar* de la *Cinta de opciones,* haga clic en el comando *Sinónimos* en el grupo de herramientas *Revisión.*

5. Se abre el panel *Referencia,* mostrando los sinónimos de la palabra seleccionada. Vamos a utilizar este panel para localizar sinónimos de la palabra *repudia*. En el campo *Buscar* escriba dicho término y pulse la tecla *Retorno.*

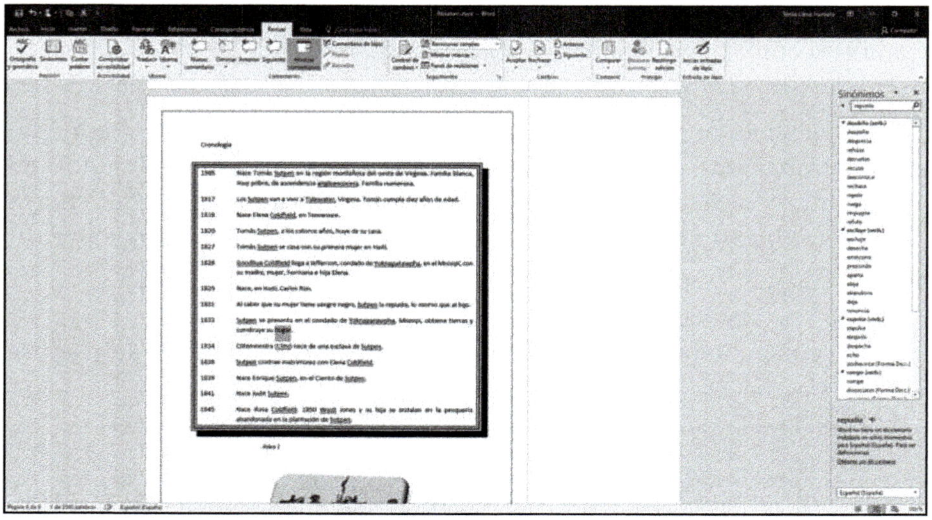

6. Automáticamente Word busca y muestra los sinónimos en español de la palabra *repudia* que ha encontrado en su diccionario. Sobre el texto del documento, seleccione con un doble clic esta palabra que aparece en el acontecimiento de 1831.

7. Vamos a sustituir esta palabra por uno de los sinónimos que se muestran en el panel *Referencia*. Sitúe el puntero del ratón sobre el término *Rechaza,* pulse sobre el botón de punta de flecha que aparece y, del menú de opciones que se despliega, elija con un clic la opción *Insertar.*

8. La palabra indicada se inserta en el documento sustituyendo al término seleccionado. Cierre el panel *Referencia* pulsando el botón de aspa de su cabecera.

9. Para acabar, guarde los cambios realizados pulsando el botón *Guardar* de la *Barra de herramientas de acceso rápido* y cierre el documento actual mediante el comando *Cerrar* de la vista Backstage de Word.

PRÁCTICA

Sobre un fragmento de texto de su documento, practique con la búsqueda y el uso de sinónimos. En primer lugar, utilice el menú contextual del texto para elegir un sinónimo y sustituir el término seleccionado. Después, acceda al panel Referencia para mostrar los sinónimos de dicha palabra.

5.32 Abrir y modificar documentos en PDF

la versión 2013 de Word ofreció como novedad la posibilidad de abrir y editar archivos PDF en el mismo procesador de textos. *Portable Document Format* (PDF) es un formato común para compartir versiones finales de documentos.

Si bien en una lección anterior, en la sección de acciones comunes de Office, ya mostramos cómo convertir en PDF un documento de texto, en esta lección le mostraremos el proceso inverso, es decir, cómo convertir un documento PDF en un documento de texto .docx y editar sus contenidos.

1. En este sencillísimo ejercicio le mostraremos cómo Word permite abrir en el mismo programa documentos PDF. Para ello, puede utilizar cualquier archivo con este formato que tenga almacenado en su equipo o bien el documento de ejemplo *Odisea.pdf*, que podrá descargar de forma gratuita con el código de acceso proporcionado en la primera página del libro. El proceso de conversión empieza como si abriera cualquier otro documento. Sitúese en la pestaña *Archivo* y haga clic sobre el comando *Abrir*.

2. A continuación, se trata de localizar en su equipo o en otra ubicación disponible el documento que desee utilizar. Cuando lo haya hecho, ábralo normalmente en el área de trabajo de Word.

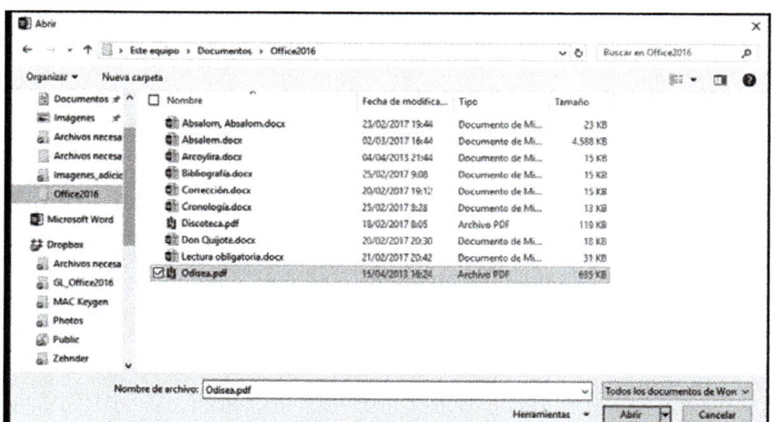

3. El programa lanza un cuadro de diálogo que le informa acerca del proceso de conversión. Si no desea que este cuadro vuelva a mostrarse al realizar

esta acción, marque la opción *No volver a mostrar este mensaje*. Pulse el botón *Aceptar* para seguir con la apertura del documento.

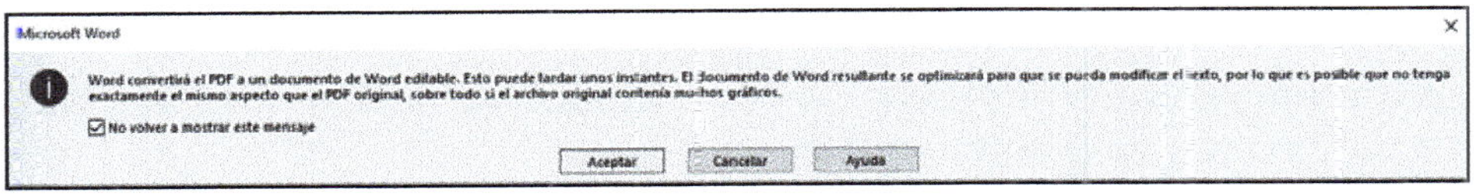

4. El proceso de conversión se muestra gráficamente en la *Barra de estado* del programa. Una vez finalizado, el documento se abre en el área de trabajo de Word como si de un documento de texto se tratara. Una de las grandes ventajas de realizar este tipo de conversión es que, además de conservar intacto el formato del documento, se respeta cualquier vínculo u efecto que dota de interactividad al archivo. Compruébelo. Pulse la tecla *Ctrl* y, sin soltarla, haga clic sobre la palabra *Troya*, resaltada en azul.

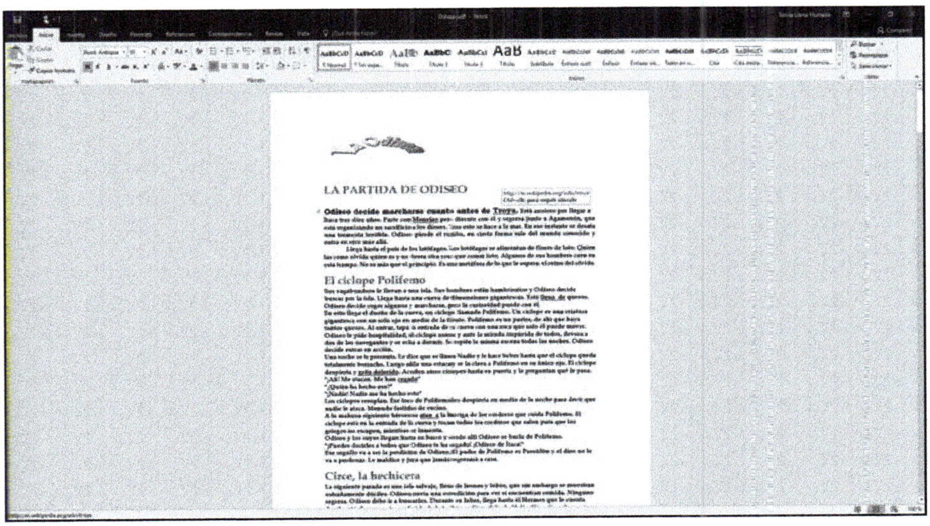

5. Efectivamente, se abre el navegador Web mostrando una página concreta. Cierre la ventana del navegador para volver al documento de Word.

6. Como hemos indicado en la introducción, es posible modificar el contenido de un documento PDF con las mismas herramientas que utilizaría con un documento de texto convencional. Para comprobarlo, seleccione el título *La partida de odiseo* y, en el grupo de herramientas *Fuente* de la pestaña *Inicio*, despliegue el campo *Color*.

7. Elija de la paleta de colores un tono distinto al actual para cambiar así el aspecto del título.

8. A continuación, despliegue también el campo *Tamaño de fuente* y seleccione un tamaño mayor que el actual.

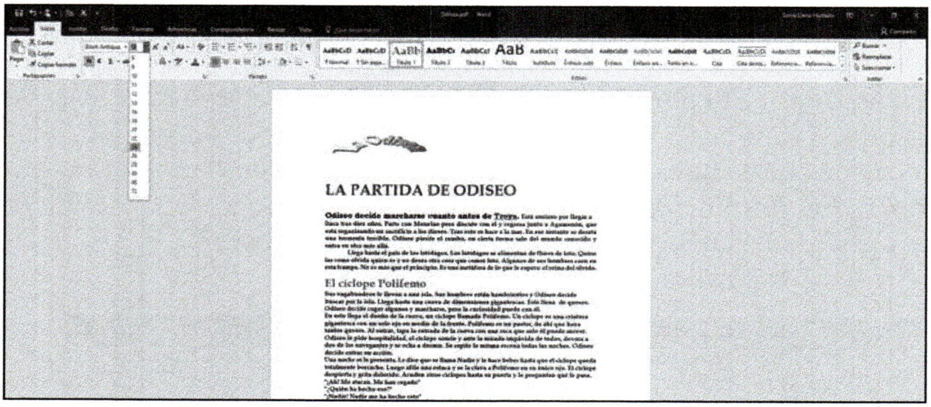

9. Si lo desea, modifique otras características de formato añadiendo, por ejemplo, algún efecto a este o a otro título o subtítulo del documento e, incluso, cambie alguna de las partes de texto y añada alguna imagen, todo ello refiriéndose si así lo necesita a las lecciones pertinentes de este manual. Solo así se dará cuenta de la versatilidad de esta función de Word. ¡Se acabó no poder manipular documentos PDF! Para terminar este ejercicio, pulse el comando *Guardar* de la *Barra de herramientas de acceso rápido* y, en el cuadro de diálogo *Guardar como*, pulse el botón *Guardar* para almacenar el documento con formato .docx.

10. Por último, cierre Word 2016 pulsando sobre el botón de aspa de la *Barra de título*.

PRÁCTICA

Como última práctica en Word 2016, convierta un documento PDF en un documento de texto de Word. Para ello, ábralo normalmente en el programa, compruébe cómo es posible modificarlo en todos los aspectos y acabe guardándolo con formato .docx.

6 Excel 2016

6.1 Conocer las hojas de un libro

Excel es el programa de hoja de cálculo de Microsoft Office y es una de las aplicaciones de hoja de cálculo más utilizada, conocida y extendida entre los usuarios de ofimática. Se trata de un programa que permite manipular datos numéricos y alfanuméricos dispuestos en forma de tablas y realizar con ellos todo tipo de operaciones matemáticas, desde las más sencillas, como sumas, restas y divisiones, hasta las más complicadas, como funciones trigonométricas. Excel se utiliza para organizar la contabilidad, definir presupuestos, crear informes, planear proyectos y organizar su seguimiento, para crear listas y calendarios, etc.

Excel permite crear y aplicar formato a libros (un conjunto de hojas de cálculo) para analizar datos y tomar decisiones fundadas sobre aspectos de su negocio. Concretamente, se puede usar para hacer un seguimiento de datos, crear modelos para analizar datos, escribir fórmulas para realizar cálculos con dichos datos, dinamizar los datos de diversas maneras y presentarlos en una variedad de gráficos con aspecto profesional. Los documentos creados en Excel se denominan Libros. Cada uno de ellos se compone de varias hojas de cálculo almacenadas en un mismo archivo. Una hoja de cálculo es una cuadrícula rectangular formada por una determinada cantidad de celdas organizadas en filas y columnas.

1. En este ejercicio conoceremos cómo está formado un libro de Excel y aprenderemos a movernos por sus hojas. Para empezar, abra Excel 2016 desde la pantalla de inicio de Windows 10 y, en la vista Backstage de la aplicación, haga clic en el elemento *Libro en blanco*.

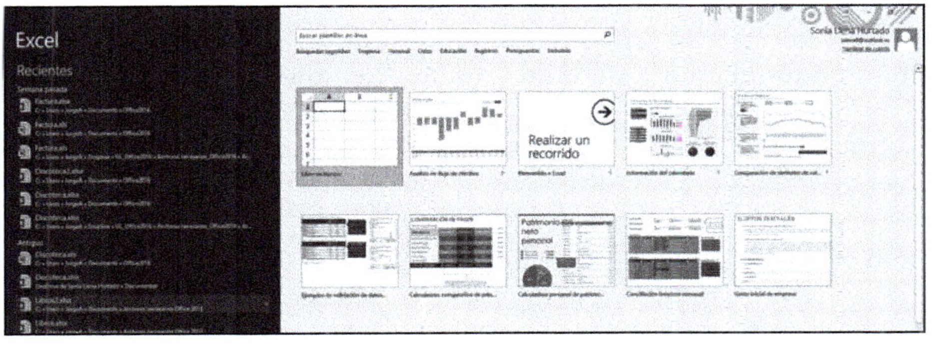

2. En el libro en blanco que se acaba de abrir reconocerá la *Barra de herramientas de acceso rápido* y la *Cinta de opciones*. Debajo de la *Cinta de opciones* se encuentra la *Barra de fórmulas* y el *Cuadro de nombres*, que está justo encima de la hoja de cálculo. La hoja de cálculo está compuesta por celdas. Haga clic sobre cualquier celda y observe que el nombre de esa celda se muestra en el *Cuadro de nombres*.

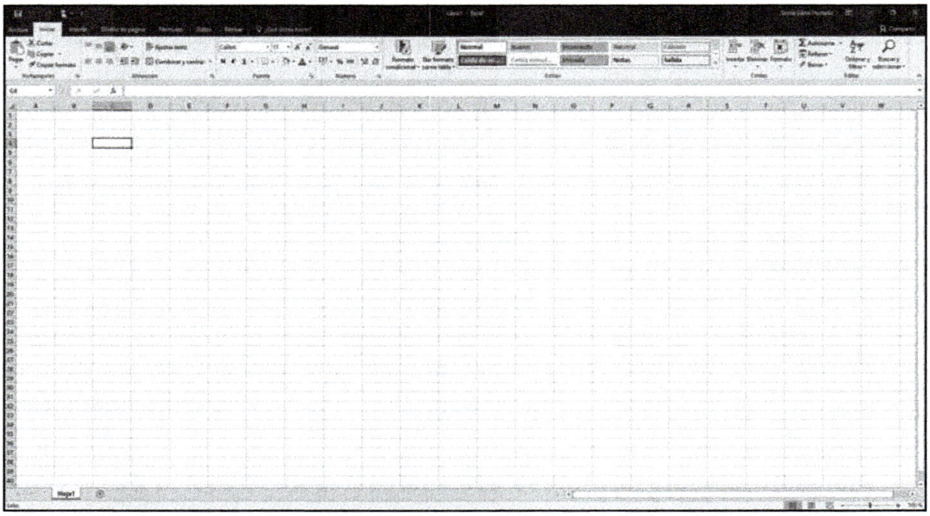

3. El nombre de cada celda corresponde a la combinación de las dos coordenadas de ubicación de la misma. Es decir, la letra de la columna en la que se encuentra la celda seguida del número de fila. Así, el nombre de la primera celda será A1, si nos movemos una celda a la derecha, el nombre de la celda en la que nos encontramos será B1 y si bajamos a la siguiente fila B2. Haga clic sobre otra celda para ver cómo el contenido del *Cuadro de nombres* cambia.

4. En las partes inferior y derecha de la hoja de cálculo se encuentran las barras de desplazamiento que podrá utilizar para desplazar tanto horizontal como verticalmente la hoja. Desplace la *Barra de desplazamiento vertical* abajo y arriba pulsando sobre los botones de flecha situados en sus extremos.

5. También puede moverse por la hoja de cálculo utilizando el teclado. Coloque el ratón en la celda *D9* y, para pasar a la celda anterior, pulse la *tecla de dirección hacia arriba* en su teclado.

6. Ahora está usted situado en la celda D8. Pulse la tecla *Avance página* de su teclado para desplazarse una pantalla entera hacia abajo y *Retroceder página* para volver al mismo lugar.

7. Si lo que quiere es desplazarse hasta el final de la hoja de cálculo, debe utilizar la combinación de teclas *Ctrl+ tecla de dirección hacia la derecha* para ir a la última columna y *Ctrl+ tecla de dirección hacia abajo* para ir a la última fila.

8. Para volver a la posición inicial utilizaremos la misma combinación de teclas, pero esta vez a la inversa. Pulse las teclas *Ctrl+ tecla de desplazamiento hacia la izquierda* y después *Ctrl+ tecla de desplazamiento hacia arriba* de forma que la celda seleccionada será la A1.

9. En la parte inferior izquierda de la hoja de cálculo, se sitúan las etiquetas de hojas. Por defecto un libro de Excel 2016 cuenta con una única hoja, cifra que usted podría aumentar si fuese necesario. También es posible modificar y personalizar el nombre que por defecto muestran las hojas. Para ello, haga clic con el botón derecho sobre la etiqueta de la Hoja1 y, en el menú contextual que se despliega, seleccione la opción *Cambiar nombre*.

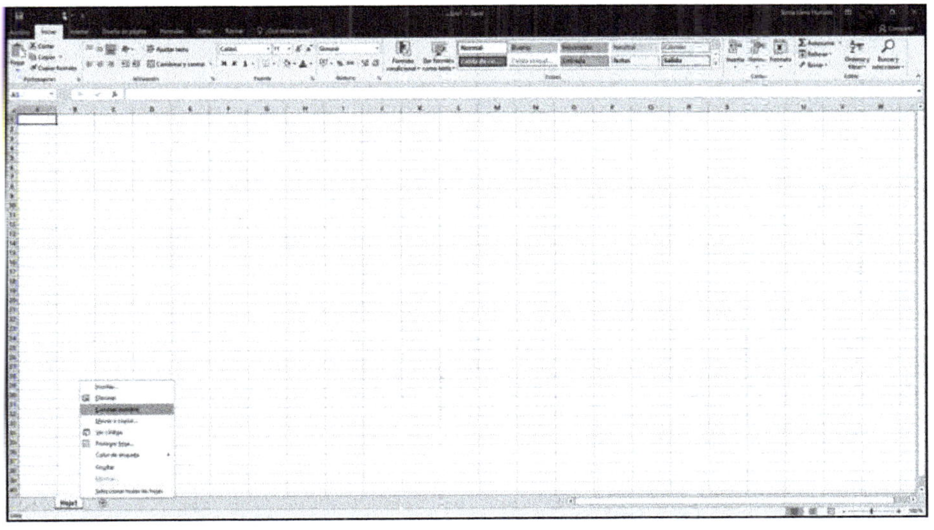

10. Observe que el nombre está ahora en modo edición y puede usted escribir sobre él. Escriba directamente la palabra *Precios* y pulse *Retorno* para confirmar el nuevo nombre.

11. Ahora insertaremos una nueva hoja a nuestro libro. Para ello, tiene dos opciones: utilizar el icono que muestra un signo + a la derecha de la etiqueta actual o bien dirigirse al menú contextual de dicha etiqueta. En este caso, haga clic con el botón derecho sobre la etiqueta de la hoja *Precios* y seleccione la opción *Insertar*.

12. Se abre así un cuadro con distintas opciones de inserción. Con el elemento *Hoja de cálculo* ya seleccionado por defecto, pulse el botón *Aceptar*.

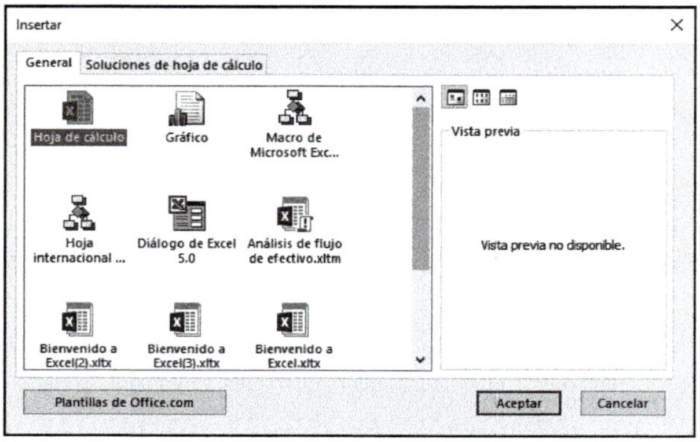

13. Puede observar que ahora son 2 el número de hojas con los que cuenta el libro. (Vea si lo desea la imagen *6.1-001*.) La nueva hoja, denominada *Hoja2*, se ha insertado delante de la hoja *Precios*. Si lo quisiera podría arrastrarla a la posición que más le interese, aunque esto lo veremos en otra lección. Para acabar guarde el documento haciendo clic sobre el comando *Guardar* de la *Barra de herramientas de acceso rápido* y póngale un nombre con el que guardarlo.

PRÁCTICA

Empecemos a trabajar con Excel 2016. Abra un libro en blanco y realice una primera toma de contacto con su interfaz y con los elementos que componen la hoja de cálculo: celdas, filas y columnas. Desplácese por ellos desde el teclado y con el ratón. Juegue también con las hojas del libro, añadiendo otras nuevas y renombrándolas.

6.2 Insertar, editar y eliminar datos

Los datos de una hoja de cálculo se introducen en las celdas que componen la cuadrícula. Cuando usted hace clic sobre una celda, esta queda seleccionada. Puede reconocer fácilmente cuál es la celda seleccionada porque se encuentra rodeada de un borde verde y porque la columna y la fila que la identifican se pueden leer en el Cuadro de nombre. Los datos siempre se introducirán únicamente en la celda que esté seleccionada.

En esta lección tomaremos un primer contacto con los datos en una hoja de cálculo. Así, aprenderemos a insertarlos, a editarlos y a eliminarlos.

1. Haga clic con el ratón en la celda *C5* y observe que esta celda se encuentra ahora seleccionada.

2. Para facilitar la localización de la celda seleccionada verá que las cabeceras de la columna y fila correspondientes se muestran resaltadas de un color gris más oscuro y muestran, además, un filete de color verde en la parte inferior y derecha respectivamente. Con la celda *C5* seleccionada, teclee el número *15* y, tras comprobar cómo se introduce el contenido tanto en la celda como en la *Barra de fórmulas*, pulse la tecla Retorno en su teclado para hacer efectiva la introducción.

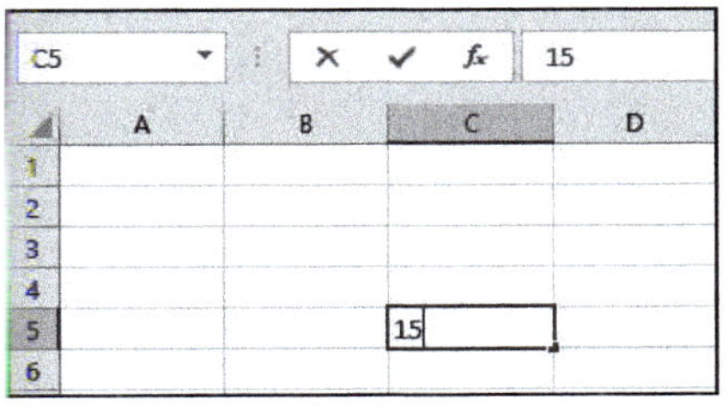

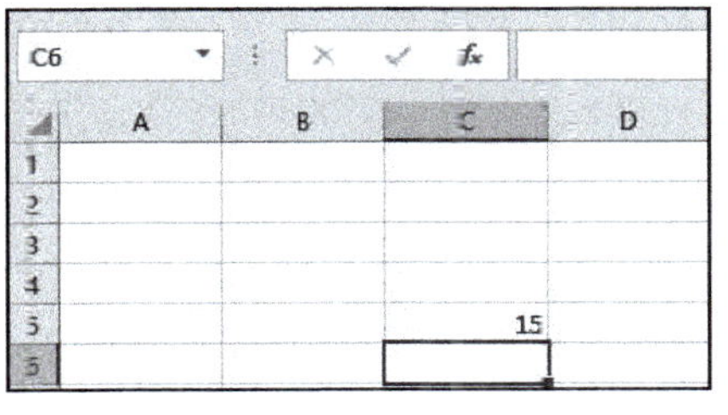

3. Ahora puede observar que la celda que está seleccionada en este momento es justo la siguiente, la *C6*, y que en la *Barra de fórmulas* ya no aparece el contenido de la *C5* sino el de la celda seleccionada. Ahora, en la celda *C6* introduzca el número *23,21* pero no pulse la tecla *Retorno*.

4. Entre la *Barra de fórmulas* y el *Cuadro de nombres* puede ver que hay tres iconos diferentes. Si sitúa el puntero del ratón sobre cada uno de ellos sin hacer clic, una etiqueta emergente le informará sobre la función de cada icono. El segundo icono mostrará la etiqueta *Introducir*. En este momento solo

son dos los iconos que están activados. Haga clic sobre el icono *Introducir* (el símbolo de verificación) para confirmar la introducción del último dato que ha escrito.

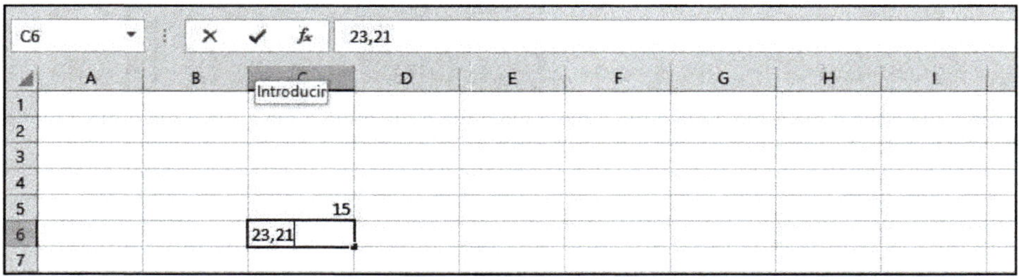

5. En las celdas de la hoja de cálculo pueden introducirse tanto datos numéricos como textuales. Sitúese ahora en la celda *B3* haciendo clic sobre ella, escriba el texto *Historia* y pulse la tecla *Retorno*.

6. Imagine ahora que quiere editar el texto *Historia* porque lo que en realidad le interesa poner es *Historia del Siglo XX*. Para editar un dato ya introducido Excel ofrece dos opciones. Vuelva a hacer clic sobre la celda *B3* para que el texto *Historia* aparezca en la *Barra de fórmulas*.

7. Sitúe el puntero del ratón en la *Barra de fórmulas*, haga clic justo después de la palabra escrita, escriba el término *del Siglo XX* y pulse *Retorno*.

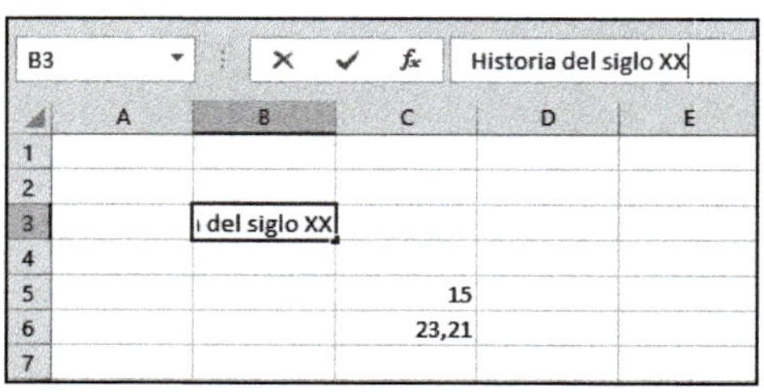

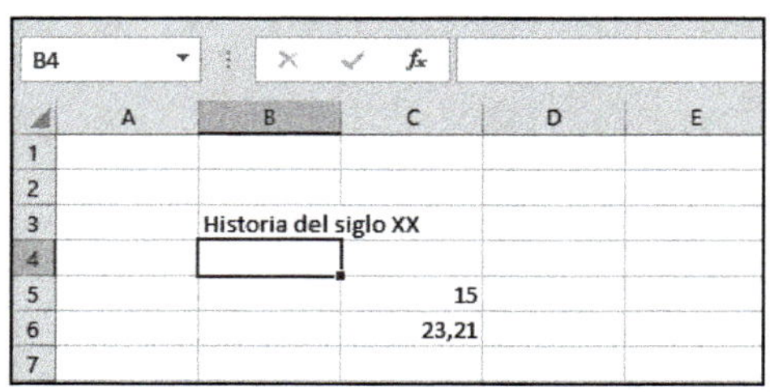

8. Como hemos dicho, Excel ofrece dos opciones para editar datos. Veamos ahora la segunda. Haga doble clic sobre la celda *B3* y dentro de la celda verá el cursor parpadeante que significa que el texto está en modo de edición.

9. Si en algún momento no está seguro de si su texto está en modo de edición o no, fíjese en el recuadro de la parte inferior izquierda de la hoja de cálculo. Cuando esté en modo de edición en ese cuadro pondrá *Modificar* (vea

la imagen adicional *6.2-001*) y si no, pondrá *Listo* (vea la imagen adicional *6.2-002*). Ahora cambie *XX* por *XIX*, para hacer así que el texto diga *Historia del Siglo XIX*, y pulse *Retorno*.

10. Ahora que ya conocemos los procedimientos para editar los datos introducidos veremos cómo se eliminan y sustituyen por completo. Vuelva a seleccionar la celda *B3* haciendo un solo clic sobre ella y pulse la tecla *Retroceso* en su teclado para eliminar el contenido. Sepa que la tecla *Suprimir* surtiría en este caso el mismo efecto.

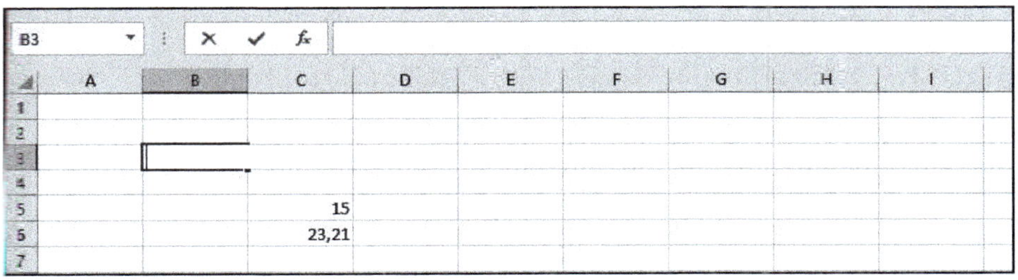

11. Deshaga la última acción mediante el comando *Deshacer* de la *Barra de herramientas de acceso rápido* para que el texto *Historia del Siglo XIX* vuelva a aparecer en la hoja de cálculo.

12. Otro modo de eliminar el contenido de una celda es a través de la opción *Borrar contenido* del menú contextual de la celda. Haga clic con el botón derecho sobre la celda *B3* y compruebe que, efectivamente, en el menú que se despliega aparece la mencionada opción. En este caso no es necesario que lo borre ya que el resultado sería el mismo que hemos obtenido al eliminar el contenido anteriormente.

13. Vuelva a seleccionar la misma celda haciendo un único clic y escriba directamente el texto *Matemáticas*.

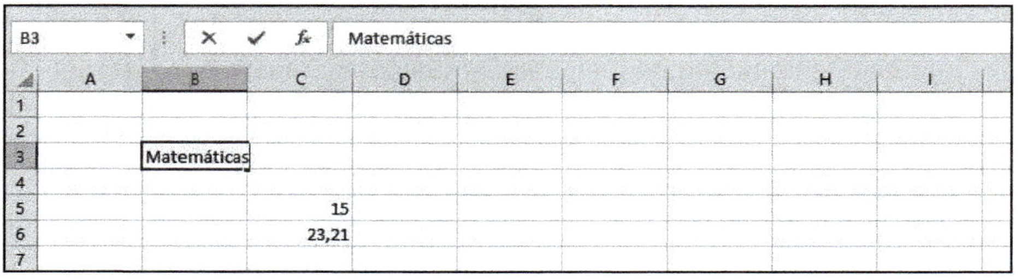

14. Verá que el texto anterior se elimina automáticamente al introducir uno nuevo. Ahora que ya sabe cómo manejarse con los datos, podríamos seguir introduciendo paso a paso todos los datos necesarios para completar la tabla que utilizaremos en los siguientes ejercicios, pero le recomendamos que obtenga la tabla ya completada para agilizar el trabajo. La podrá descargar de forma gratuita con el código de acceso proporcionado en la primera página del libro, con el nombre *Libros de texto 1*.

PRÁCTICA

Empiece a practicar con la introducción de contenido en una hoja de cálculo. Escriba en distintas celdas números y texto, borre los datos, modifíquelos, tanto en la misma celda como en la Barra de fórmulas y elimínelo.

6.3 Seleccionar columnas y filas

Como ya sabe las celdas que componen la hoja de cálculo se organizan en filas y columnas. Las columnas están identificadas por una letra o combinación de letras situadas en la cabecera y las filas, por un número situado a su izquierda. Las hojas de Excel cuentan con 1048576 filas y 16384 columnas. Puede comprobarlo desplazándose a la última final y última columna de la hoja de cálculo.

En esta lección aprenderemos a seleccionar columnas y filas enteras y a cambiarles su tamaño según nuestras necesidades.

1. Antes de empezar, recuerde que a partir de ahora trabajaremos sobre el documento *Libros de texto 1*. Cuando disponga de él, ábralo para visualizarlo en su pantalla.

2. Para empezar seleccionaremos una columna entera. Es un ejercicio sencillo pero nos resultará muy útil cuando queramos aplicar alguna modificación a todas las celdas de una columna. Haga clic sobre la letra B que identifica la segunda columna.

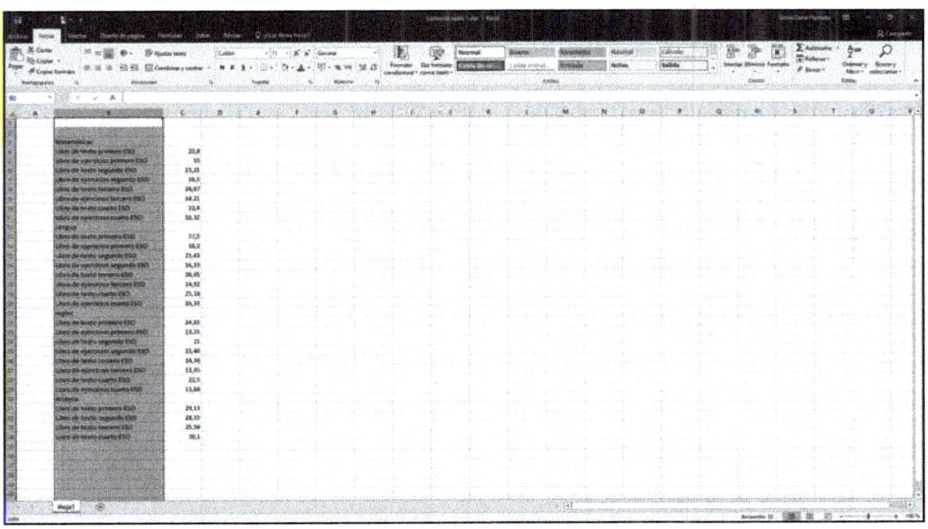

3. Habrá observado que todas las celdas de esa columna están marcadas en color gris y muestran un borde exterior verde más grueso que el habitual.

Esto significa que todas las celdas de esa columna están seleccionadas. Para deseleccionarlas haga clic en cualquiera de las celdas de la hoja de cálculo.

4. Ocurre lo mismo con las filas. Cuando tenemos todas las celdas de una fila seleccionadas cualquier cambio se aplicará sobre todas ellas. Tanto las filas como las columnas pueden seleccionarse de una en una pero también es posible seleccionar más de una. Para comprobarlo haga clic sobre el número 5 que identifica la quinta fila y, sin soltar el botón, desplace el ratón dos filas más abajo y cuando tenga las tres filas seleccionadas suelte el botón.

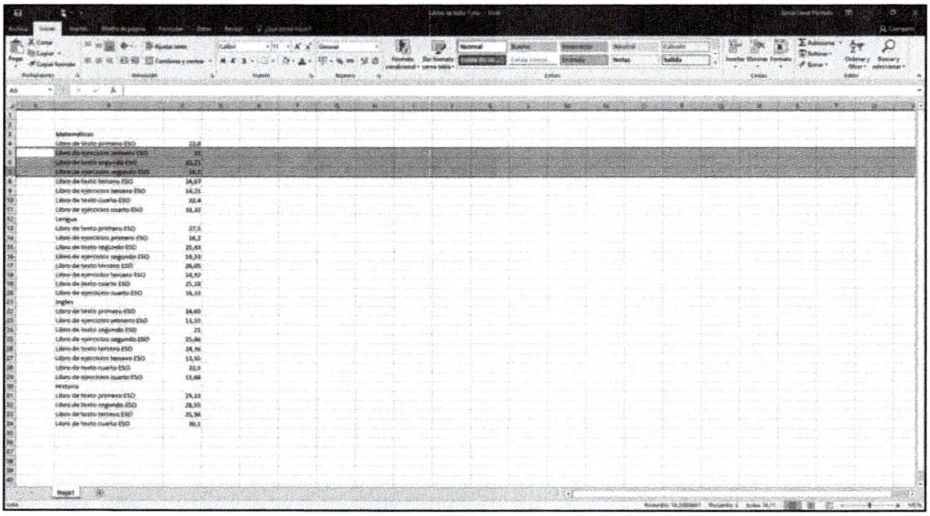

5. Ahora tiene las filas 5, 6 y 7 seleccionadas. Cuando seleccionamos más de una fila o columna no es imprescindible que estas sean consecutivas. Imagine que además de estas tres filas necesita seleccionar la columna B y D. Para ello pulse la tecla *Ctrl* y, sin soltarla, haga clic con el ratón sobre la cabecera de la columna B y luego, en la D.

6. Haga clic sobre cualquier celda de la hoja para desactivar la selección. Seleccionar toda la hoja de cálculo también es sencillo. Sobre la cabecera de la primera fila y a la izquierda de la cabecera de la primera columna encontrará un cuadro con una punta de flecha en su interior. Pulse sobre él. (Vea la imagen adicional *6.3-001* para ver toda la hoja seleccionada.)

7. Vuelva a hacer clic sobre cualquier celda para desactivar la selección.

8. Las columnas tienen una anchura de 8 píxeles establecida por defecto. Esta anchura es modificable. Sitúe el ratón en la línea que separa las cabeceras de las columnas B y C y haga clic manteniendo pulsado el botón del ratón para ver el ancho de columnas.

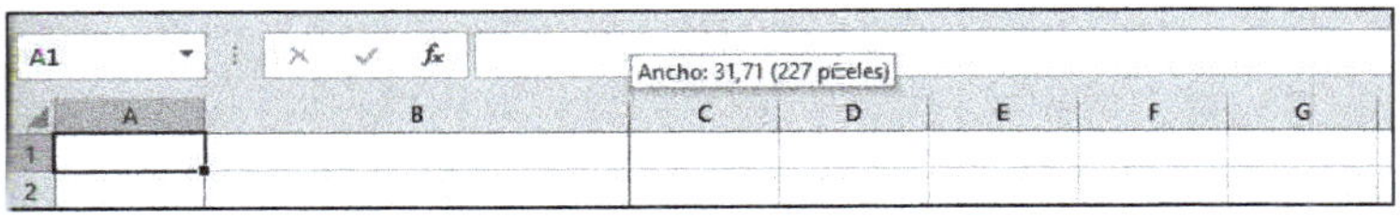

9. La etiqueta nos indica el ancho predeterminado de la columna. Sin haber soltado el botón del ratón desplácelo hacia la izquierda y hacia la derecha y observe cómo va modificándose el ancho de la columna. Suelte el ratón en la posición que desee.

10. La que acabamos de ver es una forma manual y poco precisa de ajustar el ancho de una columna. Para hacerlo con más precisión, haga clic con el botón derecho del ratón sobre la cabecera de la columna B y, en el menú contextual, seleccione la opción *Ancho de columna*.

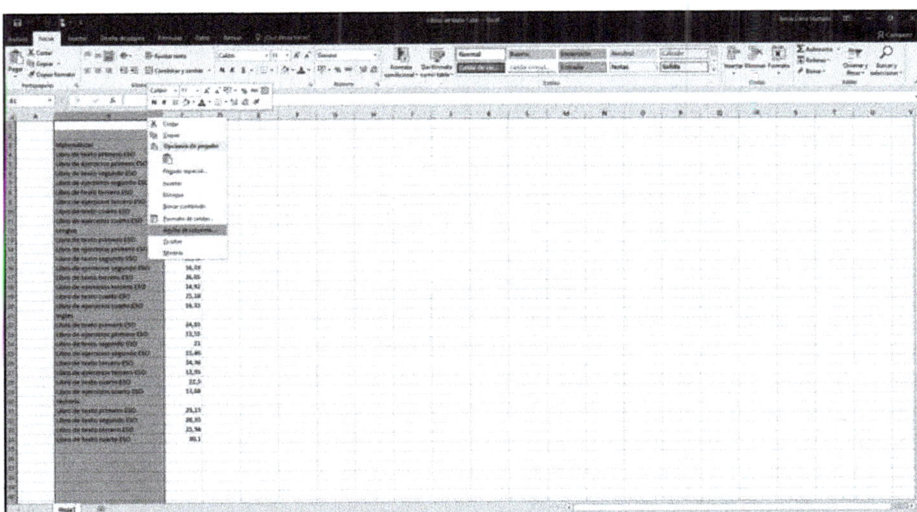

11. En el cuadro *Ancho de columna* que acaba de abrirse, inserte, a modo de ejemplo, el valor 5 y pulse el botón *Aceptar* para aplicar el cambio.

12. El resultado es el de una columna demasiado estrecha para el contenido actual, pero podría ser muy útil para algún otro tipo de contenido. (Vea la imagen adicional *6.3-002*.) Cuando no sabemos con exactitud cuál será la medida adecuada para los datos existentes, lo más cómodo y sencillo suele ser ajustar el ancho al contenido. Para eso, vuelva a situar el cursor sobre la línea que separa las cabeceras de las columnas B y C y haga doble clic.

13. Verá que la columna se ha ajustado al contenido y ahora todos los textos encajan perfectamente. (Vea la imagen adicional *6.3-003*.) Ahora ajustaremos el contenido de la columna C mediante otro procedimiento. Seleccione una celda de la columna C, haga clic sobre el comando *Formato* del grupo de herramientas *Celdas* de la ficha *Inicio* y, en el menú que se despliega, seleccione la opción *Autoajustar ancho de columna*.

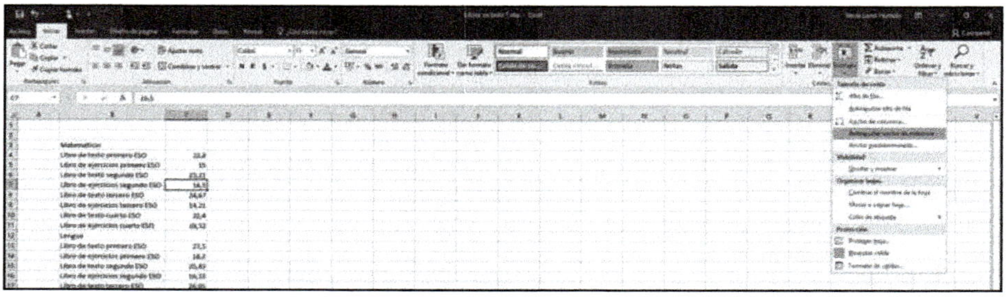

14. El resultado será el mismo que el que hemos obtenido en el punto anterior. Para acabar guarde los cambios haciendo clic sobre el botón *Guardar* de la *Barra de herramientas de acceso rápido*.

PRÁCTICA

Empiece a trabajar en esta ocasión con filas y columnas de la hoja de cálculo de Excel. Seleccione una columna, después una fila, después varias filas consecutivas y por último, varias columnas no consecutivas. Practique con el cambio de anchura de manera que la columna se ajuste al contenido.

6.4 Insertar y eliminar hojas, columnas y celdas

Excel ofrece la opción de añadir filas y columnas en cualquier lugar de la hoja de cálculo y en cualquier punto del proceso de la misma. Imagine que ha completado quince filas y de pronto se da cuenta de que ha olvidado insertar una fila de datos después de la cuarta fila.

Usted ya sabe que si escribe directamente sobre una celda con contenido este desaparecerá y será sustituido por el nuevo, de modo que la única forma de poder añadir un contenido nuevo en medio de la tabla es insertando una fila, columna o celda vacía. Para ello utilizaremos el comando Insertar del grupo de herramientas Celdas, o bien el menú contextual de cada uno de estos elementos. El número de columnas o filas insertadas de una vez será el mismo que el número de seleccionadas antes de utilizar la función.

1. Observe que la tabla de libros de texto está agrupada por asignaturas, pero que entre los distintos grupos no hay ningún espacio. Para mejorar la visibilidad del documento añadiremos tres filas en blanco para definir mejor los grupos. La primera fila la insertaremos después del último libro de ejercicios de matemáticas, es decir, tras la fila 11. Las filas y columnas suelen insertarse por defecto en la posición precedente a la seleccionada, de modo que debemos situarnos en la fila 12. Sitúese en dicha línea haciendo clic sobre cualquiera de las celdas que la componen.

2. Despliegue el comando *Insertar* del grupo de herramientas *Celdas* de la ficha *Inicio* y, del menú que aparece, seleccione *Insertar filas de hoja*.

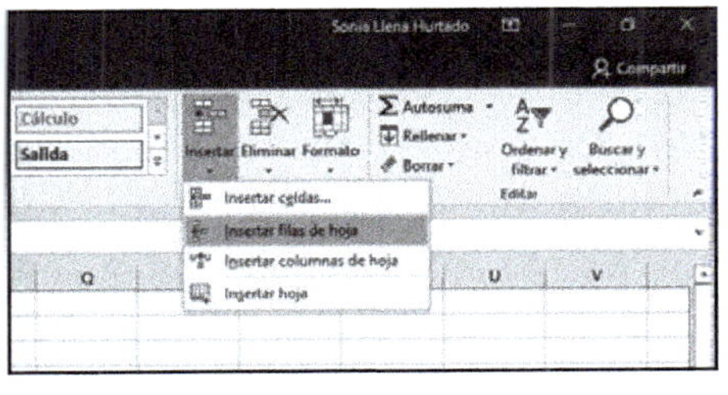

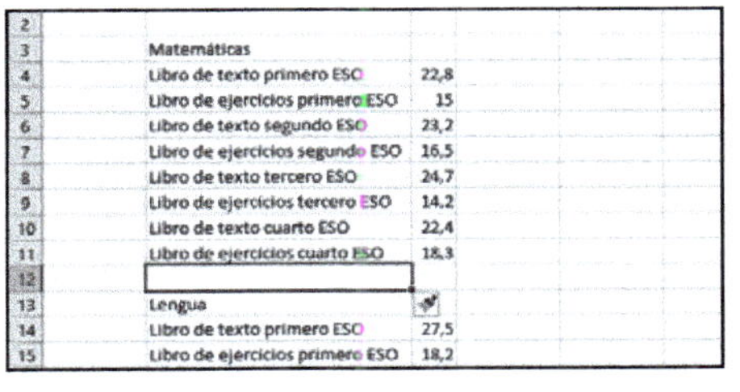

3. Se inserta así una fila encima de la seleccionada a la vez que aparece la etiqueta inteligente *Opciones de inserción*. Ahora aprenderemos a insertar una columna. Las columnas se insertan por defecto a la izquierda de la seleccionada. La nueva columna la colocaremos entre la B y la C de modo que

tendremos que situarnos en la columna C para que la inserción ocurra en el lugar adecuado. Haga clic sobre cualquier celda de dicha columna.

4. Una vez situado en la columna C, y a modo de curiosidad, despliegue el comando *Insertar* del grupo de herramientas *Celdas* de la ficha *Inicio* y observe que todas las opciones están disponibles.

5. Ahora comprobaremos qué ocurre con estas opciones cuando seleccionamos una columna entera. Seleccione por completo la columna C, despliegue de nuevo el comando *Insertar* del grupo de herramientas *Celdas* y fíjese en que la opción *Insertar filas de hoja* está desactivada.

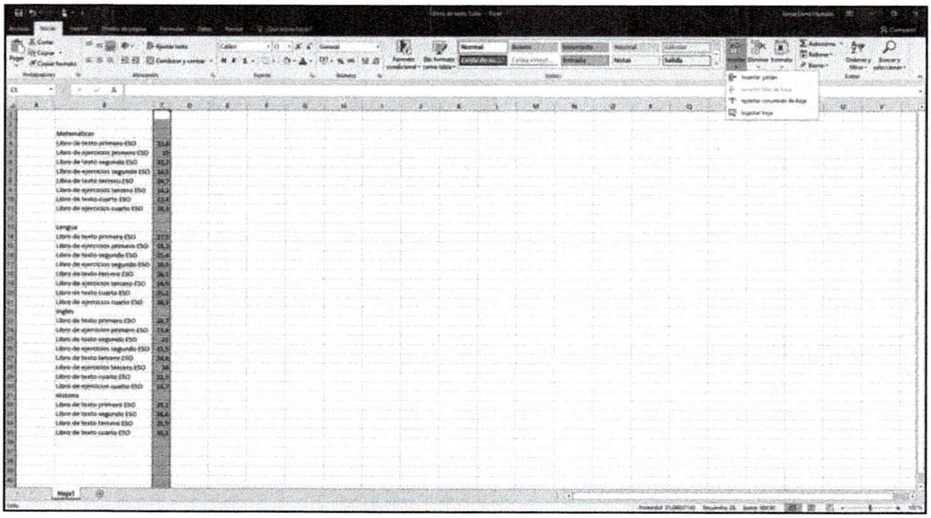

6. Cuando tenemos una única celda seleccionada es posible insertar tanto filas como columnas, sin embargo, al tener una columna entera seleccionada no podemos insertar ninguna fila. Ocurre lo mismo a la inversa cuando seleccionamos toda una fila. Haga clic en esta ocasión sobre la opción *Insertar columnas de hoja* que sí está activada.

7. Se ha insertado una nueva columna desplazando el contenido de la columna C a la D. (Vea si lo desea la imagehn adicional *6.4-001*.) Ahora que ya sabemos cómo insertar columnas y filas, completaremos la tabla insertando dos filas más, una después de cada grupo de libros, y así descubriremos otra forma de llevar a cabo la acción de insertar filas. La siguiente fila la queremos

colocar antes del título del grupo Inglés, es decir, antes de la fila 22. Sitúese en dicha fila haciendo clic sobre cualquier celda de la fila 22.

8. Haga clic con el botón derecho del ratón sobre la celda seleccionada y, del menú contextual que se despliega, seleccione la opción *Insertar*.

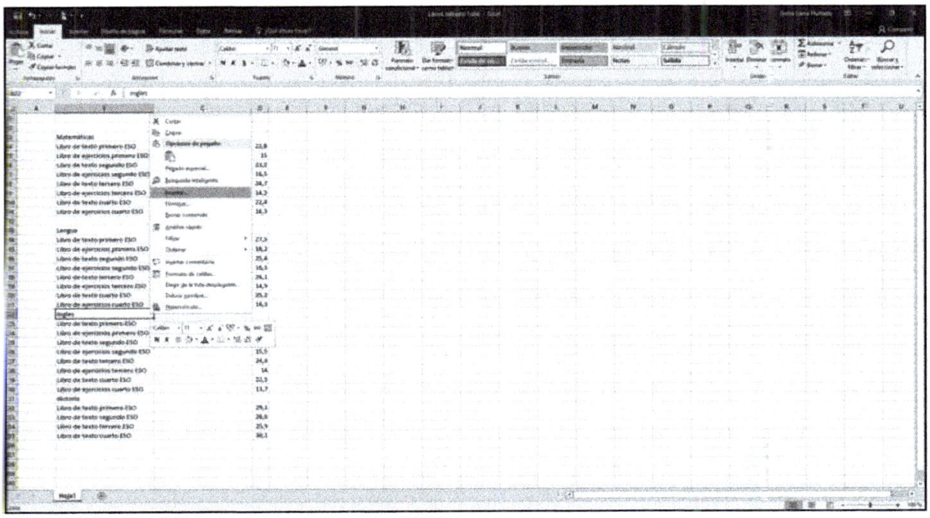

9. Se abre así el cuadro de diálogo *Insertar celdas*. Seleccione la opción *Insertar toda una fila* y haga clic sobre el botón *Aceptar*.

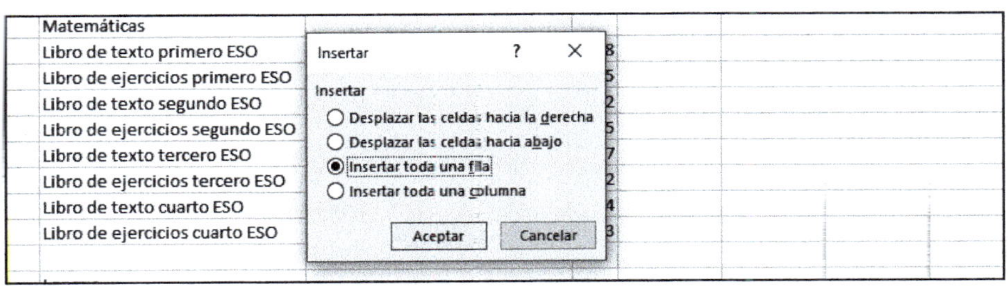

10. Una nueva fila se habrá creado en el lugar adecuado. (Vea si lo desea la imagen adicional *6.4-002*.) Ahora solo nos queda una última fila por insertar. Una que separe el grupo de libros de Historia. Seleccione la celda cuyo contenido es *Historia*, o sea, haga clic sobre la celda B32, haga clic con el botón derecho del ratón sobre la celda B32 y, en el menú contextual, seleccione de nuevo la opción *Insertar*.

11. Las primeras dos opciones del cuadro de diálogo *Insertar celdas* son, precisamente, para insertar celdas. Con la primera de estas opciones se insertará una sola celda haciendo que el contenido de la celda actual se desplace hacia la derecha y empuje al resto de celdas con contenido también hacia la derecha. La segunda opción cumple la misma función pero desplaza las celdas hacia abajo. Seleccione la opción *Desplazar celdas hacia abajo* y pulse el botón *Aceptar*.

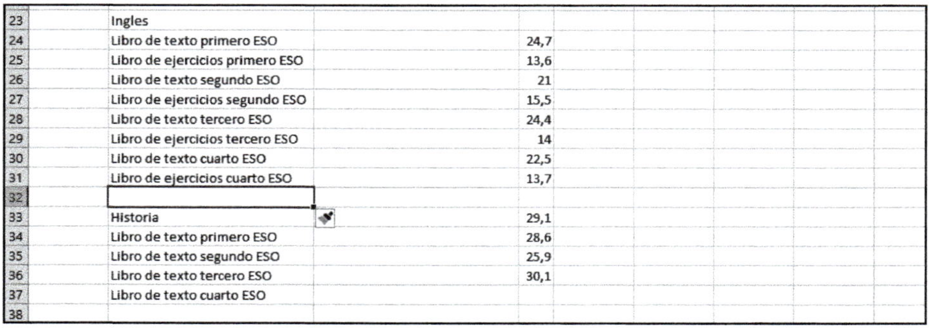

12. Fíjese en el resultado. Las celdas de la columna B se han desplazado una posición hacia abajo pero las del resto de columnas han quedado inmóviles. En estos momentos esta acción ha descolocado nuestra tabla, de modo que la revertiremos utilizando una combinación de teclas. Pulse *Ctrl+Z* en su teclado para deshacer.

13. Y ahora sí, vuelva a seleccionar la celda *B32*, Historia, e inserte una fila entera utilizando una de las dos opciones de inserción de fila que hemos aprendido en este ejercicio.

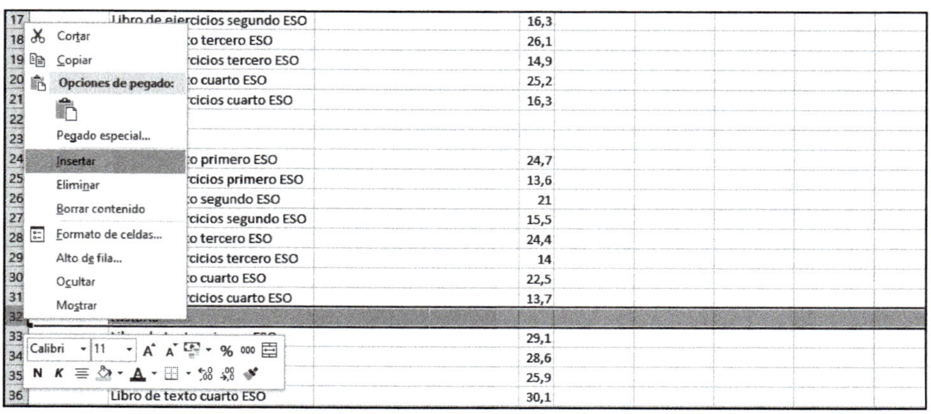

14. Para acabar el ejercicio, eliminaremos la columna C que hemos insertado antes y que se encuentra vacía. El proceso de supresión de filas celdas y columnas es idéntico al de inserción pero con efectos inversos. Haga clic con el botón derecho en cualquiera de las celdas de la columna C y, en el menú contextual, seleccione la opción *Eliminar*.

15. En el cuadro *Eliminar* elija la opción *Eliminar toda la columna* y pulse el botón *Aceptar*.

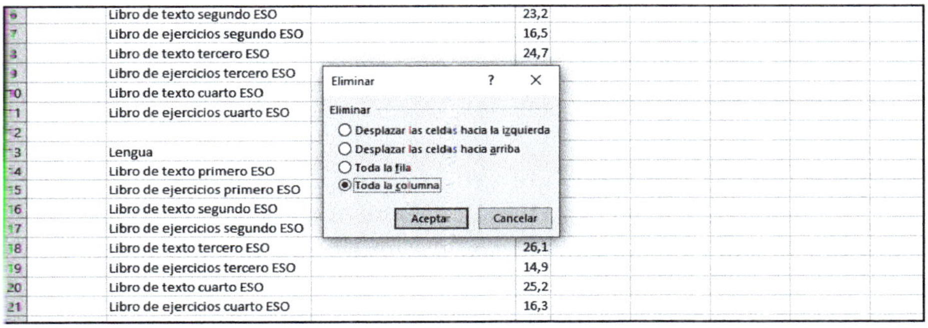

16. Ahora ya puede guardar los cambios utilizando la combinación de teclas *Ctrl+G*.

PRÁCTICA

Practique con la inserción y la eliminación de hojas, filas y columnas en Excel 2016. Compruebe que al agregar nuevas filas y columnas todo el contenido se desplaza o hacia la derecha en el caso de las columnas o hacia abajo en el caso de las filas.

6.5 Ocultar columnas, filas y hojas

A veces, cuando tenemos hojas de cálculo con tablas muy grandes y para alguna operación solo queremos utilizar una parte de esa tabla, podemos querer ocultar temporalmente las filas y columnas de la tabla que no vayamos a usar, para no confundirnos con tantas cosas en la pantalla. En el botón Formato del grupo de herramientas Celdas se encuentra la función Ocultar y mostrar, que incluye las opciones necesarias para ocultar temporalmente columnas, filas y hojas.

El hecho de ocultar parte del contenido de una hoja no significa que este haya sido eliminado.

1. Aunque la tabla que estamos utilizando ahora no sea lo suficientemente grande como para tener que ocultar alguna parte, imagine que necesita ocultar la columna C. Para empezar seleccione la mencionada columna.

2. Despliegue el comando *Formato*, haga clic sobre la opción *Ocultar y mostrar* de la sección *Visibilidad* y elija *Ocultar columnas*.

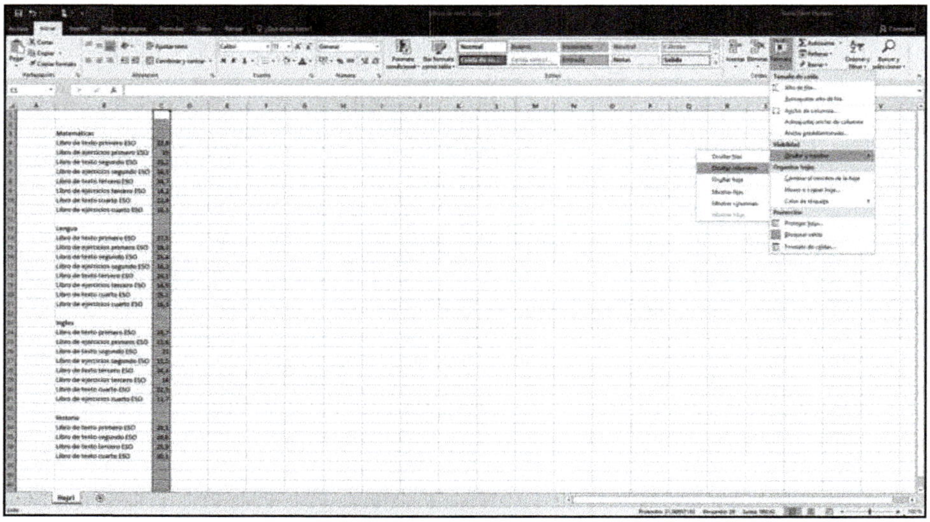

3. La columna C ha desaparecido de la hoja de cálculo pero la celda C1 sigue seleccionada, como puede ver en el *Cuadro de nombres*. (Vea si lo desea la imagen adicional *6.5-001*.) Para volver a mostrar la columna, seleccione la

columna B y, con la tecla *Mayúsculas* presionada, pulse sobre la cabecera de la columna D.

4. Despliegue nuevamente el comando *Formato* del grupo de herramientas *Celdas*, haga clic en la opción *Ocultar y mostrar* y elija *Mostrar columnas*.

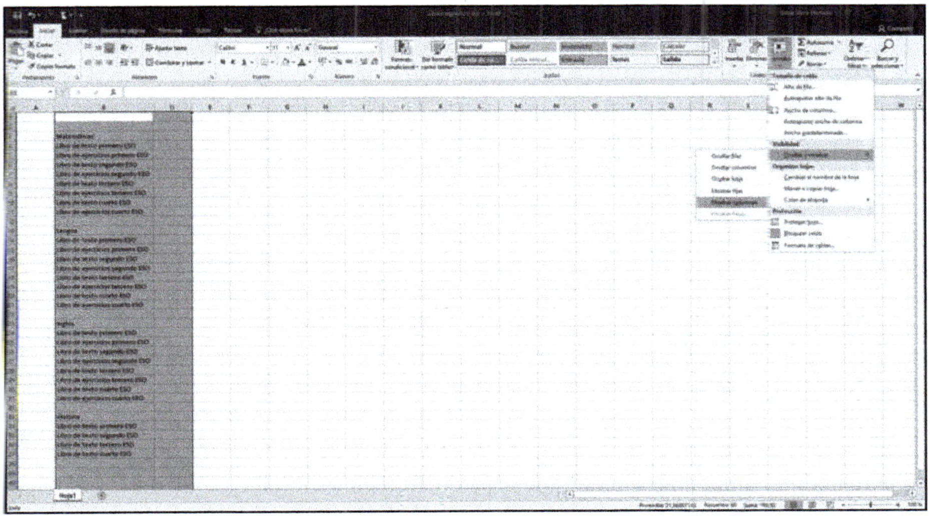

5. La columna C ha vuelto a aparecer y ahora la hoja está en su estado original. Nos puede ocurrir lo mismo con las filas, podemos llegar a necesitar ocultar algunas filas para facilitarnos la visualización de las áreas que nos interesan. El proceso de ocultar filas es exactamente el mismo, a través del comando Formato, pero ahora veremos cómo hacerlo utilizando el menú contextual. Suponga que solo le interesa trabajar con los libros de texto de matemáticas y quiere obviar los datos sobre libros de ejercicios. Para empezar seleccione las cuatro filas que deseamos ocultar. Haga clic sobre la cabecera de la fila 5 y, con la tecla *Ctrl* pulsada, seleccione las filas 7, 9 y 11.

	A	B	C	D	E	F	G	H	I	J
1										
2										
3		Matemáticas								
4		Libro de texto primero ESO	22,8							
5		Libro de ejercicios primero ESO	15							
6		Libro de texto segundo ESO	23,2							
7		Libro de ejercicios segundo ESO	16,5							
8		Libro de texto tercero ESO	24,7							
9		Libro de ejercicios tercero ESO	14,2							
10		Libro de texto cuarto ESO	22,4							
11		Libro de ejercicios cuarto ESO	18,3							
12										

6. Con las cuatro filas seleccionadas, haga clic con el botón derecho sobre la cabecera de alguna de ellas (si hace clic sobre la cabecera de una fila que no esté seleccionada se desactivará la selección) y en el menú contextual elija la opción *Ocultar*.

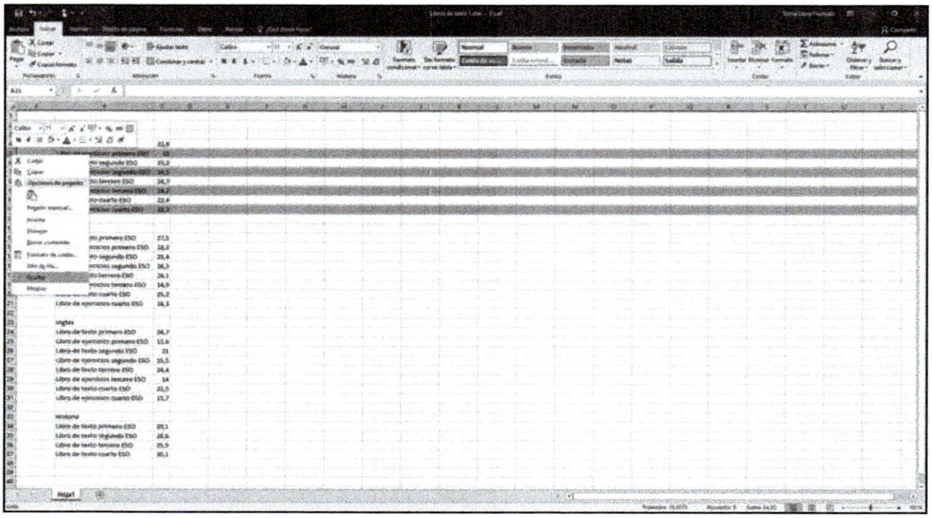

7. Para volver a mostrar las filas, seleccione las filas anterior y posterior a cada fila oculta, es decir, tiene que seleccionar las fila 4, 6, 8, 10 y 12 que en este momento son consecutivas y elija la opción *Mostrar filas* del comando *Ocultar o mostrar* del botón *Formato*.

8. También puede darse el caso de que le interese ocultar temporalmente una hoja de su libro. Como solo disponemos de una hoja en nuestro libro, le instamos a que agregue una nueva hoja, que sería la Hoja2, y trabaje sobre ella. Con la hoja que desea ocultar activa, despliegue el comando *Formato*, en el grupo *Celdas*, pulse sobre el comando *Ocultar y mostrar* y seleccione la opción *Ocultar hoja*.

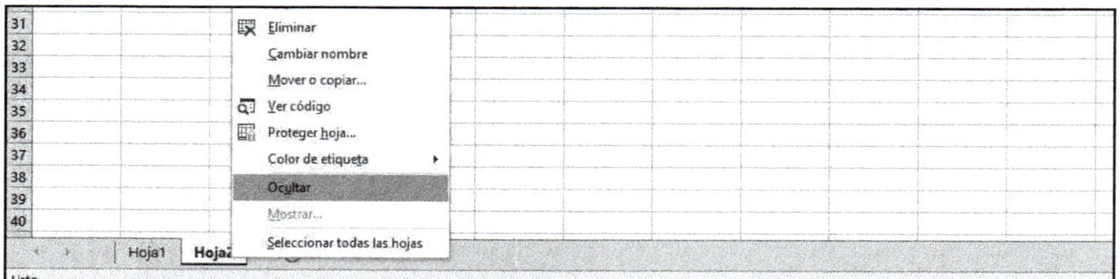

9. La hoja se oculta, pero no se elimina. Para volver a mostrarla, podríamos utilizar la opción adecuada del comando *Ocultar y mostrar* del comando *Formato* o bien el menú contextual de la etiqueta de cualquiera de las hojas disponibles. Haga clic con el botón derecho del ratón sobre la única etiqueta actual y elija del menú contextual la opción *Mostrar*.

10. Se abre el cuadro *Mostrar*, en el que debemos seleccionar la hoja que queremos volver a mostrar. En este caso como solo hemos ocultado una hoja tendremos una única opción, *Hoja2*. Selecciónela y pulse el botón *Aceptar*.

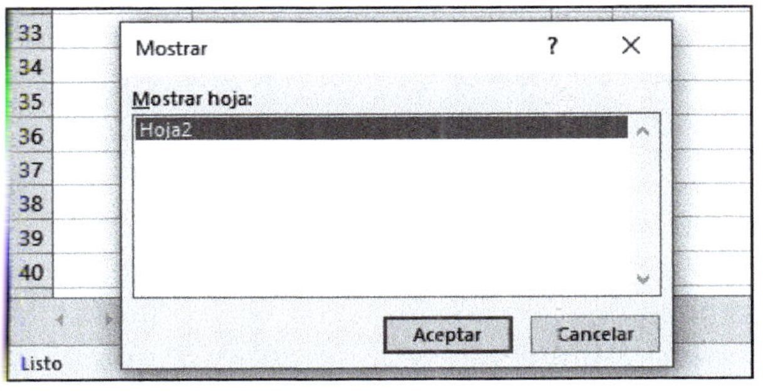

11. Efectivamente, la hoja que habíamos ocultado vuelve a mostrarse en su lugar activa. Haga clic de nuevo en la *Hoja1* y dé así por terminado este ejercicio.

PRÁCTICA

Practique ahora con las opciones de Excel 2016 para ocultar y mostrar columnas y filas. Oculte una única fila y vuelva a mostrarla. Después, realice lo mismo, alternando entre las opciones del menú contextual y las del comando Formato de la Cinta de opciones.

6.6 Conocer los tipos de datos

Los datos que pueden introducirse en una celda de Excel pueden ser fórmulas o datos de tipo fijo. Los valores de tipo fijo se dividen a su vez en tipo texto, numérico, fecha, hora, moneda, etc.

De forma predeterminada los valores de texto se alinean siempre en la izquierda y los numéricos en la derecha. Sepa que cualquier valor precedido de un apóstrofo es considerado como un texto, ya sea un valor numérico o una fórmula matemática.

1. En este ejercicio conoceremos los diferentes tipos de datos que se pueden introducir en las celdas de Excel. Para empezar haga clic sobre una celda con texto, por ejemplo la celda B14.

2. Al tener la celda B14 seleccionada, el comando *Formato de número* que se encuentra en el grupo de herramientas *Número* de la ficha *Inicio* muestra la opción *General*. Despliegue dicho comando para ver las opciones disponibles y seleccione el formato *Texto* para esa celda, ya que el contenido de la celda es textual.

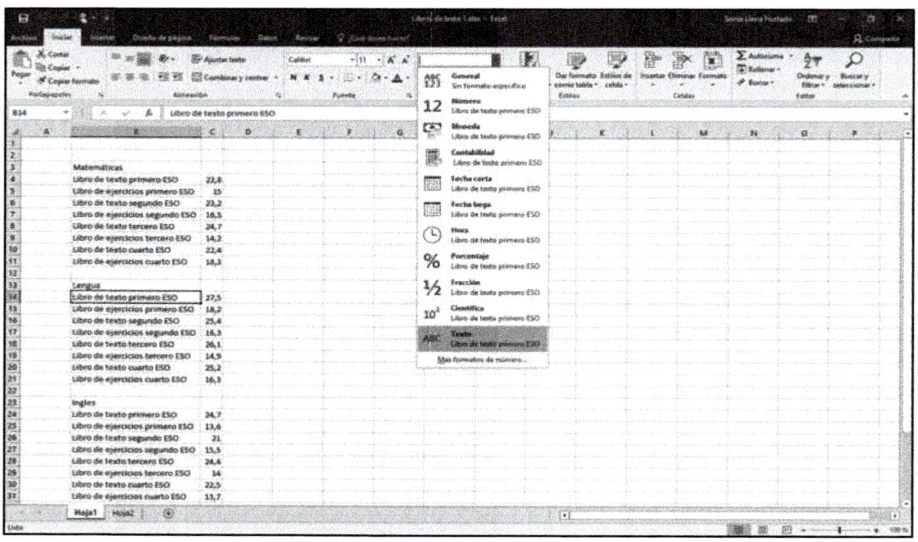

3. Verá que no se ha efectuado ningún cambio aparente, pero para futuras posibles acciones, es importante tener los formatos de las celdas bien defini-

dos ya que esto puede facilitar y agilizarle el trabajo. Ahora seleccione una celda con un valor numérico, por ejemplo, la celda C14.

4. Observe que el comando *Formato de número* del grupo de herramientas *Número* muestra también en este caso la opción *General*. Despliegue de nuevo este comando y, entre las opciones, seleccione *Número*.

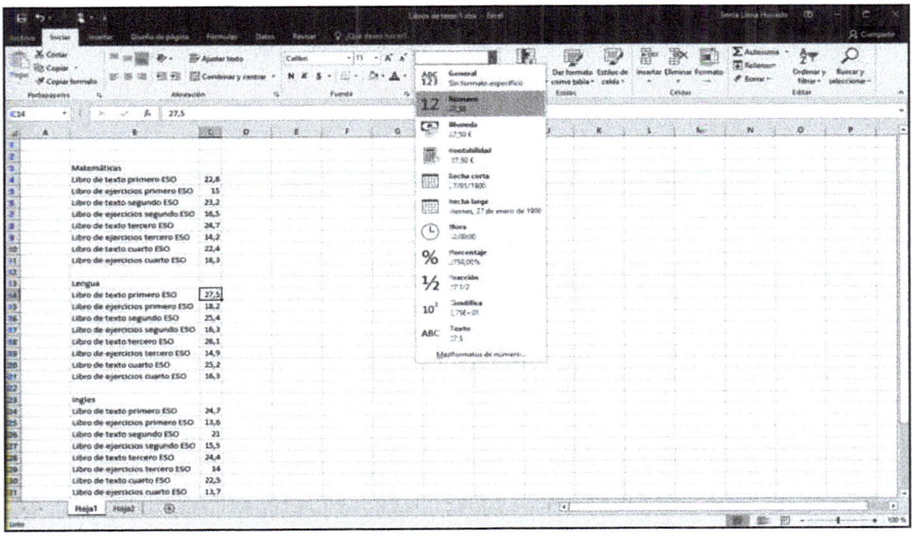

5. La celda pasa a mostrar un contenido no definido; pronto comprobaremos qué es lo que ha ocurrido. Debajo del comando *Formato de número* hay varios iconos. Sitúe el puntero del ratón sin hacer clic sobre el icono situado más a la derecha para que aparezca la correspondiente etiqueta emergente.

6. Se trata de una herramienta que sirve para disminuir los decimales que aparecen en las celdas con valores numéricos. Con la celda C14 seleccionada haga clic una vez sobre el botón *Disminuir decimales* y compruebe el resultado en la propia celda.

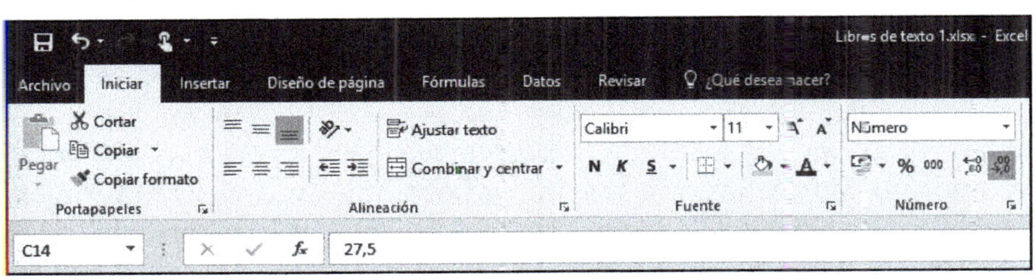

7. Puede observar que ahora sí que se muestra el contenido en la celda; lo que ocurría era que no tenía suficiente espacio para mostrarse por completo y, en estos casos, el programa opta por utilizar una serie de símbolos para indicarlo. Como hemos disminuido el número de decimales, ahora el valor sí que cabe en la celda y se muestra normalmente. La cantidad de decimales puede ser aumentada o reducida. Para aumentarla utilice el botón que está a la izquierda del que acabamos de utilizar. Comprobemos ahora si realmente ocurre algo cuando cambiamos el formato de una celda. Mantenga la celda C14 seleccionada y asígnele como hemos hecho hasta ahora el formato de texto.

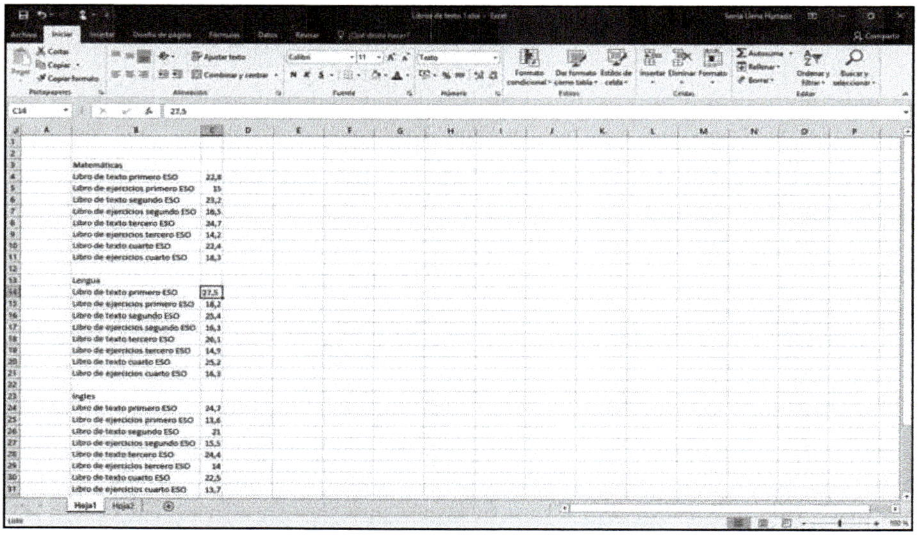

8. Observe que el contenido de la celda se ha alineado a la izquierda, como ocurre con los contenidos de texto por defecto. Si ahora quisiera aumentar o disminuir la cantidad de decimales del valor de la celda C14 se daría cuenta de que le resulta imposible, ya que una celda con formato de texto no puede tener decimales. He aquí la importancia de aplicar el formato adecuado a cada celda. Compruébelo haciendo clic en los correspondientes iconos para aumentar y disminuir decimales.

9. Después de haber entendido la importancia de los formatos y sabiendo cómo se aplican, completaremos la tabla aplicando a cada celda el formato que le corresponde. Para agilizar esta tarea, en lugar de aplicar formatos a las celdas de una en una, seleccionaremos las celdas por grupos y se los aplica-

remos a todas a la vez. Haga clic sobre la celda B3 y sin soltar el ratón vaya a la última celda con contenido de la columna B, es decir la B37. Ahora suelte el botón del ratón y tendrá así todas las celdas seleccionadas.

10. Podríamos aplicar el formato desde la herramienta *Formato de número* del grupo de herramientas *Número*, pero aprovecharemos la ocasión para aprender otro modo de hacerlo. Con las celdas seleccionadas despliegue el comando *Formato* del grupo de herramientas *Celdas* de la ficha *Inicio* y seleccione la opción *Formato de celdas*.

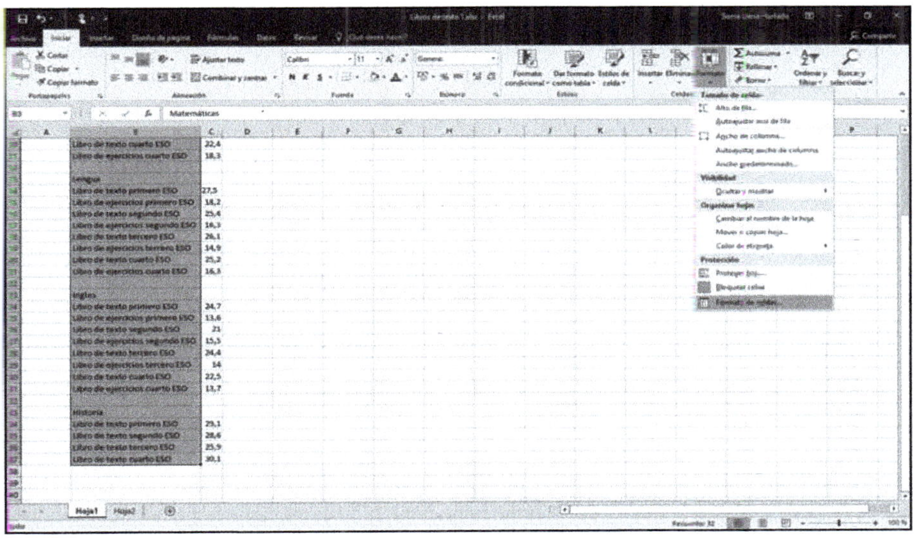

11. Se abre así el cuadro *Formato de celdas* donde encontrará todas las opciones de formato. En el campo *Categoría*, donde están todos los formatos disponibles, seleccione *Texto* y pulse el botón *Aceptar*.

12. Igual que hemos hecho con las celdas de la columna B, seleccione las celdas de la columna C, haga clic con el botón derecho sobre la selección y, del menú contextual que se despliega, seleccione la opción *Formato de celdas*.

13. En el cuadro *Formato de celdas*, en el campo *Categoría*, donde están todos los formatos disponibles, seleccione en esta ocasión *Número*.

14. Al seleccionar la opción *Número,* se muestran las opciones que le permiten definir la cantidad de decimales que quiere que aparezcan. Escriba el valor 1 en el campo *Posición de decimales* y pulse el botón *Aceptar*.

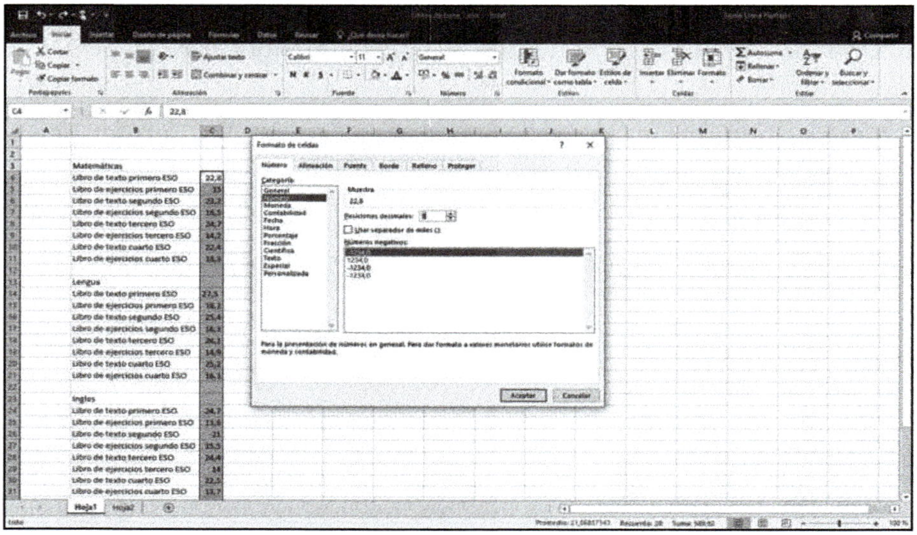

15. Guarde los cambios mediante el botón *Guardar* de la *Barra de herramientas de acceso rápido.*

PRÁCTICA

Descubra los tipos de datos disponibles en sus documentos de Excel y asigne aquellos que crea que son más recomendables según el contenido de los mismos (Número, Texto...).

6.7 Insertar y editar fórmulas

Las fórmulas son elementos esenciales en una hoja de cálculo. Introduciendo estos elementos en las celdas, convertimos la hoja en una calculadora que actualiza los resultados cada vez que se modifica una variable. Una fórmula puede consistir en una operación con constantes o puede hacer referencia a otras celdas.

La escritura de fórmulas en Excel es muy sencilla gracias a prestaciones como la Barra de fórmulas redimensionable, que cambia de tamaño automáticamente para poder albergar fórmulas largas y complejas, y la función Autocompletar.

1. En este ejercicio, introduciremos algunas fórmulas sencillas utilizando valores constantes y referencias a otras celdas. Para comenzar practicando, seleccione una celda vacía, por ejemplo la F8, haciendo clic sobre ella.

2. La fórmula más sencilla que puede introducirse es la suma de dos valores constantes, de modo que empezaremos por aquí. En la celda F8 introduzca la fórmula =5+6 directamente desde su teclado y pulse el botón *Introducir*.

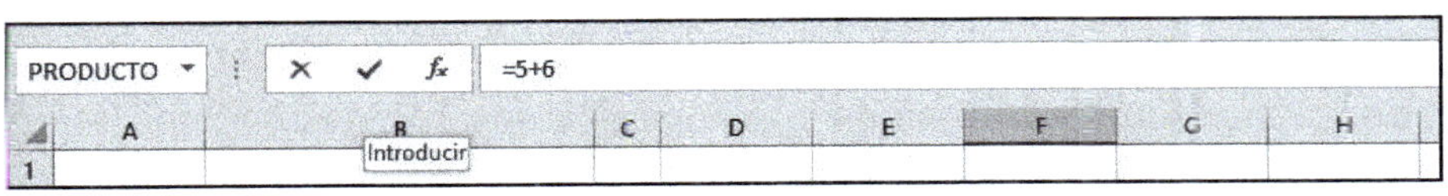

3. El programa funciona como una calculadora y muestra el resultado de la operación directamente en la celda, pero en la *Barra de fórmulas* podemos ver el contenido real. Ahora vuelva a hacer clic sobre la celda F8 y fíjese en el contenido de dicha barra.

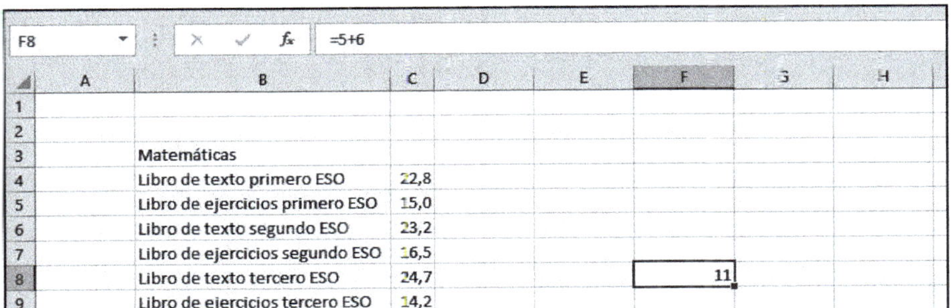

4. Ahora probaremos a introducir una fórmula en la que uno de los sumandos sea una referencia a otra celda. Haga clic en la celda F10 para seleccionarla e introduzca la fórmula *=5+F8.*

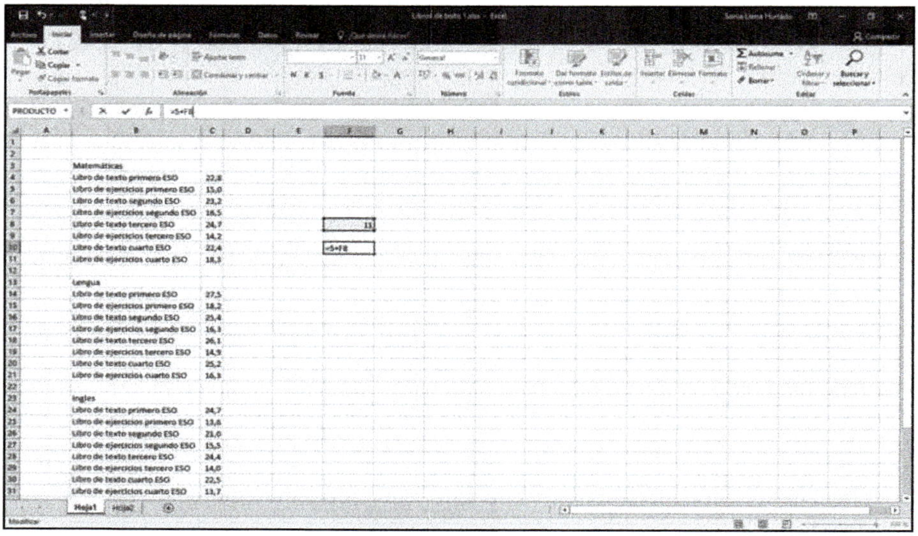

5. La fórmula que acabamos de introducir significa que sumaremos 5 al contenido de la celda F8, que en este caso es el resultado de la fórmula anterior 5+6. Observe que al escribir la referencia de la celda F8, Excel ha marcado de color azul los bordes de la celda en cuestión. Pulse el botón Retorno para hacer efectiva la fórmula y ver que el resultado de la fórmula es efectivamente igual a 5+(5+6), es decir 16.

6. Por último introduciremos una fórmula que conste de dos referencias. Haga clic sobre la celda F12 e introduzca el símbolo =.

7. Después de haber introducido este símbolo, en lugar de introducir la referencia de la celda a mano, seleccionaremos la celda con el ratón para que Excel tome la celda seleccionada como referencia para la fórmula. Haga clic sobre la celda F8 y observe que el nombre de esta se introduce en la fórmula y además queda marcada en azul igual que ha ocurrido en la fórmula anterior.

8. Ahora necesitamos un símbolo matemático para continuar con la fórmula. Introduzca un asterisco (*) para representar la multiplicación y, seguidamente, seleccione la celda F10 para convertirla en referencia.

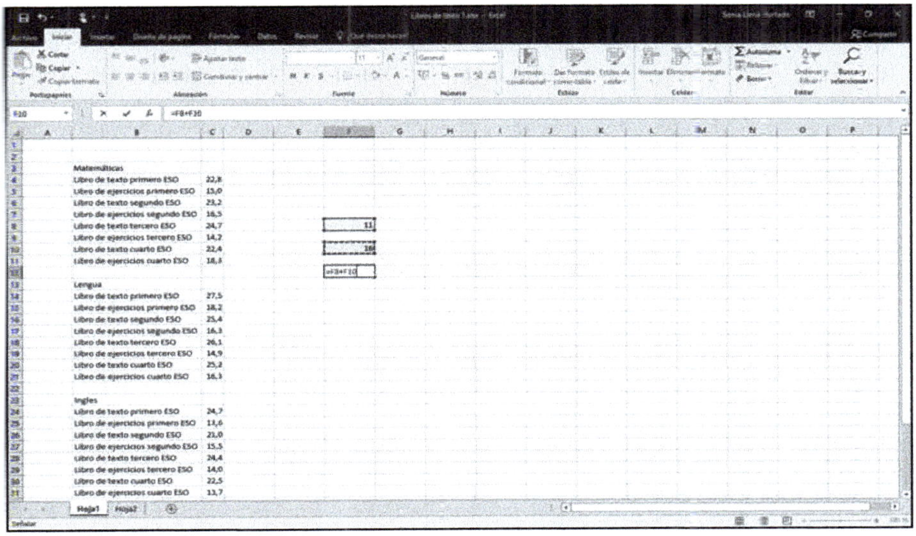

9. Así, nuestra fórmula será =F8*F10. Pulse el botón *Retorno* para confirmar la fórmula y ver el resultado.

10. Una vez hemos aprendido a introducir fórmulas sencillas, es hora de editarlas. Las fórmulas se editan de la misma forma que el texto: activando el modo de edición de la celda con un doble clic y escribiéndolas directamente, o desde la *Barra de fórmulas*. Haga doble clic en la celda F8 y cambie el número 6 por un 3, de forma que la fórmula sea =5+3.

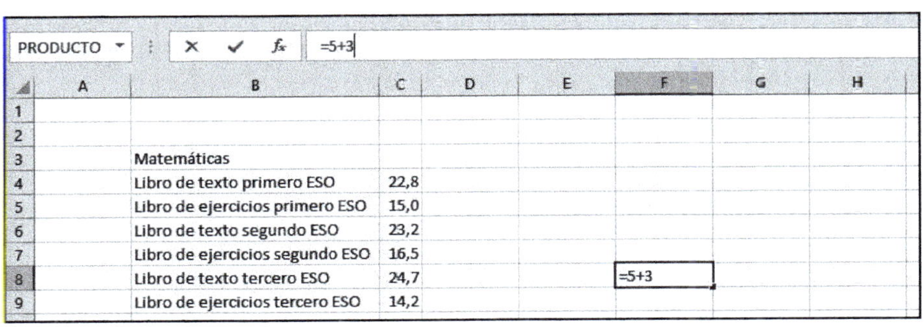

11. Antes de pulsar *Retorno* para confirmar la fórmula, fíjese en los resultados que hemos obtenido en las celdas F10 y F12. Las fórmulas de esas dos celdas hacen referencia a la celda F8 de manera que el resultado de aquellas depende directamente del contenido de esta. Tenemos que ser conscientes de que el cambio de la fórmula de la celda F8 afectará al contenido de las otras dos celdas. Ahora sí, pulse la tecla *Retorno* y observe los cambios que han ocurrido.

	A	B	C	D	E	F	G	H
1								
2								
3		Matemáticas						
4		Libro de texto primero ESO	22,8					
5		Libro de ejercicios primero ESO	15,0					
6		Libro de texto segundo ESO	23,2					
7		Libro de ejercicios segundo ESO	16,5					
8		Libro de texto tercero ESO	24,7			8		
9		Libro de ejercicios tercero ESO	14,2					
10		Libro de texto cuarto ESO	22,4			13		
11		Libro de ejercicios cuarto ESO	18,3					
12						21		

12. Una vez hemos aprendido a introducir y editar fórmulas practiquemos con ellas. Para empezar, seleccione las celdas F8-F12 y borre el contenido de las mismas con la tecla *Suprimir*.

13. Ahora introduciremos una fórmula algo más complicada pero con la que veremos algunos de los usos reales de esta herramienta. La tabla con la que estamos trabajando contiene una columna con un listado de libros y otra con una lista de precios. Supongamos que en la lista de precios que tenemos se muestran los precios sin IVA y nos interesa saber cuál sería el precio con el IVA aplicado. Para aclararnos mejor, y practicar así con la introducción de datos, pondremos un título a cada una de las columnas. Escriba el texto *Producto* en la celda B1, *Precio sin IVA* en la celda C1 y *Precio con IVA* en la D1.

14. El IVA de los libros suele ser del 21 %, es decir, que al precio sin IVA se le suma el 21 % de su propio precio. Tomemos el primer libro de la lista (fila 4) como ejemplo. El precio sin IVA de este libro es de 22,80 euros, por tanto el precio con IVA lo calcularemos sumando 22,80 al 21 % de esta misma cantidad. El 21 % se calcula multiplicando por 21 y dividiendo por 100, por tanto la fórmula correcta será 22,80+22,80*21/100. Como en la realidad los precios están sujetos a posibles cambios, en vez de poner el valor fijo en la fórmula, lo sustituiremos por el nombre de la celda (C4) y así, si hubiese algún cambio de precio, este se actualizaría directamente en la fórmula. Una vez aclarados estos conceptos, seleccione la celda D4 haciendo clic sobre ella e introduzca la fórmula *=C4+(C4*21/100)*.

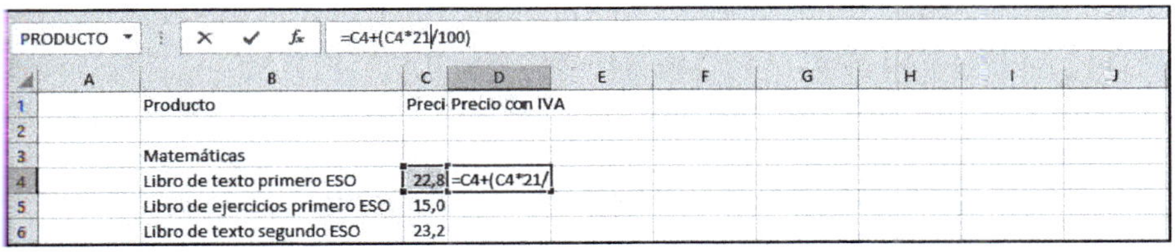

15. Pulse la tecla *Retorno* para confirmar la fórmula y ver el resultado.

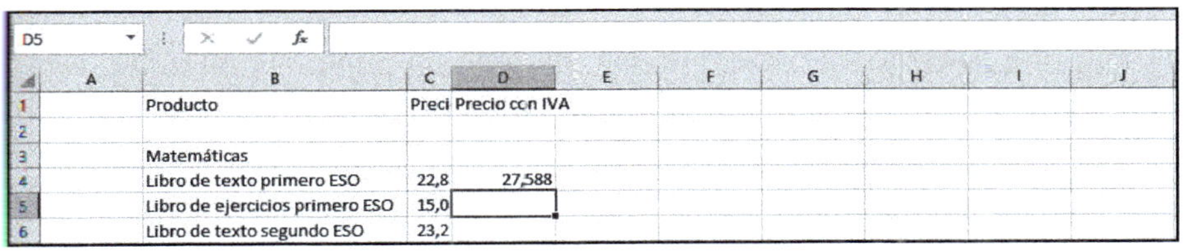

16. Antes de acabar, seleccione todas las celdas desde la D4 hasta la D37 y aplíqueles formato de número. Recuerde que para ello tiene que seleccionar la opción *Número* en el campo *Formato de número* del grupo de herramientas *Número*.

17. Por último guarde los cambios mediante el botón *Guardar* de la *Barra de herramientas de acceso rápido*.

PRÁCTICA

Empiece a practicar con las fórmulas en Excel. Empiece introduciendo fórmulas muy sencillas desde su teclado, sin olvidar el signo = al inicio para que el programa las reconozca como tal y pueda solucionar las operaciones. Después pruebe a implicar varias celdas en sus operaciones.

6.8 Utilizar las funciones de autorrelleno

La etiqueta de Opciones de Autorrelleno aparece al rellenar una lista automáticamente y permite modificar las condiciones del autorrelleno que se realicen. Las opciones que incluyen son: Copiar celdas, Rellenar serie, Rellenar formato solo y Rellenar sin formato. La única opción que puede variar es Rellenar serie ya que cuando el contenido de las celdas es de texto, el programa no asocia ninguna serie a no ser que sea una lista personalizada ya existente.

1. Las opciones de autorrelleno nos serán muy útiles para completar nuestra tabla, pero antes de eso, practicaremos un poco con estas opciones fuera de la tabla. En una celda vacía como la H8 introduzca el número 3, pulse la tecla *Retorno* y en la H9 introduzca el número 4 y pulse *Retorno*.

2. Seleccione la celda H8 y, manteniendo la tecla *Mayúsculas* pulsada, haga clic sobre la H9 para seleccionar ese rango.

3. Sitúese en la ficha *Inicio* de la *Cinta de opciones* y haga clic sobre el icono de la herramienta *Centrar*, el segundo de la segunda fila de las herramientas del grupo *Alineación*.

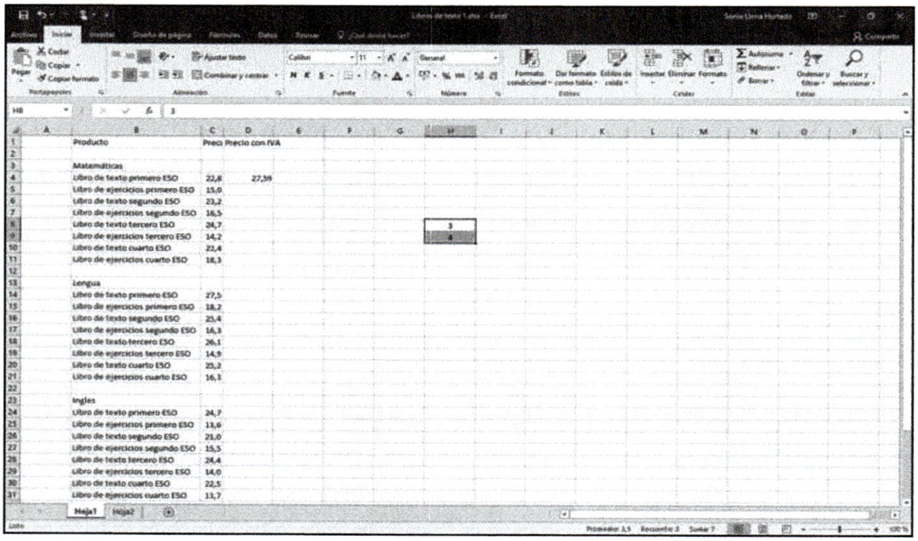

4. El contenido de ambas celdas se centra. A continuación, rellenaremos esta serie automáticamente. Haga clic sobre el cuadrado situado en el extremo inferior derecho de las dos celdas seleccionadas, arrástrelo hasta la celda H13 y suelte el ratón.

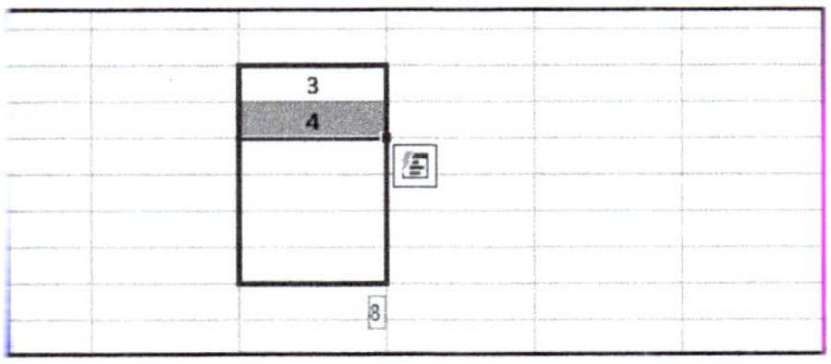

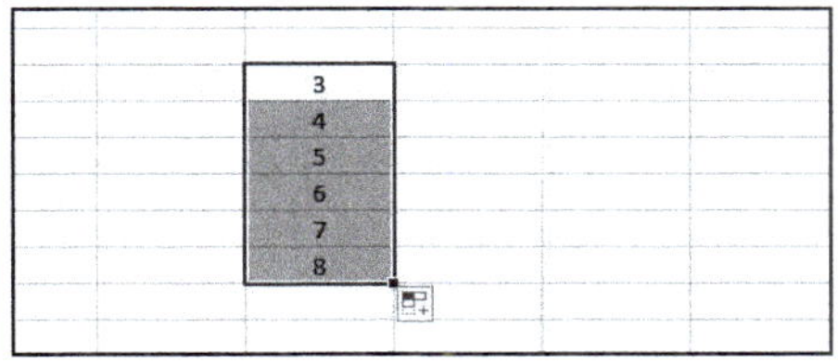

5. La lista se ha completado y aparece la etiqueta inteligente *Opciones de autorrelleno*. En este caso, el programa ha interpretado la lista como una serie de números consecutivos, pero imagine que su intención era simplemente copiar el contenido de las dos primeras celdas. Haga clic sobre la etiqueta inteligente y seleccione la opción *Copiar celdas*.

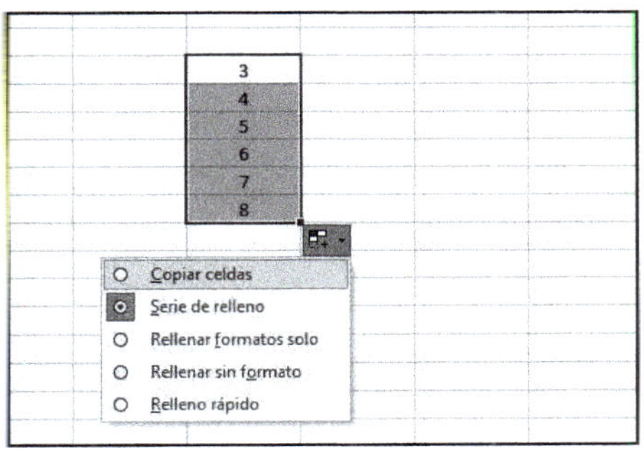

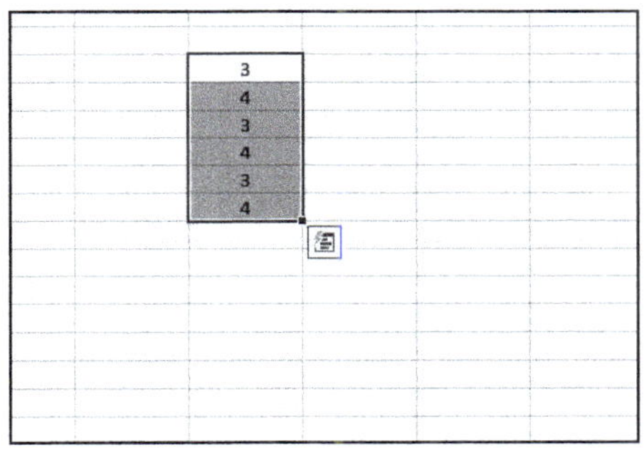

6. El contenido de las celdas rellenadas ha cambiado y ahora muestra la copia exacta de las dos celdas originales, incluyendo su formato. El resto de opciones están relacionadas con las distintas versiones de relleno de una serie. Imagine ahora que desea rellenar esta serie pero sin copiar el formato, es decir, sin que las celdas rellenadas automáticamente presenten la alineación centrada. Haga clic sobre la etiqueta *Opciones de autorrelleno* y seleccione la opción *Rellenar sin formato*.

7. El contenido de las celdas rellenadas no es una copia de las originales, sino que ahora muestra una serie de números con la alineación predeterminada por Excel. Ahora pasemos a utilizar la función de autorrelleno para completar nuestra tabla. En primer lugar, elimine el contenido de las celdas en las que acabamos de practicar. Seleccione el rango de celdas H9-H13 y pulse la tecla *Suprimir*.

8. No es necesario tener dos celdas rellenas para utilizar las opciones de autorrelleno. Si es una única celda la que tenemos, al hacer clic en su cuadrado inferior y arrastrarlo, conseguiremos que el contenido de esa celda se copie. En nuestra tabla nos interesa conocer el precio con IVA de todos los libros pero introducir las fórmulas de una en una resultaría demasiado laborioso y perderíamos mucho tiempo. Son estos casos en los que la función de Autorrelleno es realmente útil. Seleccione la celda D4 haciendo clic sobre ella.

9. Con la celda D4 seleccionada, haga clic en el cuadro situado en el extremo inferior derecho de la misma celda, arrástrelo hasta la celda D37 y suéltelo.

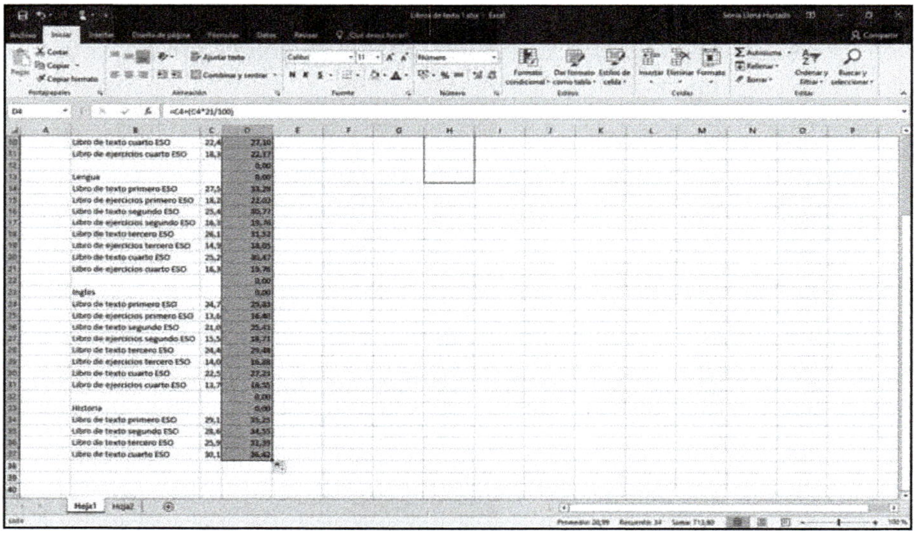

10. Verá que se ha completado toda la columna con los valores de los precios con IVA. Excel ha copiado la fórmula de la celda D4 pero automáticamente ha modificado las referencias poniendo en cada fila las correspondientes a esa fila, de forma que el resultado sea justo el que necesitamos. Puede ver también que, al haber copiado la fórmula en todas las celdas de la columna, el resultado de las filas en las que no hay contenido es 0,00. Eliminaremos el contenido de estas celdas. Haga clic sobre la celda D12 y con la tecla *Ctrl* pulsada haga clic sobre las celdas D13, D22, D23, D32 y D33.

11. Una vez seleccionadas las celdas, pulse la tecla *Suprimir* para eliminar su contenido.

12. Para acabar guarde los cambios usando el comando de teclas *Ctrl+G*.

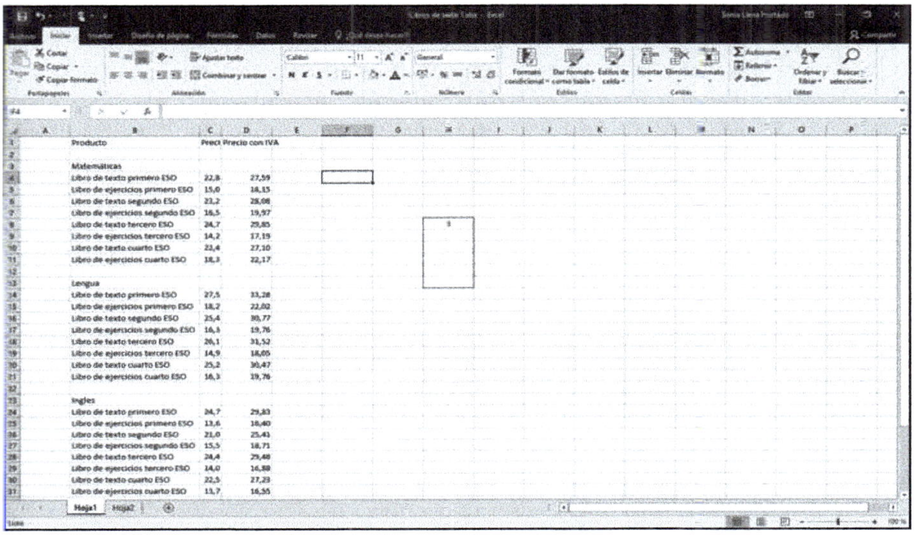

PRÁCTICA

Sobre un nuevo documento, practique con las opciones de autorrelleno. Complete en una columna una numeración del 1 al 5 y compruebe que, con las opciones de autorrelleno, puede continuar la lista automáticamente hasta el número que usted necesite. Practique también con la copia de celdas con y sin formato.

6.9 Aplicar la función Autosuma

La principal función de la herramienta Autosuma es agilizar la introducción de las funciones más habituales. Al ejecutar la herramienta Autosuma, esta siempre opta como primera opción por la función Suma y establece, de acuerdo con su propia lógica, cuál es el rango de celdas sobre el que debe aplicarse.

1. En esta lección practicaremos con algunas de las funciones de la función *Autosuma*. Imagine que trabaja usted en una escuela y le interesa saber el precio de todos los libros, ya que tiene que comprarlos todos. Este precio se calculará fácilmente con una simple suma del precio de cada uno de los libros. Sitúese en la celda C39 haciendo clic sobre ella.

2. Active la pestaña *Fórmulas* de la *Cinta de opciones* y haga clic en el botón *Autosuma*, en el grupo de herramientas *Biblioteca de funciones*.

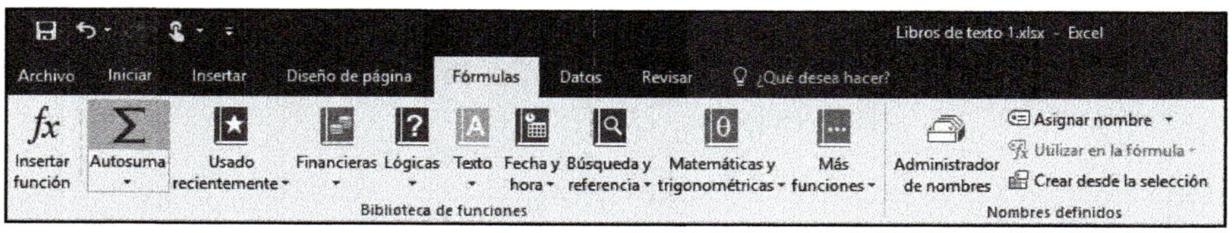

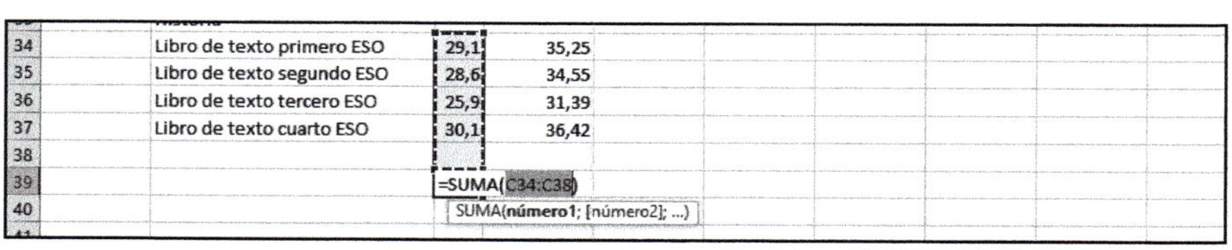

3. Automáticamente, Excel presupone que la función que nos interesa es la Suma y muestra la función correspondiente a la suma de las celdas que considera adecuadas, en este caso el grupo de celdas que está justo encima de la seleccionada, es decir, el rango de celdas C34-C38. Pero a nosotros nos interesa un rango mayor que el elegido automáticamente por Excel, ya que no queremos conocer solo el precio de los libros de inglés, sino de todos los libros. Para solucionar esto, ampliaremos el rango que esta función debe sumar. Sitúe el ratón en una de las esquinas superiores del cuadro de celdas seleccionadas hasta que el cursor cambie de forma y se convierta en una flecha de doble dirección.

4. Haga clic sobre ese punto de la selección y, sin soltar el botón, arrástrelo hasta la celda C4.

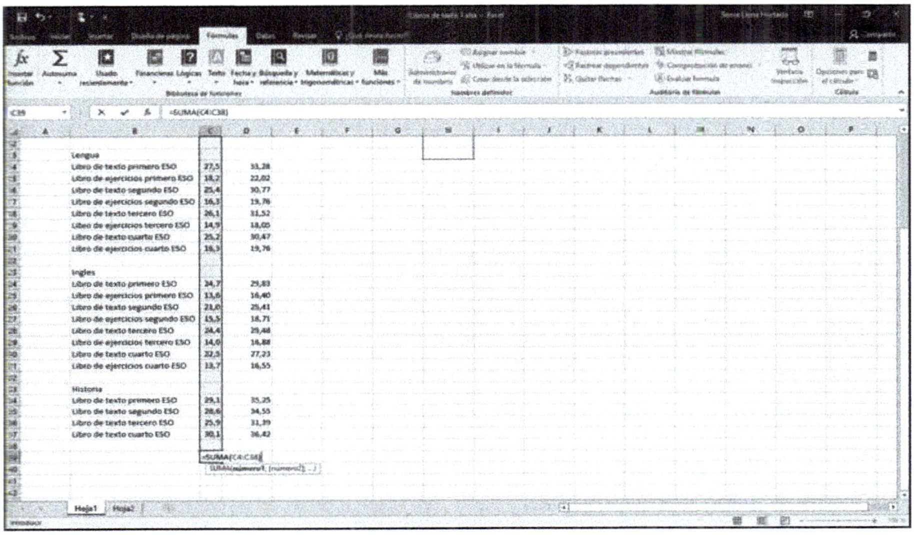

5. Pulse la tecla *Retorno* para confirmar la fórmula y ver el resultado. (Si la celda se completa con una serie de almohadillas, recuerde que esto significa que el contenido no cabe en ella. Amplíe la anchura de la celda como hemos visto en ejercicios anteriores.)

6. Ahora el rango seleccionado es el que nos interesa y el resultado obtenido, el precio que tendrá el conjunto de todos los libros sin aplicarle el IVA. Ahora imagine que quiere saber cuánto costarán los libros de primer curso de las cuatro asignaturas. Sitúese en una celda vacía, por ejemplo la celda F4, y haga clic sobre el botón *Autosuma* del grupo de herramientas *Biblioteca de Funciones* de las pestaña *Fórmulas*.

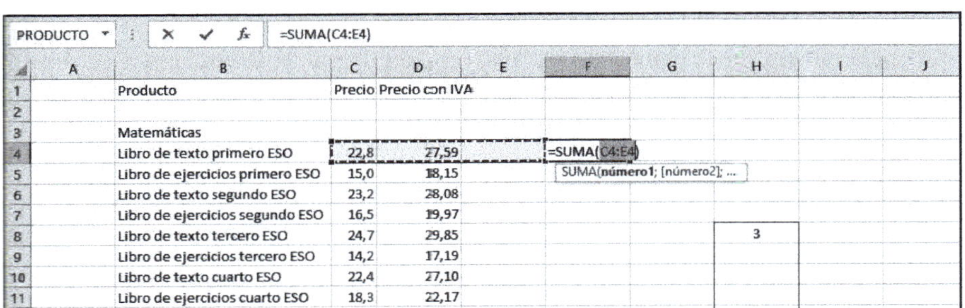

7. Esta vez Excel ha considerado que la suma que nos interesa es la de las dos celdas superiores, pero no es así. Para seleccionar solo los libros de primer curso pulse la tecla *Mayúsculas* y sin soltarla haga clic en la celda C4.

8. Ahora que tiene la celda C4 seleccionada suelte la tecla *Mayúsculas* y, utilizando la tecla *Ctrl*, vaya seleccionando las celdas que le interesan, es decir, las celdas C4, C5, C14, C15, C24, C25, C34 y C35.

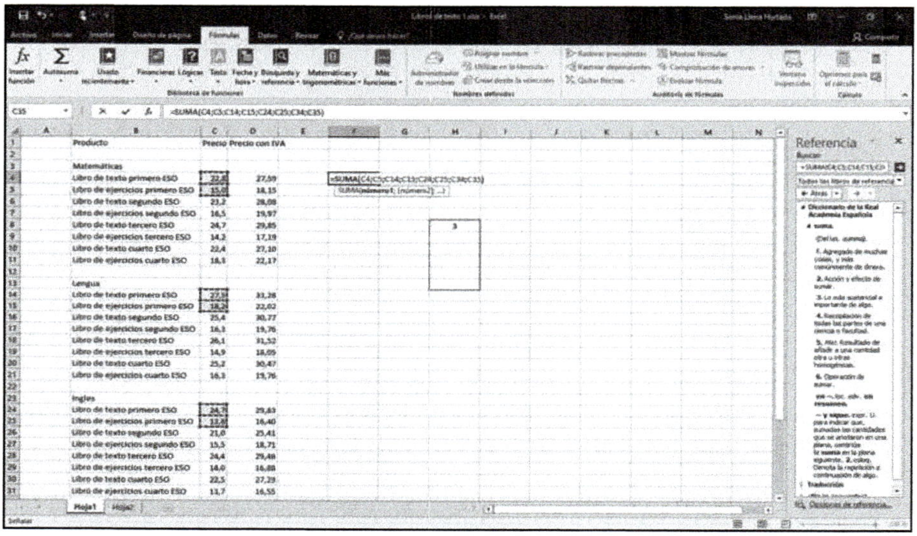

9. Pulse la tecla *Retorno* para confirmar la fórmula y ver el resultado: 179,4 es el precio sin IVA de todos los libros de primero.

10. Aunque la suma sea la principal operación de la función *Autosuma*, no es la única. Entre sus funciones podemos encontrar *Máx* y *Min* que calculan los valores máximos o mínimos de un rango de celdas, *Promedio*, que calcula el promedio de valores, etc. Ahora, utilizaremos la función *Promedio* para calcular el precio medio de los libros de texto, no de los libros de ejercicios. Sitúese en la celda C40, que está vacía, haciendo clic sobre ella.

11. Con la pestaña *Fórmulas* activada, despliegue el comando *Autosuma* y elija la opción *Promedio*.

12. Excel selecciona de forma automática las celdas sobre las que cree que nos interesa conocer el promedio, pero si esa selección no es correcta, como ocurre en este caso, podemos modificarla. Haga clic en la celda C4 para desactivar las celdas seleccionadas automáticamente.

13. Con la celda C4 seleccionada utilice la tecla *Ctrl* para seleccionar todas las celdas cuyo contenido corresponda a precios de libros de texto. En total tendrá usted que seleccionar 16 celdas. (Puede comprobarlo en la imagen.)

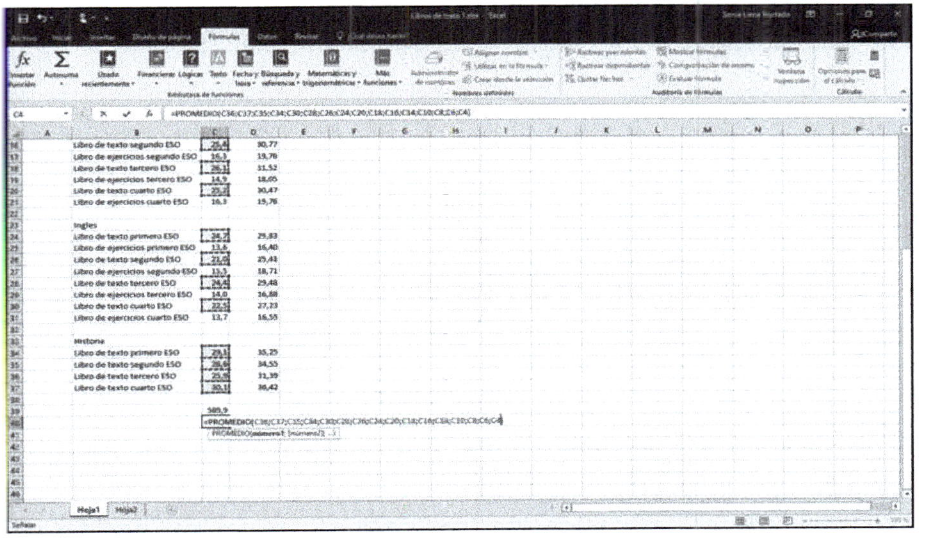

14. Pulse la tecla *Retorno* para introducir la selección y obtener el resultado del cálculo. Ahora sabe que el precio medio de un libro de texto de ESO es de 25,2 euros.

15. Usando estas funciones puede calcular multitud de operaciones diferentes, y usted puede seguir practicando y probando las distintas funciones, pero de momento acabaremos con este ejercicio.

PRÁCTICA

Descubra por su cuenta las distintas opciones disponibles dentro de la función Autosuma.

6.10 Dividir columnas de datos

La función de Excel Relleno de datos es como un asistente que le ayuda a agilizar las tareas de inserción de datos siguiendo un patrón que la misma función reconoce.

Una de las aplicaciones más eficaces de la función Relleno rápido es la división en distintas columnas del contenido de una sola, por ejemplo, nombre y apellido, ciudad y código postal, mes y año, etc. Partiendo de una lista creada en una columna, el programa repartirá fácilmente este contenido en dos columnas.

1. Para llevar a cabo este nuevo ejercicio le recomendamos que utilice el archivo denominado *Clientes.xlsx* que podrá descargar de forma gratuita con el código de acceso proporcionado en la primera página del libro. Una vez disponga de él, ya puede abrirlo en Excel 2016.

2. La hoja en cuestión cuenta con una columna en la que se muestra, hipotéticamente, un mes y un valor, que corresponde al número de clientes atendidos en la empresa, por ejemplo. Vamos a separar estos dos elementos en dos columnas. Para empezar, seleccione la celda B2, escriba la palabra *Enero* y pulse la tecla *Retorno*.

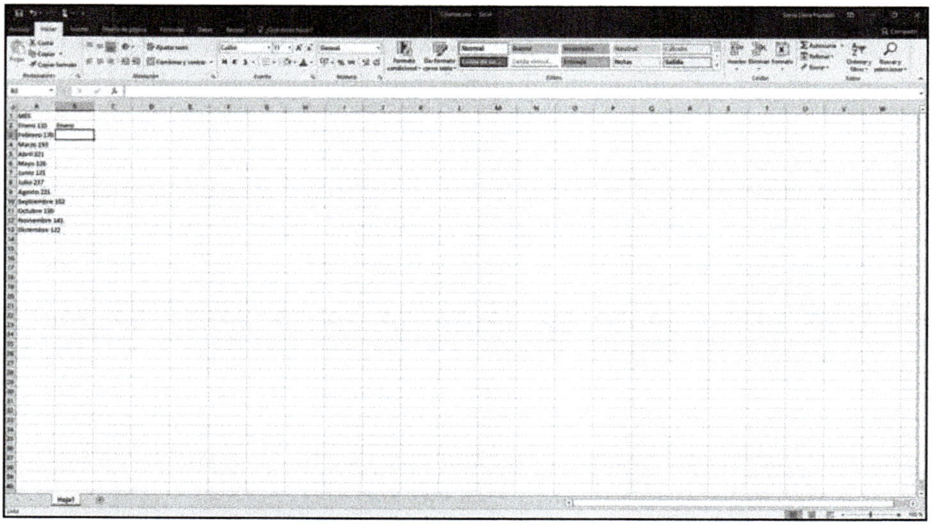

3. El primer elemento de la lista debemos introducirlo siempre para que el programa pueda identificar el contenido lógico siguiente. En la siguiente celda, empiece a escribir la palabra *Febrero* y vea lo que ocurre.

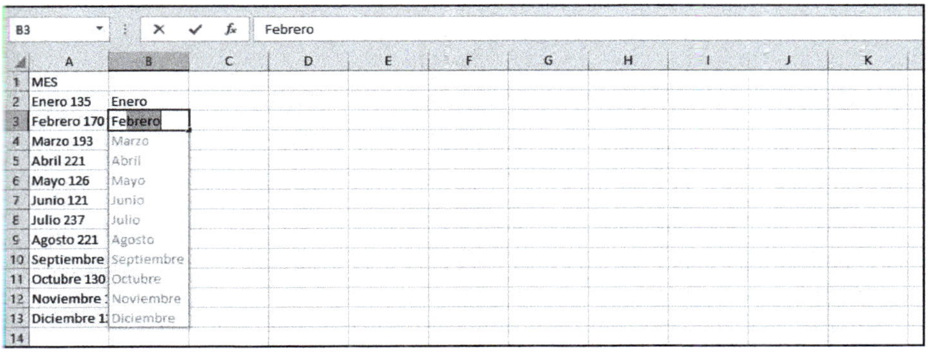

4. La función *Relleno rápido* muestra una lista con todos los primeros elementos de la columna de origen, correspondientes, en este caso, a todos los meses del año. Si el contenido de la lista es el que está buscando, pulse la tecla *Retorno* para completar la columna automáticamente.

5. Imagine la de tiempo que puede ahorrarse gracias a esta función de Excel, presentada como novedad en la versión anterior, la 2013. Completemos del mismo modo la segunda columna. Haga clic en la celda C2 y escriba el valor *135*.

6. Recuerde que el primer valor de la nueva columna siempre debe aparecer para poder ejecutar la función de relleno rápido. Empiece a escribir en la siguiente celda el valor 170 y, comprobando que el contenido de la lista mostrada se corresponde con los segundos elementos de la columna de origen, pulse la tecla *Retorno* para confirmarlos.

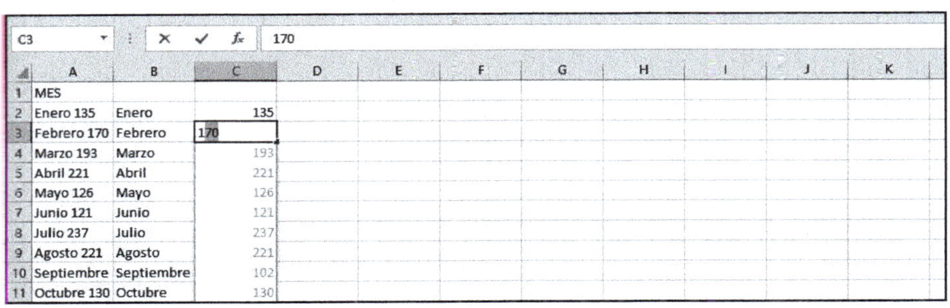

7. Espectacular, ¿verdad? La función *Relleno rápido* funciona con los datos que necesite dividir en más de una columna, o simplemente puede usarlo para rellenar datos basándose en un ejemplo. Normalmente, esta característica empieza a funcionar cuando reconoce un patrón en sus datos. Vamos a ajustar las columnas para que el documento quede tal y como nos interesa. Seleccione la columna A con el botón derecho del ratón y haga clic en el comando *Eliminar* para suprimirla por completo.

8. Por último, escriba en la celda A1 el texto MES y en la celda B1, el texto CLIENTES y guarde los cambios al terminar.

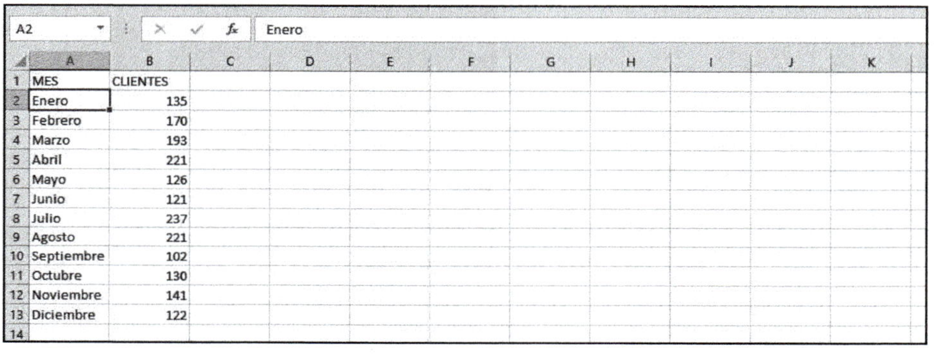

	A	B
1	MES	CLIENTES
2	Enero	135
3	Febrero	170
4	Marzo	193
5	Abril	221
6	Mayo	126
7	Junio	121
8	Julio	237
9	Agosto	221
10	Septiembre	102
11	Octubre	130
12	Noviembre	141
13	Diciembre	122
14		

PRÁCTICA

Sobre un documento que contenga dos datos en una misma columna, divida dichos datos en dos columnas gracias a la función Relleno rápido de Excel. Recuerde que los primeros elementos de la lista deberá introducirlos usted.

6.11 Crear y utilizar listas

Una lista está formada por una serie de palabras o cifras relacionadas entre sí y con un orden establecido entre ellas. Al introducir solo una de las palabras de una lista en una celda, Excel la reconoce como parte de una lista y es capaz de continuar rellenándolas.

Las únicas listas que el programa incluye como predeterminadas son las constituidas por los días de la semana y años del mes, si necesita otro tipo de lista tendrá que crearla usted mismo.

1. En este ejercicio veremos cómo agregar una nueva lista personalizada a las ya existentes. Para ello, vamos a recuperar el documento libros de texto1 con el que hemos estado trabajando en lecciones anteriores. Piense que los precios de los libros de texto pueden variar y que cada año puede necesitar formalizar una tabla como esta con la que estamos trabajando. Entonces, tendrá que volver a escribir Libro de texto primero de ESO, Libro de ejercicios primero de ESO, etc. Entretenerse un momento en crear una lista personalizada le ahorrará mucho tiempo. Para empezar haga clic en la pestaña *Archivo* y seleccione el comando *Opciones*.

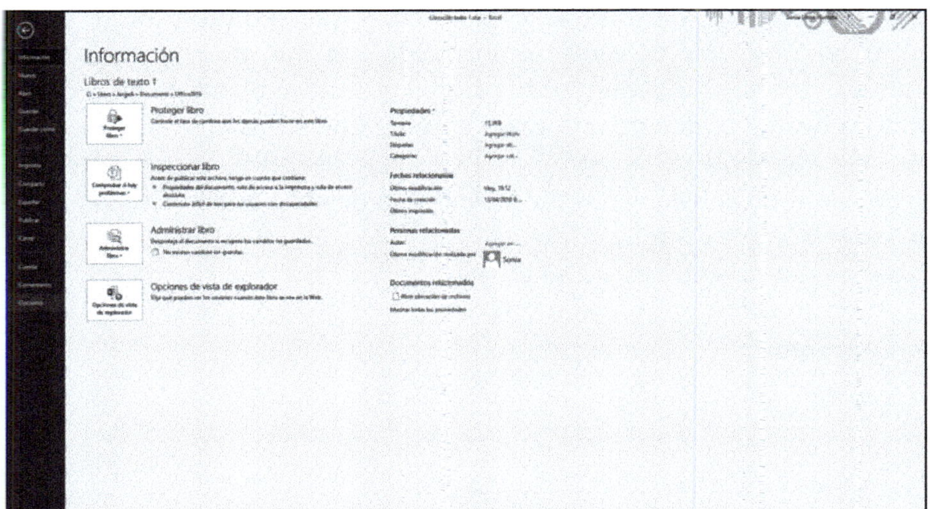

2. En el cuadro *Opciones de Excel* que se acaba de abrir encontrará distintas opciones de configuración de Excel. Para acceder al cuadro donde crearemos nuestra lista personalizada seleccione el comando *Avanzadas*.

3. La ficha *Avanzadas* cuenta con un gran número de opciones. Deslice la barra de desplazamiento lateral hasta abajo y en el área de opciones *General* haga clic sobre el botón *Modificar listas personalizadas*.

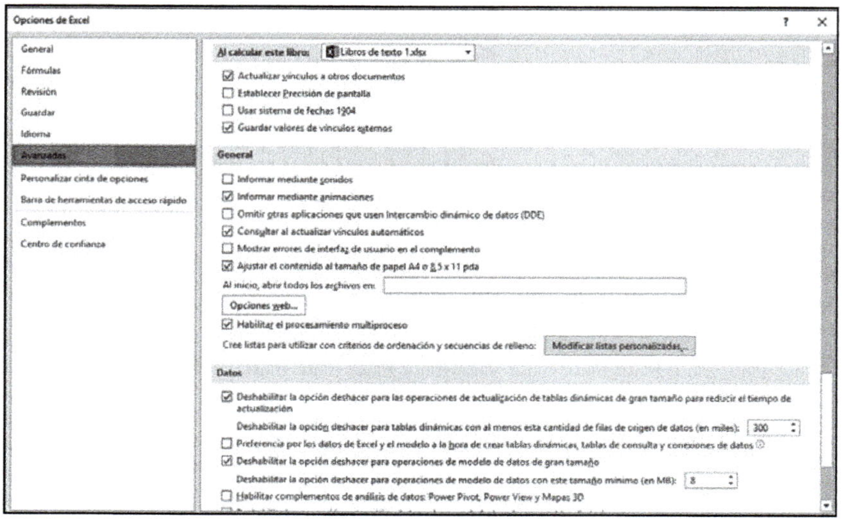

4. Aparece el cuadro *Listas personalizadas* en el que se muestran las listas que contiene Excel por defecto. Como puede ver, hay dos opciones para crear nuevas listas: se pueden tanto escribir y añadir manualmente como importarlas desde un documento Excel abierto. En este caso, como seleccionaremos directamente de nuestra hoja de cálculo las celdas cuyo contenido deseamos añadir a la lista, haga clic en el botón de contracción situado en el campo *Importar listas desde las celdas*.

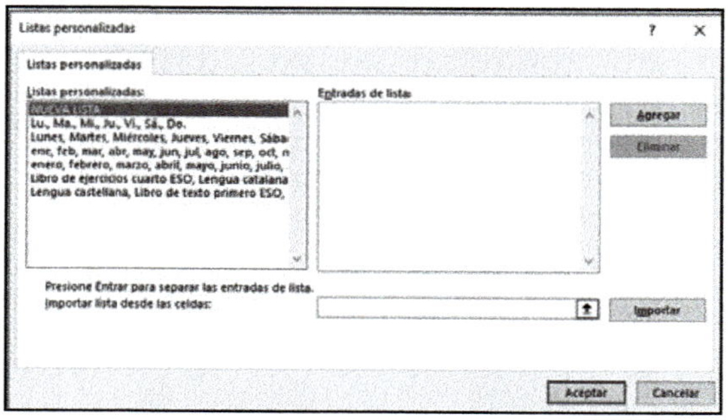

5. Ahora con el cuadro contraído es mucho más cómodo seleccionar las celdas que nos interesan. Queremos que nuestra lista contenga los datos que se repite, en la tabla, es decir, el texto Libro de texto primero ESO, Libro de ejercicios primero ESO, etc. Haga clic en la celda B4 y sin soltar el botón arrástrelo hasta la celda B11 para seleccionar todo el rango.

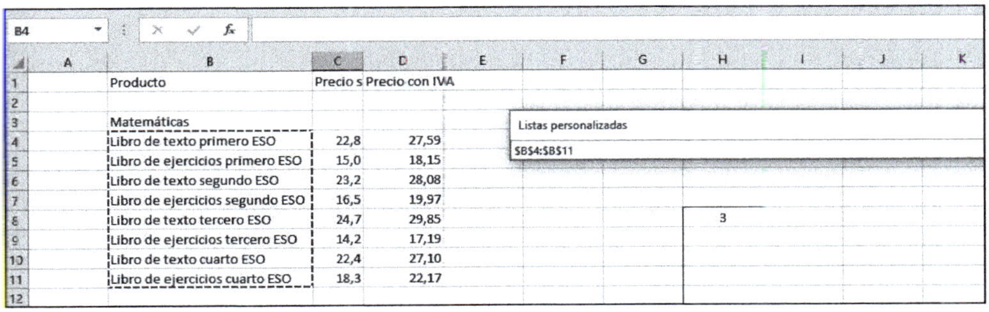

6. Observe que el rango de celdas se ha introducido en el cuadro *Listas personalizadas*. Vuelva a hacer clic sobre el botón de contracción esta vez para expandir el cuadro.

7. Haga clic sobre el botón *Importar*.

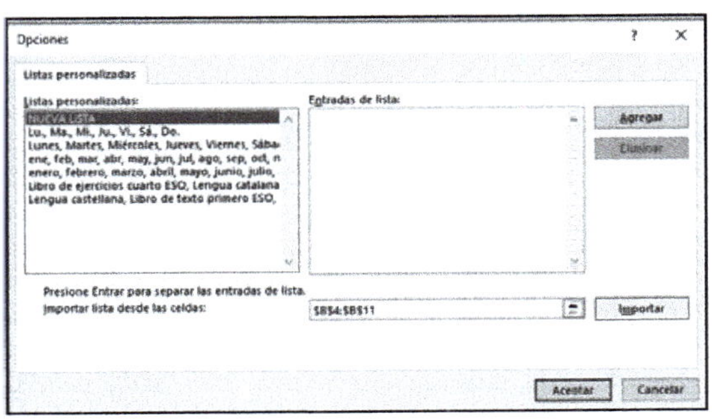

8. Su lista ya está creada y almacenada. Pulse el botón *Aceptar* para salir del cuadro *Listas personalizadas* y de nuevo pulse el botón *Aceptar* en el cuadro *Opciones de Excel*.

9. A continuación, comprobaremos que nuestra lista se ha almacenado y funciona correctamente. Sitúese en una celda vacía, la G10 por ejemplo, escriba *Libro de texto primero ESO* y pulse *Retorno*.

10. Ahora, como hemos hecho en el ejercicio de autorrelleno, haga clic sobre el cuadrado situado en el extremo inferior derecho de la celda G10, arrástrelo hasta la celda G17. Observe que una etiqueta le va informando del contenido con el que se rellenará cada celda.

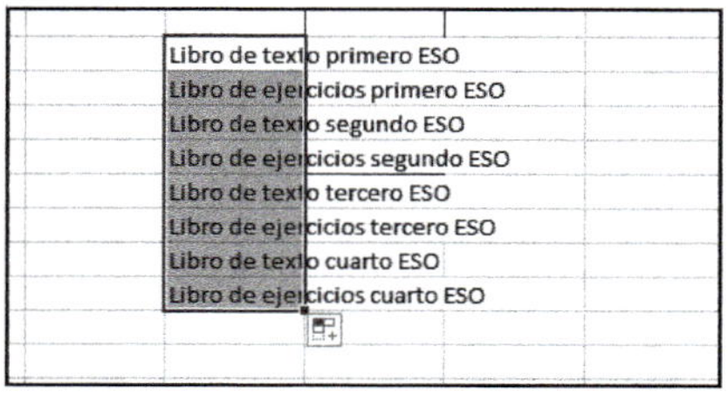

11. La opción *Listas personalizadas* ha hecho el trabajo por usted, y así la próxima vez que tenga que escribir una lista de precios de libros ahorrará mucho tiempo. Antes de dar por acabado este ejercicio y guardar el documento, es recomendable que elimine el contenido de las celdas que no pertenezcan a la tabla. Es decir, todo el contenido que esté más allá de la columna D y la fila 37 no es imprescindible, por lo que elimínelo.

12. Ahora guarde los cambios que hemos realizado haciendo clic sobre el botón *Guardar* de la *Barra de herramientas de acceso rápido.*

PRÁCTICA

Acceda al cuadro de opciones de Excel para comprobar, en primer lugar, qué listas son las que el programa puede utilizar como predefinidas. Después, cree una nueva lista a partir de algún contenido disponible en su hoja de cálculo o, en su defecto, introduciendo manualmente los elementos que la van a componer. Cuando termine y tras aceptar el proceso, compruebe la potencia de las listas personalizadas en Excel en su hoja de cálculo.

6.12 Ordenar datos

La función Ordenar está destinada a solucionar los problemas de manejo de tablas que contienen grandes cantidades de registros introducidos sin seguir ningún orden. El orden se establecerá según un criterio numérico o alfabético, en función del contenido de la columna seleccionada. En ambos casos, el sentido puede ser ascendente o descendente.

1. Teniendo en cuenta que el documento con la tabla de libros de texto con la que estamos trabajando está perfectamente ordenada y esta herramienta no sería del todo necesaria en este caso, utilizaremos otro documento. Para llevar a cabo este ejercicio descargue de forma gratuita con el código de acceso proporcionado en la primera página del libro el archivo *Gastos.xslx* y ábralo con Excel.

2. La tabla que contiene este documento está compuesta por dos columnas, una con una lista de meses y la otra con los gastos correspondientes a cada mes. En este ejercicio aprenderemos a ordenar los meses por orden alfabético y los números siguiendo los criterios que establezcamos. Las herramientas de orden se encuentran tanto en el grupo *Editar* de la ficha *Inicio* como en el grupo *Ordenar y filtrar* de la ficha *Datos*. Empezaremos por ordenar los meses alfabéticamente. Haga clic en la celda A2 para seleccionar la celda *Enero*.

3. En el grupo de herramientas *Editar* de la ficha *Inicio*, haga clic en el botón *Ordenar y filtrar* y, de las opciones que se despliegan, pulse sobre la opción *Ordenar de A a Z*.

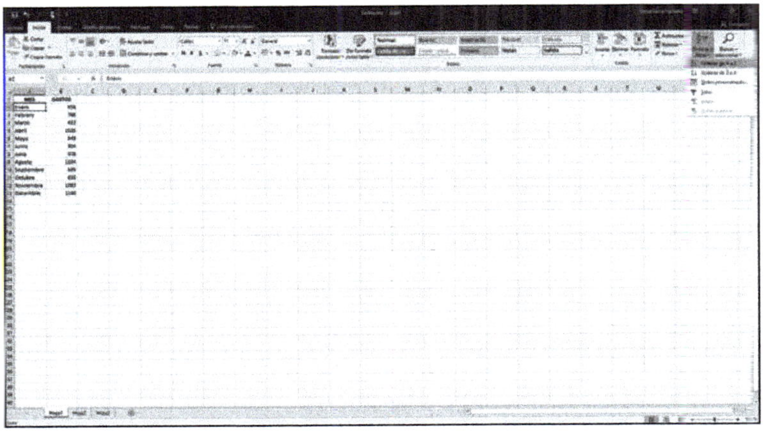

4. Automáticamente toda la tabla se ordena siguiendo como criterio de orden la inicial de los nombres de los meses. Ahora probaremos a ordenar los nombres en orden alfabético descendente. En esta ocasión, haga clic en la pestaña *Datos* de la *Cinta de opciones.*

5. Manteniendo una de las celdas de la columna de los meses seleccionada, pulse sobre el comando *Ordenar de Z a A* del grupo de herramientas *Ordenar y filtrar*.

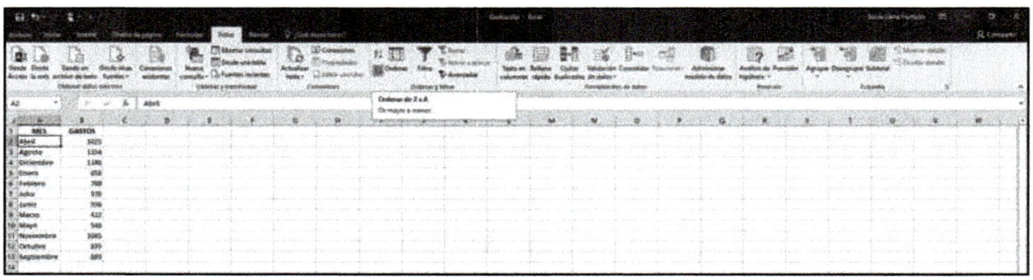

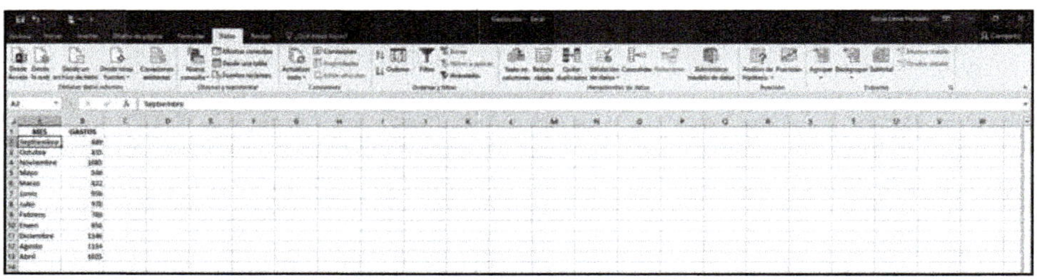

6. Si en vez de una celda de la columna Mes estuviera seleccionada una de la columna Gastos, el criterio de orden no sería el nombre de los meses, sino el valor numérico de los gastos. Como puede ver, ahora el primer mes de la lista es Septiembre y el último, Abril. Fíjese también en que, aunque los nombres de los meses cambien de orden, el valor numérico correspondiente a cada mes sigue unido a él. Es decir, ordenar los datos según un criterio no hace que se desajusten las tablas. Enero siempre irá unido al gasto 658, Febrero a 788, etc. Imaginemos ahora que queremos ordenar la tabla según los gastos para saber cuál es el mes en el que más gastos ha habido y cuál, el que menos. Para eso tenemos que hacer que la lista se ordene de forma que se muestren en primer lugar los meses con número mayores y en último lugar los números menores. Manteniendo una de las celdas de la tabla seleccionada, haga clic en la herramienta *Ordenar* del grupo *Ordenar y filtrar*.

7. Se abre así el cuadro *Ordenar*, donde debemos establecer los criterios de orden. Haga clic en el botón de punta de flecha del campo *Ordenar por* y seleccione la opción de la columna *Gastos*, que es donde se encuentran los valores que queremos ordenar.

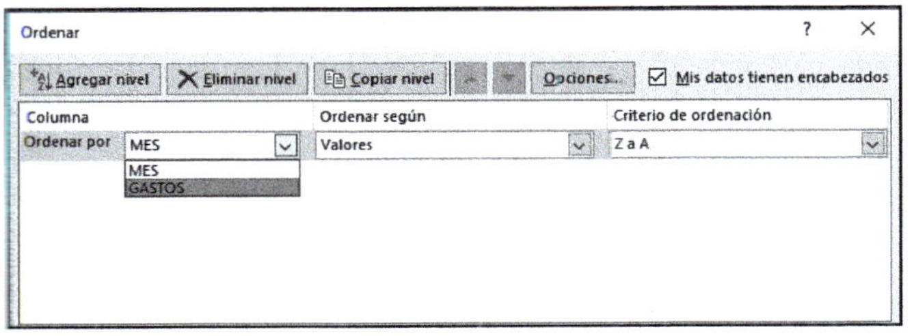

8. A continuación despliegue el campo *Ordenar según*, para ver las opciones que incluye.

9. Si hubiésemos aplicado algún formato manual o condicional (cosa que aprenderemos a hacer en próximas lecciones) a un rango de celdas o a una columna de tabla, Excel permite ordenarlas por color de celda o fuente o por icono de celda. El criterio de orden que nos interesa en este caso, son los valores numéricos de la columna Gastos, de modo que mantendremos la opción *Valores* en este campo. Mantenga también la opción *De mayor a menor* en el campo *Criterios de ordenación* y pulse el botón *Aceptar*.

10. Observe ahora que los meses de la tabla Gastos están ordenados según el gasto de cada mes, siendo los meses con mayores gastos los primeros y los meses con menores los últimos. Para acabar volveremos a ordenar los meses como estaban al principio, de enero a diciembre. Para eso vuelva a abrir el cuadro *Ordenar* haciendo clic en el comando *Ordenar* del grupo de herramientas *Ordenar y filtrar*.

11. En la categoría *Ordenar por* del cuadro *Ordenar* seleccione *MES* y en la categoría *Criterio de ordenación* seleccione *Lista personalizada*.

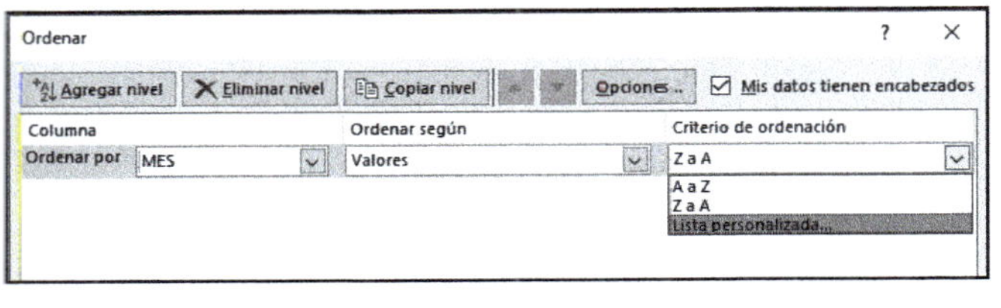

12. Se abrirá así el cuadro *Listas personalizadas* que hemos utilizado en el ejercicio anterior. Como sabe las listas que por defecto incluye Excel son las de los días de la semana y los meses del año, de modo que lo único que tendrá que hacer para que los meses se vuelvan a ordenar será seleccionar la lista *enero, febrero, marzo, abril, mayo...* y pulsar el botón *Aceptar*.

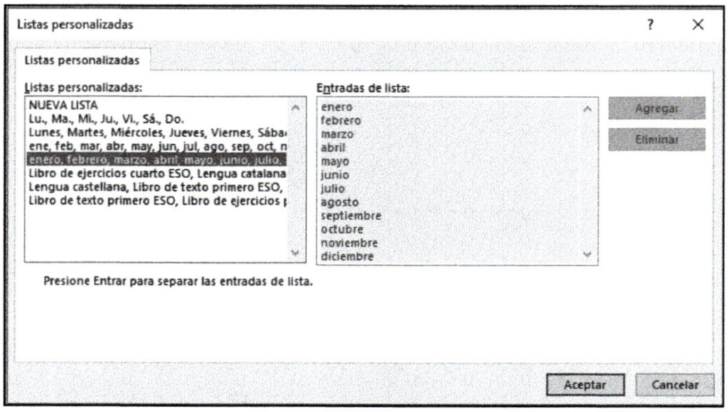

13. La lista de meses se habrá agregado en la categoría *Criterios de ordenación*. Ahora pulse el botón *Aceptar* y automáticamente la lista de meses se ordenará en la hoja de cálculo.

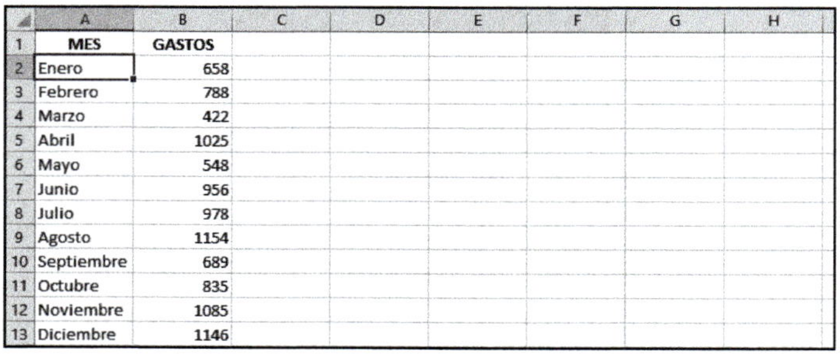

PRÁCTICA

Trabaje con alguna hoja de cálculo en la que tenga listas sin ordenar. Utilice los comandos de Excel para ordenar alfabéticamente y de forma ascendente el contenido de una lista. Acceda al cuadro de diálogo Ordenar para configurar una serie de criterios de ordenación de otros elementos de una lista.

6.13 Usar autofiltros

Los autofiltros son la función más adecuada para localizar registros que cumplan criterios específicos y ocultar las filas que no desea ver. Esta función es muy útil cuando queremos visualizar partes concretas de una tabla siguiendo algún criterio y dejar de ver los datos que no nos interesan.

Por ejemplo, en una tabla grande con una lista de películas nos podría interesar ver solo los títulos de las películas de unos años concretos, o de algún país determinado, entonces, utilizando los filtros podríamos hacer que el resto de títulos no se viesen temporalmente.

1. Para llevar a cabo este ejercicio utilizaremos un nuevo libro de ejemplo. Descargue el archivo *Películas.xslx* de forma gratuita con el código de acceso proporcionado en la primera página del libro y ábralo con Excel 2016.

2. Como puede ver, se trata de una tabla compuesta por 30 filas. Cada fila hace referencia a una película, cuyas características están ordenadas en 6 columnas que se refieren al título de la película, el nombre del director, el año de producción, el país de producción, la referencia de la película y su precio. Seleccione la celda A1 haciendo clic sobre ella.

3. Active la ficha *Datos* haciendo clic sobre su pestaña y seleccione el comando *Filtro* del grupo de herramientas *Ordenar y filtrar*.

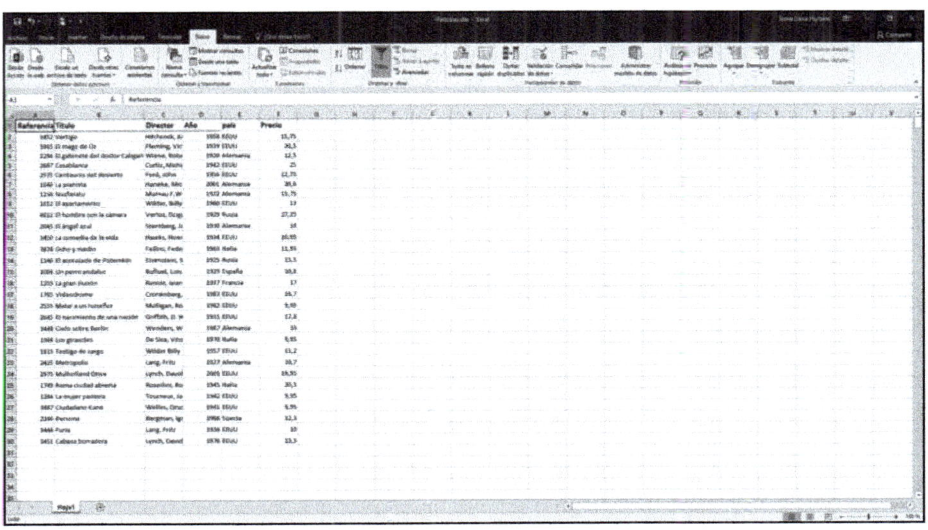

4. En cada celda que el programa ha interpretado como rótulo se ha colocado un botón punta de flecha. (Vea si lo desea la imagen adicional *6.12-001*.) Cada una de estas flechas permite aplicar filtros según la categoría. Imagine que le interesa el cine que se hizo en Europa entre los años 1920 y 1930 y quiere saber el precio de todas las películas disponibles de esa época. Utilicemos los filtros para determinar esa cantidad. Pulse sobre el botón punta de flecha que se ha situado en la cabecera de la columna *País*.

5. Como ve, el autofiltro permite seleccionar elementos de una lista de valores de texto, ordenarlos o crear criterios de filtro personalizados. Con el filtro de la columna *País* haremos que solamente se visualicen las películas de todos los países menos Estados Unidos. Para ello, haga clic sobre la casilla de verificación *EEUU* para deseleccionarla y pulse el botón *Aceptar*.

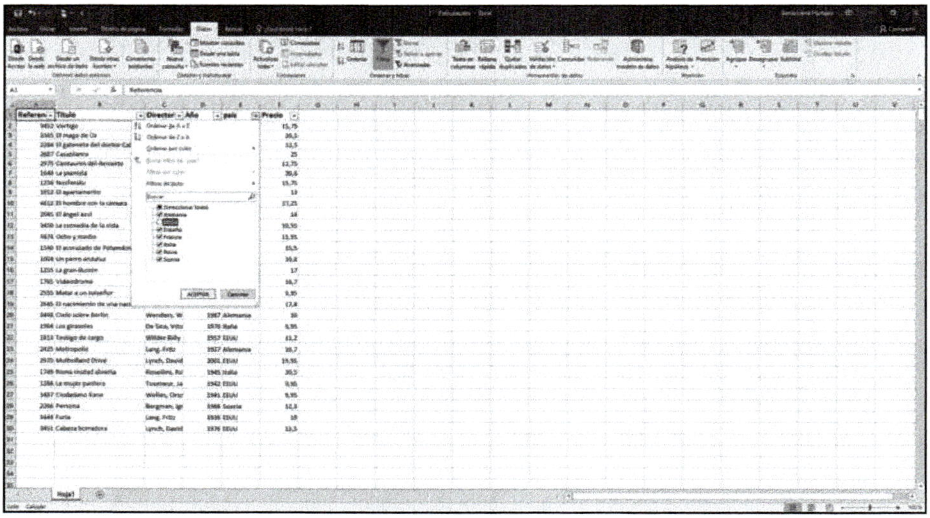

6. En la lista ya no aparecen las filas que contiene datos referentes a películas que provienen de Estado Unidos. Fíjese en que las cabeceras de las filas están marcadas de color azul y que el orden de los números ya no es consecutivo debido a que se han ocultado algunas filas intermedias. (Vea la imagen adicional *6.12-002*.) Los filtros se pueden ir añadiendo y, para conseguir ver los datos que nos interesan, todavía nos falta aplicar un filtro, concretamente el que haga que se muestren solamente las películas de la década interesada. Para ello, haga clic en el botón de punta de flecha de la columna *Año*.

7. Se despliega así la ficha contextual de autofiltro, en la que aparecen listados y seleccionados todos los años. Fíjese que entre los años listados no se muestran los años de las películas que han sido ocultadas. En este caso, haga clic en la casilla de verificación *Seleccionar todas* para desactivar la selección; a continuación, seleccione las primeras seis casillas (*1920, 1922, 1925, 1927, 1929* y *1930*) y haga clic sobre el botón *Aceptar*.

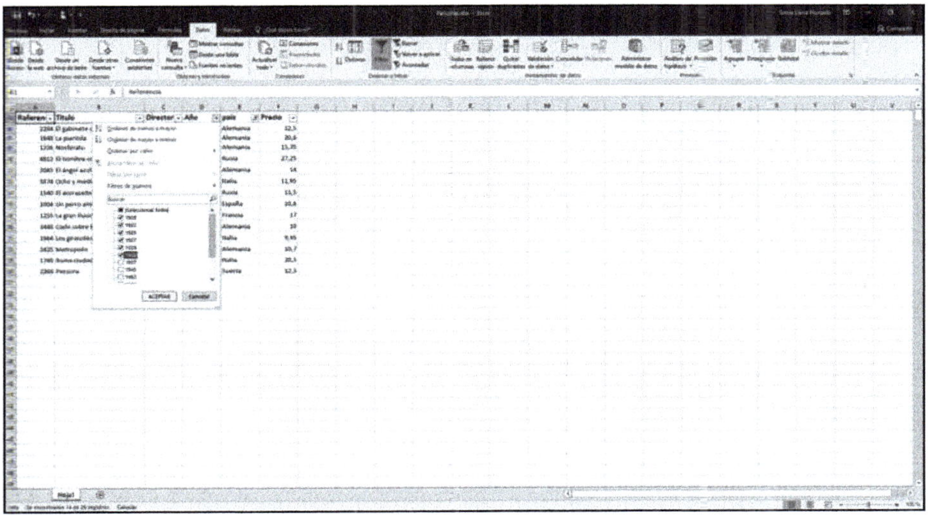

8. Una vez aplicado el segundo filtro en la tabla solo se muestran las películas que no interesan (vea si lo desea la imagen adicional *6.12-003.*). Ahora con un pequeño ejercicio de suma puede saber cuál es el precio de todas las películas europeas de los años 1920-1930. Haga clic en la celda *F32*, introduzca la fórmula *=SUMA(F4;F8;F10;F11;F14;F15;F23)* y pulse la tecla *Retorno* para obtener el resultado.

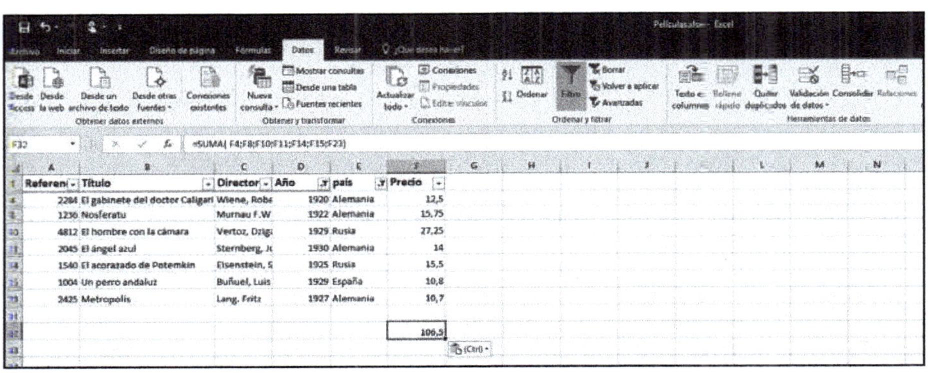

9. El resultado es de 106,5 euros. Ahora desactivemos los filtros que hemos aplicado. Haga clic en el botón de punta de flecha de la celda *Año* y seleccione la opción *Borrar filtro de "Año"*.

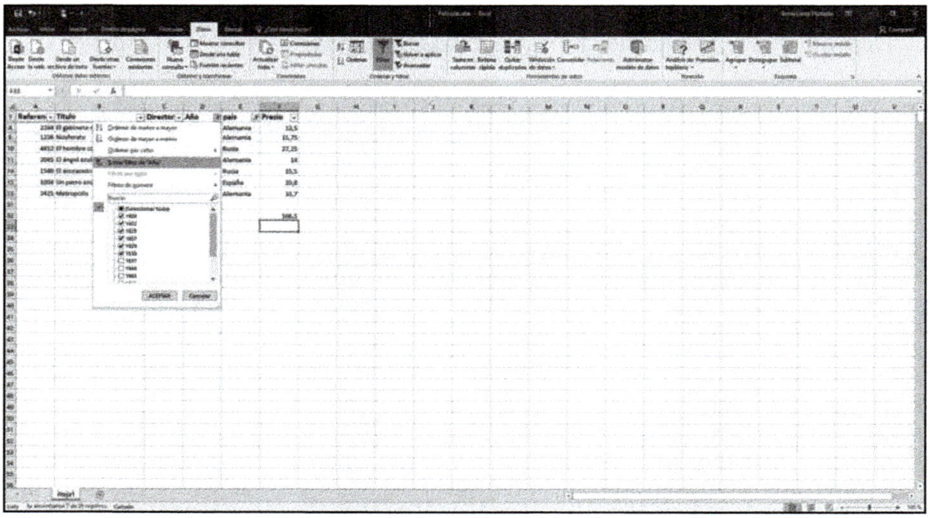

10. Automáticamente el filtro se elimina volviendo a mostrar en la tabla las películas de todos los años. Ahora, haga clic en el botón de punta de flecha de la celda *País* y selecciona le opción *Borrar filtro de "País"*.

11. A continuación aplicaremos un nuevo filtro de número en la columna *Precio*. Imagine que tiene un presupuesto de 15 euros para hacer un regalo y quiere comprar una película. En este caso le gustaría saber qué películas valen menos de 15 euros. Haga clic en el botón de punta de flecha de la cabecera de la columna *Precio*, seleccione la opción *Filtros de número* y dentro de esta opción haga clic sobre *Menor o igual que*.

12. Se abre el cuadro de diálogo *Autofiltro personalizado*, donde deberá definir los criterios de filtrado. En la categoría *Precio*, deje seleccionada la opción *Es menor o igual a* y, en el espacio numérico posterior, introduzca el valor *15*.

13. Esto hará que se cree un filtro que muestre solo las filas cuyo precio es igual o menor que 15. Haga clic sobre el botón *Aceptar* para aplicar el filtro.

14. Ahora se muestra la lista de películas que se ajustan a su presupuesto. Para acabar con este ejercicio, eliminaremos primero este último filtro y después los botones de flecha desde los que se aplican los filtros. En primer lugar haga clic en el botón *Borrar* del grupo de herramientas *Ordenar y filtrar*.

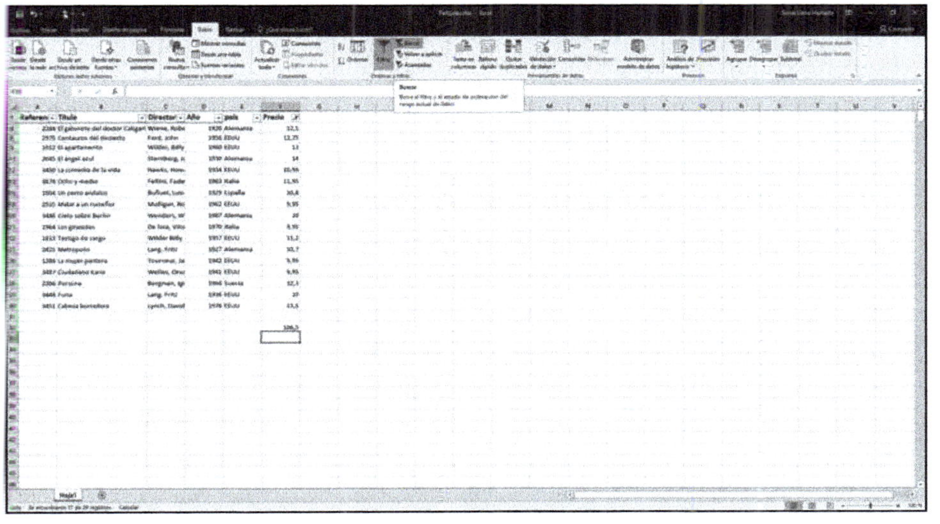

15. Seguidamente, pulse sobre el botón *Filtro* que ahora se encuentra seleccionado y de color gris.

16. Cuando haya eliminado los filtros, el documento volverá a tener el mismo aspecto que al principio y puede guardarlo utilizando la combinación de teclas *Ctrl+G*.

PRÁCTICA

Trabaje sobre un archivo compuesto con distintas columnas que tengan una cabecera. Aplique a algunas de estas columnas filtros personalizados y, después, elimínelos para dejar el documento como en su origen.

6.14 Validar datos

El proceso de validación consiste en establecer unos límites a los datos que puede contener una celda, fila o columna. La validación de datos puede configurarse para impedir que los usuarios escriban datos no válidos. También puede permitir que los usuarios escriban datos no válidos y advertirles cuando intenten hacerlo, o proporcionar mensajes para indicar qué tipo de entradas se esperan en la celda e instrucciones para ayudar a los usuarios a corregir errores.

La validación de datos es muy útil cuando desea compartir un libro de Excel con algún otro usuario y quiere que los datos que se escriban en él sean exactos y coherentes.

1. Para llevar a cabo este ejercicio seguiremos trabajando sobre el archivo *Películas.xslx*. Tras situarse en una celda vacía, por ejemplo, la H6, active la pestaña *Datos* y en el grupo *Herramientas de datos* despliegue el comando *Validación de datos*.

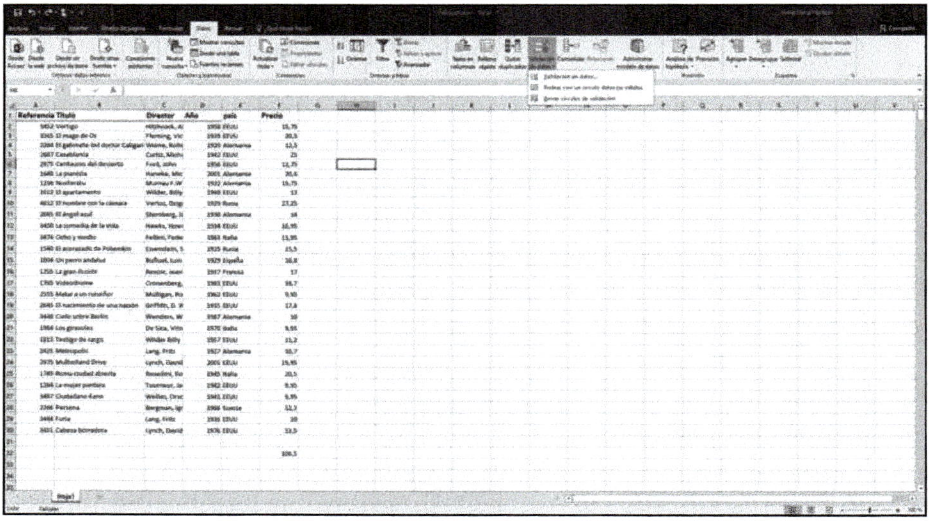

2. De las tres opciones disponibles, seleccione con un clic la opción *Validación de datos*.

3. En el cuadro *Validación de datos* puede definir cuáles serán las restricciones de introducción de datos. Por ejemplo, puede decidir que solo se puedan

escribir los títulos de las películas de la tabla, y que Excel no permita introducir otro dato diferente. En la ficha *Configuración* despliegue la lista *Permitir* y seleccione la opción *Lista*.

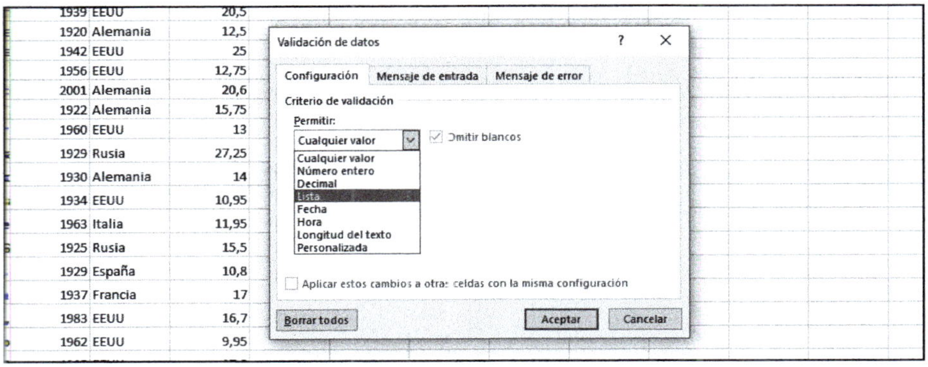

4. Esta opción hace que se active el campo *Origen*. Haga clic dentro de él y después seleccione las celdas con el contenido que quiera validar, en este caso, las celdas *B2-B30*, y pulsar el botón *Aceptar*.

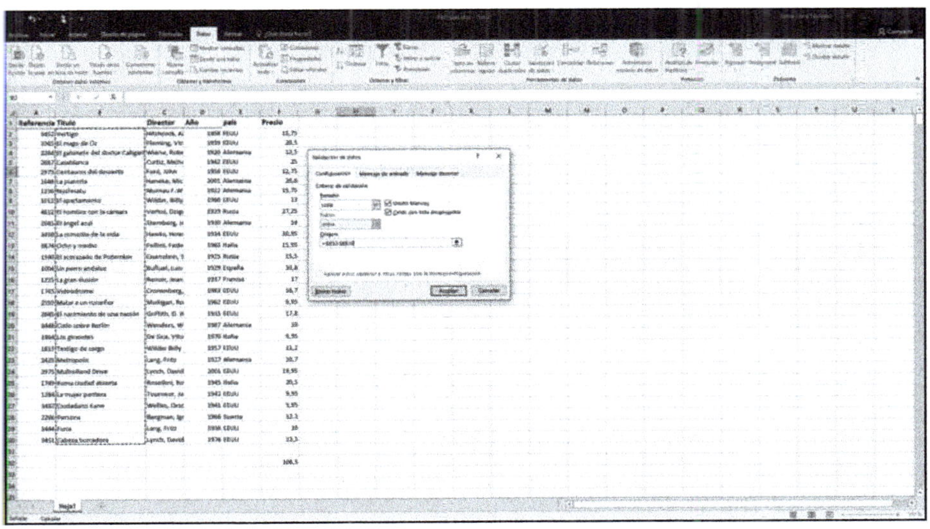

5. Ahora puede comprobar que en la celda que teníamos seleccionada, la H6, se ha insertado un botón de punta de flecha que le permitirá abrir la lista de datos permitidos. Pulse dicho botón y compruébelo.

6. A continuación vuelva a hacer clic sobre la celda H6 y escriba manualmente el título de una de las películas de la lista, por ejemplo *Ocho y medio*, y pulse la tecla *Retorno*.

7. El dato se ha introducido correctamente. Ahora, en la misma celda H6, introduzca el título de una película que no esté en la lista, como por ejemplo *El espíritu de la colmena* y pulse la tecla *Retorno*.

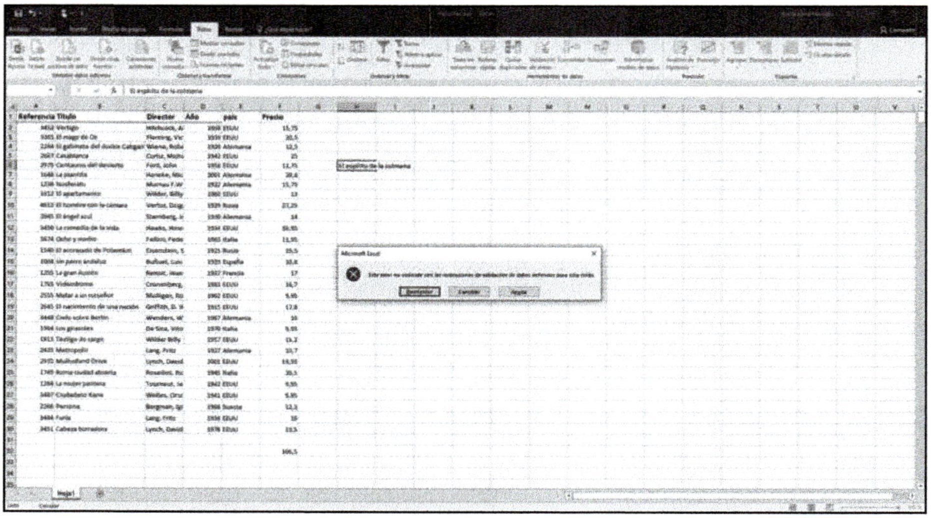

8. Como el dato que acaba de introducir no se encuentra entre los datos permitidos en la lista, Excel ha lanzado un mensaje de advertencia que nos informa de que el dato introducido no es válido. Pulse el botón *Cancelar* de ese cuadro.

9. Ahora vuelva a situarse en la celda H6 y haga clic de nuevo en el comando *Validación de datos* del grupo *Herramientas de datos*.

10. Active la ficha *Mensaje de entrada* y, en el campo *Título*, escriba *Títulos de películas de la lista*.

11. A continuación active la ficha *Mensaje de error* para configurar el mensaje de error que lanza Excel en caso de introducir un dato no válido, como ha ocurrido antes. Si despliega el campo *Estilo*, verá que hay tres opciones

disponibles. La opción *Alto* lanzará un mensaje de error que no le dejará introducir el dato no válido. La opción *Advertencia* le informará de que el dato no es válido y preguntará si quiere introducirlo de todos modos. Y por último, la opción *Información* simplemente lanzará un mensaje que informa sobre la invalidez del dato pero permite introducirlo igualmente. En este caso seleccione la opción *Advertencia* y pulse el botón *Aceptar*.

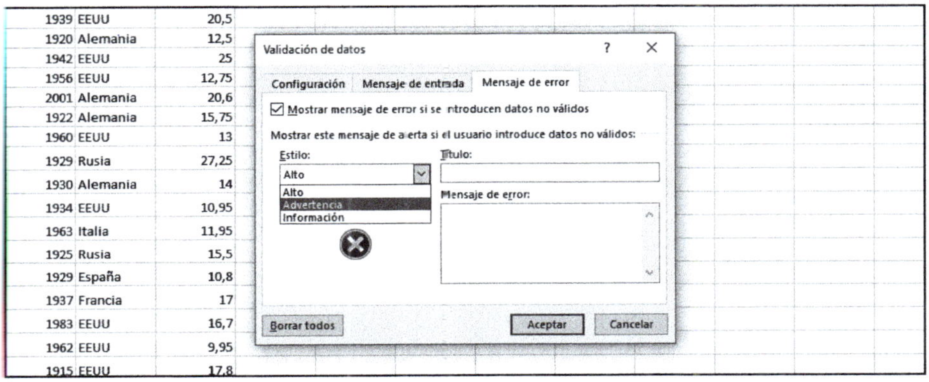

12. Pruebe ahora a introducir un dato no válido en la celda H6, por ejemplo, *Terminator,* y pulse la tecla *Retorno*.

13. Excel lanza el mensaje que ha configurado y le da la opción de continuar o de no hacerlo. Haga clic en el botón *Sí* para continuar con la introducción del dato no válido.

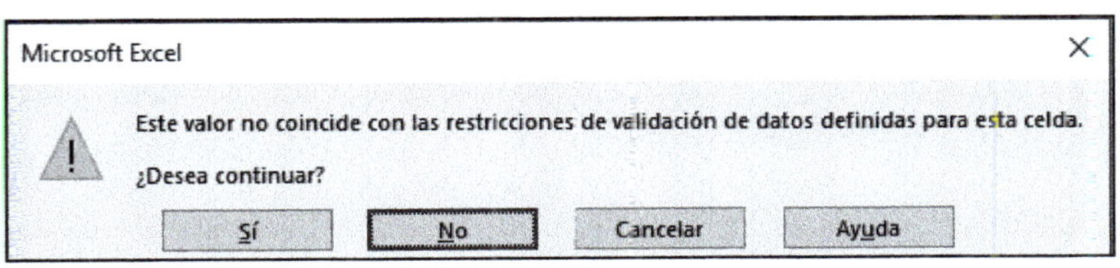

14. Como ve el dato se ha introducido sin ningún problema. Ahora seleccione otra celda vacía, por ejemplo la I13, y pulse de nuevo el comando *Validación de datos*.

15. Ahora configuraremos la celda para que solo se puedan introducir números menores que 10000. Abra la lista *Permitir* y seleccione la opción *Número entero*.

16. Despliegue la lista *Datos* y elija la opción *Menor o igual que.*

17. En el campo *Máximo*, escriba el cifra *10000* sin ningún signo de puntuación y pulse el botón *Aceptar*.

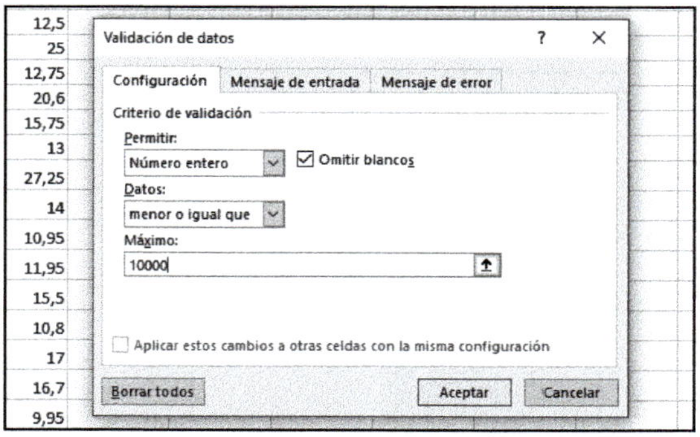

18. El cuadro *Validación de datos* se cierra y ya puede proceder a comprobar lo que ha ocurrido en la celda I13. Selecciónela, escriba la cifra *9950* y pulse la tecla *Retorno*. (9)

19. Ha podido observar que no hay ningún problema a la hora de introducir datos menores que 10000. Veamos ahora qué ocurre con los datos mayores. Vuelva a seleccionar la celda I13, introduzca la cifra *10001* y pulse la tecla *Retorno*.

20. Excel vuelve a lanzar un mensaje de error porque el valor introducido no está entre los permitidos en esa celda. Pulse *Cancelar* en el cuadro para cerrarlo y guarde el documento con *Ctrl+G*.

PRÁCTICA

Practique con la validación de datos en Excel 2016. Configure distintas reglas de validación para que el programa lance un mensaje de error o de advertencia si se introducen valores no permitidos.

6.15 Orientar y alinear el contenido de una celda

Como ya hemos visto en ejercicios anteriores, cuando introducimos datos en una celda, estos por defecto se alinean en la izquierda si son de tipo textual y en la derecha si son de tipo numérico. Verticalmente los datos de cualquier tipo se suelen situar siempre en la parte inferior de la celda. Pero usted puede modificar esta alineación predeterminada manualmente o utilizando la opción Formato de número.

1. Después de haber trabajado durante las últimas tres lecciones con otros documentos, volveremos a nuestra tabla de libros de texto. En esta lección aprenderemos a modificar la orientación y alineación del contenido de las celdas manualmente. Primero practicaremos con celdas individualmente y, cuando conozcamos el procedimiento, aplicaremos modificaciones a la tabla en su totalidad. Para empezar, recupere la última versión que ha guardado del archivo *Libros de texto 1* y seleccione la celda B1, *Producto*, haciendo clic sobre ella.

2. Antes de hacer nada, tómese un momento para fijarse en las herramientas del grupo *Alineación* de la ficha *Inicio*. Con la celda B1 seleccionada hay una única herramienta activada, concretamente la que alinea el texto en la parte inferior de la celda. Las tres herramientas que están debajo de la seleccionada son las que utilizaremos para modificar la alineación horizontal del texto. Recuerde que si posa el ratón sobre cualquier herramienta sin hacer clic sobre ella una etiqueta le informará de la función de esa herramienta. Ahora haga clic sobre el comando *Centrar*, el que está en el medio de las herramientas de alineación horizontal, para centrar el texto en la celda.

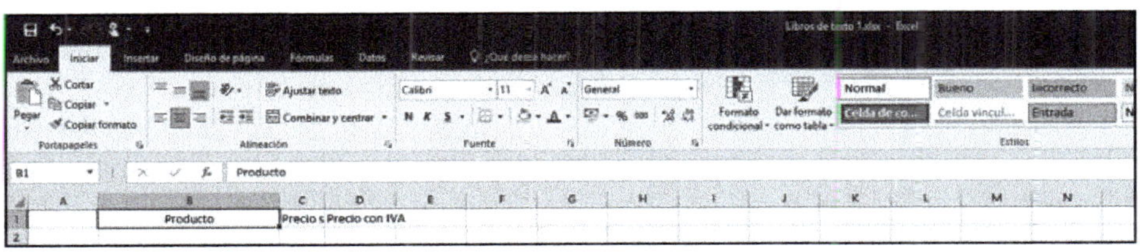

3. Observe que efectivamente la palabra *Producto* se encuentra ahora en el centro de la celda. Compruebe ahora cómo actúa la herramienta *Alinear texto a la derecha*, situada a la derecha de *Centrar*, haciendo clic sobre ella.

4. Ahora que ya conocemos las herramientas de alineación, practicaremos con la orientación del texto. Para esto, utilizaremos las diferentes opciones que incluye la herramienta *Orientación*. Pulse sobre dicha herramienta haciendo clic en el icono que muestra las letras *ab* inclinadas en el grupo de herramientas *Alineación*.

5. Desde esta herramienta se despliegan varias opciones que nos permiten aplicar ángulos ascendentes o descendentes al texto, cambiar su orientación a vertical, girarlo hacia arriba o hacia abajo y acceder al cuadro *Formato de celdas*. Manteniendo la celda B1 seleccionada, haga clic en la opción *Ángulo ascendente*.

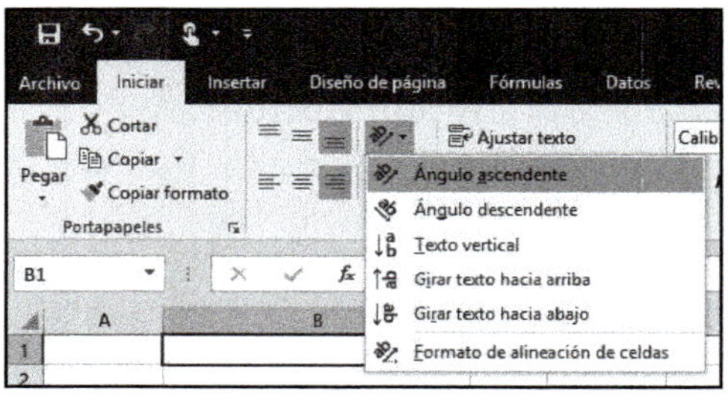

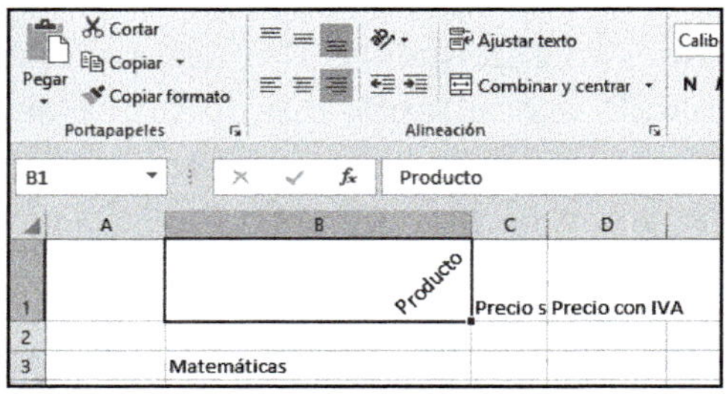

6. Observe el efecto de esta opción en la celda. El texto se ha orientado diagonalmente de forma ascendente haciendo que el tamaño de la celda aumentase para poder abarcar el espacio del texto. Vuelva a pulsar el comando *Orientación* y esta vez seleccione la opción *Texto vertical*.

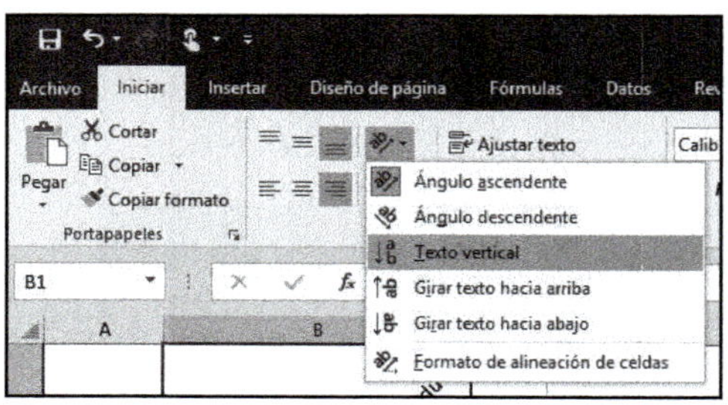

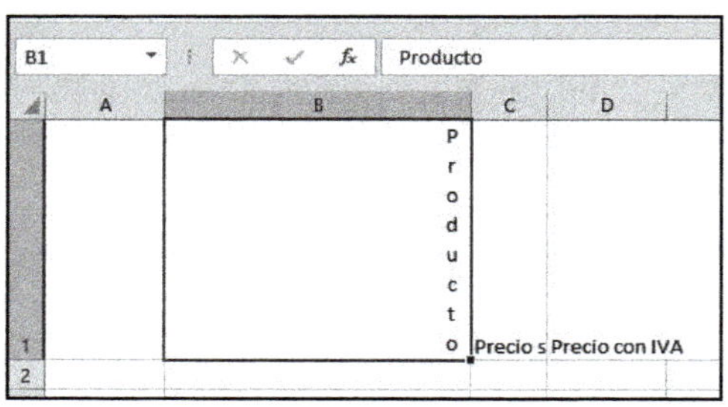

7. Vea cómo el texto se ha colocado verticalmente haciendo que la celda aumentase aún más de tamaño. Ahora, para seguir aprendiendo sobre las distintas opciones de orientación y alineación, abriremos el cuadro *Formato de celdas*. Para ello haga clic en el iniciador de cuadro de diálogo del grupo de herramientas *Alineación*.

8. El cuadro *Formato de celdas* se abre con la ficha *Alineación* activa y nos muestra el estado actual del texto seleccionado. En el apartado *Orientación* la palabra *Texto* está seleccionada en negro, lo cual hace referencia a la posición vertical del texto seleccionado. Para devolverle la orientación horizontal al texto pulse sobre la palabra *Texto* para desactivarla.

9. Para inclinar el texto diagonalmente de manera manual, puede tanto introducir el número de grados que desea inclinar el texto en el campo *Grados* como pulsar directamente sobre el gráfico sobre el punto adecuado. Haga esto último y pulse el botón *Aceptar* para ver los resultados.

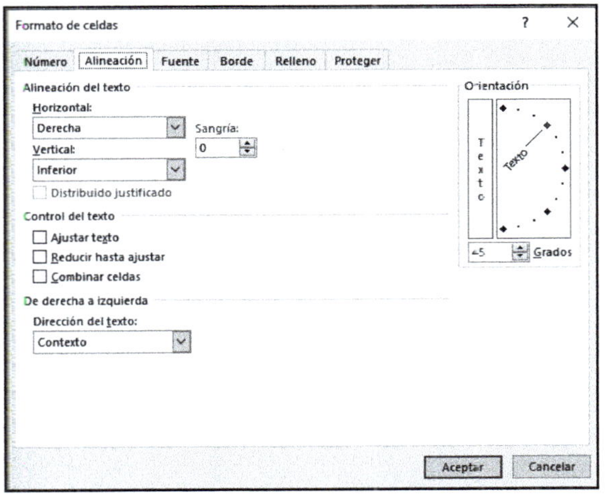

10. Ahora que ya sabemos manejar las herramientas de alineación y orientación, aplicaremos estas funciones a diferentes partes de la tabla para que quede uniforme. En primer lugar devolveremos al contenido de la celda B1 su orientación horizontal. Para ello abra de nuevo el cuadro *Formato de celdas*, en la opción *Grados* del campo *Orientación* introduzca el valor *0* y pulse el botón *Aceptar*.

11. Seleccione las celdas B1, C1 y D1 y haga clic en la herramienta *Centrar* el grupo *Alineación*.

12. Ahora seleccione el rango de celdas que contiene valores numéricos, es decir, de la celda C4 a la D37 y pulse de nuevo sobre el botón *Centrar*.

13. El resto de celdas las dejaremos como están, pero antes de acabar nos aseguraremos de que el ancho de columna esté ajustado en toda la tabla. Para esto, seleccione toda la tabla haciendo clic en la celda B1 y arrastrando hasta la D37 sin soltar el botón, y haga clic en la opción *Autoajustar ancho de columna* del comando *Formato* del grupo *Celdas*.

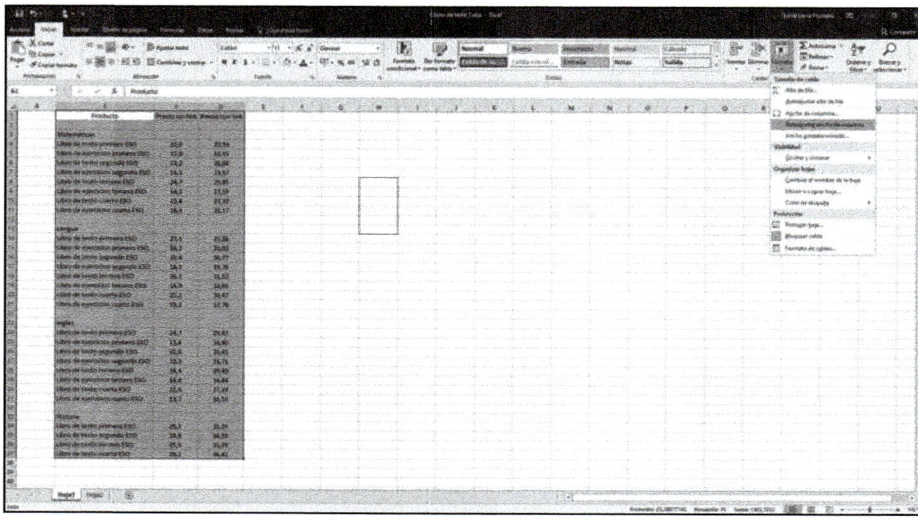

14. Para acabar guarde los cambios haciendo clic en el botón *Guardar* de la *Barra de herramientas de acceso rápido*.

PRÁCTICA

Centre las cabeceras de las columnas de su hoja de cálculo, alinee a la derecha el contenido de algún grupo de celdas y cambie la orientación de manera que otras tengan una inclinación de 45 grados.

6.16 Añadir bordes y tramas a una celda

En principio, como ha podido observar hasta ahora, Excel mantiene el fondo de las hojas en blanco, los datos en negro y las líneas de división entre filas y columnas con un trazo muy fino.

Es posible modificar este formato predeterminado ya que Excel permite establecer una serie de tramas para los fondos de las celdas que pueden combinarse con los colores de relleno de las celdas y colocar líneas divisorias donde usted lo decida.

1. Para empezar definiremos la tabla rodeándola con un marco más grueso que las líneas establecidas por defecto. Seleccione toda la tabla, desde la celda B1 a la D37.

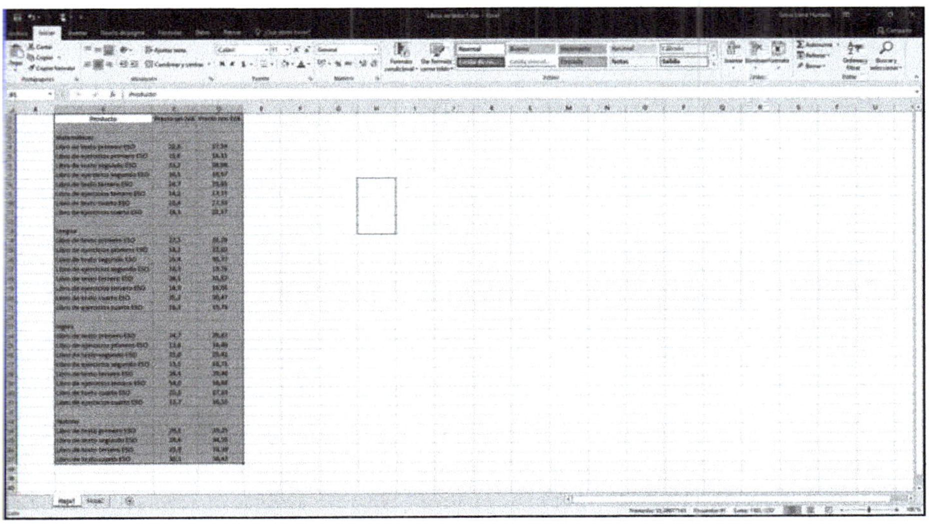

2. Con el rango de celdas seleccionado, despliegue el comando *Bordes* que se encuentra en el grupo de herramientas *Fuente*, junto a la herramienta *Color de relleno*.

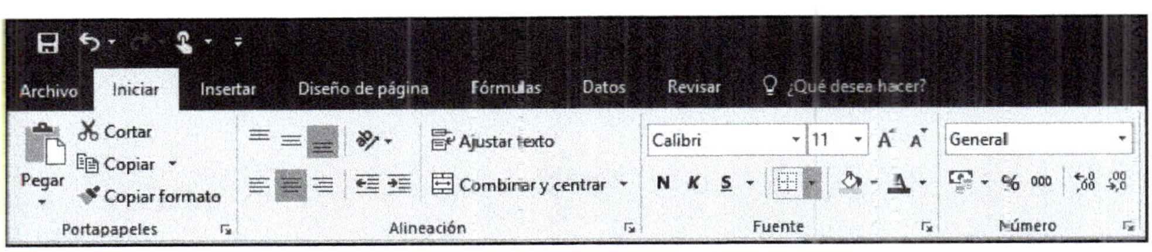

3. Aquí podrá ver una lista de los bordes predeterminados que ofrece Excel. Haga clic sobre la opción *Borde exterior grueso.*

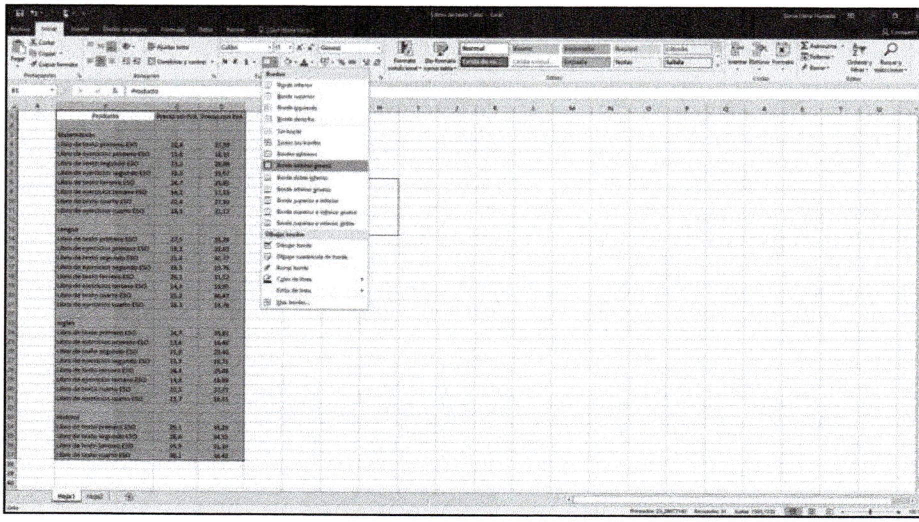

4. Ahora haga clic en cualquier celda para desactivar la selección y poder ver mejor el resultado de haber aplicado el borde. (Vea si lo desea la imagen adicional *6.15-001*.)

5. Excel ofrece la opción de dibujar el borde manualmente según vamos seleccionando las celdas a las que les aplicaremos el borde. Despliegue de nuevo clic el comando *Bordes* y seleccione la opción *Dibujar borde.*

6. Como nuestro cuadro ya tiene un borde, practicaremos con esta opción fuera de la celda. Habrá podido observar que al seleccionar la opción *Dibujar borde* el puntero del ratón ha tomado forma de lápiz. Con este lápiz haga clic en alguna celda vacía que esté fuera de la tabla y, sin soltar el botón, arrástrelo hasta abarcar unas cuantas celdas y entonces suéltelo.

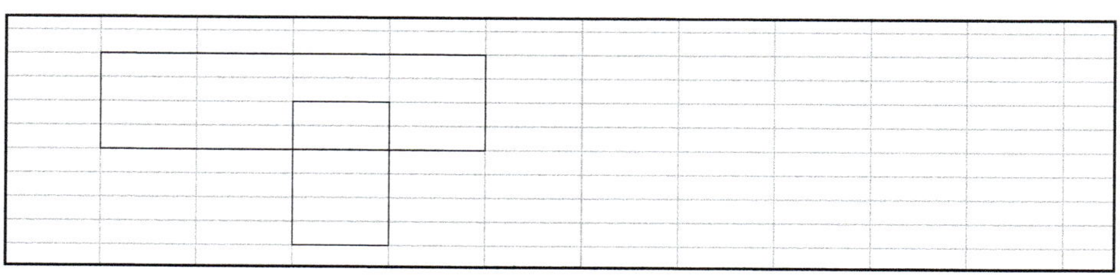

7. Vea que se ha creado un marco alrededor de las celdas seleccionadas. Como ese marco no nos es útil para nuestra tabla y solo lo hemos hecho para conocer la herramienta, haga clic una vez en el botón *Deshacer* de la *Barra de herramientas de acceso rápido*.

8. Ahora veremos cómo dibujar un borde personalizado. Despliegue de nuevo el comando *Bordes*, sitúe el puntero del ratón sin hacer clic sobre la opción *Estilos de línea* para ver todas las opciones disponibles y elija la última de las opciones, la que muestra la línea más gruesa.

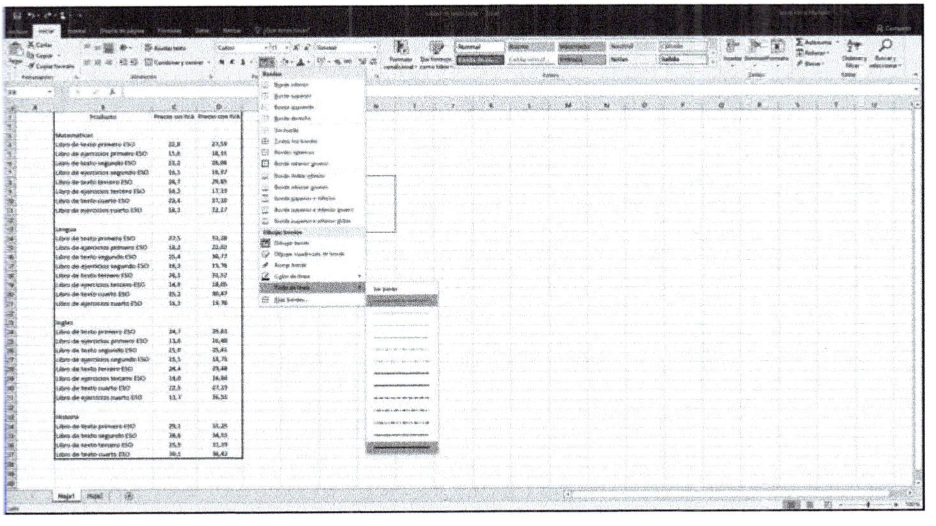

9. Cuando seleccione está opción verá que el puntero del ratón vuelve a tomar forma de lápiz. Esto ocurre porque tenemos seleccionada la opción *Dibujar borde*. Despliegue una vez más el comando *Bordes* y esta vez sitúe el puntero del ratón sobre la opción *Color de línea*.

10. Se despliega un panel de colores disponibles. Elija el que más le guste, aunque esta vez le recomendamos que utilice un color algo vistoso, ya que es la primera vez que lo utiliza y así podrá apreciar mejor el resultado.

11. Una vez seleccionado el estilo y el color de la línea, ya puede dibujar el borde. Para ello, haga clic en la celda B1 y, sin soltar el botón del ratón, arrastre hasta la D37, de manera que trace el borde alrededor de toda la tabla.

12. Cuando suelte el botón del ratón verá que la tabla está rodeada de un borde de color y que el puntero del ratón sigue teniendo forma de lápiz. Para hacer que vuelva a su forma habitual, desactive el comando *Dibujar borde*.

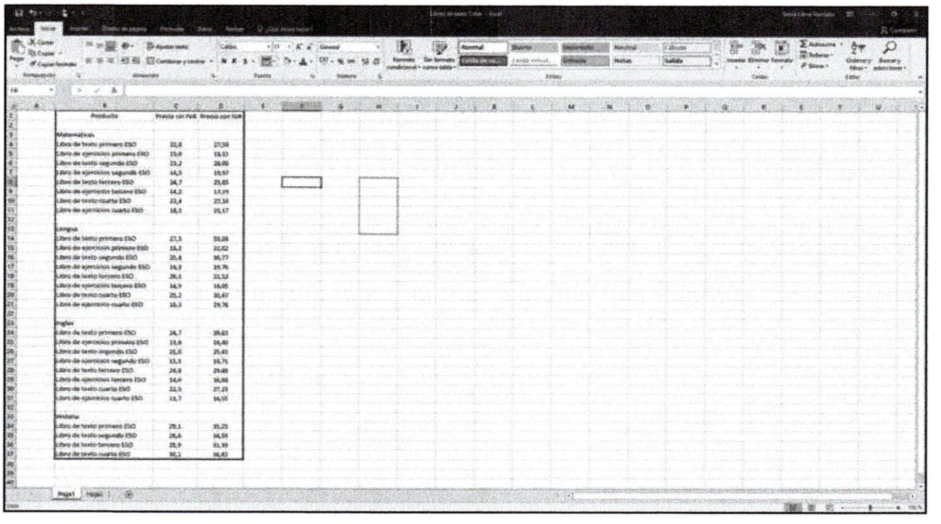

13. Ahora veremos cómo aplicar una trama de fondo a una o varias celdas. Las tramas de fondo se pueden utilizar para diferenciar distintas partes de una tabla, cosa que haremos con nuestra tabla. Como sabe, la tabla cuenta con cuatro bloques de libros divididos por asignaturas. Le proponemos aplicar una trama con un color a todas ellas y dejar la fila que separa los grupos sin trama. La forma más rápida de hacer esto será aplicando la trama a toda la tabla y luego eliminándola de las celdas en las que no nos interese. Seleccione toda la tabla empezando desde matemáticas, es decir, desde la celda B4 hasta la D37.

14. Con el rango de celdas que nos interesa seleccionado, haga clic con el botón derecho del ratón sobre la selección y elija la opción *Formato de celdas*.

15. Se abre así el cuadro *Formato de celdas*. Active la pestaña *Relleno* haciendo clic sobre ella.

16. La ficha *Relleno* contiene las opciones *Color de fondo, Estilo de trama* y *Color de trama*. En el campo *Color de fondo* seleccione el color que desee.

17. Observe que el color que usted ha elegido aparece en el campo *Muestra*. Este espacio es una previsualización de la combinación de color y trama que usted seleccione y puede ir cambiando las opciones hasta que encuentre la combinación que más le convenza. Ahora despliegue el campo *Color de trama* y elija la opción que más le guste.

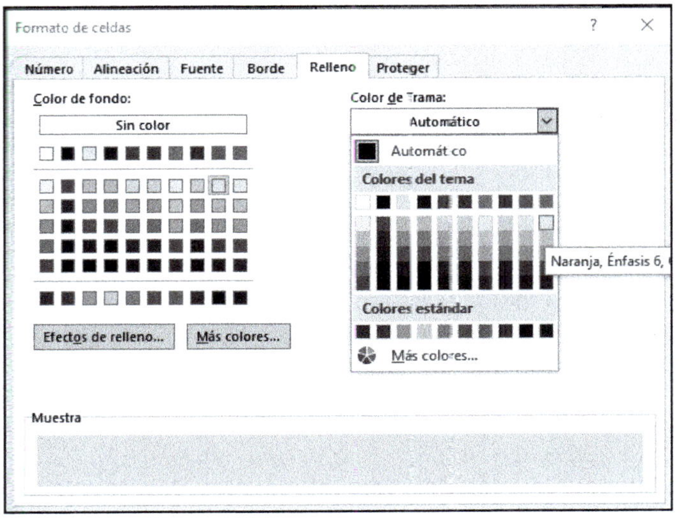

18. Ahora, elija un estilo de trama y cuando encuentre la combinación de colores que más le guste haga clic sobre el botón *Aceptar*.

19. Nuestra tabla ya tiene el color de fondo y trama aplicados y ahora solo nos falta eliminarlos de las celdas vacías que harán de separadores de grupos. Seleccione, arrastrando el ratón, las celdas que separan el grupo de libros de Lengua del de Matemáticas (B12, C12, D12), pulse la tecla *Ctrl* y sin soltarla vaya seleccionando las celdas que faltan.

20. Haga clic con el botón derecho del ratón sobre alguna de las celdas seleccionadas y vuelva a abrir el cuadro *Formato de celdas*.

21. En las opciones de relleno, seleccione *Sin color* en *Color de fondo*, elija la opción *en blanco* en el campo *Estilo de trama* y pulse el botón *Aceptar*.

22. Compruebe los resultados y modifique algún color si no le acaba de convencer, y cuando tenga la tabla lista guarde los cambios utilizando la combinación de teclas *Ctrl+G*.

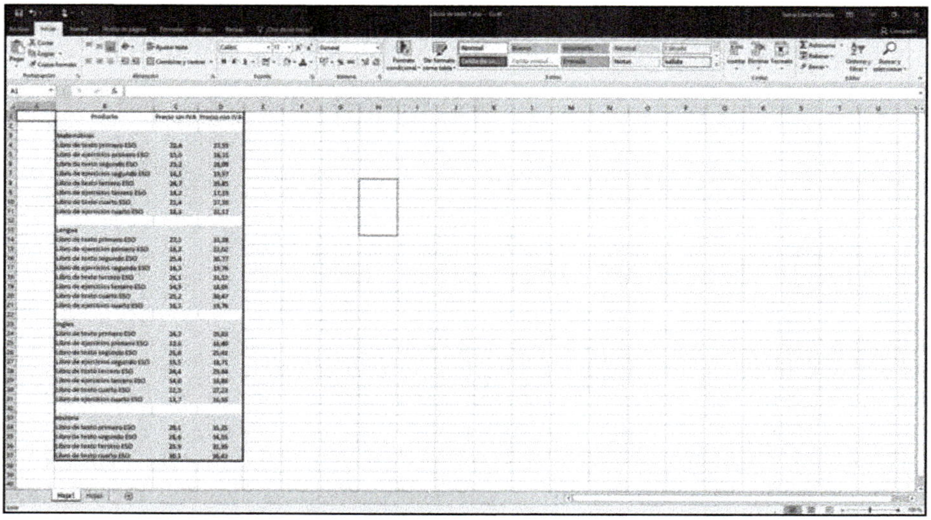

PRÁCTICA

Trabaje con una tabla en una hoja de cálculo de Excel. Aplique un borde alrededor de toda la tabla de un color llamativo y con cierto grosor. Después, aplique también un color y una trama a todas las celdas excepto a las de las cabeceras de la tabla.

6.17 Crear y aplicar estilos de celda

Los estilos de celdas permiten aplicar en un solo paso un formato de celda específico sobre una o varias celdas. Excel 2016 ofrece una gran variedad de estilos de celda predeterminados que incluyen características de formato como fuentes, bordes, rellenos de celdas, etc. También se pueden crear estilos de celda personalizados y modificar los predeterminados.

Cuando crea un nuevo Estilo de celda, debe definir el aspecto que tendrá cada uno de los elementos que componen la celda, como el borde, el relleno, la alineación, la fuente, etc.

1. Lo primero que haremos en esta lección será crear un nuevo estilo de celda a partir del relleno que hemos aplicado a la tabla en la lección anterior. Para empezar seleccione una de las celdas a las que ha aplicado color y trama de fondo, por ejemplo, la celda C15.

2. Con esa celda seleccionada despliegue el comando *Estilos de celda* del grupo de herramientas *Estilos*.

3. Al hacer clic sobre ese botón se despliega un panel donde se muestran los estilos predeterminados de Excel. Tome un momento para pasar el ratón sin hacer clic sobre los estilos, y deténgase en algunos de ellos. Puede comprobar que el estilo se aplica provisionalmente a la celda seleccionada para que pueda previsualizar cuál será el resultado.

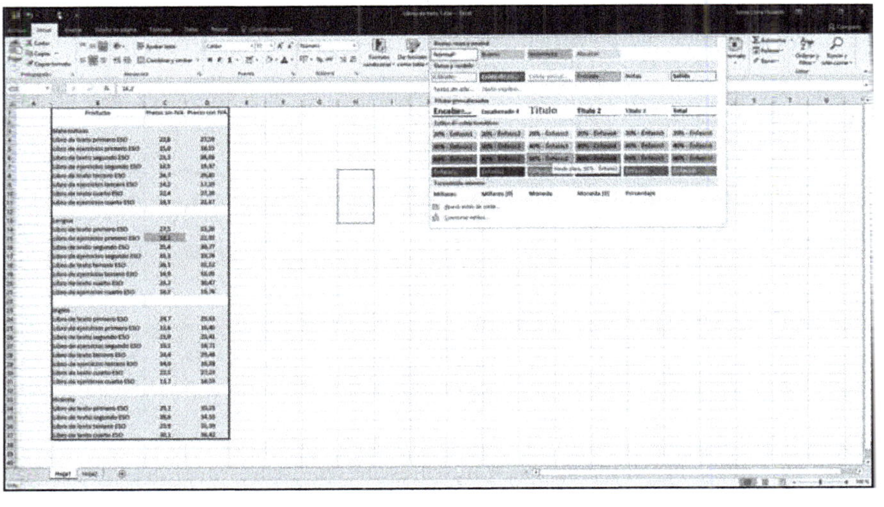

4. Ahora que ya ha comprobado cómo son los estilos predeterminados, haga clic en la opción *Nuevo estilo de celda.*

5. Se abre así el cuadro de diálogo *Estilo* donde puede introducir un nombre para el estilo que va a crear. En el campo *Nombre de estilo* escriba el nombre que desee. Suele ser recomendable que le resulte fácil identificar el estilo mediante ese nombre.

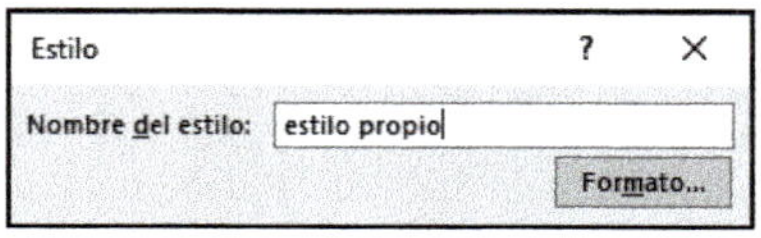

6. En el cuadro *Estilo* puede ver los campos que incluye el estilo. Sepa que el estilo que crearemos ahora ha tomado las características de la celda que teníamos seleccionada. Como este estilo se lo aplicaremos tanto a celdas con contenido numérico como textual, y la alineación de estos suele ser diferente, desactive las opciones *Alineación, Número* y *Bordes* para que estas no se contemplen en el estilo.

7. Ahora, haga clic en el botón *Formato.*

8. La opción *Formato* nos ha llevado al cuadro *Formato de celdas* que ya conocemos. En este cuadro puede modificar todas las características del formato de la celda y del texto, puede cambiar la fuente, el tamaño, color de la letra, del fondo, la trama, etc. Pero para este estilo no modificaremos nada. Haga clic sobre el botón *Aceptar.*

9. Esto le llevará de nuevo al cuadro *Estilo* donde debe pulsar otra vez el botón *Aceptar.*

10. Ahora a modo de prueba, seleccione un rango de celdas que se encuentre fuera de la tabla, de la celda G11 a la I17, por ejemplo.

11. Con ese rango de celdas seleccionado, haga clic en el botón *Estilos de celda* del grupo de herramientas *Estilos.*

12. Verá que están todas las opciones de estilos de celdas que había antes, pero se ha añadido una nueva categoría que se llama *Personalizada*, donde se encuentra el estilo que usted ha creado. Haga clic sobre ese estilo.

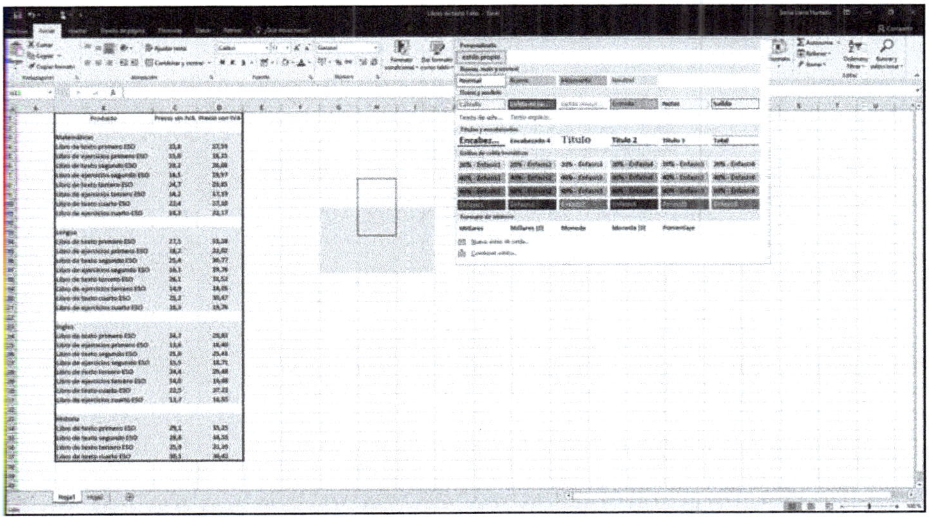

13. Desactive la selección del rango de celdas haciendo clic sobre cualquier celda y observe el resultado.

14. A ese rango de celdas se ha aplicado el estilo que hemos creado a partir del formato de la tabla. Ahora deshaga esta última operación pulsando el botón *Deshacer* de la *Barra de herramientas de acceso rápido*.

15. Nuestra tabla ya tiene un formato que nos gusta, pero los títulos de cada columna están aún en blanco. Crearemos desde cero un nuevo estilo para aplicar sobre estas celdas. Haga clic en el comando *Estilos de celdas* y seleccione la opción *Nuevo estilo de celda*.

16. En el cuadro *Estilo* desactive la opción *Bordes*, identifique el estilo con un nombre, por ejemplo, *Títulos*, y haga clic en el botón *Formato*.

17. Se abre así de nuevo el cuadro *Formato de celdas*. Active la ficha *Alineación* y en el campo *Horizontal* seleccione la opción *Centrar*.

18. Ahora active la ficha *Fuente* y en el campo *Estilo* active la opción *Negrita.*

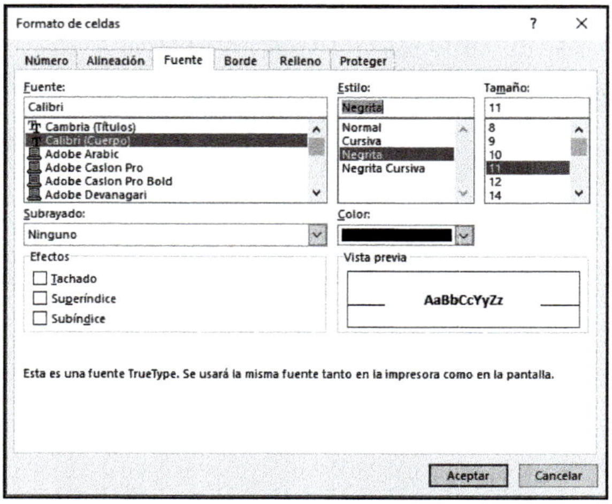

19. Active la ficha *Bordes* y, dentro del campo *Línea,* escoja la primera de las opciones de estilo, la que se encuentra justo debajo de la palabra *Ninguna.*

20. Para que esta línea se aplique en algún lugar de la celda es necesario indicar dónde. Para eso, active la opción *Debajo del texto,* el tercer icono comenzando desde arriba de los iconos de la parte izquierda del campo Borde.

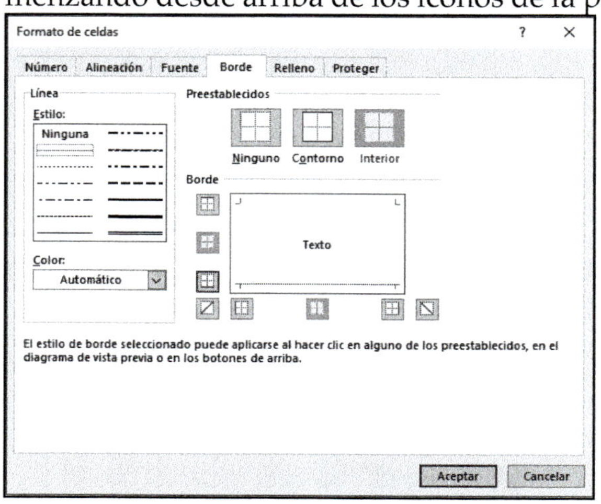

21. En el texto de muestra que hay en el centro verá que al activar esta opción aparece una fina línea debajo del texto. Acabemos de configurar este estilo aplicándole un relleno. Active la ficha *Relleno* y, en el campo *Color de fondo,* seleccione un color que crea que quedará bien con el color que ha aplicado anteriormente a la tabla.

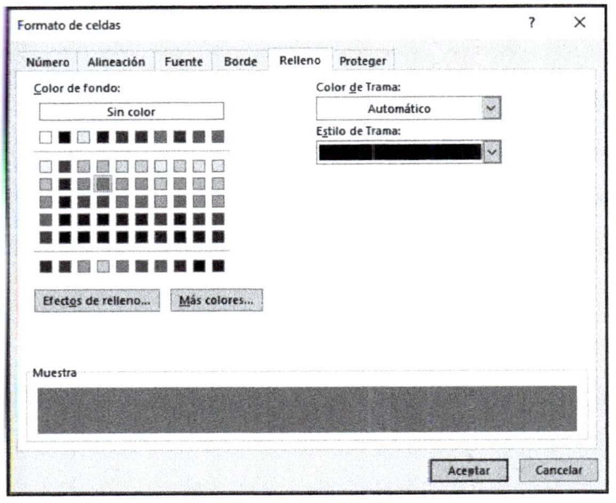

22. Una vez seleccionado el color, escoja un estilo y un color de trama y pulse el botón *Aceptar* y vuelva a pulsar *Aceptar* en el cuadro *Estilo.*

23. Para acabar con este ejercicio, seleccione las tres celdas que contienen títulos y haga clic en el botón *Estilos de celdas.*

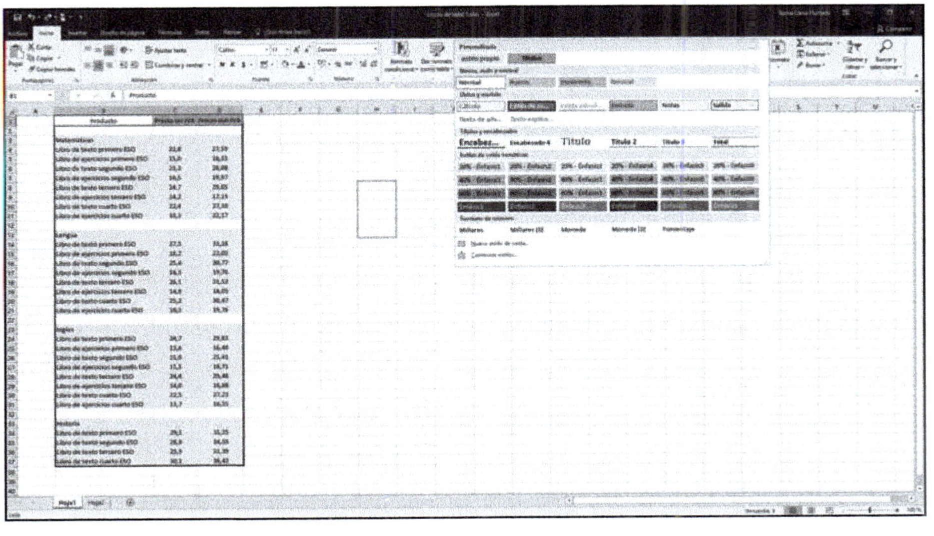

24. Observe que se ha añadido el estilo *Títulos* a la categoría *Personalizada*. Escoja ese nuevo estilo y desactive la selección para visualizar el resultado.

25. Para dar por concluido este ejercicio, guarde los cambios que hemos realizado.

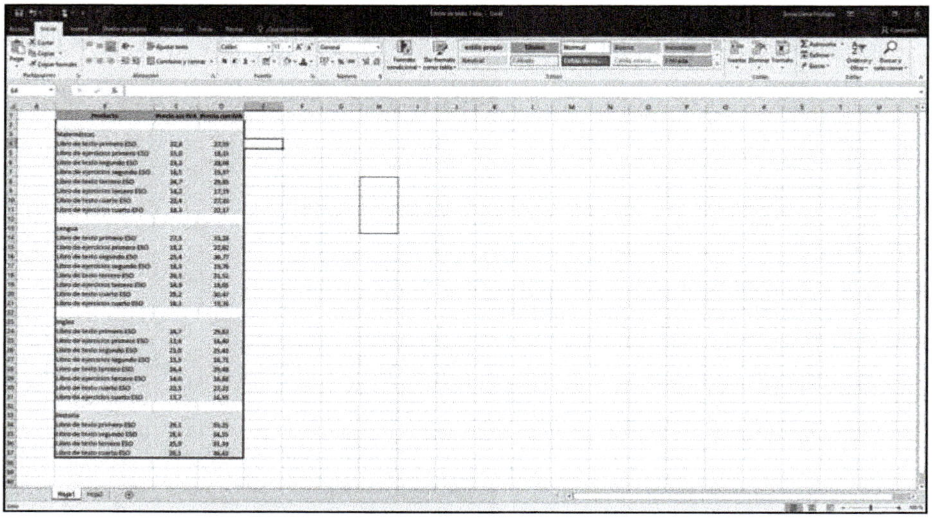

PRÁCTICA

Aplique uno de los estilos de celda predeterminados a una serie de celdas seleccionadas de su tabla y modifique a su gusto este estilo. Después, cree un nuevo estilo de celda a su gusto para aplicarlo a otro grupo de celdas.

6.18 Aplicar el formato condicional

En Excel 2016 podemos utilizar el llamado Formato condicional de celdas para analizar visualmente los datos de una hoja. La herramienta Formato condicional se incluye en el grupo Estilo de la ficha Inicio y permite marcar fácilmente excepciones o tendencias en los datos con degradados de color, barras de datos y conjuntos de iconos que cumplen una regla concreta.

1. En este ejercicio, en el que seguiremos trabajando con nuestra tabla *Libros de textos 1*, aprenderá a aplicar formatos condicionales enriquecidos a las celdas de una tabla. Imagine, en primer lugar, que quiere resaltar los libros cuyo precio es superior a 25 euros. Para empezar seleccione el rango de celdas que contiene los datos de precios, es decir, de la celda C4 a la D37.

2. Con las celdas seleccionadas despliegue el comando *Formato condicional* del grupo de herramientas *Estilos*.

3. Como puede observar, este botón despliega una lista de opciones relacionadas con los formatos condicionales. Estas opciones permiten resaltar reglas de celdas y reglas superiores e inferiores, así como utilizar barras de datos, escalas de color o conjuntos de iconos con fines analíticos y de presentación. Además, desde este menú de opciones, podemos crear nuevas reglas, borrar las aplicadas y acceder al cuadro *Administrador de reglas de formato condicionales*, en el que es posible modificar las condiciones de las reglas creadas. Ahora, haga clic sobre la opción *Resaltar reglas de celdas*.

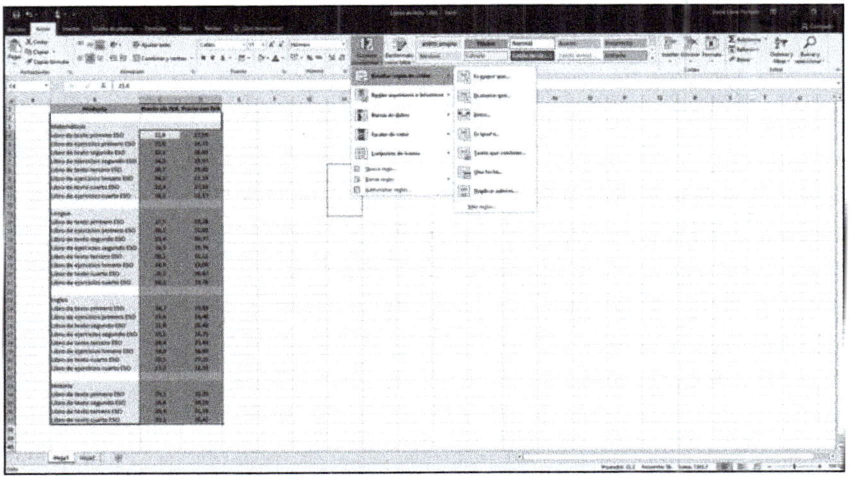

4. Al seleccionar *Resaltar reglas de celdas*, se nos presentan varias opciones con las que se pueden determinar las condiciones a partir de las cuales se resaltarán las celdas. Es decir, podemos decidir los parámetros en los que nos queremos fijar, como por ejemplo, los libros cuyo precio es superior a 25 euros. Es posible resaltar las celdas que contienen valores superiores o inferiores a un número, las que contienen un texto o una fecha concretos, etc. Pruebe ahora con la opción *Es mayor que* haciendo clic sobre ella.

5. Se abre así el cuadro *Es mayor que*, donde debemos especificar el valor que se tomará como base para la regla y el formato que mostrarán las celdas que la cumplan. En el campo *Aplicar formato a las celdas que son MAYORES QUE* introduzca el valor *25*.

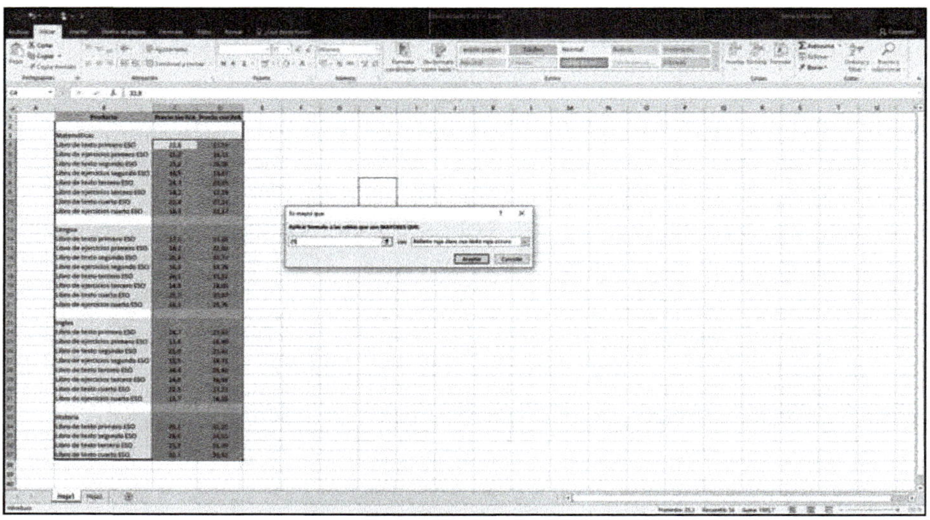

6. Observe que a medida que va introduciendo los valores, en la tabla se van marcando las celdas que cumplen la regla con el formato seleccionado por defecto, *Relleno rojo con texto rojo oscuro*. Dependiendo del color de fondo y trama que haya elegido en los ejercicios anteriores, puede ocurrir que el formato predeterminado no le parezca adecuado porque no hace que las celdas queden lo suficientemente resaltadas o sencillamente porque los colores no acaban de quedar bien. Despliegue el campo *con* y seleccione la opción que más le convenga.

7. Recuerde que Excel ofrece una vista preliminar y cada vez que elija uno de los formatos, este se previsualizará automáticamente en la tabla y solo se hará definitivo si usted acepta la opción. Una vez haya seleccionado la combinación de colores que más le convenga, haga clic sobre el botón *Aceptar* para confirmar el formato y cerrar el cuadro *Es mayor que*.

8. Ahora utilizaremos la barra de datos para aplicar otro de los formatos condicionales y representar así gráficamente una escala de valores, donde los más altos mostrarán la barra más larga y los más bajos, la más corta. Despliegue nuevamente el comando *Formato condicional* y pulse sobre la opción *Barra de datos*.

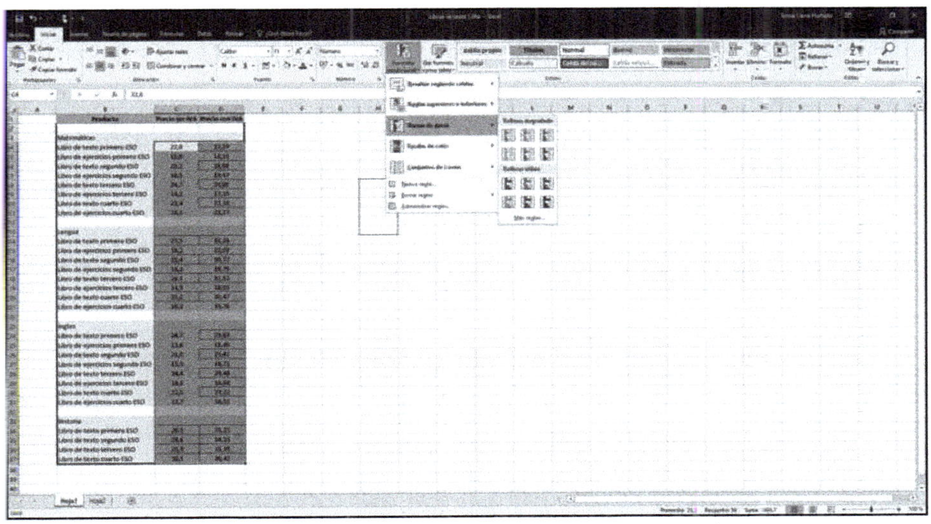

9. La opción *Barra de datos* contiene una lista de estilos para este formato condicional. Si sitúa el puntero del ratón sin hacer clic en cada una de ellas podrá ver el resultado sobre la tabla en una vista previa en directo. Entre las opciones de relleno degradado, seleccione la que mejor le vaya haciendo clic sobre ella.

10. Esta representación gráfica permite visualizar rápidamente aquellas celdas con mayores valores. Como ha podido observar, es posible aplicar dos formatos condicionales a la vez, tal como ocurre ahora. Las barras de datos nos muestran gráficamente la dimensión de los valores, pero además de eso, los valores superiores a 25 siguen marcados con el color que hemos selec-

cionado al principio. Para acabar con este ejercicio borraremos los formatos condicionales que hemos aplicado. Con todo el rango de celdas con valores numéricos seleccionadas, vuelva a hacer clic en el botón *Formato condicional*, pulse sobre la opción *Borrar reglas* y, del submenú que se despliega, elija la opción *Borrar reglas de las celdas seleccionadas*.

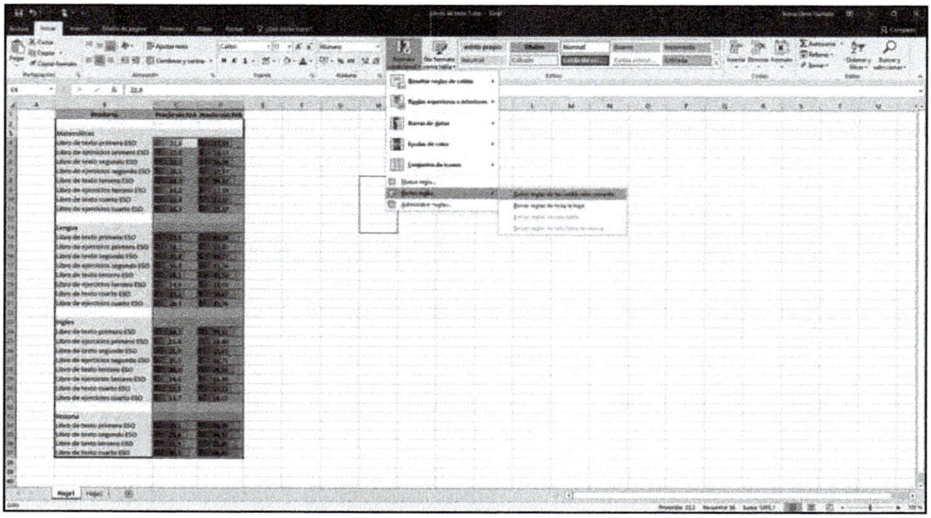

11. Observe que todos los formatos condicionales han desaparecido y la tabla vuelve a estar como al principio. Para acabar guarde los cambios que hemos realizado.

PRÁCTICA

Practique ahora con los formatos condicionales de Excel. Seleccione un rango de celdas determinado, uno que desee destacar de alguna manera y por algún motivo y aplique alguno de los formatos condicionales que se adecuen a la selección.

6.19 Crear y editar un gráfico

Excel posee las funciones necesarias para realizar gráficos profesionales de un modo sencillo, rápido e intuitivo. En la ficha Insertar de la Cinta de opciones nos encontramos el grupo de herramientas Gráficos, donde aparece una vista previa de los distintos gráficos disponibles.

En la versión 2016, el programa incorpora nuevos diseños de gráficos que satisfacerán todas las necesidades del usuario. Si bien Excel 2016 no presenta grandes novedades en cuanto a gráficos se refiere, sí que incorpora nuevos modelos de estos elementos, como los denominados, Cascada, Histograma o Cajas y Bigotes.

1. En este primer ejercicio dedicado a los gráficos trataremos la creación de uno nuevo basándonos en una tabla de datos: la de nuestro libro *Libros de texto 1*. Seleccione las celdas correspondientes al precio sin IVA de los libros de matemáticas y active la pestaña *Insertar*.

2. El comando *Gráficos recomendados* recomienda los gráficos más adecuados según el tipo de datos de origen. Haga clic sobre este comando.

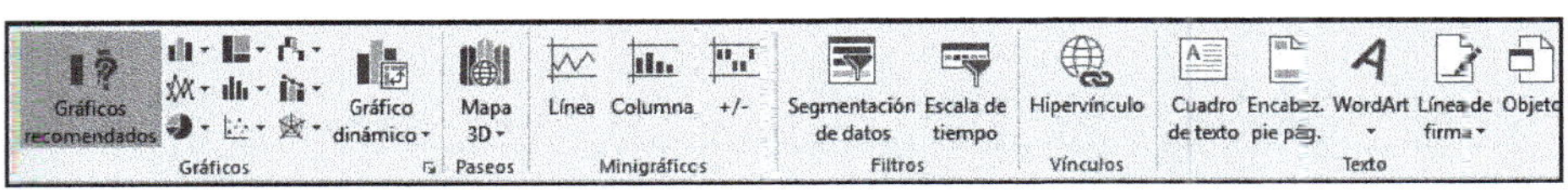

3. Se abre el cuadro *Insertar gráfico* mostrando los gráficos recomendados, en este caso, cinco tipos. Se trata de elegir el estilo que más se adecue a sus preferencias o sus gustos. Hágalo y pulse el botón *Aceptar*.

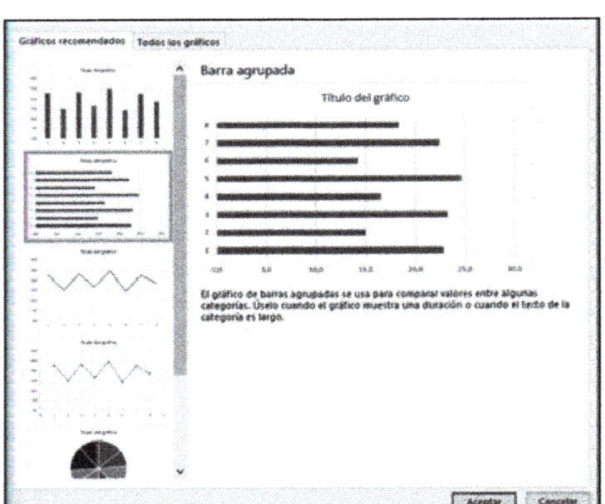

4. El gráfico se inserta como flotante en el centro de la hoja, al tiempo que aparece la ficha contextual *Herramientas de gráficos*. Vamos a modificar el estilo de diseño del gráfico. Para ello, en la pestaña *Diseño* de la ficha contextual *Herramientas de gráfico*, pulse el botón *Más* del campo de estilos de diseño y seleccione el estilo que más le guste pulsando sobre él.

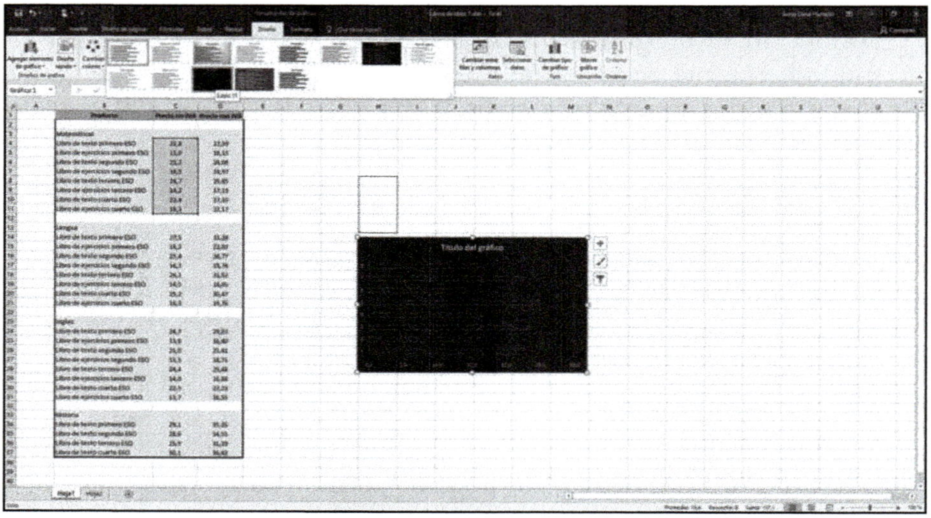

5. A continuación, haga clic en la pestaña *Formato* de la ficha contextual *Herramientas de gráficos*, despliegue el primer campo del grupo de herramientas *Selección actual* y elija la opción *Título del gráfico*.

6. En este menú podemos elegir el elemento del gráfico que queremos modificar. Seleccione el título predeterminado del gráfico, escriba el término *Precio libros matemáticas* y aplíquele un color y, si lo desea, algún efecto.

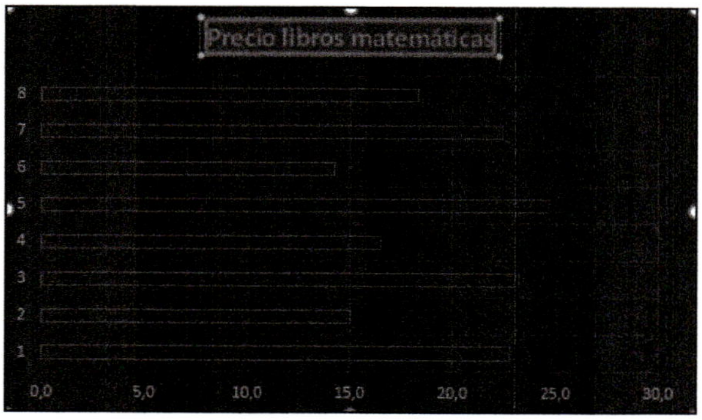

7. Junto al panel flotante del gráfico aparecen tres iconos: el primero permite añadir u ocultar elementos al gráfico, el segundo, cambiar parámetros de estilo y formato y el tercero, filtrar los datos del gráfico según valores y nombres. Pulse sobre el primero de los iconos para mostrar el panel *Elementos de gráfico*.

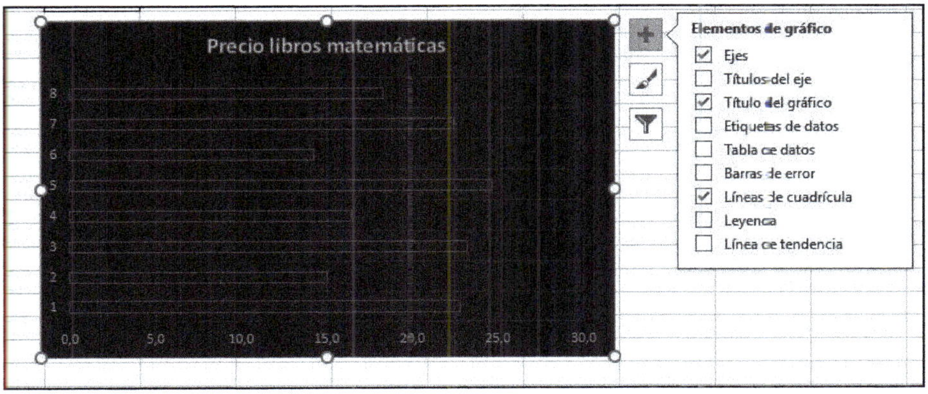

8. Active el elemento *Leyenda*, pulse fuera del gráfico para deseleccionarlo y guarde los cambios.

PRÁCTICA

Seleccione un rango de celdas de su tabla para representarlas gráficamente en un gráfico. Utilice el catálogo de gráficos recomendados de Excel, aproveche para ver los nuevos diseños disponibles en esta versión y cambie algunas de las propiedades del gráfico resultante.

6.20 Formatear un gráfico

Cada dato de un gráfico puede ser formateado de forma independiente o conjuntamente con toda la serie a la que pertenece. Pulsando una sola vez sobre un dato de la serie se selecciona toda la serie. Con un nuevo clic queda seleccionado únicamente ese dato.

Para modificarlo, se utiliza el panel Formato de punto de datos o Formato de series, dependiendo del elemento seleccionado.

1. Para empezar, y solo si es necesario, sitúe el gráfico, mediante la técnica de arrastre, en un punto de la hoja que le permita visualizar la tabla completa.

2. Ahora haga clic sobre la primera barra, columna o porción (según el diseño de gráfico que haya elegido en la lección anterior) del gráfico y compruebe que se ha seleccionado toda la fila de columnas y que, en la hoja de cálculo, queda seleccionada la serie de datos a la que hace referencia.

3. Vuelva a pulsar sobre el mismo elemento para que en el gráfico quede seleccionada solo esa columna.

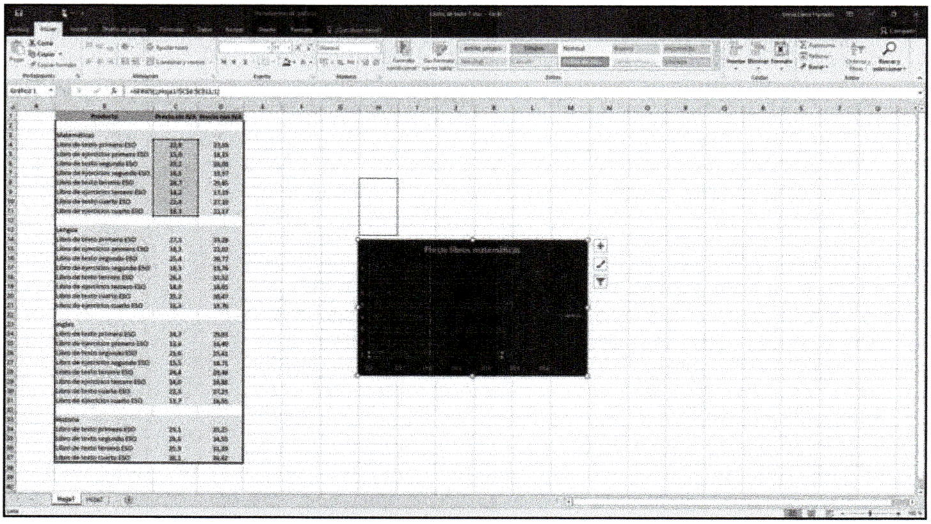

4. Observe que la información del elemento seleccionado se muestra en el espacio *Elementos de gráfico* del grupo de herramientas *Selección actual*. Aparece el título de la columna que tenemos seleccionada. Otra forma de identificar el dato que representa una columna del gráfico es colocar el ratón sobre dicha columna sin hacer clic, y una etiqueta le mostrará la información que necesita. De momento sabemos cómo seleccionar una serie o una única porción en el gráfico y cómo identificar el dato de la tabla al que hace referencia. Ahora veremos qué ocurre cuando modificamos un dato de la tabla. En su tabla de datos, haga doble clic sobre la celda C4 de la tabla y modifique su valor, que actualmente es 22,80. Es interesante que el nuevo valor sea lo suficientemente diferente del original como para apreciar el cambio de dimensión de la columna del gráfico. Por ejemplo, introduzca un valor como 28.50 y pulse la tecla *Retorno* para aplicar el cambio.

5. Ahora que sabemos cómo modificar y actualizar los datos de un gráfico, aplicaremos un formato a una de las series de datos del gráfico. Vuelva a seleccionar la serie de datos que acaba de modificar haciendo un único clic sobre unos de sus elementos, sitúese en la subficha *Formato* y haga clic en el botón *Aplicar formato a la selección* del grupo *Selección actual*.

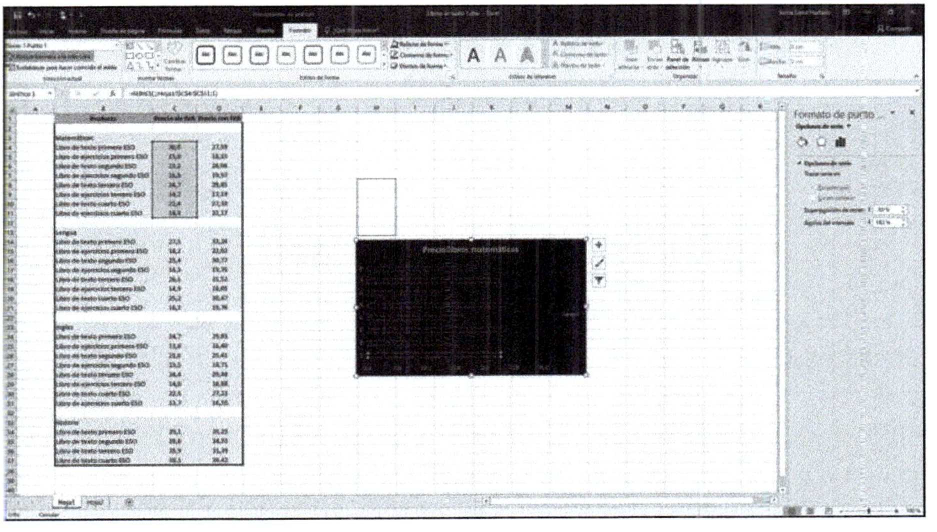

6. Se abre el panel *Formato de punto de datos*, desde el que puede modificar aspectos de las porciones como su forma, relleno, estilo de borde, etc. Este panel ha sido ligeramente rediseñado en la versión 2016 de Excel. Para que

las dos columnas correspondientes a cada dato se diferencien más entre ellas y nos resulte más fácil observar el gráfico, le cambiaremos la forma a una de ellas. Active el comando *Relleno y línea*, el primero de los tres iconos del panel, y despliegue el campo *Relleno*.

7. Verá que la opción seleccionada es *Automático*. Observe que Excel ofrece diferentes opciones de relleno: puede aplicarle una trama o una imagen al relleno, un color diferente, puede hacerlo más transparente o aplicarle un degradado de color. Nosotros únicamente le cambiaremos el color pero sepa que puede practicar con las distintas opciones. Active la opción *Relleno sólido* y despliegue el campo *Color* en el apartado *Color de relleno*.

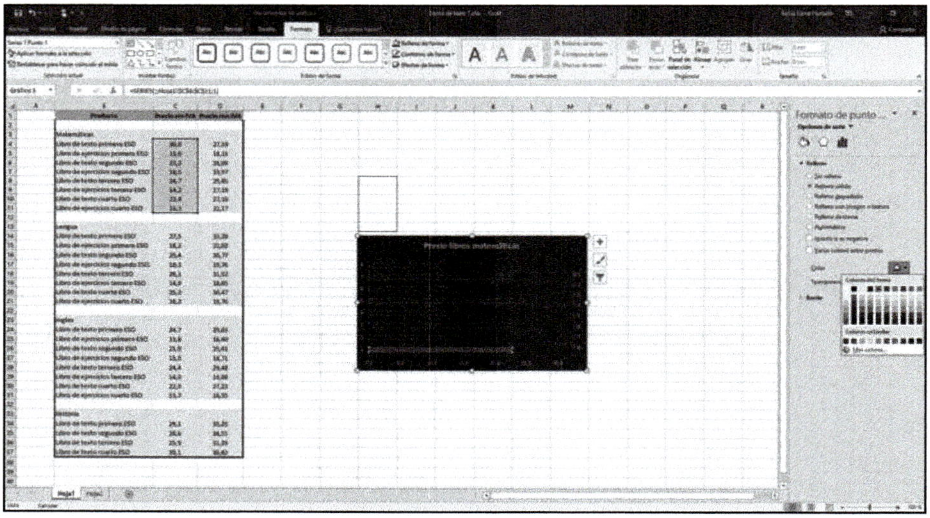

8. Se despliega con esta opción una paleta de colores igual que la que ya ha visto en otras ocasiones en las que ha tenido que aplicar un color a algún elemento. Ahora nos detendremos un momento en esta paleta. Podría ocurrir que ninguno de los colores que muestra le sirviese en algún momento y por eso debe saber que la paleta de colores de Excel permite personalizar colores y crear los suyos propios. Haga clic en la opción *Más colores*.

9. Se abre así el cuadro *Colores*, donde puede configurar tanto manualmente como de forma numérica sus colores. Con la pestaña *Personalizado* activada, haga clic sobre algún color del cuadro multicolor.

10. Observe que, al hacer clic sobre un color, este se selecciona y puede ahora aplicarle matices de intensidad y transparencia moviendo los parámetros necesarios. Una vez tenga su color definido y seleccionado, haga clic sobre el botón *Aceptar*.

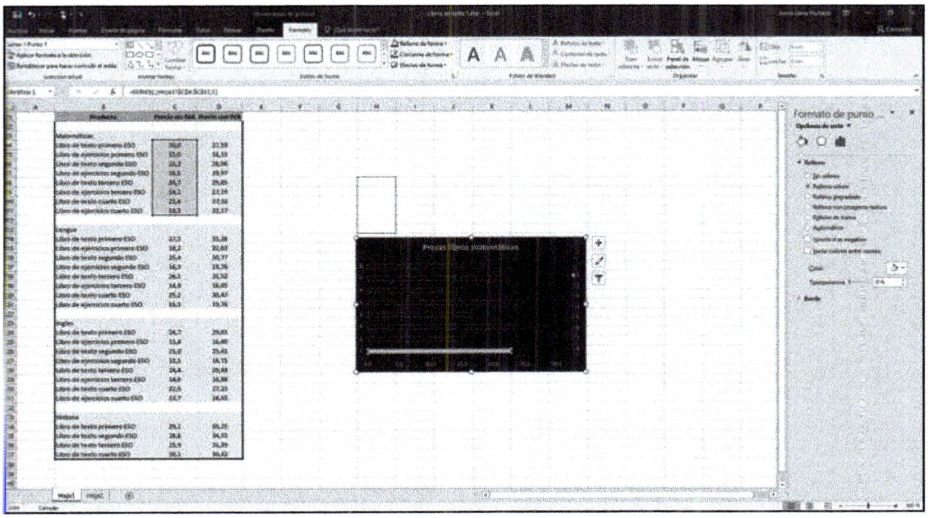

11. Para acabar con este ejercicio de formato de gráficos, aplicaremos un efecto a uno de los elementos del gráfico. Seleccione la barra, columna o porción que desee.

12. Aplicaremos un efecto tridimensional metalizado al elemento seleccionado. En la sección *Opciones de serie* del panel, active la opción *Efectos* y pulse sobre el efecto *Formato 3D*.

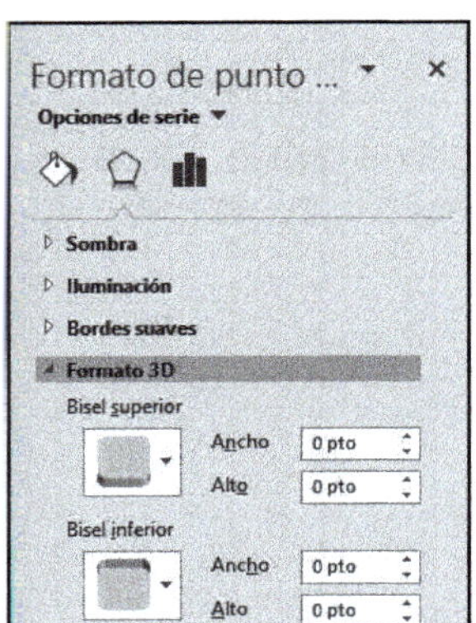

13. Despliegue el campo *Bisel superior* y elija el primero de los diseños predeterminados.

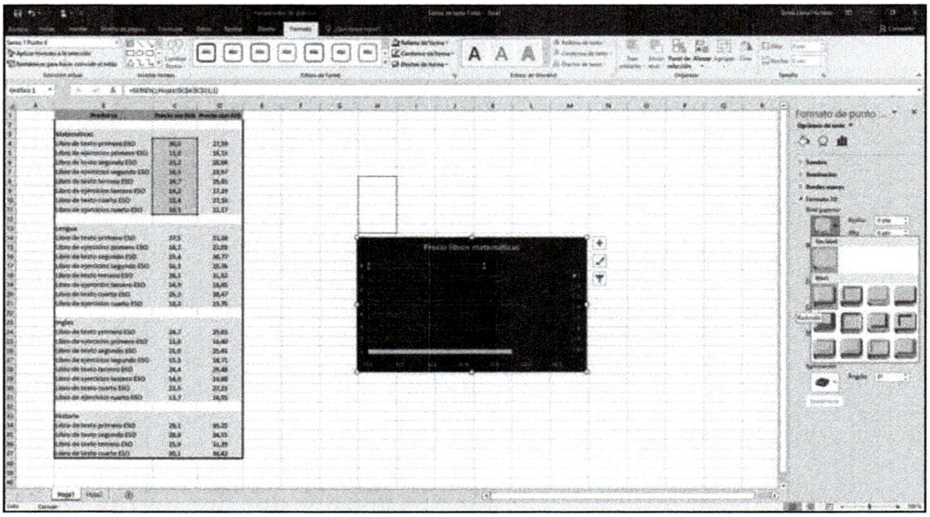

14. Haga clic en el botón *Material* del apartado *Superficie* y seleccione uno de los materiales del apartado *Efecto especial*.

15. Cierre el panel para comprobar correctamente el efecto conseguido y guarde los cambios haciendo clic sobre el botón *Guardar* en la *Barra de herramientas de acceso rápido*.

PRÁCTICA

Genere un nuevo gráfico o utilice uno de que disponga en su hoja de cálculo. Formatee alguno de los elementos del gráfico utilizando para ello el panel Formato de punto de datos.

6.21 Crear y personalizar minigráficos

Los minigráficos son pequeños gráficos incrustados en una celda de la hoja de cálculo. Estos elementos gráficos ayudan a detectar modelos en los datos introducidos, y proporcionan una representación visual de estos datos con el fin de mejorar la presentación de nuestros trabajos. En este ejercicio crearemos y personalizaremos minigráficos.

Una vez creado el minigráfico, podrá editarlo y modificarlo. Podrá, por ejemplo, convertir un minigráfico de línea en uno de columna con tan solo pulsar el comando Columna.

1. Para que nos resulte más sencillo trabajar y desplazarnos por la hoja de cálculo, modificaremos las dimensiones del gráfico que hemos creado y formateado en los ejercicios anteriores. Para ello, selecciónelo, haga clic en uno de los tiradores situados en sus vértices y arrástrelo hacia el centro del gráfico para reducir sus dimensiones.

2. Nuestro siguiente objetivo es crear un minigráfico que muestre, en una sola línea, los precios de los libros de lengua. Vamos allá. Seleccione la celda libre F13, pulse sobre la pestaña *Insertar* y, en el grupo de herramientas *Minigráficos*, seleccione el comando *Línea*.

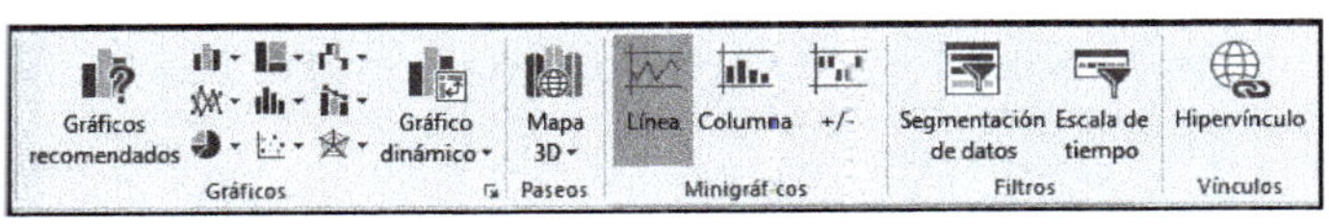

3. En el cuadro de diálogo *Crear grupo Minigráfico*, debemos seleccionar el rango de celdas que formarán el minigráfico. En el campo *Ubicación* aparece el nombre de la celda seleccionada en estos momento. Para elegir el rango de celdas que formarán el minigráfico, pulse sobre el icono situado a la derecha del campo *Rangos de datos*.

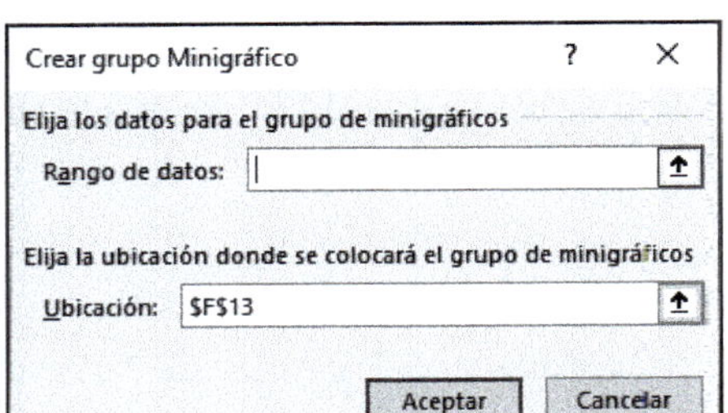

4. El cuadro de diálogo se contrae para que podamos seleccionar sobre la tabla el rango de celdas deseado. Seleccione en este caso la celda D14, pulse la tecla *Mayúsculas* y, sin soltarla, haga clic en la última celda correspondiente a los precios con IVA de libros de lengua.

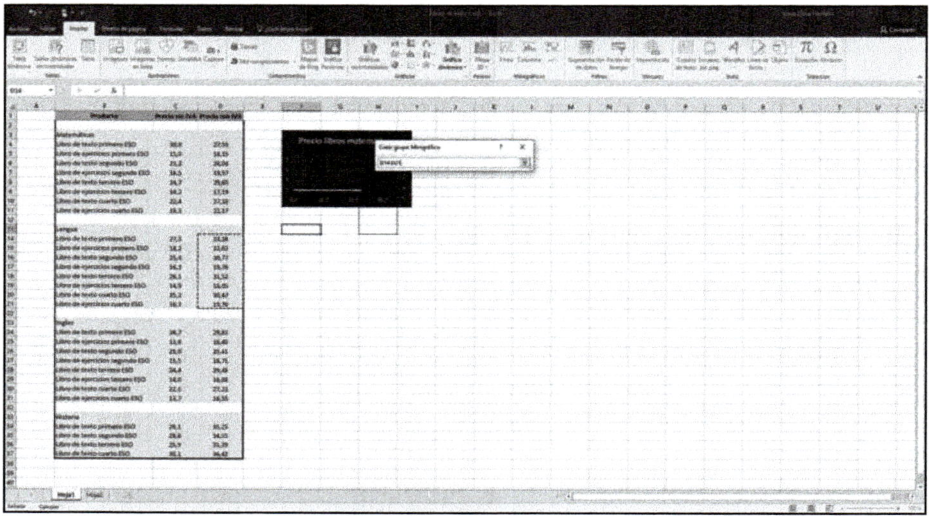

5. Tras restaurar el tamaño del cuadro de diálogo pulsando sobre el correspondiente botón, haga clic en el botón *Aceptar* y compruebe que en la celda seleccionada se inserta el minigráfico.

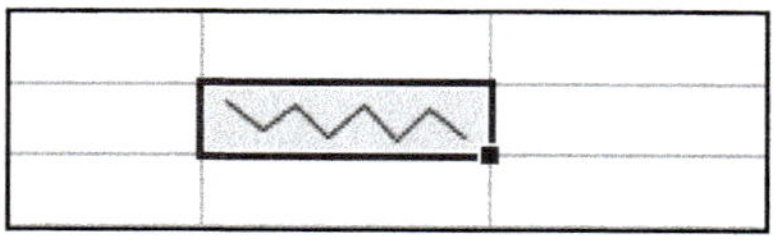

6. Los puntos altos representan los precios más caros, mientras que los puntos bajos son los más baratos. El programa activa la ficha contextual *Herramientas para minigráficos*. Probaremos a convertir este minigráfico lineal en un gráfico de columnas. Pulse el botón *Columna* del grupo de herramientas *Tipo* de la ficha *Diseño*. (Vea el resultado sobre la imagen adicional *6.21-001*.)

7. Para visualizar de forma clara el punto más alto y el más bajo del minigráfico, seleccione las opciones *Punto alto* y *Punto bajo* del grupo de herramientas *Mostrar*.

8. Podemos aplicar al minigráfico estilos predeterminados. Haga clic en el comando *Más* del panel *Estilo* y seleccione la opción que prefiera.

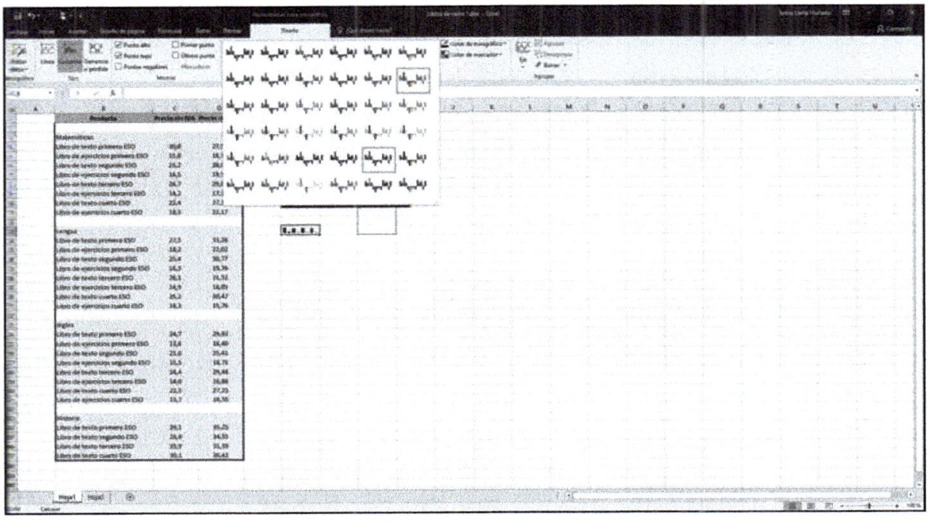

9. Observe que el estilo del minigráfico de la celda ha cambiado. Si despliega el comando *Color de minigráfico* podrá cambiar el color y el peso de los minigráficos en el grupo seleccionado, mientras que con el comando *Color de marcador* podrá modificar el color de los distintos puntos existentes en un gráfico. Además del aspecto de formato del minigráfico, estos elementos también pueden ser eliminados de la hoja cuando ya no se necesiten. Para ello, utilice el comando *Borrar* del grupo de herramientas *Agrupar*. Termine este ejercicio guardando los cambios realizados.

PRÁCTICA

Inserte en su hoja de cálculo un minigráfico basado en un ralgo de celdas previamente seleccionado. Modifique el formato del minigráfico a su gusto, cambiando incluso el estilo del mismo.

6.22 Crear y editar gráficos SmartArt

Los diagramas permiten la representación gráfica de una organización o proyecto. Gracias a la amplia gama de gráficos SmartArt que ofrece Excel podemos utilizar está función para representar distintos conceptos y situaciones. Se pueden utilizar los diagramas jerárquicos para representar la organización de una empresa, los cíclicos para representar las relaciones entre distintos elementos o los diagramas de proceso para representar procesos. También hay gráficos SmartArt para representar listas o pirámides de una forma más visual.

El comando SmartArt, incluido en la ficha Insertar de la Cinta de opciones, abre el cuadro Elegir un gráfico SmartArt, en el que hay que indicar el tipo de diagrama que se quiere añadir. Los diagramas cuentan con una ficha propia en la Cinta de opciones, con cuyas herramientas es posible editarlos.

1. En este ejercicio aprenderá a insertar un Gráfico SmartArt del tipo listado con el que representará la lista de las lecturas obligatorias de distintas asignaturas. El diagrama lo insertará en una hoja en blanco, para lo que deberá activar la *Hoja 2* del documento *Libros de texto 1* haciendo clic sobre su etiqueta.

2. Active la ficha *Insertar* de la *Cinta de opciones*.

3. Pulse sobre la herramienta *SmartArt* del grupo de herramientas *Ilustraciones*.

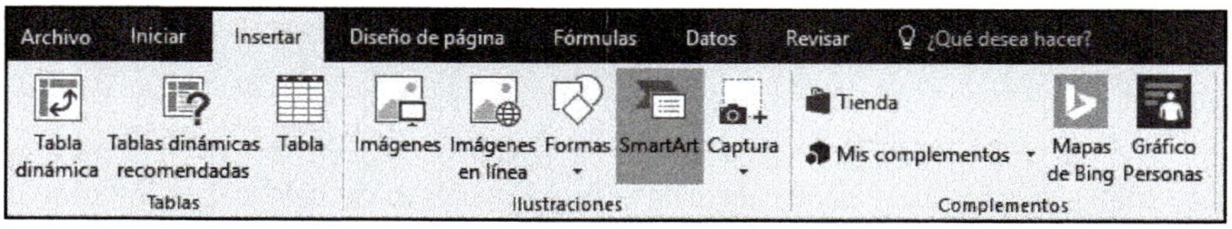

4. Se abre el cuadro de diálogo *Elegir un gráfico SmartArt* en el que se muestran todos los tipos de diagramas que podemos crear con Excel. En el apartado de vista previa podemos ver el aspecto del diseño seleccionado y una breve descripción del mismo. En el panel de la izquierda de este cuadro elija con un clic la opción *Lista*.

5. Mueva la barra de desplazamiento hasta abajo y, de los diseños correspondientes a este tipo de diagrama, seleccione el segundo de la última fila, *Lista de jerarquías*, y pulse el botón *Aceptar*.

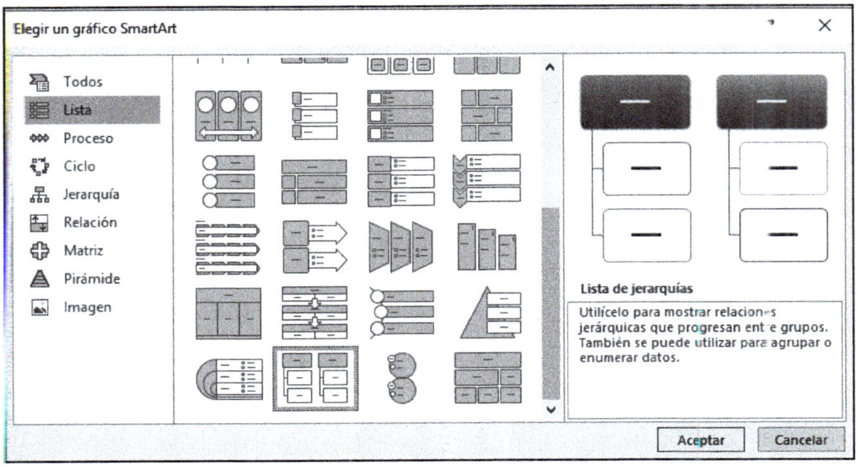

6. Se inserta el diagrama en el centro de la hoja y se carga la ficha contextual *Herramientas de SmartArt*. En el primer campo de texto, escriba el término *Lengua*.

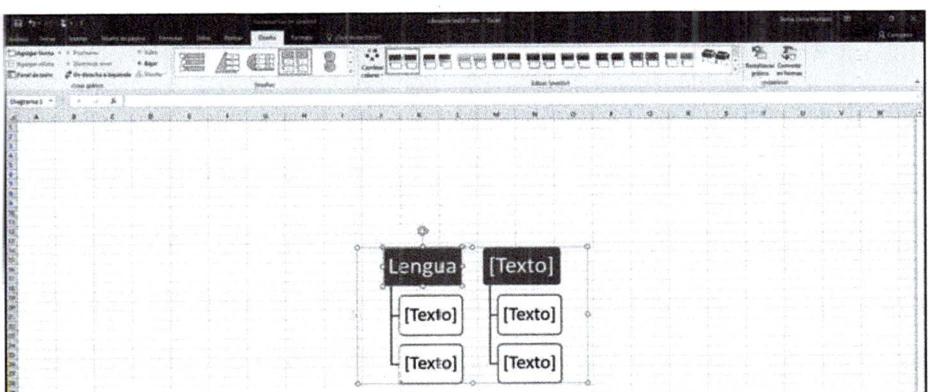

7. En el borde izquierdo del gráfico puede ver un pequeño botón de flecha, el cual oculta el denominado *Panel de texto*. Desde este panel también puede agregar el texto, en lugar de hacerlo directamente en el gráfico. Pulse sobre el mencionado botón para mostrar el *Panel de texto*.

8. Haga clic en el siguiente elemento de primer nivel, a la misma altura que el que acaba de completar, y escriba *Inglés*.

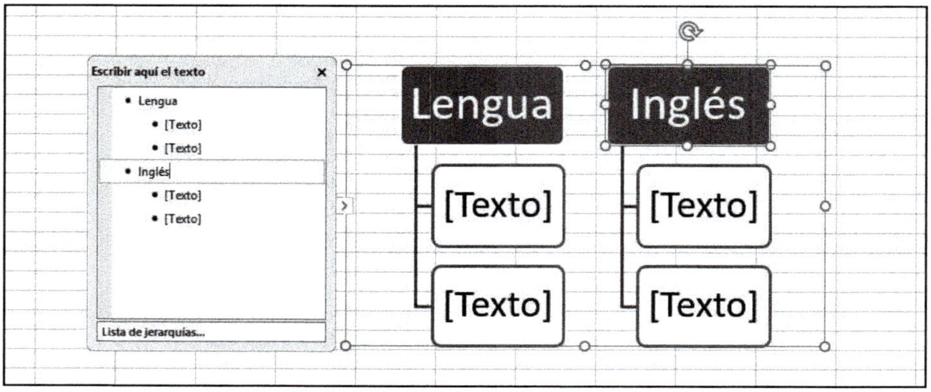

9. A medida que va escribiendo en el panel, el texto se actualiza sobre el diagrama. Ahora, haga clic en el cuadro de texto situado a continuación del elemento Lengua y escriba *El Árbol de la ciencia - P. Baroja*, pulsando fuera de ese cuadro para confirmar el texto.

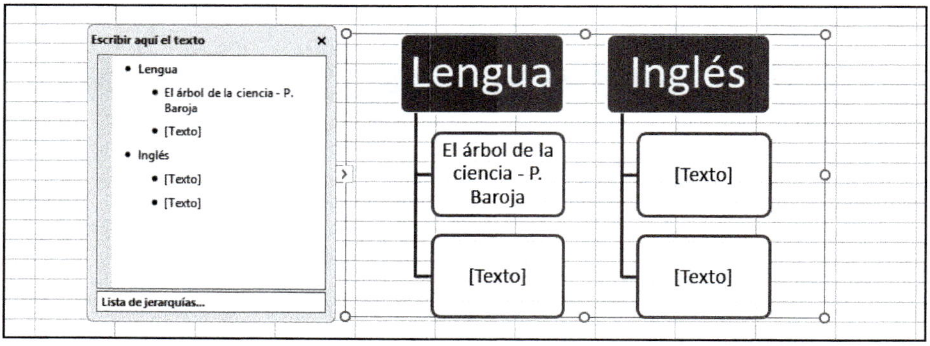

10. Si lo desea, puede introducir títulos de libros diferentes, los aquí mostrados funcionan a modo de ejemplo. Acabe de rellenar por su cuenta los tres cuadros que le faltan con títulos de libros. (Si desea ver los títulos que hemos utilizado como ejemplo, vea la imagen adicional *6.22-001*.)

11. A continuación, añadiremos un nuevo elemento al diagrama. Para ello, seleccione el elemento *Inglés* y pulse en la flecha de la herramienta *Agregar*

forma del grupo *Crear gráfico*, en la subficha *Diseño* de la ficha contextual *Herramientas de SmartArt*.

12. Se despliegan varias opciones de inserción de formas. Si usted quiere añadir otra asignatura y poner un cuadro al mismo nivel que el seleccionado, haga clic en la opción *Agregar forma detrás*.

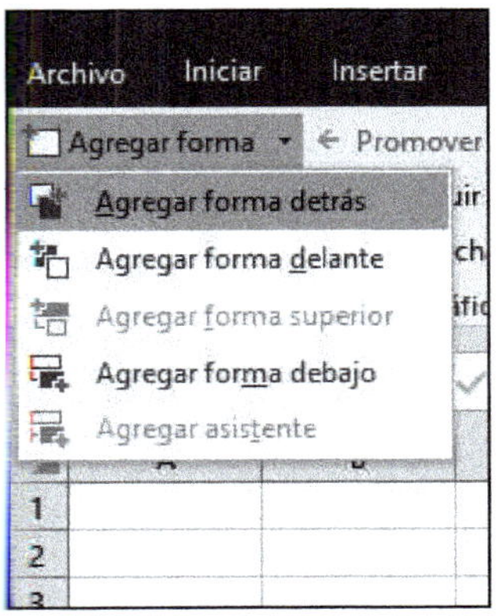

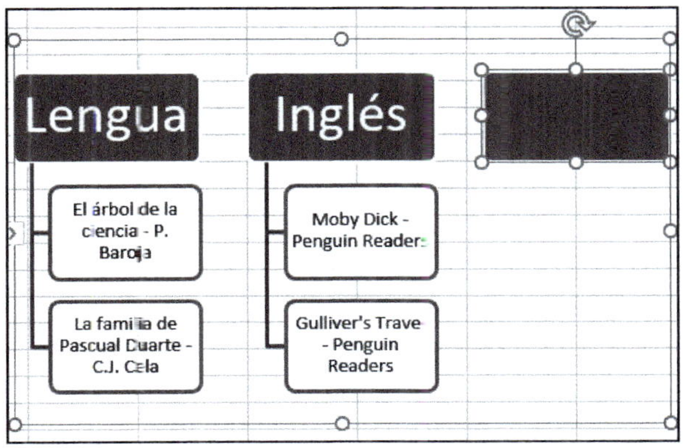

13. Aparece así un nuevo elemento en el diagrama. En el cuadro de texto de este nuevo elemento introduzca la palabra *Historia*.

14. Para acabar de completar el diagrama agregaremos un cuadro más debajo de Historia en el que añadiremos el título de la lectura. Seleccione el cuadro *Historia* y vuelva a hacer clic en la flecha de la herramienta *Agregar forma* del grupo *Crear gráfico*.

15. Esta vez, seleccione la opción *Agregar forma debajo* e introduzca el título del libro *El tema de nuestro tiempo - J. Ortega y Gasset*.

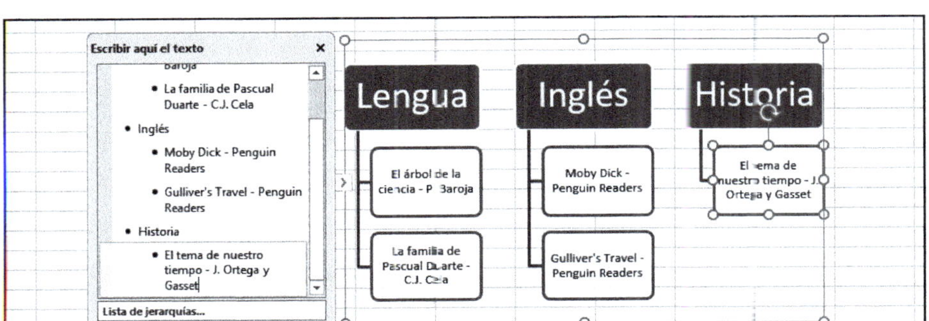

16. Una vez completado el diagrama, puede cambiar el diseño de los diagramas y agregarles efectos visuales como sombreados, brillos, reflejos, etc. Cierre el *Panel de texto* y seleccione el diagrama entero. Asegúrese de no seleccionar solo uno de los elementos del diagrama ya que entonces los cambios solo se efectuarían en dicho elemento.

17. Desde la subficha *Diseño* podemos agregar formas al diagrama, modificar su diseño, aplicarle diferentes estilos y recuperar su aspecto inicial en caso de que los cambios no sean de nuestro agrado. En primer lugar, vamos a cambiar los colores de los títulos. Despliegue el comando *Cambiar colores,* del grupo de herramientas *Estilos SmartArt,* y elija la combinación de colores que más le guste.

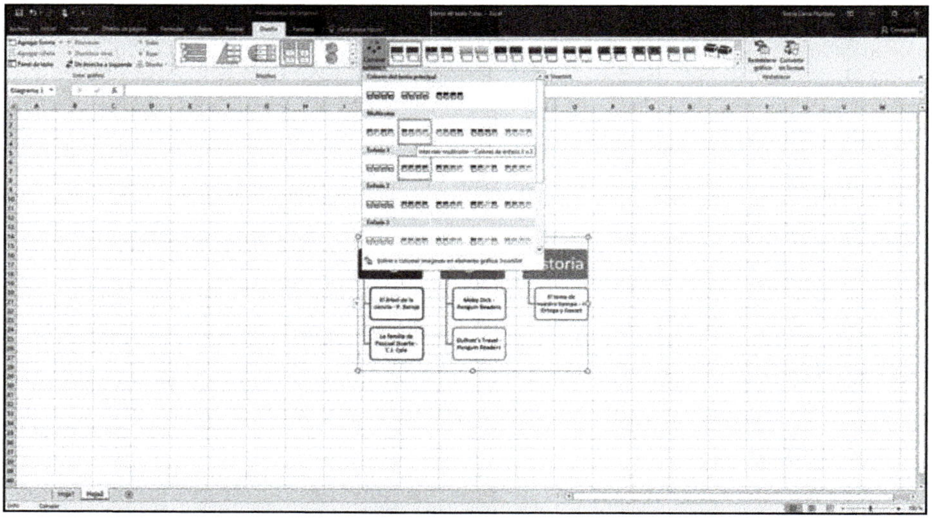

18. Seguidamente, aplicaremos un estilo tridimensional al organigrama. Pulse sobre el botón *Más* de la galería de estilos SmartArt y elija uno de la categoría 3D.

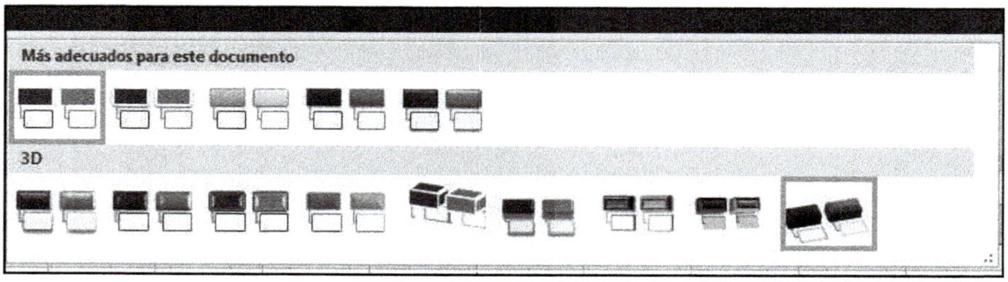

19. A continuación aplicaremos un estilo Wordart a los nombre de las asignaturas. Sepa que cada elemento de un diagrama se puede editar independientemente y que también se pueden editar por grupos. Así, seleccione el cuadro *Lengua* y, con la tecla *Mayúsculas* pulsada, seleccione los cuadros *Inglés* e *Historia*.

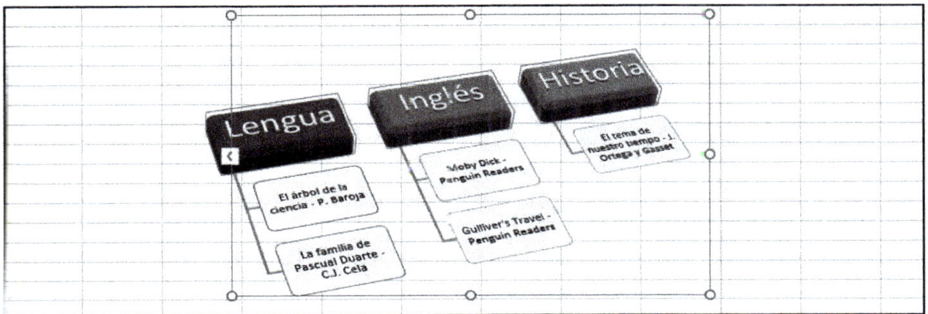

20. Active la subficha *Formato*, haga clic en el botón *Más* del comando Estilos de WordArt y seleccione una de las opciones para aplicársela a los textos seleccionados.

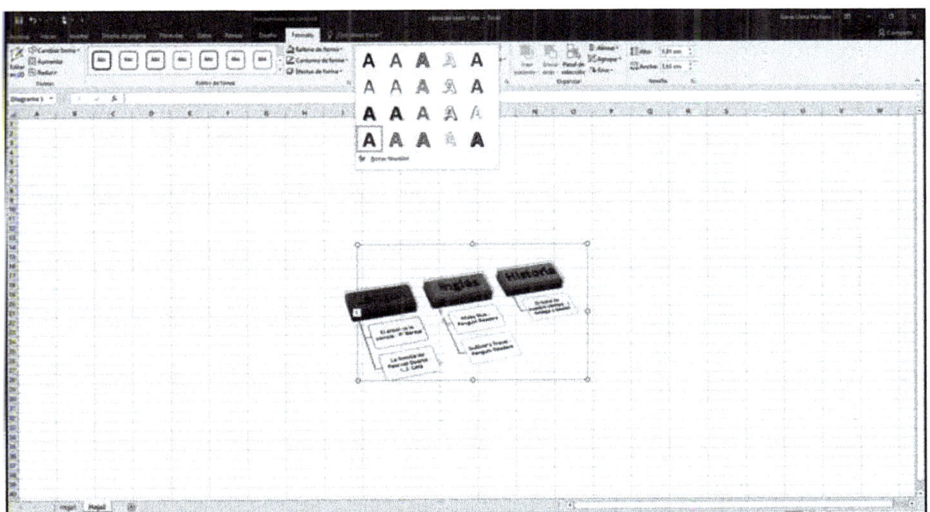

21. Para finalizar aplique un efecto de texto a los textos que tiene seleccionados. Seleccione el comando *Efectos de texto* y seleccione, por ejemplo, la opción *Reflexión*.

22. Observe que, al pasar el ratón sobre las distintas opciones de los efectos de reflexión, la vista previa en directo le permite ver el resultado sobre el texto seleccionado. Elija el efecto que prefiera haciendo clic sobre él.

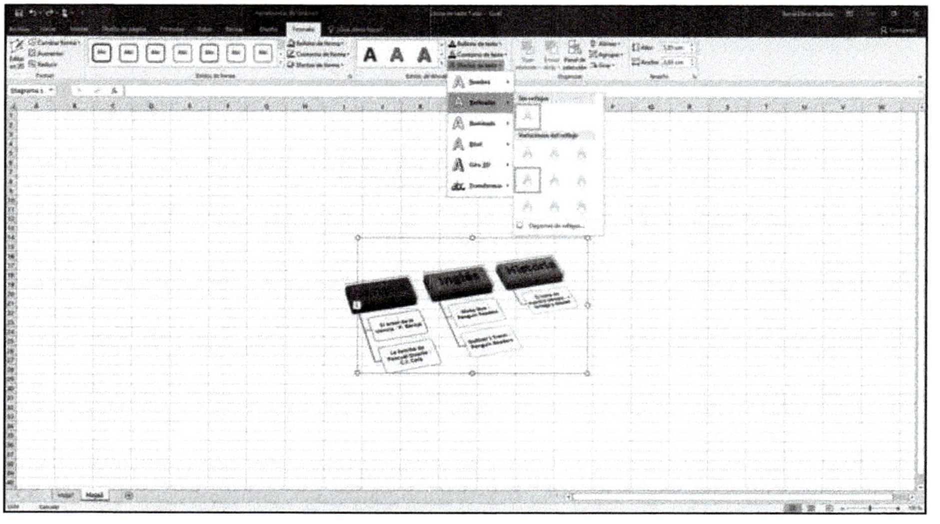

23. Vea los resultados del efecto sobre su texto y guarde los cambios efectuados haciendo clic sobre el botón *Guardar* de la *Barra de herramientas de acceso rápido.*

PRÁCTICA

En una nueva hoja de cálculo, inserte un nuevo gráfico del tipo SmartArt. Complete su contenido con información propia, asigne un formato al gráfico y también al texto que lo contiene.

6.23 Crear gráficos con el comando Análisis rápido

La herramienta de Excel Análisis rápido permite convertir los datos en un gráfico o una tabla de forma rápida y sencilla. Gracias a esta nueva función es posible crear al instante diferentes tipos de gráficos, incluidos de líneas y columnas, o agregar minigráficos. Además, también es posible aplicar un estilo de tabla, crear tablas dinámicas, insertar totales con rapidez y aplicar formato condicional a los datos seleccionados.

Como novedad en la versión 2016 de Excel, la compañía presenta los denominados paseos sobre mapas 3D. Estos paseos sobre mapas tridimensionales pueden aplicarse para mostrar una relación basada en tiempos entre ubicaciones geográficas y sus datos asociados, como las cifras de población, máximos y mínimos de temperatura o retrasos de llegada de vuelos. Para crear nuevos paseos, deberá seleccionar el rango de celdas que contenga los datos que desea mostrar, situarse en la pestaña Insertar, desplegar el comando Mapa de 3D, en el grupo de herramientas Paseos, y seleccionar la opción Abrir mapas en 3D.

1. Seguimos trabajando sobre nuestra hoja de libros para, en esta ocasión, conocer la herramienta de Excel denominada *Análisis rápido*. Utilizaremos la columna de precios con IVA de los libros en lengua inglesa, por lo que empiece este ejercicio seleccionando las correspondientes celdas de la mencionada columna, en la Hoja1 del libro.

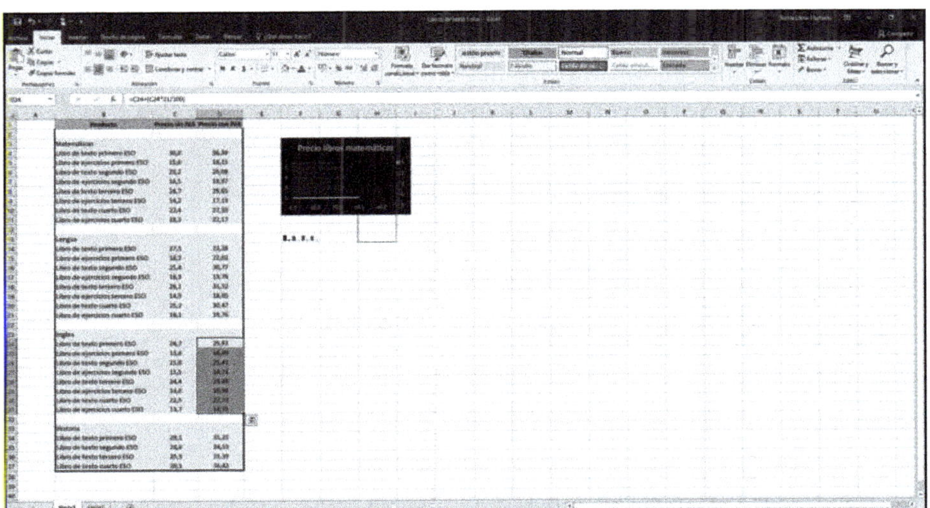

2. En la parte inferior derecha del recuadro que delimita la selección puede ver un pequeño icono; se trata del icono *Análisis rápido*. En lugar de utilizar este icono, también puede pulsar la combinación de teclas *Ctrl* + *Q*. En este caso, haga clic sobre el mencionado icono.

3. Aparece la galería de elementos que puede generar a partir del análisis rápido realizado por el programa. Como puede comprobar, es posible dar un formato condicional a los datos seleccionados, crear un gráfico, conseguir totales, insertar tablas y generar minigráficos. Haga clic sobre el elemento *Tablas*.

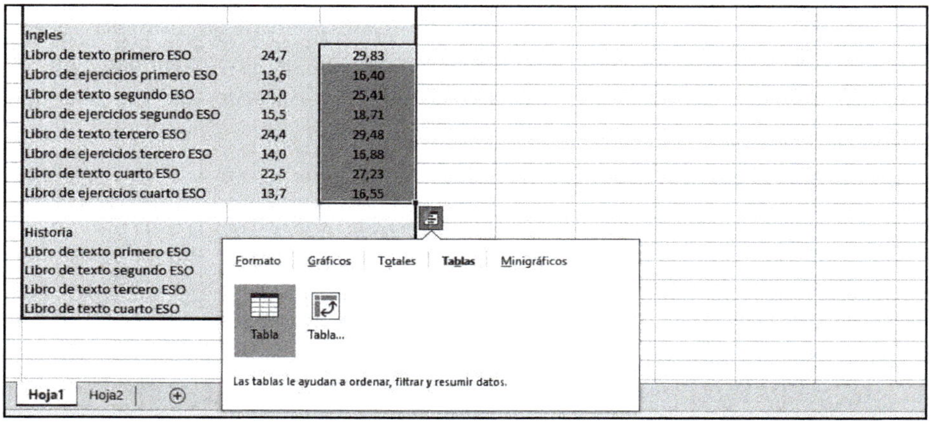

4. El programa puede crear una tabla básica o bien una tabla dinámica. Sitúe el puntero del ratón sobre la opción *Tabla* y compruebe como aparece una vista previa de la tabla generada tras el análisis rápido.

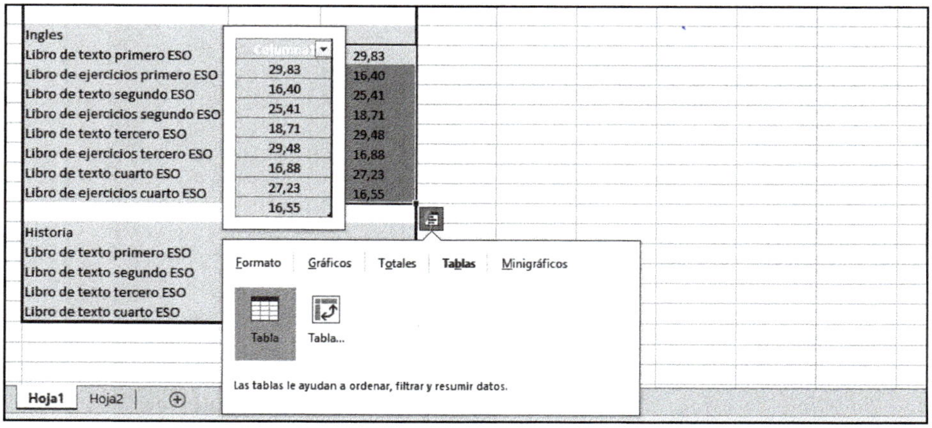

5. Cualquiera de los elementos creados a partir del análisis rápido podrá ser modificado como si hubiera sido insertado de la manera tradicional. Haga clic ahora sobre el elemento *Gráficos*.

6. Como ve, se muestran los gráficos recomendados por el programa. Sitúe el puntero del ratón sobre el estilo *Circular* y, tras comprobar las previsualización, haga clic sobre él para generar el gráfico.

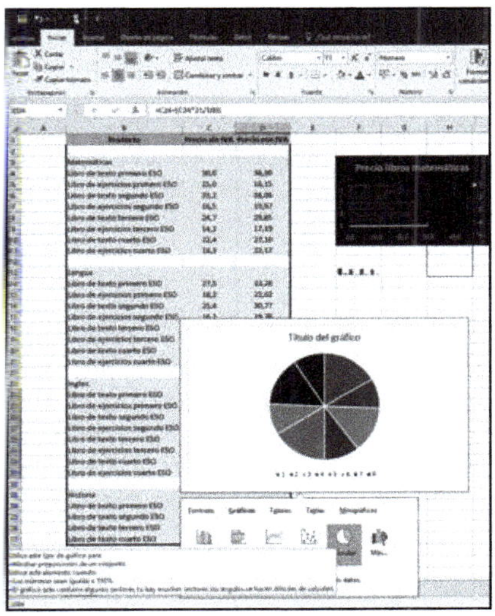

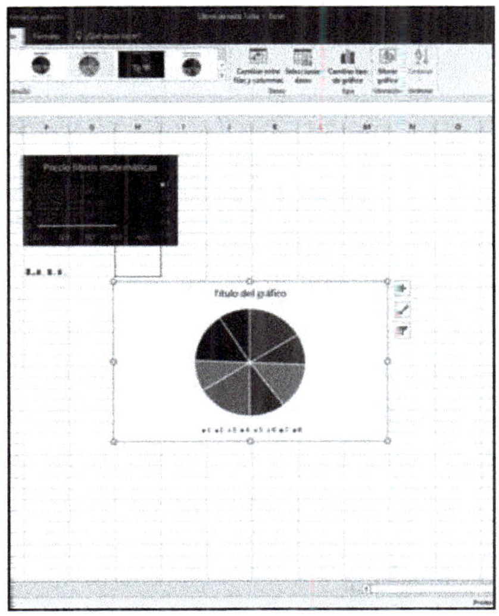

7. El gráfico se inserta en el centro de la hoja, posición que podemos modificar, como vimos en ejercicios anteriores. Haga clic sobre él y arrástrelo, sin soltar el botón del ratón, hasta situarlo a la derecha de su correspondiente columna.

8. Reduzca las dimensiones del gráfico utilizando los tiradores situados en su borde.

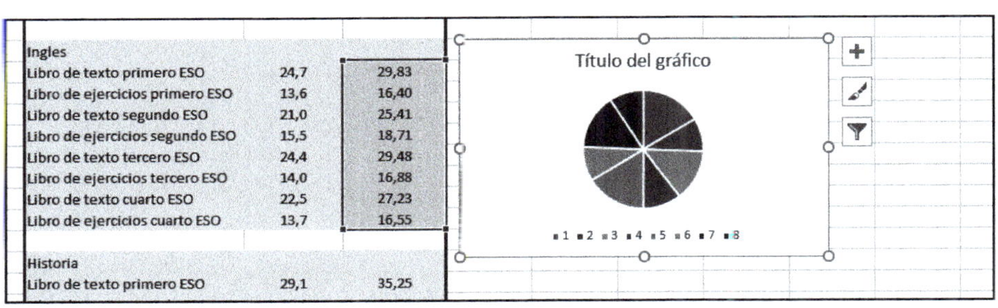

9. Recuerde que el elemento *Formato* permite resaltar parte de sus datos agregando aspectos como colores y barras de datos, lo cual le permite ver con rapidez valores altos y bajos, entre otras cuestiones.

PRÁCTICA

Utilice la función de análisis rápido para generar una tabla a partir de un rango de celdas seleccionado, y cree también un gráfico del mismo modo.

6.24 Crear y editar tablas dinámicas

Las tablas dinámicas son resúmenes de datos cuya función permite analizar profundamente series de datos. Están diseñadas para hacer consultas en bases de datos extensas, calcular subtotales, agregar datos numéricos, resumir datos por categorías y subcategorías o filtrar y ordenar conjuntos de datos para su posterior presentación de informes, tanto electrónicos como impresos, profesionales y visualmente. El concepto dinámico procede de su utilización, la inserción en directo.

El modelo de datos de Excel permite aprovechar eficaces características de análisis que solo estaban disponibles anteriormente instalando el complemento PowerPivot. Además de crear tablas dinámicas tradicionales, puede crear tablas dinámicas basadas en varias tablas en Excel. Mediante la importación de diferentes tablas, y creando relaciones entre ellas, podrá analizar sus datos con resultados que no podrá obtener de datos de tablas dinámicas tradicionales.

1. Las tablas dinámicas parten de tablas de datos y en este caso utilizaremos la tabla *Libros de texto* para crear la tabla dinámica. Para crear una tabla dinámica es imprescindible que la tabla sea de un modo determinado y antes de comenzar ajustaremos una parte de nuestra tabla para que no se produzca ningún error en el resultado. Seleccione las filas 2 y 3 (una en blanco y la otra con el texto Matemáticas) con ayuda de la tecla *Mayúsculas*.

2. Haga clic con el botón derecho sobre una de las celdas seleccionadas y, del menú contextual, seleccione la opción *Eliminar*.

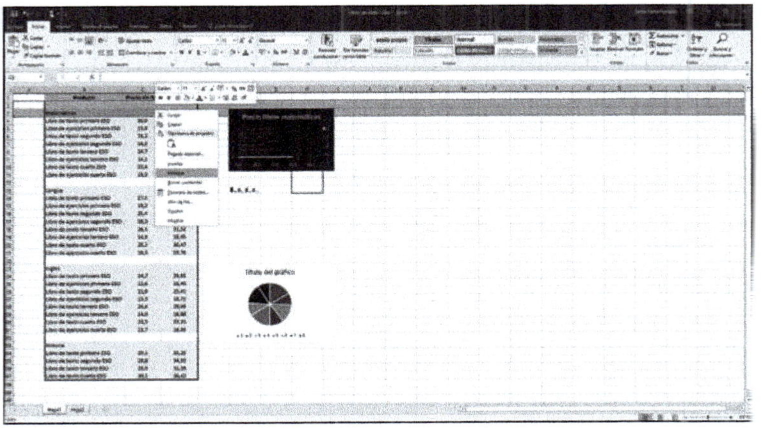

3. Hemos eliminado estas dos filas puesto que no contenían datos. Si hubiesen formado parte de la tabla dinámica esta no funcionaría correctamente. Ahora guarde este documento con un nombre diferente, por ejemplo, *Tabla dinámica de libros de texto.*

4. A continuación active la ficha *Insertar* en la *Cinta de opciones* y haga clic sobre el comando *Tabla dinámica.*

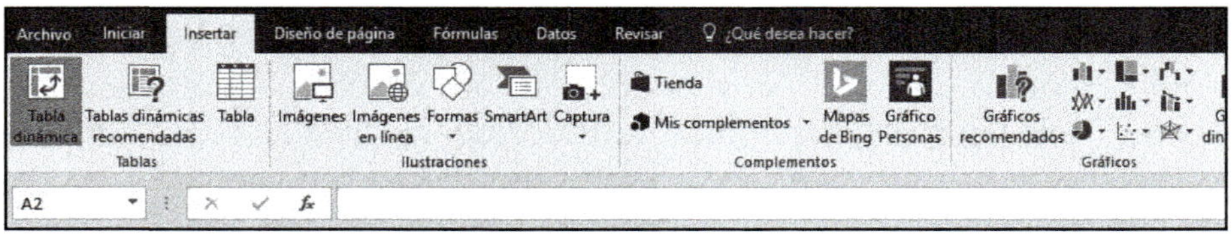

5. Se abre así el cuadro *Crear tabla dinámica,* donde debe seleccionar los datos que formarán la tabla y la ubicación en la que se insertará la misma. Primero seleccionaremos el rango de celdas que se incluirán en la tabla dinámica. Haga clic en el botón de contracción que se encuentra a la derecha del campo *Tabla o rango.*

6. El cuadro se contrae permitiéndole así seleccionar los datos con facilidad. Para esta tabla utilizaremos un rango pequeño de datos, así será más fácil entender el funcionamiento de las tablas dinámicas. Haga clic en la celda B1 y, sin soltar el botón del ratón, arrástrelo hasta la D9.

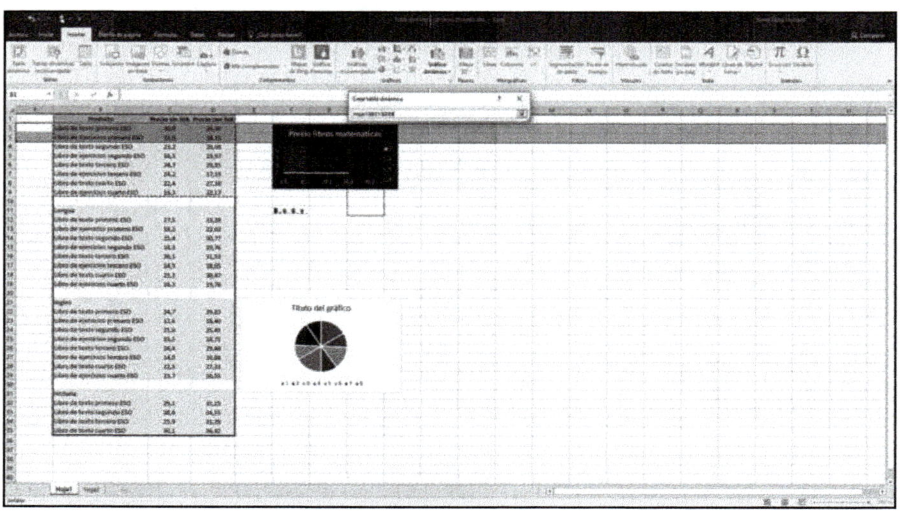

7. En el cuadro *Crear tabla dinámica* aparecen las coordenadas de las celdas que hemos seleccionado y, en la hoja de cálculo, el rango seleccionado aparecerá marcado con un borde discontinuo. Ahora indique el lugar en el que quiere que se inserte la tabla. Excel automáticamente adjudica como ubicación la celda que estaba seleccionada antes de abrir el cuadro *Crear tabla dinámica*. En este caso, marque la opción *Hoja de cálculo existente*, haga clic sobre el campo *Ubicación*, seleccione en la hoja de cálculo una celda que se encuentre fuera de la tabla de datos y haga clic en el botón *Aceptar*.

8. Se añade un informe de tabla dinámica en blanco en la ubicación indicada, se activa la ficha contextual *Herramientas de tablas dinámicas* y aparece a la derecha del área de trabajo el panel *Lista de campos de tabla dinámica*, donde seleccionaremos los campos que va a mostrar el informe. Observe que hay tres etiquetas, cada una de ellas correspondiente a una columna de la tabla de datos. En primer lugar haga clic sobre la casilla de verificación del campo *Producto*.

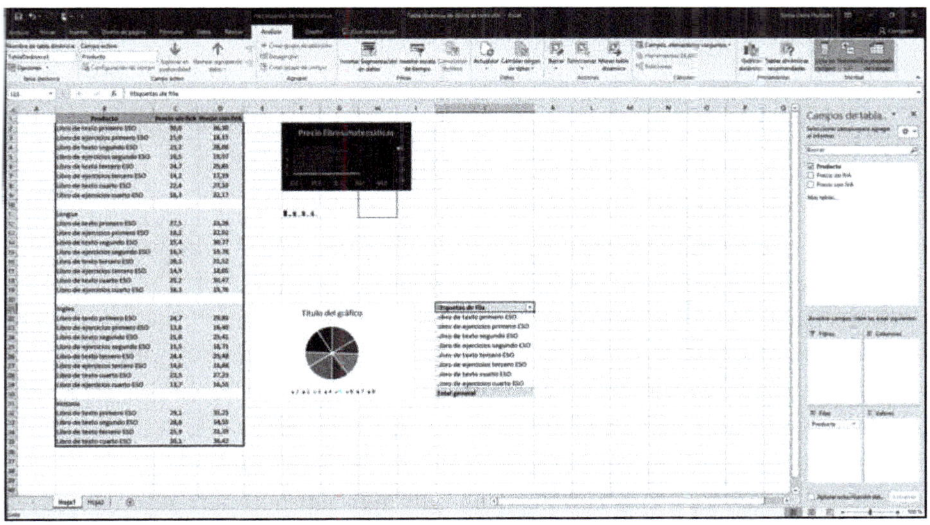

9. Observe que al activar esa casilla todas las entradas correspondientes a ese campo se agregan en el informe de tabla dinámica. Ahora imagine que a usted solo le interesa la información referente a los libros de primer y tercer curso, tanto los libros de texto como los libros de ejercicios. Sobre la tabla dinámica, pulse sobre la punta de flecha que aparece en la celda *Etiquetas de fila*.

10. Se despliega una lista con varias opciones donde puede seleccionar los datos que le interesan. Las tablas dinámicas funcionan con filtros que facilitan la visualización de los datos que queremos y ocultando el resto. Haga clic en la casilla de verificación *Seleccionar todas* para deseleccionar todo, seleccione solo los libros de primero y tercer curso, un total de cuatro libros, y haga clic sobre el botón *Aceptar*.

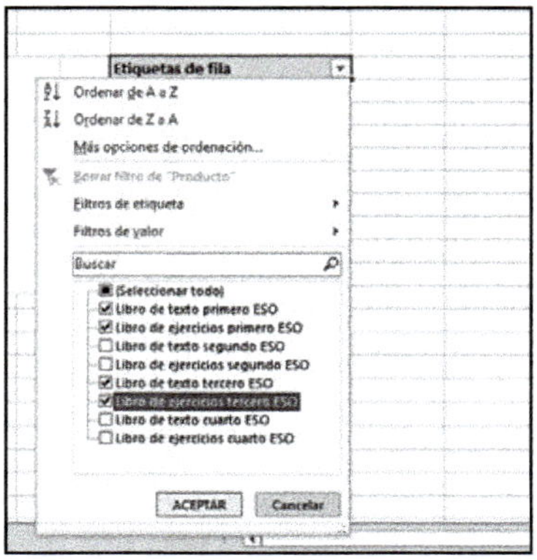

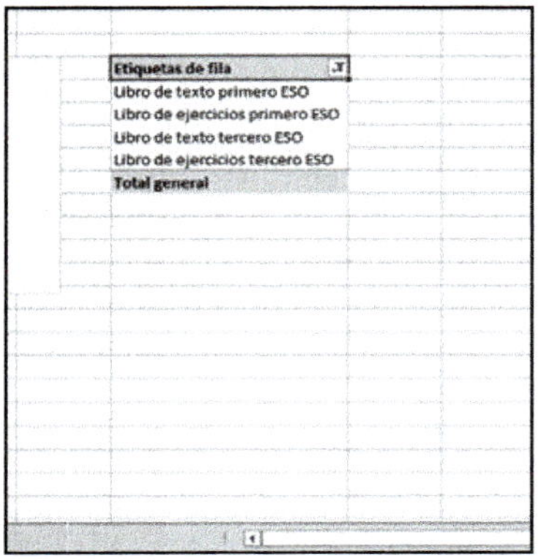

11. En el informe de tabla dinámica ahora solo se muestran los campos que ha seleccionado. Ahora haga clic en la casilla de verificación *Precio con IVA* del panel *Lista de campos de tabla dinámica*.

12. Fíjese que la etiqueta *Precio con IVA* se ha colocado en el campo *Valores* y que en la tabla dinámica se muestran ahora los precios con IVA de los libros correspondientes a primer y tercer curso. El resultado del precio total se ha calculado automáticamente. Fíjese en la etiqueta *Producto* del panel *Lista de campos de tabla dinámica*. El símbolo que tiene al lado significa que esta etiqueta tiene un filtro aplicado. Sitúe el puntero del ratón sobre ese icono y, cuando aparezca el botón de punta de flecha, haga clic sobre él.

13. Ahora haga clic sobre las casillas de verificación de los dos libros de segundo curso y pulse el botón *Aceptar*.

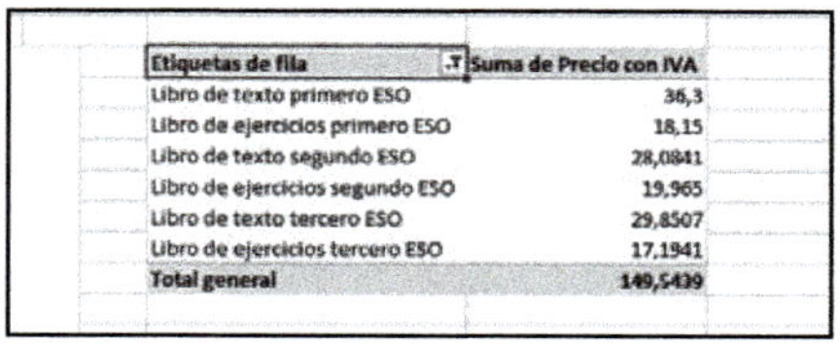

14. Esta modificación de filtro se actualiza de forma automática en la tabla mostrando ahora los precios de dos libros más y añadiendo su valor a la suma total. Ahora veamos cómo editar y dar formato a esta tabla dinámica. Al crear una tabla dinámica y al encontrarse esta seleccionada, se muestra la ficha contextual *Herramientas de tabla dinámica*, que incluye las subfichas *Opciones* y *Diseño*. Las herramientas incluidas en esta ficha permiten modificar el aspecto de la tabla dinámica. Active la subficha *Diseño* y pulse el botón *Más* del grupo *Estilos de tabla dinámica*, para ver todos los estilos disponibles.

15. Seleccione el estilo que más le guste y observe los resultados.

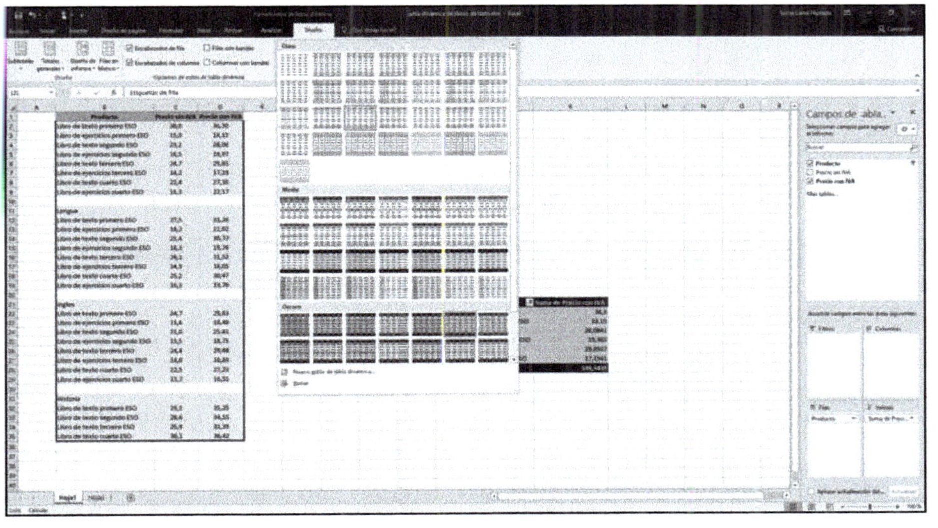

16. Para dar por concluido este ejercicio, haga clic en el botón *Guardar* de la *Barra de herramientas de acceso rápido* para guardar los cambios realizados.

PRÁCTICA

Prepare una tabla para generar a partir de la misma una tabla dinámica. Utilice los filtros del panel para que la tabla dinámica muestre solo aquellos elementos de la original que usted desee. Por último, aplique un estilo de los predeterminados a la nueva tabla.

6.25 Crear gráficos dinámicos

Un gráfico dinámico es la representación gráfica de los datos de un informe de tabla dinámica. Los gráficos dinámicos permiten analizar los datos de un resumen de tabla de datos de forma interactiva y visual de manera que se pueden ordenar y filtrar para mostrar subconjuntos de datos.

Los gráficos dinámicos también se pueden crear directamente a partir de datos de una hoja de cálculos, y en estos casos se crea automáticamente un informe de tabla dinámica asociado.

1. En este ejercicio crearemos un gráfico dinámico a partir de la tabla dinámica que hemos creado en el ejercicio anterior. Seleccione dicha tabla y active la subficha *Analizar* de la ficha contextual *Herramientas de tabla dinámica*.

2. Haga clic sobre el comando *Gráfico dinámico* que está situado en el grupo de herramientas *Herramientas* para abrir el cuadro *Insertar gráfico*.

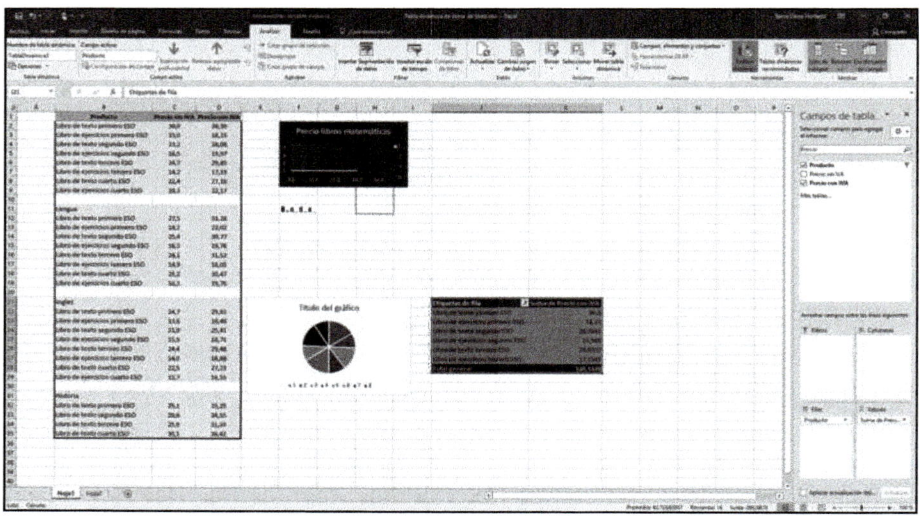

3. En el cuadro *Insertar gráfico* que se acaba de abrir, puede elegir el tipo de gráfico que utilizará. Seleccione una de las opciones de la categoría *Columnas* y confirme la selección pulsando el botón *Aceptar*.

4. El nuevo gráfico se inserta en el centro de la hoja. Puede observar a primera vista que el gráfico mantiene el filtro que hemos creado en el ejercicio

anterior y que solo muestra los precios de los libros de tres cursos, lo que significa que el gráfico está directamente asociado a la tabla y que cualquier cambio en la tabla dinámica se actualizará automáticamente sobre el gráfico. Para comprobarlo, haga clic en el botón de punta de flecha de filtro de la opción *Producto* en el panel *Lista de campos de tabla dinámica*, marque las dos casillas de verificación de los libros de cuarto curso y pulse el botón *Aceptar*.

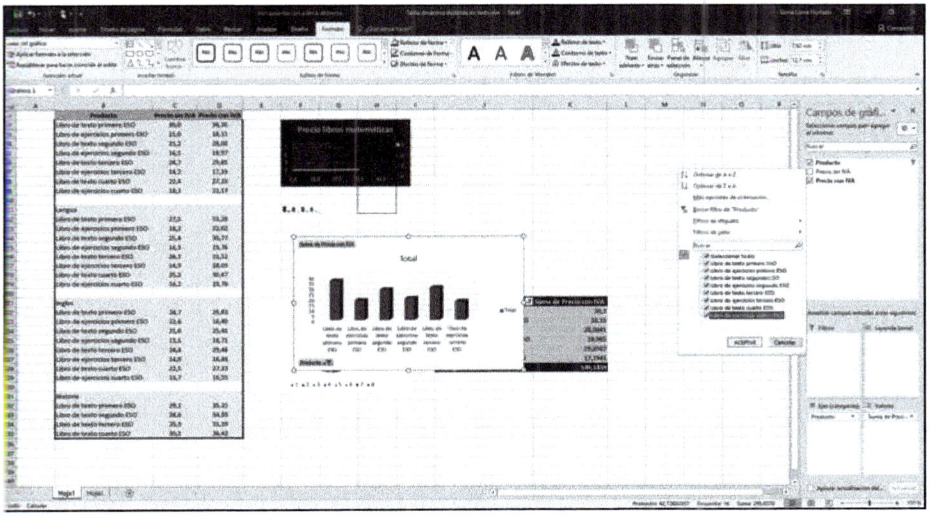

5. En el gráfico aparecen automáticamente las dos columnas referentes a las casillas que acaba de seleccionar. Ahora vuelva a quitar del gráfico los libros de uno de los cursos, pero esta vez hágalo usando el botón *Producto* que se encuentra en el mismo gráfico. Haga clic sobre la flecha del botón *Producto*, deseleccione los libros de tercer curso y haga clic sobre el botón *Aceptar*.

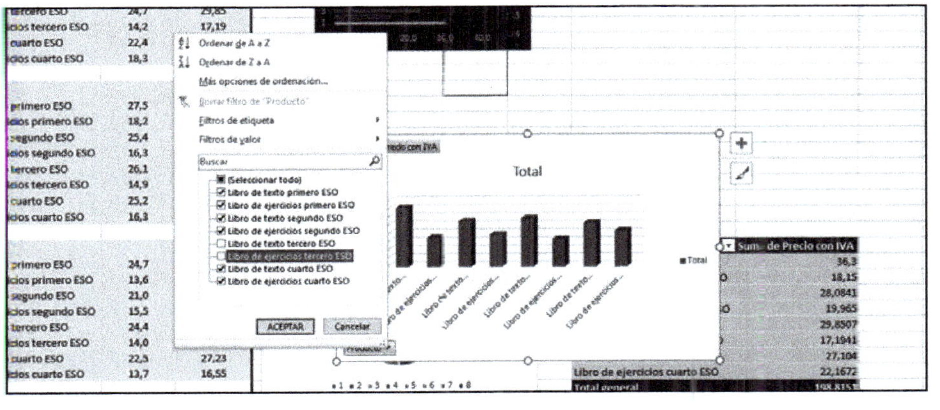

6. Como ve, una de las características más importantes de los gráficos dinámicos es la interactividad. Usted puede ir modificando los elementos que aparecerán en el gráfico a medida que los vaya necesitando, de forma directa. Compruébelo haciendo clic sobre la casilla de verificación de *Precio sin IVA* en el panel *Lista de campos de tabla dinámica*.

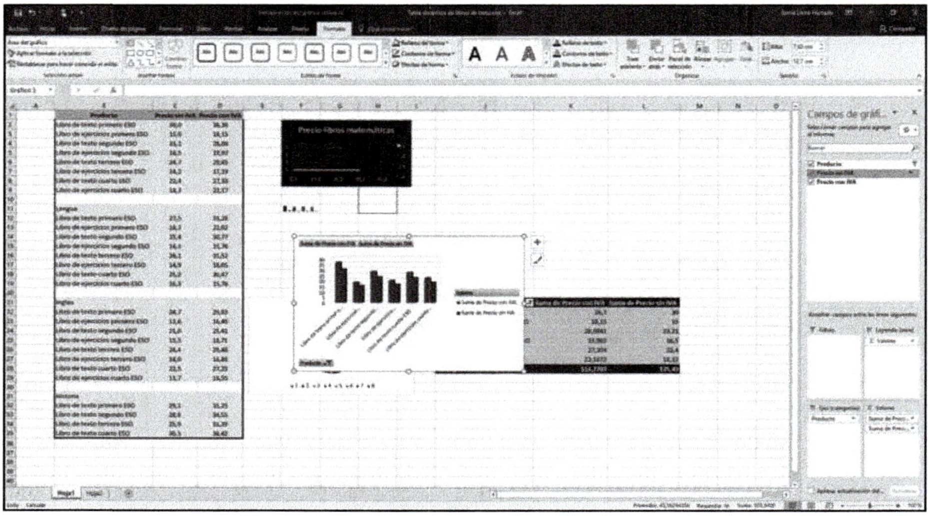

7. Al lado de cada columna se ha añadido una nueva columna que muestra el precio sin IVA de cada libro. Observe que mientras el gráfico dinámico está seleccionado, se mantiene activa la ficha contextual *Herramientas del gráfico dinámico*, desde cuyas subfichas *Diseño*, *Formato* y *Analizar* puede modificar el aspecto del gráfico (como si de un gráfico normal se tratara). Active la ficha *Diseño*, haga clic sobre el botón *Más* de la galería *Estilos de diseño* y seleccione un estilo para aplicar al gráfico.

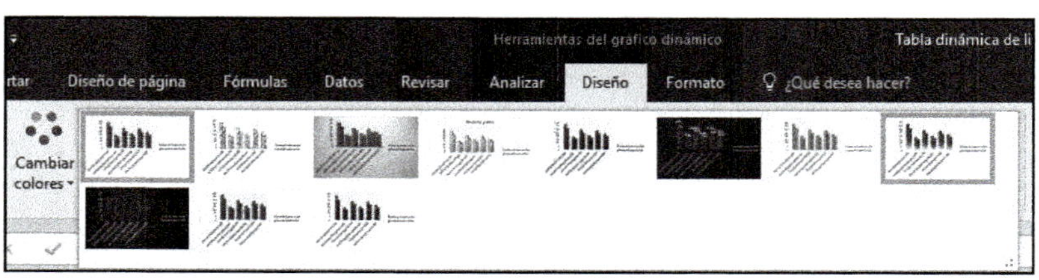

8. Para poder visualizar mejor el contenido del área de trabajo, ponga el ratón sobre cualquier punto blanco del gráfico y cuando el puntero tenga

aspecto de cuatro flechas opuestas haga clic y, sin soltar el botón, arrastre el cuadro de gráfico hasta un lugar más conveniente.

9. Ahora veremos cómo se crea un gráfico a partir de los datos de una hoja de cálculo. Insertará el nuevo gráfico en una hoja en blanco del libro Tabla dinámica de libros de texto, de modo que cree una tercera hoja haciendo clic sobre el botón +.

10. En la hoja 3 en blanco active la ficha *Insertar* en la *Cinta de opciones* y despliegue el comando *Gráfico dinámico* del grupo de herramientas *Gráficos* y elija la opción *Gráfico dinámico y tabla dinámica.*

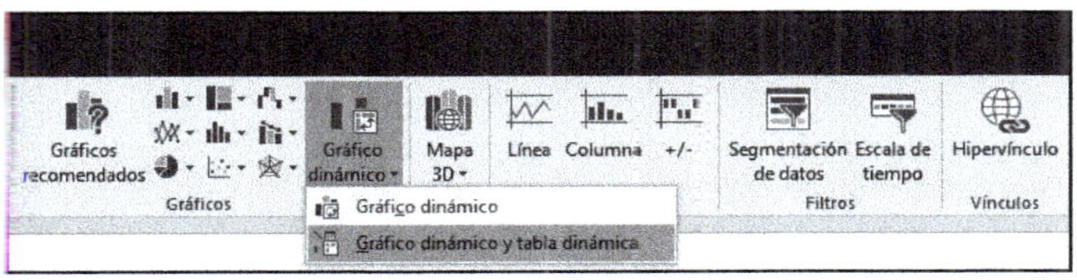

11. Se abre el cuadro de diálogo *Crear tabla dinámica* con el que hemos trabajado anteriormente, desde el cual tiene que seleccionar el rango de celdas a partir del cual se creará el gráfico dinámico. El procedimiento es idéntico al que hemos seguido para crear la tabla dinámica. Contraiga el campo *Tabla o rango.*

12. Active la *Hoja1* y seleccione el rango de celdas de los libros de matemáticas, es decir, de la *B1 a la D9.*

13. Cuando haya seleccionado las celdas, haga clic en el campo *Ubicación* y de forma automática volverá a ponerse en primer plano la *Hoja3.*

14. Ahora, seleccione la celda en la que quiere que se ubique el gráfico y haga clic en el botón *Aceptar.*

15. En el punto indicado se inserta una tabla y un gráfico dinámico en blanco, y a la vez se activa el panel *Lista de campos de tabla dinámica.* Active las

casillas de verificación de los tres campos disponibles y vea cómo se completan tanto el gráfico como la tabla.

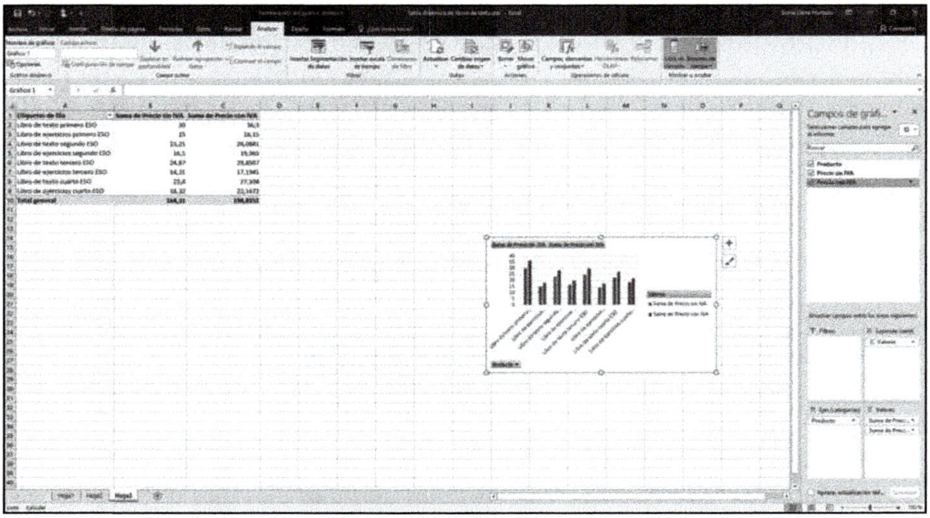

16. Este gráfico funciona exactamente igual que el que hemos creado antes en esta misma lección. Para acabar guarde los cambios haciendo clic en el botón *Guardar* de la *Barra de herramientas de acceso rápido.*

PRÁCTICA

Utilizando la tabla dinámica creada en la lección anterior, genere en este caso un gráfico dinámico vinculado a ella. Cambie las propiedades de este gráfico y vaya activando y desactivando filtros para comprobar el dinamismo de estos elementos. Seguidamente, genere desde cero un nuevo gráfico y una nueva tabla dinámicos vinculados, utilizando como base un rango de datos de la tabla principal de libros.

6.26 Crear y usar rangos

Excel ofrece muchas aplicaciones además de las acciones más básicas que ya hemos visto en apartados anteriores. Cuanto más conozca Excel, mejor aprenderá a utilizar todas las herramientas de forma rápida y eficaz, y conseguirá que Excel haga gran parte del trabajo por usted. En un principio, puede parecerle que con las herramientas básicas tiene suficiente para salir del paso y crear documentos que no estén mal. Pero si no conoce todas las posibilidades, puede pasarse horas rellenando datos o intentando descubrir cuál es la sintaxis correcta de una función.

Uno de los elementos fundamentales para agilizar el trabajo son los rangos. Un rango es un conjunto de celdas que pueden ser consecutivas o estar separadas dentro de la hoja de cálculo. Los rangos se pueden almacenar e identificarlos con un nombre, así, cuando tenga que utilizar ese grupo concreto de celdas para alguna operación, solo tendrá que escribir el nombre del rango y Excel automáticamente reconocerá las celdas que lo componen. Los rangos son aplicables en fórmulas y funciones. Las funciones son fórmulas predefinidas que ejecutan operaciones complejas con una sintaxis establecida.

1. En el ejercicio de tablas dinámicas ha guardado usted el archivo con el nombre *Tabla dinámica de libros de texto.xslx*, que es el archivo con el que ha trabajado en los últimos dos ejercicios. Ahora, vuelva a abrir la versión anterior, el archivo *Libros de texto 1.xslx*.

2. En este ejercicio crearemos rangos utilizando dos procedimientos distintos. El primer rango estará compuesto por las celdas situadas entre la C4 y la C11. Haga clic en la celda C4, pulse la tecla *Mayúsculas* y, sin liberarla, seleccione la celda C11.

3. El rango está seleccionado, pero si hiciese clic en alguna celda de la hoja de cálculo, la selección se desactivaría y el rango desaparecería. Por eso es importante asignar nombres a los rangos que nos interesará utilizar como tal posteriormente. Para dar nombre a un rango de celdas puede utilizar la opción *Asignar nombre* de su menú contextual o bien la herramienta de mismo nombre de la ficha *Fórmulas*. Active esta ficha haciendo clic sobre la pestaña *Fórmulas*.

4. Las herramientas relacionadas con los rangos de celdas se encuentran en el grupo *Nombres definidos*. Haga clic sobre el comando *Asignar nombre*.

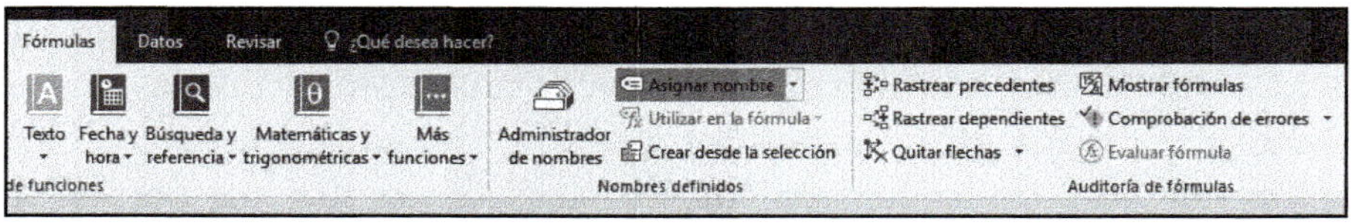

5. Se abre así el cuadro *Nombre nuevo* donde tendrá que indicar el nombre que asignará al rango, el ámbito al que pertenece y confirmar que las celdas a las que hace referencia son correctas y modificarlas si fuese necesario. Además en este cuadro también se puede incluir un breve comentario que le ayude a identificarlo mejor o añada algún dato de importancia. En el campo *Nombre* introduzca el nombre del rango, por ejemplo, *Matematicas1*.

6. El campo *Ámbito* se ha completado automáticamente con la opción *Libro*. Si despliega este campo verá que contiene todas las hojas que componen este libro, pero en este caso no es necesario cambiarlo. En el campo *Comentario* puede escribir, por ejemplo, *Precios sin IVA de libros de matemáticas de ESO*.

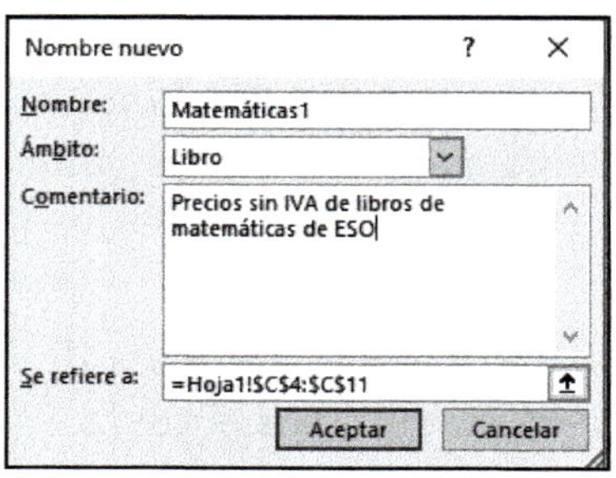

7. Fíjese que en el campo *Se refiere a* están los datos de las celdas que ha seleccionado al principio del ejercicio. Si quisiera cambiarlas podría hacerlo eliminando el contenido de este campo y seleccionando directamente en la tabla un nuevo rango. Compruebe que el rango introducido es correcto y pulse sobre el botón *Aceptar*.

8. Observe que el rango sigue seleccionado y que en el cuadro de nombres aparece el nombre asignado: *Matemáticas1*. Ahora crearemos un nuevo rango de celdas utilizando el menú contextual. Seleccione, por ejemplo, la celda

C14, pulse sobre ella con el botón derecho del ratón y, del menú contextual que se despliega, elija la opción *Definir nombre*.

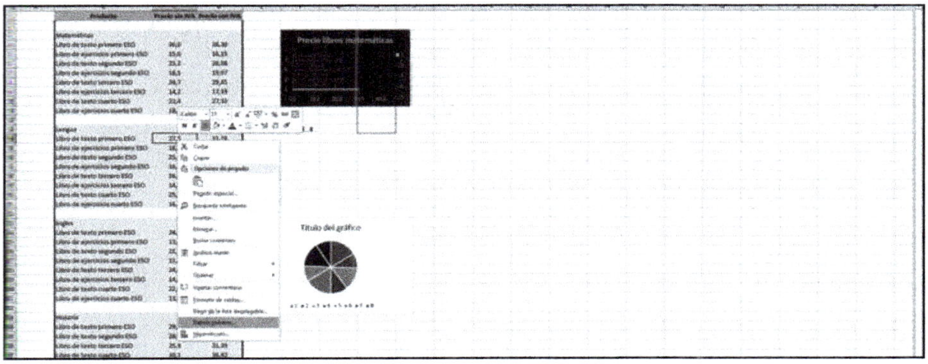

9. Se abre de nuevo el cuadro *Nombre nuevo*, mostrando en el campo *Nombre* el contenido de la única celda seleccionada. En primer lugar definiremos las celdas a las que hará referencia este nuevo rango. Haga clic en el icono de contracción situado a la derecha del campo *Se refiere a* y, cuando el cuadro se contraiga, haga clic sobre la celda C14 y, sin soltar el botón del ratón, arrástrelo hasta la celda C21.

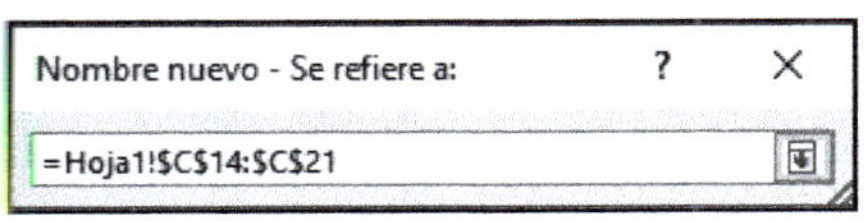

10. Las celdas seleccionadas habrán quedado marcadas por un marco parpadeante. Vuelva a hacer clic en el icono de contracción para expandir el cuadro y complete el resto de campos.

11. En el campo *Nombre* escriba *Lengua1* y en *Comentario* introduzca *Precios sin IVA de libros de Lengua de ESO*; para confirmar el rango haga clic en el botón *Aceptar*.

12. Su hoja cuenta ahora con dos rangos a los que ha asignado nombres. Para comprobarlo despliegue el cuadro de nombres y seleccione el rango *Matemáticas1*.

13. Como habrá podido observar, cuando selecciona un rango, las celdas que pertenecen a él quedan seleccionadas de forma automática. Ahora veremos cómo pueden estos rangos agilizar nuestro trabajo. Primero introduciremos una fórmula de forma habitual. En una celda vacía introduzca la fórmula =*C14+C15+C16+C17+C18+C19+C20+C21* y pulse la tecla *Retorno*.

14. Ahora introduciremos esta misma fórmula pero utilizando el rango que hemos creado antes referente a las celdas C14-C21. En la siguiente celda vacía introduzca la fórmula =*SUMA(Lengua1)* y pulse la tecla *Retorno*.

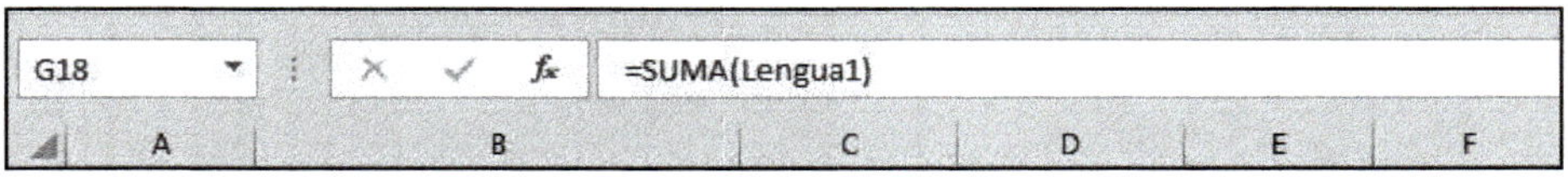

15. Compruebe el resultado de la fórmula. Este es exactamente el mismo que el de la celda anterior ya que el contenido de ambas es idéntico aunque la forma de introducirlo haya sido diferente. Como ve, los rangos nos evitan tener que introducir los nombres de muchas celdas, nos ahorran mucho tiempo y evitan errores. Para acabar seleccione las dos celdas en las que ha introducido las fórmulas de suma, elimine su contenido pulsando la tecla *Suprimir* y guarde los cambios realizados.

PRÁCTICA

Empiece a trabajar con rangos. Seleccione un rango de celdas y defínalo como tal. Asígnele un nombre y guárdelo. Cree un segundo rango del mismo y guárdelo con un nombre distinto. Por último realice alguna operación básica utilizando para ello el nombre de los dos nuevos rangos, es decir, sin tener que escribir los nombres de las celdas implicadas.

6.27 Calcular mediante funciones

Las funciones son fórmulas predefinidas que ejecutan operaciones complejas con una sintaxis establecida. Excel dispone de un gran número de funciones automáticas divididas por categorías, como las matemáticas, lógicas, de texto o de fecha y hora.

Toda función consta de un nombre, por ejemplo SUMA, y unos argumentos entre paréntesis y separados por punto y coma. Estos paréntesis son imprescindibles incluso en aquellas funciones que no requieren ningún argumento.

1. Las funciones a menudo tienen una sintaxis complicada y para introducirlas correctamente Excel ofrece una serie de ayudas. En nuestro archivo de libros de texto aplicaremos la función SUMA utilizando el cuadro de fórmulas y las ayudas siguientes. Seleccione una celda vacía, active la ficha *Fórmulas* y pulse sobre el botón *Insertar función* del grupo de herramientas *Biblioteca de funciones*.

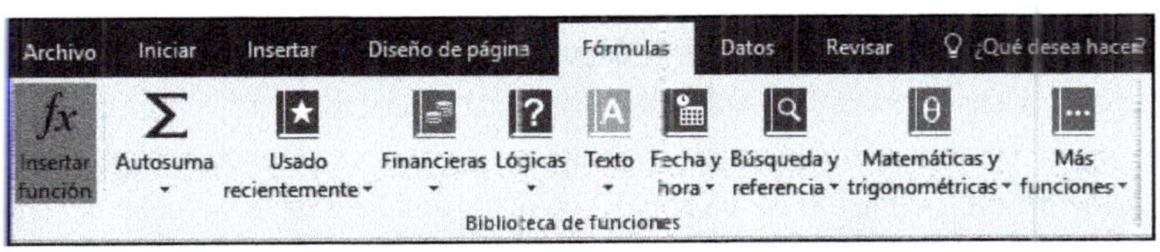

2. Se abre así el cuadro de diálogo *Insertar función* en el que podrá seleccionar la función que más le convenga en cada caso. En esta ocasión elija la función *SUMA* y pulse el botón *Aceptar*.

3. En el cuadro *Argumentos de función* debemos indicar las celdas que deben, en este caso, sumarse. Haga clic en el botón de contracción del campo *Numero1* y seleccione las celdas que contienen los precios sin IVA de los libros de inglés, es decir, de la celda C24 a la C31.

4. La referencia de las celdas seleccionadas se ha introducido en el campo indicado. Vuelva a maximizar el cuadro, pulse ahora en el campo *Número2* y escriba el nombre *Matemáticas1*, rango que ha creado en el ejercicio anterior.

5. En la función SUMA puede introducir tantos argumentos como quiera, por eso, al introducir el segundo se crea un nuevo campo de argumento, denominado *Número3*. Al insertar el segundo argumento, se muestran junto al nombre del rango los valores de las celdas que lo componen. Pulse el botón *Aceptar*.

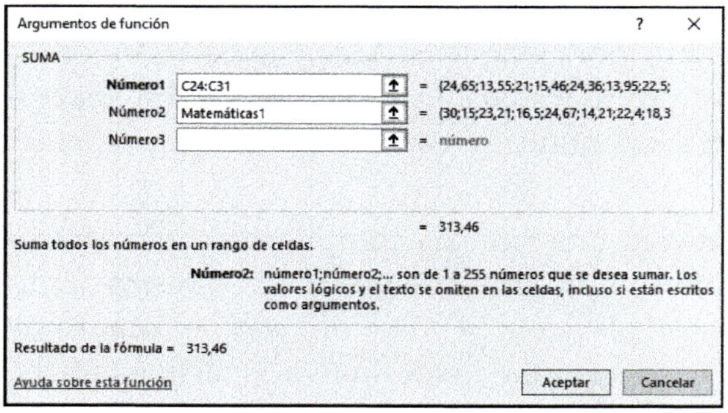

6. Obtiene así el resultado de la suma de precios de los libros de inglés y matemáticas. Por el mismo procedimiento, crearemos una fórmula que multiplique los contenidos de dos celdas. Seleccione una celda vacía y abra el cuadro *Insertar función* pulsando esta vez sobre el icono *Insertar función*, a la izquierda de la *Barra de fórmulas*.

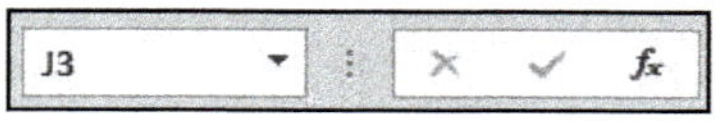

7. Las funciones están organizadas por categorías. En el cuadro *Insertar función*, despliegue el campo *O seleccionar una categoría* y elija la opción *Matemáticas y trigonométricas*.

8. Las funciones de tipo matemático son las más usadas en la construcción de fórmulas. De hecho, la mayoría de las tablas usadas en el trabajo habitual en la oficina se construyen utilizando básicamente las funciones *Suma* y *Producto*. Cada una de las funciones va acompañada de una explicación aclaratoria de su misión y de su sintaxis establecida paso a paso en el cuadro de ayuda. En el campo *Seleccionar una función* elija *Producto* y pulse en *Aceptar*.

9. Igual que ha hecho antes en la función SUMA, también en este caso debe elegir una celda para los campos *Número1* y *Número2*. Esta vez no tiene por

qué introducir un rango de celdas, simplemente elija una celda, por ejemplo, la C16 para *Número1* y la D21 para *Número2* y pulse el botón *Aceptar*.

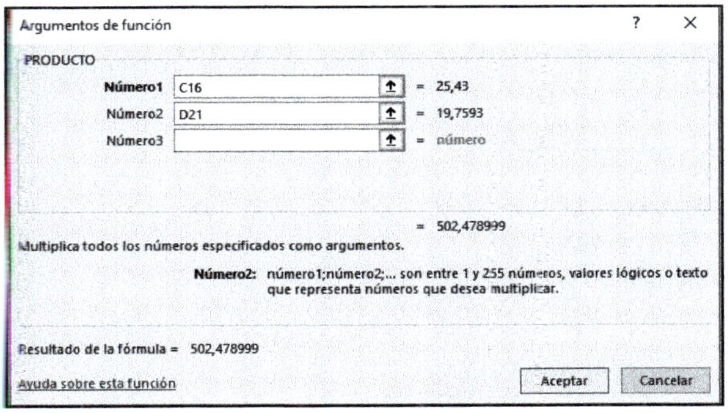

10. El resultado que obtiene es la multiplicación del contenido de las dos celdas que ha indicado. Excel no ofrece ninguna función para realizar restas ni divisiones. Para estas operaciones se utilizan los signos (/) y (-). Dentro de la categoría de funciones matemáticas, se incluye una curiosa función denominada Aleatorio. Se trata de la única función que no devuelve el resultado de un cálculo, sino un número al azar cada vez que se recalcula la tabla o que se pulsa la tecla F9. Para la siguiente fórmula, debemos encontrar una función que redondee una cifra a un cierto número de decimales y la usaremos para redondear el resultado de la multiplicación que acabamos de realizar a una cifra de solo dos decimales. Seleccione una celda vacía y pulse sobre la herramienta *Insertar función* del grupo de herramientas *Biblioteca de funciones*.

11. Usando la barra de desplazamiento vertical, localice la función *Redondear*, selecciónela y pulse el botón *Aceptar*.

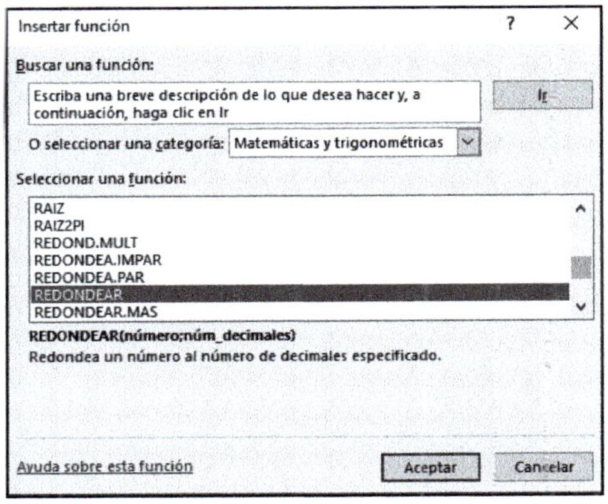

12. Se vuelve a abrir así el cuadro *Argumentos de función*. En el campo *Número* seleccione la celda en la que ha introducido la función *Producto* y donde ahora tiene una cifra de varios decimales, mientras que en el campo *num_decimales* introduzca el número 2 para que la cifra seleccionada se redondee a dos decimales y pulse el botón *Aceptar*.

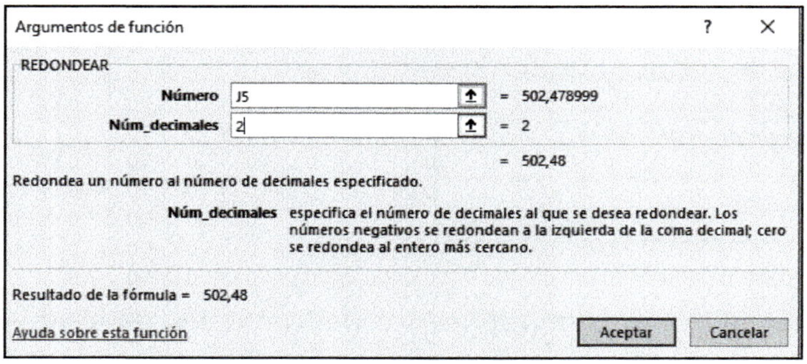

13. Ahora ya tiene el resultado de la multiplicación anterior pero redondeada a solo dos decimales. Para dar por concluido este ejercicio guarde los cambios haciendo clic en el botón *Guardar* de la *Barra de herramientas de acceso rápido*.

PRÁCTICA

Empiece a descubrir qué papel juegan las funciones en Excel 2016. Para ello, siguiendo algunos de los métodos mostrados en este ejercicio, abra el cuadro Insertar función y juegue con sumas, productos, redondeos... tomando como base las celdas de la tabla de su libro.

6.28 Utilizar la función AutoCompletar

Todas las funciones disponibles en Excel se pueden introducir a través del cuadro Insertar función que hemos aprendido a utilizar en el ejercicio anterior, pero todas ellas pueden introducirse también escribiéndolas directamente en la celda con la función Autocompletar, que ayuda a escribir rápidamente la sintaxis correcta de una fórmula en caso de duda.

Esta función, que se puede activar o desactivar desde el apartado Fórmulas del cuadro Opciones de Excel, detecta fácilmente las funciones que se desean utilizar y muestra la ayuda necesaria para completar los argumentos y obtener la fórmula correcta.

1. En este ejercicio conoceremos cómo utilizar la función *Autocompletar*, pero en primer lugar debemos comprobar que esta función se encuentra activada. Para empezar, haga clic en la pestaña *Archivo* y pulse sobre el comando *Opciones*.

2. Se abre así el cuadro de diálogo *Opciones de Excel* con la ficha *General* activada. Active la ficha *Fórmulas* haciendo clic sobre su nombre en el lateral izquierdo del cuadro.

3. Compruebe que la opción *Autocompletar fórmulas* del apartado *Trabajo con fórmulas* se encuentra activada. Si esta función está activa, cuando empieza a escribir una fórmula en una celda, aparece una lista de las funciones cuya inicial coincide con la primera letra introducida. Cierre el cuadro *Opciones de Excel* pulsando el botón *Cancelar*.

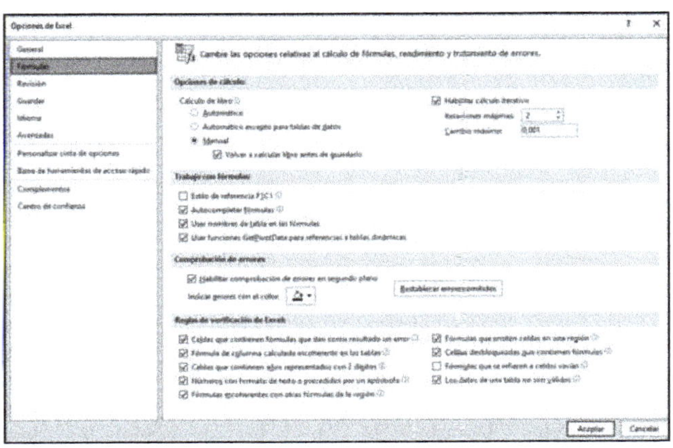

4. Ahora seleccione una celda libre de la hoja1 del documento y escriba el signo = para empezar a introducir una fórmula.

5. Imagine que quiere calcular el precio medio de los libros de historia. Después del símbolo = que ya ha escrito antes, introduzca la letra P de Promedio.

6. Aparecerá entonces la lista Autocompletar, donde verá todas las funciones cuya inicial coincide con la letra P. Mueva la barra de desplazamiento vertical de Autocompletar hacia abajo hasta encontrar la función *Promedio* y haga doble clic sobre ella.

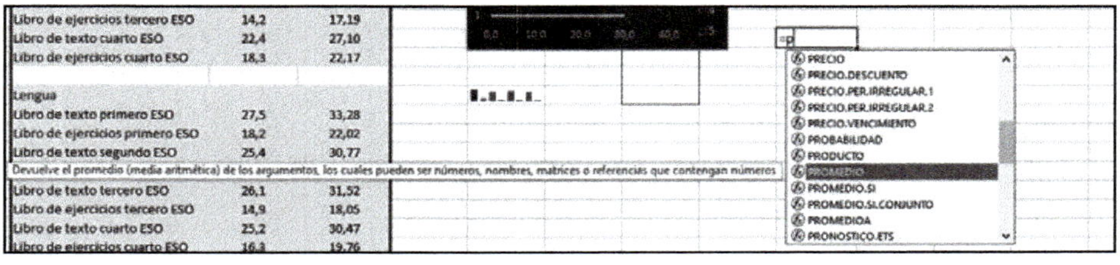

7. En la celda sobre la que está trabajando, aparecerá una etiqueta que muestra la sintaxis correcta de la función, cuyos argumentos serán todos los números de los cuales queremos calcular el promedio. Seleccione las celdas C34-C37 haciendo clic con el ratón sobre la primera y arrastrando hasta la última.

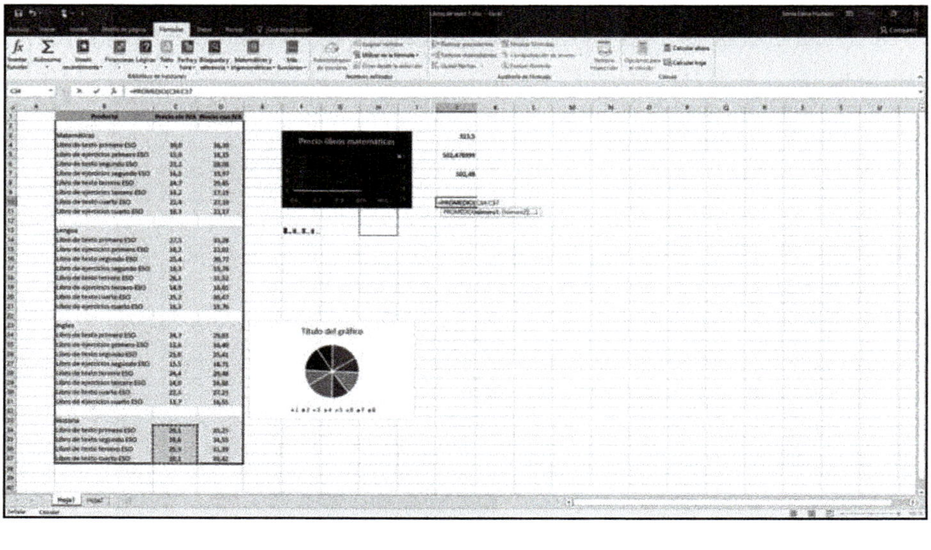

8. Verá que las celdas seleccionadas se han introducido en la fórmula de la función. Si quisiera introducir las celdas manualmente debería separar cada referencia con un punto y coma como indica la función Autocompletar. Para que una función se dé por concluida el paréntesis debe estar cerrado, por tanto introduzca un paréntesis de cierre y pulse la tecla *Retorno*.

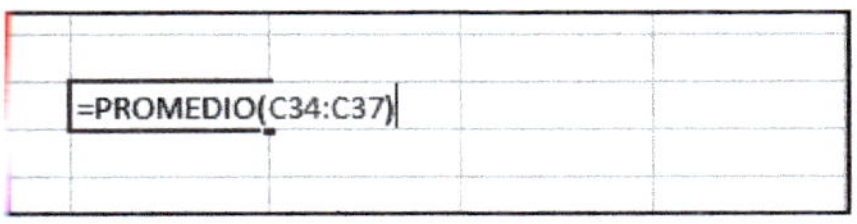

9. Obtendrá el resultado del precio medio de los libros de historia en la celda en la que ha introducido la función. Para acabar, guarde los cambios utilizando la combinación de celdas *Ctrl+G*.

PRÁCTICA

Siga trabajando con las funciones, aunque esta vez para comprobar la gran ayuda que supone la función Autocompletar de Excel. Asegúrese de que esta función se encuentra activada en el programa y realice algún cálculo con algunas de las funciones disponibles.

6.29 Trabajar con la precedencia

El término precedencia significa prioridad y en el caso de Excel este término se utiliza para referirse a la prioridad que tienen ciertas operaciones aritméticas ante otras. La precedencia indica el orden en que se ejecutan los cálculos en una fórmula si esta contiene varios operadores. Si una fórmula contiene operadores con el mismo orden de precedencia, se calcularán de izquierda a derecha.

Recuerde que siempre debe tener en cuenta el orden en que coloca los operadores y los operandos, y si no está seguro del orden de precedencia, puede utilizar los paréntesis incluso si estos no son necesarios.

1. En el documento de libros de texto, seleccione la celda J24, introduzca la fórmula *=3*5+4* y pulse la tecla *Retorno*. (Si la celda indicada estuviera ocupada por alguno de los gráficos incluidos en ejercicios anteriores, personalice el ejercicio utilizando otras celdas.)

2. En la celda J26 introduzca la fórmula *=3*(5+4)* y pulse de nuevo la tecla *Retorno*.

3. Excel toma la precedencia de las matemáticas, donde la multiplicación y la división se ejecutan prioritariamente ante la suma y la resta. La primera fórmula ha multiplicado 3x5 y, al resultado de esa operación, le ha sumado 4, de forma que en realidad la operación se puede resumir en 15+4, lo que nos da un resultado de 19. La segunda fórmula, en cambio, ha realizado primero la operación situada entre paréntesis y luego ha multiplicado el resultado por 3. Es decir, el resultado viene de multiplicar 9x3 que es igual a 27. Queda claro que la introducción de los paréntesis en la segunda fórmula ha sido decisiva. A continuación, introduciremos una fórmula que haga referencia a celdas con contenido. En la celda J28 escriba *=J24+J26^2* y pulse *Retorno*.

4. La fórmula introducida calcula el contenido de la celda J26 elevado al cuadrado y al resultado le suma el contenido de la celda J24, es decir, 19+729=756. Excel ha seguido el orden jerárquico de los operadores, el exponencial se ha calculado antes que la suma. Ahora, en la celda J30 introduzca la fórmula *=(J24+J26)^2* y pulse la tecla *Retorno*.

5. Esta última fórmula en primer lugar ha calculado la suma que se encuentra entre paréntesis y, después, ha elevado el resultado al cuadrado, y evidentemente el resultado es completamente distinto. Veamos finalmente lo que ocurre cuando los operadores tienen el mismo rango de precedencia. Introduzca la fórmula =2^2^3 en una celda vacía y pulse la tecla *Retorno*.

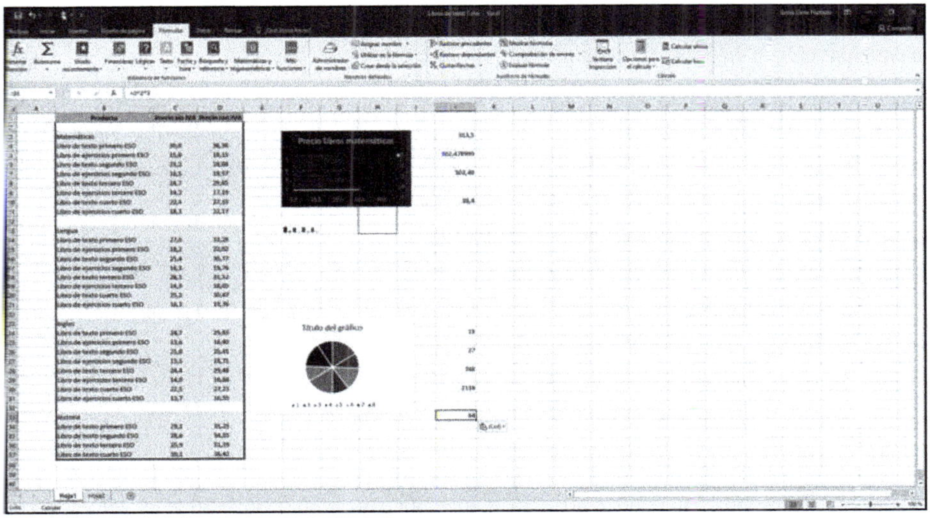

6. La operación situada más a la izquierda se ha efectuado primero, ya que 2 elevado al cuadrado es 4, que, elevado al cubo, da como resultado 64. Para comprobar el proceso de cálculo de la operación, escribiremos la misma fórmula alterando el orden de los operandos. Introduzca la fórmula =3^2^2 en otra celda vacía y pulse la tecla *Retorno*.

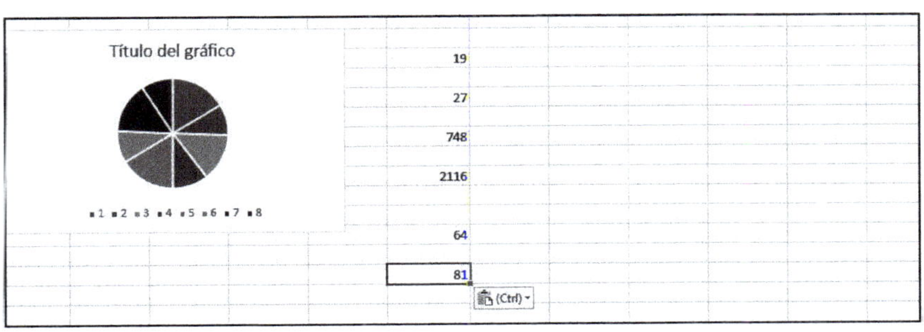

7. El resultado, por supuesto, es diferente en las dos fórmulas, ya que 3 elevado al cuadrado es igual a 9, que elevado al cuadrado nos da 81. En estas

operaciones que acabamos de realizar, hemos comprobado cómo funciona la precedencia entre algunos operadores, pero la aritmética cuenta con más operaciones que las que hemos visto. Como ya hemos dicho, la precedencia de Excel funciona como en las matemáticas, pero podría ocurrir que en algún momento no estuviese seguro de qué operador tiene preferencia, o dónde colocar los paréntesis. En esos casos, puede recurrir al apartado de fórmulas de la renovadísima ayuda de Excel. Haga clic en el campo de ayuda, que muestra el texto *¿Qué desea hacer?* en la Cinta de Opciones.

8. Escriba la palabra Fórmulas, seleccione en el menú que se despliega la opción Obtenga ayuda sobre Fórmulas y, en el submenú, elija Crear fórmulas haga clic en Información general sobre fórmulas.

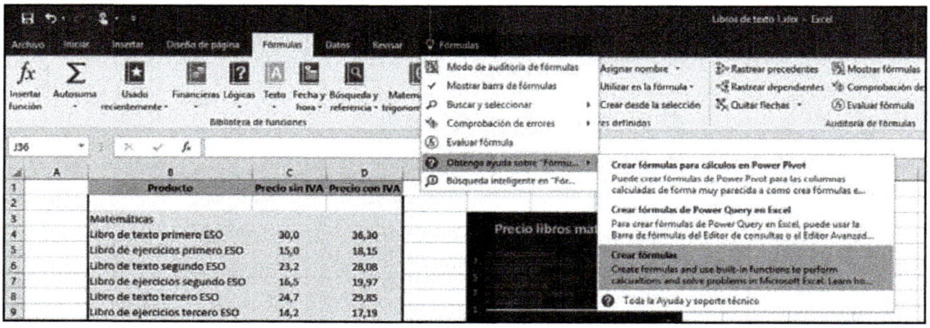

9. Se abre así el nuevo panel de ayuda mostrando toda la información acerca del tema solicitado. Si escribe en la parte superior del panel el texto Prioridad de operadores obtendrá más información y más detallada acerca de la precedencia en los cálculos con funciones. Tras leer el contenido cierre el panel de ayuda de Excel haciendo clic en el botón de aspa.

10. Para acabar este ejercicio, guarde los cambios realizados pulsando el botón *Guardar* de la *Barra de herramientas de acceso rápido*.

PRÁCTICA

Practique ahora con la precedencia en las funciones de Excel. Inserte algunas operaciones con paréntesis que contengan los mismos números pero cambiando de posición los paréntesis. Compruebe así que esta disposición produce resultados distintos.

6.30 Celdas precedentes y celdas dependientes

Las fórmulas pueden estar compuestas, como sabe, por valores constantes o por referencias a otras celdas. Para que las tablas de Excel sean realmente útiles y realicen cálculos por sí solas, estas deben contener fórmulas que vinculen unas celdas con otras, es decir, referencias.

Las referencias pueden ser relativas (A1), absolutas (A1) o mixtas ($A1 o A$1). Cuando introducimos una referencia se vinculan dos celdas haciendo que una sea la celda Precedente y la otra la celda Dependiente. Estos vínculos se pueden mostrar gráficamente gracias a las herramientas del grupo Auditoría de Fórmulas. Para poder trabajar con las herramientas de Auditoría de fórmulas es necesario que la opción que permite mostrar todos los objetos en la hoja esté activada en la ficha Avanzadas del cuadro Opciones de Excel. Las celdas precedentes son aquellas a las que se refieren las fórmulas de otras celdas. Las celdas dependientes son aquellas que contienen fórmulas que se refieren a otras celdas.

1. En este ejercicio introduciremos algunas fórmulas nuevas para crear así celdas precedentes y dependientes y luego aprenderemos a identificar el carácter de cada una. Para empezar, elimine el contenido de las celdas que se encuentren fuera de la tabla de libros de texto. En los últimos ejercicios ha introducido varias fórmulas y funciones que ahora harían que el ejercicio se complicase. De modo que seleccione todas las celdas ajenas a la tabla con contenido que haya en su hoja de cálculo y pulse la tecla *Suprimir*.

2. Ahora que tiene la hoja de cálculo despejada y la tabla intacta, introduciremos algunas fórmulas nuevas para ilustrar este ejercicio. En la celda J10 introduzca la fórmula =*SUMA(Matemáticas1)* y pulse la tecla *Retorno*.

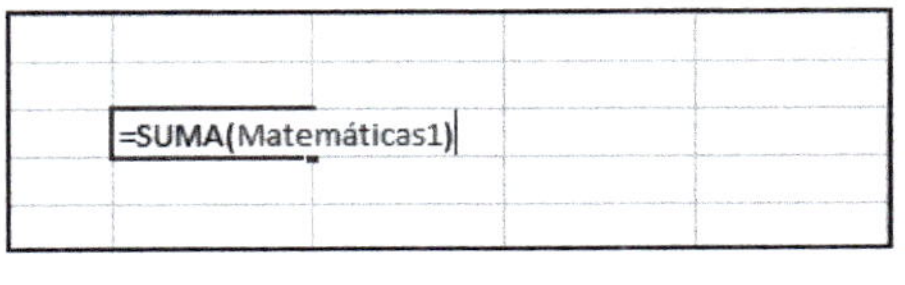

3. En la celda J17 introduzca la fórmula =*D17-C17* y pulse *Retorno*.

4. A continuación, en la celda J13 introduciremos una fórmula que vincule las dos anteriores. Introduzca =*J10*J17* y pulse *Retorno*.

5. Por último, en la celda J23 introduzca la fórmula *=SUMA(J10;Lengua1)* y pulse la tecla *Retorno*.

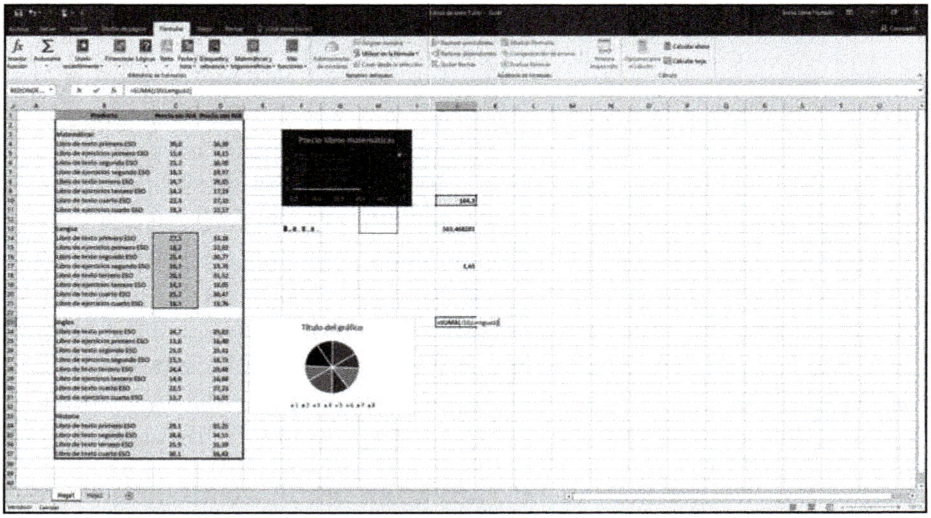

6. Las fórmulas que acaba de introducir han hecho que varias celdas se interrelacionen entre ellas a través de fórmulas creando relaciones de precedencia y dependencia. Ahora tenemos el documento listo para comenzar a trabajar con las herramientas que nos permitirán identificar el carácter de las celdas de forma gráfica. Las herramientas incluidas en el grupo *Auditoría de fórmulas* de la ficha *Fórmulas* nos permiten lleva a cabo este tipo de análisis. Para empezar active la mencionada ficha en la *Cinta de Opciones*.

7. Seleccione la celda J10, en la que ha introducido la fórmula =SUMA(Matemáticas1), y pulse el botón *Rastrear precedentes* del grupo de herramientas *Auditoría de fórmulas*.

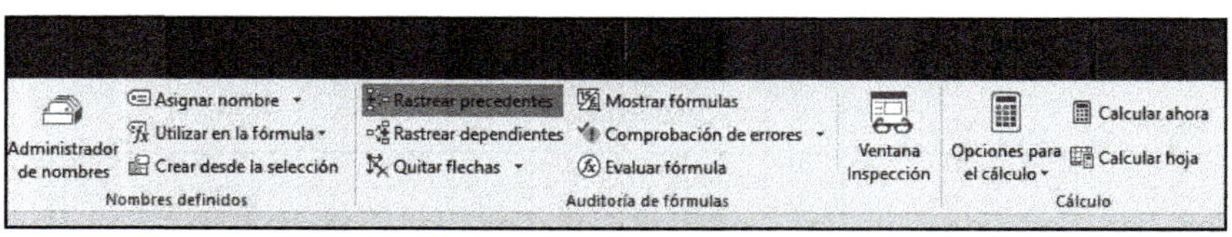

8. Automáticamente Excel traza una flecha azul que parte desde la celda seleccionada y va hasta el grupo de celdas del que depende. (Vea, si lo desea, la imagen adicional *6.30-001*.) Compruebe en la *Barra de fórmulas* cuáles son

esas celdas. También es posible llevar a cabo esta operación a la inversa, es decir, mostrar gráficamente las fórmulas a las que nutre una celda con datos. Para ello, con la misma celda seleccionada haga clic en el botón *Rastrear dependientes*.

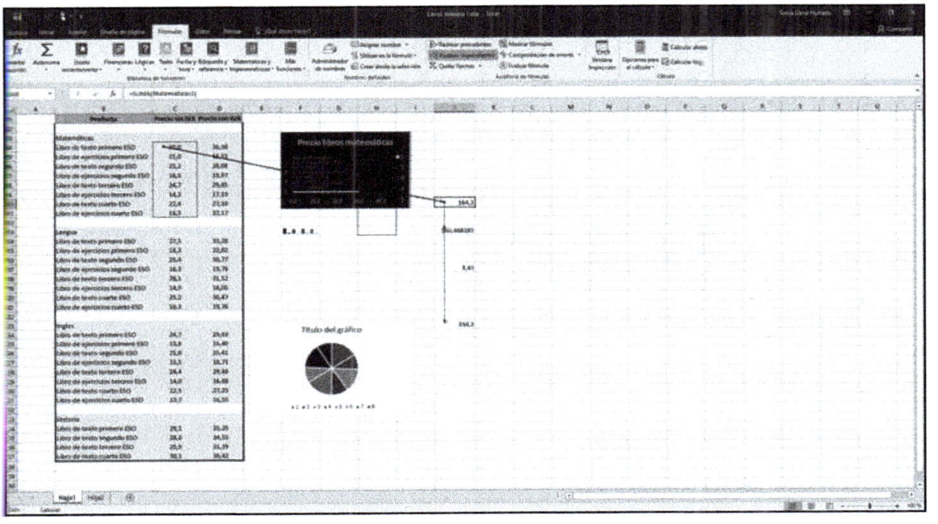

9. En esta ocasión Excel ha creado dos flechas azules, una dirigida a cada una de las celdas que contienen la J10 como referencia. Ahora puede ver todas las celdas a las que está vinculada y qué relación tiene con cada una. La dirección de la flecha indica el tipo de relación. Puede comprobarlo pulsando directamente sobre cada celda y leyendo la fórmula en la *Barra de fórmulas*, pero en esta ocasión, utilizaremos otro de los comandos de la auditoría de fórmulas. Haga clic sobre el comando *Mostrar fórmulas*.

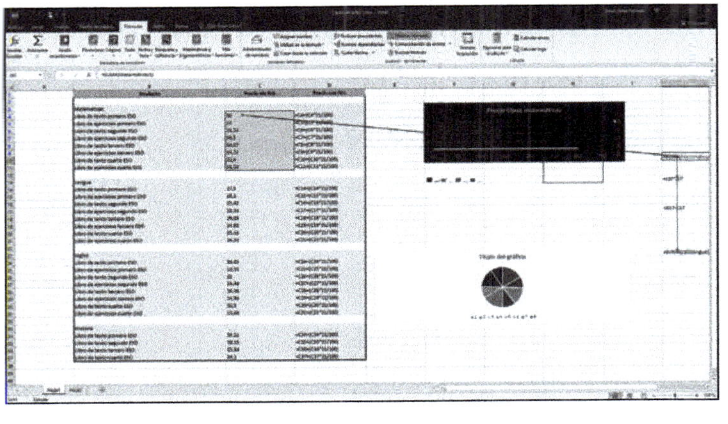

10. Esta herramienta hace que en la hoja de cálculo se muestren las fórmulas de las celdas en lugar de su resultado. Efectivamente las fórmulas ocupan más espacio que los resultados y puede ocurrir que no le entre todo el contenido en la vista de página. Utilice las barras de desplazamiento para moverse por la hoja y visualizar todas las fórmulas y las flechas de dependencia y precedencia.

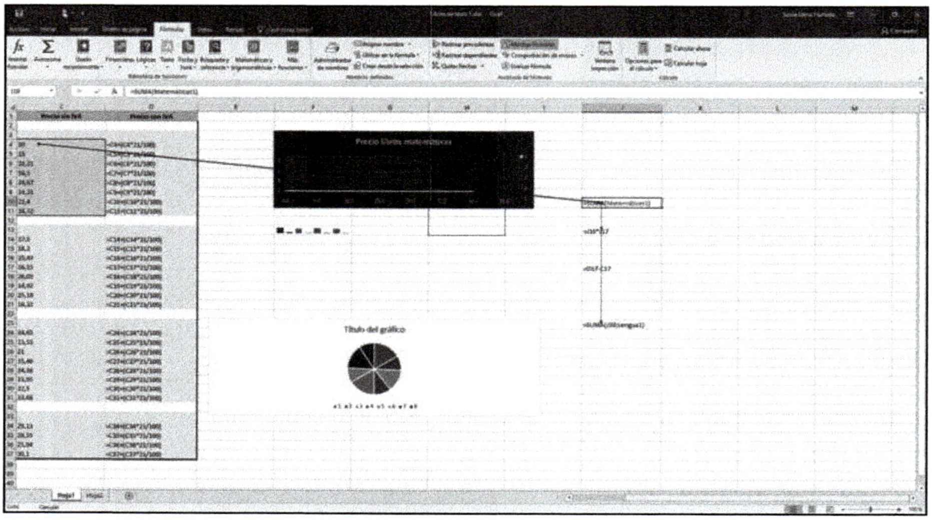

11. Para desactivar la opción *Mostrar fórmulas* podría hacer clic nuevamente sobre el mismo botón, pero en esta ocasión pulse la combinación de teclas *Alt+º* (teclas situada a la izquierda del 1 en el teclado alfanumérico).

12. Para acabar, veremos cómo se pueden eliminar las flechas de las celdas dependiente y precedentes. Despliegue el comando *Quitar flechas*.

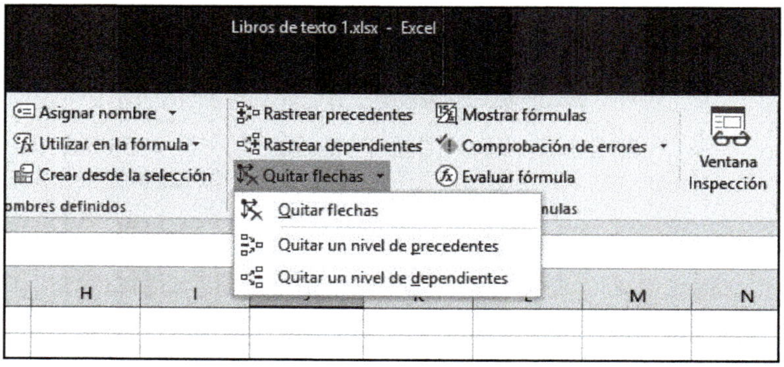

13. Este comando incluye las opciones que permiten borrar las flechas por niveles cuando existe más de uno. Haga clic en la opción *Quitar flechas* para borrarlas todas de la hoja.

14. El resto de comandos incluidos en el grupo *Auditoría de fórmulas* nos permiten localizar errores comunes en fórmulas y depurarlas evaluando cada una de sus partes. Para acabar este ejercicio, guarde el documento con la combinación de teclas *Ctrl+G* y cierre Excel 2016 para dar por terminado este bloque dedicado al programa de hoja de cálculo de Office.

PRÁCTICA

Realice un par o tres de operaciones en las que se encuentren implicadas distintas celdas o varios rangos de celdas de la tabla. A continuación, muestre las relaciones de dependencia y precedencia gráficamente en la hoja. Por último, elimine las flechas resultantes.

7 PowerPoint 2016

7.1 Insertar y duplicar diapositivas

PowerPoint es un programa de presentaciones ampliamente usado en distintos campos como en la enseñanza, negocios, etc. Es un programa diseñado para hacer presentaciones con texto esquematizado, fácil de entender, animaciones de texto e imágenes prediseñadas o importadas desde imágenes del ordenador. Se le pueden aplicar distintos diseños de fuente, plantilla y animación. Este tipo de presentaciones suele ser muy llamativo y mucho más práctico que los de Microsoft Word.

Las presentaciones de PowerPoint se componen de diapositivas. Las diapositivas son imágenes que se despliegan correlativamente en la pantalla y son el elemento básico de una presentación. Cada diapositiva puede contener textos, gráficos, dibujos, vídeos, imágenes prediseñadas, animaciones, sonidos, objetos y gráficos creados por otros programas, etc. Las diapositivas son cada uno de los elementos que constituyen la presentación y cada una de ellas podría identificarse con una lámina o página. Se pueden crear y modificar de manera individual.

1. En este primer ejercicio dedicado a PowerPoint 2016, aprenderemos a insertar y duplicar diapositivas para poder luego trabajar sobre ellas. La inserción de diapositivas puede llevarse a cabo tanto desde la vista Normal como desde la vista Clasificador de diapositivas, pero nunca desde la vista Presentación con diapositivas. Vamos a trabajar con un nuevo documento, denominado *Las 10 mejores películas.pptx*, que podrá descargar, como es habitual, con el código de acceso proporcionado en la primera página del libro. Una vez disponga de él, ábralo en PowerPoint 2016.

2. Este documento cuenta con once diapositivas de las cuales una corresponde a la portada y título, nueve de ellas a las películas y una al índice. Como ve, son diez las películas listadas y solo nueve las diapositivas de películas. Será su trabajo insertar y completar la diapositiva que falta. Sitúese en la primera diapositiva, la correspondiente al título, y en la ficha *Inicio* de la *Cinta de opciones*, haga clic en el comando *Nueva diapositiva* del grupo de herramientas *Diapositivas*.

3. Al hacer clic sobre este comando se despliega un panel que muestra los distintos diseños predeterminados de diapositiva que se pueden insertar. Las diapositivas se componen de título, texto y distintos objetos que pueden insertarse, como imágenes, diagramas, gráficos, etc. Cada uno de los diseños predeterminados ofrece una distribución diferente de dichos objetos. Dependiendo de la función de la diapositiva será más conveniente utilizar un diseño u otro, aunque sepa que aunque aplique un diseño, será posible modificarlo en cualquier momento del proceso de edición de la diapositiva. En esta ocasión seleccione el diseño *Título y objetos* haciendo clic sobre la segunda opción de la primera fila.

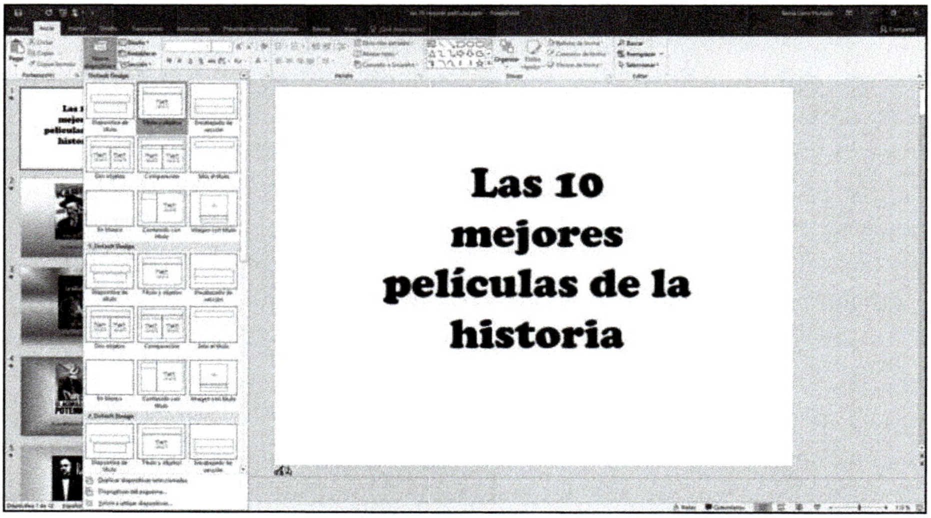

4. Como ve, se ha insertado una nueva diapositiva con el diseño que hemos seleccionado. (Vea si lo desea la imagen adicional *7.1-001*.) De momento dejaremos esta diapositiva tal y como está e insertaremos una más utilizando otro procedimiento, el menú contextual del *Panel de diapositivas*. Haga clic con el botón derecho del ratón sobre la segunda diapositiva en este panel.

5. Desde este menú contextual que se despliega podemos agregar, duplicar y eliminar diapositivas, cambiar su diseño y su fondo, etc. Pulse sobre la opción *Nueva diapositiva*.

6. Se ha insertado así una nueva diapositiva con el mismo diseño que la anterior. A continuación aprenderemos a duplicar una diapositiva. Dupli-

car diapositivas no es más que obtener una copia exacta de una diapositiva existente en una presentación. Esta acción resulta especialmente útil cuando el usuario necesita crear una nueva diapositiva muy parecida a otra. En esta ocasión insertaremos la diapositiva duplicada entre la última diapositiva de película y el índice. Para ello, sitúese en la diapositiva que contiene la película *Las reglas del juego*, es decir la 12, haga clic con el botón derecho del ratón y, del menú contextual que se despliega, seleccione la opción *Duplicar diapositiva*.

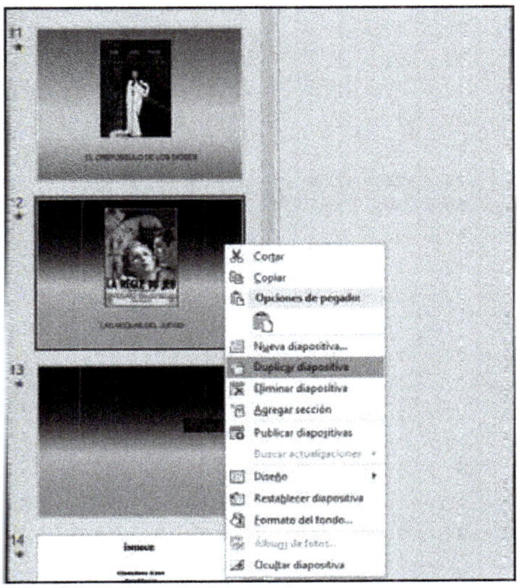

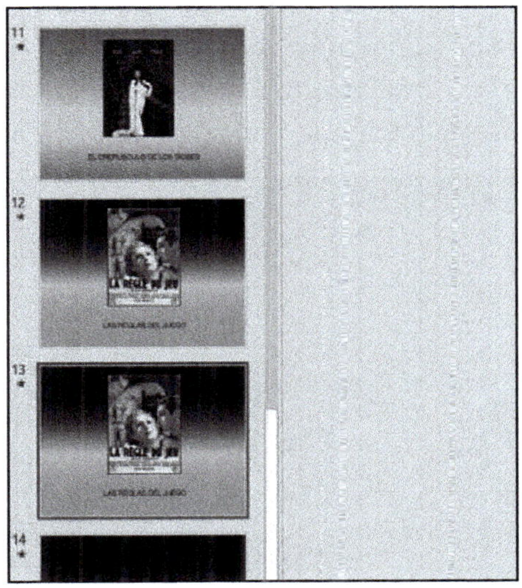

7. El duplicado de la diapositiva se inserta a continuación de la original y es idéntica a esta. Comprobemos ahora que es posible duplicar más de una diapositiva con un solo clic. Utilice la barra de desplazamiento vertical para situarse sobre la diapositiva número 6 y haga clic sobre ella.

8. Con la diapositiva 6 seleccionada, pulse la tecla *Mayúsculas*, y sin soltarla haga clic sobre la diapositiva 7 para seleccionar las dos.

9. Compruebe que ambas están marcadas con un marco de color rojo que indica que están seleccionadas. (Vea, si lo desea, la imagen adicional *7.1-002*.) Sitúe el ratón sobre una de las dos diapositivas seleccionadas, haga clic con el botón derecho para desplegar su menú contextual y vuelva a pulsar sobre la opción *Duplicar diapositiva* para que se dupliquen e inserten las dos diapositivas seleccionadas.

10. Fíjese en que en esta ocasión son dos las diapositivas insertadas y que se trata de copias de las seleccionadas. Igual que en el paso anterior, esta vez también se han insertado justo después de las originales. (Vea la imagen adicional *7.1-003*.) Como no volveremos a necesitar estas dos diapositivas recién creadas, haga clic en el botón *Deshacer* de la *Barra de herramientas de acceso rápido* para deshacer la acción.

11. Por último comprobaremos que es posible ocultar varias diapositivas en una presentación sin tener que eliminarlas. Seleccione esta vez las diapositivas 4 y 5 utilizando la tecla *Mayúsculas* y active la ficha *Presentación con diapositivas* haciendo clic sobre la pestaña del mismo nombre.

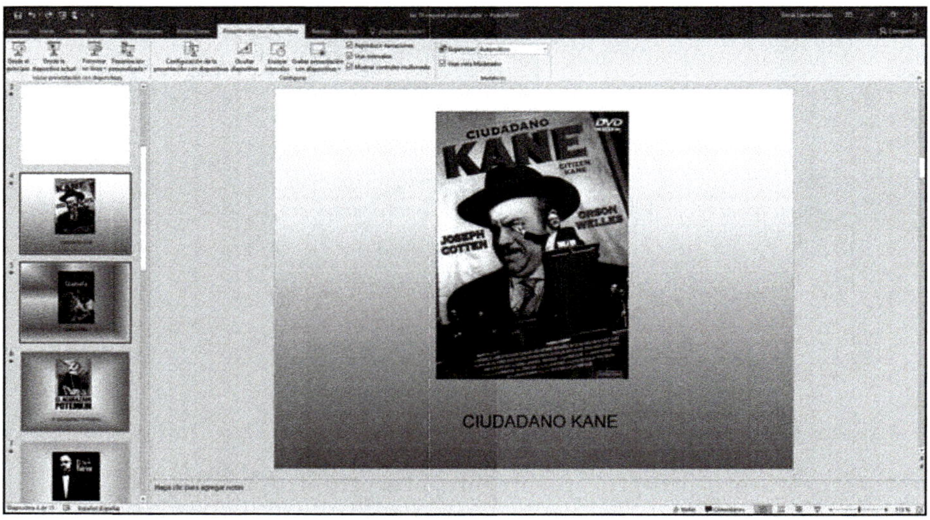

12. Con las dos diapositivas seleccionadas, haga clic sobre el botón *Ocultar diapositiva* del grupo de herramientas *Configurar*.

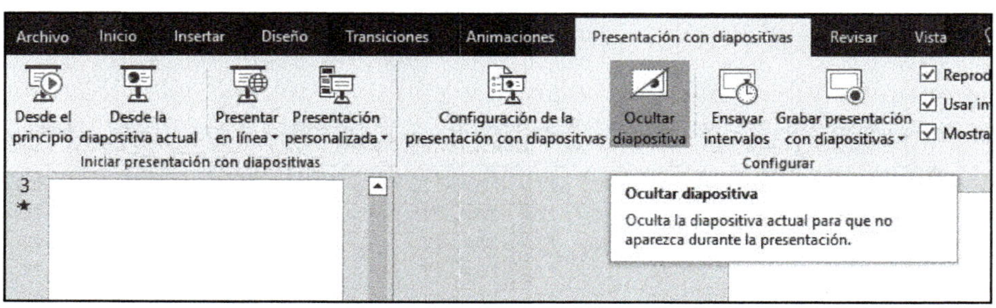

13. Observe que ahora las dos diapositivas seleccionadas se muestran sombreadas en el *Panel de diapositivas*, lo que indica que no aparecerán en la presentación final. En los siguientes ejercicios veremos el modo de mover, copiar y eliminar diapositivas, por lo que acabaremos este activándolas de nuevo para que se muestren en la presentación. Con las diapositivas 4 y 5 aún seleccionadas haga clic con el botón derecho del ratón sobre una de ellas en el *Panel de diapositivas* y, en el menú contextual que se despliega, desactive la opción *Ocultar diapositiva* pulsando sobre ella.

PRÁCTICA

En este primer ejercicio dedicado a PowerPoint 2016, practique con la inserción y el duplicado de diapositivas. Cree nuevas diapositivas con diseños predeterminados y duplique algunas de las existentes. También pruebe a ocultarlas con el fin de que no se muestren en la presentación final.

7.2 Mover y eliminar diapositivas

Cuando se diseñan presentaciones con muchas diapositivas, es habitual que, una vez terminadas y comprobadas, el usuario decida cambiar de posición algunos de estos elementos. Esta acción es la que se conoce con el nombre de Mover.

También puede ocurrir que en algún momento se dé cuenta de que ya no necesita una diapositiva que había creado o insertado, y entonces tendrá que eliminarla.

1. En este ejercicio le mostraremos cómo puede mover las diapositivas, no solo en una misma presentación sino también de una presentación a otra y cómo eliminar las que no sean necesarias. Para ello, seguiremos trabajando sobre nuestro archivo denominado *Las 10 mejores películas*. Imagine que después de haber creado el documento no está convencido del orden establecido y decide que la película *El acorazado Potemkin* debería situarse antes de *El padrino*. La solución a este problema la encontraremos moviendo una sola diapositiva de lugar. Haga clic sobre la diapositiva 6, *El acorazado Potemkin*, en el *Panel de diapositivas* para seleccionarla.

2. Active la ficha *Inicio* de la *Cinta de opciones* y pulse sobre la herramienta *Cortar*, en el grupo *Portapapeles*.

3. La diapositiva número 6 ha desaparecido, y la numeración se ha organizado. Cada vez que inserte, mueva o elimine una diapositiva la numeración se actualizará de forma automática. Vamos a mover la diapositiva que hemos cortado y colocarla justo después de la actual número 6, *El padrino*. Seleccione esta diapositiva haciendo clic sobre ella y despliegue el comando *Pegar* del grupo de herramientas *Portapapeles*.

4. Se despliegan así varias opciones de pegado. Si sitúa el puntero del ratón sobre cada una de ellas sin hacer clic, una etiqueta emergente le informará de la función de cada una de ella. Haga clic sobre la segunda opción, *Mantener formato de origen*.

5. Ahora ya sí tenemos las diapositivas correctamente ordenadas. Seguidamente le mostraremos cómo puede mover diapositivas entre presentaciones. Aunque hayamos pegado la diapositiva cortada, esta sigue manteniéndose en el portapapeles y por tanto podemos pegar tantas copias de ella como veamos conveniente. Para comprobar que aún se encuentra en el portapapeles haga clic en el iniciador de cuadro de diálogo del grupo de herramientas *Portapapeles*.

6. Verá que en lateral izquierdo de su pantalla se activa el panel *Portapapeles* y que efectivamente en él se encuentra la diapositiva que hemos cortado.

(Vea si lo desea la imagen adicional *7.2-001*.) Ahora vuelva a hacer clic sobre el mismo iniciador de cuadro para cerrar el panel Portapapeles.

7. Procederemos ahora a pegar la diapositiva cortada en una nueva presentación en blanco. Para crear un nuevo documento haga clic en la pestaña *Archivo* y dentro del comando *Nuevo* haga doble clic sobre la opción *Presentación en blanco*.

8. Se abre así una nueva presentación en blanco con una única diapositiva. Haga clic con el botón derecho sobre dicha diapositiva en el *Panel de diapositivas* y del menú contextual que se despliega pulse sobre el primer icono de las opciones de pegado.

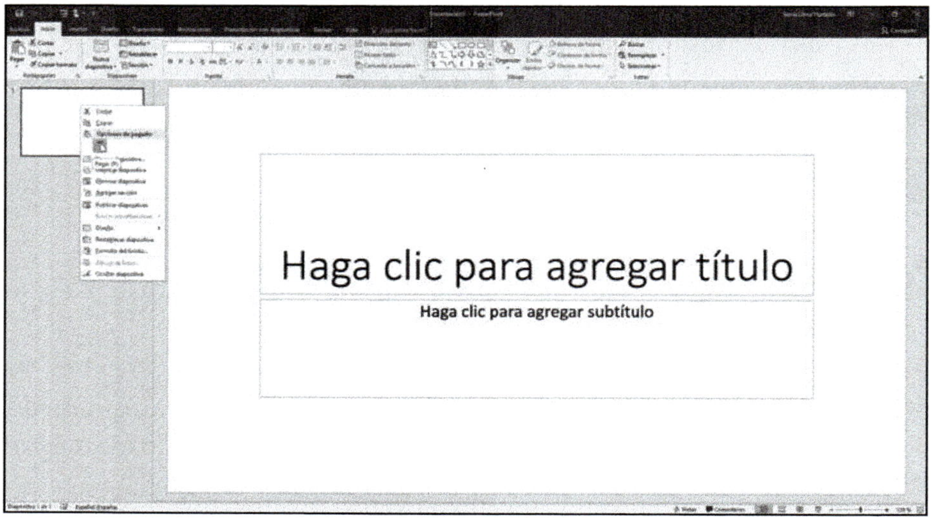

9. Verá que la diapositiva del acorazado Potemkin se acaba de insertar en el nuevo archivo. Veremos ahora un nuevo modo de mover diapositivas de posición. Se trata simplemente de arrastrarlas desde su posición original hasta la ubicación deseada. Haga clic sobre la diapositiva recién insertada y sin soltar el botón del ratón arrástrela hasta la parte superior de la primera diapositiva y suelte el botón cuando vea que ha aparecido una línea sobre dicha diapositiva.

10. Habiendo aprendido ya a mover diapositivas mediante diversos métodos y a moverlas de un documento a otro, cierre esta nueva presentación

sin guardar los cambios. Haga clic sobre el botón de aspa de la *Barra de título* y pulse el botón *No guardar* en el cuadro de diálogo en el que le pregunta si desea guardar los cambios.

11. Nos encontramos de nuevo en la presentación inicial, donde practicaremos con las opciones para eliminar diapositivas. Utilice la *Barra de desplazamiento vertical* del *Panel de diapositivas* para situarse sobre la diapositiva número 2 que hemos creado en el ejercicio anterior y que se encuentra en blanco.

12. Puesto que en ejercicios futuros no utilizaremos esta diapositiva, la eliminaremos usando la opción adecuada de su menú contextual. Haga clic con el botón derecho sobre la diapositiva número 2 y, del menú contextual que se despliega, seleccione la opción *Eliminar diapositiva*.

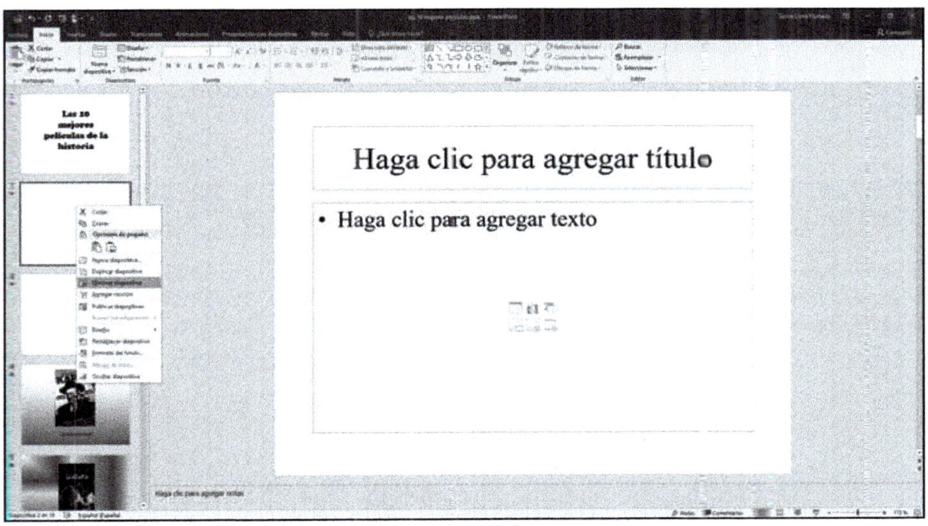

13. La diapositiva seleccionada se ha eliminado y la numeración de todas ellas se ha actualizado. Para concluir este ejercicio eliminaremos la última diapositiva en blanco de esta presentación. Debido a la actualización de la numeración de diapositivas se trata de nuevo de la número 2. El procedimiento de supresión que utilizaremos a continuación es de lo más sencillo. Simplemente seleccione la diapositiva 2 haciendo clic sobre ella y pulse la tecla *Suprimir* en su teclado.

14. Compruebe que la diapositiva seleccionada se ha eliminado y guarde los cambios realizados haciendo clic en el botón *Guardar* de la *Barra de herramientas de acceso rápido*.

PRÁCTICA

Practique en PowerPoint con el cambio de posición de las diapositivas en una misma presentación y entre distintas presentaciones. Elimine también diapositivas sobrantes, tanto desde la Cinta de opciones, como desde el menú contextual como mediante el teclado.

7.3 Añadir texto y dar formato a las diapositivas

En PowerPoint se entiende por texto todos aquellos elementos que contienen letras, tanto si son títulos, como subtítulos, viñetas o el texto principal. Al insertar una diapositiva nueva con un diseño predeterminado, la plantilla utilizada define la situación del texto mediante los denominados marcadores de posición.

En este ejercicio le mostraremos cómo introducir texto en una diapositiva utilizando en este caso los marcadores de posición. Los marcadores de posición aparecen en algunos diseños predeterminados de diapositivas y muestran un borde punteado.

1. En un ejercicio anterior hemos duplicado la diapositiva 10, por lo que ahora contamos con dos diapositivas exactamente iguales. Sitúese en la diapositiva 11 haciendo clic sobre ella.

2. Antes de empezar a trabajar en la inserción de texto adaptaremos la diapositiva para esta tarea. En primer lugar haga clic sobre la imagen que se encuentra en el centro de la diapositiva para seleccionarla y pulse la tecla *Suprimir* para eliminarla.

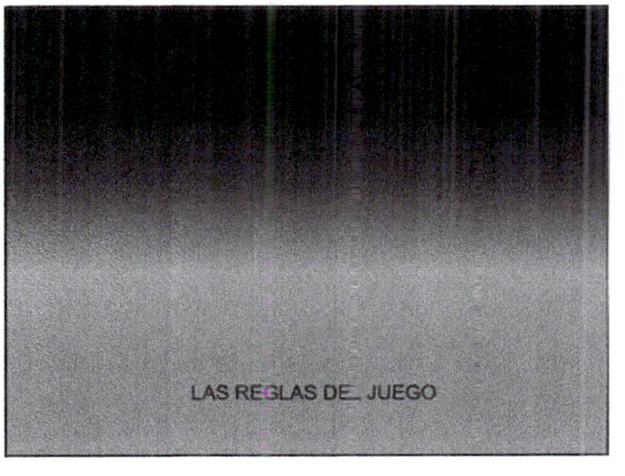

3. A continuación haremos lo mismo con el cuadro de texto en el que se encuentra el título *Las reglas del juego*. Sitúe el ratón en la parte superior del texto y, cuando vea que el puntero cambia adquiriendo la forma de cuatro flechas opuestas en forma de cruz, haga clic para seleccionar el cuadro de texto (sabrá que está seleccionado porque aparecerá el cuadro con borde continuo); una vez seleccionado, pulse la tecla *Suprimir* para eliminarlo.

4. Tenemos ahora la diapositiva lista para empezar a trabajar. En primer lugar aplicaremos uno de los diseños predeterminados de diapositiva que ofrece PowerPoint 2016. Haga clic con el botón derecho sobre la diapositiva y, del menú contextual que se despliega, seleccione el comando *Diseño*.

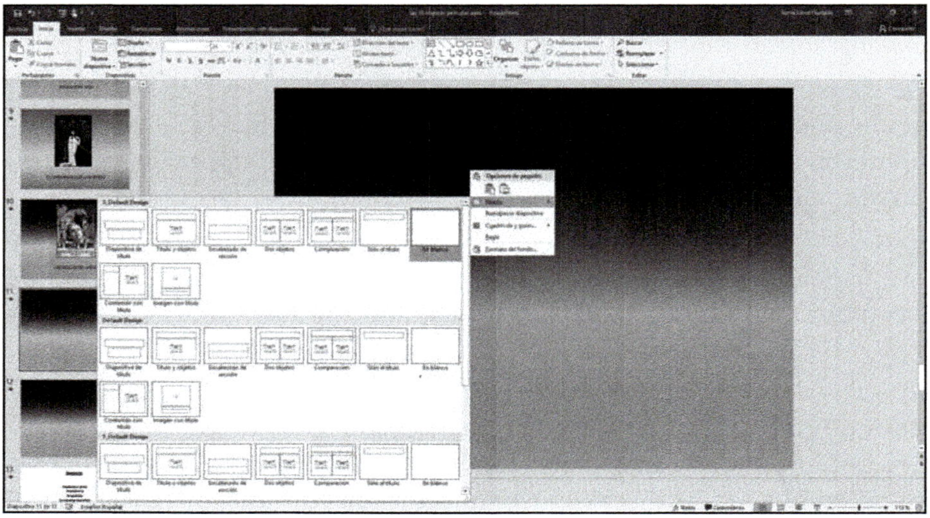

5. Desde este comando se despliega un panel en el que se muestran todas las plantillas de diseño predeterminadas disponibles. A pesar de que más adelante modificaremos parte de ese diseño, haga clic sobre el segundo diseño de la primera fila.

6. Se ha aplicado de esta forma el diseño seleccionado sobre la diapositiva activa. Se han insertado dos marcadores de posición que indican la ubicación y formato predeterminados que tendrán los textos que insertaremos. De momento solamente introduciremos el título de la nueva película y aplicaremos al texto el mismo formato de las demás diapositivas de esta presentación. Para ello, haga clic sobre el texto *Haga clic para agregar título* del cuadro de título para activar el modo edición y poder insertar el texto. (Vea si lo desea la imagen adicional *7.3-001*.)

7. Introduzca el título *Vértigo* y selecciónelo haciendo doble clic sobre él.

8. Para cambiar la fuente del título, en la pestaña Inicio, despliegue el campo *Fuente* del grupo de herramientas *Fuente* y, en la lista de fuentes, haga clic sobre la fuente *Arial*.

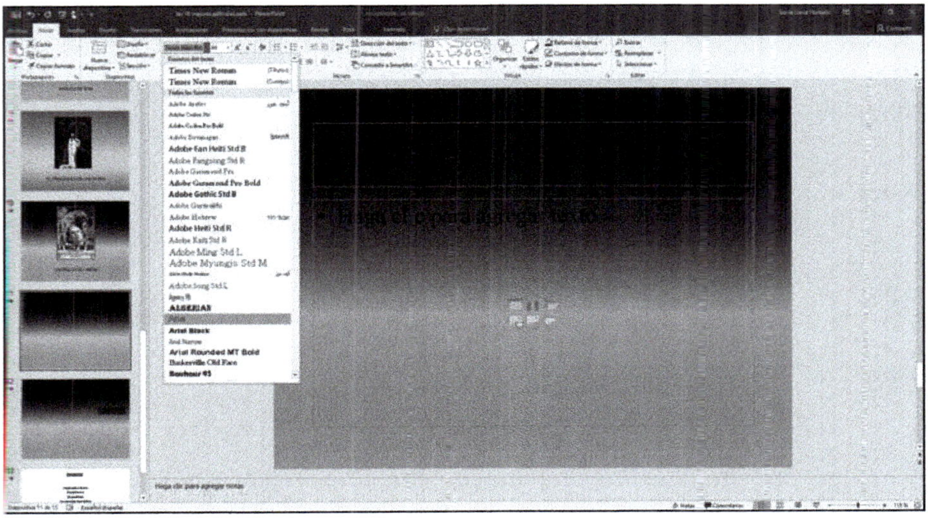

9. A continuación, despliegue el campo *Tamaño* y, de las opciones que se despliegan, seleccione el valor *24* para hacer que el tamaño del texto sea idéntico en todas las diapositivas.

10. El siguiente paso será transformar todas las minúsculas en mayúsculas. Para ello, haga clic sobre el comando *Cambiar mayúsculas y minúsculas* y, de las opciones que se despliegan, haga clic sobre *Mayúsculas*.

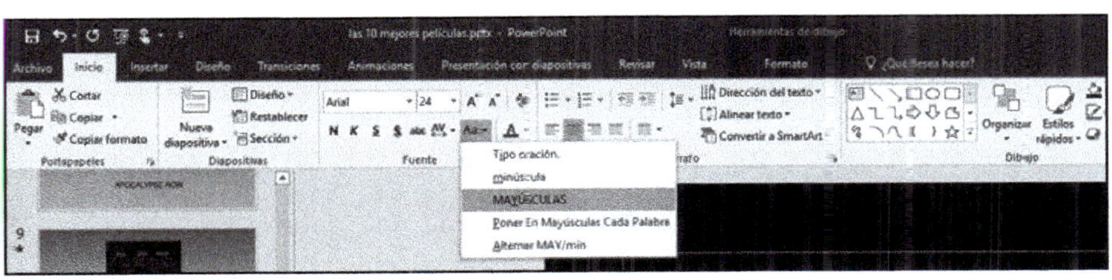

11. Por último solo hará falta cambiar el color de la fuente. Haga clic sobre el comando *Color de fuente*, representado con una letra A mayúscula subrayada en rojo, y, del panel de colores, seleccione el quinto color de la última columna. (Para asegurarse de que elige el color correcto, sitúe el puntero del

ratón sobre dicho color y asegúrese de que la etiqueta emergente le indica que se trata del color *Azul, énfasis 6, oscuro 25 %*. Si así es, ya puede seleccionarlo.)

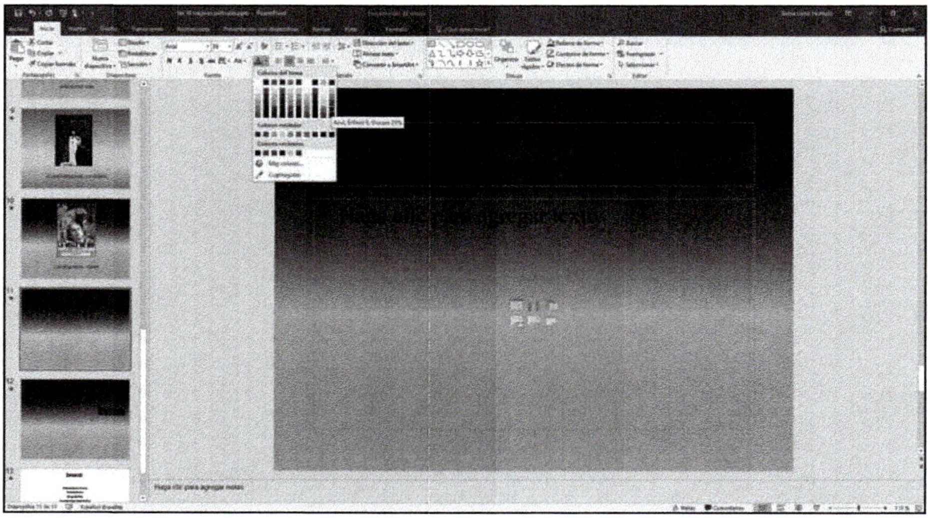

12. El título de la película ya tiene el formato adecuado, aunque en este momento no pueda apreciarse con toda claridad debido al color de fondo de la diapositiva. En un ejercicio posterior modificaremos este color de fondo y, por tanto, este problema desaparecerá. Ahora, para acabar, guarde los cambios realizados haciendo clic en el botón *Guardar* de la *Barra de herramientas de acceso rápido*.

PRÁCTICA

Inserte una nueva diapositiva con un diseño predeterminado que contenga cuadros de texto. Inserte texto en alguno de estos cuadros y cambie su formato desde el correspondiente grupo de herramientas.

7.4 Utilizar y formatear cuadros de texto

Además de los marcadores de posición, existen en PowerPoint otros elementos que se utilizan con el mismo fin: agregar texto a las diapositivas. Estos elementos se denominan cuadros de texto.

Los cuadros de texto pueden ubicarse en cualquier punto de la diapositiva y, además, admiten formato, por lo que es posible redimensionarlos, cambiar su color de fondo, aplicar un borde, proporcionar efectos, etc. En este ejercicio veremos cómo hacerlo.

1. En este ejercicio añadiremos un cuadro de texto que colocaremos en un lateral de la diapositiva. En este cuadro introduciremos cierta información complementaria sobre la película *Vértigo*. Para empezar, antes de insertar el cuadro de título, eliminaremos el segundo marcador de posición que tenemos en la diapositiva 11. Haga clic sobre uno de los bordes del marcador de posición central para seleccionarlo y pulse la tecla *Suprimir*.

2. En estos momentos solo contamos con el título en esta diapositiva. Para insertar el cuadro de texto, active la ficha *Insertar* haciendo clic en la pestaña del mismo nombre y pulse sobre el comando *Cuadro de texto* del grupo de herramientas *Texto*.

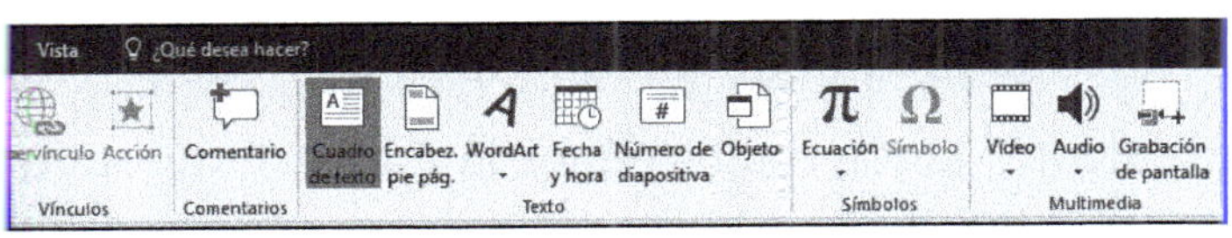

3. A continuación, deberá utilizar la técnica de arrastre para dibujar el cuadro de texto. Vamos allá. Haga clic en la parte inferior derecha de la diapositiva, haga clic y, sin soltar el botón del ratón, trace la forma de un rectángulo más alto que ancho.

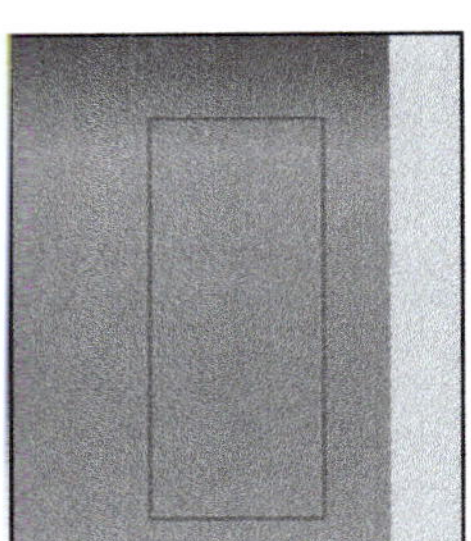
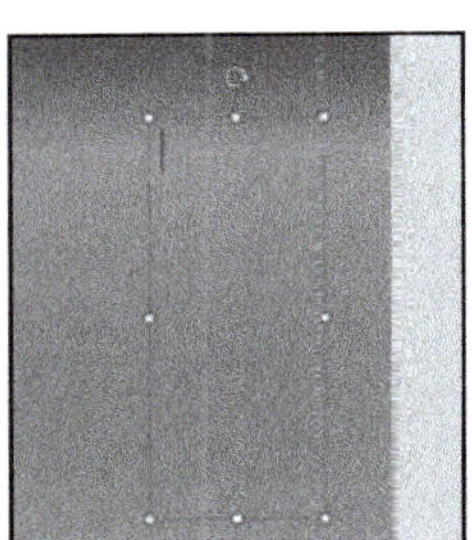

4. Antes de comenzar a introducir el texto, aplicaremos un formato al cuadro para que el texto automáticamente adquiera dicho formato. Al insertar el cuadro se ha activado la ficha contextual *Herramientas de dibujo*, donde encontraremos las herramientas necesarias para formatear el cuadro. Con el cuadro de texto seleccionado, despliegue el campo *Tamaño de fuente* y seleccione la opción *14*.

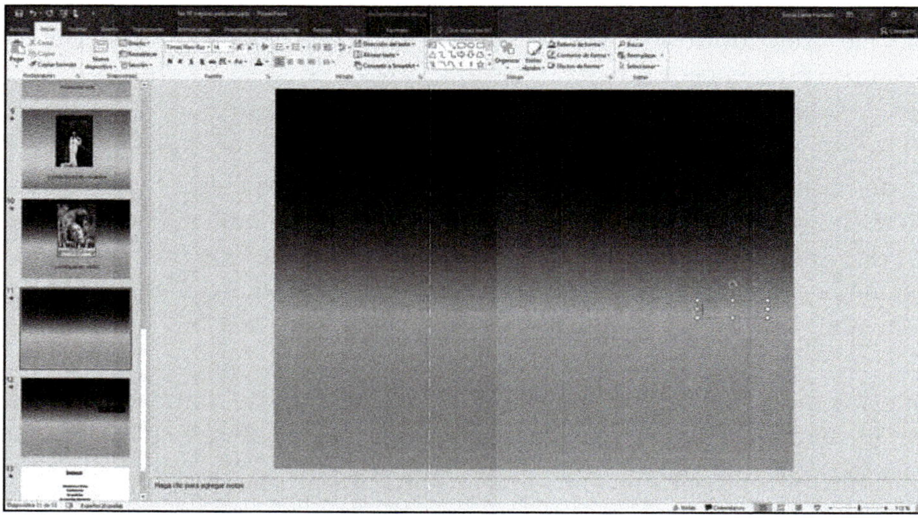

5. Al reducir el tamaño de la fuente, las dimensiones del cuadro de texto se han reducido automáticamente. Ahora cambiaremos la fuente y ya estaremos listos para introducir el texto. Despliegue el campo *Fuente*, seleccione la fuente *Arial* y, por último, haga clic sobre el comando *Negrita*, representado con una N en el grupo de herramientas *Fuente*.

6. A continuación, introduzca el siguiente texto: *Director: Alfred Hitchcock* y pulse la tecla *Retorno*.

7. El texto introducido no cabe en una sola fila y, al pasar a la segunda fila, el tamaño del cuadro ha aumentado. El cuadro de texto muestra en sus bordes puntos de anclaje que nos permiten, en cualquier momento, ampliarlo o reducirlo. Arrastre el tirador del borde izquierdo y arrastra hacia el centro de la diapositiva para redimensionar el cuadro hasta que el contenido quepa en una sola fila.

8. Introduciremos ahora el año de producción de película. En la segunda fila, lugar donde se encuentra el cursor en este momento, escriba el texto *Año: 1958*.

9. PowerPoint permite, además de dar formato a la fuente de un cuadro de texto, dárselo al mismo cuadro, aplicarle un borde, un color de fondo, etc. Para aplicarle un contorno al cuadro, haga clic en la herramienta *Contorno de forma* del grupo de herramientas *Dibujo* y pulse sobre la muestra de color negro en la paleta de colores.

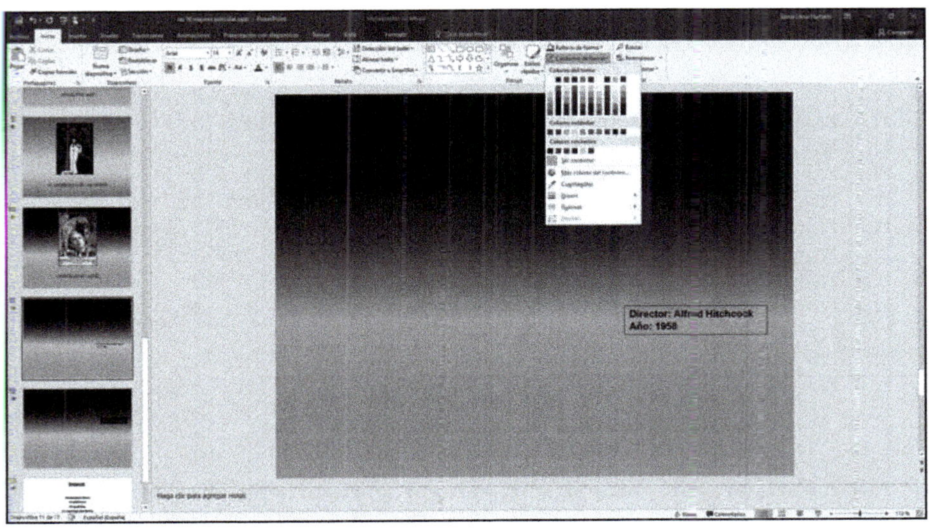

10. El texto muestra ahora un marco de color negro, cuyo grosor aumentaremos inmediatamente. Despliegue la herramienta *Contorno de forma*, seleccione el comando *Grosor* y, de las opciones que aparecen, haga clic sobre *3 pto*.

11. El cuadro ahora está definido por un marco bien visible, pero para acabar de diferenciarlo bien del resto de la diapositiva le aplicaremos un color de fondo. Con el cuadro seleccionado, haga clic sobre la herramienta *Relleno de forma* y, del panel de colores que se despliega, seleccione el color *Verde, Énfasis 1, Claro 80 %*, el segundo de la quinta columna.

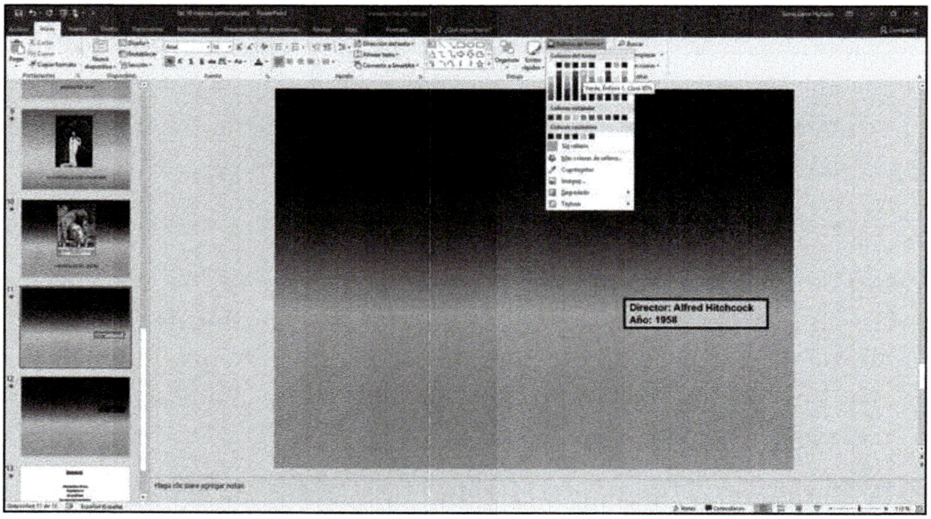

12. Para acabar, aplicaremos un efecto de relieve al cuadro. Despliegue el comando *Efectos de formas*, seleccione la opción *Bisel* en el menú de efectos que se ha desplegado y elija la última muestra de la primera fila, denominada *Diagonal*.

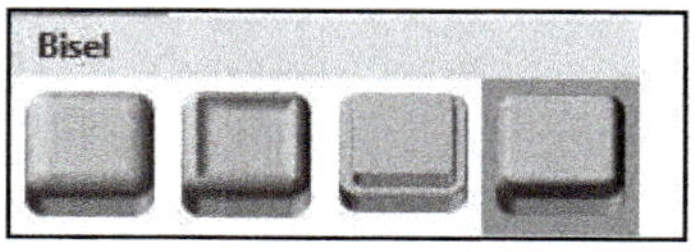

13. Haga clic fuera del cuadro de texto para deseleccionarlo y comprobar su aspecto y guarde los cambios pulsando el botón *Guardar* de la *Barra de herramientas de acceso rápido*.

PRÁCTICA

Vamos a practicar en esta ocasión con el uso de cuadros de texto en las diapositivas. Con el comando adecuado de PowerPoint, cree un cuadro de texto e inserte algo de texto en su interior, para comprobar que el cuadro recién creado se redimensiona automáticamente. Después, cambie el cuadro de posición en la diapositiva y pase a aplicarle formato, por ejemplo, un fondo de color, un borde o un efecto.

7.5 Definir interlineado y alinear texto

Igual que ocurre en Word y Excel, en PowerPoint también es posible tanto alinear los textos de varias formas diferentes como modificar el interlineado.

La alineación define la posición a partir de la cual se ordenarán las líneas. Existen en PowerPoint cuatro tipos de alineación: izquierda, derecha, centrada y justificada. Por defecto, al insertar una nueva diapositiva, según cuál sea el diseño aplicado, el programa utiliza la alineación centrada o la izquierda, en el caso de las viñetas.

1. En este ejercicio trabajaremos con el texto introducido en la diapositiva número 11, que aunque no sea muy largo nos permitirá ver los efectos de los distintos tipos de alineación en primer lugar y el interlineado posteriormente. Para empezar, seleccione todo el contenido del cuadro de texto.

2. Con el texto seleccionado active la ficha *Inicio* haciendo clic sobre la pestaña del mismo nombre y fíjese en que, en el grupo de herramientas *Párrafo*, es la primera opción de alineación la que está activada; si sitúa el puntero del ratón sobre dicha opción aparecerá una etiqueta emergente que le informa del tipo de alineación de que se trata.

3. Como ya ha aprendido en lecciones anteriores de Word y Excel, la alineación de un texto se puede modificar fácilmente desde estas opciones de alineación que se encuentran en el grupo de herramientas *Párrafo*. Haga clic sobre la segunda de estas opciones para centrar el texto en el cuadro.

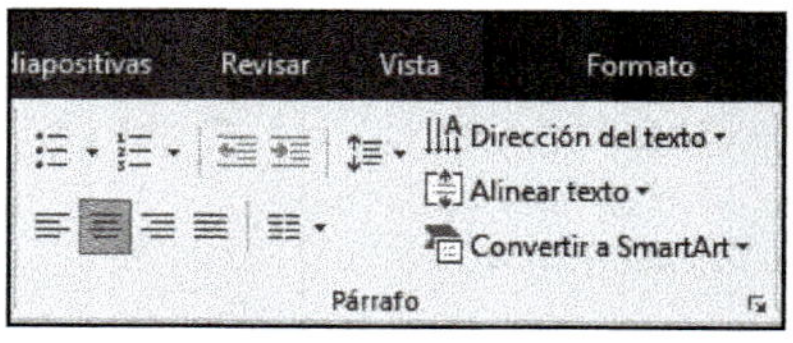

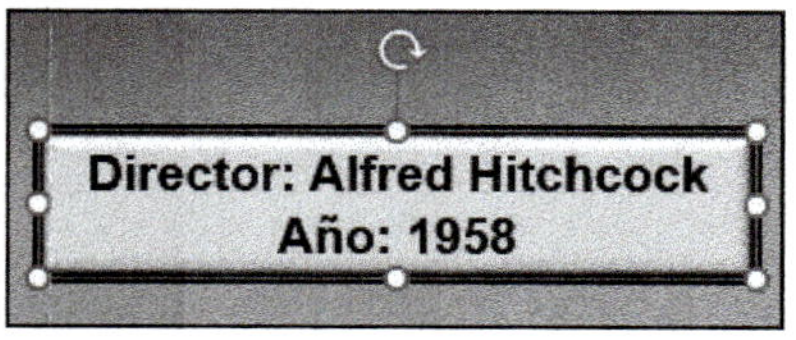

4. A continuación veremos que también es posible modificar la alineación desde el cuadro de diálogo *Párrafo*. Con el texto aún seleccionado, haga clic sobre el iniciador de cuadro de diálogo del grupo de herramientas *Párrafo*.

5. Se abre así el cuadro *Párrafo*, donde encontraremos las distintas opciones de alineación, sangría y espaciado. En el campo *Alineación* se encuentra se-

leccionada la opción *Centrado*, que es la que hemos aplicado justo antes de abrir el cuadro. Despliegue dicho campo y, de las opciones que se despliegan, seleccione *Hacia la derecha*.

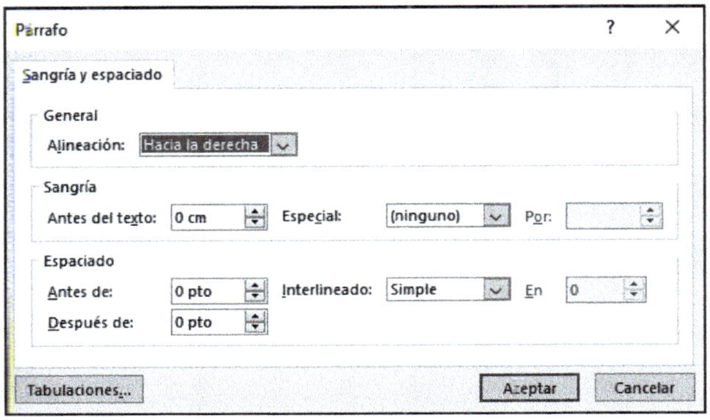

6. Como puede observar, cuando modifica alguna de las opciones en el cuadro de diálogo, no puede verse el resultado de las mismas hasta que se aplican al cerrar el cuadro, por eso muchas veces suele ser más cómodo utilizar los accesos directos de las herramientas y las opciones con vista previa en directo que ofrece PowerPoint. De momento no cambiaremos ningún otro parámetro de este cuadro. Haga clic sobre el botón *Aceptar* para que se cierre el cuadro *Párrafo* y se apliquen los cambios seleccionados.

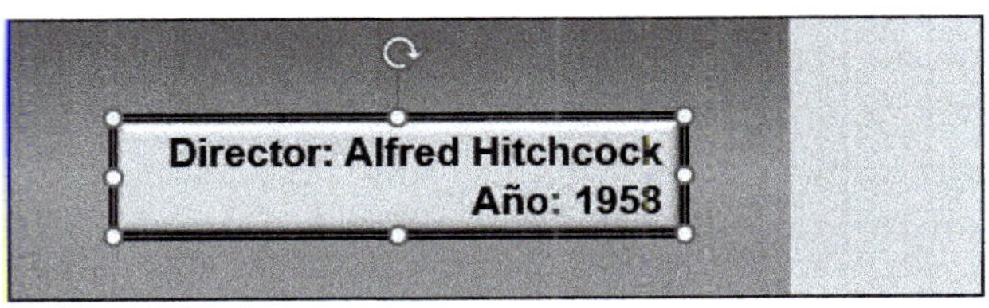

7. Observe que el texto pasa a estar alineado por la derecha. Esto es visible sobre todo en la segunda fila de este cuadro de texto, pero para poder visualizar con más detalle los efectos de los cambios de alineación pasaremos a utilizar la siguiente diapositiva, en la que se encuentra el índice de películas. Haga clic sobre la diapositiva número 12 del *Panel de diapositivas*.

8. Nos encontramos ahora en la diapositiva 12. Como hemos visto antes, para modificar la alineación y otros atributos del texto es necesario tenerlo seleccionado. Pero también es posible llevar a cabo estas modificaciones seleccionando todo el cuadro en lugar del texto. Así, haga clic sobre el cuadro en el que se encuentran los títulos de todas las películas y asegúrese de que el borde del mismo es continuo y no está formado por una línea discontinua.

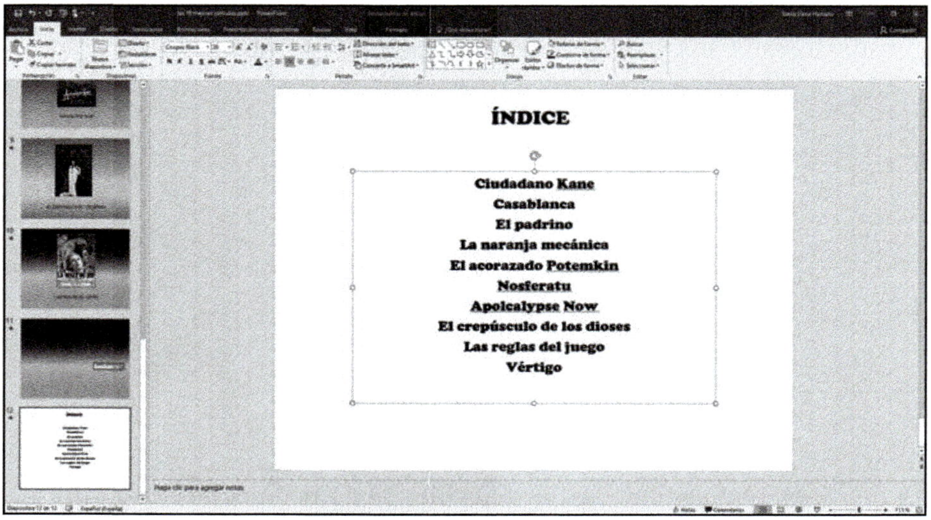

9. Ahora el texto se encuentra centrado en el marcador de posición. Pulse ahora sobre el botón *Alinear a la derecha*, que se encuentra a la derecha del botón *Centrar* en el grupo de herramientas *Párrafo*.

10. Con el cuadro seleccionado, compruebe que efectivamente las herramientas de alineación surten efecto sobre el texto. Haga clic en varios de los botones de alineación y cuando lo haya comprobado vuelva a pulsar el botón *Centrar* para que el texto quede como estaba al principio.

11. Ahora veremos las distintas opciones que ofrece PowerPoint para modificar el interlineado de un texto. Con el cuadro seleccionado haga clic sobre la herramienta *Interlineado* del grupo *Párrafo* y del menú de opciones que se despliega haga clic sobre *1,5* para seleccionarla.

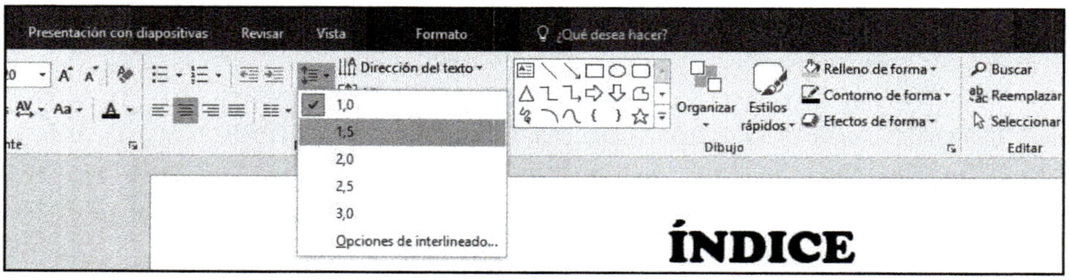

12. En esta ocasión, la vista previa en directo sí le permite ver el resultado que tendrá esta opción antes de que la haya seleccionado definitivamente. Fíjese en el resultado. Comprobemos ahora las opciones de interlineado que nos ofrece el cuadro *Párrafo*. Sin deseleccionar el cuadro de texto, haga clic sobre el iniciador de cuadro de diálogo del grupo *Párrafo* para abrir de nuevo el cuadro del mismo nombre.

13. En el campo *Antes de* de la categoría *Espaciado* puede observar que la cifra introducida es 7,68. Esto hace que el interlineado sea mayor que 1,5 líneas que es la seleccionada. Además del interlineado seleccionado, PowerPoint ha aplicado una distancia de 7,68 puntos más antes de cada línea. Haga doble clic dentro del cuadro *Antes de*, introduzca el número *0* y pulse el botón *Aceptar* para cerrar el cuadro y aplicar las modificaciones sobre el texto.

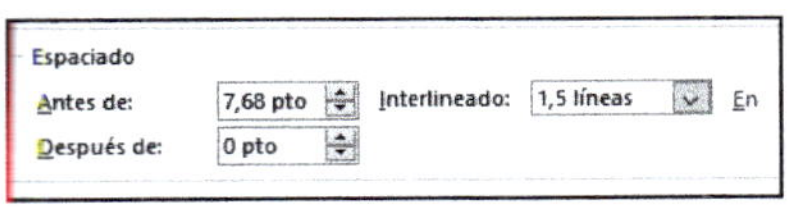

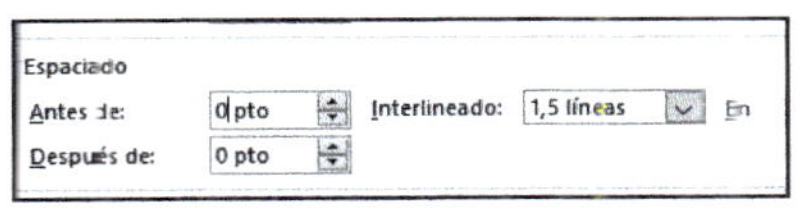

14. Observe los resultados y para acabar, guarde los cambios realizados utilizando la opción adecuada de la *Barra de herramientas de acceso rápido*.

PRÁCTICA

Trabaje ahora sobre algún cuadro de texto que contenga varias líneas. Con el cuadro seleccionado, no el contenido, cambie la alineación a la derecha y modifique también el interlineado para que, en este caso, queden las líneas más separadas.

7.6 Crear viñetas de imagen

PowerPoint dispone de numerosas plantillas de diseño cuyo contenido se encuentra organizado en forma de numeraciones o de viñetas. Sin embargo, el usuario puede decidir en cualquier momento y en cualquier diapositiva en blanco o con contenido insertar listas numeradas o encabezadas por todo tipo de viñetas.

1. En este ejercicio seguiremos trabajando sobre la diapositiva 12. Como sabe, el contenido del cuadro es una lista y PowerPoint ofrece diversas formas de ordenar y definir estar listas. Las herramientas con las que se definen las listas se encuentran en el grupo *Párrafo*. Con el cuadro de texto seleccionado, haga clic sobre el botón *Viñetas*, el primero del grupo de herramientas *Párrafo*.

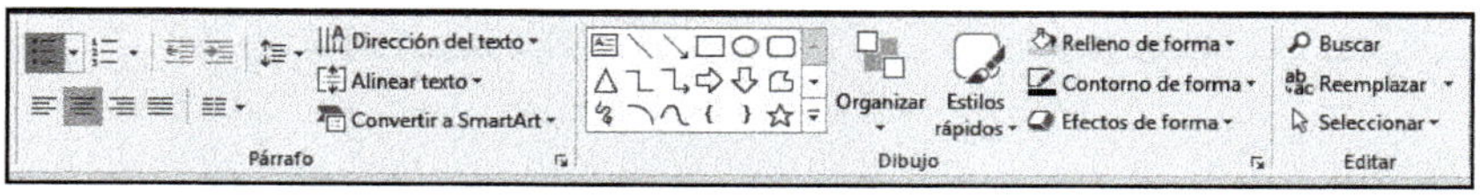

2. Observe que, como resultado de esta operación, al inicio de cada una de las filas de esta lista se ha insertado un punto que define cada fila como un elemento autónomo perteneciente a una misma lista. (Vea, si lo desea, la imagen adicional *7.8-001*.) A continuación comprobaremos que, además de estas viñetas en forma de punto que se han insertado, PowerPoint ofrece una gran variedad de formas que realizan esta misma función. Despliegue el comando *Viñetas* y elija del panel de opciones que se despliega algunas de las formas disponibles.

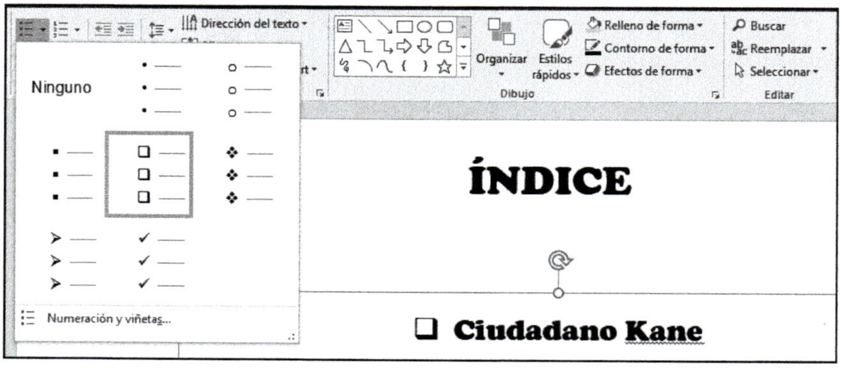

3. Sepa también que, de esta misma forma, se pueden insertar números en vez de viñetas para enumerar las listas. Las opciones de numeración se encuentran en el segundo comando del grupo de herramientas *Párrafo*. Despliegue el comando *Numeración* y, del panel que se despliega, seleccione la primera opción.

4. Tanto las viñetas como las numeraciones pueden personalizarse, como veremos a continuación. Despliegue el comando *Numeración*, en el grupo de herramientas *Párrafo*, y seleccione la opción *Numeración y viñetas*.

5. Se abre así el cuadro *Numeración y viñetas* con la ficha *Numeración* activada. Haga clic sobre la pestaña *Con viñetas* y pulse el botón *Personalizar*.

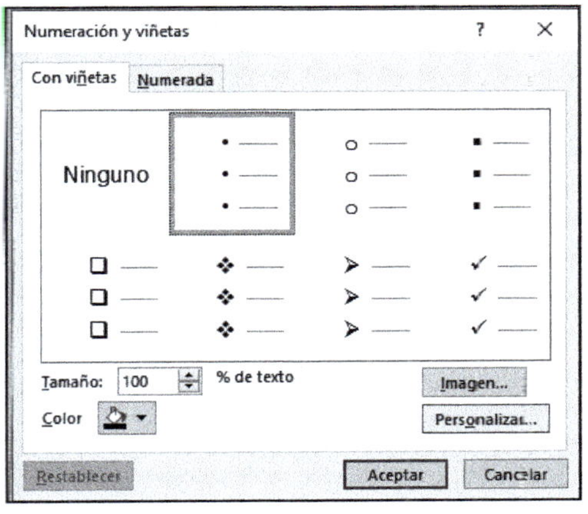

6. El botón *Personalizar* nos lleva al cuadro de diálogo *Símbolo*, en el que seleccionaremos una forma que se convertirá en viñeta para la lista. Despliegue el campo *Fuente* y seleccione la fuente *Wingdings*.

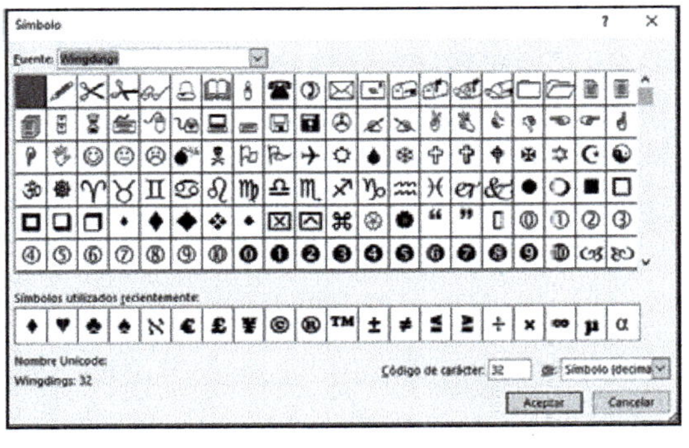

7. Verá que la fuente Wingdings es una fuente creada básicamente por símbolos. Seleccione el símbolo que quiere que se convierta en viñeta para su lista y pulse el botón *Aceptar*.

8. En el cuadro *Numeración y viñetas* se habrá insertado el nuevo símbolo y aparecerá seleccionado. Antes de aplicarlo sobre su lista, le cambiaremos el color. Despliegue el comando *Color*, elija un color de la paleta de colores y pulse sobre el botón *Aceptar* para aplicar la nueva viñeta a su lista.

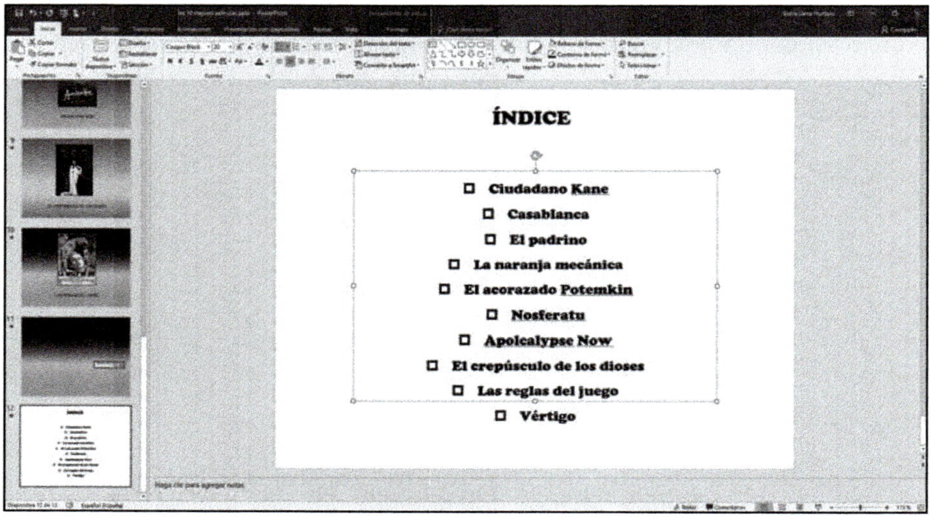

9. Desde el cuadro *Numeración y viñetas* también es posible crear viñetas personalizadas con imágenes prediseñadas o imágenes almacenadas en el equipo. A continuación aprenderemos a crear una viñeta personalizada utilizando una imagen. Para ello, puede utilizar el archivo *película.png* que podrá descargar de forma gratuita con el código de acceso proporcionado en la primera página del libro o bien utilizar cualquier otra que tenga almacenada en su equipo. Para empezar, con el cuadro de texto seleccionado, vuelva a acceder al cuadro *Numeración y viñetas*, pero esta vez desde la opción del mismo nombre del comando *Viñetas*.

10. Verá que al acceder desde este comando, la ficha que aparece activa es la denominada *Con viñetas*. Pulse sobre el botón *Imagen*.

11. Se abre de este modo el cuadro *Viñeta de imagen*, desde el cual, como ya hemos visto en otros programas de Office, podemos buscar imágenes desde un archivo, desde el buscador Bing o desde OneDrive Personal. En este caso, pulse sobre el vínculo *Examinar* de la opción *Desde un archivo*.

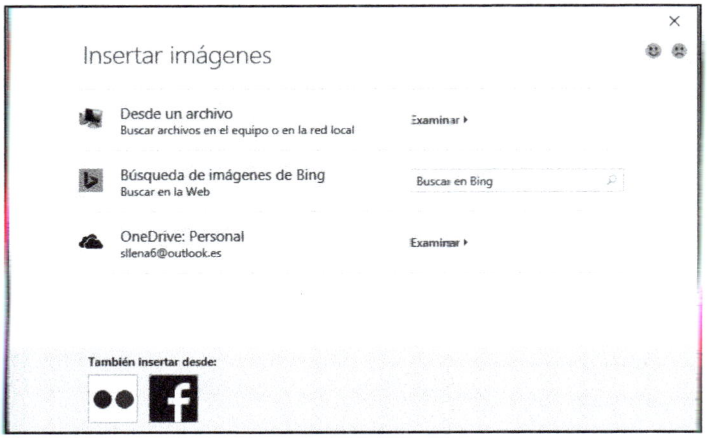

12. En el cuadro *Insertar imagen* localice la imagen *película.png*, selecciónela mediante un clic y pulse el botón *Insertar*.

13. La imagen elegida se ha insertado como viñeta en la lista de películas. (Vea la imagen adicional *7.8-002*.) Antes de acabar este ejercicio, aumentaremos un poco el tamaño de la viñeta para que pueda identificarse que se trata del celuloide de una película de cine. Con el cuadro aún seleccionado, vuelva a abrir el cuadro *Numeración y viñetas* desde el comando *Viñetas*.

14. Observe que el color de una viñeta de imagen no se puede modificar. Haga clic dentro del campo *Tamaño*, introduzca el valor *125* para que el tamaño de la viñeta sea mayor que el del texto al que acompaña y pulse el botón *Aceptar*.

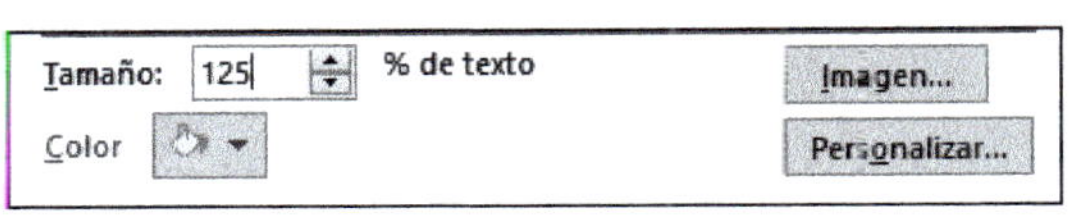

15. Una vez aplicado el cambio de tamaño sobre las viñetas, haga clic en cualquier zona libre de la diapositiva para deseleccionar el cuadro de texto y

para acabar este ejercicio guarde los cambios pulsando el icono *Guardar* de la *Barra de herramientas de acceso rápido*.

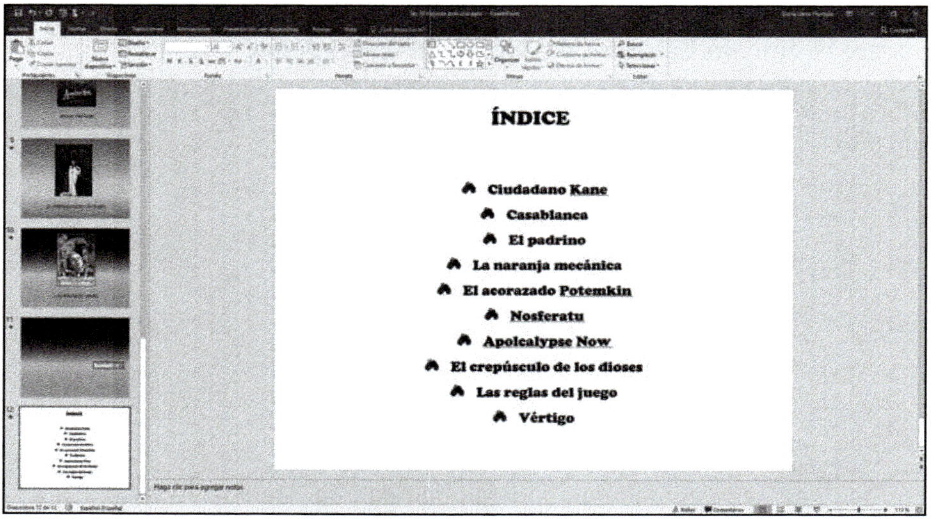

PRÁCTICA

Practique con una lista de elementos para comprobar cómo funciona en PowerPoint la numeración y viñetas. Aplique a su lista una organización por números, después cámbiela por viñetas. Seguidamente modifique a su gusto la viñeta elegida y también pruebe a utilizar una imagen como viñeta.

7.7 Añadir notas del orador

Las notas del orador pueden servir de ayuda a la persona que expone una presentación, es decir, al orador, y además lo sustituyen cuando las diapositivas se imprimen en la vista Páginas de notas, puesto que dichas notas se reflejan en cada diapositiva en la que se encuentran.

Es frecuente que el orador imprima estas páginas para tener las notas disponibles cuando expone la presentación, pero nunca deben proyectarse en una presentación con público. Suele ser recomendable que las presentaciones de PowerPoint sean tan claras y concisas como sea posible. Se trata de presentaciones que van casi siempre acompañadas de un orador que las explica y que recogen las ideas principales del discurso. Cuando las diapositivas van muy cargadas de información, los oyentes tienden a prestar demasiada atención a la lectura y muy poca a las palabras del orador, que son en realidad las que darán un sentido a los datos proyectados. También es importante que cada diapositiva recoja una única idea principal, a la cual se le añade por supuesto algo de información complementaria. Esta información debería ser muy visual e impactante, para que pueda leerse y entenderse en el menor tiempo posible. Estos son los motivos por los que nunca se le debe mostrar al público una presentación con notas del orador y, por tanto, PowerPoint nunca las muestra cuando se lleva a cabo la presentación.

1. En este ejercicio le mostraremos cómo puede introducir notas del orador en las diapositivas. En el *Panel de diapositivas* pulse sobre la diapositiva 5, El acorazado Potemkin.

2. Fíjese que en la parte inferior del área de trabajo hay un espacio reservado para las notas del orador en el que se visualiza el texto *Haga clic para agregar notas*. Haga clic dentro de este espacio y escriba, por ejemplo, el siguiente texto: *Película soviética de 1925*; después, haga clic en una zona libre de la diapositiva para aceptar la nota.

3. Aunque cambie de vista en el *Panel de diapositivas*, el espacio reservado para las notas en la diapositiva continúa mostrándose en la pantalla. La vista Esquema muestra el contenido textual de las diapositivas esquemáticamente en lugar de una vista de la propia diapositiva en miniatura. Pulse sobre la pestaña *Vistas* de la *Cinta de opciones* y, en el grupo de herramientas *Vistas de presentación*, haga clic sobre el comando *Vista esquema*.

4. Efectivamente la vista Esquema nos muestra el contenido de las diapositivas esquemáticamente, sin imágenes ni colores. (Vea la imagen adicional *7.9-001*.) Fíjese también en que esta vista afecta únicamente al *Panel de diapositivas* y que en la diapositiva seleccionada sigue estando visible la nota del orador recién introducida. Comprobemos ahora qué ocurre con las notas si activamos otro tipo de vistas y aprovecharemos este ejercicio para conocer los distintos tipos de vistas que ofrece PowerPoint 2016. En el grupo de herramientas *Vistas de presentación*, haga clic sobre la vista *Clasificador de diapositivas* para ver qué ocurre.

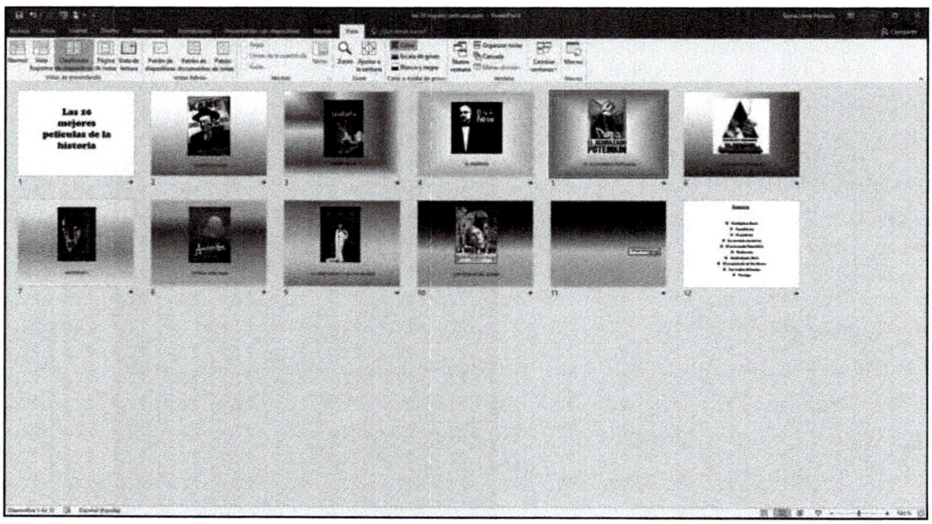

5. En esta vista, se visualizan todas las diapositivas en un tamaño reducido de forma que resulta fácil verlas todas y moverlas de posición fácilmente mediante el arrastre. Esta vista se utiliza sobre todo para ordenar y mover diapositivas, y no permite editar el contenido ni ver los detalles, como las notas del orador. Veamos ahora qué ocurre si activamos la vista *Página de*

notas. Haga clic sobre el comando *Página de notas* del mismo grupo de herramientas.

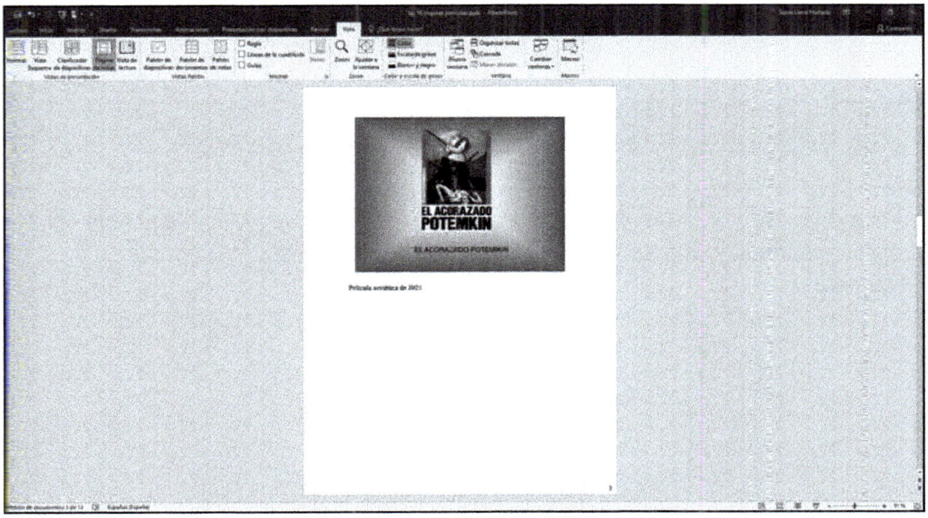

6. Esta vista es la más adecuada para crear y editar notas del orador, ya que se les concede un espacio mucho mayor que en la vista Normal y pueden leerse todas ellas a vista de página. Además, esta vista también permite comprobar el aspecto que tendrá la presentación al imprimirla con las notas. Ahora veremos cómo podemos imprimir una presentación de manera que se muestren tanto las diapositivas como las notas del orador. Haga clic sobre la pestaña *Archivo* y seleccione el comando *Imprimir*.

7. En la sección *Configuración*, despliegue el campo en el que se puede leer el texto *Diapositivas de página completa*.

8. La opción seleccionada por defecto, *Diapositivas de página completa*, hace que se impriman solamente las diapositivas y que estas ocupen toda la página. Si lo que nos interesa, como hemos comentado, es tener tanto las diapositivas como las notas impresas en una sola página, seleccione la opción *Página de notas*.

9. Fíjese que tras haber seleccionado esta opción, la apariencia de la vista previa se ha modificado y ahora podemos ver la diapositiva en la parte superior, seguida de la nota que hemos insertado anteriormente. Dejando el

resto de opciones tal y como están, haga clic sobre el botón *Imprimir* si desea imprimir la presentación o si no haga clic sobre el botón *Guardar* de la ficha *Archivo*.

PRÁCTICA

Escriba una nota del orador en una de las diapositivas y cambie a la vista Página de notas para poder comprobar cómo se visualizan estos elementos. Después, imprima solo esta página de notas.

7.8 Conocer las vistas de presentación

Las vistas de PowerPoint son las diferentes opciones que ofrece el programa a la hora de visualizar el documento en el que estamos trabajando. Cada una de las vistas disponibles tiene funciones y utilidades distintas, por tanto utilizaremos cada una de ellas en momentos concretos de la creación de una presentación.

PowerPoint tiene cuatro vistas de presentación principales: vista Normal, vista Clasificador de diapositivas, Página de notas y Vista de lectura. Puede seleccionar una de estas vistas principales como vista predeterminada en PowerPoint.

1. Para empezar, y aunque en el ejercicio anterior ya hemos tenido un primer contacto con ellas, nos detendremos un instante en analizar las características de cada una de las vistas de presentación. Haga clic sobre el comando *Normal* del grupo de herramientas *Vistas de presentación* de la ficha *Vista*.

2. La vista *Normal* es la vista de edición principal que se utiliza para escribir y diseñar la presentación. La vista tiene tres áreas de trabajo: a la izquierda, el panel de diapositivas. A la derecha, el área de trabajo, que muestra una vista mayor de la diapositiva actual. Y, en la parte inferior, el panel de notas. Es posible cambiar el tamaño de cada una de estas áreas. Imagine que utiliza mucho el panel de diapositivas y le interesa que este sea más grande. Sitúe el ratón sobre la línea vertical que separa el *Panel de diapositivas* y el área de trabajo y cuando su puntero tenga forma de dos flechas opuestas haga clic sobre la línea y, sin soltar el botón del ratón, arrástrela hacia la derecha hasta que adquiera el tamaño deseado.

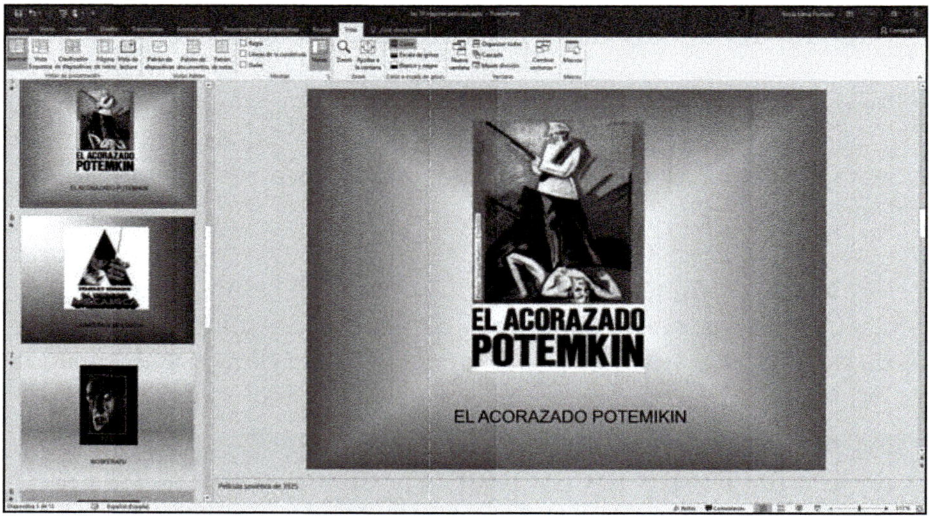

3. Al soltar el botón del ratón, el tamaño del Panel de diapositivas es más grande. Dado que hasta ahora hemos estado trabajando en la vista Normal, pasaremos ahora a conocer otra de las vistas disponibles en PowerPoint. Haga clic sobre el comando *Clasificador de diapositivas*.

4. La vista *Clasificador de diapositivas* es una vista exclusiva de las diapositivas en forma de miniaturas. Cuando se termine de crear y modificar la presentación, el *Clasificador de diapositivas* ofrece una visión general de la misma y permite reordenar, agregar o eliminar fácilmente las diapositivas y mostrar una vista previa de los efectos de transición y animación. En este momento llevaremos a cabo una sencilla prueba de modificación de orden de diapositivas. Supongamos que en el último momento decidimos que la diapositiva 9, El crepúsculo de los dioses, debería situarse justo antes de la diapositiva 6, La naranja mecánica, y adquirir por tanto el número de esta última. Para ello, haga clic sobre la diapositiva 9 y, sin soltar el botón, arrástrela hasta situarla entre la 5 y la 6.

5. Pasaremos ahora a ver el aspecto de la vista *Página de notas*, aunque no nos detendremos mucho en esta ya que en un ejercicio anterior ya ha trabajado sobre esta vista y el siguiente estará dedicado también a modificar esta misma vista. Haga clic sobre el botón *Página de notas* del grupo de herramientas *Vistas de presentación*.

6. La vista *Página de notas* es la vista en la que podemos visualizar conjuntamente la diapositiva y las notas del orador que hayamos insertado. Como ya sabe, esta vista es muy útil y conviene tenerla impresa cuando estemos exponiendo una presentación. En este momento nos encontramos en la diapositiva 6, que es la que teníamos seleccionada del paso anterior. Seleccionemos ahora la número 5. Para ello, utilice la barra de desplazamiento vertical para localizarla y, cuando la encuentre, haga clic sobre el cuadro de notas de la misma.

7. Con el cuadro de notas seleccionado, active la ficha *Inicio* haciendo clic sobre la pestaña del mismo nombre.

8. Con las herramientas de esta ficha podemos editar tanto el texto que hemos insertado como el estilo del propio cuadro. En primer lugar, seleccione el texto de la nota, despliegue el campo *Fuente* y, de las opciones de fuente disponibles, elija la que crea más adecuada en este momento.

9. A continuación, veremos el efecto de los estilos rápidos del grupo de herramientas *Dibujo*. Con el cuadro de texto seleccionado, despliegue el campo *Estilos rápidos* y seleccione algún estilo de color azul.

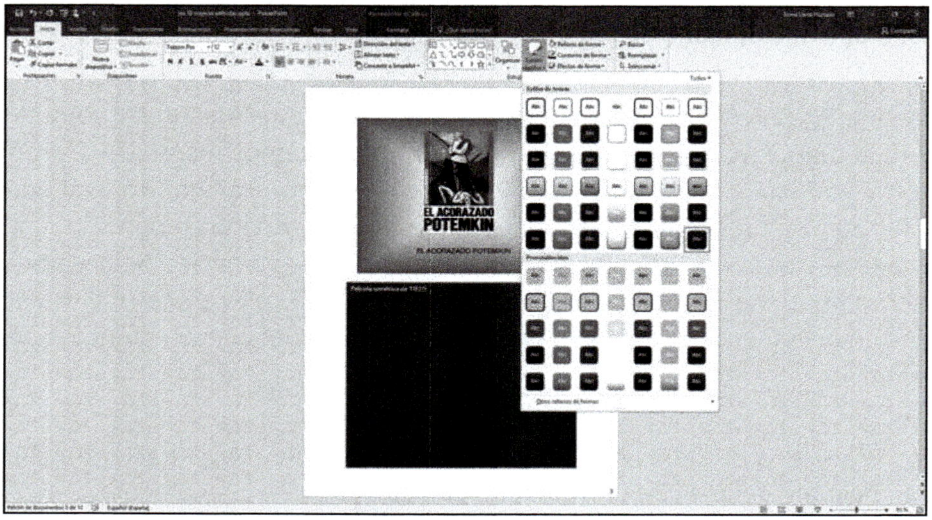

10. Vea el efecto de este estilo sobre el cuadro. Puesto que en el siguiente ejercicio modificaremos el diseño de la vista *Página de notas*, elimine el estilo que acabamos de aplicar haciendo clic sobre el botón *Deshacer* de la *Barra de herramientas de acceso rápido*.

11. Por último, pasaremos a conocer la *Vista de lectura*. Active de nuevo la ficha *Vista* y haga clic en el botón *Vista de lectura* del grupo de herramientas *Vistas de presentación*.

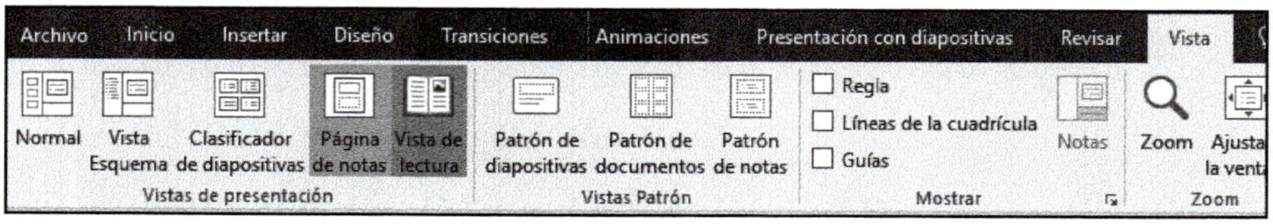

12. Esta vista muestra una simulación de la presentación final. En ella debe utilizar los botones *Siguiente* y *Anterior* para pasar las diapositivas hacia delante y hacia atrás. Haga clic en el botón *Siguiente* para pasar a la segunda diapositiva. (Vea la imagen adicional *7.10-001*.)

13. Para acabar, haga clic sobre el icono Normal, el cuarto de la parte inferior derecha, para volver a la vista normal de la presentación y poder así guardar los cambios realizados.

PRÁCTICA

Conozca las distintas vistas de presentación de PowerPoint 2016. Pase por el Clasificador de diapositivas, desde donde podrá cambiar fácilmente de posición alguna diapositiva, vea las posibilidades de la Página de notas y visualice la presentación en la vista Lectura.

7.9 Utilizar y modificar las vistas Patrón

Además de la vista Normal, quizás la más utilizada, el programa nos ofrece seis vistas más. La vista Clasificador de diapositivas, la vista Página de notas, la vista Presentación, la vista Patrón de diapositivas, la vista Patrón de documentos y la vista Patrón de notas.

Los patrones de diapositivas están diseñados para ayudar al usuario a crear presentaciones de aspecto excelente en menos tiempo y esfuerzo. Si desea que todas las diapositivas muestren la misma fuente y unas determinadas imágenes (por ejemplo, un logotipo), puede personalizar un patrón de diapositivas para que estas caracteríticas se reflejen en todas las diapositivas.

1. Aunque en ejercicios anteriores hayamos utilizado ya algunas de las características de las distintas vistas, en este comprobaremos cuál es la utilidad de la vista *Patrón con diapositivas* y en qué consisten estos patrones en PowerPoint. Empiece haciendo clic sobre la pestaña *Vista* para activar la ficha del mismo nombre y mostrar en la *Cinta de opciones* todas las herramientas disponibles en ella.

2. Nos centraremos en esta ocasión en la vistas de patrón. Pulse sobre el comando *Patrón de diapositivas*, en el grupo de herramientas *Vistas Patrón*.

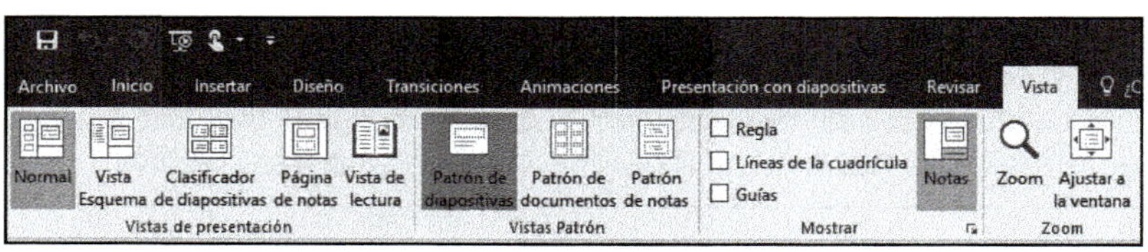

3. Esta vista muestra los patrones de las diapositivas en modo de edición para poder modificar su diseño y presentación. Un patrón es una vista de la diapositiva o de la página en la que se define el formato que tendrán todas las diapositivas o todas las páginas de una presentación. Todos los componentes principales de una presentación disponen de su propio patrón. Haga clic sobre el comando *Cerrar vista patrón*.

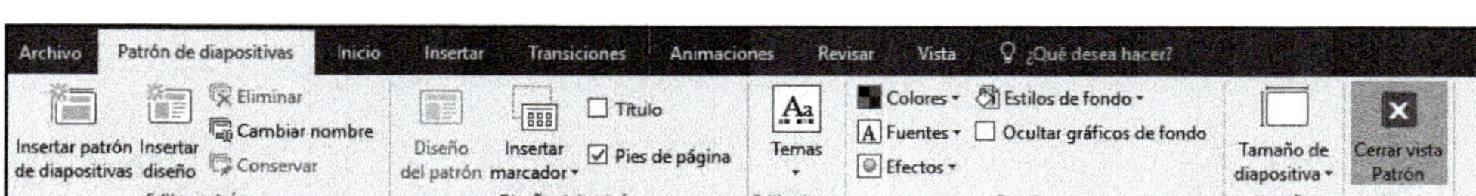

4. Cuando cierra la vista *Patrón*, de forma automática vuelve a la vista que tenía seleccionada antes de seleccionar dicha vista y se activará la ficha *Inicio*. A continuación modificaremos el patrón de notas de nuestra presentación para que la página de notas tenga siempre unas características específicas. Pulse sobre la pestaña *Vista* de la *Cinta de opciones* y haga clic en el comando *Patrón de notas* del grupo de herramientas *Vistas de presentación*.

5. Aparece así la diapositiva seleccionada en la vista *Patrón de notas*, a la vez que se añade la ficha *Patrón de notas* a la *Cinta de opciones*. En este caso, supongamos que queremos que nuestras notas se muestren siempre con un formato de fuente y con un color de fondo específicos. Seleccione el texto *Click to edit Master text styles* (haga clic para modificar el estilo de texto del patrón) del cuadro inferior de la diapositiva y pulse la pestaña *Inicio* de la *Cinta de opciones*.

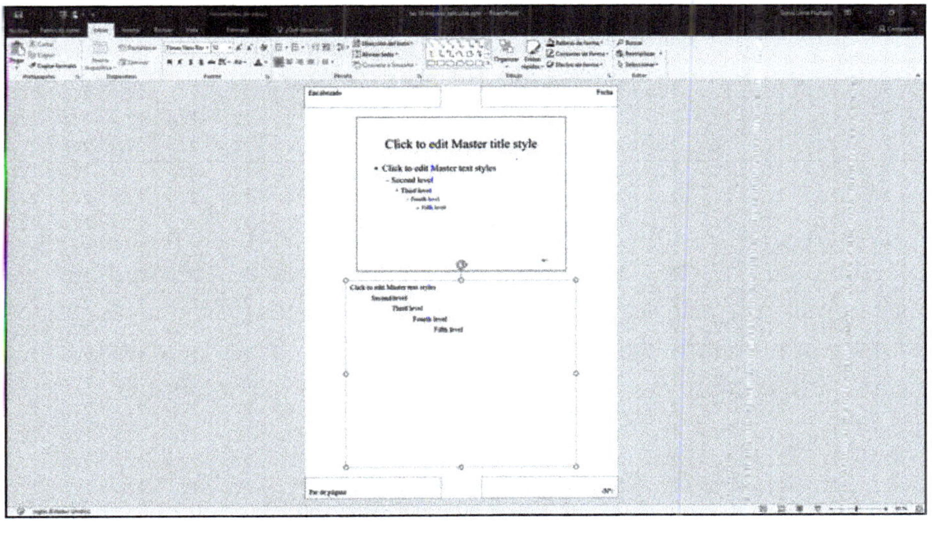

6. Despliegue el campo *Fuente*, en el grupo de herramientas *Fuente*, y en la lista de fuentes que se despliega, seleccione la denominada *Courier New*.

7. Despliegue ahora el comando *Color de fuente* y, de la paleta de colores que se despliega, elija la muestra *Azul* del apartado *Colores estándar*.

8. A continuación cambiaremos el color de fondo de la página de notas, que puede ser tanto un color sólido como una imagen, una trama, una textura o

un degradado. Despliegue el comando *Relleno de forma,* en el grupo de herramientas *Dibujo,* y seleccione alguno de los colores menos oscuros e intensos, como por ejemplo la segunda muestra de la penúltima columna, *Verde claro, Énfasis 5, Claro 80 %*.

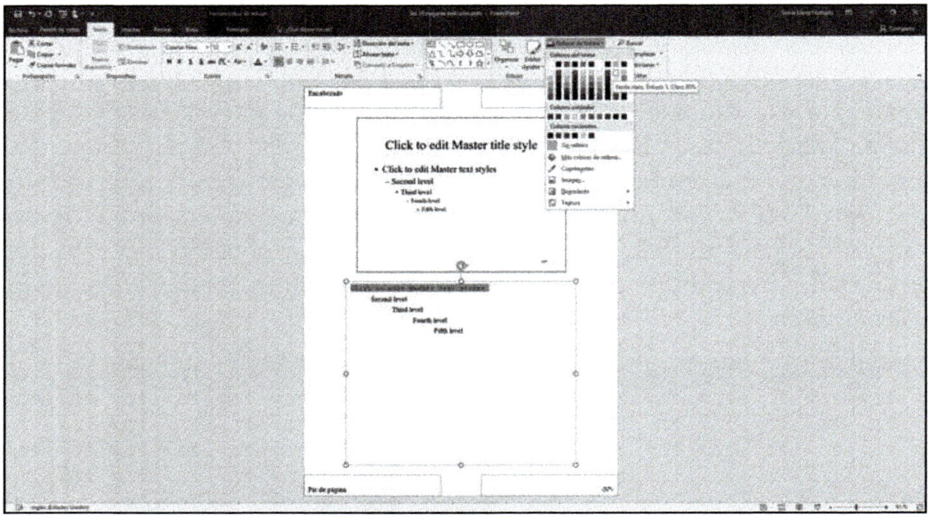

9. El color elegido se aplica ya como fondo de la página de notas. (Vea la imagen adicional *7.11-001.*) Una vez definido el diseño del patrón de notas, comprobaremos que este se aplica a las páginas de notas de todas las diapositivas que componen nuestra presentación. Active la ficha *Vista* de la *Cinta de opciones* y pulse sobre el botón *Normal* del grupo de herramientas *Vistas de presentación*.

10. En el *Panel de diapositivas,* pulse sobre la número 5 y active la vista *Página de notas* pulsando sobre el botón adecuado del grupo de herramientas *Vistas de presentación*.

11. Efectivamente, la página de notas mantiene el diseño que hemos definido en el patrón de este elemento. (Vea la imagen adicional *7-11-002.*) De este modo podemos ir creando patrones de diapositivas, de documentos y de notas con un diseño personalizado que se repita a lo largo de toda la presentación. Para acabar este ejercicio, pulse el botón *Normal* del grupo de herramientas *Vistas de presentación*.

12. Haga clic en el icono *Guardar* de la *Barra de herramientas de acceso rápido* para guardar los cambios realizados.

PRÁCTICA

Compruebe en qué consiste las distintas vistas de patrón. Genere una nueva vista de patrón de notas, asígnele algunas características propias y compruebe en su presentación como se aplican estas características a las diapositivas correspondientes.

7.10 Modificar el fondo de las diapositivas

El diseño de una diapositiva se refiere a la disposición, formato, y estilo de todos los elementos que forman parte de la misma. En PowerPoint, como veremos en este apartado, estos diseños pueden ser creados personalmente por el usuario, pero el programa también ofrece una serie de diseños predeterminados que establecerán unas normas de estilo, sobre todo de colocación de elementos. Estos diseños predeterminados contienen el formato, el posicionamiento y los marcadores de posición de todo el contenido que aparece en una diapositiva. Los marcadores de posición son los contenedores de los diseños que guardan los diversos tipos de contenido, por ejemplo, texto tablas, gráficos, elementos gráficos SmartArt, películas, sonidos, imágenes e imágenes prediseñadas. El diseño también contiene el tema (colores, fuentes, efectos y fondo) de la diapositiva.

PowerPoint dispone de una amplia paleta de colores para que el usuario decida cómo desea que aparezca el fondo de sus diapositivas en la presentación, un fondo que puede mostrar un único color, una combinación de colores o, incluso, una imagen.

1. En este ejercicio le mostraremos cómo puede aplicar un fondo de color a sus diapositivas. En este momento, el fondo de la diapositiva número 11 es exactamente igual que el de la número 10, ya que se trata de una diapositiva duplicada de esta última. Procederemos, pues, a cambiar el fondo de la diapositiva 11, por lo que haga clic sobre ella en el *Panel de diapositivas*.

2. El fondo de una diapositiva se modifica y diseña desde el cuadro dar formato a fondo. Para acceder a este cuadro, active la pestaña *Diseño* y haga clic en el comando *Dar formato al fondo*, en el grupo de herramientas *Personalizar*.

3. Se abre a la derecha del área de trabajo el panel *Dar formato a fondo*, en el que podrá escoger y aplicar los colores que desee. En este momento en el cuadro se encuentra la configuración del fondo actual. En primer lugar, haga clic sobre el botón de opción *Relleno sólido*.

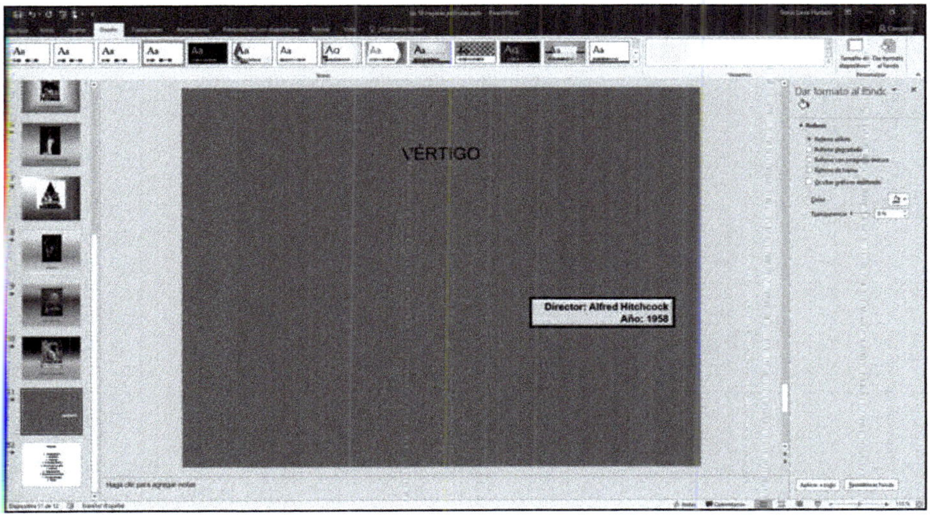

4. Una de las grandes ventajas de este cuadro es que, según va modificando alguna de las características del fondo, estas se van aplicando automáticamente y puede ir viendo el resultado que obtendrá sin tener que cerrarlo. Para cambiar el color de fondo que aparece en este momento, haga clic en el botón *Color* para mostrar la paleta de colores.

5. Podría seleccionar cualquiera de las muestras de color disponibles en esta paleta, pero en esta ocasión crearemos un color personalizado. Haga clic sobre la opción *Más colores*.

6. Se abre el cuadro de diálogo *Colores*, que muestra dos pestañas: *Estándar* y *Personalizado*. En la pestaña *Estándar*, que está activada en este momento, se encuentra la amplia paleta de colores predeterminados de PowerPoint. Ahora haga clic sobre la pestaña *Personalizado*.

7. En la ficha *Personalizado* hay una gran paleta donde se pueden encontrar todos los colores disponibles en PowerPoint y modificar su transparencia y oscuridad. Haga clic dentro de la paleta de colores y vaya moviendo el ra-

tón a lo largo y ancho de cuadro fijándose en las muestras de color que van apareciendo en el campo *Nuevo*. Cuando encuentre un color que le resulte adecuado para aplicarlo como fondo de la diapositiva, suelte el botón y verá que ese color queda fijado en dicho campo.

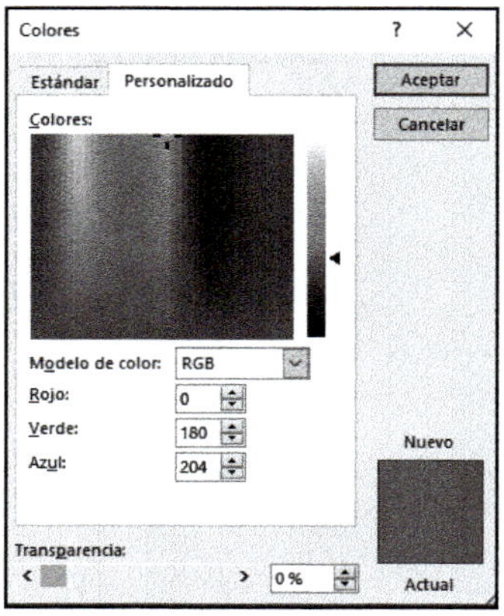

8. Podrá ver la composición del color que haya elegido en los campos *Rojo*, *Verde* y *Azul* y si modifica alguna de las cifras de estos campos verá que el tono del color cambia. Ahora fíjese que en la parte derecha de la paleta de colores, hay una paleta de muestras más, esta en sentido vertical, con la que podemos definir la oscuridad y claridad del color que estamos creando. Haga clic sobre la marca triangular que se encuentra en la derecha de la paleta y muévala arriba y abajo hasta que localice el grado de oscuridad deseado para su color.

9. Cuando haya acabado de ajustar el color pulse el botón *Aceptar* del cuadro *Colores*.

10. Verá que el cuadro se ha cerrado, que volvemos a tener en primer plano el cuadro *Dar formato a fondo* y que el color del fondo se ha actualizado. Ahora, haga clic sobre el campo *Transparencia* e introduzca la cifra *10*.

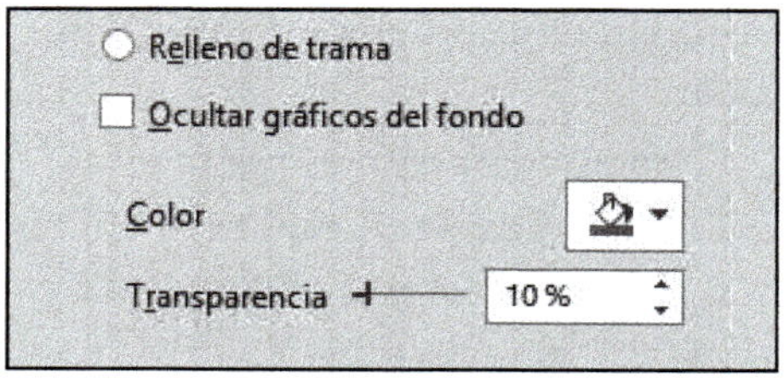

11. Pulse el botón de aspa del panel para cerrarlo y guarde los cambios realizados pulsando el icono *Guardar* de en la *Barra de herramientas de acceso rápido*.

PRÁCTICA

Modifique el formato de una de las diapositivas de su presentación. Para ello, acceda al panel Dar formato a fondo y aplique un color de fondo distinto al actual. Cree si lo desea un color personalizado.

7.11 Aplicar texturas, imágenes y degradados

Al igual que para aplicar un relleno de color al fondo de una diapositiva, para aplicar texturas y colores degradados como relleno también es preciso utilizar el panel Dar formato a fondo. También es posible utilizar una imagen como fondo de diapositiva.

Un relleno de degradado es una mezcla gradual de dos o más colores de relleno. Puede elegir alguno de los degradados predeterminados de Office o crear el suyo propio estableciendo sus características.

1. En este ejercicio aplicaremos una textura y un degradado de color como fondo de una diapositiva y una imagen como fondo de otra. Comenzaremos con la diapositiva número 11, la misma a la que le hemos aplicado un color en la lección anterior. Como ya tiene esta diapositiva seleccionada, haga clic con el botón derecho sobre el fondo de la misma y, del menú contextual que se despliega, seleccione la opción *Formato del fondo.*

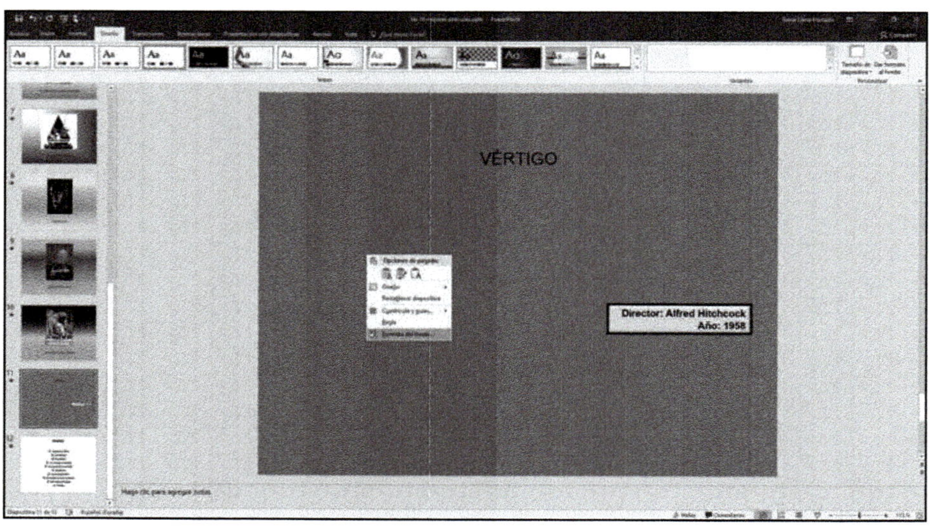

2. Esta opción abre el panel *Dar formato a fondo*. En las opciones de relleno, haga clic sobre la opción *Relleno degradado.*

3. Al seleccionar la opción *Relleno degradado,* automáticamente cambia el fondo de la diapositiva y se activan varias opciones en el panel *Dar formato a fondo*. En primer lugar seleccionaremos una combinación de colores preesta-

blecida. Despliegue el campo *Degradados preestablecidos* y seleccione uno de los diseños disponibles.

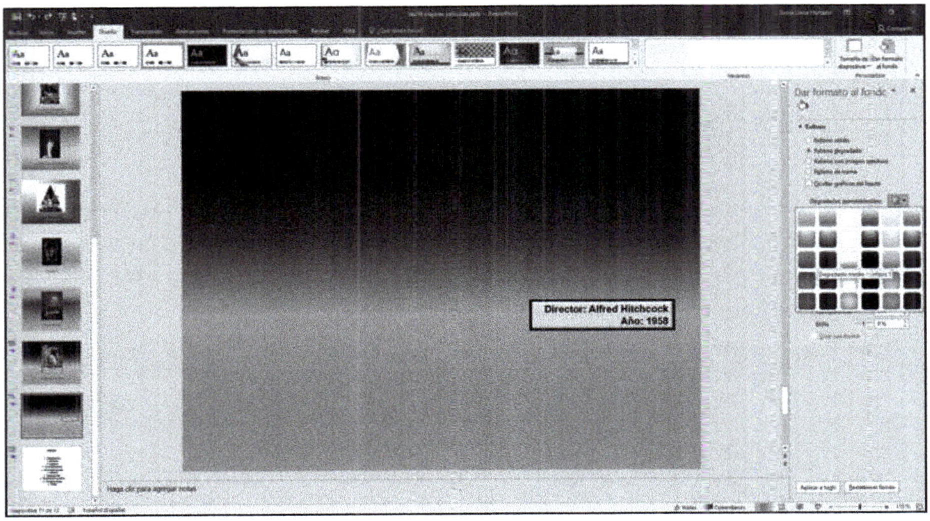

4. A continuación debe seleccionar el tipo de degradado que aplicará al fondo de la diapositiva. En el campo *Puntos de degradado* hay una muestra de los colores que forman el degradado y algunas marcas que definen los puntos en los que se establece el inicio del degradado. Puede cambiar el orden de las marcas y colocarlas una sobre otra si fuese necesario. Haga clic sobre cada una de las marcas de la muestra de color y sin soltar el botón arrástrelas hasta encontrar la combinación adecuada.

5. Ahora cambiaremos uno de los colores que se encuentran en esta muestra y veremos cómo el nuevo color se aplica al fondo de la diapositiva. Haga clic sobre una de las marcas para seleccionarla (sabrá que está seleccionada porque estará rodeada de color naranja).

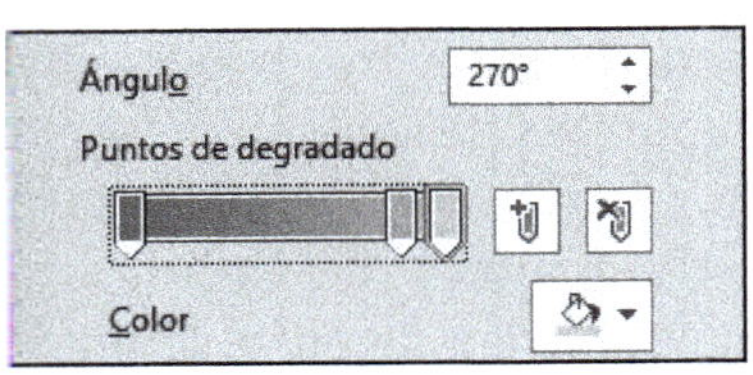

6. Con la marca seleccionada, despliegue la paleta de colores del campo *Color* y selecciona el color que desee.

7. Verá que el color seleccionado se aplica tanto a la muestra de colores como al fondo de la diapositiva. Si lo desea puede volver a desplazar las marcas de la muestra para acabar de ajustar el degradado del recién incorporado color. Una vez acabada la diapositiva número 11, pasaremos a aplicar una imagen como fondo en la siguiente diapositiva. Haga clic sobre la diapositiva número 12 en el *Panel de diapositivas*.

8. Como ve, el fondo de la diapositiva seleccionada está en blanco en este momento. Para aplicar una imagen como fondo trabajaremos una vez en el al panel *Dar formato a fondo*, que permanece abierto. Haga clic en este caso en la opción *Relleno con imagen o textura*.

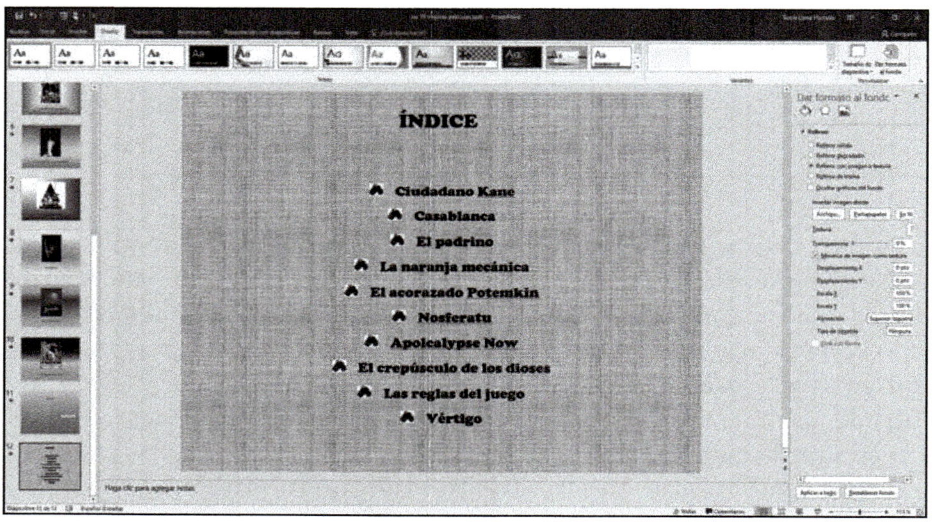

9. Al seleccionar esta opción, se aplica por defecto y de forma provisional una de las texturas prediseñadas de Office, al tiempo que se activan varias opciones a través de las cuales podrá importar la imagen que desee establecer como fondo. La imagen puede ser tanto una de los archivos prediseñados de la suite o alguna de las imágenes que tenga usted almacenadas en su equipo. En este caso, si lo desea, puede utilizar la imagen *cine.jpg*, que podrá descargar de forma gratuita con el código de acceso proporcionado en la primera página del libro. Una vez tenga la imagen almacenada en su equipo, haga clic sobre el botón *Archivo* de la sección *Insertar imagen desde*.

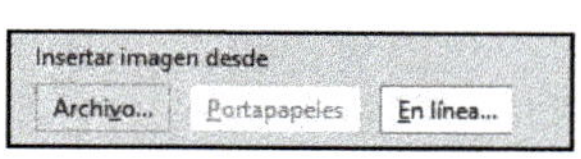

10. Se abre así la ventana *Insertar imagen*. Localice y seleccione la imagen y haga clic en el botón *Insertar*.

11. La imagen seleccionada se inserta directamente sobre el fondo de la diapositiva. Por último cierre el panel *Dar formato a fondo* y dé así por terminado este ejercicio.

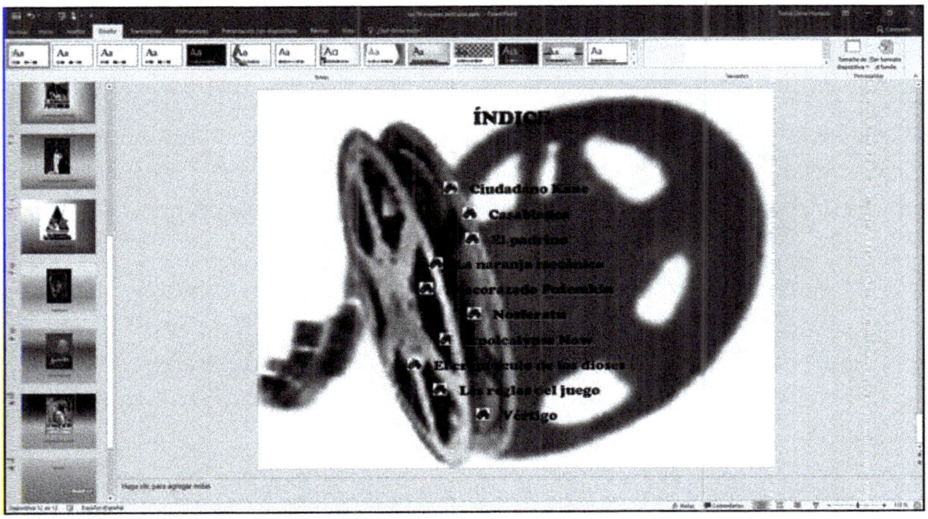

PRÁCTICA

Siga trabajando con el fondo de las diapositivas. En esta ocasión, en lugar de aplicar un color sólido, aplique en primer lugar un degradado, configurando a su gusto la combinaciones de colores del mismo. Después, cambie este fondo por una imagen; para ello, utilice un archivo propio o bien alguno de los suministrados con este libro.

7.12 Crear y almacenar diseños personalizados

Con PowerPoint 2016 se pueden crear diseños de diapositivas personalizados y guardarlos en la biblioteca de diapositivas para poder utilizarlos siempre que sea necesario. En el grupo de herramientas Temas de la ficha Diseño encontramos una gran variedad de diseños de diapositivas cuyos elementos se pueden modificar con ayuda de las herramientas de ese mismo grupo.

Los temas permiten simplificar el proceso de creación de presentaciones con aspecto de diseño profesional. Los temas incluyen colores, fuentes y efectos que se aplicarán de forma automática a todas las diapositivas que tengan un tema concreto. Los temas, igual que los diseños también son personalizables y pueden guardarse con un nuevo nombre una vez personalizados.

1. En este ejercicio aprenderemos a crear un diseño de diapositiva personalizado basándonos en uno de los temas que ofrece PowerPoint 2016. En primer lugar seleccionaremos la única diapositiva de nuestra presentación que no tiene un fondo aplicado, es decir, la número 1. Haga clic sobre ella para seleccionarla.

2. En la pestaña *Diseño* de la *Cinta de opciones*, haga clic en el botón *Más*, el que muestra una punta de flecha y una línea horizontal en la galería del grupo de herramientas *Temas*.

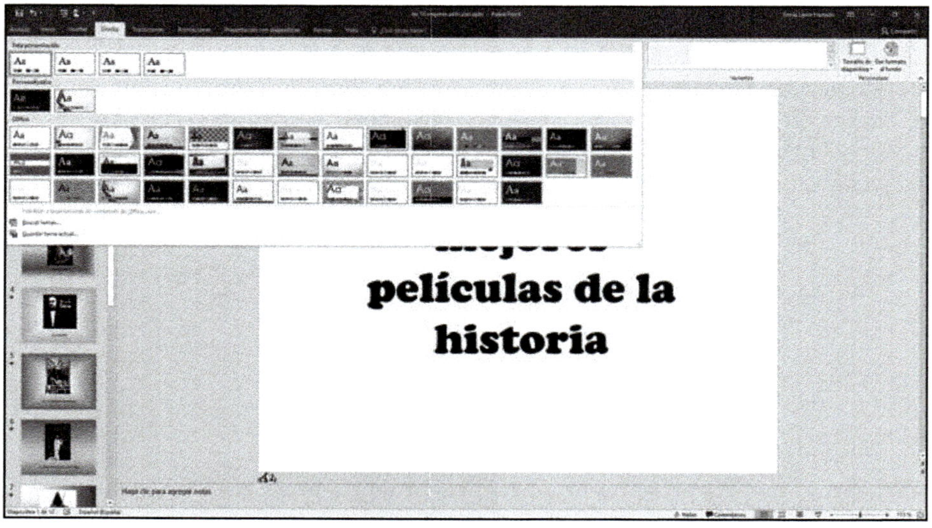

3. Haga clic con el botón derecho del ratón sobre uno de los temas disponibles del grupo *Office* y, del menú contextual que aparece, seleccione la opción *Aplicar a las diapositivas seleccionadas* para que el tema se aplique solo a la primera diapositiva.

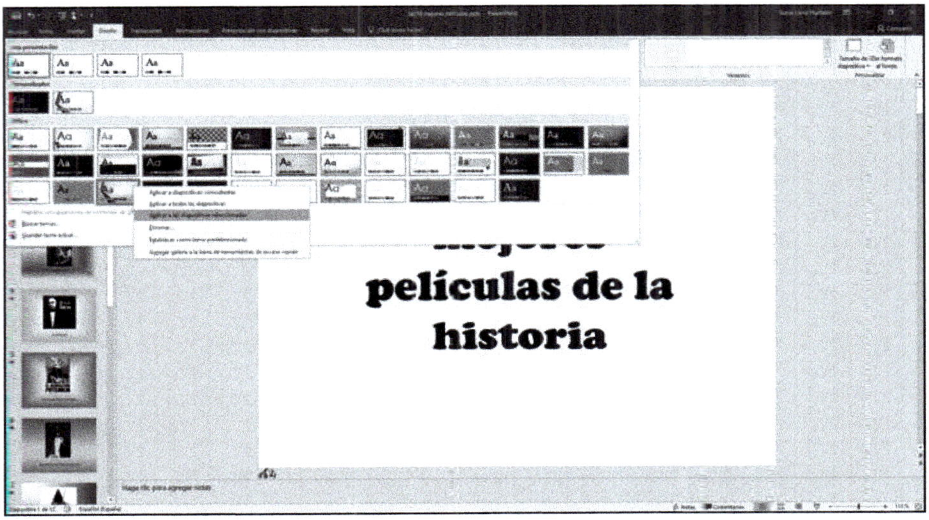

4. A continuación, cambiaremos el aspecto de este tema para, posteriormente, aplicarlo a todas las diapositivas de la presentación. En el grupo de herramienats Variantes, pulse en el botón Más de la galería de diseños.

5. Haga clic en el comando *Colores* y, de la lista de colores que aparece, seleccione con un clic el que usted prefiera.

6. Seguidamente, cambiaremos también las fuentes de este tema. Despliegue de nuevo el menú de la galería de variantes, haga clic en el comando *Fuentes* y pulse sobre una combinación de fuentes distinta a la actual.

7. Aunque aparentemente esta modificación no haya cambiado nada en nuestra diapositiva, esta información quedará almacenada y cuando apliquemos este mismo tema a otras diapositivas se aplicará también la fuente. En esta ocasión no ha sido así porque la fuente y tamaño del título están fijados independientemente del tema. A continuación, aplicaremos este tema de fondo a todas las diapositivas de nuestra presentación. Haga clic con el botón derecho del ratón sobre el quinto de los diseños de la galería de temas,

y, del menú contextual que aparece, seleccione la opción *Aplicar a todas las diapositivas*.

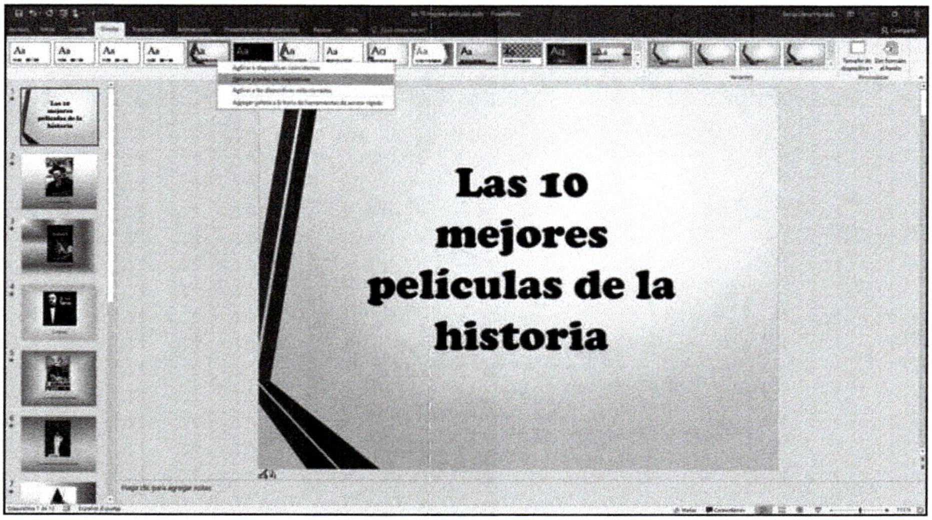

8. Observe lo que ha sucedido. El tema personalizado se aplica a las otras diapositivas, aunque debe tener en cuenta que como la última de ellas tiene una imagen de fondo, su aspecto es diferente al del resto. En el Panel de diapositivas, pulse sobre la diapositiva 2 para ver el aspecto que tiene tras aplicarle el fondo personalizado.

9. Vamos a volver a modificar los colores del tema. Despliegue de nuevo la galería de variantes del tema, haga clic sobre el comando Colores y seleccione de nuevo una combinación de colores distinta a la actual

10. El cambio se aplica a todas las diapositivas. Ahora guardaremos el diseño personalizado de diapositiva que hemos creado y lo aplicaremos a una nueva presentación. Para empezar, haga clic en el botón *Más* de la galería de temas y pulse sobre la opción *Guardar tema actual*.

11. Se abre así el cuadro de diálogo *Guardar tema actual*, en el que debemos establecer un nombre y una ubicación para el tema. Como ve, el programa selecciona por defecto la carpeta de temas del documento; en este caso, sin embargo, guardaremos el diseño en la carpeta *Documentos* para después localizarlo más fácilmente. Haga clic en el vínculo *Documentos* del panel de navegación lateral.

12. Cambiaremos el nombre del tema que vamos a guardar. En el campo *Nombre de archivo*, escriba el término *Mi tema* y pulse el botón *Guardar*.

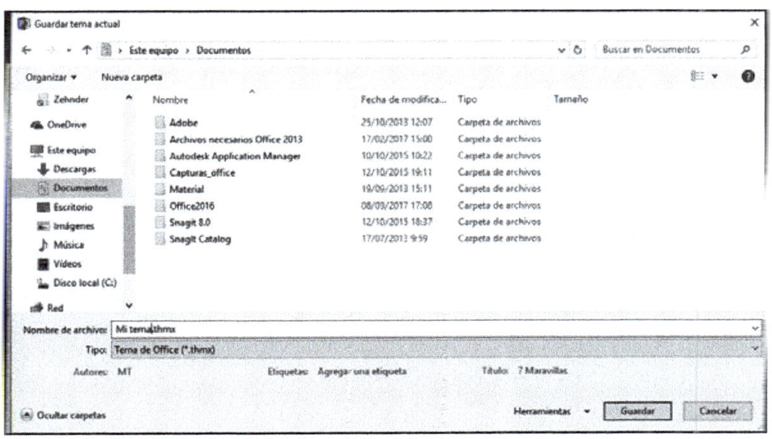

13. El diseño personalizado se ha almacenado en la biblioteca de diapositivas y está listo para ser utilizado en cualquier otra presentación. Vamos a comprobarlo. Haga clic en la pestaña *Archivo*, pulse sobre el comando *Nuevo* y haga doble clic en la opción *Presentación en Blanco*.

14. Se abre así un nuevo documento en blanco con una única diapositiva. Active ahora la ficha *Diseño* haciendo clic sobre su pestaña, haga clic en el botón *Más* de la galería de temas y pulse sobre la opción *Buscar temas*.

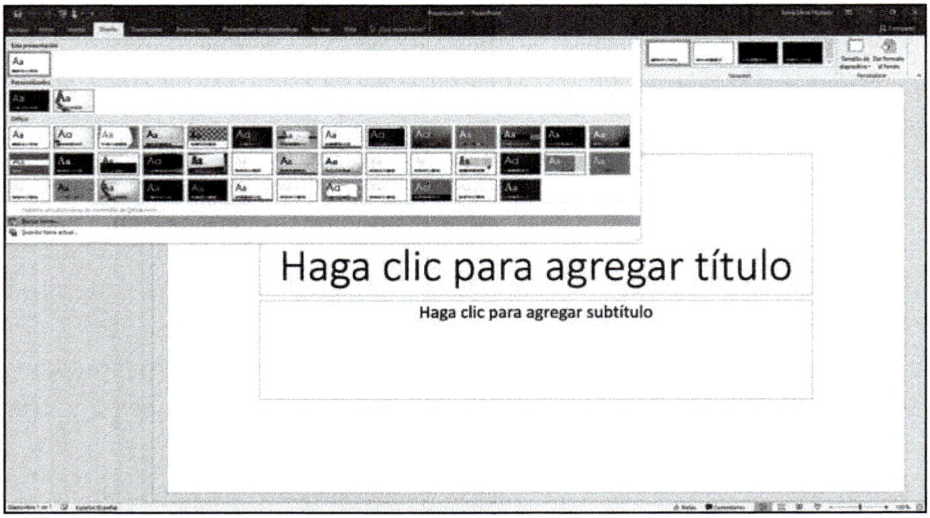

15. Accedemos al cuadro de diálogo *Elegir tema o documento temático* mostrando el contenido de la carpeta *Documentos*. Observe que el tema que hemos guardado antes aparece ya en esta carpeta. Pulse sobre el archivo *Mi tema* para seleccionarlo y haga clic en el botón *Aplicar*.

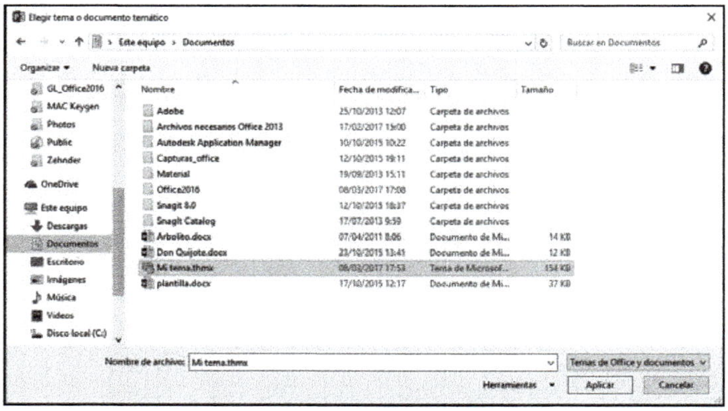

16. De este modo tan sencillo hemos recuperado un tema que habíamos personalizado según nuestras necesidades en la lección anterior. Imagine el tiempo y el esfuerzo que puede ahorrar cuando necesite utilizar diseños específicos con logotipos o fuentes especiales en diferentes presentaciones. Para acabar, cerraremos esta nueva presentación sin guardar los cambios. Pulse el icono *Cerrar* de la Barra de herramientas de acceso rápido.

17. En el cuadro *Microsoft PowerPoint* pulse sobre el botón *No* para que los cambios realizados en esta presentación no se almacenen.

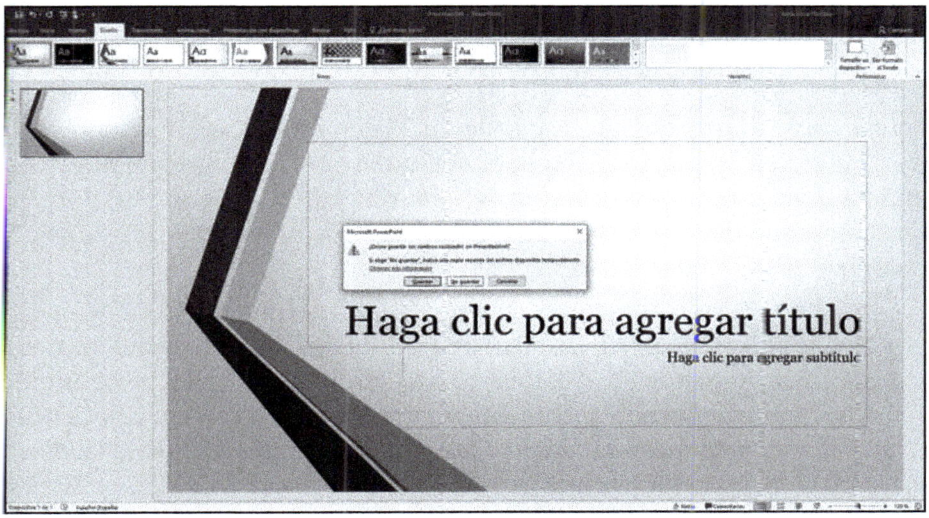

PRÁCTICA

A partir de uno de los temas prediseñados de PowerPoint 2016, cree uno propio asignando una combinación de colores que le guste y un paquete de fuentes que desee. Aplique a toda la presentación el nuevo diseño y guárdelo en su equipo. Cree una nueva presentación en ella y aplíquele como diseño el tema guardado.

7.13 Añadir el número de diapositiva

Las diapositivas de PowerPoint se componen de texto y distintos tipos de elementos. Estos elementos pueden ser tanto formas e imágenes como vídeos y audios, gráficos, diagramas u objetos importados desde otros programas. En este apartado del manual aprenderemos a insertar y modificar todo tipo de elementos. Algunos de estos elementos, como los números de página son especialmente útiles para la organización de la presentación. Otros, como las formas e imágenes tienen un valor más estético y los gráficos, diagramas, vídeos y objetos de otros programas ofrecen un carácter más informativo.

Igual que ocurre en otro tipo de documentos, como puede ser un documento de texto creado en Word, también suele resultar muy útil agregar números a las diapositivas, sobre todo cuando se trata de presentaciones muy largas. Estos números pueden insertarse de dos formas distintas: como pie de página o como parte del texto en las diapositivas.

1. En este sencillo ejercicio, le mostraremos cómo puede insertar el número de diapositiva en su presentación. En esta ocasión indicaremos que la numeración debe comenzar a partir de la segunda diapositiva de forma que el título no contenga ningún número. Haga clic en la pestaña *Insertar* de la *Cinta de opciones* y pulse en la herramienta *Encabezado y pie de página* del grupo *Texto.*

2. Se abre el cuadro *Encabezado y pie de página*. En este cuadro se encuentran muchos de los elementos que se pueden insertar tanto en el encabezado y pie de página y que quedarán fijados en la diapositiva. Entre las opciones más frecuentes encontramos la fecha y la hora, las notas a pie de página y por supuesto la que aquí nos interesa, los números de página. Pulse en la casilla de verificación de la opción *Número de diapositiva* para activarla.

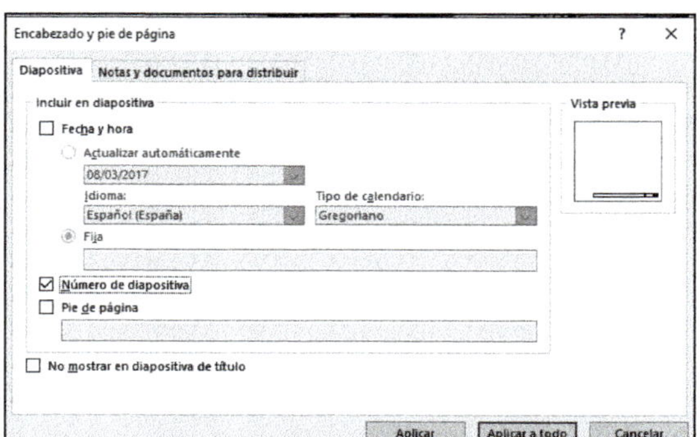

3. Es interesante que observe el cuadro Vista previa, en el cual se muestran los dos elementos que en estos momentos se encuentran activados para incluir en la diapositiva. El elemento central corresponde al pie de página, que en este momento está inactivo, y el de la derecha al número de página. Marque la opción *No mostrar en diapositiva de título* para que a la primera diapositiva de la presentación no se le aplique la numeración.

4. Tenga en cuenta que, para que esta opción surta efecto, el diseño de la primera diapositiva debe especificar que se trata de una diapositiva de título. Nos aseguraremos de ello cuando hayamos cerrado el cuadro *Encabezado y pie de página* y aplicado la numeración. Pulse el botón *Aplicar a todo*.

5. Fíjese que en la parte inferior derecha de cada una de las diapositivas se ha insertado un número. (Vea la imagen adicional *7.15-001*) Comprobemos ahora qué ha ocurrido con la página de título. Haga clic sobre la diapositiva número 1.

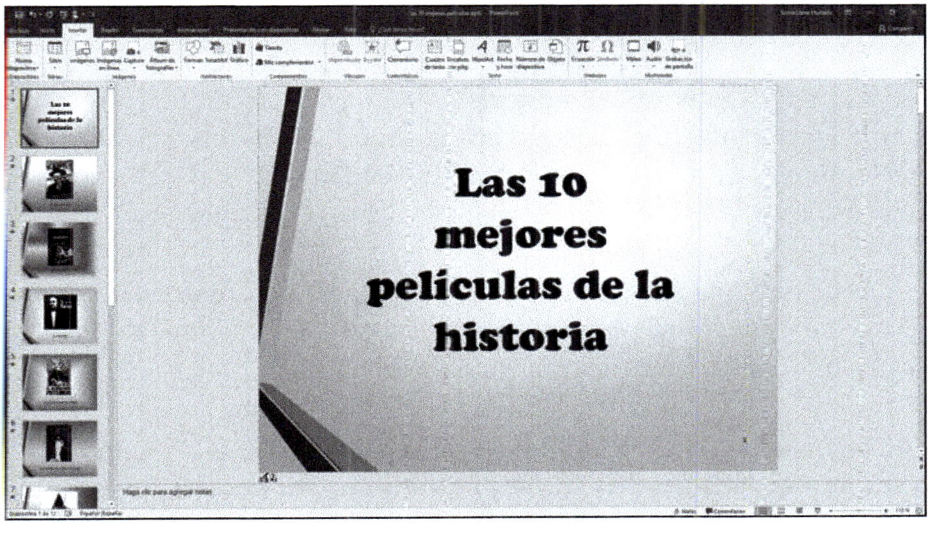

6. Haga clic con el botón derecho sobre el fondo de la primera diapositiva y, en el menú contextual que se despliega, seleccione la opción *Diseño*.

7. Esta opción contiene un panel con distintos diseños de página. Haga clic sobre la primera opción de la categoría *Diapositiva de título*

8. El diseño cambia y se añaden varios cuadros de texto. Copie el título original en el nuevo marcador y haga clic fuera del cuadro para confirmar la entrada.

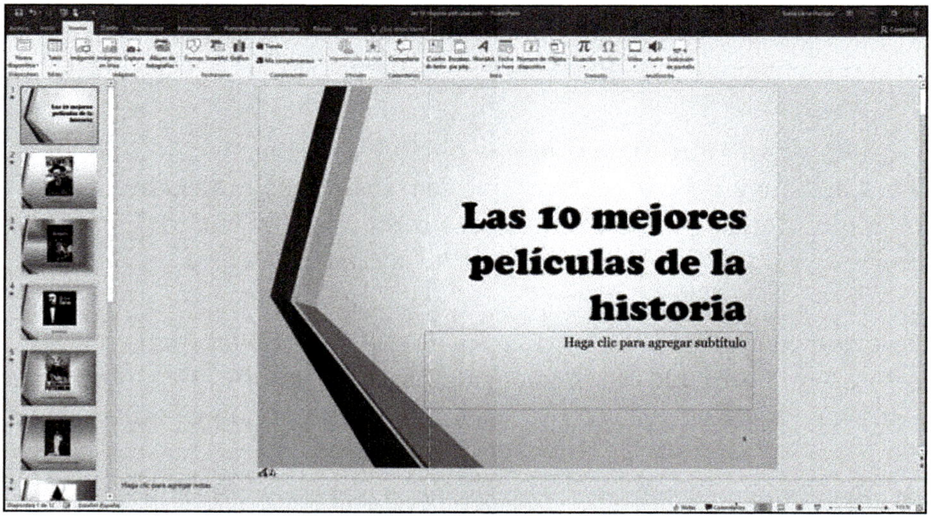

9. Una vez aplicado el diseño adecuado a la página de título, comprobaremos que efectivamente al seleccionar la opción *No mostrar en diapositiva de título* la numeración no se insertará en dicha diapositiva. Haga clic en el comando *Encabezado y pie de página* del grupo de herramientas *Texto*.

10. En el cuadro *Encabezado y pie de página*, asegúrese de que están marcadas las opciones *Número de diapositiva* y *No mostrar en diapositiva de título* (si no lo están márquelas usted mismo) y pulse el botón *Aplicar a todo*.

11. Efectivamente esta vez el número no se ha aplicado a la página de título. (Vea la imagen adicional *7.15-002*.) Con ejercicios como este podemos darnos cuenta realmente de la importancia que tiene aplicar los diseños correctamente. A continuación, eliminaremos los números de página y veremos otro procedimiento para volverlos a insertar. Haga clic en el comando *Encabezado y pie de página* del grupo *Texto*.

12. En el cuadro *Encabezado y pie de página*, desactive la opción *Número de diapositiva* y haga clic en *Aplicar a todas*.

13. Ahora insertaremos el número de página en un punto concreto de la diapositiva número 2. Selecciónela y haga clic en la herramienta *Cuadro de texto* del grupo *Texto*.

14. Trace el cuadro de texto mediante la técnica de arrastre en el margen inferior derecho de la diapositiva seleccionada.

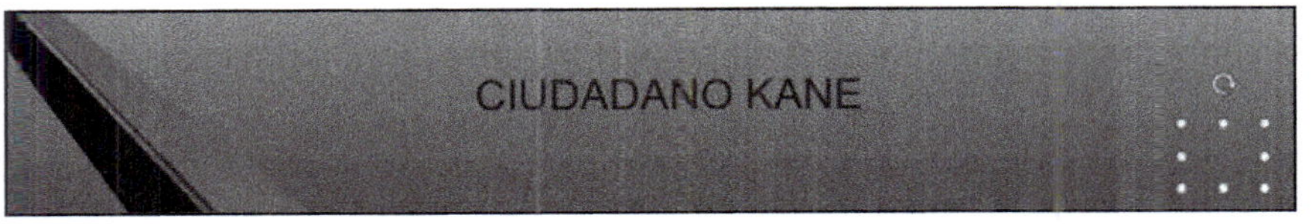

15. Active la ficha *Insertar* de la *Cinta de opciones* pulsando sobre su pestaña y haga clic sobre la herramienta *Número de diapositiva* del grupo *Texto*, representado con un símbolo de almohadilla.

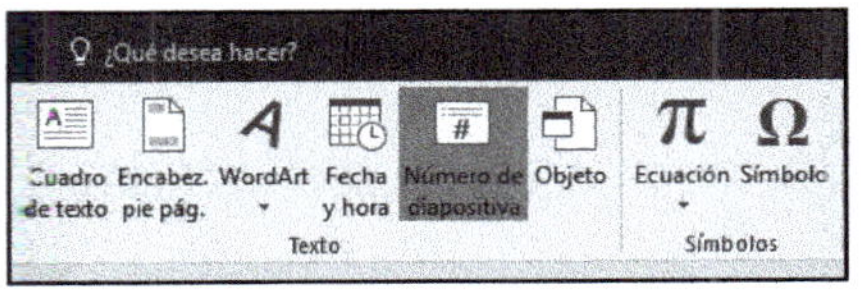

16. Observe que, de manera automática, el número de la diapositiva actual aparece dentro del cuadro de texto que hemos insertado. Existen, pues, dos maneras de insertar el número de diapositiva: una es hacerlo a modo de pie de página desde el cuadro *Encabezado y pie de página* y otra es hacerlo a modo de texto normal escrito en un cuadro de texto con la herramienta *Número de diapositiva*. Salga del cuadro de texto del número de diapositiva pulsando en cualquier zona libre de la diapositiva.

17. Para acabar este ejercicio, guarde los cambios realizados usando el icono *Guardar* de la *Barra de herramientas de acceso rápido*.

PRÁCTICA

Inserte el número de diapositiva en toda la presentación. Después, modifique dicha presentación para que la diapositiva de título no muestre el número de página.

7.14 Añadir objetos

Los objetos pueden insertarse en las diapositivas de manera que estén vinculados a su original, es decir, de manera que los cambios que se produzcan en el archivo original se reflejen también en la presentación. Además, es posible mostrar el objeto a modo de icono, que podrá cambiarse desde el cuadro Cambiar icono.

1. En este ejercicio aprenderemos a insertar en nuestra presentación un texto creado en Word. Puede descargar el documento con el que trabajaremos, titulado *Frases de Casablanca.docx*, con el código de acceso proporcionado en la primera página del libro. En el *Panel de diapositivas*, pulse sobre la diapositiva 3, Casablanca, y haga clic sobre la herramienta *Objeto* del grupo *Texto* de la ficha *Insertar*.

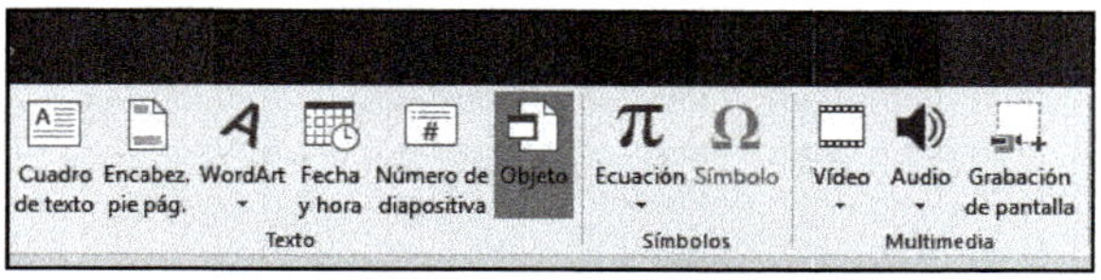

2. Se abre de este modo el cuadro de diálogo *Insertar objeto*. PowerPoint ofrece la opción de insertar un objeto nuevo o insertar uno que tenga almacenado en su equipo. De forma predeterminada, la opción seleccionada es *Crear nuevo* y que existe la posibilidad de crear un nuevo archivo para insertar desde una gran variedad de programas. En esta ocasión, insertaremos un objeto ya creado, de modo que haga clic sobre la opción *Crear desde archivo*.

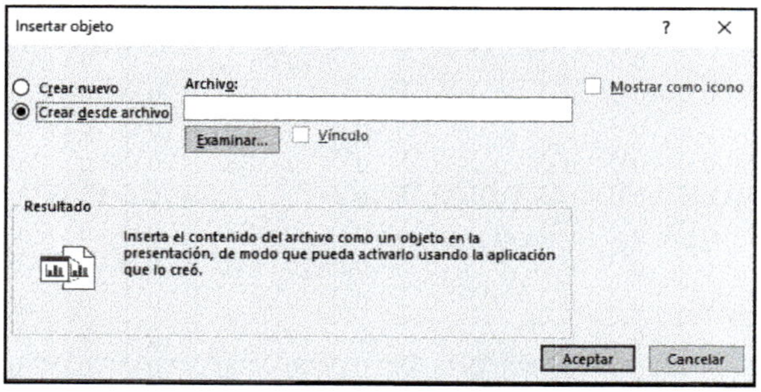

3. Una vez seleccionada la opción *Crear desde archivo*, se activa en el cuadro *Insertar objeto* el campo de texto en el que insertaremos el nombre y la ubicación del archivo que vamos a insertar. Puesto que suele resultar difícil recordar y escribir correctamente la ubicación de un archivo concreto, desde

el botón *Examinar* accederemos a un explorador de carpetas desde el que podremos seleccionar el archivo en deseado. Haga clic en el mencionado botón.

4. Aparece el cuadro *Examinar*, mostrando el contenido de la carpeta *Documentos*. Localice y seleccione el archivo de Word *Frases de Casablanca* y pulse el botón *Aceptar*.

5. La información del campo *Archivo* hace referencia a la ubicación del archivo que insertaremos y permitirá que PowerPoint lo localice en nuestro equipo. Marque la opción *Vínculo* para que el objeto esté vinculado al documento original y cualquier cambio que realice en dicho documento se actualice en la diapositiva.

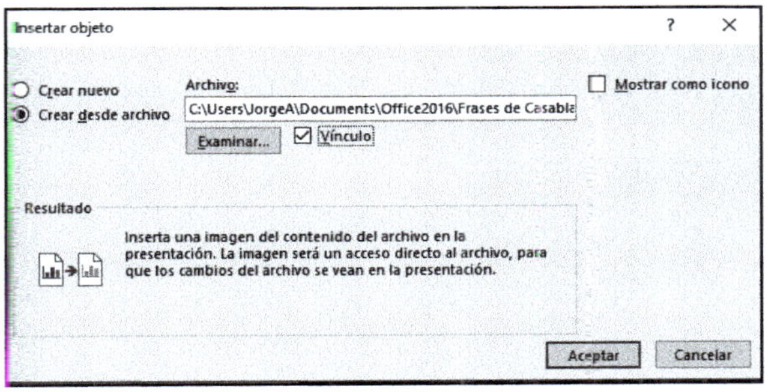

6. Haga clic sobre el botón *Aceptar* para insertar el texto como objeto.

7. El contenido del archivo de Word seleccionado se inserta en la diapositiva, a la vez que aparece la ficha contextual *Herramientas de dibujo*, con cuyas herramientas podemos modificar algunas propiedades del objeto recién insertado, como su contorno, fondo o tamaño. (Vea la imagen adicional *7.16-001*.) Sin embargo, puesto que el texto se ha insertado como objeto, será imposible editar características concretas del texto como la fuente o la alineación. Para modificar estos parámetros debe acceder al documento original. Haga doble clic sobre el texto que acabamos de insertar para abrirlo y poderlo editar en Word.

8. Vamos a realizar una sencilla modificación. Seleccione la primera frase y pulse el comando *Color de fuente* del grupo de herramientas *Fuente* para cambiar el color de la fuente de la frase más famosa de la película.

9. A continuación, haga clic en el icono *Guardar* de la *Barra de herramientas de acceso rápido* y pulse sobre el botón de aspa de la *Barra de título* para cerrar el documento de texto.

10. Efectivamente, el cambio se observa también en el texto insertado en la diapositiva. Vamos a cambiar la ubicación del texto. Coloque el ratón sobre el centro del cuadro de texto, haga clic sobre él y, sin soltar el botón del ratón, arrástrelo hasta la esquina inferior derecha de la diapositiva.

11. Vamos a ver ahora cómo se visualizará este texto al reproducir la presentación. Pulse sobre el último icono de acceso directo a vistas de la *Barra de estado*, correspondiente a la vista *Presentación con diapositivas*.

12. Realizada la comprobación, pulse la tecla *Escape* para salir del modo *Presentación con diapositivas.*

13. Para acabar este ejercicio, guarde los cambios realizados pulsando el icono *Guardar* de la *Barra de herramientas de acceso rápido.*

PRÁCTICA

Vamos a practicar la inserción de objetos en diapositivas. Para ello, utilice algún documento externo, como un documento de Word o una hoja de cálculo de Excel. Insértelo en una de las diapositivas como vínculo y después edítelo en el programa original para comprobar que los cambios se reflejan también en el objeto de la diapositiva.

7.15 Dibujar formas

PowerPoint ofrece una gran variedad de formas que pueden insertarse y modificarse desde el panel de formas. Estas formas pueden tener distintas funciones, algunas como las líneas y flechas suelen funcionar como elementos de unión entre distintos objetos o bien pueden ser usados para establecer un orden entre ellos. Otras formas pueden ser insertadas como objetos decorativos o como información gráfica.

El proceso de creación de autoformas no reviste dificultad alguna ya que consiste simplemente en elegir la herramienta adecuada en el grupo de herramientas Ilustraciones de la ficha Insertar o bien en el grupo de herramientas Dibujo de la ficha Inicio y, mediante la técnica de arrastre, trazar la forma con las dimensiones deseadas en el área de trabajo.

1. En este ejercicio, aprenderemos a crear figuras básicas en PowerPoint. Para empezar, seleccione la diapositiva número 6, El crepúsculo de los dioses, en el *Panel de diapositivas* y active la ficha *Insertar* de la *Cinta de opciones* pulsando sobre su pestaña.

2. Haga clic en el comando *Formas* del grupo de herramientas *Ilustraciones* y, del panel de formas que se despliega, seleccione con un clic la figura del sol que se encuentra en la categoría *Formas básicas*.

3. Las formas se pueden introducir mediante la técnica de arrastre y proporcionarles así el tamaño deseado, o bien pueden insertarse mediante un solo clic de forma que tendrán un tamaño predeterminado. En este caso, haga clic en el lateral derecho de la diapositiva 6.

4. La forma de sol se ha insertado y se encuentra seleccionada en este momento. La forma está rodeada por un cuadro y unos puntos de anclaje que nos permitirán modificar su tamaño. Sitúe el ratón en uno de los vértices del cuadro, haga clic sobre él y, manteniendo la tecla *Mayúsculas* pulsada, arrastre el ratón haciendo que el tamaño del sol aumente.

5. Fíjese que, aunque el tamaño de la forma haya aumentado, la proporción de las dimensiones se ha mantenido. La tecla *Mayúsculas* hace que la proporción del objeto modificado sea constante. Ahora pruebe a hacer lo mismo pero sin tener dicha tecla pulsada. Vuelva a hacer clic sobre uno de los vértices del cuadro que rodea la forma de sol y, sin soltar el botón del ratón, arrástrelo hasta obtener el tamaño deseado.

6. Se habrá podido dar cuenta de que en esta ocasión la proporción alto-ancho no se ha mantenido y que ha podido darle usted la forma que ha deseado. Cambiemos ahora varios de los aspectos del estilo de esta forma. desde la subficha *Formato* de la ficha contextual *Herramientas de dibujo*.

7. En primer lugar, especificaremos unas dimensiones concretas para esta forma. En el grupo de herramientas *Tamaño*, haga clic en el primer campo, referente a la altura de la forma e introduzca el valor *4*.

8. A continuación haga clic sobre el siguiente campo, referente al ancho de la forma, introduzca de nuevo la cifra *4* y pulse la tecla *Retorno* para confirmar la entrada y aplicársela a la forma.

9. Seguidamente, cambiaremos el color de relleno de la forma y le aplicaremos un efecto. Despliegue el comando *Relleno de forma* del grupo de herramientas *Estilos de forma* y pulse sobre la muestra que usted desee.

10. Ahora, despliegue el comando *Contorno de forma* y, en la paleta de colores, elija un color que se adecue al color de relleno seleccionado anteriormente.

11. Además de la posibilidad de modificar los colores de relleno y contorno manualmente, PowerPoint ofrece la posibilidad de aplicar estilos prede-

terminados mediante un solo clic. Haga clic sobre el botón *Más* de la galería de estilos rápidos.

12. Verá que se despliega un panel con distintos estilos de diseño. Pase el puntero del ratón por varias de las opciones para ver el resultado que tendría cada una de ellas sobre la forma seleccionada. En esta ocasión no aplicaremos ninguno de estos estilos, por tanto, haga clic fuera del panel de estilo para cerrarlo.

13. A continuación, con la forma aún seleccionada, pulse en el comando *Efectos de forma* del grupo de herramientas *Estilos de forma*, haga clic en la opción *Iluminado* y, de la galería de opciones que se despliega, elija con un clic la tercera de la tercera fila del apartado *Variaciones de iluminado*.

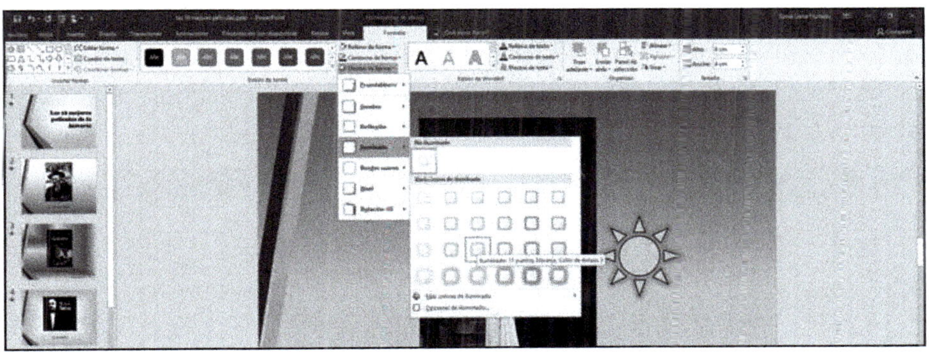

14. Como ve, es posible editar una forma de muchas maneras gracias a las herramientas incluidas en la ficha contextual *Herramientas de dibujo*. Para acabar con este ejercicio, guarde los cambios realizados haciendo clic en el botón *Guardar* de la *Barra de herramientas de acceso rápido*.

PRÁCTICA

Elija una de las diapositivas de su presentación y añada una de las formas disponibles en PowerPoint. Después, personalice esta forma cambiando sus colores y aplicándole algunos de los efectos de forma que presenta el programa.

7.16 Trazar líneas y flechas

Además de figuras geométricas como rectángulos o círculos, PowerPoint dispone de un grupo de formas, Líneas, que, como su nombre indica, permiten trazar todo tipo de líneas rectas o curvas.

Las líneas trazadas con las herramientas de formas pueden ir en cualquier dirección, es decir, pueden ser líneas horizontales, verticales o diagonales.

1. En este ejercicio, aprenderá a trazar líneas en una diapositiva y también a modificar tanto su ubicación y longitud como diversos aspectos del diseño. Sitúese en la diapositiva número 3, Casablanca, y haga clic en el comando *Formas* del grupo *Ilustraciones* de la ficha *Insertar*.

2. Como puede ver, en el apartado *Líneas* de la galería de formas se encuentran todos los tipos de líneas que podemos dibujar en PowerPoint. Haga clic en la segunda línea, denominada *Flecha de línea*.

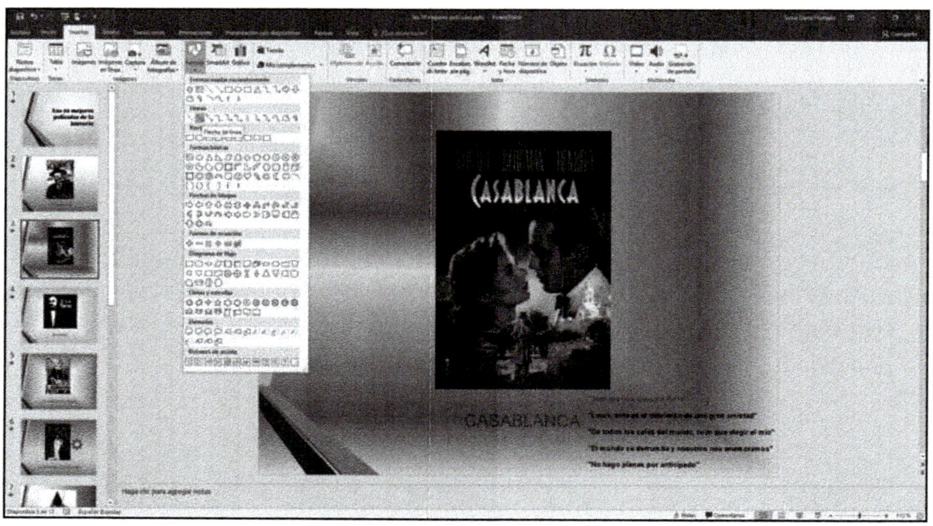

3. Para trazar líneas, igual que para trazar cualquier otro tipo de forma, podemos utilizar la técnica de arrastre, que nos permite dar unas dimensiones concretas a la línea, o bien pulsar en el punto donde deseamos que aparezca la línea, en cuyo caso esta se trazará con una dimensiones preestablecidas. En esta ocasión insertaremos la flecha entre el título de la película y el texto

insertado para que funcione como un vínculo entre los dos elementos. Haga clic en el punto en que desee insertar la línea.

4. La flecha se ha insertado con un tamaño y una dirección predeterminada. A continuación, le mostraremos cómo modificar la ubicación y el tamaño de la flecha trazada. Para ello, accederemos a la categoría *Tamaño* del panel *Formato de forma*, aunque, como ya sabe, también podemos hacerlo mediante el arrastre. Con la flecha seleccionada, haga clic en la pestaña de la subficha *Formato* y pulse sobre el iniciador de cuadro de diálogo del grupo de herramientas *Tamaño*.

5. Se abre así el panel *Formato de forma* con la sección *Tamaño* activada. Introduzca la cifra *0* en el campo *Alto* y la cifra *5,8* en el campo *Ancho* y juegue con el campo Giro para que la flecha adquiera la inclinación adecuada.

6. Ahora, fijaremos la posición adecuada para la flecha. Haga clic en la sección *Posición* del panel.

7. Teniendo en cuenta que desde la posición actual del cuadro puede visualizar la flecha y que cada cambio que realice dentro de él se actualizará directamente en la diapositiva, utilice las flechas de los campos *Horizontal* y *Vertical* para acabar de colocar la flecha en la posición más conveniente.

8. A continuación aumentaremos la anchura de la línea. Pulse sobre la primera de las secciones de la parte superior del panel, denominada *Relleno y línea*, y muestre el contenido de la sección *Línea*.

9. Haga clic en el campo *Ancho* e introduzca el valor 3.

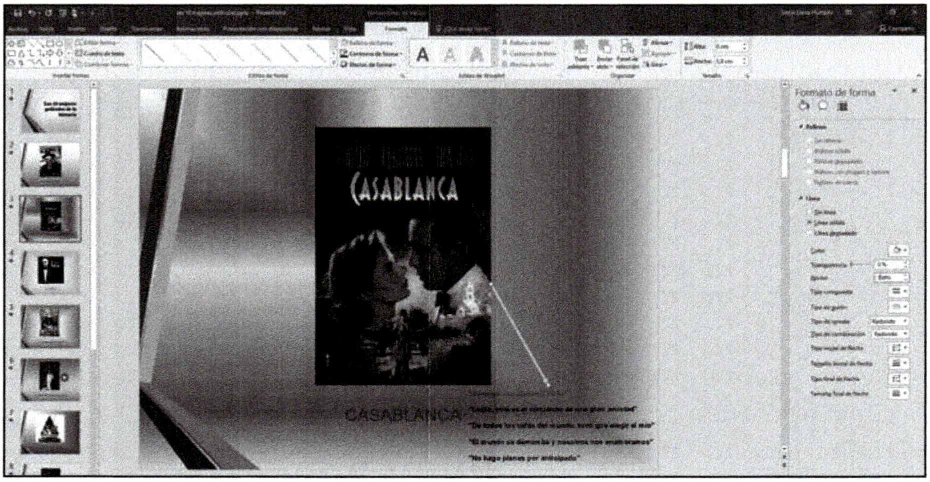

10. Observe que puede ir viendo sobre la propia flecha todas las modificaciones que vaya ejecutando. Ahora despliegue el campo *Tipo de guion* y, de la lista de estilos disponibles, elija el segundo, *Punto redondo*.

11. Una vez modificados el grosor y el tipo de línea, le aplicaremos un degradado de color. Pulse para ello sobre la opción *Línea degradado*.

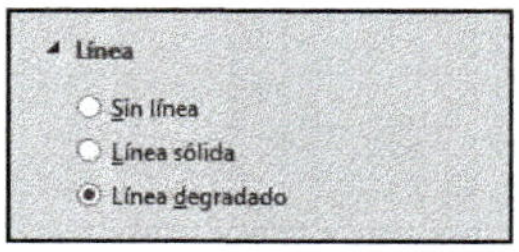

12. Aplicaremos una de las combinaciones de degradados preestablecidas. Despliegue el comando *Degradados preestablecidos*, elija el formato que más le guste y cierre el panel *Formato de forma* pulsando el botón de aspa.

13. Le aplicaremos ahora un efecto de resplandor y después ampliaremos el zoom de la diapositiva para comprobar mejor el resultado. Haga clic en el

comando *Efectos de formas* del grupo de herramientas *Estilos de formas*, pulse sobre el efecto *Reflexión* y seleccione con un clic el último efecto de la tercera fila del apartado *Variaciones de reflejo*.

14. Para acabar el ejercicio, elimine la selección de la flecha pulsando en una zona libre de la diapositiva y guarde los cambios realizados.

PRÁCTICA

Practique ahora con la inserción de líneas y flechas. Acceda al catálogo de formas disponibles y elija uno de los diseños para modificarlo a su gusto desde el panel Formato de forma.

7.17 Aplicar sombras y efectos 3D a los objetos

PowerPoint dispone de un efecto que simula la sombra que proyectaría un objeto al ser iluminado. Las sombras pueden aplicarse tanto a objetos gráficos, es decir, figuras o imágenes, como a texto.

Desde la ficha Formato 3D es posible configurar el efecto tridimensional en varios aspectos: así, es posible aplicarle un efecto de biselado y establecer sus valores de anchura y altura, cambiar el color y el valor de la profundidad del efecto, el color y el tamaño de su contorno y modificar el material y la iluminación del objeto.

1. En este ejercicio, aprenderemos a aplicar sombras sobre diferentes objetos de las diapositivas. Para empezar, seleccione el marcador que contiene el título Casablanca de la diapositiva número 3.

2. Aplicaremos sobre este texto uno de los efectos de sombra predefinidos que nos ofrece PowerPoint. Active la subficha *Formato* de la ficha contextual *Herramientas de dibujo* y despliegue la herramienta *Efectos de forma*, la última de las que aparecen en el grupo de herramientas *Estilos de forma*.

3. Pulse sobre el efecto *Sombra* y elija el último efecto de la categoría *Exterior* para aplicarlo a la forma seleccionada.

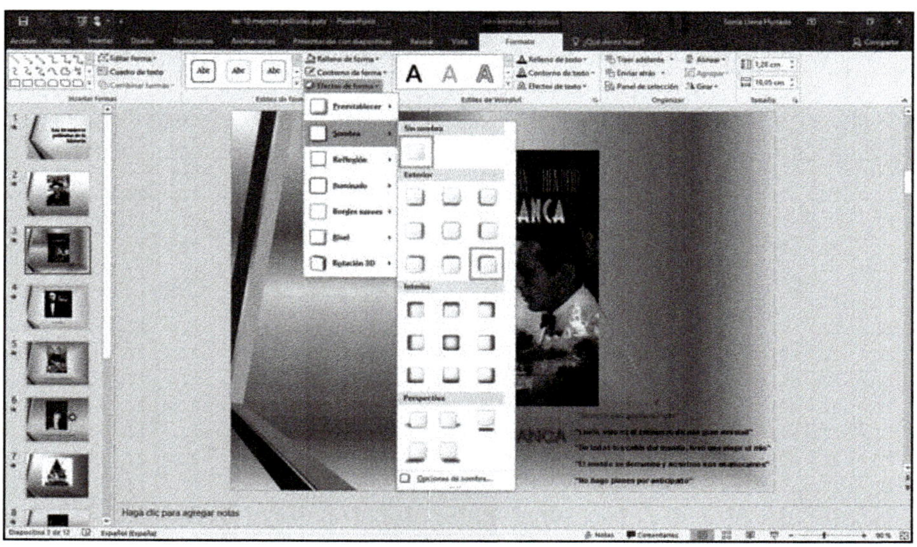

4. Observe cómo ha aparecido una tenue sombra detrás del título. A continuación aplicaremos uno de los estilos WordArt predefinidos al título de la presentación. Haga clic en la diapositiva número 1 y seleccione el cuadro de texto del título.

5. Con el cuadro seleccionado, haga clic en el botón *Más* del panel de estilos rápidos del grupo de herramientas *Estilos de WordArt*.

6. Haga clic sobre una de las opciones del panel que se despliega para seleccionar el estilo y aplicárselo al texto.

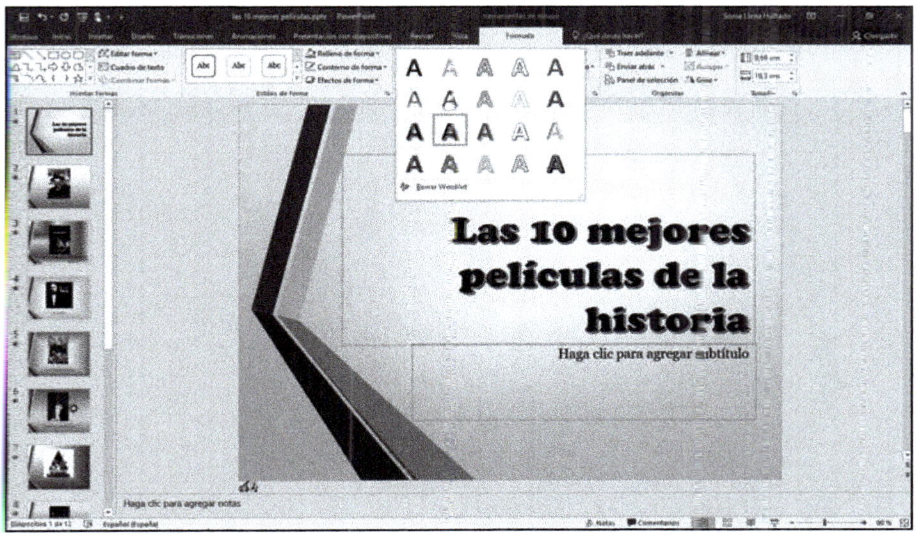

7. Ahora, le aplicaremos un efecto de texto que hará que cambie su forma. Haga clic sobre el comando *Efectos de texto* para desplegar el panel de opciones, seleccione el comando *Transformar* y, en el panel que se despliega, elija una de la opciones de la primera fila de la categoría *Retorcer*.

8. A los estilos predeterminados que aparecen en los paneles de estilos rápidos, se les pueden modificar una o varias características. A continuación, modificaremos el relleno del texto aplicándole un degradado personalizado que crearemos desde el panel *Formato de forma*. Haga clic sobre el comando *Relleno de texto*, seleccione la opción *Degradado* y en el panel que se despliega pulse sobre *Más degradados*.

9. Se abre de esta forma el panel *Formato de forma* con la sección *Relleno de texto* activada y la opción *Relleno sólido* seleccionada. Haga clic sobre el botón de opción de *Relleno degradado* para activar las distintas herramientas de degradado.

10. Para seleccionar la combinación de colores que utilizaremos puede tanto elegir una de las combinaciones preestablecidas como seleccionar usted mismo manualmente los colores que desee aplicar. Ahora seleccionaremos una de estas combinaciones y posteriormente modificaremos alguno de sus colores. Despliegue el comando *Degradados preestablecidos* y seleccione la tercera muestra de la primera fila.

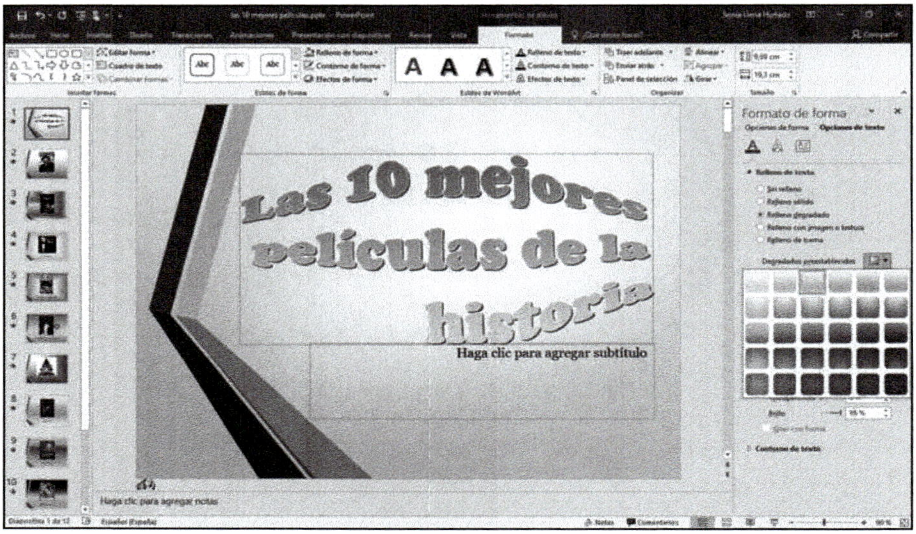

11. Despliegue ahora las opciones de la sección *Tipo* y seleccione la opción *Rectangular*.

12. Por último, como hemos indicado al seleccionar el degradado preestablecido, modificaremos uno de los colores. Haga clic en el último de los delimitadores de degradado de la muestra de color y, cuando este se encuentre marcado, despliegue el comando *Color* y seleccione el cuarto color de la quinta columna de la paleta de colores.

13. Por último, antes de acabar este ejercicio, aplicaremos un efecto 3D a la figura del sol que hemos insertado en una lección anterior. En primer lugar, sitúese en la diapositiva número 6 y haga clic sobre el sol dibujado para seleccionarlo.

14. Una vez seleccionada la forma, active la ficha *Inicio* y haga clic en el icono de la herramienta *Efectos de forma* del grupo *Dibujo*, pulse sobre la opción Preestablecer y haga clic en el comando *Opciones 3D*.

15. El panel Formato de forma se actualiza para mostrar, dentro de la sección Efectos, las opciones del comando *Formato 3D*. Despliegue el campo *Bisel superior* y seleccione el cuarto efecto de la primera fila.

16. En este caso, únicamente cambiaremos el color y el tamaño de la línea de contorno y la iluminación de la superficie. Despliegue el comando *Color* del apartado *Contorno* y seleccione la muestra de color lavanda que aparece en el apartado *Colores recientes*.

17. Para aumentar el grosor de la línea de contorno, pulse dentro del campo *Tamaño* y escriba el valor 3.

18. A continuación, pulse sobre el botón *Iluminación* y elija con un clic la primera muestra de iluminación del apartado *Cálida*.

19. Pulse el botón de aspa del panel *Formato de forma* para comprobar el resultado conseguido tras la aplicación del efecto tridimensional sobre la forma y guarde los cambios haciendo clic en el botón *Guardar* de la *Barra de herramientas de acceso rápido*.

PRÁCTICA

Seleccione uno de los marcadores de texto de alguna de sus diapositivas y aplíquele una sombra, eligiendo entre uno de los diseños disponibles en PowerPoint 2016. Después, seleccione otro elemento, una imagen o una forma, y aplíquele un efecto tridimensional.

7.18 Insertar una imagen

Las imágenes que se insertan desde un archivo se pegan a la diapositiva, de manera que la información que contienen pasa a formar parte de la presentación. La inserción de imágenes en una diapositiva se lleva a cabo desde la ficha Insertar de la Cinta de opciones.

Podemos reducir el tamaño del archivo de imagen creando un vínculo al mismo, de modo que se crea una conexión entre ellos y cuando se producen cambios en el original, estos se reflejan también en la imagen insertada en la diapositiva.

1. En este ejercicio aprenderemos a insertar una imagen en una de las diapositivas de nuestra presentación. Para ello trabajaremos con la diapositiva número 11, que es la única que todavía no tiene una imagen de la película que le corresponde. En primer lugar, descargue de forma gratuita con el código de acceso proporcionado en la primera página del libro la imagen *vértigo.jpg*. Una vez disponga de ella, seleccione la diapositiva número 11 en el *Panel de diapositivas*.

2. A continuación, active la ficha *Insertar* haciendo clic en la pestaña del mismo nombre de la *Cinta de opciones* y pulse sobre la herramienta *Imagen* del grupo *Ilustraciones*.

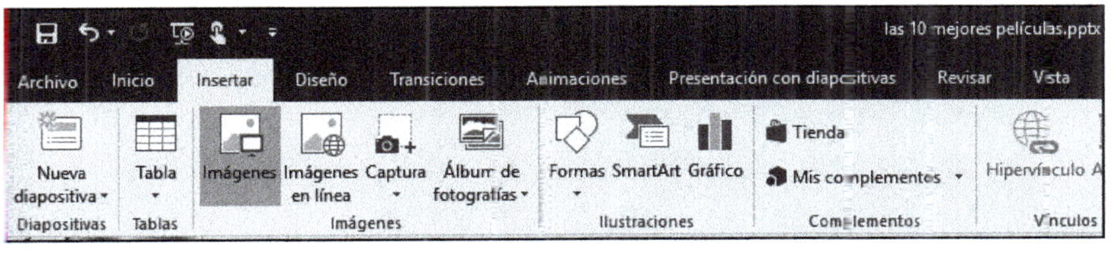

3. Se abre de este modo el cuadro de diálogo *Insertar imagen*, mostrando por defecto el contenido de la carpeta *Imágenes* del equipo. Para insertar una de estas imágenes en la diapositiva, basta con seleccionarla y pulsar el botón *Insertar*. Localice la imagen en su equipo, selecciónela y despliegue el botón *Insertar*.

4. Dentro del botón *Insertar* se encuentran tres opciones. La primera, *Insertar*, simplemente insertará la imagen en nuestra diapositiva. Las siguientes dos opciones, *Vincular al archivo* e *Insertar y vincular*, crean una conexión en-

tre el archivo original y el insertado de manera que los cambios en el primero se reflejan en el segundo. Haga clic sobre la opción *Insertar y vincular.*

5. La imagen seleccionada se inserta en el centro de la diapositiva a la vez que se activa la ficha contextual *Herramientas de imagen*, en cuya subficha *Formato* encontramos las herramientas necesarias para editar la imagen. En este ejercicio trabajaremos con algunas de estas herramientas. En primer lugar, reduciremos el tamaño de la imagen. Haga clic en el iniciador de cuadro de diálogo del grupo de herramientas *Tamaño.*

6. Se abre el panel Formato de imagen, mostrando el contenido de la sección *Tamaño.* En este caso, reduciremos la escala del objeto. Manteniendo la opción *Bloquear relación de aspecto* activada, reduzca el valor del campo *Alto*; fíjese que al modificar este valor se actualiza también el del campo *Ancho.*

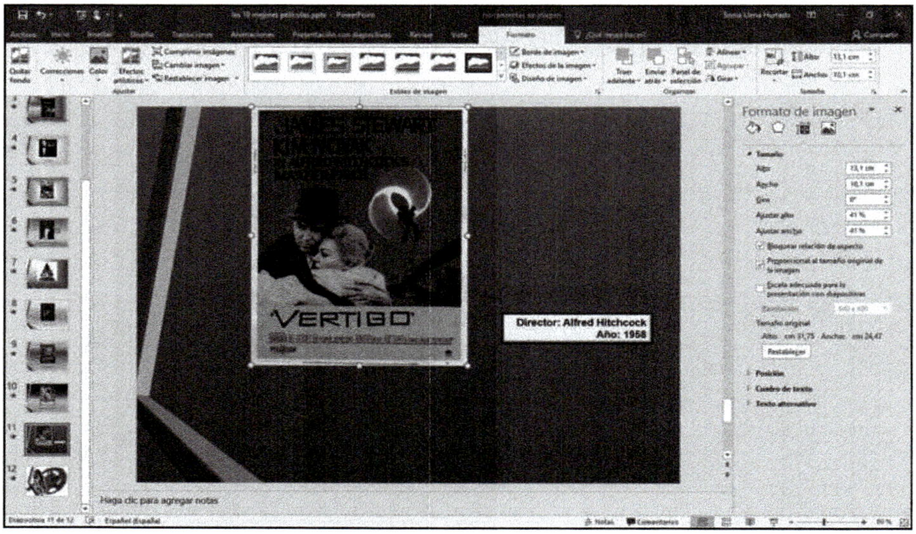

7. La imagen tiene ahora un tamaño más adecuado para adaptarse a la diapositiva, pero falta ubicarlo en la posición correcta. Haga clic sobre la imagen recién insertada y, sin soltar el botón, arrástrela hasta situarla en el centro de la diapositiva; después, suelte el botón.

8. Y ahora aplicaremos un estilo rápido a la imagen. Pulse en el botón *Más* de la galería de estilos de imagen y pase el ratón sobre varias de las opciones sin hacer clic sobre ella para visualizar el efecto que estas tendrían si las se-

leccionase definitivamente. Después seleccione con un clic la quinta muestra de la primera fila.

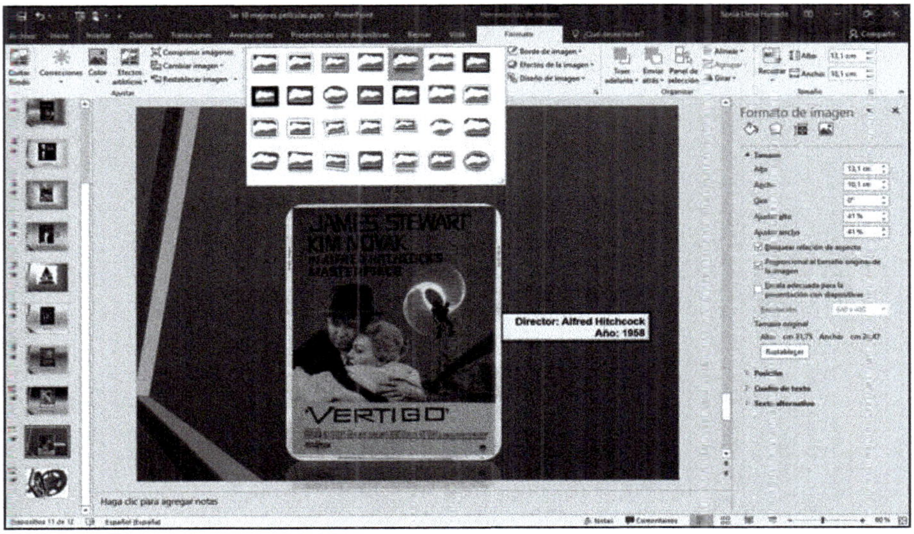

9. Una vez colocada la imagen en la posición correcta y habiéndole dado el estilo de forma y marco adecuado, modificaremos en esta imagen algunos de los parámetros de brillo y luz. Con la imagen seleccionada, haga clic sobre el comando *Correcciones* del grupo de herramientas *Ajustar*.

10. Del panel de opciones que se despliega, seleccione la tercera opción de la última fila de la categoría *Brillo y contraste*.

11. Verá que con esta opción se aumenta el brillo y el contraste de la imagen dando como resultado una imagen con un color mucho más intenso. Aunque ya le hayamos aplicado un estilo rápido predeterminado a nuestra imagen, es posible modificar manualmente alguno de los elementos que componen este estilo, como por ejemplo el marco. La opción de estilo que hemos seleccionado tiene un efecto que hace que los vértices del borde de la imagen queden redondeados, pero no aplica ningún marco a la imagen. Apliquémosle ahora un borde de color que tenga efecto de marco. Con la imagen seleccionada, haga clic sobre el comando *Borde de imagen* del grupo de herramientas *Estilos de imagen*.

12. Se despliega un panel de colores seguido de varias opciones referentes al borde. Haga clic sobre el comando *Grosor* para desplegar las opciones disponibles y elija la opción *6 pto* haciendo clic sobre ella.

13. A continuación aplicaremos un color al borde recién creado. Vuelva a hacer clic sobre el mismo comando y ahora seleccione uno de los colores de la paleta de muestra.

14. Puesto que en la siguiente lección seguiremos trabajando con distintos aspectos de la edición de la imagen insertada, daremos este ejercicio por acabado aquí. Guarde los cambios realizados haciendo clic en el botón *Guardar* de la *Barra de herramientas de acceso rápido*.

PRÁCTICA

Inserte una imagen en una de sus diapositivas y edítela para corregir algún aspecto de brillo o saturación. Además, aplíquele alguno de los estilos disponibles en PowerPoint 2016 y también un borde con grosor y color personalizado.

7.19 Aplicar efectos y texturas artísticas a las imágenes

PowerPoint ofrece la posibilidad de aplicar diferentes efectos artísticos a las imágenes para hacer que tengan un aspecto más similar a un boceto, dibujo o pintura. Algunos de los nuevos efectos son boceto con lápiz, dibujo de línea, boceto de tiza, esponja de acuarela, globos de mosaico, cristal, cemento, pasteles suaves, plastificado, iluminado de bordes, fotocopia y trazos de pintura.

Gracias a estos efectos artísticos que proporciona PowerPoint, ya no es necesario acceder a programas de edición de imágenes externos para aplicar espectaculares efectos artísticos como trazos de pintura, efecto fotocopia, etc.

1. En este ejercicio, dedicaremos unos instantes a conocer las herramientas de aplicación de efectos artísticos, que aunque sencillas en cuanto a uso serán muy útiles para hacer que sus presentaciones resulten mucho más originales y genuinas. En primer lugar, seleccione la imagen que hemos insertado en la lección anterior y active la subficha *Formato* de la ficha contextual *Herramientas de imagen*.

2. El comando para aplicar efectos artísticos se encuentra en el grupo de herramientas *Ajustar*. Despliegue el comando *Efectos artísticos* para detenernos a observar cuáles son las opciones aquí incluidas.

3. El panel que se despliega muestra ejemplos en miniatura de la imagen seleccionada con cada uno de los efectos aplicados. En este panel se muestran un total de 23 opciones, cada una de las cuales responde a un efecto real procedente de la pintura u otros medios. Coloque el ratón por ejemplo en la segunda muestra de la segunda fila, efecto Trazos de pintura, para ver mediante la vista previa en directo el resultado de dicho efecto.

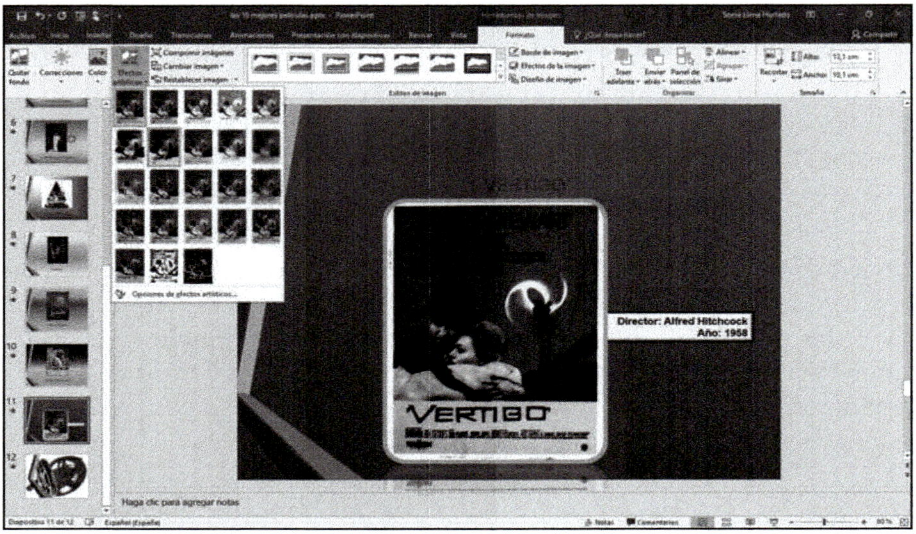

4. Este efecto hace que la imagen parezca haber sido pintada manualmente con pintura. A continuación observaremos el resultado provisional de dos efectos más utilizando la vista previa en directo y, posteriormente, seleccionaremos el efecto que nos interese aplicar a la imagen. Sitúe el puntero del ratón sobre la última opción de la cuarta fila y espere a que aparezca la etiqueta emergente que le informará del nombre del efecto.

5. Se trata en este caso, como ya puede ver sobre la imagen seleccionada, del efecto Plastificado. Este efecto hará que la imagen insertada parezca en realidad un cartel de plástico, con volumen en tres dimensiones, casi palpable. Mueva ahora el ratón por algunas de las opciones para ver otros de los efectos disponibles.

6. Cada uno de los efectos disponibles en PowerPoint será útil y eficaz para propósitos distintos. En este caso, al tratarse de un cartel de una película de

cine, nos resulta adecuado utilizar el efecto Grano de película. Este efecto aplica cierto granulado y rugosidad a la imagen que recuerda a las imágenes de películas rodadas con una resolución no del todo definida. Sitúe el puntero del ratón sobre la tercera opción de la tercera fila, espere a que la etiqueta emergente le informe del nombre del efecto y, cuando compruebe que efectivamente se trata del efecto Grano de película, haga clic sobre él para aplicarlo definitivamente.

7. Se cierra así el panel de efectos artísticos y se aplica el seleccionado sobre la imagen. Cada una de las muestras que hemos visualizado en el panel es una versión predeterminada de cada uno de los efectos. Es decir, a cada efecto se le pueden aplicar distintos parámetros e intensidades que harán variar su apariencia. Accederemos ahora al panel de formato de imagen a partir del cual se pueden modificar las opciones de cada efecto. Haga clic con el botón derecho sobre la imagen insertada y, del menú contextual que se despliega, seleccione la opción *Formato de imagen* haciendo clic sobre ella.

8. Se abre así el panel *Formato de imagen*. Dentro de la sección *Efectos*, haga clic sobre la opción *Efectos artísticos*.

9. Desde este apartado modificaremos la transparencia y el tamaño del grano de este efecto. Haga clic sobre el marcador de la categoría Tamaño del grano y arrástrelo hasta el extremo derecho; verá que en el campo contiguo

aparecerá ahora el valor cien y que sobre la imagen el nivel de granulado habrá aumentado visiblemente.

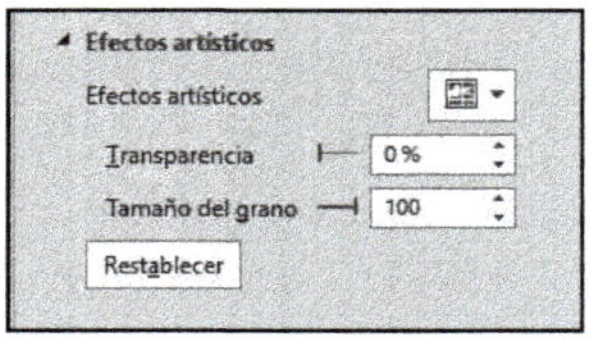

10. A continuación, aumente el nivel de transparencia hasta 20 para que el efecto del granulado sea un poco más sutil.

11. Seguidamente, y sin cerrar el panel *Formato de imagen* aún abierto, haga clic sobre la diapositiva número 8 del Panel de diapositivas y seleccione la imagen central de dicha diapositiva.

12. En esta ocasión, la imagen no tiene ningún efecto seleccionado. Despliegue el campo Efecto artístico y pulse sobre la segunda muestra de la segunda fila, Trazos de pintura.

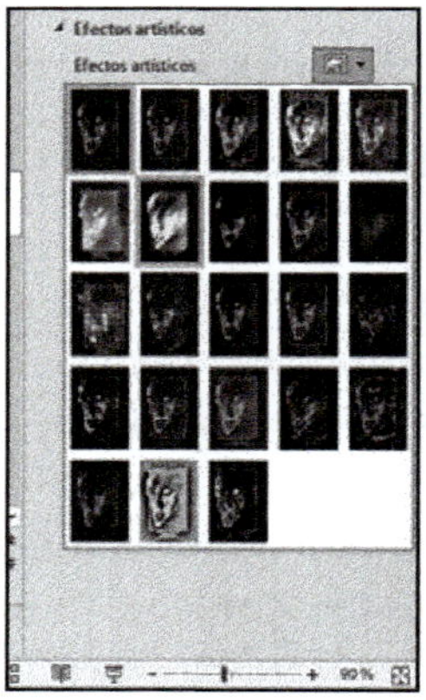

13. Deje este efecto tal y como está y haga clic sobre el botón de aspa para salir del panel *Formato de imagen*.

14. Para dar por concluido este ejercicio, pulse el botón *Guardar* de la *Barra de herramientas de acceso rápido*.

PRÁCTICA

Edite alguna de las imágenes existentes en alguna de las diapositivas de la presentación y aplíquele alguno de los espectaculares efectos artísticos de PowerPoint.

Novedad Office 2016

7.20 Insertar y editar vídeos

Con Powerpoint, al insertar vídeos en las presentaciones, estos forman parte del archivo de presentación. Puede recortar los vídeos, agregar texto superpuesto sincronizado y, al igual que con las imágenes, también puede aplicar un borde, sombras, reflejos, iluminado, bordes suaves, giros 3D y otros efectos de diseño a los vídeos. De este modo, cuando se reproduce el vídeo, también lo hacen todos los efectos.

PowerPoint 2016 ha rediseñado el procedimiento para la selección de vídeos, puesto que ahora solo es posible elegir un vídeo guardado en el equipo o bien descargarlo desde Internet. En este ejercicio veremos como ha cambiado la aplicación en este aspecto.

1. Las opciones para la inserción de vídeos se encuentran en el grupo de herramientas *Multimedia* de la ficha *Insertar*. Antes de empezar, haga clic sobre la diapositiva número 2, Ciudadano Kane, para seleccionarla y mostrarla en el área de trabajo.

2. Con la diapositiva 2 seleccionada, active la ficha *Insertar* haciendo clic sobre la pestaña del mismo nombre

3. A continuación despliegue el comando *Vídeos*, dentro del grupo de herramientas *Multimedia*.

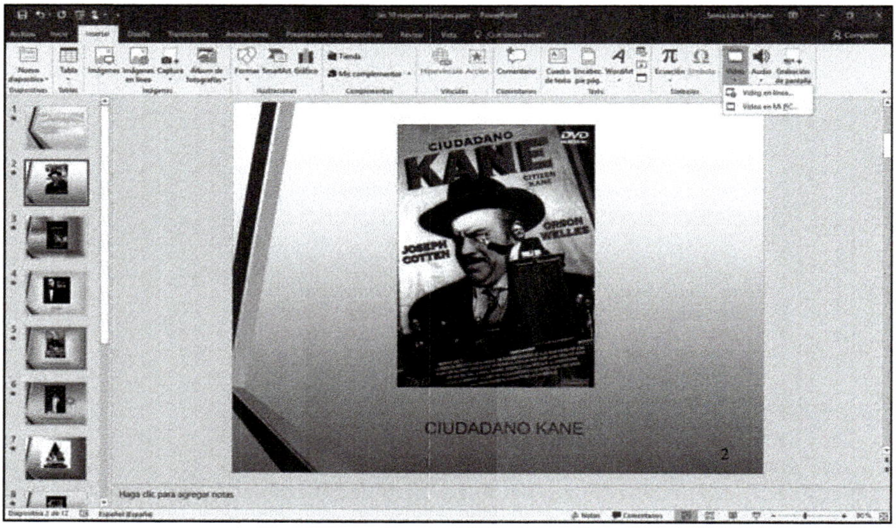

4. Desde este comando se despliegan dos opciones. La primera, *Vídeo en línea*, insertará un vídeo desde una página web y la segunda, *Vídeo en Mi PC*, nos permite insertar un vídeo que tengamos almacenado en nuestro equipo. En primer lugar veremos cómo funciona la opción de insertar vídeos desde un sitio web. Haga clic sobre la opción *Vídeo en línea*.

5. Se abre así el rediseñado cuadro *Insertar vídeo*, desde el cual usted elige la fuente del vídeo que desea agregar a su diapositiva. Son tres las opciones disponibles: desde OneDrive Personal, desde YouTube o mediante un código web. En este caso, a modo de ejemplo, utilizaremos un vídeo de YouTube, por lo que pulse dentro del campo situado a la derecha de esta, escriba el título *Ciudadano Kane* y pulse la tecla *Retorno*.

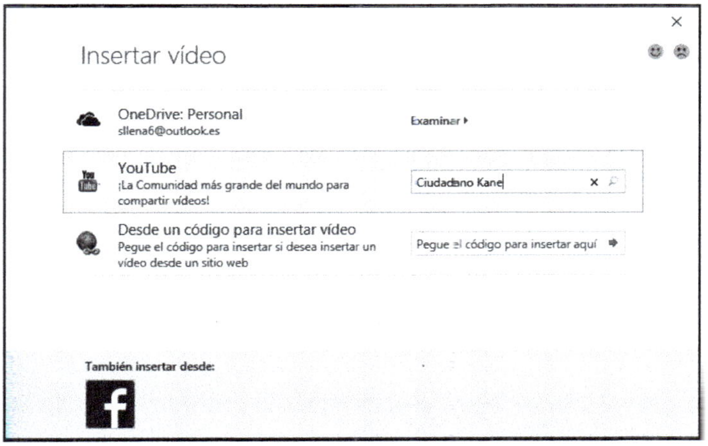

6. De forma inmediata aparece una selección con los resultados obtenidos. Ahora, sencillamente elija uno de ellos, haga doble clic o selecciónelo y pulse el botón *Insertar*.

7. Automáticamente el vídeo se inserta en el centro de la diapositiva. Haga doble clic sobre él para que empiece a reproducirse.

8. A continuación, aprenderemos a insertar un vídeo desde un archivo almacenado en su equipo. Haga clic sobre la diapositiva número 3, Casablanca, para seleccionarla.

9. Antes de continuar, descargue de forma gratuita con el código de acceso proporcionado en la primera página del libro el vídeo *Casablanca*. Cuando disponga de él, en la ficha *Insertar*, despliegue el comando *Vídeos* del grupo de herramientas *Multimedia* y haga clic sobre la opción *Vídeos en Mi PC*.

10. Se abre el cuadro *Insertar vídeos*. Desde este cuadro podrá localizar y seleccionar un vídeo que tenga almacenado en su equipo e insertarlo en la presentación. Seleccione el vídeo *Casablanca* y haga clic sobre el botón *Insertar*.

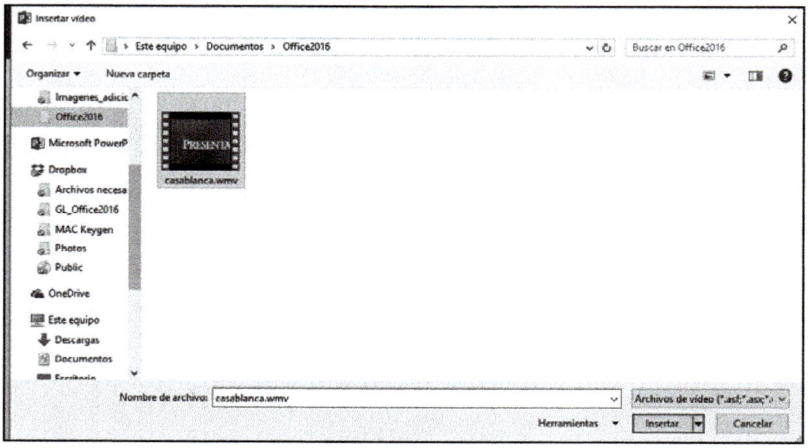

11. El vídeo se inserta en la diapositiva seleccionada igual que se insertan las imágenes: del mismo modo que hemos hecho anteriormente con la imagen insertada, utilice los marcadores de los vértices del cuadro de vídeos insertado para, mediante la técnica de arrastre, reducir el tamaño para adaptarlo a la diapositiva.

12. Haga clic sobre el vídeo de tamaño reducido y colóquelo en la parte superior izquierda de la diapositiva.

13. Una vez colocado el vídeo en el lugar adecuado, definiremos algunos de los aspectos de la reproducción. Haga clic sobre la pestaña *Reproducción* de la ficha contextual *Herramientas de vídeo*.

14. En el grupo de herramientas *Edición*, haga clic cuatro veces sobre la flecha superior del campo *Fundido de entrada* para hacer que el vídeo entre en pantalla mediante un fundido que dure un segundo.

15. Ahora, configuraremos el fundido de salida, al que aplicaremos también la duración de 1 segundo. Haga clic cuatro veces sobre la flecha superior del campo *Fundido de salida*.

16. Por último, despliegue el campo *Iniciar* del grupo de herramientas *Opciones de vídeos*, y de las opciones que se despliegan seleccione *Automáticamente* para que el vídeo se reproduzca de forma automática cuando se ejecute la presentación.

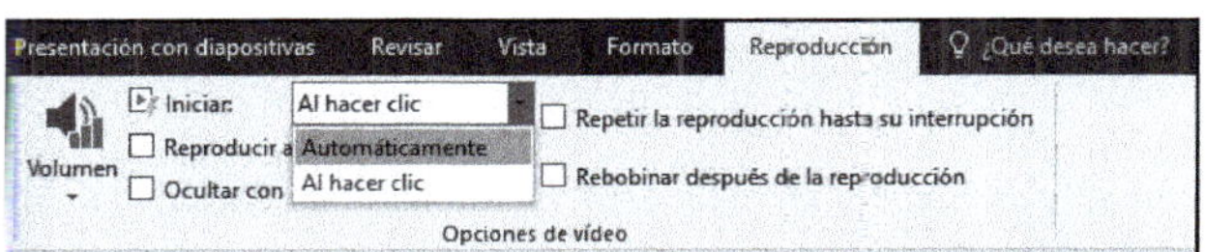

17. Para acabar, haga clic sobre la opción de vista *Presentación con diapositivas* en la *Barra de estado*.

18. Podrá así ver cómo se reproducirá el vídeo cuando ejecute la presentación. Para salir del modo *Presentación con diapositivas* pulse la tecla *Escape* y para acabar guarde los cambios realizados haciendo clic en el botón *Guardar* de la *Barra de herramientas de acceso rápido*.

PRÁCTICA

Utilizando las nuevas herramientas para la inserción de vídeos de PowerPoint, inserte en primer lugar un vídeo obtenido de Internet y, después, alguno que tenga usted almacenado en su equipo.

7.21 Añadir botones de acción e hipervínculos

Los botones de acción sirven para efectuar ciertas operaciones durante la ejecución de las presentaciones sin necesidad de desplegar menús ni detener dicha ejecución.

Estos botones pueden resultar muy útiles cuando la presentación está destinada a ser expuesta al público, que, de este modo, puede moverse de forma libre de una diapositiva a otra.

1. En este ejercicio aprenderemos a insertar botones de acción en una presentación. En concreto, crearemos un botón de acción que, al ser pulsado, nos lleve directamente a la portada de la presentación. Sitúese en la diapositiva número 12.

2. Para poder aplicar una acción a un botón, primero debemos trazarlo en la diapositiva. Haga clic sobre la herramienta *Formas* del grupo de herramientas *Ilustraciones*.

3. Se abre así el panel de formas disponibles, donde las correspondientes a los botones de acción se encuentran al final. Haga clic en la parte inferior de la *Barra de desplazamiento vertical* del panel de formas y, en el apartado *Botones de acción*, pulse sobre el botón que muestra una casa.

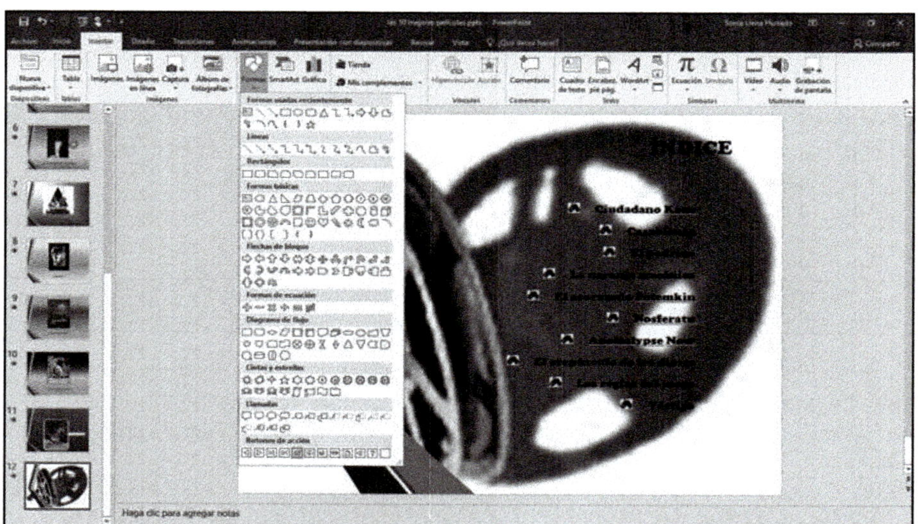

4. Haga clic en la esquina inferior derecha de la diapositiva para dibujar en ese punto la forma seleccionada.

5. Al liberar el botón del ratón, se abre automáticamente el cuadro *Configuración de la acción*, al que también podemos acceder usando la herramienta *Acción* del grupo de herramientas *Vínculos*. En este cuadro, especificaremos la acción que deseamos que se produzca cuando pulsemos el botón. Como puede ver en el campo *Hipervículo a*, este botón vincula la diapositiva en la que se encuentre con la primera diapositiva. Deje esta opción como está y haga clic sobre la casilla de verificación de la opción *Reproducir sonido*.

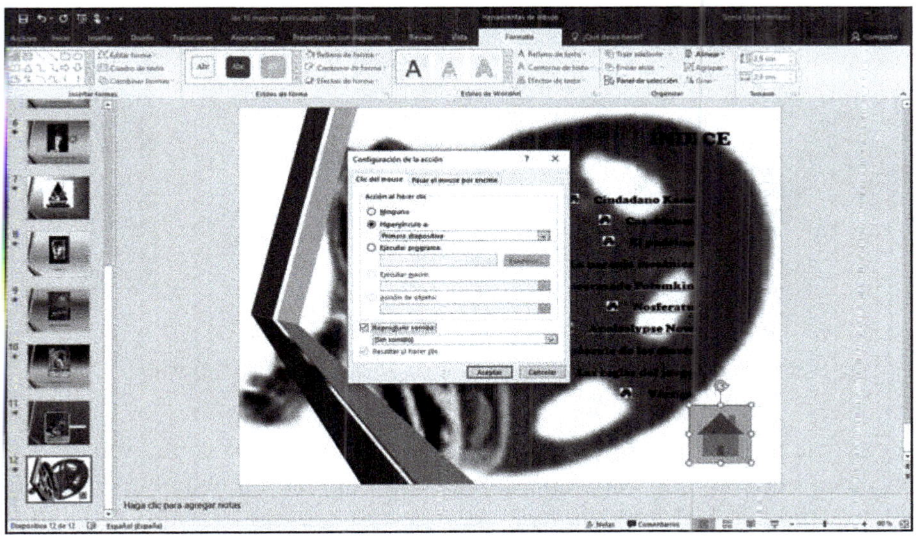

6. Despliegue el campo *Sin sonido*, elija de la lista desplegable el sonido denominado *Brisa* y pulse sobre el botón *Aceptar*.

7. Para comprobar que el botón de acción que acabamos de crear funciona correctamente, debemos visualizar las diapositivas en modo de presentación. Haga clic en la pestaña *Presentación con diapositivas*.

8. Haga clic en la herramienta *Desde la diapositiva actual* del grupo de herramientas *Iniciar presentación con diapositivas* para ver la diapositiva 11 en modo de presentación.

9. En la diapositiva a pantalla completa, pulse sobre el botón de acción que hemos creado en este ejercicio y compruebe que, efectivamente, nos dirige de manera automática hasta la primera diapositiva de la presentación a la vez que se reproduce el sonido seleccionado.

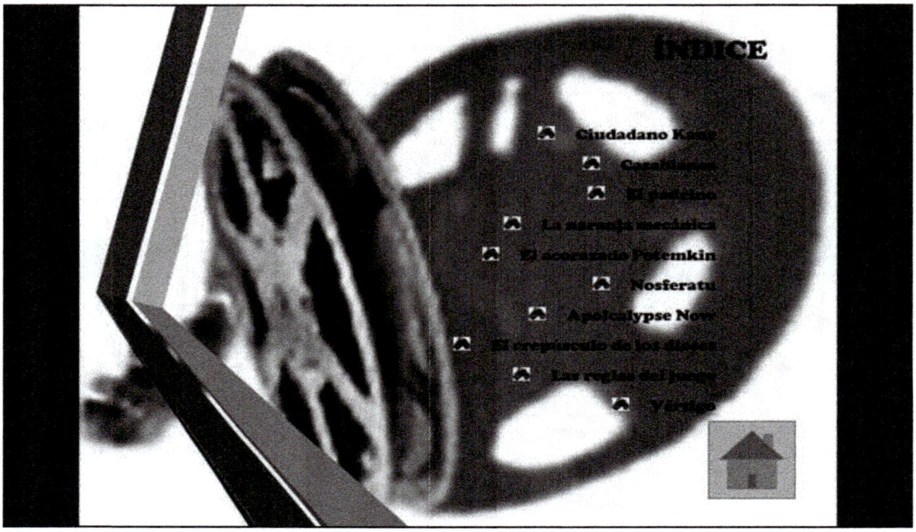

10. Pulse la tecla *Escape* para salir así del modo de presentación.

11. A continuación convertiremos un elemento de esta presentación en botón de acción, es decir, haremos que, por ejemplo, la forma de sol que hemos insertado en la diapositiva número 6 establezca un vínculo con una página web. Haga clic sobre la diapositiva número 6 para activarla.

12. A continuación haga clic con el botón derecho sobre el sol insertado y, del menú contextual que se despliega, seleccione la opción *Hipervínculo*.

13. Se abre el cuadro *Insertar hipervínculo*, donde podremos vincular la forma seleccionada a un documento, archivo o página web. Fíjese que la opción activada en la categoría *Vincular a* es por defecto *Archivo o página web existente*. Haga clic en el campo de texto *Dirección*, introduzca la dirección *http://es.wikipedia.org/wiki/ Sunset_Boulevard_(pelicula)* y pulse el botón *Aceptar*.

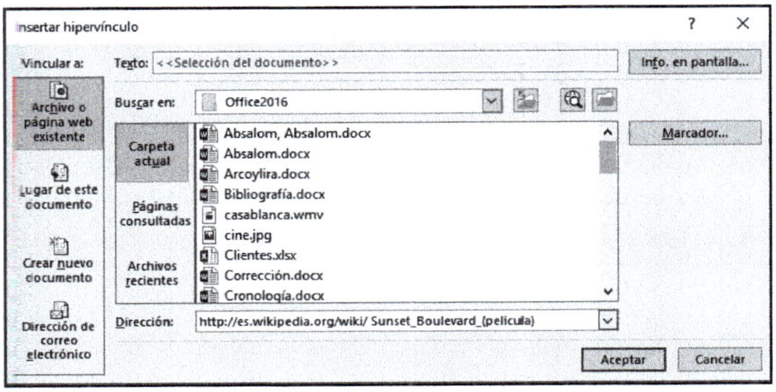

14. Para comprobar el efecto de este hipervínculo, active la ficha *Presentación con diapositivas* y pulse el comando *Desde la diapositiva actual*.

15. Cuando se abra la presentación, coloque el ratón sobre el sol y verá que el puntero se trasforma adquiriendo forma de mano. Una etiqueta emergente mostrará la dirección del sitio web al que se vinculará esta diapositiva. Haga clic sobre la forma de sol.

16. Verá que de forma automática se abre el explorador de Internet con una página que contiene toda la información necesaria sobre la película a la que corresponde la diapositiva número 6. Cierre la ventana del navegador haciendo clic en el botón de aspa de su *Barra de título*.

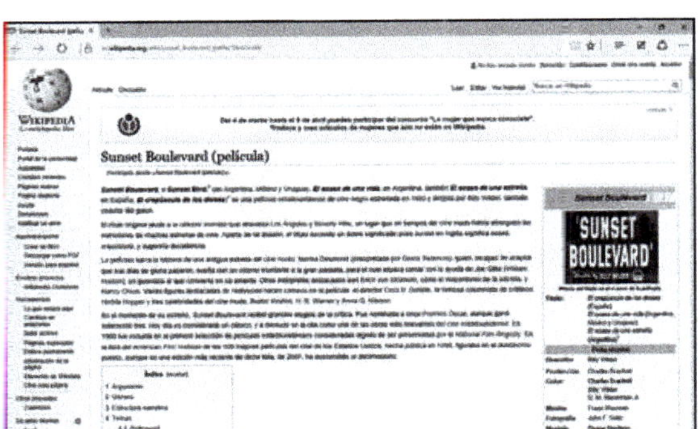

17. A continuación pulse la tecla *Escape* para salir de la presentación y guarde los cambios realizados haciendo clic sobre el icono *Guardar* de la *Barra de herramientas de acceso rápido.*

PRÁCTICA

Sitúese en la última diapositiva de la presentación y agregue un botón de acción que le lleve hasta la primera diapositiva. Para ello, antes trace una forma de la categoría Botones de acción. Seguidamente, elija alguno de los elementos incluidos en sus diapositivas y enlácelo a una dirección web.

7.22 Añadir sonidos a la presentación

El sonido en PowerPoint tiene dos tratamientos: los efectos sonoros que pueden aplicarse en la transición de diapositivas o los archivos de sonido que se insertan en una diapositiva para que se reproduzcan nada más visualizarse dicha diapositiva o bien cuando se indique.

El programa nos permite insertar en las diapositivas un sonido que tengamos almacenado en el equipo o grabar sonidos para luego añadirlos a la presentación. En la versión 2016 de PowerPoint ha sido eliminado el comando Audio en línea, que permitía insertar sonidos procedentes de la web.

1. En este ejercicio, agregaremos uno de los archivos de sonido disponibles en la Galería multimedia de sonidos a una de las diapositivas de nuestra presentación. La herramienta que nos permite insertar un sonido en una diapositiva se encuentra en la ficha *Insertar* de la *Cinta de opciones*, por tanto, haga clic en dicha pestaña.

2. Tanto el sonido como las películas se consideran clips multimedia. En esta presentación haremos que el sonido se reproduzca nada más comience la presentación, por lo que será necesario insertar este clip multimedia en la primera diapositiva. Haga clic sobre la diapositiva número 1 en el *Panel de diapositivas*.

3. A continuación despliegue el comando *Audio* del grupo de herramientas *Multimedia* y haga clic sobre la opción *Audio en Mi PC*

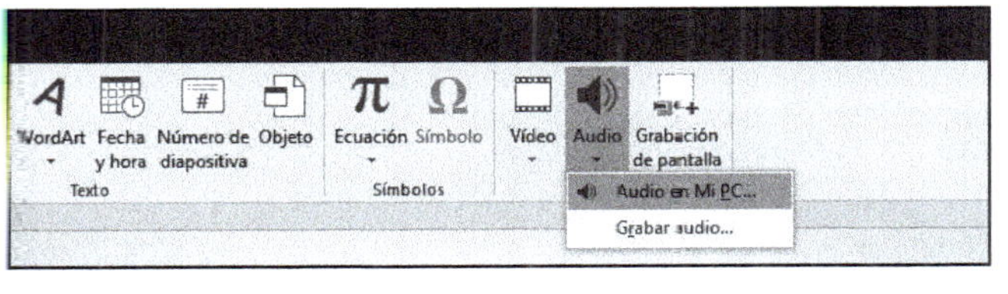

4. Si usted dispone de un micrófono debidamente instalado y configurado en su equipo, puede utilizar la opción *Grabar audio* para realizar una narración del contenido de la presentación. Se abre la ventana *Insertar audio*, en la cual debe localizar el archivo de sonido que desea agregar a la presentación. Le instamos a que utilice un archivo de sonido propio o que descargue de forma gratuita con el código de acceso proporcionado en la primera página del libro el sonido *Cantos.mp3*. Una vez haya decidido con qué material trabajará, selecciónelo en esta nueva ventana y haga clic en *Insertar*.

5. El icono que representa el archivo de sonido se ha insertado en el centro de la diapositiva a modo de objeto. Haga clic sobre él y desplácelo a un lateral de la diapositiva.

6. Junto con este icono se ha activado la ficha contextual *Herramientas de audio*. Ahora configuraremos el audio para que se reproduzca automáticamente al iniciar la presentación y especificaremos que se oculte el icono del audio durante la misma. Despliegue el comando *Iniciar* y, de las opciones que se despliegan, seleccione *Automáticamente*.

7. A continuación despliegue el comando *Volumen* y, del menú que aparece, seleccione la opción *Medio*.

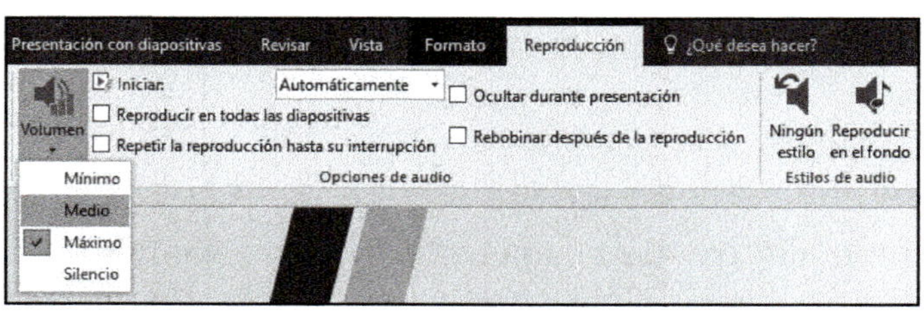

8. Por último, active la casilla de verificación *Ocultar durante presentación* para que el audio se ejecute tal y como hemos configurado pero el icono que lo representa quede oculto.

9. Ahora comprobaremos que el sonido se reproduce tal y como hemos configurado cuando ejecutamos la presentación. En esta ocasión, utilice el icono situado en la *Barra de herramientas de acceso rápido*, el cuarto empezando por la izquierda.

10. Efectivamente el sonido se reproduce automáticamente y el icono con el altavoz queda invisible. Pulse la tecla *Escape* para salir de la presentación y guarde los cambios realizados haciendo clic en el botón *Guardar* de la *Barra de herramientas de acceso rápido*.

PRÁCTICA

Sitúese en la primera diapositiva de la presentación e inserte un clip de audio de manera que se reproduzca automáticamente cuando empiece la presentación. Además, configure el programa para que el icono no se muestre en la diapositiva.

7.23 Reproducir música en segundo plano

Powerpoint permite reproducir música de fondo en segundo plano durante toda la presentación de diapositivas. El programa permite utilizar un archivo de audio almacenado en su equipo, así como canciones de Internet, en cuyo caso es recomendable descargar dicho tema y guardarlo en el disco duro del ordenador.

Algunos de los formatos de audio compatibles con PowerPoint 2016 son los siguientes: AIFF, AU, MIDI, MP3, MPEG-4 - Advanced Audio Coding, archivo de audio de Windows (.wav) y archivo de Windows Media Audio (.wma). Aun así, aunque un archivo de audio o vídeo tenga una de las extensiones de archivo mencionadas, es posible que no se reproduzca correctamente si no está instalada la versión adecuada del códec o si el archivo no está programado con un formato que su versión de Windows reconoce.

1. En este sencillo ejercicio le mostraremos cómo ajustar las características de un sonido para que este se reproduzca en un segundo plano mientras los espectadores visualizan la presentación. Para ello, nos basaremos en el mismo sonido insertado en el ejercicio anterior, aunque si lo prefiere, puede eliminarlo y utilizar otro sonido distinto. Para eliminar el sonido, sencillamente selecciónelo con un clic de ratón y pulse la tecla *Suprimir*.

2. Si desea mantener el sonido existente, selecciónelo para empezar el proceso y haga clic en la ficha contextual *Reproducción*.

3. La función que nos interesa en este caso es *Reproducir en el fondo*, la cual nos permitirá que el tema elegido se reproduzca en un segundo plano durante toda la presentación. Pulse sobre este comando en el grupo de herramientas *Estilos de audio*.

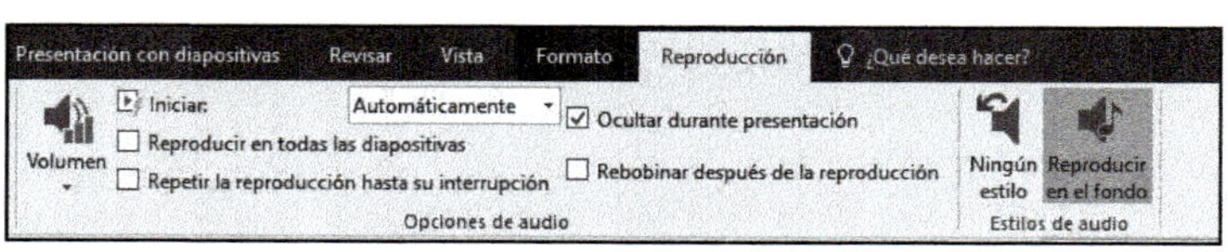

4. Para comprobar el resultado, como ya es habitual, sitúese en la pestaña *Presentación con diapositivas* y pulse sobre el comando *Desde el principio* en el grupo de herramientas *Iniciar presentación con diapositivas*.

5. Al insertar imágenes y archivos de audio y vídeo en una presentación, esta puede aumentar su tamaño considerablemente. Por esta razón, queremos mostrarle cómo comprimir los archivos de audio utilizados. Pulse en la pestaña *Archivo* y, en el comando *Información*, haga clic sobre el comando *Comprimir medios*.

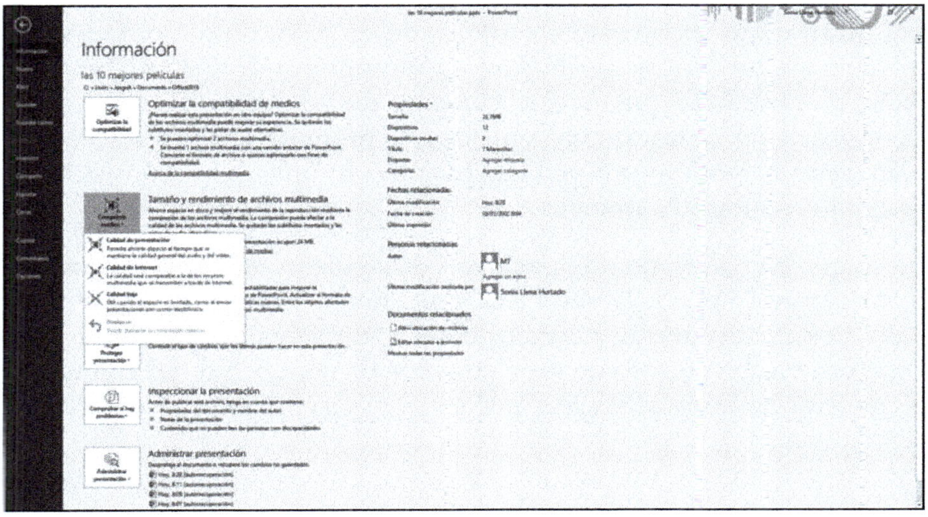

6. PowerPoint proporciona tres tipos de compresión según la calidad elegida: de presentación, de Internet y baja. Debajo de cada una de ellas se muestra una descripción de la misma. Elija la que se adecue a sus necesidades y la compresión empezará automáticamente.

7. Una vez terminado el proceso, pulse el botón *Cerrar* y vuelva a la presentación pulsando sobre la pestaña *Inicio*.

PRÁCTICA

Inserte un nuevo sonido en su presentación o trabaje con el archivo utilizado en la lección anterior para conseguir que el sonido se reproduzca como música de fondo durante toda la presentación.

7.24 Añadir transiciones entre diapositivas

El objetivo principal de PowerPoint suele ser casi siempre crear presentaciones que serán expuestas ante un público. Este programa de Microsoft está muy extendido tanto a nivel académico como profesional para presentaciones de trabajos, proyectos, conferencias, clases o seminarios. Las presentaciones se utilizan como apoyo visual y gráfico de los discursos y por tanto una presentación sin un orador que la vaya explicando no sirve de mucho. Por esa razón, no hace falta que en el documento de PowerPoint esté presente toda la información, se trata justamente de una presentación esquemática de todas las ideas de modo que el público pueda ir siguiendo la exposición sin perder el hilo en ningún momento.

El espacio que hay entre una diapositiva y la siguiente se denomina transición. Esta transición puede llevarse a cabo mediante un corte seco, un fundido o distintos efectos que PowerPoint pone a su disposición. Estos efectos, igual que ocurre con el resto de los elementos tienen que ser coherente con el tono general de la presentación, por eso hay efectos sobrios, divertidos, impactantes, etc.

1. En este ejercicio, aprenderemos a aplicar un efecto de transición a las diapositivas de una presentación. Cada vez que se aplica una transición a una diapositiva, la transición se referirá al paso de la diapositiva anterior a la actualmente seleccionada. Si como en este caso, se trata de la primera, nos referiremos al modo en el que entra la primera diapositiva en pantalla. Para empezar, con la diapositiva número 1 seleccionada, active la ficha *Transiciones* de la *Cinta de opciones*.

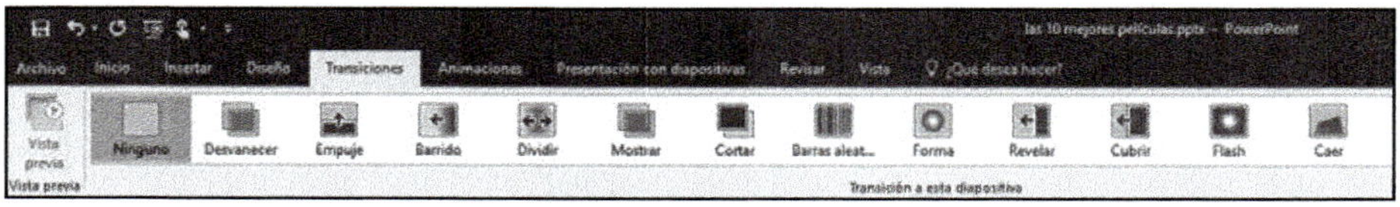

2. PowerPoint 2016 ofrece una gran variedad de efectos de transición entre diapositivas, y también la posibilidad de configurar personalmente cada uno de estos efectos. Puede modificar la duración de una transición, sus efectos, seleccionar o añadir un sonido que se reproduzca durante la transición. Puede especificar cuánto tiempo quedará fija una diapositiva antes de avanzar. Puede añadir y modificar imágenes y vídeos. Todo de manera sencilla y muy intuitiva, desde los comandos ubicados en la *Cinta de opciones*. Primero, co-

menzaremos aplicando una de las transiciones predeterminadas del panel de estilos rápidos. Haga clic en el botón *Más* del panel de estilos rápidos del grupo de herramientas *Transiciones a esta diapositiva*.

3. Se despliega así un panel con multitud de efectos disponibles, organizados por categorías. Como utilizaremos distintas transiciones para cada una de las diapositivas, comenzaremos por una sencilla, como *Desvanecer*. Haga clic sobre el diseño *Desvanecer* de la categoría *Sutil*.

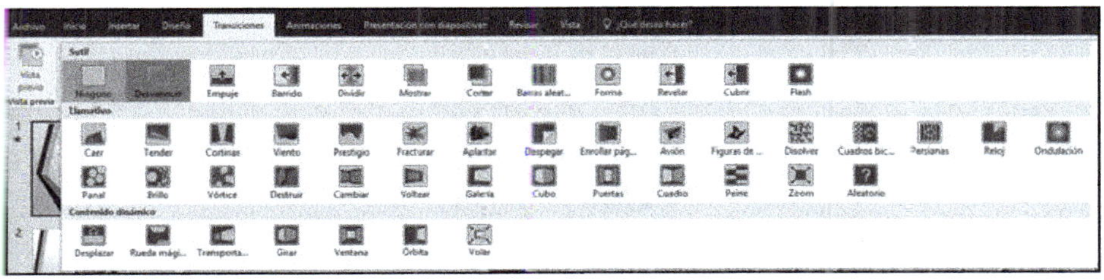

4. En cuanto haga clic sobre la opción deseada, visualizará el efecto en una vista previa y después se volverá a mostrar la diapositiva tal y como se ha mostrado hasta ahora. Sin embargo, fíjese que el comando *Opciones de efecto* se encuentra activo ahora que hay un efecto de transición aplicado. Despliegue este comando y seleccione la denominada *En negro*.

5. A continuación, aplicaremos un efecto de transición más visual e impactante a las transiciones de las diapositivas de las películas. Aplicaremos un mismo efecto a todas ellas y posteriormente aplicaremos uno diferente a la diapositiva final del índice. Para empezar, haga clic sobre la diapositiva número 2 en el *Panel de diapositivas*, pulse la tecla *Mayúsculas*, utilice la *Barra de desplazamiento vertical* para localizar la número 11 y haga clic sobre ella.

6. Se encuentran así en este momento el rango de diapositivas 2-11 seleccionadas y cualquier modificación que realicemos en estos momentos se aplicará a todas ellas. Vuelva a hacer clic sobre el botón *Más* del panel de transiciones, sitúe el puntero del ratón sobre la denominada *Vórtice*, dentro de la categoría *Llamativo*, y, tras leer la descripción del efecto en la etiqueta emergente, haga clic sobre él para aplicarlo.

7. Con todas las diapositivas aún seleccionadas despliegue el comando *Opciones de efectos* y seleccione la opción *Desde abajo*.

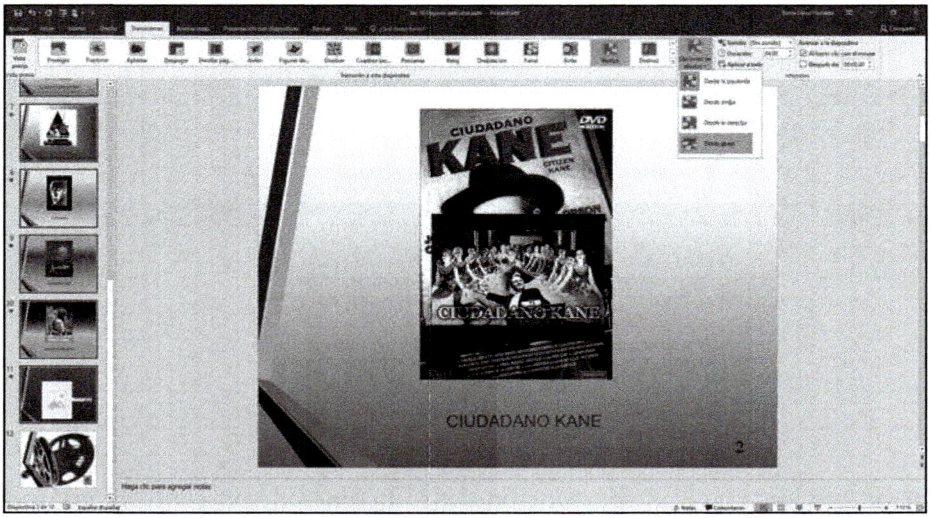

8. Por último aplicaremos un efecto de transición diferente a la última diapositiva. Haga clic sobre ella para seleccionarla y vuelva a hacer clic sobre el botón *Más* para abrir el panel de estilos de transiciones.

9. En esta ocasión seleccionaremos uno de los efectos de la categoría *Contenido dinámico*, por ejemplo *Rueda mágica*. Haga clic sobre dicha opción para seleccionarla y aplicarla sobre la última diapositiva.

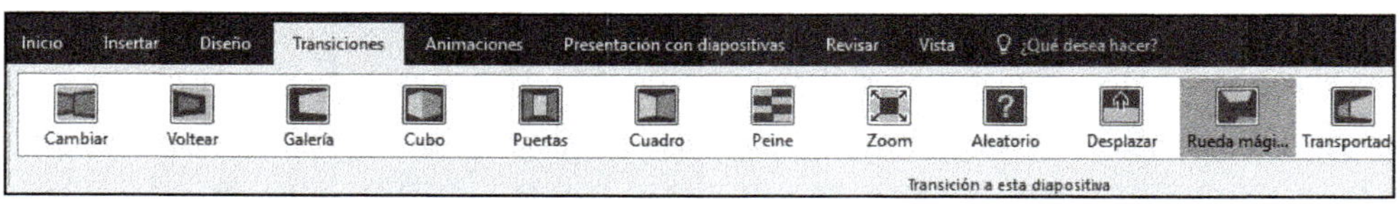

10. El efecto ya está aplicado, como habrá podido ver en la vista previa que se activa directamente cuando selecciona el efecto. Ahora, con la diapositiva número 12 seleccionada, despliegue el comando *Opciones de efecto* y seleccione *Desde la izquierda*.

11. A continuación despliegue el comando *Sonido* y, de las opciones que aparecen, seleccione *Aplauso*.

12. Seleccione todas las diapositivas del *Panel de diapositivas* utilizando la tecla *Mayúsculas* y desactive la opción *Al hacer clic con el mouse* del grupo de herramientas *Intervalos*.

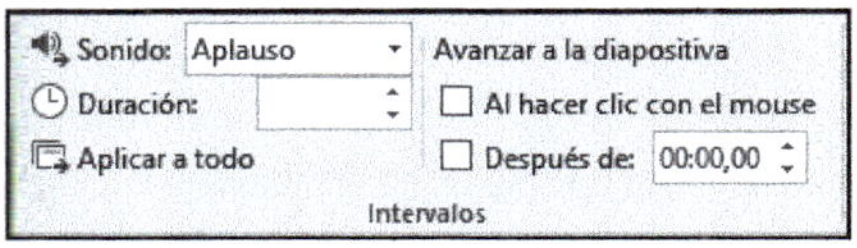

13. Con las diapositivas aún seleccionadas, introduzca el valor 1 en el campo *Duración* del grupo de herramientas *Intervalos*.

14. Para acabar con esta lección, visualizaremos los efectos de transición que hemos aplicado ejecutando la presentación. Active la pestaña *Presentación con diapositivas* haciendo clic sobre la pestaña del mismo nombre y pulse sobre el botón *Desde el principio*.

15. Utilice las teclas de dirección o la tecla *Retorno* para pasar de una diapositiva a otra.

16. Cuando haya acabado la presentación, guarde los cambios realizados haciendo clic sobre el botón *Guardar* de la *Barra de herramientas de acceso rápido*.

PRÁCTICA

Empiece a preparar su presentación para que pueda ser mostrada en público de un modo ágil y profesional. Añada transiciones entre las diapositivas, editando las opciones del efecto aplicado.

7.25 Realizar pruebas de temporización

Una vez aplicados los efectos de transición, es posible probar los intervalos de tiempo entre diapositivas. Si se desea, se puede aplicar un lapso de tiempo distinto para cada avance de diapositiva.

Una vez hayamos insertado toda la información que formará parte de la presentación, es necesario especificar cómo queremos que se visualice, es decir, configurar las características de la presentación en sí. Se trata de definir el modo en el que se pasará de una diapositiva a la otra como ya hemos visto en la lección anterior, la duración de cada una de ellas, etc.

1. En este ejercicio aprenderemos a modificar el intervalo de tiempo entre diapositivas mediante las pruebas de temporización. Para empezar, active la ficha *Presentación con diapositivas* y haga clic en el botón *Configuración de la presentación con diapositivas* del grupo de herramientas *Configurar*.

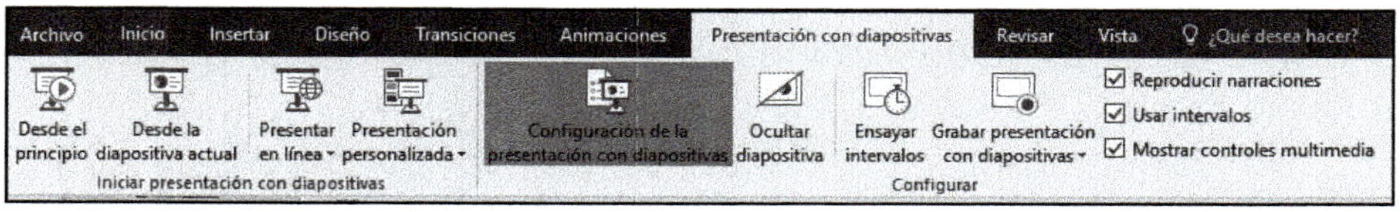

2. Se abre así el cuadro *Configurar presentación* donde podemos cambiar el tipo y las opciones de presentación, el modo en que se muestran y avanzan las diapositivas y la resolución de las mismas. Marque la opción *Desde* del apartado *Mostrar diapositivas* e introduzca el número *6* en el primero de los campos de texto.

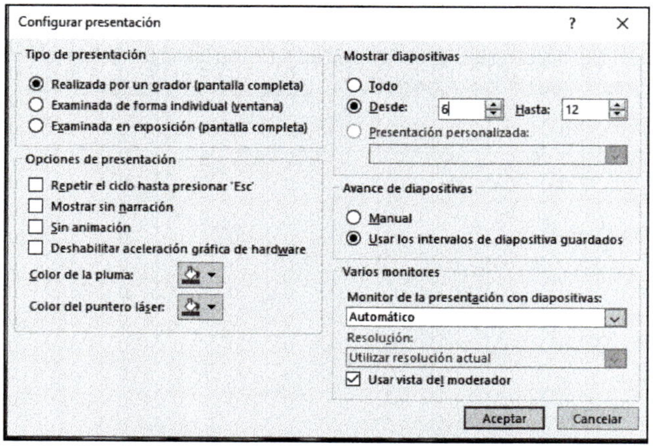

3. En el campo *Hasta*, inserte el valor *7* y pulse el botón *Aceptar* para guardar los cambios realizados en este cuadro y volver a la presentación.

4. Haga clic sobre el comando *Ensayar intervalos* del grupo de herramientas *Configurar*.

5. Se abre así la presentación con las diapositivas que hemos marcado en el cuadro *Configurar presentación* con una barra activa en la parte superior izquierda. En la barra *Ensayo*, pulse el botón de punta de flecha hacia la derecha cuando el cronómetro muestre el tiempo 10 segundos.

6. Cuando se muestre la siguiente diapositiva, pulse en el centro de la misma con el botón derecho del ratón y, en el menú contextual que aparece, haga clic sobre la opción *Fin de la presentación*.

7. Al detener la presentación, PowerPoint nos indica su duración y nos pregunta si queremos guardar los nuevos intervalos para utilizarlos cuando volvamos a reproducirla. En este caso, pulse el botón *Sí*.

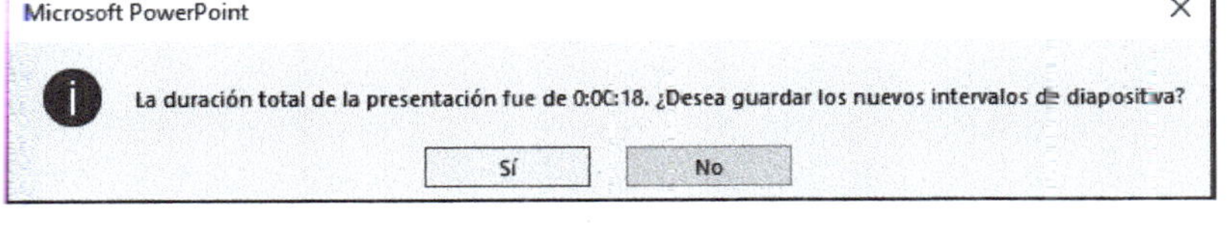

8. Ahora volveremos al cuadro de configuración de la presentación para indicar que esta arranque desde la primera diapositiva. Haga clic en el comando *Configuración de la presentación con diapositivas*.

9. De nuevo en el cuadro *Configurar presentación*, marque la opción *Todo* del apartado *Mostrar diapositivas* y haga clic en *Aceptar*.

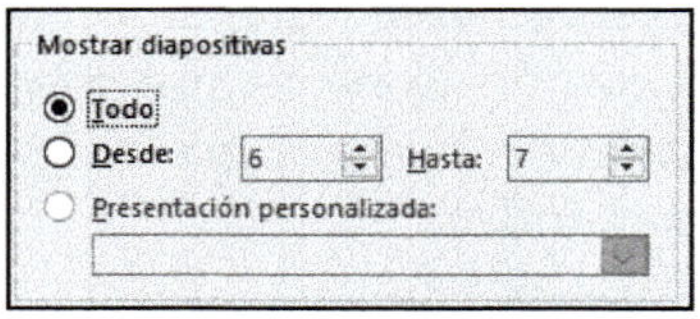

10. Para comprobar que efectivamente hemos modificado el tiempo de duración de la diapositiva número seis, haga clic sobre ella para seleccionarla y pulse sobre el botón *Desde la diapositiva actual* del grupo de herramientas *Iniciar presentación con diapositivas*.

11. Cuando haya acabado de comprobar la duración de dicha diapositiva pulse la tecla *Escape* para cerrar la presentación y guarde los cambios realizados para acabar con esta lección.

PRÁCTICA

Realice un ensayo de intervalos en su presentación. Elija un par de diapositivas y utilice el comando apropiado para realizar el ensayo. Indique que entre las dos diapositivas seleccionadas deben pasar 10 segundos.

7.26 Conocer la vista Moderador

La vista Moderador de PowerPoint permite ver las notas en su monitor mientras el público solo ve la diapositiva. Desde la versión anterior de la suite, la versión 2013, ya no es necesario utilizar dos monitores para realizar pruebas en esta vista. Aun así, si el usuario desea conectar dos monitores, la configuración de los mismos se lleva a cabo automáticamente.

Para determinar manualmente qué equipo mostrará sus notas en la vista Moderador y cuál se orientará al público, en la vista Presentación de diapositivas, en la barra de tareas, encima de la Vista moderador, haga clic en Mostrar configuración y luego en Intercambiar Vista Moderador y Presentación de diapositivas.

1. Vamos a suponer que solo disponemos de un monitor en el que se proyecta la presentación y deseamos activar la vista *Moderador*. Veamos cómo debemos proceder para hacerlo. Active la vista *Presentación con diapositivas*; en este caso, pulse sobre el cuarto de los iconos de vista de la *Barra de estado* del programa.

2. Una vez iniciada la presentación, dirija el puntero del ratón hacia la parte inferior izquierda de la pantalla y, cuando aparezca la barra de comandos, pulse sobre el que muestra unos puntos suspensivos.

3. Se despliega un menú con distintas opciones. En este menú, haga clic sobre la opción *Mostrar vista moderador*.

4. Esta es la vista *Moderador*, vista que, de tener dos monitores, podría mostrarla en uno de ellos para que el público viera solo la presentación. En la zona más amplia de esta vista puede ver la diapositiva que está mostrando en estos momentos y en la parte derecha, la diapositiva siguiente. De esta manera puede ir comprobando la sucesión de la presentación. Además, si dispusiera de notas en sus diapositivas, estas se mostrarían en el espacio destinado a ellas en la parte derecha de la vista. En la parte inferior de la zona central puede ver una serie de iconos. El primero permite elegir entre distintos punteros para señalar o escribir en las diapositivas a medida que realiza la presentación. El segundo, visualizar todas las diapositivas. Haga clic sobre este comando.

5. La vista cambia para mostrar la totalidad de las diapositivas. (Vea la imagen adicional *7.28-001*.) Este modo de visualización en miniaturas posibilita acceder a una diapositiva específica durante la presentación. Pulse sobre el icono que muestra una flecha que señala hacia la izquierda para volver a la vista normal.

6. El siguiente comando permite aplicar un zoom sobre la diapositiva actual, mientras que el cuarto convierte la diapositiva en negro. El último de

los comandos contiene un menú con otras opciones para la presentación. Los controles de reproducción de la parte inferior de la vista permiten avanzar y retroceder por la presentación. Haga clic sobre la punta de flecha que señala hacia la derecha.

7. Para salir de la vista *Moderador* puede utilizar el comando *Finalizar presentación* situado en la parte superior de la pantalla. Haga clic sobre este comando y dé así por finalizado este ejercicio.

PRÁCTICA

Descubra las posibilidades de exposición que proporciona la vista Moderador de PowerPoint. Acceda a esta vista y explore las opciones situadas en la parte inferior de la diapositiva en exposición. Acceda a la vista que le permite ver todas las diapositivas en un único espacio y acceder a una de ellas en concreto cuando lo desee. Salga de esta vista mediante el comando pertinente.

7.27 Crear presentaciones personalizadas

Se entiende por presentación personalizada aquella que ha sido creada para una audiencia o un público determinados a partir de una presentación destinada a un público en general. Podemos crear una presentación personalizada utilizando algunas de las diapositivas de una presentación.

Dicho esto, es importante que recuerde que una presentación personalizada está formada a partir de otra y, sobre todo, que cuando la reproduzca, solo se verán las diapositivas que se hayan seleccionado para tal fin.

1. En este ejercicio, aprenderemos a crear una presentación personalizada a partir de nuestra presentación *Las 10 mejores películas*. Para empezar, haga clic sobre la pestaña *Presentación con diapositivas* de la *Cinta de opciones*.

2. Despliegue el comando *Presentación personalizada*, el que muestra una pantalla y tres diapositivas en el grupo de herramientas *Iniciar presentación con diapositivas*, y pulse sobre la opción *Presentaciones personalizadas*.

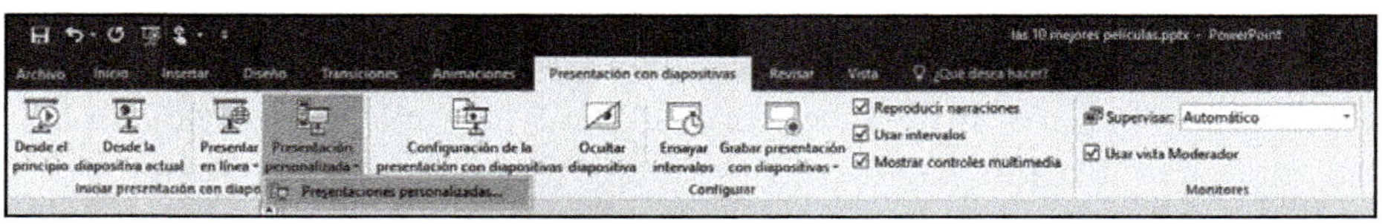

3. Se abre el cuadro de diálogo *Presentaciones personalizadas*, donde se listan este tipo de presentaciones. En este caso, como todavía no hemos creado ninguna, la lista está vacía. Haga clic sobre el botón *Nueva*.

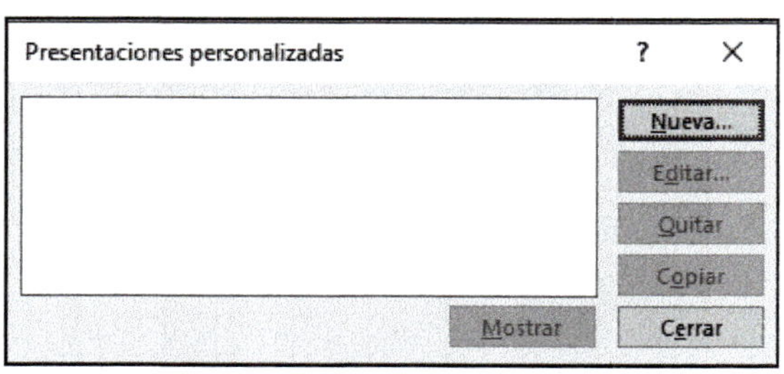

4. Se abre así el cuadro *Definir presentación personalizada* y, en él, lo primero que debemos hacer es definir qué diapositivas formarán la presentación

personalizada. En el cuadro *Diapositivas de la presentación,* haga clic sobre las diapositivas 3, 6, 7 y 10 y pulse sobre el botón *Agregar*.

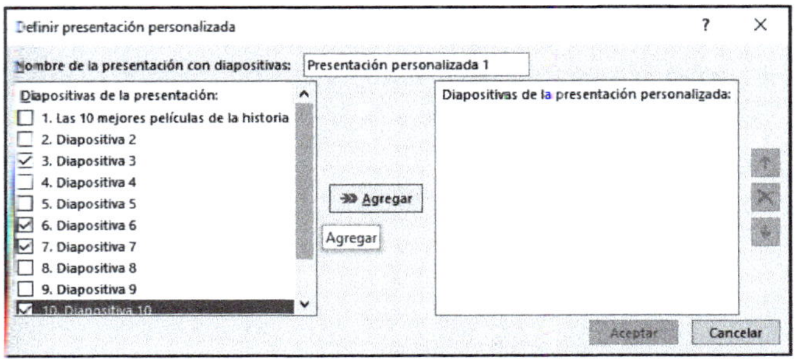

5. Compruebe que se visualizan dos columnas de números, la de la izquierda correspondiente a la numeración de la presentación original y en la derecha, la nueva numeración. Ahora haga clic dentro del cuadro de texto *Nombre de la presentación con diapositivas* para seleccionar el nombre predeterminado y escriba la palabra *Resumen* como nuevo nombre de la presentación personalizada.

6. Si deseara cambiar el orden predeterminado de las diapositivas en la nueva presentación, debería seleccionarlas y pulsar los botones de flecha que se encuentran a la derecha del cuadro *Diapositivas de la presentación personalizada*. En la columna de la derecha, haga clic sobre la primera diapositiva, la diapositiva número 3.

7. Verá que al seleccionarla se activan los botones de flecha que se encuentran a la derecha. Haga clic una vez sobre el botón inferior para que la diapositiva seleccionada se sitúe en segundo lugar.

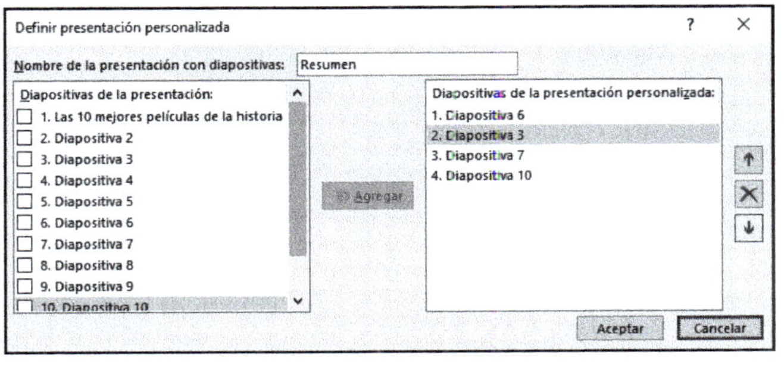

8. Cuando tenga el orden de diapositivas correctamente configurado haga clic sobre el botón *Aceptar* para salir de este cuadro.

9. Volverá a activarse el cuadro *Presentaciones personalizadas*, donde verá que su nueva presentación personalizada ya está creada. Para ver el resultado, pulse sobre el botón *Mostrar*.

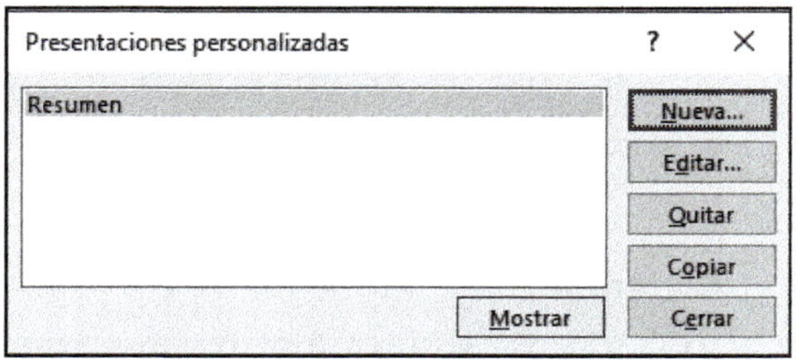

10. La presentación se ejecuta inmediatamente, respetando los intervalos para las transiciones entre cada diapositiva y mostrando los efectos de animación y transición entre diapositivas aplicados en su momento. Fíjese que en esta presentación solamente se muestran las cuatro diapositivas que hemos seleccionado en el cuadro *Definir presentación personalizada*. Cuando finalice la presentación, pulse la tecla *Escape* para salir de ella.

11. Para volver a mostrar esta presentación personalizada, basta con que la seleccionemos en el menú del botón Presentaciones personalizadas. Para

acabar, guarde lo cambios realizados haciendo clic en el botón *Guardar* de la *Barra de herramientas de acceso rápido* y cierre el programa desde el botón de aspa de la *Barra de título*.

PRÁCTICA

Como última práctica en PowerPoint, cree una presentación personalizada a partir de otra existente. Seleccione solo algunas de las diapositivas para generar la nueva presentación, asígnele un nombre e inicie su visualización a pantalla completa.

8. Access 2016

8.1 Crear una nueva base de datos

Access 2016 es uno de los programas que componen la suite de Microsoft Office. Este es un programa orientado al uso y la gestión de bases de datos en entornos personales o de pequeñas empresas. La primera versión apareció en 1994 y, desde entonces, el programa ha conseguido muchísimas mejoras en el ámbito al que está dedicado. Desde la versión Access 2007 el programa ha padecido pocos cambios, pero sustanciosos.

Aunque de ello se hablará en lecciones posteriores, es importante que el usuario conozca y comprenda el nuevo formato de los archivos de Access 2016, pues estos no se pueden abrir con versiones anteriores a 2007. El nombre de la extensión de los archivos es .accdb y, entre otras muchas ventajas, el usuario podrá crear (en lecciones más avanzadas se explicará con detalle) bases de datos web. Pero para llegar hasta aquí, antes tenemos que introducirnos en la creación y elaboración de bases de datos nuevas. De eso trata esta lección.

1. Empezaremos este primer ejercicio dedicado al gestor de bases de datos Access 2016 mostrándole cómo crear una nueva base de datos en blanco. Además de las tradicionales bases de datos, Access permite crear aplicaciones web, es decir, un nuevo tipo de base de datos que se puede usar y compartir con otras personas como aplicación de SharePoint en un explorador web. Para crear una aplicación, sencillamente es preciso seleccionar el tipo de datos de los que quiere hacer el seguimiento (contactos, tareas, proyectos, etc.). Access crea la estructura de base de datos y la completa con vistas que le permitirán agregar y modificar los datos. Para empezar, abra el programa desde el menú Inicio de Windows 10.

2. Como todas las aplicaciones de la suite Office, Access se abre en la vista Backstage, desde la cual iniciaremos el proceso de creación de la nueva base de datos. Seleccione la opción *Base de datos en blanco* dentro de la sección titulada *Plantillas disponibles*, asegurándose que ha elegido *Base de datos en blanco* y no *Base de datos web en blanco*.

3. Es importante la distinción anterior porque, aunque a primera vista no se note la diferencia entre ambas salvo por un icono ubicado sobre la Tabla del Panel de navegación, una prepara los elementos trabajados para la red y la otra, en principio, para uso propio. Así pues, cerciórese de que ha abierto una base de datos en blanco. Una vez seleccionado el icono, haga clic en el botón *Crear*.

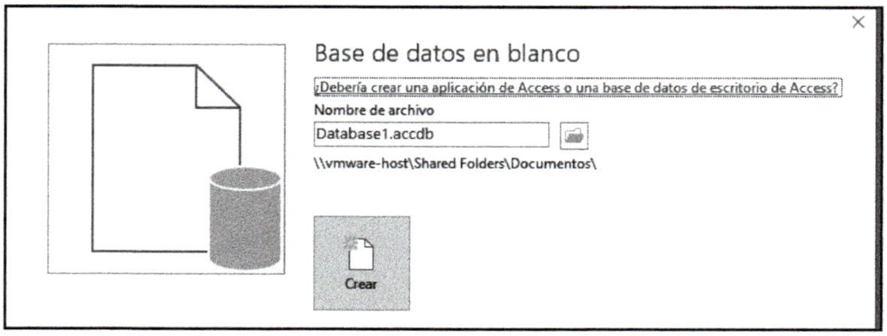

4. Fíjese en que la nueva base de datos creada tiene por nombre *Database1* si es la primera vez que prueba a crear una base de datos en blanco. Sin embargo, a medida que vaya creando bases de datos, y si no las ha eliminado, el nombre que por defecto tendrán variará en el número. Así pues, si abriese tres ventanas nuevas, se nombrarían *Database1, Database2, Database3* respectivamente. Fíjese que se nos muestra el primer objeto con el que suele trabajar para confeccionar la tabla. Compruebe ahora que se ha cargado en la *Cinta de opciones* la ficha contextual *Herramientas de tabla* que, a su vez, muestra dos subfichas: *Campos* y *Tabla*. Conviene fijarse en todo lo que hay en estas subfichas porque nos servirán para posteriores lecciones. En el *Panel de navegación* se muestra seleccionada la opción *Todos los objetos de Access*. Como es la primera base de datos que creamos no hay más que una tabla vacía reflejada en este objeto. Ubicados, pues, lo primero que hay que hacer es guardar la nueva base de datos en nuestro equipo. Haga clic en la pestaña *Archivo*.

5. Si bien es cierto que hay otros modos para guardar las tablas, de los que daremos cuenta a su debido tiempo, seguir los pasos para familiarizarse con

la vista Backstage de la pestaña *Archivo* es importante porque esta nueva herramienta tiene, como se ha visto, ventajas sustanciosas. A continuación, haga clic sobre el comando *Guardar como* y, en la siguiente pantalla, pulse sobre la opción *Guardar base de datos como.*

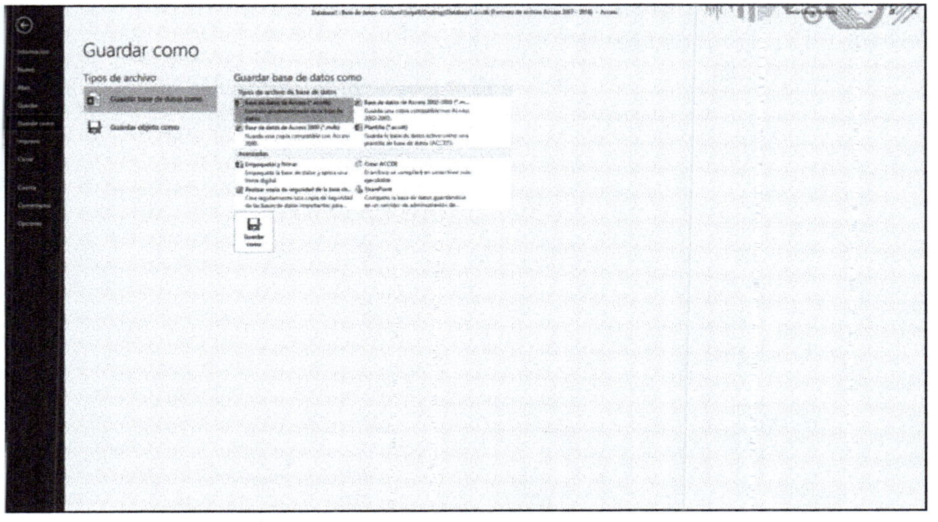

6. Mantenga el formato predeterminado para las bases de datos de Access 2016 y pulse el botón *Guardar como.*

7. De este modo nos aseguramos de guardar toda la base de datos. Es por ello que al pulsar dicho comando nos saldrá una ventana indicando que, para guardarse, debe cerrar todos los objetos que se encuentran abiertos. Haga clic en el botón *Sí* de dicho cuadro de diálogo.

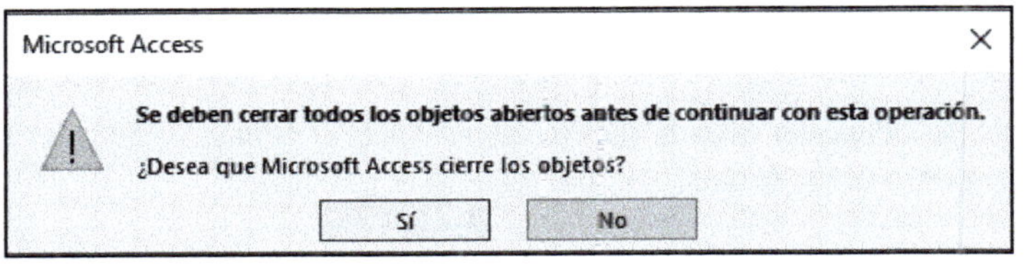

8. Lo que ha ocurrido es que el programa ha cerrado automáticamente el único objeto existente en la nueva base de datos, es decir, la tabla vacía. A continuación se abrirá el cuadro de diálogo *Guardar como*, en el que debemos seleccionar la ubicación en la que guardaremos el archivo y le asignaremos (si queremos) nombre. La base de datos que se creará a partir de la biblioteca

de documentos del equipo, será la misma. Siguiendo al pie de la letra estas lecciones, el usuario acabará confeccionando una filmoteca de series personalizada. Podrá consultar datos de los actores protagonistas, si ha visionado la serie o no, la información básica. Trabajaremos paso a paso a lo largo de las siguientes lecciones para conseguirlo. Para ello, en el campo *Nombre de archivo* escriba el término *Filmoteca de series*.

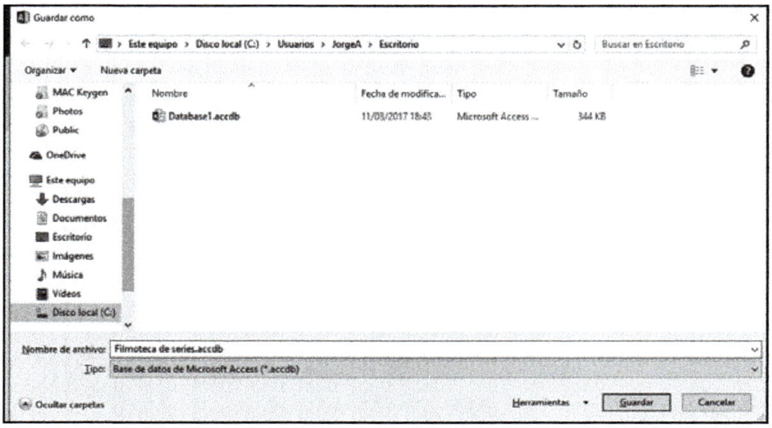

9. Esta será, pues, nuestra base de datos: una filmoteca de series, personalizada. Para que el título quede registrado y podamos empezar con el grueso de las lecciones, haga clic en *Guardar*.

PRÁCTICA

Seleccione la opción Base de datos en blanco dentro de la sección titulada Plantillas disponibles. Haga clic en el botón Crear situado a la derecha de la pantalla.

8.2 Conocer los objetos de una base de datos

Para poder manejar la base de datos con holgura, el usuario deberá familiarizarse con los objetos que Access 2016 tiene disponibles para trabajar con los datos insertados en las tablas. Como es un programa muy completo, contamos con objetos como las Tablas, las Consultas, los Formularios, los Informes, las Macros, los Módulos.

Sin lecciones teóricas como la presente, no habría más que práctica sin explicación. Con lecciones donde solo se ordene pasos no sabríamos, por ejemplo, que las consultas son maneras de buscar y hallar informaciones concretas de los datos guardados en las tablas. Una macro es una acción o conjunto de acciones que se graban con el fin de automatizar tareas. Un módulo es una colección de declaraciones, instrucciones y procedimientos almacenados juntos como una unidad con nombre. Todo esto se irá conociendo poco a poco.

1. Para conocer los objetos de la base de datos es importante tener una base de datos ya hecha. En esta lección nos aproximaremos a las herramientas básicas que ayudan a confeccionar y trabajar con las bases de datos. Es por eso que, si no tiene ninguna, puede descargar de forma gratuita con el código de acceso proporcionado en la primera página del libro el archivo *Quesos.accdb*. De este modo podrá trabajar sobre ella y practicar las veces que haga falta siguiendo las instrucciones que iremos bosquejando. Una vez disponga de ella, pulse el botón *Archivo*, haga clic en el comando *Abrir* y pulse sobre la opción *Examinar*.

2. En el cuadro de diálogo *Abrir*, localice el archivo *Quesos* y haga doble clic sobre él.

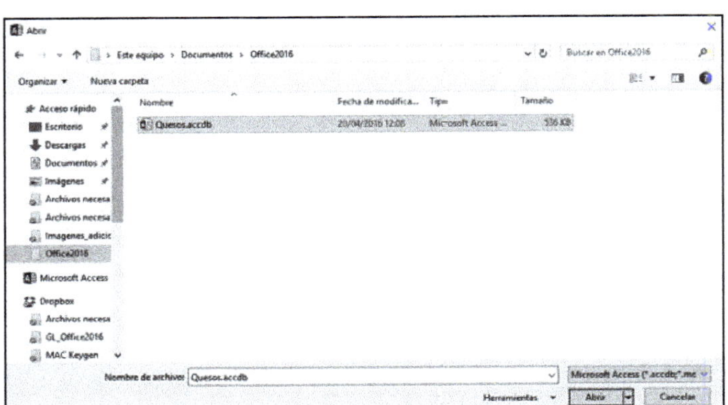

3. En el *Panel de navegación* despliegue el vínculo Tablas y haga doble clic sobre la tabla denominada *Quesos1*.

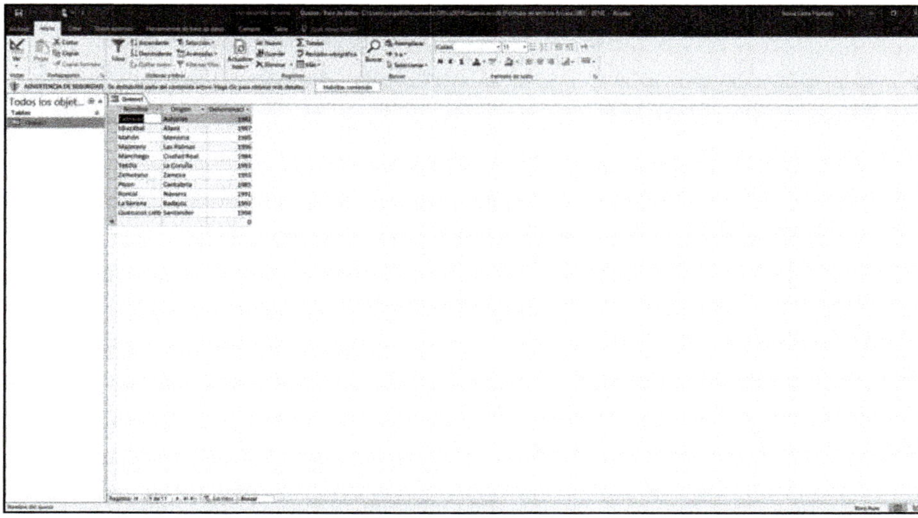

4. Acto seguido aparecerá la base de datos *Quesos1* en el área de trabajo. Verá, además, que en la *Cinta de opciones* se muestra la ficha contextual *Herramientas de tabla*. ¿Por qué se llama tabla? Porqué está organizada en columnas y filas en las que se distribuyen los registros. Haga clic sobre la pestaña *Crear* de la *Cinta de opciones*.

5. Los informes sirven para presentar los datos organizados y clasificados mediante los criterios establecidos para, así, ser impresos. En el grupo de herramientas denominada *Informes*, haga clic sobre el comando *Informe*.

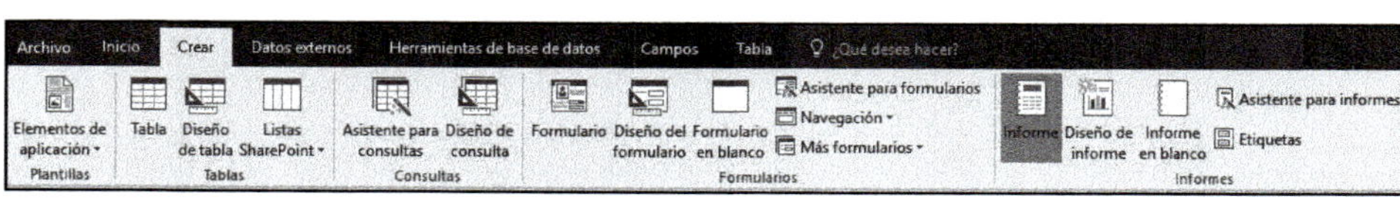

6. El informe aparece en una ficha con su formato predefinido y la ficha contextual. Como el paso anterior era meramente ilustrativo, es decir, tenía como fin mostrar la información presentada como informe, haga clic en el aspa de la *Barra de título*.

7. Si hubiera modificado el documento anterior de algún modo, pulse *No guardar* en la ventana emergente.

8. El formulario es otro de los elementos que componen la base de datos. Este se encuentra también dentro de la pestaña *Crear* de la cinta de Opciones. Haga clic en dicha pestaña.

9. Un formulario es, en resumen, la hoja en la que se muestran diferentes campos dispuestos para introducir la información solicitada. Con el punto anterior hemos dado un paso más para crear un nuevo formulario. De este modo, se habilitará un grupo de herramientas denominado Formularios. Pulse el comando *Asistente para formularios.*

10. Los formularios pueden incluir material gráfico, sonidos, botones de comando. Todo depende del grado de necesidad que el usuario tenga con respecto a su propia base de datos. Y las consultas son, esencialmente, maneras de buscar y hallar información concreta dentro del amalgama de datos almacenados en las bases que pueden proceder de una o varias tablas. Para finalizar la lección, cierre el asistente. Haga clic en el botón *Cancelar*.

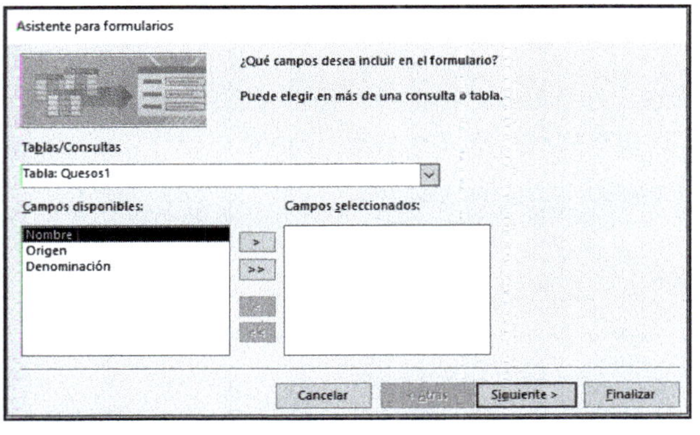

PRÁCTICA

Pulse el botón Archivo y haga clic en el comando Abrir. En el cuadro de diálogo Abrir, localice el archivo Quesos y haga doble clic sobre él. Haga doble clic sobre el nombre Quesos1. Haga clic sobre la pestaña Crear de la Cinta de opciones. En el grupo de herramientas denominada Informes, haga clic sobre la herramienta Informe.

8.3 Crear una tabla desde la vista Hoja de datos

La creación de una tabla es esencial para las bases de datos porque son el único elemento imprescindible. En esta lección centraremos la atención, o empezaremos a centrarla, en la creación de una base de datos que llamaremos *Filmoteca de series*.

Pero antes de poder configurar una base de datos para almacenar y administrar, por ejemplo, los datos de las series o los libros que tenemos, tendremos que empezar a crear las tablas. En esta lección explicaremos cómo se construyen desde cero. Nosotros crearemos dos tablas: *Títulos* y *Actores*.

1. Para la confección de nuestra base de datos titulada *Filmoteca de series*, primero tenemos que crear los elementos de que consta una base de datos. Crearemos, pues, dos tablas dentro del documento *Filmoteca de series*. Para empezar con la lección, abra nuestra base de datos en Access.

2. Nuestro un archivo está vacío, le faltan las tablas para poder crear nuestra filmoteca personal. En este caso la filmoteca de series. Para ello, busque en la *Cinta de opciones* la pestaña *Crear* y haga clic sobre ella.

3. Se abre un grupo de opciones que puede utilizar. En este caso, pretendemos crear una tabla. Así pues, pulse sobre el comando *Tabla*.

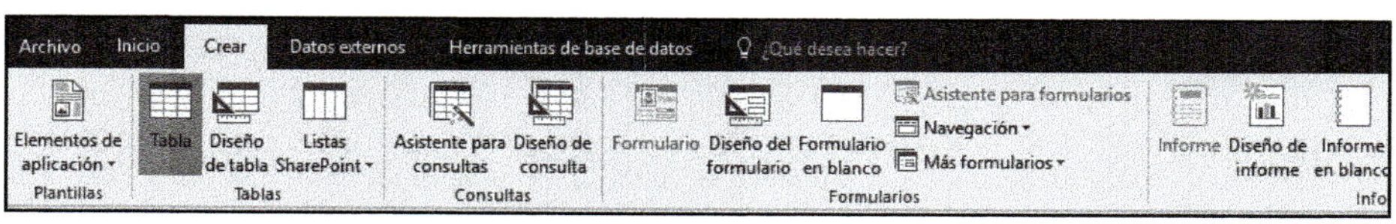

4. En el área de trabajo se desplegará una tabla con el nombre *Tabla1*. Procederemos a cambiar el nombre de los campos y a insertarle, en principio, unos cuantos más para que la tabla quede completa. Para empezar, haga clic con el botón derecho del ratón sobre la pestaña *Id*.

5. De este modo se abre un menú contextual donde el usuario podrá elegir la anchura del campo, el orden, si quiere inmovilizar o liberar los campos o insertar otros campos, eliminarlos y, por fin, cambiar el nombre del campo. Haga clic en la opción *Cambiar nombre de campo*.

6. Lo que ha pasado es que el programa nos permite cambiar el nombre de la pestaña. Escriba el texto *Título serie*.

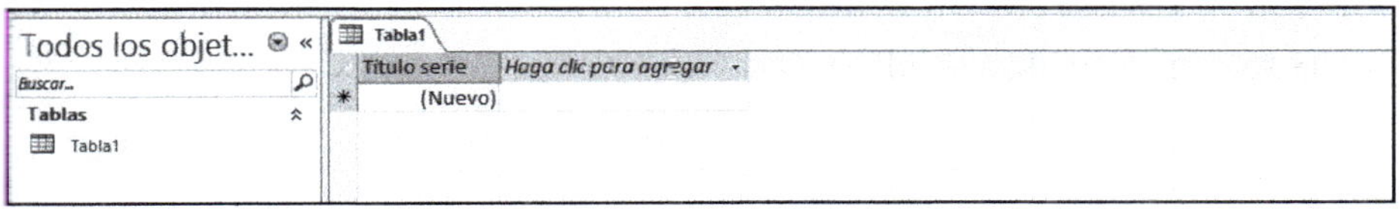

7. Para que el cambio se efectúe puede, o bien pulsar la tecla *Retorno*, o bien situarse con el ratón debajo de la pestaña. De este modo, el cuadro se volverá amarillo y la palabra quedará fija. Bien, procedamos de este último modo: haga clic sobre el campo situado debajo de la pestaña escrita.

8. Necesitamos habilitar más espacios para completar nuestra tabla. Para ello, vuelva a hacer clic con el botón derecho del ratón sobre la pestaña antes trabajada y elija, en esta ocasión, la opción *Insertar campo*.

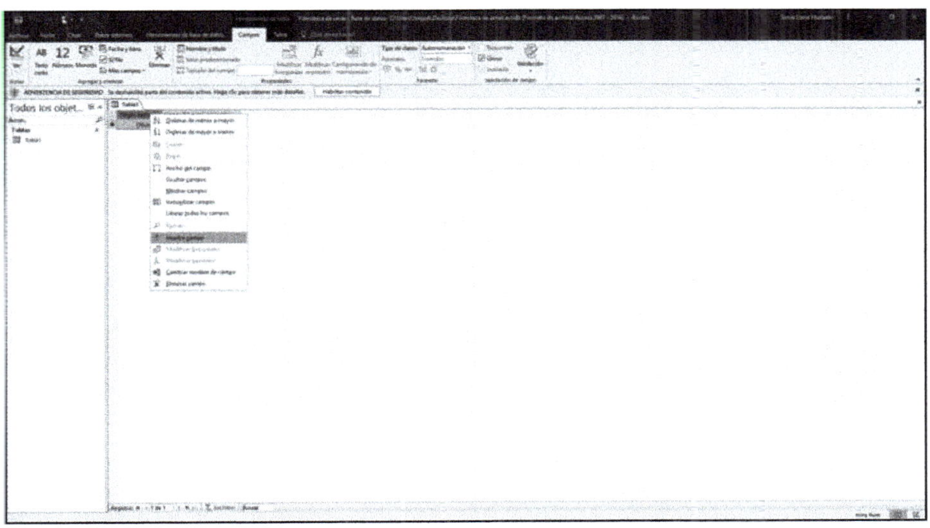

9. Como verá, el campo se coloca en primera instancia, corriendo el anteriormente tratado a la derecha. Nuestro objetivo es escribir en la pestaña una leyenda que sustituya el término "categoría". En este caso, pondremos: *Actor*. Bien, para llegar hasta aquí, haga clic con el botón derecho del ratón sobre la pestaña *campo1* y haga clic sobre la opción *Cambiar nombre de campo*.

10. Escriba, sustituyendo la palabra *campo1*, la palabra *Actor*.

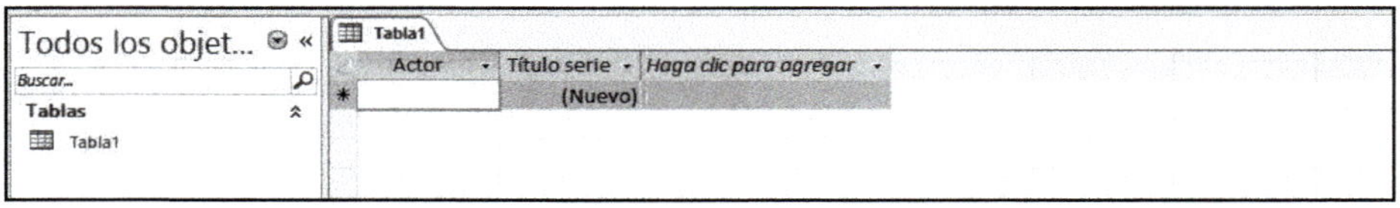

11. Repetiremos el proceso de creación de campo para así tener un lugar donde ubicar la categoría por la que se rigen las series. De este modo, cuando tengamos configurada toda la base de datos, podremos seleccionar si queremos establecer la prioridad o la ordenación por categoría, por el nombre del actor o por el título de serie. Inserte, como hemos hecho hasta ahora, un nuevo campo y cambie el nombre predeterminado por la palabra *Categoría*.

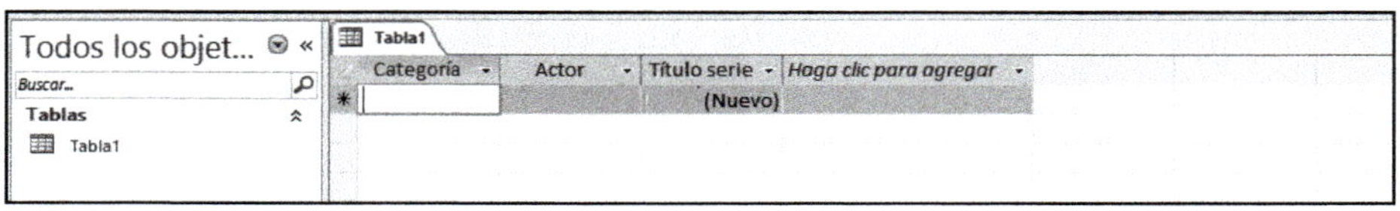

12. Ahora tenemos una tabla algo más completa. Pulse sobre el icono *Guardar* de la *Barra de herramientas de acceso rápido*.

13. Aparece el cuadro de diálogo *Guardar como*. Escriba el término *Tabla de grabaciones*.

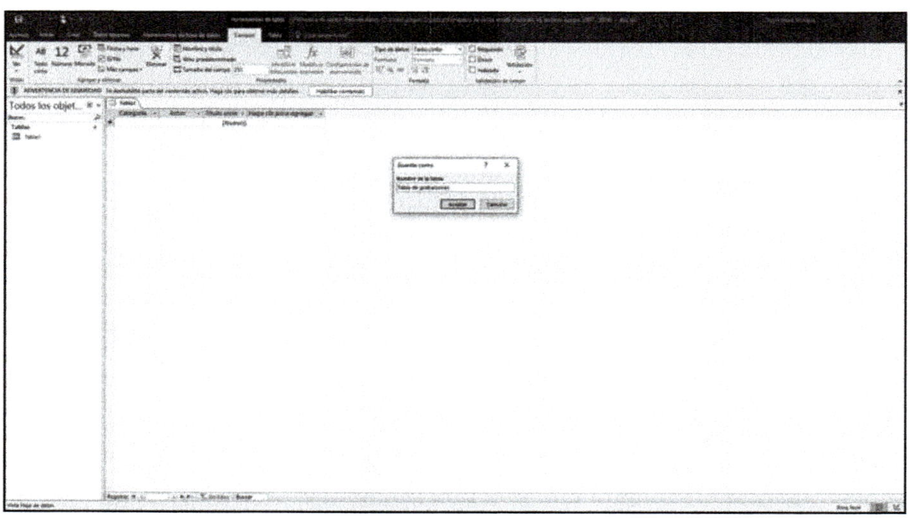

14. Para guardar la tabla y acabar este ejercicio en el que hemos visto cómo crear tablas desde la vista Hoja de datos, haga clic en *Aceptar* y compruebe cómo la nueva tabla con el nuevo nombre se muestra así en el *Panel de navegación*.

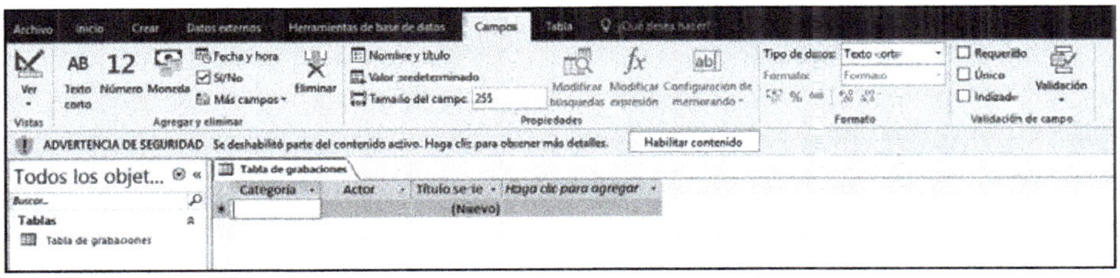

PRÁCTICA

Una vez creada la base de datos, cree una nueva tabla en la cual podrá agregar nuevos campos con denominaciones que le servirán para organizar el contenido. Guarde la tabla con el nombre que desee.

8.4 Definir campos desde la vista Diseño

En esta lección aprenderemos a modificar una tabla existente desde la vista Diseño. Dentro de la vista Diseño, el usuario de Access 2016 encontrará múltiples útiles para configurar su base de datos. Desde la creación del nombre de los campos, la clasificación y su descripción, hasta la definición del tamaño, del formato y de la longitud. En esta lección nos centraremos en la definición de los campos, pero es conveniente ir conociendo estos elementos que se desarrollarán en las siguientes lecciones.

1. Para trabajar desde la vista Diseño tendremos que modificar, como su mismo nombre indica, la vista que nos ofrece la base de datos en que estamos trabajando. Esta es, viniendo de la lección anterior, la tabla *Tabla de grabaciones*. Nuestro objetivo primero, entonces, será dirigirnos a las herramientas de modificación de la vista, que se encuentran indexadas dentro de la subficha *Campos* de la ficha contextual *Herramientas de tablas*. Haga clic en dicha pestaña.

2. Despliegue el comando *Ver* situado en la parte izquierda de la ficha, en el grupo *Vistas*.

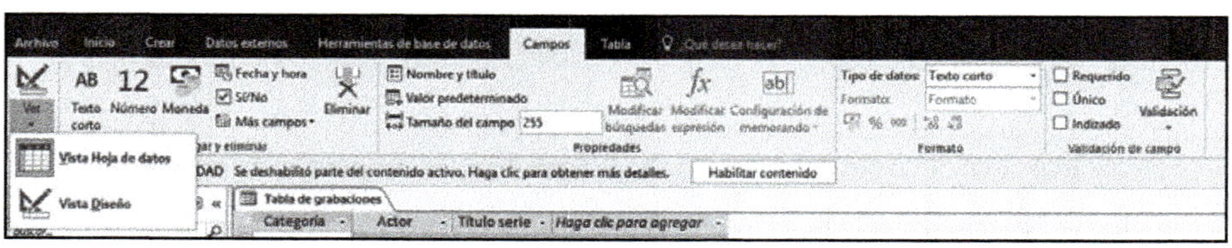

3. Surge así una pestaña con dos opciones: Vista Hoja de datos y Vista Diseño. A nosotros nos interesa esta segunda opción. Haga clic sobre la opción *Vista Diseño*.

4. Al ejecutar el punto anterior, se abre en la tabla una ventana que se distribuye en tres columnas distintas: *Nombre del campo, Tipo de datos, Descripción*. Es en este punto donde empieza la definición de la tabla en la *Vista Diseño*. Los nombres de los tres primeros campos ya están completados, lo hicimos en la lección anterior. Haga clic en la tercera celda de la columna *Tipo de datos*, correspondiente al campo *Título serie*.

5. Bajo el apartado *Tipo de datos* se nos mostrará un amplio abanico de posibilidades: ¿qué tipo de datos almacenará el campo titulado, en este caso, *Título*? Nosotros queremos crear una futura lista alfabética para establecer un orden lógico. Por tanto, buscaremos este dato. Para cambiar el valor de *Autonumeración* a *Texto corto,* que es el que nosotros deseamos, pulse sobre el botón de punta de flecha de este campo.

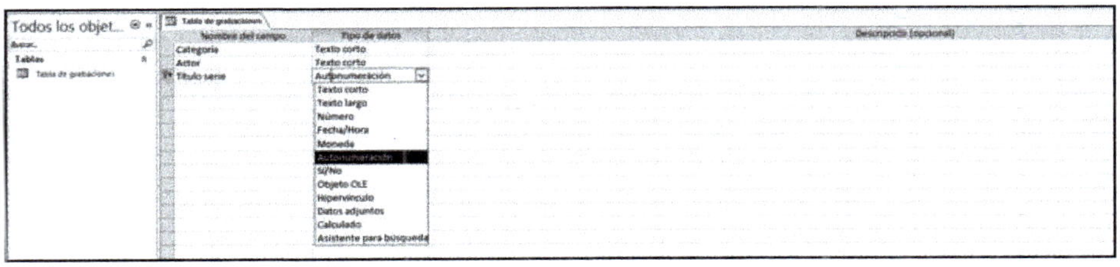

6. Se despliega ahora una serie de campos para elegir. No se preocupe porque iremos hablando de ellos a lo largo de estas lecciones. Haga clic sobre la opción *Texto corto.*

7. Ahora que hemos definido el nombre del campo y el tipo de dato que incluirá o admitirá esta propiedad, nos centraremos en el otro apartado, titulado *Descripción*. Para pasar a esta columna, pulse la tecla *Tabulador*.

8. Como su nombre indica, bajo el lema *Descripción* el usuario puede indicar qué incluirá en este campo. Escriba el texto *Título de la serie* y pulse la tecla *Retorno.*

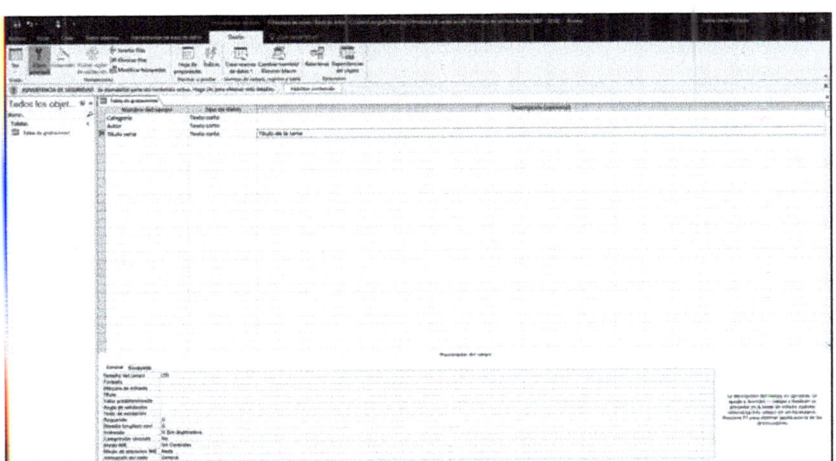

9. Para crear un nuevo campo, pulse dentro de la primera celda vacía de la columna *Nombre del campo* e inserte el término *Cadena*.

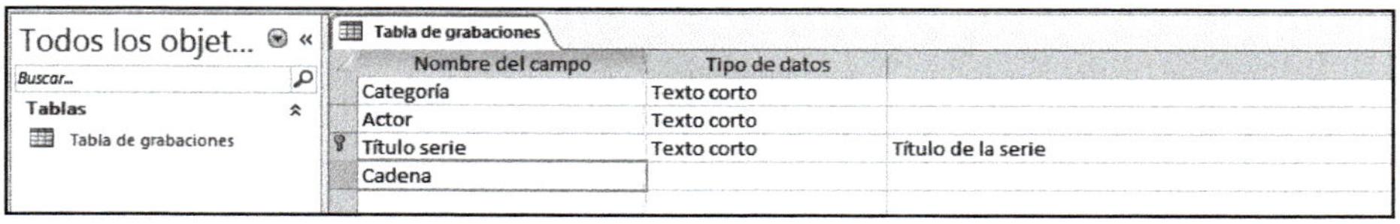

10. Hemos agregado un nuevo campo a la tabla en el que reflejaremos cuál es la cadena que emite la serie que busquemos. Antes de seguir, guarde los cambios.

11. Para cerciorarnos del cambio realizado en esta lección, de cómo hemos definido un campo desde la *vista Diseño,* tenemos que ir a la vista *Hoja de datos*. Es en esa vista donde uno puede ver los cambios realizados. Pues bien, pulse sobre el icono *Ver*, haga clic en la predeterminada Vista Hoja de datos y compruebe que en la *Barra de estado,* la barra ubicada en la parte inferior del área de trabajo, en la izquierda, se lee el término *Título de la serie*.

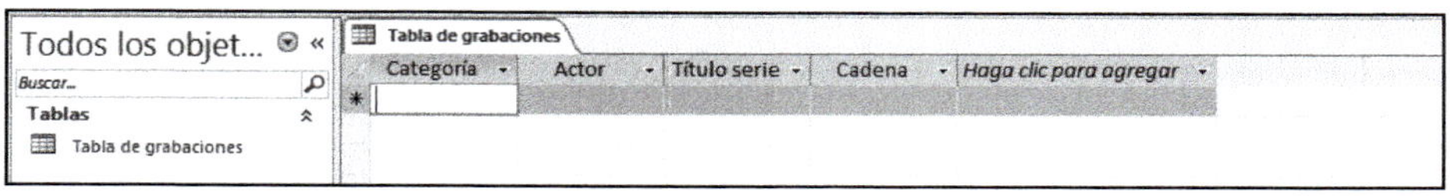

PRÁCTICA

Desde la vista Diseño, defina alguno de los campos existentes de su tabla y agregue un nuevo campo. Regrese, tras guardar la tabla, a la vista hoja de datos para comprobar los cambios.

8.5 Insertar campos numéricos y de tipo Sí/No

La inserción de campos numéricos es, en realidad, una manera de organizar las bases de datos en forma de números. Hay muchas formas de almacenar el contenido de un campo. Access, de hecho, tiene en su haber más de media docena de elementos o tipos de datos que se almacenarán: desde el texto hasta los hipervínculos, pasando por los números, la fecha y hora, la moneda, la autonumeración y otros métodos.

Así como podemos necesitar insertar en nuestra base de datos un campo numérico, supongamos que, en el momento en que está elaborando su propia tabla, o está siguiendo este ejercicio, se nos presenta una duda que solo podemos resolver con este tipo de campos. Imaginemos, por ejemplo, que de todas las series escogidas y que más adelante añadiremos, algunas las hemos visto y otras no, o algunas las tenemos y otras las hemos prestado. Los campos Sí/No sirven para organizar las bases de datos de manera positiva o negativa. Para ello, el programa pone al servicio del usuario una casilla de verificación que permanecerá activada si decidimos activar el Sí y desactivada si activamos el No.

1. La *Vista Diseño* es, como hemos visto en la lección anterior, el apartado donde podemos insertar los nuevos campos (tanto los nombres como los tipos de objeto y su descripción) y nuestro objetivo es aprender a insertar uno de tipo numérico y otro de tipo Sí/No. Así pues, despliegue el comando *Ver*.

2. No es imprescindible hacerlo de este modo, pero empezaremos por la *Vista Diseño* porque, entre otras ventajas, esta nos muestra todas las propiedades y la información del contenido en los campos de un modo más visual y completo. Desplegado el menú de vistas, pulse sobre la opción *Vista Diseño*.

3. Haga clic en la primera celda vacía de la columna *Nombre del campo*.

4. Seguiremos con nuestro proyecto de una base de datos para las series que tenemos. Escriba: *Año de estreno* y pulse la tecla *Retorno*.

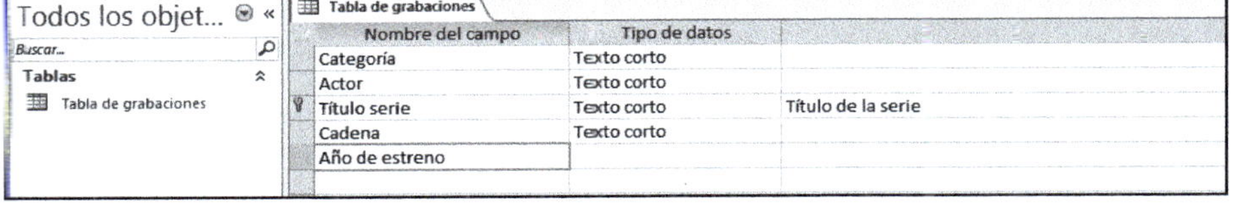

5. Fíjese que en la columna siguiente aparece, por defecto, el tipo de dato *Texto corto*. Nosotros queremos cambiarlo porque queremos apuntar el año en que se estrenó la serie. Por lo tanto, tenemos que hallar una variante numérica en *Tipos de datos*. Despliegue el correspondiente campo y haga clic sobre la opción *Número*.

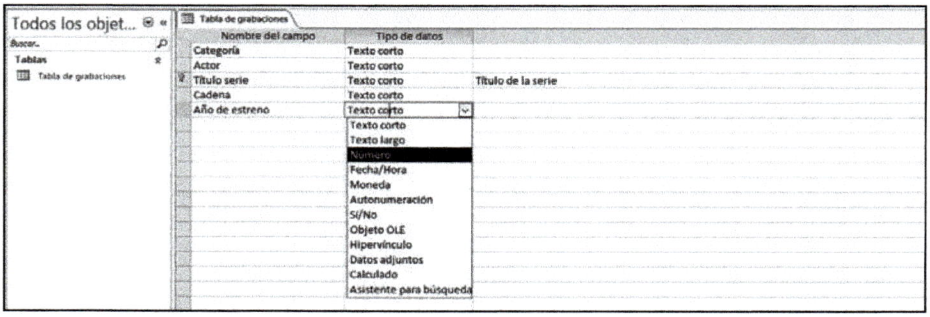

6. Fíjese en que el Panel de propiedades se ha actualizado para mostrar ahora las características predeterminadas para este tipo de datos. En el *Panel General* de las propiedades de un campo, haga clic sobre el campo *Tamaño del campo*, haga clic sobre la punta de flecha que señala hacia abajo y elija la opción *Entero*.

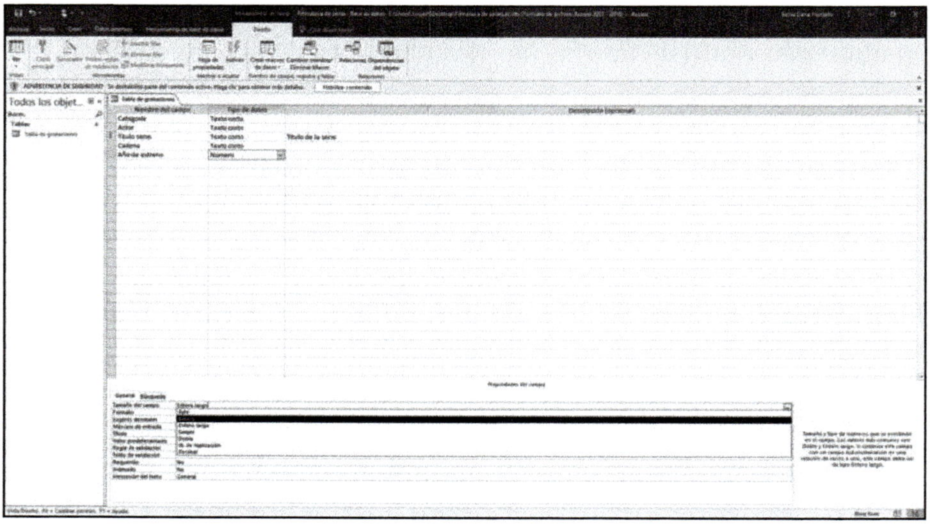

7. ¿Por qué? Porque siempre vamos a usar las cuatro cifras (el año de publicación) para nuestra base de datos. Es posible que en otros casos requiera

otro tipo de datos, como decimales, etc. En ese caso, solo tendría que modificar la pestaña y en vez de escoger el dato *Entero,* debería escoger *Decimal.* Pasemos ahora a estudiar los campos de tipo Sí/No. Para ello, haga clic en la primera celda vacía de la columna *Nombre del campo.*

8. En la introducción aludíamos a una de las múltiples posibilidades que tiene este tipo de campo. Optando por lo sencillo, hablaremos de la disponibilidad de la serie, si la tenemos o no. Escriba la palabra: *Disponible* y, para desplazarse a la siguiente columna, pulse la tecla *Tabulador.*

9. Ahora estamos en la columna *Tipos de datos.* Vemos que, por defecto, el programa asigna la propiedad textual. Pero nosotros tenemos que cambiarla. Haga clic sobre la punta de flecha y elija *Sí/No.*

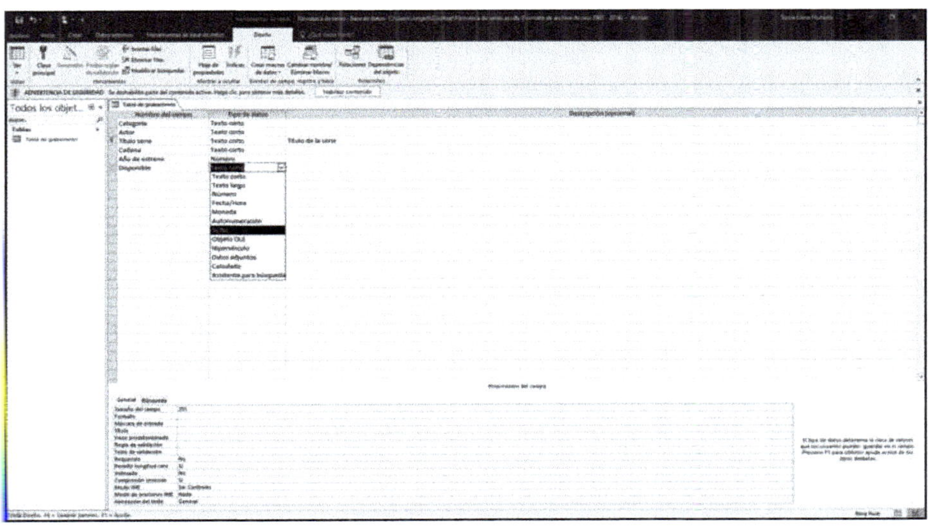

10. En el panel *General* de propiedades, haga clic sobre el campo *Formato,* y pulse sobre el botón de la flecha que aparece para desplegar las correspondientes opciones.

11. Aparecerán los valores *Verdadero/Falso, Sí/No* y *Activado/Desactivado.* Según el contenido del campo, puede elegir cualquiera de las posibilidades ofrecidas. En este caso, pulse sobre la opción *Sí/No.*

12. De nuevo en la vista Hoja de Datos, podremos comprobar cómo se visualizan los campos del tipo *Sí/No* en la tabla. Pulse otra vez sobre el comando *Ver* y pulse sobre la opción *Vista Hoja de Datos*.

13. Para guardar los cambios realizados en la tabla, y porque por defecto el programa se encarga de guardar los movimientos registrados cuando salimos de una vista para entrar en la otra, aparecerá un cuadro de diálogo preguntándonos si queremos guardar la tabla. Haga clic en *Sí*.

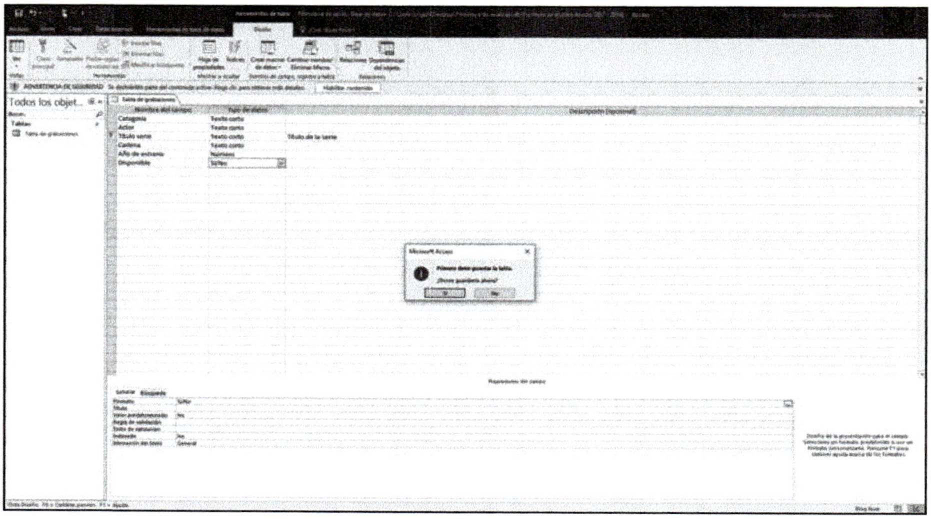

14. De este modo hemos creado un nuevo campo. Antes de terminar con esta lección, compruebe que en el campo *Disponible* se ha insertado una casilla de verificación. Por defecto, aparece desactivada. Esto se puede cambiar, pero de ello hablaremos en otra lección.

PRÁCTICA

Practique ahora con los tipos de datos numéricos y Sí/No. Para ello, cree dos nuevos campos y asígneles a cada uno estos tipos de datos para comprobar las opciones disponibles en cada caso.

8.6 Asignar propiedades a los campos

En esta versión de Access nos encontramos con muchas facilidades para progresar en las lides de la creación de la base de datos. Ya que en lecciones anteriores hemos tratado el tema de los campos y los tipos de datos, en esta lección ahondaremos un poco en ellos.

Además de incluir datos en los campos, o restringir los datos que pueden entrar en las columnas Tipos de datos, encontramos que estas tiene sus propiedades y nosotros podemos visualizarlas y manipularlas a nuestro antojo. Dependiendo, por ejemplo, del espacio que necesitemos para algunas columnas, podemos habilitarlo sin necesidad de usar el ratón para agrandar el espacio disponible para escribir. Del mismo modo que podemos cambiar el tamaño, también podemos cambiar el formato de las columnas. Todo ello se hace desde las propiedades de los campos. Esta lección versa sobre ello.

1. Para hallar las propiedades de los campos, y para asignarles propiedades, tenemos que entrar en la Vista Diseño. Desde nuestra ubicación actual, haga clic en el botón *Ver*.

2. Una vez desplegadas las posibles vistas a elegir, y para empezar con el grueso de la lección, haga clic en *Vista Diseño*.

3. Fíjese en que las propiedades del campo están situadas en la parte inferior de la pantalla y tienen dos pestañas: *General* y *Búsqueda*. Haga clic en la columna de tipo de datos correspondiente al campo *Título de serie*.

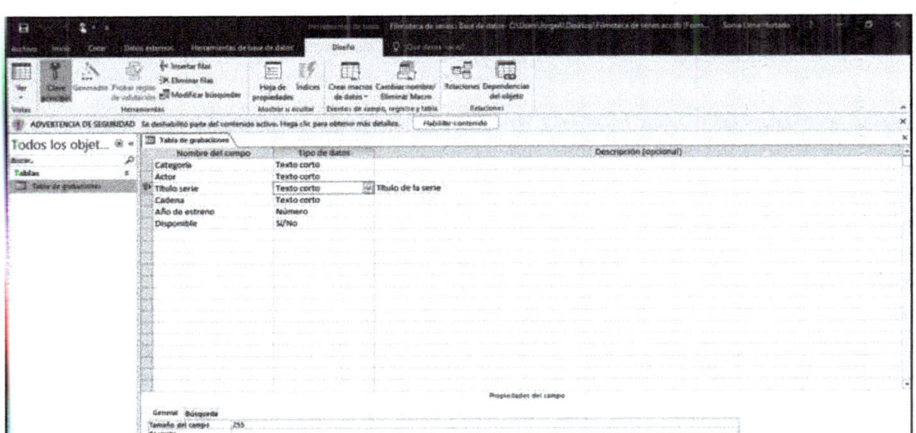

4. Observe que en la ficha *General* de las propiedades del campo, en el apartado *Texto,* el tamaño del campo es de *255*. Eso ocurre por defecto. Significa dos cosas: que por cada título este campo ocupará en disco 255 caracteres y que la longitud del título en cuestión no podrá exceder ese número de caracteres. Haga doble clic sobre este valor.

5. Lo modificaremos. Escriba el valor *70* y, para confirmar el cambio, pulse la tecla *Retorno*.

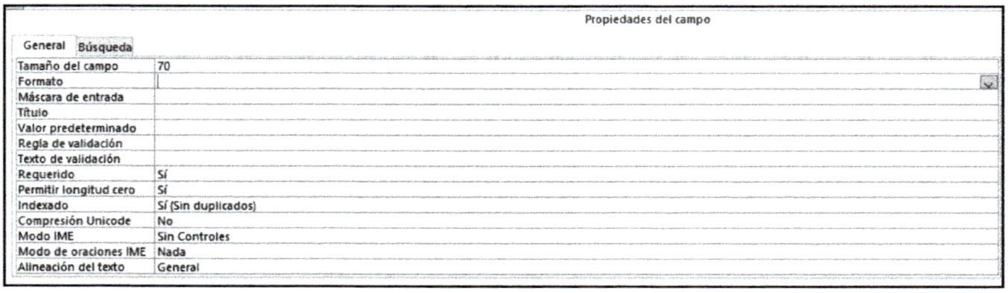

6. De este modo hemos disminuido el tamaño del campo. Asignemos propiedades a los campos introducidos en nuestra tabla de grabación. Vamos a asignar la propiedad de *Requerido* al campo *Actor*. Para ello, haga clic sobre la celda de la columna *Tipo de datos* de dicho campo.

7. Ahora se muestran las características del panel de propiedades. La propiedad *Requerido* es común a todos los campos y por eso la activaremos. En el panel *General,* haga clic sobre la propiedad *Requerido*.

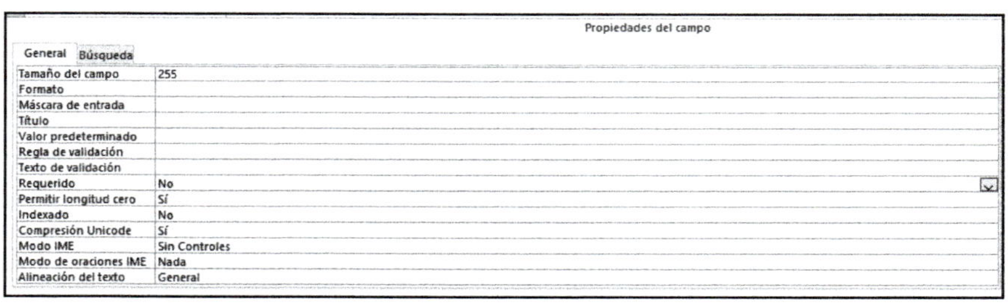

8. Por defecto esta propiedad muestra el valor *No*. Pulse sobre el botón de flecha que ha aparecido a su derecha y, en la lista de opciones que se abre, elija el valor *Sí*.

9. Acto seguido, modificaremos la propiedad de formato del campo *Año de estreno*. Haga clic en la columna *Tipo de datos* de este campo

10. Haga clic en el cuadro de texto correspondiente a la propiedad *Formato*, en la ficha *General*, inserte cuatro ceros y pulse la tecla *Retorno*.

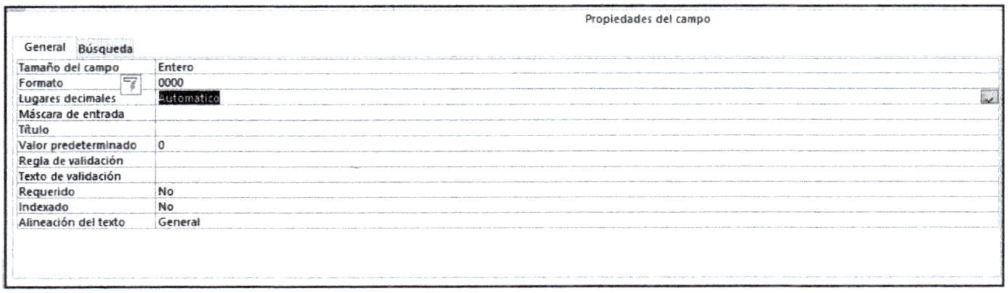

11. Cambiaremos ahora la alineación del valor de este mismo campo, de manera que se muestre centrado en las celdas. Haga clic sobre el término *General* del campo *Alineación del texto*, pulse el botón de punta de flecha que ha aparecido sobre el campo y elija la opción *Derecha*.

12. Para concluir con esta lección, pulse sobre el icono *Vista Hoja de datos* de la *Barra de estado* y, en el cuadro que ha aparecido, que pide si quiere guardar los cambios realizados, pulse en *Sí*.

PRÁCTICA

Conozca el panel de propiedades de campo de la vista Diseño de Access 2016. Para ello, vaya seleccionando los tipos de datos de los campos existentes y asígneles propiedades personalizadas a cada uno de ellos.

8.7 Insertar campos desde la Vista Hoja de datos

En esta lección trataremos, como el nombre mismo indica, la inserción de campos desde la Vista Hoja de datos. Hasta ahora, hemos insertado campos desde la Vista Diseño porque es mucho más precisa que la vista Hoja de datos. Ya hemos hablado un poco de lo sencillo que es, entonces, observar y modificar las propiedades. No obstante, es importante ofrecer un método alternativo para la creación y edición de campos.

Gracias a las fichas de la Cinta de opciones podremos sustituir los elementos que, con la otra vista, estaban al alcance de la mirada. Crearemos, pues, un campo de archivos adjuntos.

1. Partimos del ejercicio anterior, es decir, nos encontramos en la *Vista Hoja de datos*. Desde este punto de partida empezaremos a llenar y editar la base de datos que estamos creando. Para empezar, crearemos un nuevo campo que servirá para añadir imágenes adjuntas. Haga clic en la pestaña *Campos*, dentro de la ficha contextual *Herramientas de tabla*.

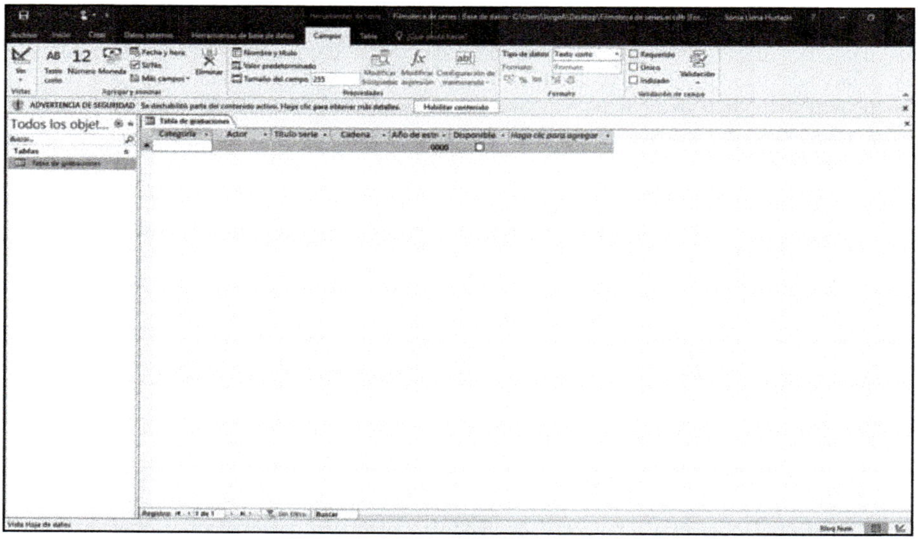

2. Como vemos, esta subficha contiene todos los comandos y las opciones para gestionar los campos de la tabla. Además de agregar y eliminar nuevos campos, puede modificar algunas de sus propiedades, cambiar su formato y establecer, si quiere, una validación del campo. En este caso, y como hemos

indicado, agregaremos un nuevo campo, en concreto, uno que refleje la portada de la serie. Haga clic sobre la cabecera de la celda que muestra el texto *Agregar nuevo campo.*

3. Se ha desplegado un menú que contiene todos los tipos de campos disponibles en Access. Elija la opción *Datos adjuntos.*

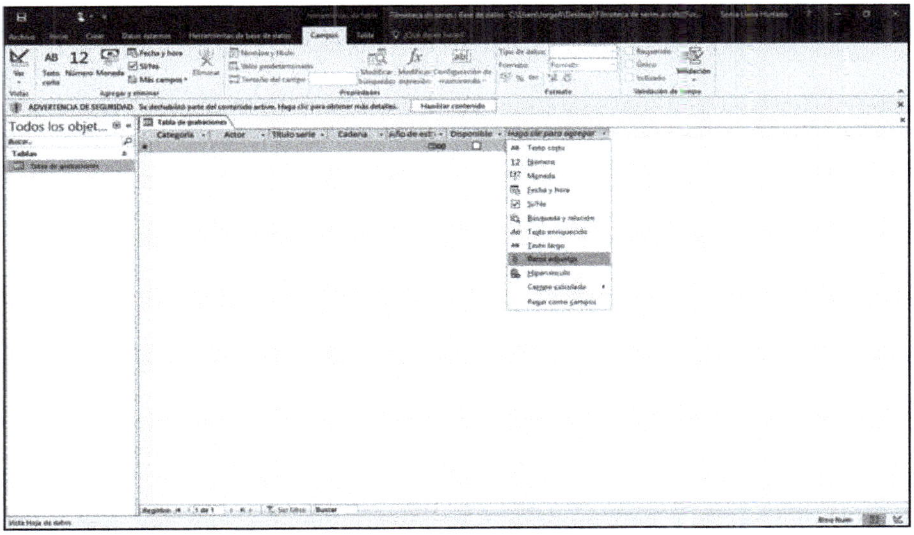

4. A la izquierda se añadirá un nuevo campo. Compruebe que como nombre del campo se muestra el símbolo típico de los archivos adjuntos, un clip. A continuación, editaremos este campo cambiándole el nombre. Para ello, centre su atención en el grupo de herramientas *Propiedades* y pulse sobre el comando *Nombre y título.*

5. Aparecerá un cuadro de diálogo con los campos *Nombre*, *Título* y *Descripción*. En el campo *Nombre*, escriba el término *Portada* y pulse la tecla *Retorno*.

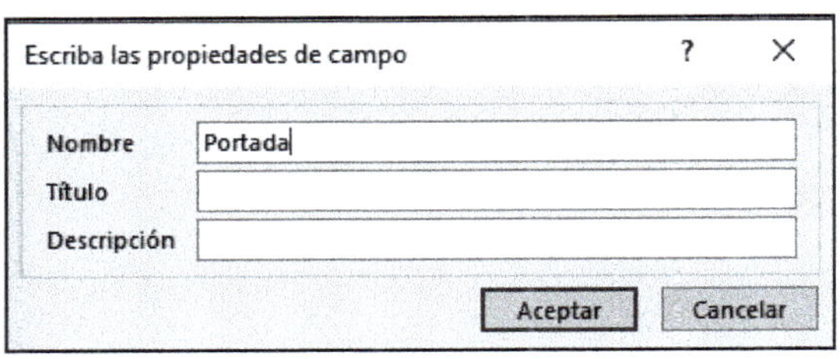

6. No verá el cambio en la cabecera del nuevo campo. Para ver si ha funcionado, pulse sobre el botón *Ver* y haga clic en *Vista Diseño*.

7. En esta vista veremos ya el cambio integrado en la banda de campos. Más adelante mostraremos cómo agregar datos adjuntos (una imagen, por ejemplo). Regrese a la *Vista Hoja de datos* desde el comando *Ver*.

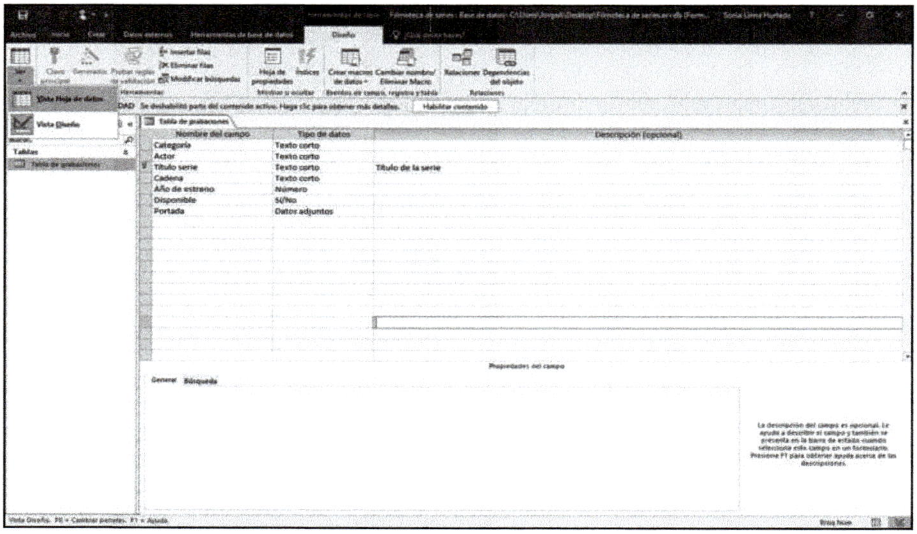

8. Para terminar con esta inserción de campos desde la *Vista Hoja de datos*, guarde los cambios realizados.

PRÁCTICA

Sitúese en la vista Hoja de datos de Access y agregue desde ella uno o dos campos nuevos a su tabla. Mediante el comando oportuno de la ficha contextual Campos, agregue un nombre, un título y una descrición a los nuevos campos.

8.8 Definir una tabla

Si en las lecciones anteriores hemos abordado el manejo de una base de datos, desde la creación de campos hasta el rellenado de los mismos y la configuración de sus propiedades, en esta lección nos centraremos en la creación de una base de datos desde la vista Diseño.

Gracias a esta vista, podremos gestionar la estructura de las tablas. Todo lo referido acontecerá en esta lección al tiempo que empezaremos a rellenar los campos de una nueva tabla.

1. Crearemos una segunda tabla de grabaciones para hablar de los protagonistas de las series. Partiendo de la lección anterior, en la que teníamos una tabla abierta, empezaremos cerrándola. Como se ha dicho anteriormente, no se puede trabajar con dos bases de datos a la vez. Para ello, haga clic con el botón derecho de ratón sobre la pestaña *Tabla Tabla de grabaciones*.

2. Se ha desplegado un menú contextual. Debemos elegir la opción de cierre. Haga clic sobre la opción *Cerrar*.

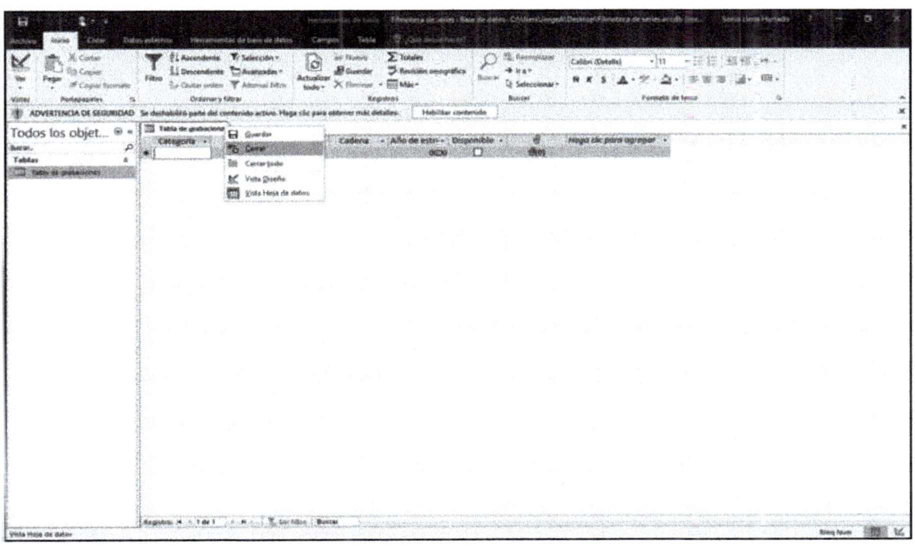

3. Ahora tenemos el programa abierto y ninguna tabla para trabajar. En este punto empieza la lección en que definiremos una tabla propia para crear nuestro proyecto. Pulse sobre la pestaña *Crear* de la *Cinta de opciones*.

4. En el grupo de herramientas *Tablas*, haga clic sobre el comando *Diseño de tabla*.

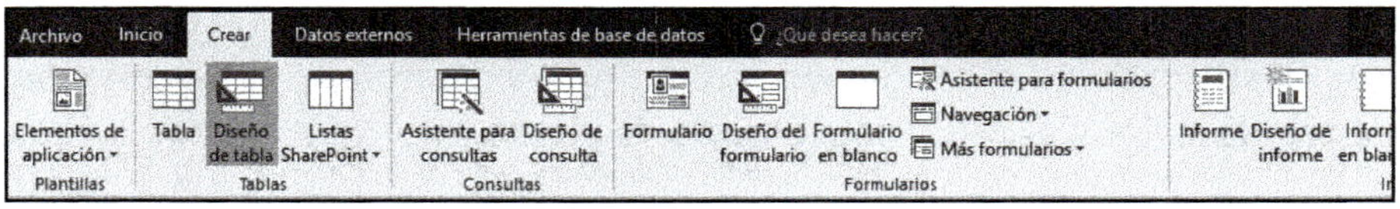

5. De este modo se abre una nueva tabla, cuyo título o nombre es, por defecto, *Tabla1* si es la primera que abre. De no ser así, se denominará *Tabla2*, *Tabla3* y así sucesivamente. Para definir la tabla creada, tenemos que empezar a designar los campos que formarán la tabla. En el primer campo de la tabla escriba el término *ID personaje*.

6. En cuanto al término ID, lo usaremos para identificar una serie de elementos. En este caso, el número lo escribiremos nosotros. Haga clic en la celda situada al lado de la anteriormente trabajada (ID personaje), llamada *Tipo de datos*, pulse el botón de punta de flecha que aparece y elija la opción *Número*.

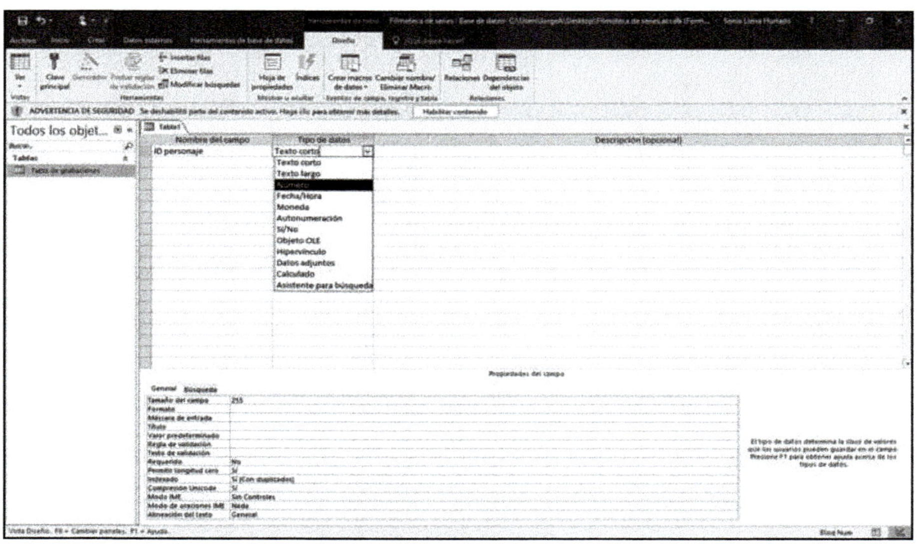

7. A continuación, compruebe el panel de propiedades. Modificaremos algunos criterios como el formato y la alineación para probar la tabla y mos-

trar, de este modo, cómo funciona, o qué cosas pueden hacerse. Pulse sobre el campo *Formato* y elija la opción *Número general*.

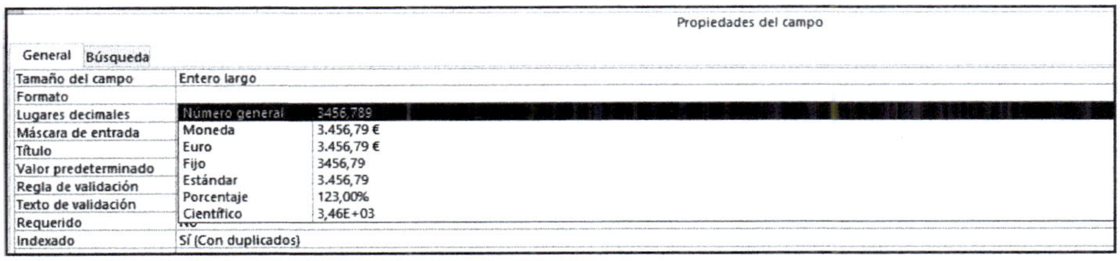

8. Seguidamente, haga clic en el campo *Alineación del texto*.

9. El campo de *Alineación* sirve para determinar dónde queremos que se registre el nombre de las columnas: en el centro, en la derecha, en la izquierda, etc. Haga clic en la opción *Centro*.

10. Agilizaremos la definición de la base de datos añadiendo unos cuantos campos. Así pues, inserte en tres campos distintos estas palabras: *Nombre del protagonista, Hombre* y *Nacionalidad*.

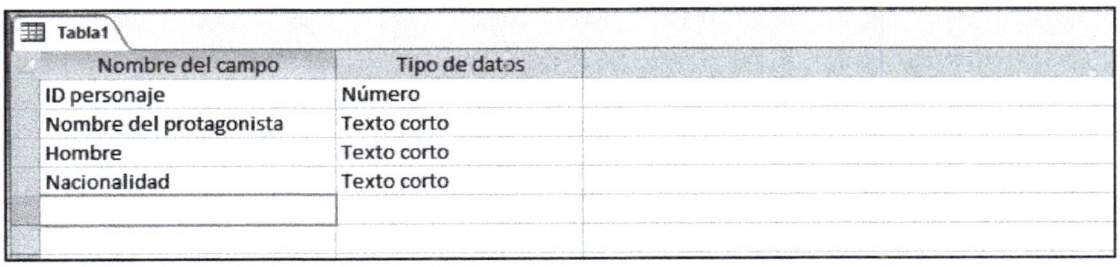

11. En los campos *Nombre del protagonista* y *Nacionalidad* mantendremos, del mismo modo que se ha hecho anteriormente, el tipo de datos *Texto corto*. De este modo, como es evidente, podremos escribir el nombre de los protagonistas y la nacionalidad que tienen en la serie, cosa que, con otra de las opciones, no podríamos. En cuanto al campo *Hombre*, asígnele el tipo de dato *Sí/No*.

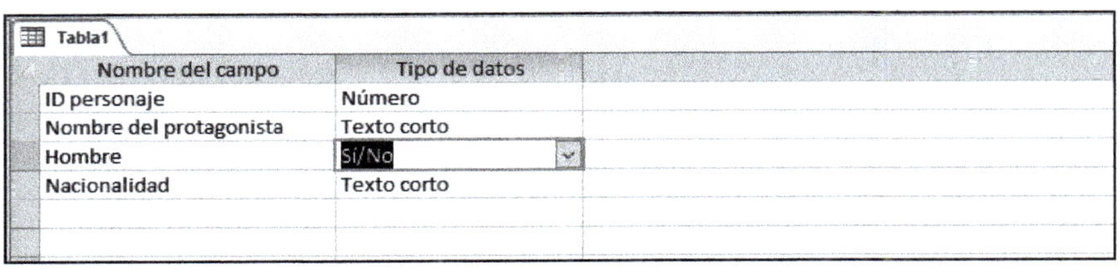

12. Se ha visto, pues, cómo se define y se crea una tabla, de momento sencilla, para poder crear, por ejemplo, una filmoteca personal o, como será el caso, una *filmoteca de series*. Como este será el proyecto que llevaremos a cabo a lo largo de las siguientes lecciones, guardaremos la nueva tabla. Pulse sobre el comando *Guardar* de la *Barra de herramientas de acceso rápido*.

13. Se abre el cuadro de diálogo *Guardar como*. Haga clic en el campo *Nombre de la tabla*, escriba el término *Tabla del protagonista* y pulse sobre el botón *Aceptar*.

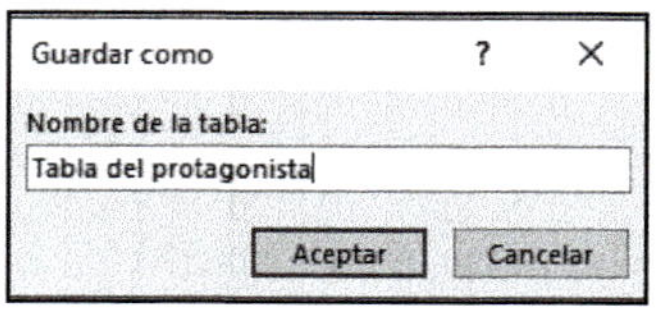

14. Para no asignar ninguna clave principal para la tabla, porque de este tema hablaremos en la lección siguiente, pulse el botón *No* del cuadro de advertencia que aparece en pantalla.

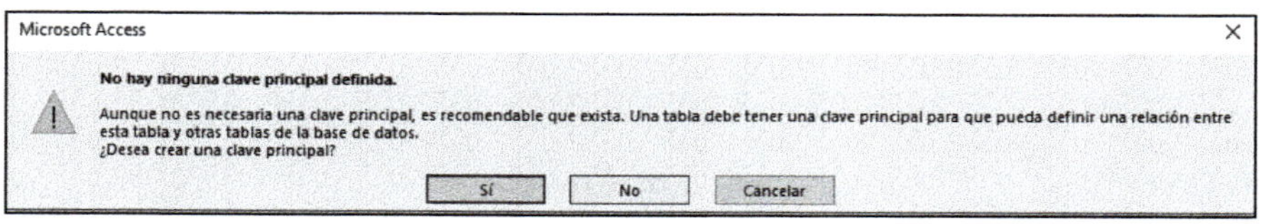

PRÁCTICA

Cree una nueva tabla, que denominará al finalizar el proceso Tabla del protagonista, con tres nuevos campos para el nombre del protagonista, de tipo texto, el sexo, de tipo Sí/No, y la nacionalidad, también de tipo texto.

8.9 Designar un campo como clave principal

La clave principal tiene varias funciones, aunque la más importante es la de permitir crear relaciones entre tablas. Esto, como se irá viendo, es algo fundamental para construir bases de datos. Al crear una tabla en vista Hoja de datos, el programa asigna al primero de los campos existentes la propiedad de clave principal, representada por el dibujo de una llave en la cabecera de la fila.

Sin embargo, al definir una tabla desde cero en vista Diseño, deberá ser el usuario quien asigne esta condición al campo que crea oportuno. De qué procedimientos nos valemos para asignar una clave es de lo que trata esta lección.

1. En la *Tabla del protagonista* definida en el ejercicio anterior, designaremos como clave principal el campo *ID personaje* para que, en un futuro y después de algunas modificaciones, podamos cambiar las cosas con el fin de relacionar esta tabla con la otra llamada *Tabla de grabaciones*. Haga clic en la cabecera del campo *ID Personaje*.

2. En la ficha contextual *Herramientas de tabla* encontraremos una subficha llamada *Diseño*. En el grupo de herramientas *Herramientas* hallaremos el comando que lleva por nombre parte del título de esta lección. Haga clic sobre el comando *Clave principal*.

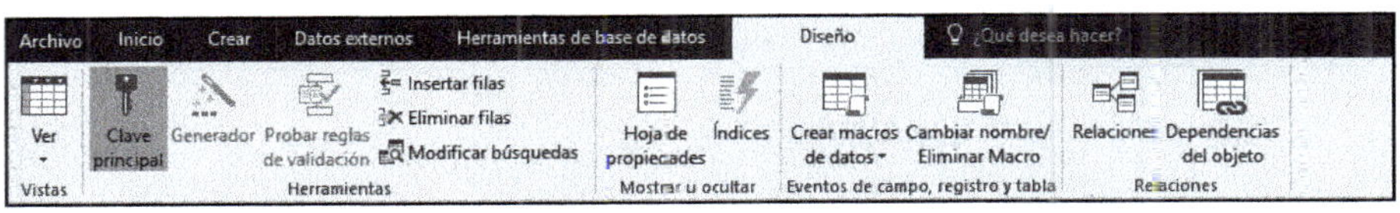

Tabla del protagonista

Nombre del campo	Tipo de datos	Descripción (opcional)
ID personaje	Número	
Nombre del protagonista	Texto corto	
Hombre	Sí/No	
Nacionalidad	Texto corto	

3. Hecho el paso previo, en la cabecera de la fila que ha seleccionado aparecerá el icono de una llave. Esto quiere decir que el campo ha sido designado como clave principal. Se puede, no obstante, crear más de una clave principal. También podemos modificarla y eliminarla. Cambiaremos una clave principal ya asignada. Para ello, iremos a la tabla *Tabla de grabaciones*. En el *Panel de navegación*, haga clic con el botón derecho del ratón sobre la men-

cionada tabla y, en el menú contextual que se despliega, elija la opción *Vista Diseño*.

4. De este modo se abre esta vista. Compruebe que la clave principal está definida en el campo Título de serie. Esta tabla fue creada en la vista Hoja de datos. Esto quiere decir que es el programa el que se ocupa de asignar la clave principal. Para cambiar la clave, antes tendremos que eliminarla. Seleccione el mencionado campo y, en el grupo de herramientas *Herramientas*, haga clic en el comando *Clave principal*.

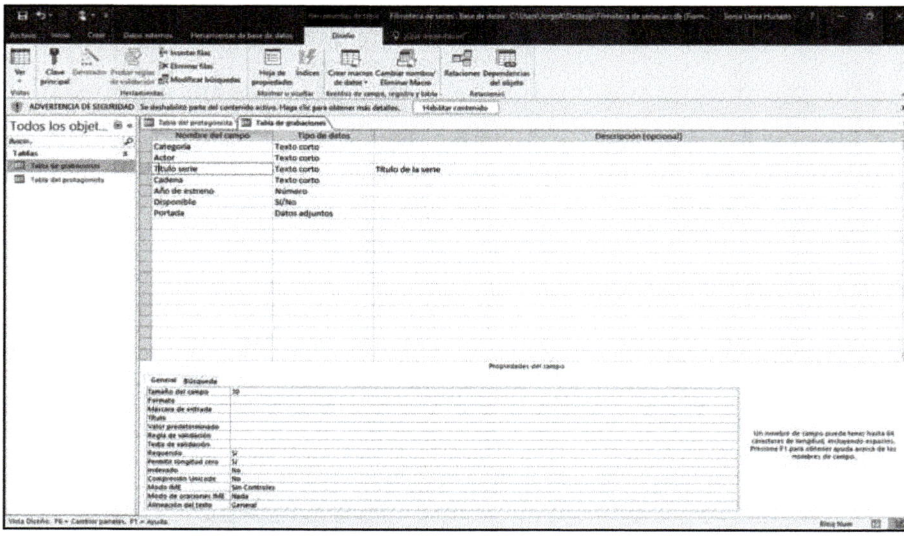

5. De este modo hemos eliminado la clave principal. Ahora procederemos a designar el campo que elijamos como *Clave principa*l. Haga clic sobre el campo *Actor*, escriba *ID* antes de esta palabra Actor y, manteniendo el campo activado, pulse sobre el botón *Clave principal*.

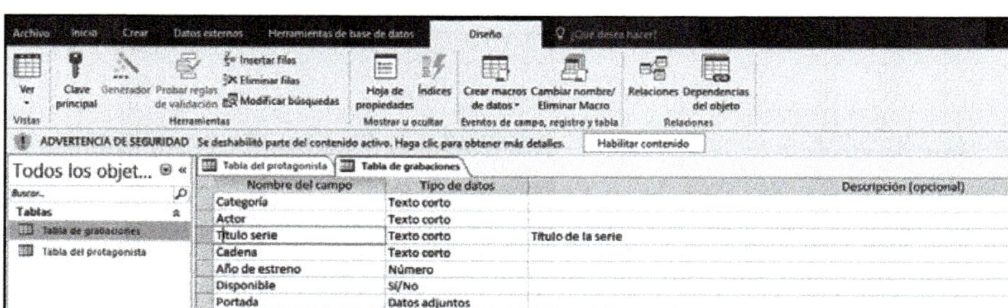

6. Termine este ejercicio guardando los cambios realizados en la tabla.

PRÁCTICA

Designe uno de los campos de la nueva tabla como clave principal, acceda a la primera tabla y, tras eliminar la clave principal que el programa asigna por defecto, designe otro de los campos como tal.

8.10 Introducir y editar datos en una tabla

Una base de datos es, en resumen, un archivo que sirve para organizar cosas. En nuestro caso, organizaremos la filmoteca de series que tenemos. Bien, la inclusión de datos, una vez creada la base y las principales columnas, no es en sí esencialmente difícil. En esta primera parte, escribiremos los datos en una tabla del modo más simple. Esto no quiere decir que sea el único modo. Más adelante hablaremos de la inserción de datos mediante los formularios.

Una base de datos es un archivo que se irá modificando con el tiempo. Es un archivo dinámico que necesita corregir algunas entradas, reescribir otras, cambiar el nombre de los campos. Ello quiere decir que podemos modificar cualquier dato de una base de datos a excepción de, como se verá, los campos autonuméricos. Estos se completan solos y no permiten su edición. Para ilustrar esta breve explicación, sirvámonos de los siguientes pasos.

1. Partiendo de la lección anterior, ahora cambiaremos de vista para así poder introducir los datos que nos interesa. Para ello, haga clic en el icono *Ver*, ubicado en la *Cinta de opciones*.

2. Al pulsar sobre el icono, el programa procede automáticamente a cambiar de la vista Diseño a la vista Hoja de datos. Como hemos visto en lecciones anteriores, cada vez que modificamos algo de la vista actual, el programa nos pide que guardemos los cambios realizados. Haga clic en el botón *Sí* del cuadro de diálogo que aparece.

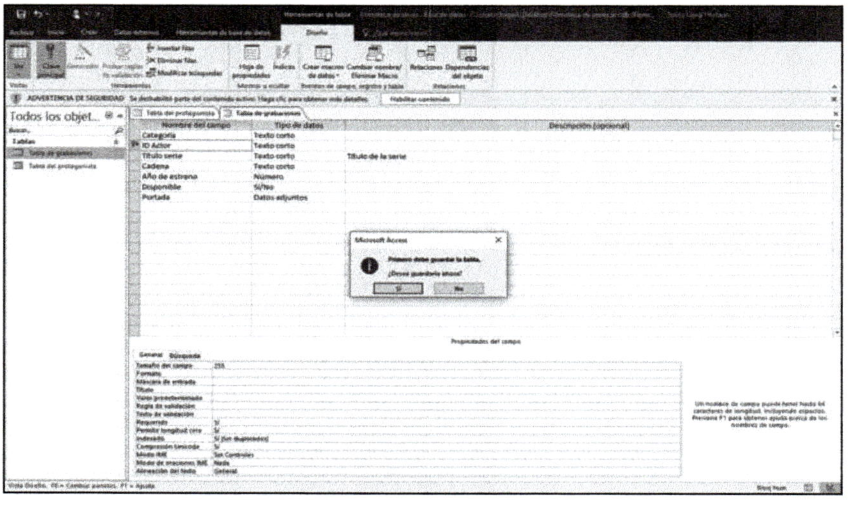

3. El programa se reabre en la vista Hoja de datos. Solo tenemos que seleccionar la celda del campo que deseemos llenar. En nuestro caso, empezaremos por el campo *Título serie*. Escriba en ese campo el término *Californication*.

4. Para desplazarse al campo siguiente, pulse la tecla *Tabulador*.

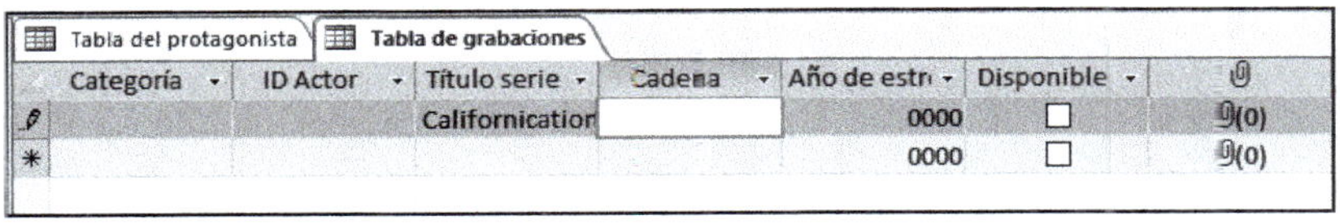

5. En el segundo apartado, que se corresponde con el *ID Actor*, escriba el nombre *David Duchovny*.

6. De este modo nos aseguramos de que habrá correlación entre el *ID Actor* y el *ID Personaje* de la tabla de protagonista. A continuación, inserte la palabra *Drama* en el campo de *Categoría*.

7. En el campo *Cadena*, escriba *Showtime*.

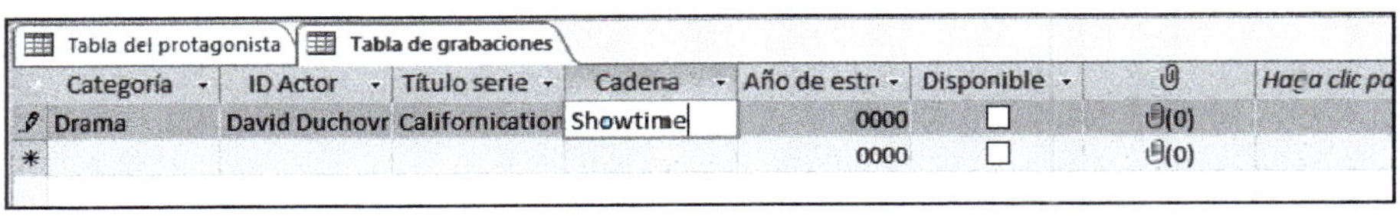

8. Solo nos quedan tres datos para terminar esta primera inserción. En el campo *Año de estreno*, escriba el valor *2007*.

9. Para seguir adelante y habilitar el campo contiguo, tenemos dos alternativas: o pulsar la tecla *Tabulador*, o bien pulsar la tecla *Retorno*. Lleve a cabo esta última.

10. En el campo de disponibilidad, active la casilla de verificación correspondiente a este primer registro.

11. A continuación, vamos a agregar un nuevo campo, que servirá para registrar el número de capítulos de cada serie. Sitúese con un clic en el siguiente campo, el denominado Portada, y siga los pasos mostrados en lec-

ciones anteriores para insertar el nuevo campo, renómbrelo como Capítulos y asígnele el valor *12* en la casilla correspondiente al primer elemento y pulse *Tabulador* para pasar al siguiente campo.

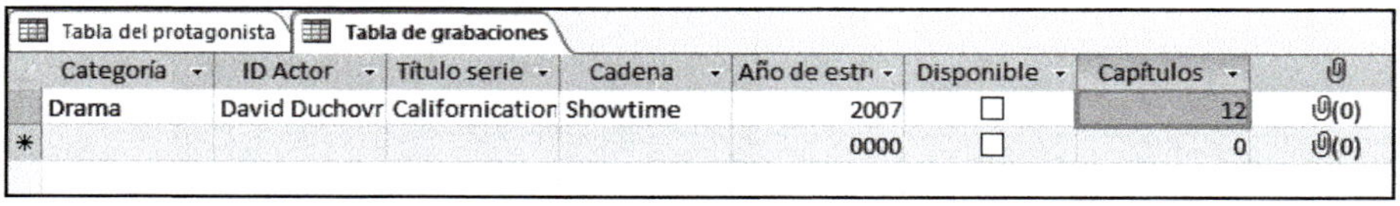

12. Por último, se ilumina el campo que, en lugar de escritura, ofrece un clip como enunciación de su contenido. Vamos a ver cómo insertar una imagen en un campo de nuestra tabla. Para ello, si lo desea, puede descargar de forma gratuita con el código de acceso proporcionado en la primera página del libro el archivo *portada californication.bmp* y guardarlo en su equipo. Una vez hecho esto, haga clic con el botón derecho del ratón en la primera celda de la columna Portada.

13. Se abre un menú con una serie de opciones en gris. Esto quiere decir que no puede usarlas. Haga clic en la única opción activa de este menú, *Administrar datos adjuntos*.

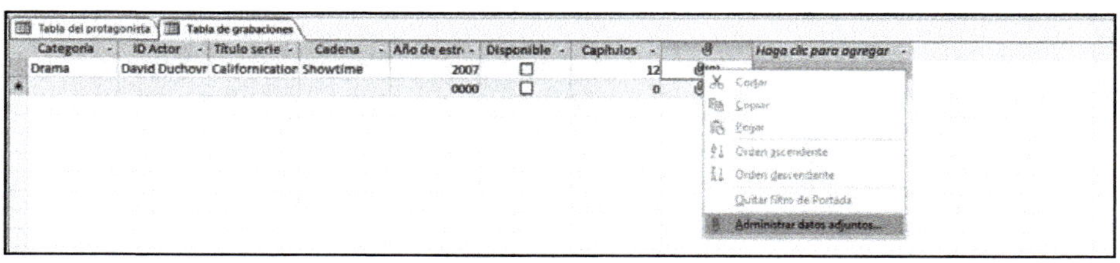

14. Aparece en primer plano el cuadro *Datos adjuntos,* donde encontramos los botones que permiten agregar y quitar datos, abrirlos y guardarlos. Pulse el botón *Agregar*.

15. Aparece una nueva ventana, *Elegir archivo*. Localice el archivo denominado *portada californication.bmp* y haga doble clic sobre él.

16. Una vez elegida la imagen, desaparece la ventana emergente y regresamos a la ventana *Datos adjuntos*. Observe que la portada *californication* está seleccionada en gris. Pulse el botón *Aceptar*.

17. Inmediatamente después de esto, se le añade un *1* al clip del campo seleccionado. Este tipo de columnas no solo cuentan con la capacidad para adjuntar imágenes, sino que son capaces de gestionar documentos procedentes de otros programas y vínculos a otras bases de datos. Aunque en el título de la lección se enuncie que hablaremos de editar los datos de un campo, en realidad haremos mucho más que eso porque, de hecho, es una tarea sencilla. Muchas veces ocurrirá que nos encontremos con que tenemos que cambiar algún dato, así pues, para empezar con ello, rellenaremos el segundo campo. Empezaremos este ejercicio haciendo clic sobre la primera celda del segundo registro del campo *Título serie*.

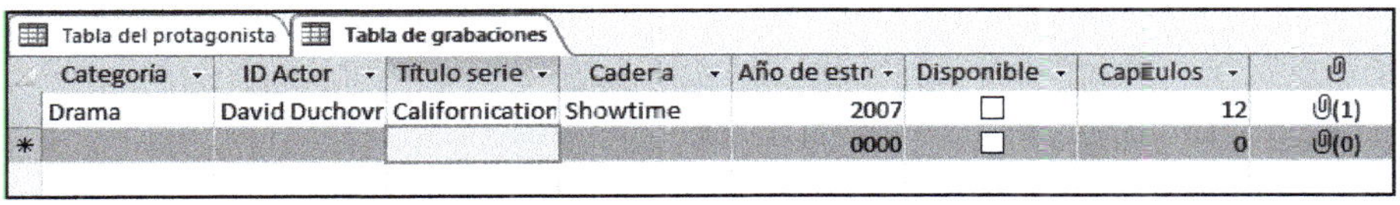

18. Vea que se ha activado y ahora podemos escribir en él. Escriba el término *House* y pulse el *Tabulador*.

19. Ahora modificaremos la columna *Actor*. Escriba el nombre *Hugh Laurie* y pulse la tecla *Retorno*.

20. En el campo *Categoría*, escriba la palabra *Drama* y, para seguir rellenando campos, pulse la tecla *Retorno*.

21. En el campo *Cadena*, escriba *FOX* y como año de estreno introduzca el valor *2004*.

22. Marque la casilla de verificación del campo *Disponibilidad* y rellene el campo *Capítulos* con el número *24*.

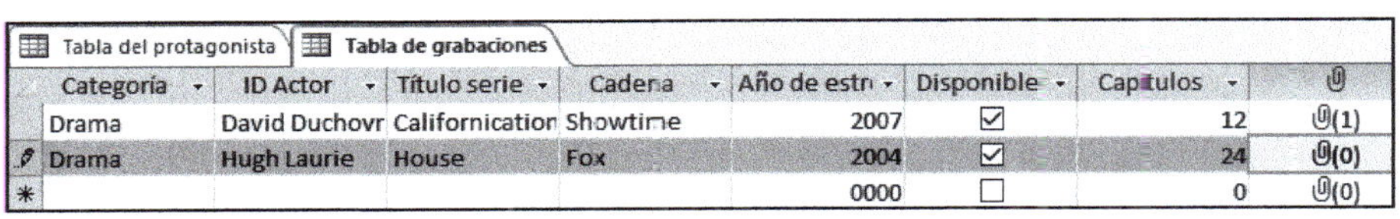

23. Para seguir adelante, pulse dos veces seguidas la tecla *Retorno*.

24. Con la acción anterior hemos omitido la necesidad de insertar un dato adjunto y hemos establecido, a su vez, una tercera celda, para rellenar. Podríamos ir ampliándola a medida indefinidamente y, de hecho, en lecciones posteriores la completaremos, pero ahora nos interesa editar alguno de los campos. Centremos nuestra atención en el campo *Categoría*. Ambas entradas están copadas por la misma palabra: *Drama*. Haga clic sobre la segunda celda de esta columna.

25. Seleccione toda la palabra con un doble clic y escriba el término *Drama médico*.

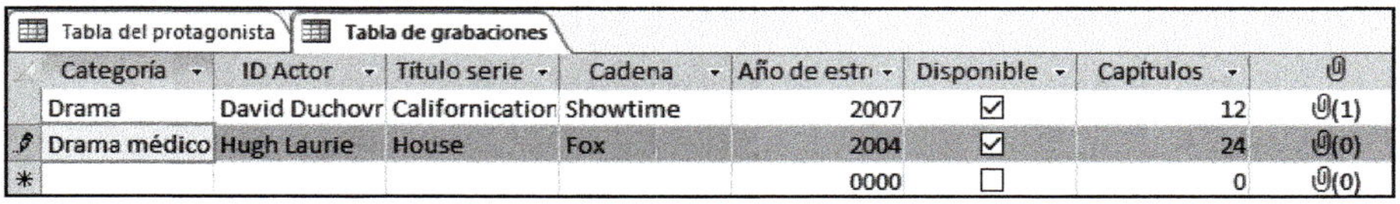

26. De este modo, cuando tengamos llena la base de datos, podremos hallar fácilmente esta obra si decidimos ordenarla alfabéticamente y desde esta columna. Agregaremos un campo nuevo, denominado *ID Temporada*. Este será del tipo autonumérico y lo usaremos para comprobar que los registros de este tipo no se pueden modificar. Previamente, guarde los cambios realizados en la tabla.

27. Entraremos en la *Vista Diseño*. Haga clic en el comando *Ver*.

28. Haga clic con el botón derecho del ratón sobre el campo *Título y* seleccione la opción *Insertar filas* del menú contextual que se despliega.

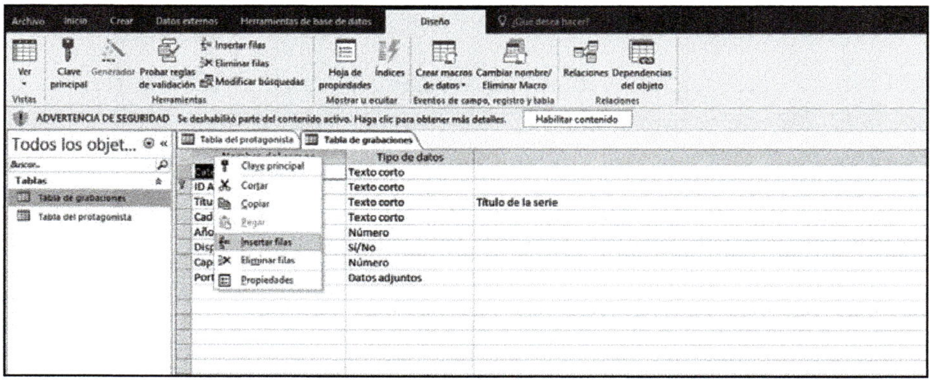

29. A continuación, haga clic sobre la celda *Nombre del campo* del nuevo campo, escriba el término *ID Temporada* y pulse la tecla *Retorno*.

30. En el campo *Tipo de dato,* pulse el botón de flecha que aparece y elija la opción *Autonumeración*.

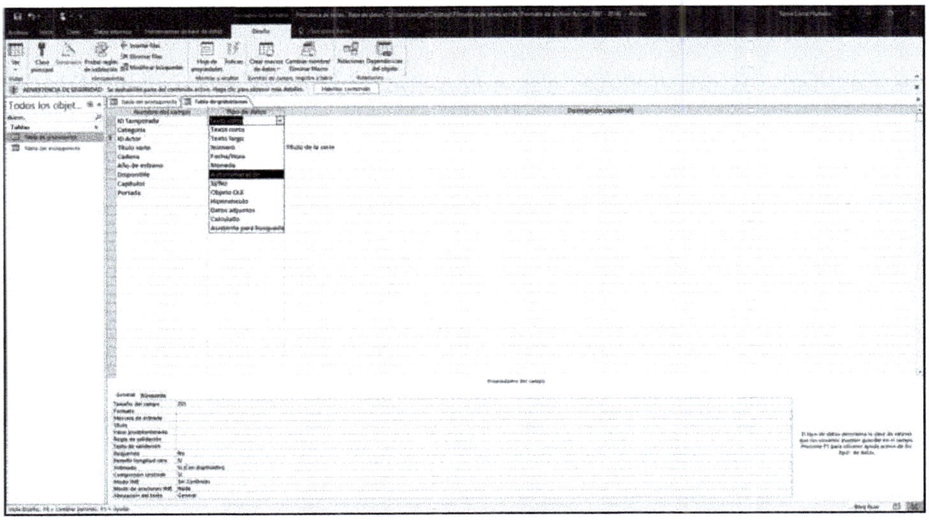

31. Estamos a punto de concluir esta lección. Hemos insertado datos, hemos editado los datos de un campo y ahora hemos creado un nuevo campo para mostrar que podemos editarlo. Vaya a la *Vista Hoja de datos* de la tabla.

32. Guarde los cambios antes de intentar (infructuosamente, lo avisamos) modificar el contenido del nuevo campo.

33. Haga clic con el botón derecho del ratón sobre la cabecera de este nuevo campo.

34. Observe que se ha desplegado un menú contextual con unas cuantas opciones. Editaremos el nombre del campo para así mostrar que aunque no se puedan editar los datos de un campo autonumérico, es posible, en cambio, modificar los datos de su cabecera. Haga clic sobre la penúltima opción del menú desplegado, *Cambiar nombre de campo*.

35. Para que visualmente nos ofrezcan un listado completo de las series que vamos a trabajar, cambie el nombre *ID Temporada* por *ID serie*.

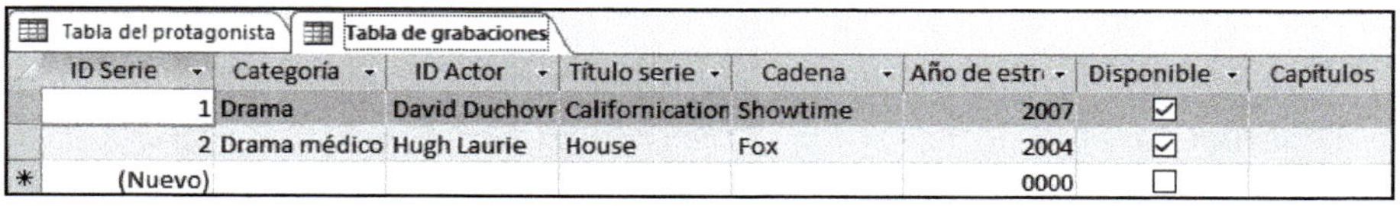

36. Para terminar con esta lección, solo tiene que guardar los cambios. Use el icono correspondiente de la *Barra de herramientas de acceso rápido*.

PRÁCTICA

Complete con el contenido de los distintos campos de nuestra tabla, agregue nuevos campos con nuevo contenido y edite alguno de los existentes para comprobar la facilidad de llevar a cabo este proceso.

8.11 Rellenar una tabla con identificadores de otra

Un método para crear correlaciones entre tablas es rellenar una tabla con los identificadores de otra. En este caso, al tiempo que iremos rellenando la tabla de protagonistas, le hallaremos correspondencia con la tabla de grabaciones. En nuestro caso concreto tendremos varios campos ID. Los autonuméricos, que no se pueden modificar, y los numéricos que se correlacionarán entre el ID Actor y el ID Personaje. De este modo, las dos tablas que en un principio no parecían tener mayor vínculo que referirse a dos datos distintos, empezarán a cobrar sentido como unidad. Esto es lo que nos propondremos en la siguiente lección.

1. Basándonos en los ID introducidos en la tabla de grabaciones. Para que pueda trabajar mejor, hemos ampliado los campos de esta tabla. La base de datos modificada puede descargarla de forma gratuita con el código de acceso proporcionado en la primera página del libro con el nombre *Filmoteca de series001.accdb* y abrirla de nuevo en Access. Una vez hecho este paso, empezaremos con la lección.

2. No olvidemos que, viniendo de la lección anterior, estamos trabajando con dos tablas: la de protagonista y la de grabaciones. Para empezar con la lección, ponga en primer plano la *Tabla de protagonista* pulsando sobre su pestaña.

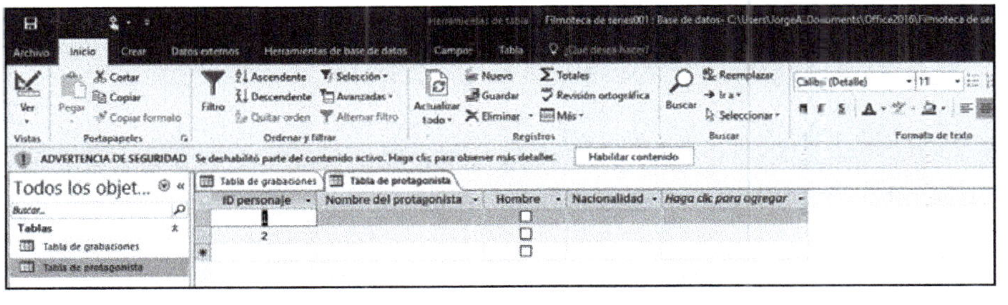

3. En la Vista Hoja de datos eliminaremos los campos que no utilicemos. De este modo, pulse con el botón derecho del ratón sobre la cabecera del campo *Hombre* y, en el menú contextual que se despliega, elija la opción *Eliminar campo*.

4. Aparecerá un cuadro de advertencia en el que deberá confirmar o no la supresión del elemento seleccionado. Si aceptamos, este campo desaparecerá irremediablemente y no podrá recuperarse. Pulse el botón *Sí*.

5. En este punto podremos empezar a introducir los datos referentes a los identificadores procedentes de la tabla de grabaciones. Para ello, haga clic en el campo *ID Personaje* del primer registro y reescriba en él el número *1*.

6. Recordará que era un campo numérico, por lo que no podemos establecer otro valor más que un numeral. Una vez rellenado el primer campo, haga clic con el ratón sobre el segundo campo disponible y escriba, bajo el campo *Nombre del protagonista*, el nombre *Hank Moody*.

7. En el ahora tercer campo, titulado *Nacionalidad*, escriba la palabra *Americana*.

8. Podemos comprobar los cambios de formato realizados cuando creamos esta tabla. Así, el número de identificación se sitúa en el centro de la celda. Pulse en el campo *ID Personaje* del segundo registro y escriba el valor 2.

9. En el siguiente campo, introduzca el nombre *Greg House*.

10. En el campo siguiente procederemos del mismo modo que con el número 1. Escriba, bajo la nacionalidad, *Americana*.

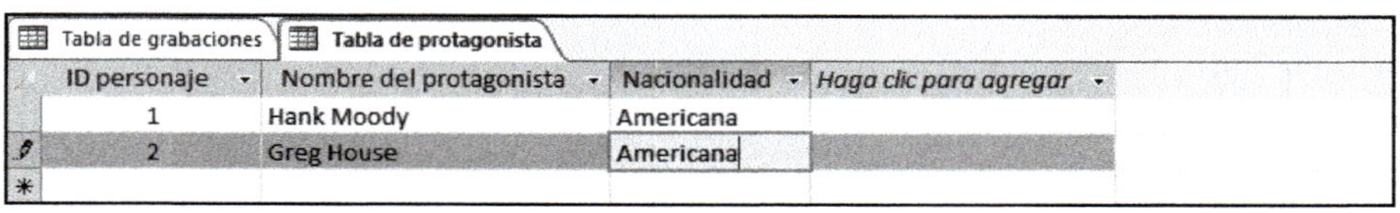

11. Más adelante, en la lección centrada en la gestión de las tablas, le mostraremos cómo modificar las columnas y las filas de las tablas para reparar cualquier problema de anchura. Por de pronto, seguiremos escribiendo los datos necesarios para rellenar los campos siguientes. A continuación pondremos cuatro nombres con sus nacionalidades para rellenar la tabla. *3/Effy Stonem/Inglesa; 4/Dexter Morgan/Americana; 5/Diego Serrano/Madrileña; 6/David Güell/Catalana.*

12. Para pasar de una celda a otra, en el momento que estamos estableciendo o insertando los datos anteriores, no es necesario que use el ratón. Puede pulsar, como ya sabe, las teclas Tabulador o Retorno. Otros registros que debemos insertar para completar esta tabla, son: *7/Ben Hawkins/Americana; 8/James McNulty/Americana; 9/Rubén Bertomeu/Misent; 10/Walter White/Americana*

Tabla de grabaciones | Tabla de protagonista

	ID personaje	Nombre del protagonista	Nacionalidad	*Haga clic para agregar*
	1	Hank Moody	Americana	
	2	Greg House	Americana	
	3	Effy Stonem	Inglesa	
	4	Dexter Morgan	Americana	
	5	Diego Serrano	Madrileña	
	6	David Güell	Catalana	
	7	Ben Hawkins	Americana	
	8	James McNulty	Americana	
	9	Rubén Bertomeu	Misent	
	10	Walter White	Americana	
*				

13. Obviamente, estos ejemplos sirven para practicar, aprender el manejo de Access 2016 y familiarizarse con la creación, gestión y tratamiento de las bases de datos. Ello quiere decir que el usuario puede crear un modelo propio basándose en este o inventar uno nuevo a partir de las explicaciones de las lecciones. Solo queda añadir para cerrar esta lección que ha tratado la inserción de datos en una tabla teniendo en cuenta los identificadores de la otra. Para guardar los cambios, pulse la combinación de teclas *Ctrl* +G.

PRÁCTICA

Rellene los campos de la tabla teniendo en cuenta el valor introducido como identificador.

8.12 Cortar, copiar y pegar los registros

Como ocurre con la mayoría de programas en que se manejan datos, Access 2016 tiene habilitadas unas funciones muy intuitivas para duplicar contenidos, quitarlos de raíz y transponerlos en otros. Este tipo comandos tienen amplia difusión y son muy prácticos, sobre todo, cuando debemos replicar el mismo contenido varias veces.

Con la función Cortar, el elemento seleccionado desaparece y queda guardado en el Portapapeles hasta que se usa o es reemplazado por otro elemento cortado o copiado. Con la función de copiar, se duplica aquello que se selecciona y puede verterse o fijarse tantas veces como se quiera. Con la herramienta de pegado, trasladamos aquello que se guardó en el Portapapeles para aplicarlo en el lugar indicado. Esta lección trata sobre estos temas.

1. En este ejercicio practicaremos con las opciones de copiado, corte y pegado de registros. Empezaremos esta lección situándonos en la Tabla de grabaciones, en la que completaremos algunos de los campos que se encuentran en estos momentos vacíos. Haga clic en la pestaña *Tabla de grabaciones*.

2. De este modo traemos a primer plano la tabla de grabaciones. Seguimos con la tabla anterior, es decir, con una tabla ya implementada por nosotros. Esto quiere decir que en el momento de abrir en al área de trabajo la tabla de grabaciones, como puede observar, algunas de las celdas están vacías. Seleccione la palabra *Drama* del primer campo *Categoría*.

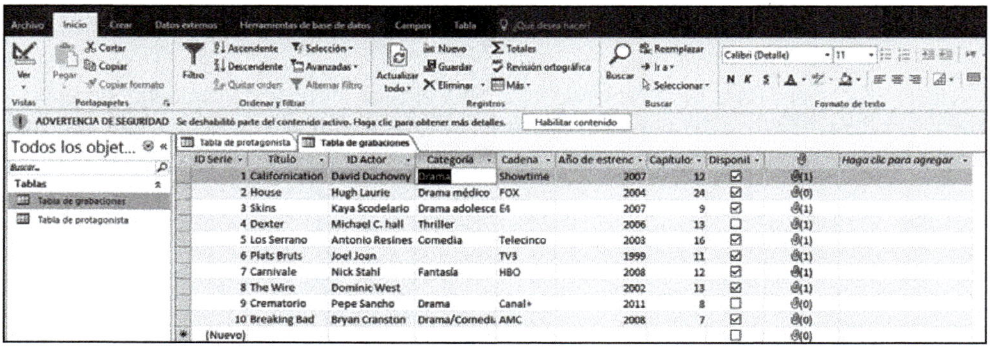

3. Comprobamos que al seleccionar el contenido de un campo los comandos del grupo de herramientas *Portapapeles* se han activado. Entre estos, las herramientas *Cortar* y *Copiar*. En cambio, si solo situamos el cursor de edi-

ción en la celda, esto no ocurre. Para empezar con la lección, haga clic en el comando *Copiar*.

4. Una vez que se copia algo, el contenido seleccionado se encuentra en el *Portapapeles*. Aquí se guarda para cuando lo necesitemos. Reparemos en que en el grupo de herramientas *Portapapeles*, se ha activado el comando *Pegar*. Haga clic en la celda vacía número 8 del campo *Categoría*.

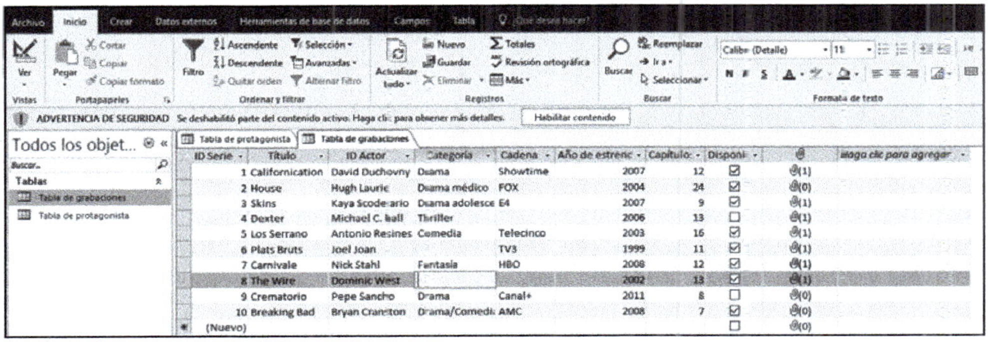

5. En el *Portapapeles* se encuentra, como hemos dicho, lo anteriormente copiado. Pulse sobre el comando *Pegar* del grupo de herramientas *Portapapeles*.

6. La celda copiada aparecerá duplicada en el destino indicado. Los datos copiados seguirán guardados en el *Portapapeles* a pesar de que ya hayamos pegado una vez lo copiado. Esto quiere decir que, mientras no volvamos a copiar o a cortar, lo copiado se guardará en el Portapapeles. Haga clic con el botón derecho del ratón en la única celda vacía del campo *Categoría* del registro y elija, del menú contextual, la opción *Pegar*.

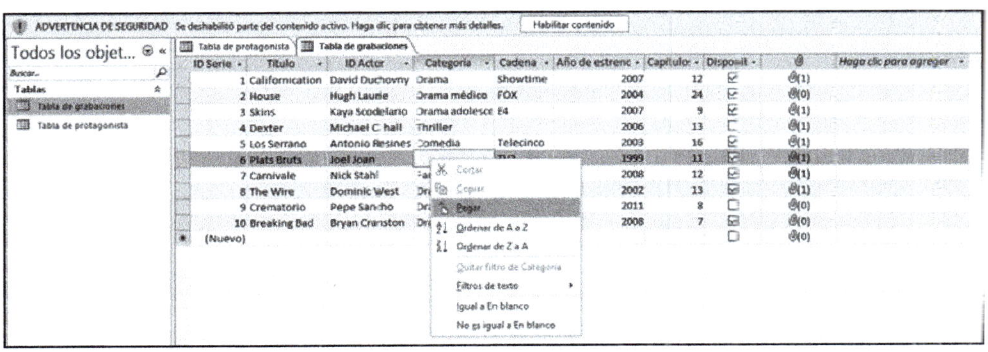

7. Ha ocurrido lo mismo que antes. Ahora probemos el comando *Cortar*. En ocasiones puede ser una medida provisional. En este caso, en cambio, será para enmendar un error. Cortaremos, pues, el contenido del campo *Categoría* del registro número 6. De este modo hacemos desaparecer el texto y lo tenemos guardado en el Portapapeles por si lo necesitamos pronto. En esta ocasión no será el caso. Seleccionado el término recién pegado, haga clic en el icono de las tijeras.

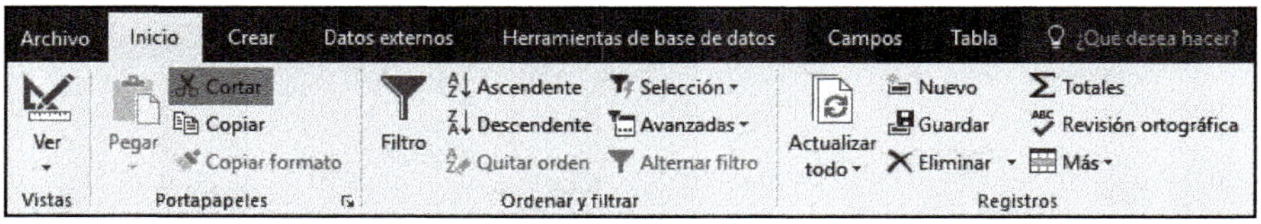

8. Lo que ha ocurrido es que la palabra *Drama* desaparece. Seleccione el campo superior cuyo nombre es *Comedia* y pulse sobre el comando *Copiar*.

9. Una vez copiado el elemento, se elimina del Portapapeles el objeto guardado anteriormente. Haga clic sobre la columna vacía 6 y pulse la combinación *Ctrl* + *V* para pegar el texto *Comedia*.

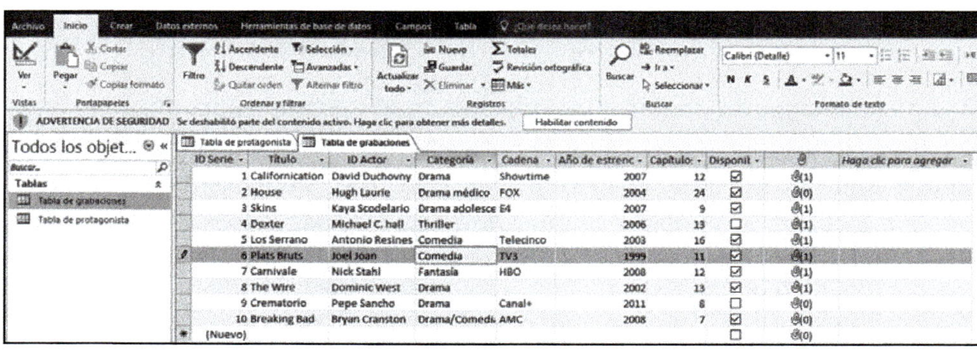

10. Antes de terminar con esta lección, haga clic sobre el icono *Guardar*.

PRÁCTICA

Practique con los comandos Copiar, Cortar y Pegar para acabar de completar la tabla. En lugar de escribir de nuevo algunos elementos, aproveche el texto contenido en otras celdas.

8.13 Cambiar el diseño de una tabla

El programa Access 2016 tiene múltiples garantías y mejoras que lo diferencian de otras bases de datos y programas similares. Una de ellas es la capacidad para diseñar pormenorizadamente una tabla. Desde la apariencia externa hasta el tamaño de cada campo.

En esta lección hablaremos del tipo de letra, del color, del relieve y aludiremos a los distintos rasgos que podríamos modificar para que el lector lo tenga en cuenta.

1. Seguimos trabajando la tabla de grabaciones que se encuentra abierta en primer plano. Modificaremos diferentes cuestiones de diseño, tanto desde la *Cinta de opciones*, como desde el cuadro de diálogo *Formato de hoja de datos*. Haga clic sobre el cuadro gris situado en la intersección de las cabeceras de los registros y los campos (tiene una punta de flecha gris en diagonal).

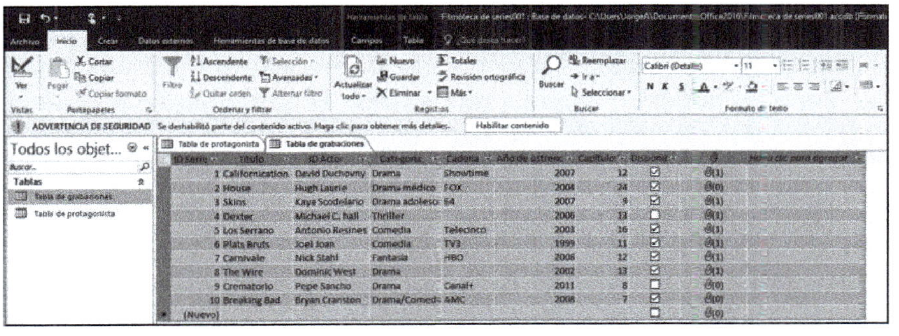

2. De este modo hemos seleccionado toda la tabla. El grupo de herramientas que utilizaremos es el denominado *Formato de texto*. Empezaremos este rediseño de las tablas cambiándole la fuente al documento. Despliegue el primer campo de este grupo de herramientas y, de entre todas las opciones, elija de la lista la fuente denominada *Centaur*.

3. La fuente de todo el texto de la tabla cambiará. Desde el nombre de los campos hasta el contenido. Despliegue el campo *Tamaño de fuente*, que muestra por defecto el valor *11*, y elija de la lista el valor *10*.

4. Ahora ha cambiado el tamaño de las letras. Pues bien, desde las opciones del grupo de herramientas *Formato de texto* también es posible crear listas con viñetas o números, aplicar sangrías, alineación y atributos al texto, y podemos, además, cambiar su color. Podemos cambiar el color de fondo de las filas, por ejemplo, que por defecto son blancas y grises, y mostrar y ocultar las líneas de la cuadrícula de la tabla. A continuación modificaremos el color estándar gris de fondo. Pulse en el último icono de la segunda fila del grupo de herramientas *Formato de texto*, correspondiente a la función *Alternar color de fila* y, en la paleta de color que se despliega, elija un color azul.

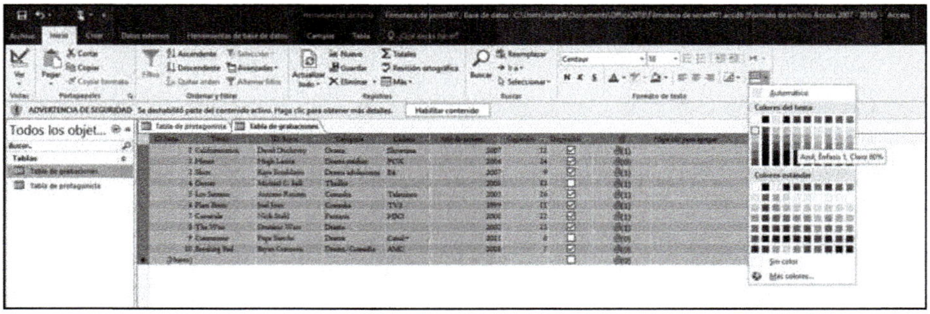

5. Vea el cambio sobre la tabla. Hemos pasado de tener una tabla normal, de ejemplo, a una tabla personalizada, interesante. Seguidamente, accederemos al cuadro de diálogo *Formato de hoja de datos*. Para ello, haga clic sobre el iniciador de cuadro de diálogo del grupo de herramientas *Formato de texto*.

6. Aparece el cuadro *Formato de hoja de datos*. En ella podremos diseñar nuestras tablas. ¿Queremos relieve? ¿Color de fondo? ¿Estilos y bordes? Desde este cuadro podemos aplicar un efecto de relieve de las celdas, mostrar la cuadrícula tanto horizontal como vertical, cambiar los colores de fondo y las líneas de la cuadrícula, aplicar un estilo a los bordes de la tabla, etc. Además, podemos cambiar la dirección en que queremos que se inserten los datos y cambiar la cuadrícula. Haga clic en la casilla de verificación de la opción *Con relieve*.

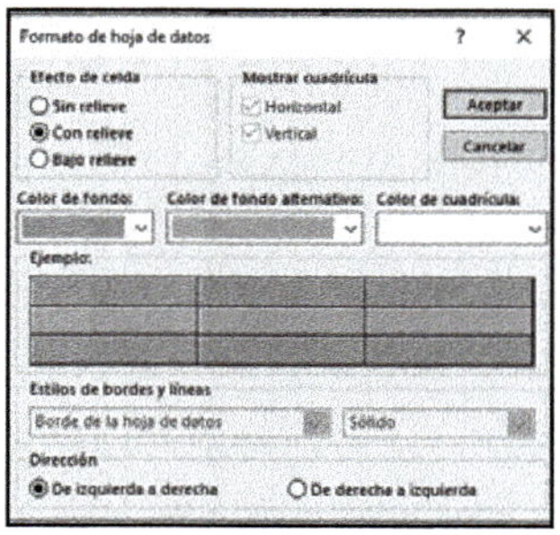

7. Para que los cambios tengan efecto y podamos comprobar cómo ha quedado, pulse el botón *Aceptar*.

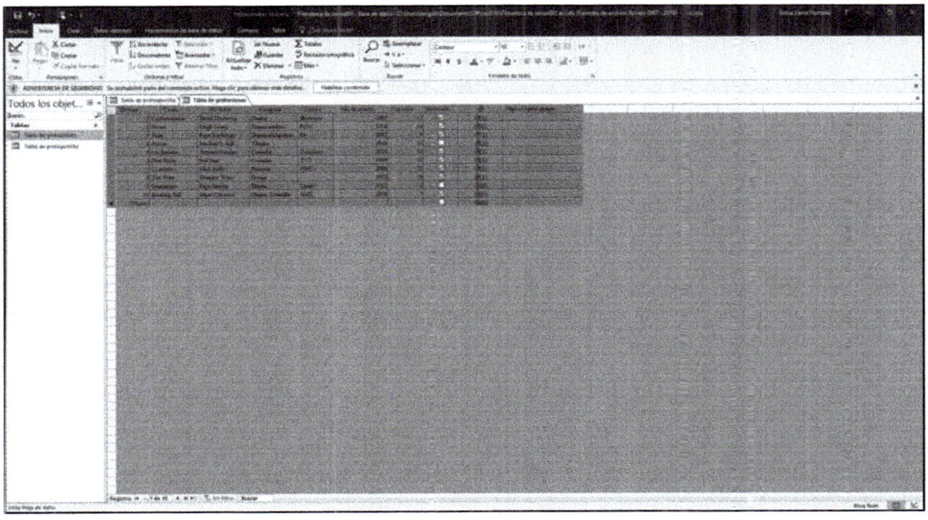

PRÁCTICA

Juegue con el formato de la tabla. Para ello, utilice las distintas herramientas contenidas en el grupo de herramientas Formato de texto y consiga rediseñar la tabla de un modo totalmente personalizado.

8.14 Utilizar el Asistente para búsquedas

El Asistente para búsquedas es un elemento que ya se integró en la versión de Access 2007. Es, sin embargo, algo no integrado en otros programas semejantes a este. ¿Qué es un Asistente para búsquedas? Es el método por el que podemos crear campos con más de un valor, listas como la que nosotros crearemos a lo largo de esta lección.

Habitualmente, solo podemos insertar un dato o un valor por campo. Con esta aplicación podemos añadir tantos como queramos. En nuestro caso cambiaremos el campo Cadena con el fin de añadirle distintos valores que indiquen la realidad de las emisiones de las series de nuestra tabla de grabaciones.

1. En esta lección sustituiremos el campo Cadena por un campo del mismo nombre en el que se incluirá un listado de temas importado de una tabla nueva. Esto servirá para indicar en qué cadenas se ha emitido la serie de cada columna. Con el fin de agilizar este primer paso, le recomendamos que cierre la base de datos actual y descargue la nueva base de datos de forma gratuita con el código de acceso proporcionado en la primera página del libro. El nuevo archivo se denomina *Filmoteca de series002.accdb*. Es, a fin de cuentas, una actualización de la anterior. Una vez descargada, ábrala en Access 2016 y muestre la *Tabla de grabaciones*.

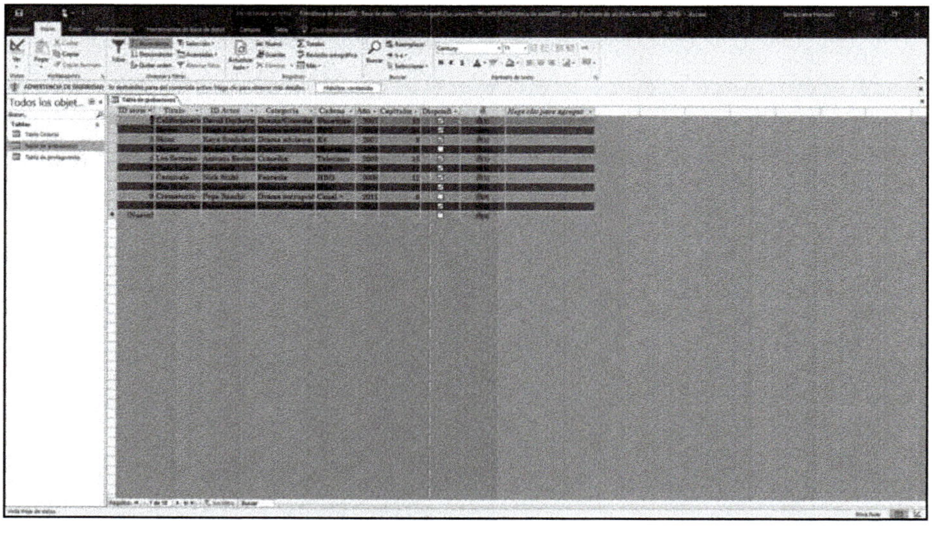

2. Para empezar con la lección propiamente dicha, debemos eliminar el campo que queremos sustituir. Para ello, seleccione la cabecera del campo *Cadena*.

3. Haga clic en la pestaña *Campos* y pulse sobre el icono *Eliminar* del grupo de herramientas *Agregar y eliminar*.

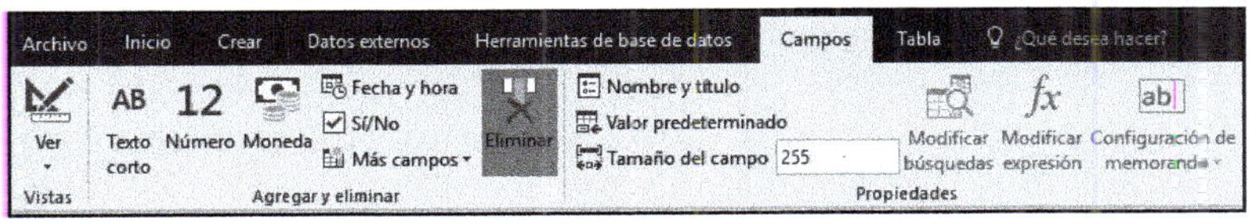

4. Aparecerá un cuadro de diálogo que nos pregunta si deseamos proceder de manera irremediable y eliminar para siempre el campo y los datos que contiene este campo. Haga clic sobre el botón *Sí*.

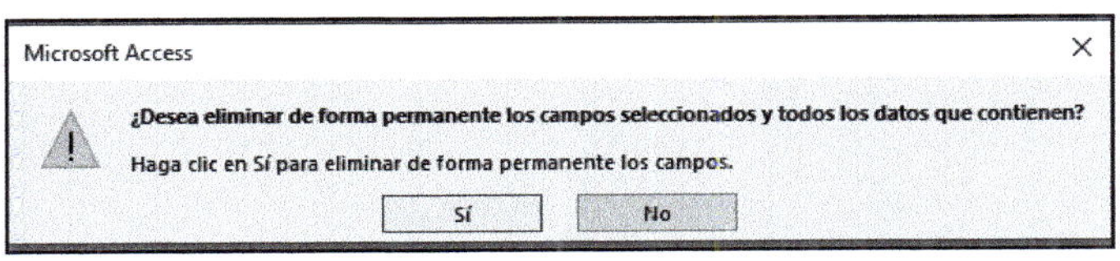

5. Es posible que el campo *ID serie* se desordene. Fíjese en que está desordenado. Ello no quiere decir que se haya echado a perder este archivo. Si en algún momento, a lo largo de la manipulación de la base de datos, esta se desconfigura, haga clic sobre el campo con el botón derecho del ratón y elija la primera opción para ordenar de menor a mayor los datos.

6. A continuación tenemos que usar el asistente de búsqueda. Despliegue el comando *Más campos* del grupo de herramientas *Agregar y eliminar* y, dentro de la sección *Tipos básicos*, pulse sobre la opción *Búsqueda y relación*.

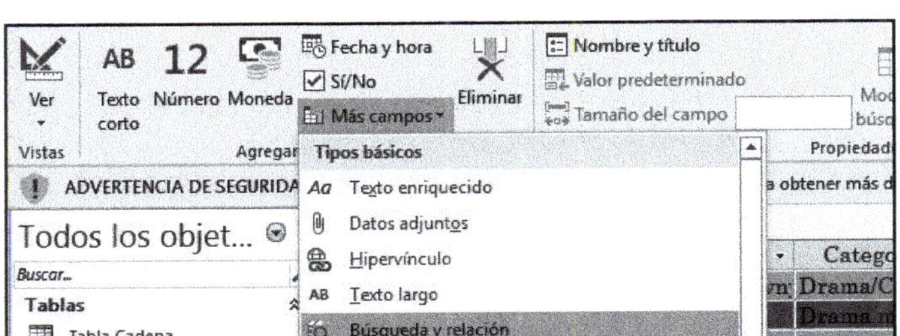

7. De este modo abrimos el *Asistente para búsquedas*. Esta útil herramienta surge en forma de ventana emergente y, ya en un principio, inquiere si deseamos escribir los valores que buscamos, o los busca el campo de búsqueda. Es decir, nos está preguntando de qué modo va a obtener los valores la columna de búsqueda que vamos a crear. Con la opción predeterminada, pulse el botón siguiente.

8. El Asistente nos muestra las tres tablas que tenemos creadas para este documento. Mantenga seleccionada la tabla *Cadena* y pulse *Siguiente*.

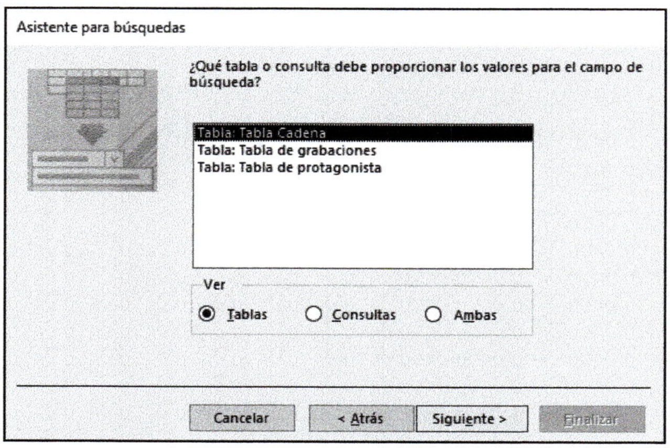

9. La ventana del Asistente cambiará para ofrecernos un panorama de los campos disponibles en la tabla seleccionada y cuáles son los que seleccionamos. Seleccione con un doble clic el campo *Cadena* y pulse el botón *Siguiente*.

10. El Asistente muestra una nueva ventana donde pregunta en qué orden se deben mostrar los registros de los campos. Despliegue el primer campo, pulse sobre el campo *ID* y haga clic de nuevo en *Siguiente*.

11. Una vez haya aceptado el campo *ID* se encontrará con una ventana donde podemos modificar el ancho de las columnas; omita la operación y pase a la siguiente ventana del Asistente.

12. En esta nueva ventana del *Asistente* el programa nos pregunta si deseamos etiquetar el campo de búsqueda. Introduzca el término *Cadena*.

13. Active la opción *Permitir varios valores* pulsando en su casilla de verificación.

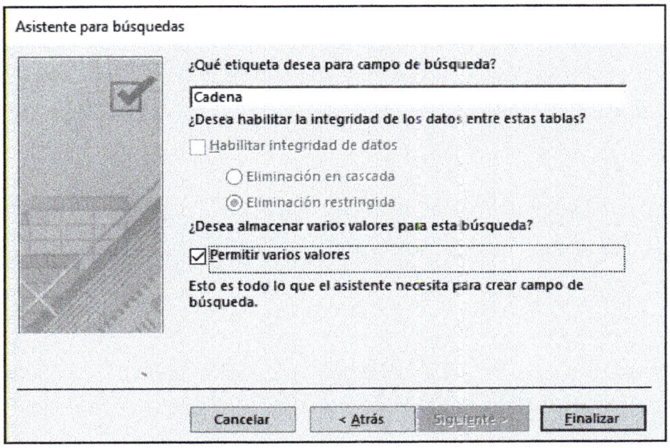

14. Para finalizar con el asistente, haga clic en el botón *Finalizar*.

15. Aparecerá en nuestra tabla un campo nuevo titulado *Cadena* donde podremos insertar o cambiar los datos con varios valores, en este caso, con varias cadenas. Organice el campo *ID serie*.

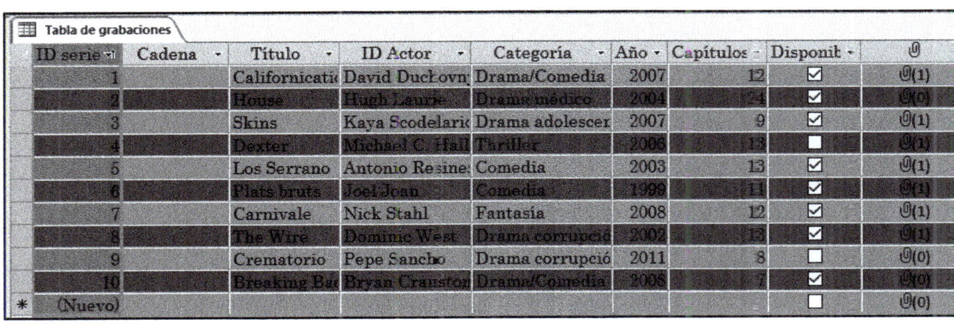

Tabla de grabaciones

ID serie	Cadena	Título	ID Actor	Categoría	Año	Capítulos	Disponib	
1		Californicati	David Duchovn	Drama/Comedia	2007	12	☑	(1)
2		House	Hugh Laurie	Drama médico	2004	24	☑	(0)
3		Skins	Kaya Scodelari	Drama adolescer	2007	9	☑	(1)
4		Dexter	Michael C. Hall	Thriller	2006	13	☐	(1)
5		Los Serrano	Antonio Resine	Comedia	2003	13	☑	(1)
6		Plats bruts	Joel Joan	Comedia	1999	11	☑	(1)
7		Carnivale	Nick Stahl	Fantasía	2008	12	☑	(1)
8		The Wire	Dominic West	Drama corrupció	2002	13	☑	(1)
9		Crematorio	Pepe Sancho	Drama corrupció	2011	8	☐	(0)
10		Breaking Ba	Bryan Cranston	Drama/Comedia	2008	7	☑	(0)
(Nuevo)							☐	(0)

PRÁCTICA

Cree un nuevo campo mediante el asistente de búsqueda a partir de una de las tablas de nuestra base de datos. Siga los pasos indicados por el asistente para llevar a cabo el proceso.

8.15 Modificación de filas y campos

Cuando se crea una tabla nueva en Access 2016, el programa, por defecto, fija la anchura y la altura de las filas. En resumen, la anchura resulta insuficiente en la mayoría de los casos y la altura está inscrita en un tipo de letra estándar y, por lo general, no ofrece resistencia a la hora de leerse los datos escritos en el campo.

Como ocurre con la mayoría de inconvenientes que van saliendo a medida que se usa el programa, este tiene solución. Y en esta lección trataremos de mostrarla.

1. En esta lección mostraremos varios procedimientos para modificar las columnas y las filas de una tabla en Access 2016. Para ello, empezamos usando la técnica más sencilla e intuitiva que todo usuario puede probar sin tener orientación teórica o práctica: el *arrastre*. Inauguraremos esta refrescando este proceso. Sitúe el puntero del ratón entre las cabeceras de los campos *Cadena* y *Título* y, cuando el puntero cambie de forma (aparece una raya vertical partida por una flecha horizontal de dos puntas), haga clic manteniendo pulsado el botón del ratón y arrastre hacia la izquierda para quitarle un poco de espacio sobrante a la columna *Cadena*.

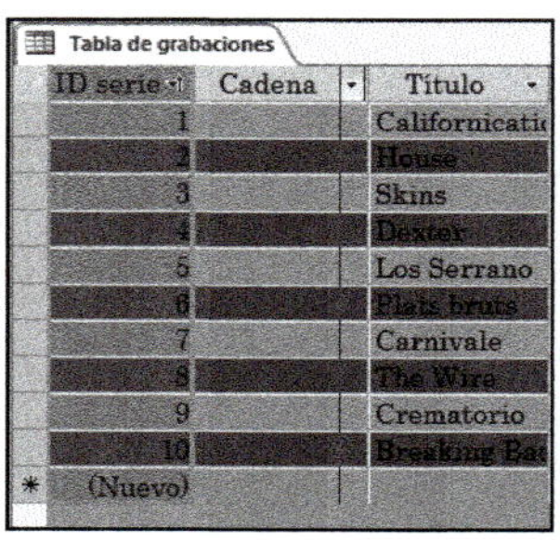

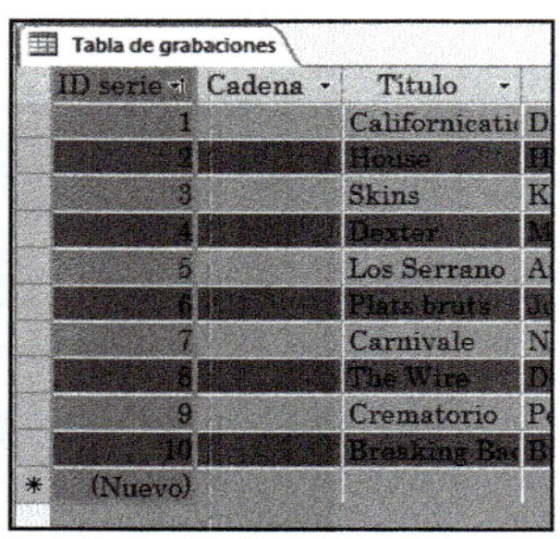

2. Cuando suelte el botón del ratón, comprobará que hemos cambiado la anchura de la columna especificada. Modificaremos ahora la altura de una fila. Para lograrlo, haga clic entre las filas 4 y 5 y, sin soltar el botón del ratón, ahora arrástrelo ligeramente hacia abajo.

3. Como puede ver, a diferencia de lo que ocurre con la anchura, la altura se modifica en todas las filas de la tabla. Aquí terminamos la primera parte de esta lección. Ahora hemos refrescado el hábito intuitivo de la modificación

de filas y columnas. Pero ese no es el único método. A partir de aquí, procuraremos modificar las filas y columnas de otro modo. Haga clic con el botón derecho del ratón sobre la cabecera de la fila 3.

4. En el cuadro de diálogo *Alto de fila* podremos especificar la altura exacta para la fila seleccionada. Pulse, pues, sobre la opción *Alto de fila* del menú contextual que aparece.

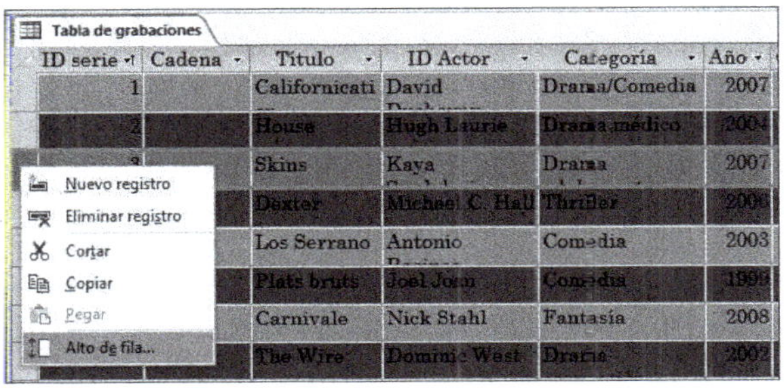

5. En el cuadro de diálogo Alto de las filas, active la opción *Alto estándar* pulsando en su casilla de verificación y pulse el botón *Aceptar*.

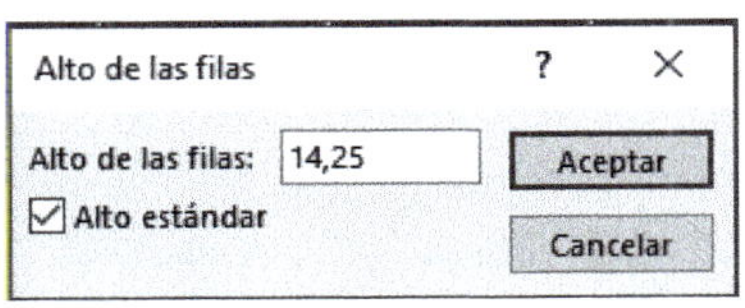

6. Las columnas, lógicamente, vuelven a su posición estándar. Proseguiremos modificando la columna *Cadena*. Para ello, usaremos la opción que nos permitirá ajustar perfectamente las celdas al contenido. Pulse con el botón derecho sobre la cabecera de esta columna y elija la opción *Ancho del campo*.

7. Se abrirá el cuadro de diálogo *Ancho de columna*. En este cuadro podrá especificar manualmente la anchura, o bien recuperar el valor estándar, o, por último, conseguir un ajuste perfecto a la celda más ancha. En este caso, haga clic sobre el botón *Ajuste perfecto*.

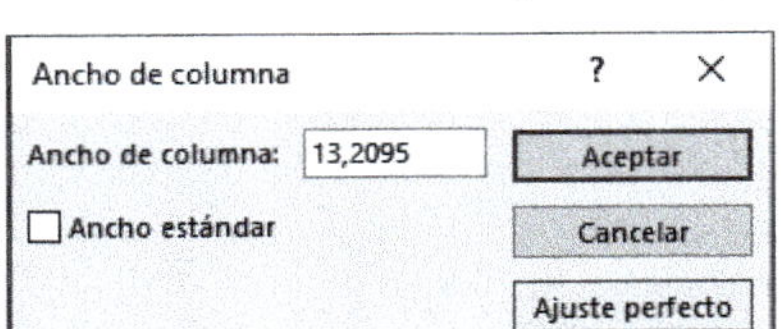

8. El resultado se hace evidente. Acto seguido, haga clic sobre la cabecera *Cadena* y, sin soltar el botón del ratón, arrastre la columna hasta situarla a la derecha de la columna *Título*.

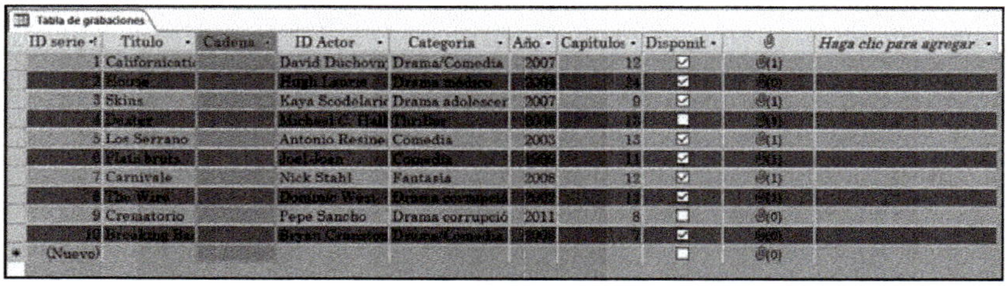

9. Hasta aquí hemos visto cómo se pueden modificar filas y columnas. Le recomendamos que siga, a partir de este punto, con el fin de dejar las tablas presentables y fácilmente leíbles. Cuando las haya arreglado todas, haga clic en el icono *Guardar* de la *Barra de herramientas de acceso rápido*.

PRÁCTICA

Modifique a su gusto tanto la anchura de las columnas como la altura de los campos de la tabla. Utilice tanto la técnica de arrastre como los correspondientes cuadros de diálogo.

8.16 Ordenar la información de un campo

Es posible que, llegado el momento en que tenga una buena base de datos, necesite desplazarse por la tabla para hallar una información concreta. Dependiendo de cómo sea la tabla, puede tardar mucho.

Access 2016 muestra los registros de un modo preestablecido y ello puede dificultar el hallazgo. A un mismo tiempo, el programa ofrece una serie de prestaciones capaces de reordenar la información de los campos para localizar la información habida en ellos. Con esta lección buscaremos un modo sencillo para organizar la información de un campo.

1. Empezaremos la práctica organizando alfabéticamente los registros por la columna *Título*. Para seleccionarla, pulse sobre la cabecera de dicha columna.

2. Como podemos observar, toda la columna correspondiente al campo *Título* se ha seleccionado en color azul. Ahora haremos algo que anteriormente hemos mostrado, pero que no habíamos entrado en ello por las múltiples posibilidades que ofrecía y, cómo no, porque no era, en esos instantes, el tema a tratar. Así pues, lo que nos proponemos a continuación es organizar dicha columna desde el comando *Ascendente* ubicado dentro del grupo de herramientas *Ordenar y filtrar* de la ficha *Inicio*. Haga clic sobre dicho comando.

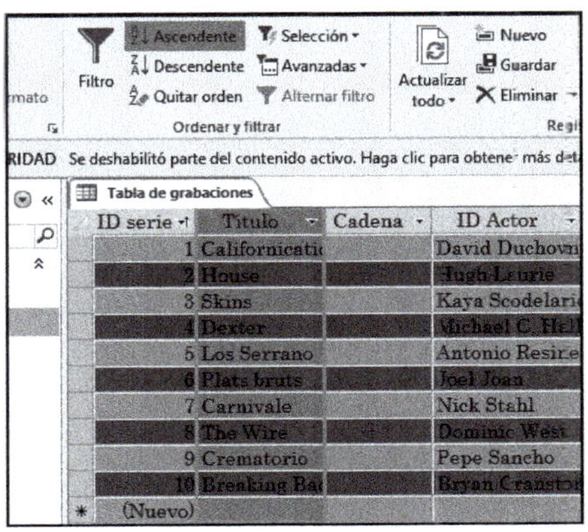

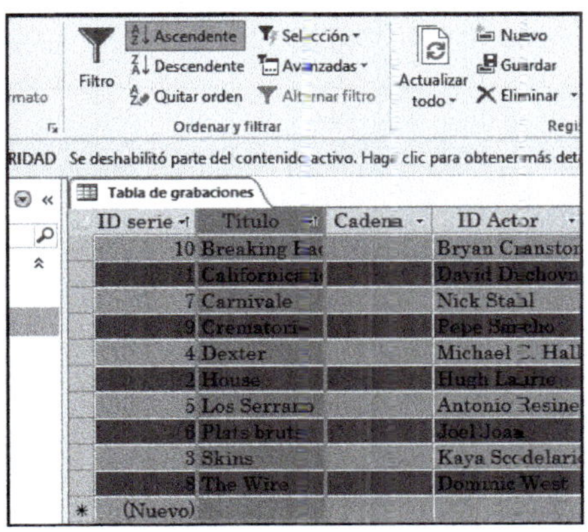

3. Ha ocurrido que el programa se encarga de organizar, de forma alfabética y, de paso, ascendentemente (esto es, de la A a la Z), los nombres de los campos. Así como podemos usar el criterio ascendente, probemos ahora el

criterio de reordenación de la información de un campo de modo descendente. Lo haremos del siguiente modo. Sitúese sobre el comando *Descendente,* dentro del grupo de herramientas *Ordenar y filtrar*, y pulse sobre él.

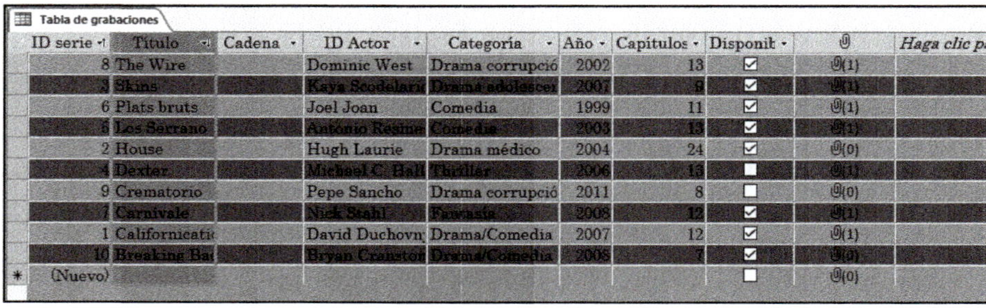

4. Ahora supongamos que queremos ordenar la información de otro campo. Para ello, pulse sobre la cabecera del campo denominado *ID Actor* para seleccionar así toda la columna que nos interesa.

5. Como hemos advertido pasos antes, lo que nos proponemos hacer a partir de ahora, en esta lección, es volver a organizar los datos partiendo de un criterio de selección automático. En este caso, insistimos, lo haremos mediante el ratón. Pulse el botón derecho del ratón.

6. Observamos que se ha desplegado un menú contextual. Haga clic en la opción *Ordenar de Z a A*.

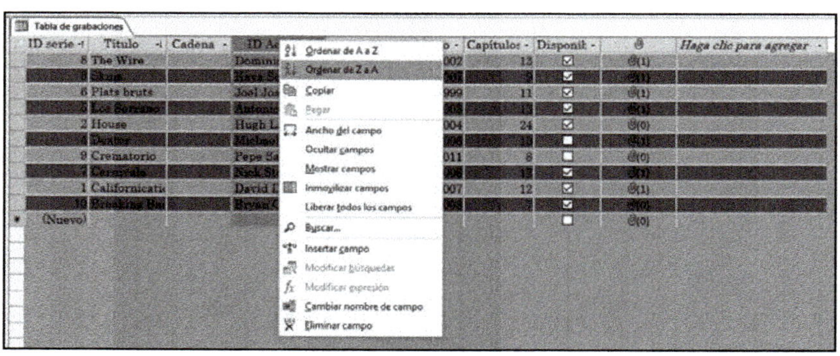

7. De nuevo el programa, siguiendo los criterios dictados por nosotros, modifica el orden de los datos. Si, una vez establecidos los criterios de modificación, decidimos eliminar la última acción, solo tenemos que pulsar el

comando *Quitar orden*, ubicado en el grupo de herramientas *Ordenar y filtrar*. Pulse sobre dicho comando y compruebe lo que ocurre.

8. La ordenación ha vuelto a cambiar, pero esta vez no como estaba al principio de la lección. Lo que ha ocurrido es que el programa, siguiendo la acción regida por nosotros, ha retrocedido una acción, quedándose en la orden precedente de organización. En lecciones posteriores hablaremos de los criterios para filtrar los registros de una tabla. Para terminar esta lección, haga clic con el botón derecho del ratón sobre la pestaña *ID Serie* y seleccione el comando *Ordenar de menor a mayor* para restablecer el orden que tenía en un principio esta tabla.

PRÁCTICA

Seleccione alguna de las columnas de la tabla y organícelas alfabéticamente y de forma ascendente. Después, pruebe a ordenarlas en sentido contrario. Para terminar, devuelva a las columnas el orden inicial.

8.17 Filtrar los registros de una tabla

Ya en la versión precedente, el filtrado de datos sufrió un cambio importante que mejoró su eficacia. Filtrar los datos de un registro quiere decir, en pocas palabras, cribarlos con el fin de distribuirlos de un modo concreto. Así pues, y como veremos a lo largo de la siguiente lección, podemos filtrar registros por el título y su ordenación alfabética (ascendente o descendente). Todo ello se recoge en los filtros, representados por un embudo y otros comandos escondidos en la Cinta de opciones.

Existen también los filtros rápidos, que cambian automáticamente en función del tipo de datos para mostrar las opciones relacionadas con los criterios preestablecidos. En resumen, en esta lección aprenderemos a trabajar con los filtros y, de paso, seguiremos trabajando sobre el concepto de organización y filtrado de campos.

1. Para empezar con esta lección donde aprenderemos a filtrar los registros de una tabla, tenemos que tener abierta la *Tabla de grabaciones* de nuestra base de datos. Para empezar con el apasionante mundo de los filtros, estableceremos un pequeño criterio. En el campo *Año de estreno*, filtraremos los datos que sean del año 2007. Para ello, haga clic sobre una de las celdas que contienen este año.

2. Proseguiremos localizando el comando *Selección*, situado dentro del grupo de herramientas *Ordenar y filtrar*, ubicado dentro de la pestaña *Inicio*. Una vez encontrado, haga clic sobre dicho icono.

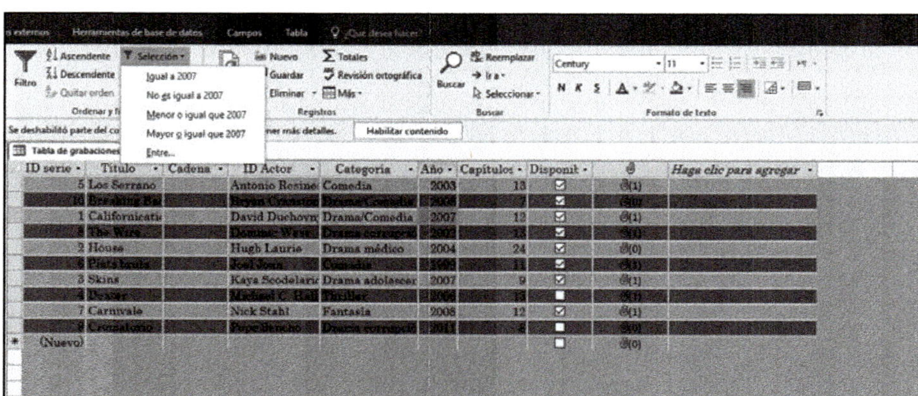

3. Verá que se despliega un menú donde nos informan de los criterios de filtrado que podemos aplicarle. ¿Igual al dato elegido, distinto, menor o igual, mayor, entre...? Como nuestro objetivo era filtrar los datos de idéntico valor, pulse sobre *Igual a 2007*.

4. Inmediatamente después de seleccionar dicha opción, la tabla se ve menguada de manera estrepitosa. Solo dos registros contienen los mismos datos *Año de emisión*. Fíjese en que junto a la columna con el nombre del registro hay un botón que muestra el dibujo de un embudo. Sitúe el puntero del ratón sobre este botón.

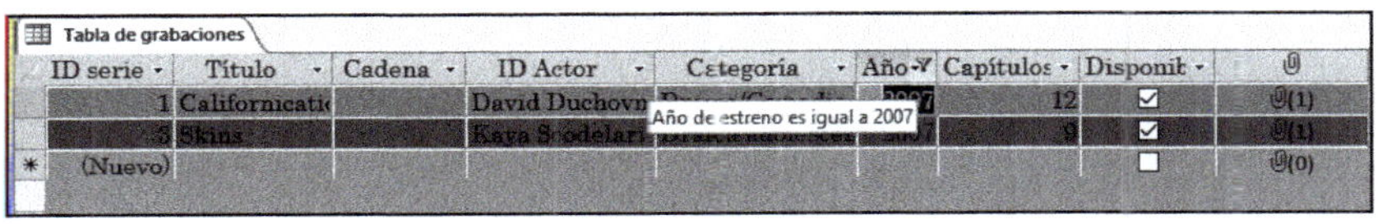

5. Una etiqueta nos informa del filtro aplicado. En nuestro caso dice *Año de estreno es igual a 2007*. Fíjese en que en la parte inferior del área de trabajo se ha establecido una nueva pestaña, denominada *Filtrado*. Para eliminar el filtro y restablecer la base de datos como la teníamos antes, haga clic sobre el comando *Alternar filtro*.

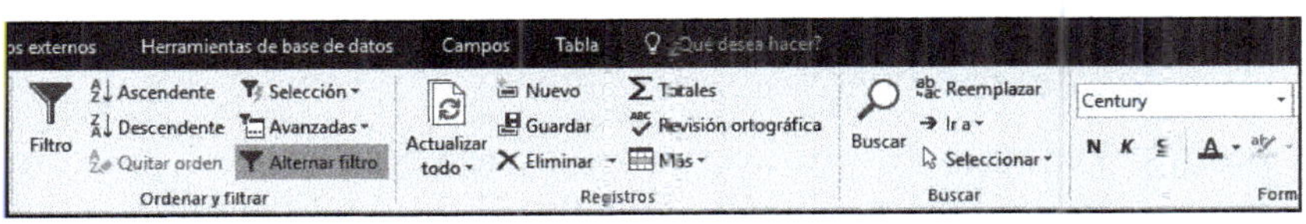

6. La tabla vuelve a ser como al principio de la lección, todos los datos y sus correspondientes registros se han restablecido. Pulse sobre uno de los registros del campo *Categoría* que contenga el texto *Comedia* y haga clic con el botón derecho sobre la celda.

7. En el menú contextual que se despliega, verá que tiene un atajo de filtrado. En la parte inferior del menú contextual podemos leer *Igual a "Comedia"*, *No es igual a "Comedia"*, etc. Haga clic sobre la opción *Filtros de texto*.

8. Vea que se ha desplegado un submenú en el que se nos ofrecen varias posibilidades para filtrar el texto. Pulse, en este caso, sobre la quinta opción: *Contiene*.

9. Un cuadro de diálogo nos muestra un filtro personalizado. En el campo *Categoría contiene* debemos introducir la palabra que queremos ver filtrada. Escriba en este caso la palabra *Comedia* y haga clic en el botón *Aceptar*.

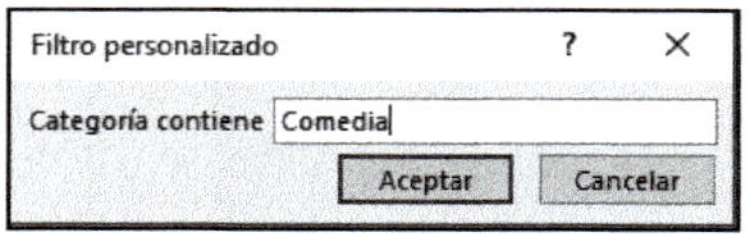

10. Inmediatamente después de esto, se seleccionarán los registros que contienen esta palabra bajo la columna *Categoría*. Fíjese en que han aparecido datos que formaban parte de otra palabra u otro segmento de palabra. Para quitar este filtro, haga clic sobre el icono *Filtro*.

11. En la ventana emergente que aparecerá tras la última acción verá que hay una serie de casillas con signos de verificación. Para terminar con esta lección y restituir la tabla, podemos hacer dos cosas: o bien utilizar el comando *Quitar filtro de Categoría*, o bien desactivar las pestañas verificadas. Haga clic sobre las que estén activas para desactivarlas.

12. Una vez concluido el punto presente, daremos por terminada la lección. Hemos visto que los filtros pueden ser útiles para hallar datos y seleccionarlos para que solo aparezcan estos. Al efectuar esta acción, en ningún momento estamos eliminando los registros que desaparecen. Estos permanecen, como el nombre de la acción indica, filtrados. Terminemos esta lección restituyendo todos los campos, haciendo clic sobre el botón *Aceptar*.

PRÁCTICA

Filtre el contenido de alguna de sus tablas de manera que solo se muestren aquellos registros con un contenido que usted mismo debe asignar: un año, una palabra... Después, practique eliminado los filtros aplicados para restablecer la tabla.

8.18 Utilizar filtros por formulario

Para usar un filtro por formulario antes debemos definir qué significa esta opción. Un filtro por formulario es la aplicación mediante la cual podemos filtrar la información por más de un campo a la vez sin necesidad de que el cursor se desplace hasta el campo que contiene la información que buscamos, o queremos filtrar. Todo ello se puede hacer desde un menú desplegables o introduciéndola manualmente.

Así pues, ahora ya sabemos qué es un filtro por formulario, y esta lección tratará sobre su aplicación práctica.

1. Empezaremos esta sencilla lección con la tabla de grabaciones abierta. En la pestaña *Inicio*, dentro del grupo de herramientas *Ordenar y filtrar*, encontrará las opciones avanzadas. Haga clic sobre el icono *Avanzadas* y, dentro de las opciones activadas, haga clic sobre *Filtro por formulario*.

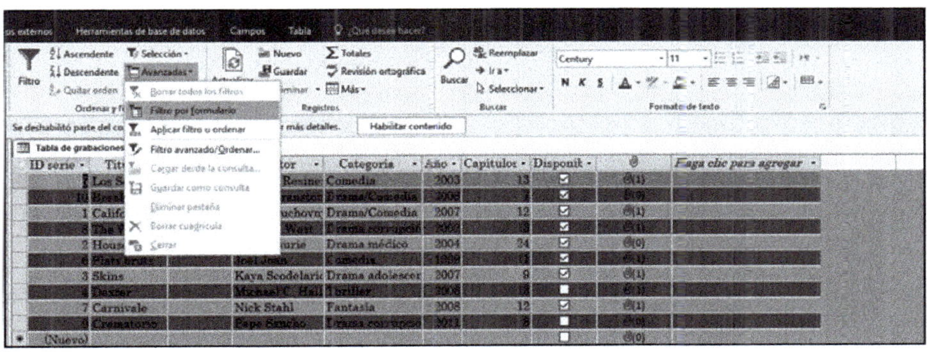

2. La tabla se reducirá a cero, dejando únicamente el nombre de los campos y una celda debajo de cada uno. Si se desplaza con el teclado sobre las celdas vacías verá que estas tienen pestañas. Sitúese sobre la celda vacía del campo *Categoría* haciendo clic en ella y pulse sobre la punta de flecha que ha aparecido en esta celda.

3. Dentro de este menú encontrará las opciones antes escritas por nosotros. Haga clic en *Comedia*.

4. Esta opción se registra dentro de la celda, entre comillas. Repare en que, debajo del comando *Avanzadas*, se muestra otro comando denominado *Alternar filtro*. Haga clic sobre este comando.

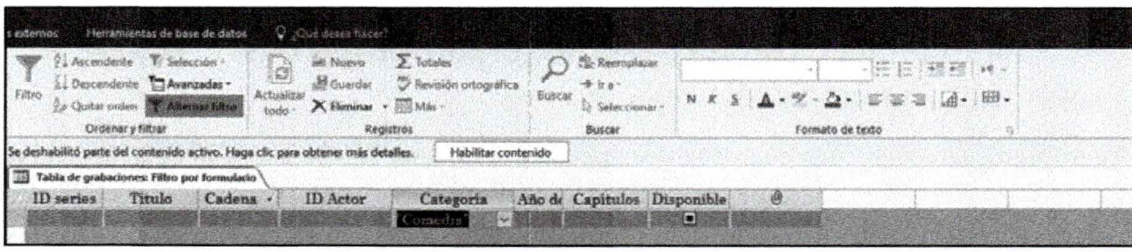

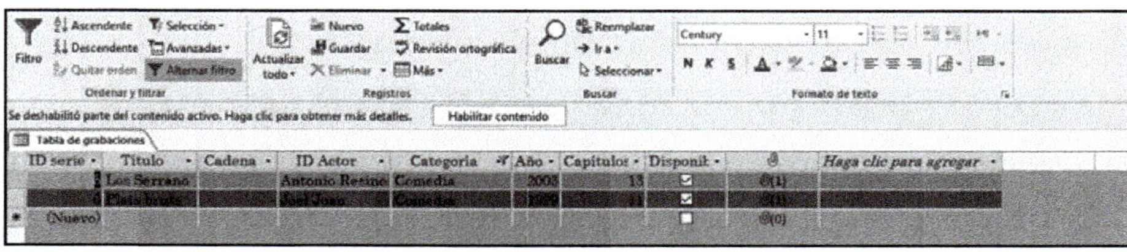

5. El programa efectuará una búsqueda exhaustiva y pondrá, en el área de trabajo, los registros correspondientes a la palabra seleccionada. Estas han sido las primeras instrucciones de esta lección. Ahora lo haremos un poco más difícil, para ver cómo funciona. Imaginemos que estamos buscando una serie de registros que no sabemos si están en un campo o en otro. En este caso, no sabemos si están entre la *Comedia* o el *Drama médico*. Para solucionarlo, haga clic sobre la opción *Avanzadas* y vuelva a pulsar sobre *Filtro por formulario*.

6. En la parte inferior de la pantalla aparecen dos pestañas, *Buscar* y *Ordenar*. Esta última ofrece la oportunidad de establecer una alternativa al filtro ya existente en la pestaña *Buscar*. Si pulsa sobre la pestaña *Ordenar* verá que no hay ninguna categoría seleccionada. Compruébelo.

7. Haga clic en la pestaña de la celda *Categoría* para desplegar el menú de opciones disponibles y seleccione la opción *Drama médico*.

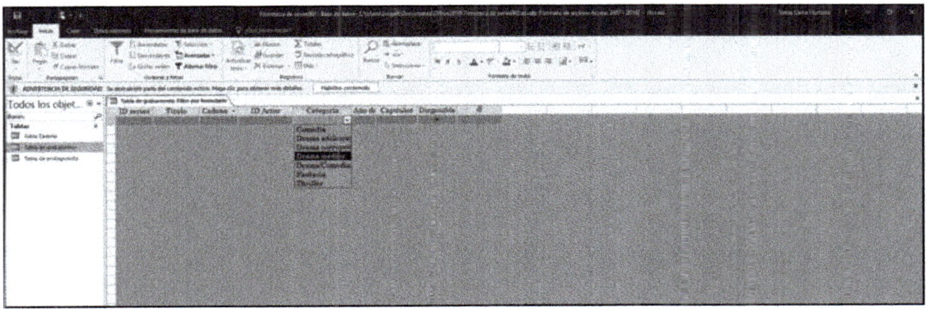

8. De este modo, el programa nos ofrecerá la posibilidad de filtrar varios registros. Es una buena opción para cuando no se sabe bien qué elemento buscábamos y tenemos una idea de dónde puede estar. Pulse sobre el comando *Alternar filtro*.

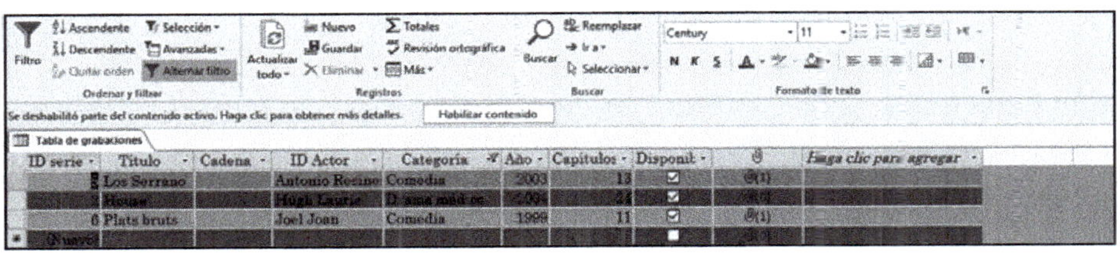

9. Lo que sucede es evidente: el filtro selecciona los elementos que correspondan a, en este caso, *Drama médico* y *Comedia*, y los pone en el área de trabajo para que el usuario los vea y pueda trabajar con ellos. Una vez visto y aprendido esto, quitaremos los filtros para regresar a la tabla que teníamos en el principio de esta lección. Haga clic sobre el botón *Filtrado* ubicada debajo del área de trabajo.

PRÁCTICA

Aplique un filtro por formulario a su tabla. Por ejemplo, busque todos aquellos registros que contienen una palabra en concreto y compárelos con aquellos que contengan otra distinta. Cuando termine, elimine el filtro aplicado.

8.19 Creación de una consulta utilizando el asistente

Una consulta es, en realidad, un objeto propio de la base de datos que permite ordenar y seleccionar registros. Una consulta es, en lo que a ello se refiere, un objeto parecido a un filtro pero con funciones más amplias como agrupar registros por conceptos, generar nuevas tablas, realizar cálculos.

Es por ello que una consulta no se puede denominar filtro, y también por eso mismo (su funcionalidad y la capacidad para generar nuevas áreas de trabajo, o aplicaciones) que el programa Access 2016 la ubica en el Panel de navegación, en un apartado propio, como el de las tablas.

1. En esta sencilla lección nos adentraremos en el ámbito de las consultas con Access 2016. Teniendo la *Tabla de grabaciones* abierta en el área de trabajo, empezaremos esta lección pulsando sobre la pestaña *Crear* de la *Cinta de opciones*.

2. En la ficha *Crear*, pulse sobre el comando *Asistente para consultas* del grupo de herramientas *Consultas*.

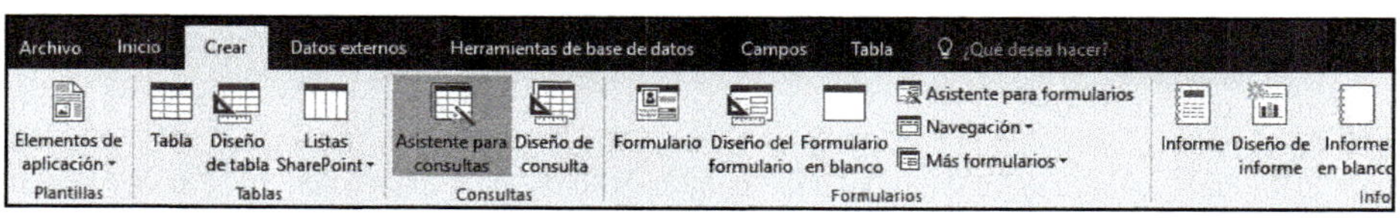

3. Se abrirá de este modo el cuadro *Nueva consulta* donde podremos gestionar las consultas con los campos seleccionados. Asegúrese de que está activa la opción *Asistente para consultas sencillas* y pulse el botón *Aceptar*.

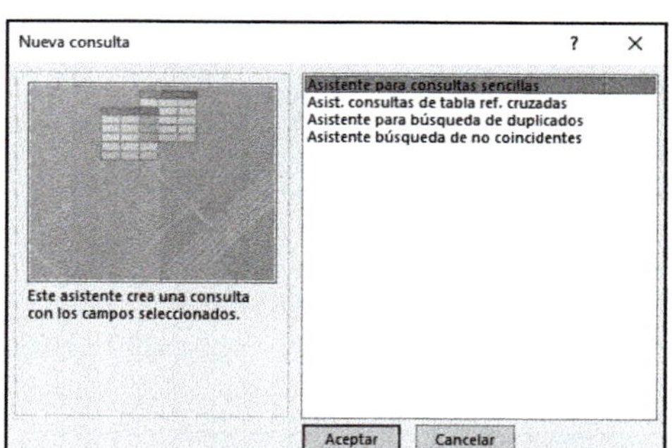

4. En la siguiente ventana se nos pregunta a qué tabla queremos aplicarle la consulta, qué campos tenemos disponibles y qué campos tenemos libres. Asegúrese de que está seleccionada la *Tabla de grabaciones* y haga clic sobre el botón de doble punta de flecha.

5. Con la acción anterior vertemos los contenidos de los campos. Una vez incluidos todos los campos, pulse el botón *Siguiente*.

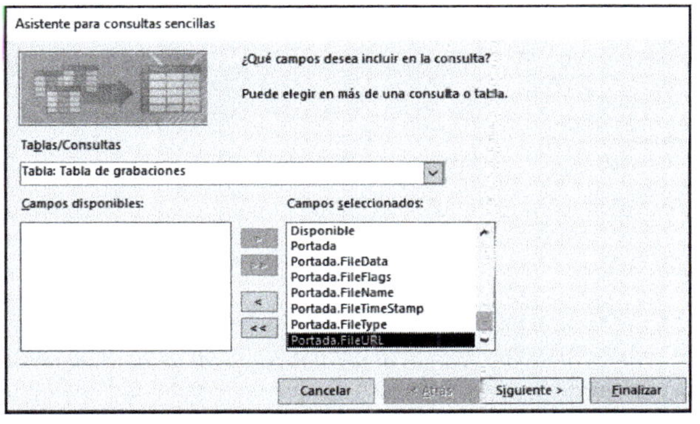

6. En esta nueva ventana se nos ofrecen dos modos de recolectar datos. ¿Queremos una consulta de detalle o de resumen?, nos pregunta el Asistente para consultas. Pues bien, nosotros le aplicaremos la opción *Detalle*. Si no estaba marcada como predeterminada, hágalo. En caso contrario, es decir, si ya estuviera marcada, haga clic sobre el botón *Siguiente* y, en la última ventana del asistente, pulse en *Finalizar* manteniendo el nombre predeterminado de la consulta.

7. ¿Qué ha ocurrido? El programa ha habilitado espacio extra en el *Panel de navegación* bajo el título de consultas, y ha creado una nueva tabla, la *Tabla de grabaciones Consulta*. Asimismo, en el área de trabajo se ha desplegado esta ventana que es de estructura parecida a la original. Sin embargo, es de otro tipo. Eso lo podremos comprobar cuando visitemos la vista Diseño. Para ello, haga clic en la pestaña *Inicio* y pulse sobre el icono de la herramienta *Ver*.

8. De este modo entramos directamente en la Vista Diseño y se carga la ficha contextual *Herramientas de consulta*. Ordene la consulta aplicándole a la celda *Orden* del campo *Título* el término *Ascendente*.

9. Para realizar las acciones especificadas en una consulta, pulse sobre el comando *Ejecutar*.

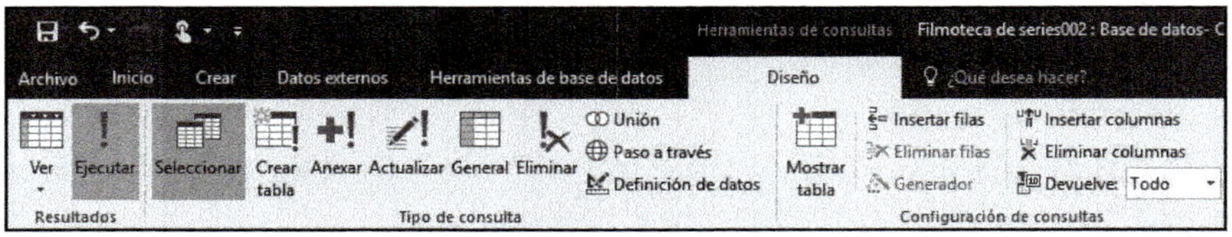

ID series	Cadena	Tabla de ξ	Título	ID Actor	Categoría	Año	Capítulos	Disponibl			Expr
10			Breaking Bad	Bryan Cranston	Drama/Comedia	2008	7	☑	(0)	(0)	
1			Californication	David Duchovny	Drama/Comedia	2007	12	☑	(1)	(1)	
7			Carnivale	Nick Stahl	Fantasía	2008	12	☑	(1)	(1)	
9			Crematorio	Pepe Sancho	Drama corrupción	2011	8	☐	(0)	(0)	
4			Dexter	Michael C. Hall	Thriller	2006	13	☐	(1)	(1)	
2			House	Hugh Laurie	Drama médico	2004	24	☑	(0)	(0)	
5			Los Serrano	Antonio Resines	Comedia	2003	13	☑	(1)	(1)	
6			Plats bruts	Joel Joan	Comedia	1999	11	☑	(1)	(1)	
3			Skins	Kaya Scodelario	Drama adolescente	2007	9	☑	(1)	(1)	
8			The Wire	Dominic West	Drama corrupción	2002	13	☑	(1)	(1)	

10. En el área de trabajo, la consulta mostrará los registros ordenados de forma ascendente dependiendo del campo *Título*. Haga clic sobre el icono *Guardar* de la *Barra de herramientas de acceso rápido*.

PRÁCTICA

Cree una consulta basada en una de sus tablas de la base de datos, de manera que contenga todos los datos de la misma. Una vez creada y visualizada la consulta, manipule el contenido de alguno de sus datos.

8.20 Utilizar criterios, comodines y operadores aritméticos en las consultas

La utilización de criterios en las consultas sirve para acceder a la información precisada. Los criterios están compuestos por los datos que queremos encontrar. Este tipo de procedimiento sirve para buscar y hallar información como, en la lección planteada, unas fechas. Ello se efectúa gracias a los operadores. Los operadores son las órdenes que establecemos nosotros para fijar los criterios. Dos de los más utilizados son los operadores Y y O. Equivalen a buscar este dato Y ese otro. Lo mismo que buscar ese dato O ese.

Los caracteres comodín sirven para localizar la información de los registros cuya exactitud no se conoce exactamente. Son caracteres que se aplican en las consultas con el fin de encontrar un dato exacto, un registro que empiece por una letra, o que contenga una parte de una palabra. Ejemplos de comodines son los corchetes ([]), el asterisco (*), el signo de interrogación (¿), etc. Los aplicaremos en la Vista Diseño.

Los operadores aritméticos se utilizan para calcular un valor partiendo de dos o más números, para cambiar el signo de un número (de negativo a positivo, o a la inversa) o, por ejemplo, para encontrar registros concretos y cribarlos. Ejemplos de operadores aritméticos son la suma (+), el igual (=), el menor que (<), menor o igual que (<=), mayor o igual que (>=), la multiplicación (*), la división (/), redondear (\), hallar la diferencia (-), etc.

1. Empezaremos esta lección en el punto en que terminamos la anterior, con la Tabla de grabaciones Consulta abierta en el área de trabajo del programa. Despliegue el comando *Ver* y elija la opción *Vista Diseño*.

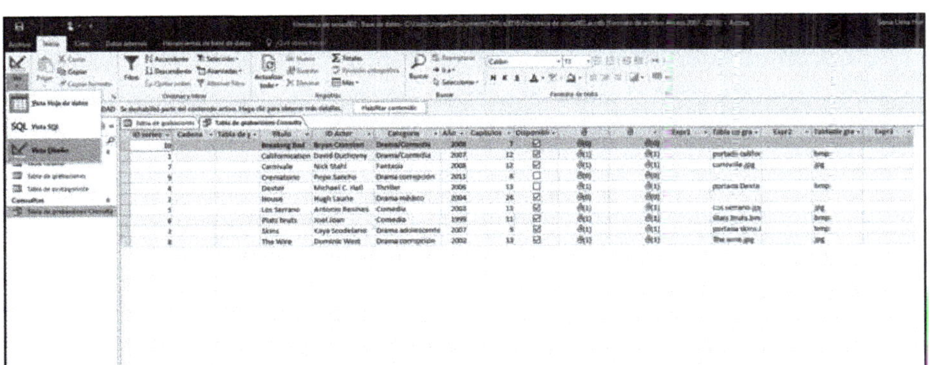

2. Nos situaremos en las celdas *Criterios* debajo del nombre de campo *Capítulos*. Esto servirá para empezar a establecer el primer criterio. Haga clic dentro de la celda.

3. Este ha sido el primer paso dado al cumplimiento de la utilización de criterios en las consultas. En la celda insertaremos el criterio deseado a fin de seguir con la consulta. Es decir, no podemos escribir nada que no sean números, signos o el operador Y. De este modo, cuando establezcamos los criterios, podremos obtener información o el resultado de varios datos. Por ejemplo, escriba *>7* y *<15*.

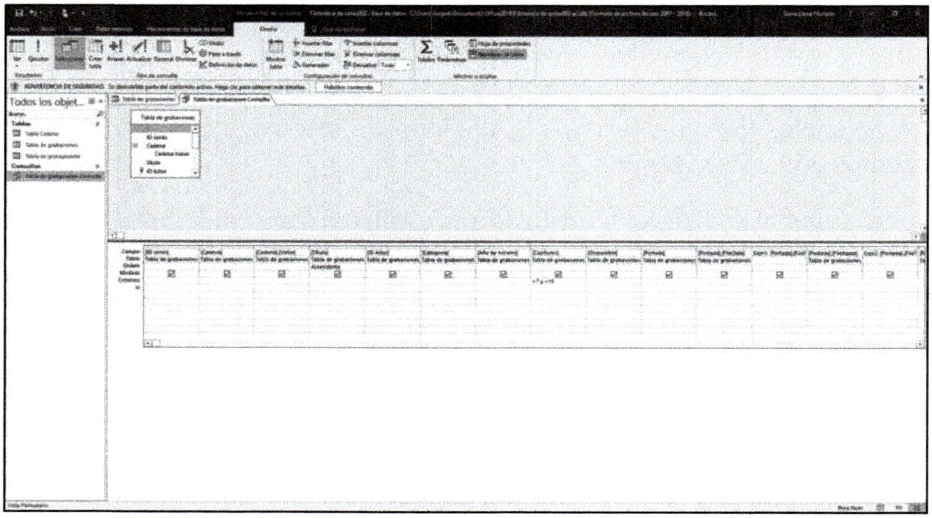

4. Insistiremos en el punto anterior refiriendo que al escribir el dato, el programa comprende que estamos infiriendo que busque y solo muestre capítulos más grandes que el valor 7 y más pequeños que el valor 15. Para demostrar que esto es así, y que ha funcionado, haga clic sobre el icono *Ver*.

5. Inmediatamente cambiará la vista para mostrarnos la selección de series que tienen más de siete capítulos en su primera temporada y menos de quince. Hagamos otra prueba para cerciorarnos de que ha funcionado. Haga clic con el botón derecho del ratón sobre la pestaña *Tabla de grabaciones Consulta* y pulse sobre la *Vista Diseño* para entrar en ella.

6. Ahora restringiremos un poco los términos para ver si la tabla se reduce. De este modo sabremos que lo hecho no es erróneo. Cambie el valor *7* por el valor *10* y pulse la tecla *Retorno*.

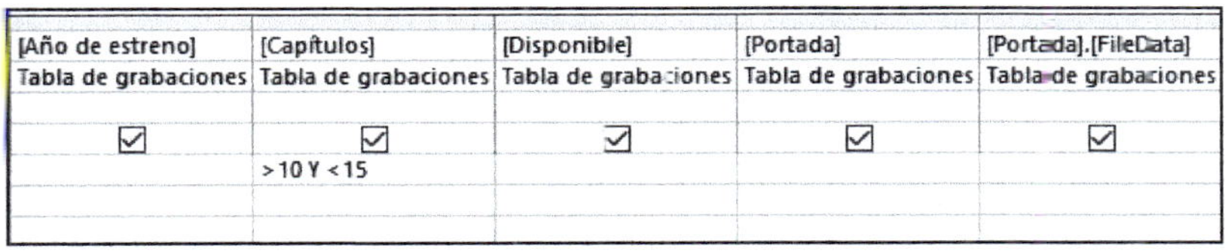

7. Seguidamente, para que podamos ver cómo el número de registros de esta consulta se reduce un poco, haga clic sobre el icono *Ver* para cambiar automáticamente de vista.

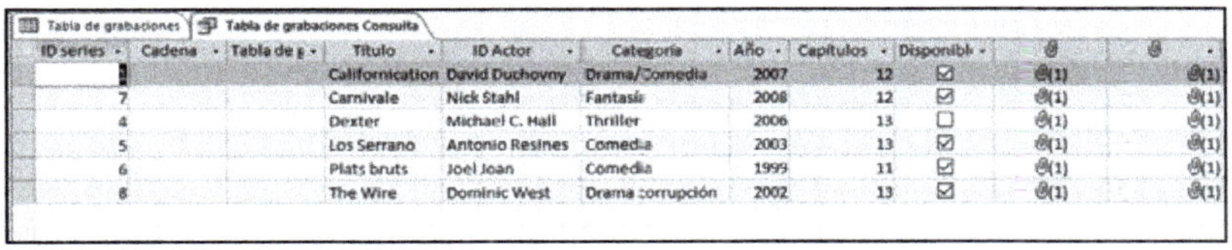

8. Seguiremos adelante creando ahora una nueva consulta usando comodines. Antes de empezar, por eso, cierre y guarde la consulta actual y abra en primer plano la tabla *Tabla de grabaciones*.

9. A continuación, haga clic sobre la pestaña *Crear* de la *Cinta de opciones* y, dentro de las herramientas ubicadas en el grupo *Consultas*, haga clic sobre el comando *Diseño de consulta*.

10. El programa, además de insertar un nuevo espacio en el área de trabajo bajo la pestaña *Consulta1*, cambia de vista a la Vista Diseño. En el cuadro *Mostrar tabla* escoja la *Tabla de grabaciones* y pulse el botón *Agregar*.

11. Una vez que hemos establecido la *Tabla de grabaciones*, pulse el botón *Cerrar* del cuadro *Mostrar tabla*.

12. A continuación agregaremos los campos que deseamos que aparezcan en la consulta. Para no hacerlo engorroso, agregaremos únicamente cuatro campos. Desde la pequeña ventana *Tabla de grabaciones*, haga doble clic sobre los campos *ID series*, *Título*, *ID Actor* y *Categoría* para insertarlos.

13. En este punto empezará la inserción del criterio comodín. En este caso, especificaremos que en la consulta muestre los registros cuyo título empiece por la letra W. Para conseguirlo haga clic dentro de la celda *Criterios* del campo *Título*.

14. Antes de seguir es importante explicar que podemos hacer coincidir uno o varios caracteres. Para ello, usando los corchetes podríamos establecer la búsqueda. En este caso hemos optado por algo más simple como la búsqueda de la letra C inicial. Escriba C* y pulse la tecla *Retorno*.

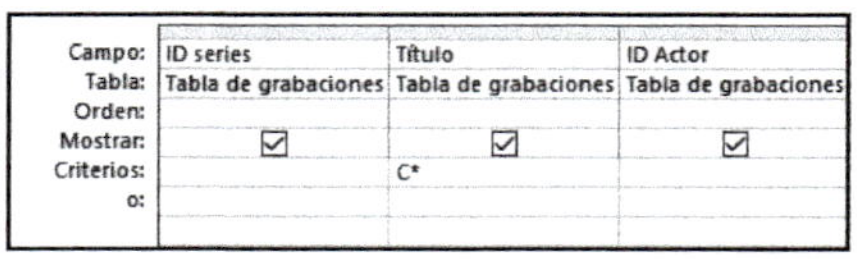

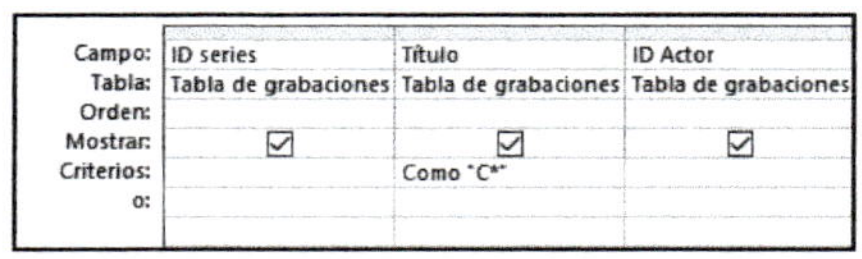

15. Observamos que una vez cambiados de celda el programa cambia nuestro comodín por Como "C*". Para ver si ha funcionado, haga clic sobre el comando *Ver*.

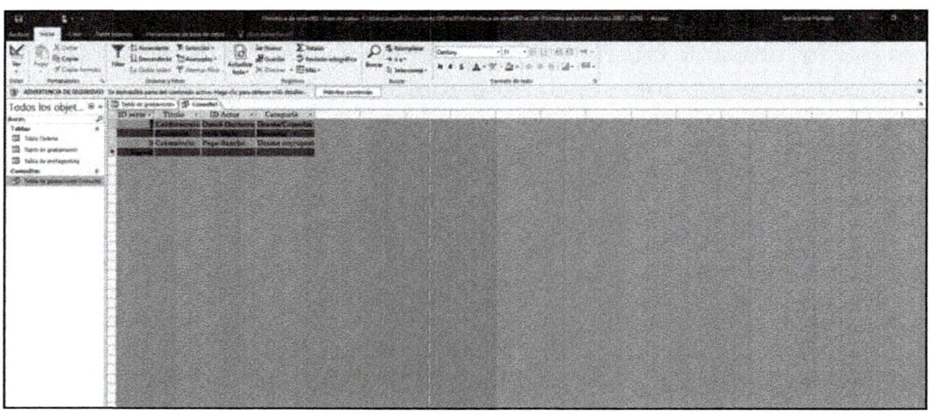

16. Efectivamente, aparecerán los registros que cumplen estos requisitos. Haga clic sobre el icono *Guardar* de la *Barra de herramientas de acceso directo*.

17. En la última parte de esta lección crearemos una consulta que únicamente refleje aquellas series cuyo número de capítulo sea igual o inferior a 13 capítulos. Para ello utilizaremos operadores aritméticos. Haga clic sobre la pestaña *Crear* de la *Cinta de opciones* y pulse c sobre la herramienta *Diseño de consulta* del grupo de herramientas *Consultas*.

18. El programa cambiará de vista para mostrarnos la Vista Diseño. En el cuadro de diálogo *Mostrar tabla* haga doble clic sobre la *Tabla de grabaciones* y cierre el cuadro pulsando el botón *Cerrar*.

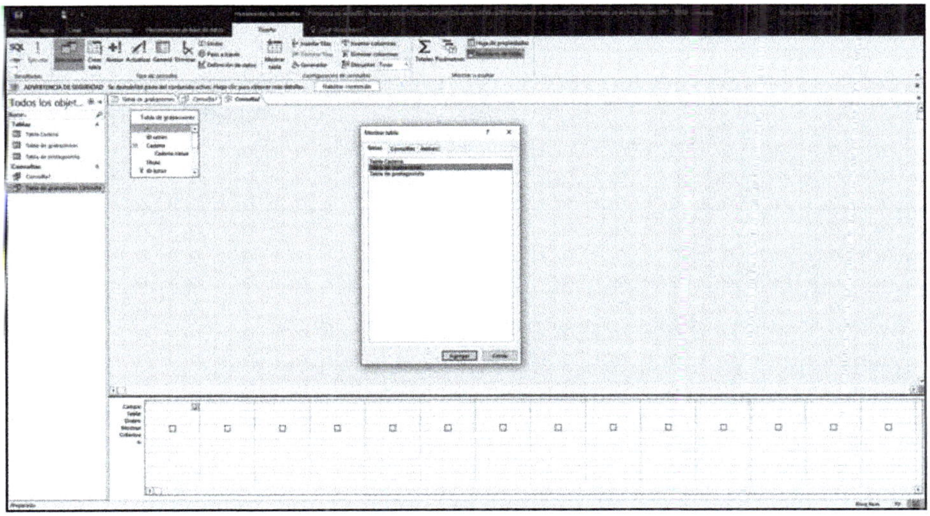

19. Seguidamente agregaremos los campos que saldrán en la nueva consulta. Así, pues, para agilizar el trabajo, haga clic sobre *ID series*, *Título*, *ID Actor*, *Categoría* y *Capítulos*.

20. Ahora ya tenemos asignados los campos que se verán y podemos empezar con el grueso de este tema. Haga clic sobre la celda correspondiente a *Criterios* del campo Capítulos y escriba *<=13*.

Campo:	ID series	Título	ID Actor	Categoría	Capítulos
Tabla:	Tabla de grabaciones	Tabla de grabaciones	Tabla de grabaciones	Tabla de grabaciones	Tabla de grabaciones
Orden:					
Mostrar:	☑	☑	☑	☑	☑
Criterios:					<=13
o:					

21. Lo que hemos hecho es indicar que los capítulos que reflejará este campo son menores o iguales al número de capítulos referido. En este caso a 13. Así haremos una criba siguiendo el método de consulta con operadores aritméticos. Pulse la tecla *Retorno*.

22. Para mostrarlo de un modo más efectivo visualmente, cambiaremos el orden de aparición de los campos. Para ello, pulse sobre la celda correspondiente a *Orden*, haga clic en el botón de punta de flecha que aparece para desplegar su menú de opciones y elija la opción *Ascendente*.

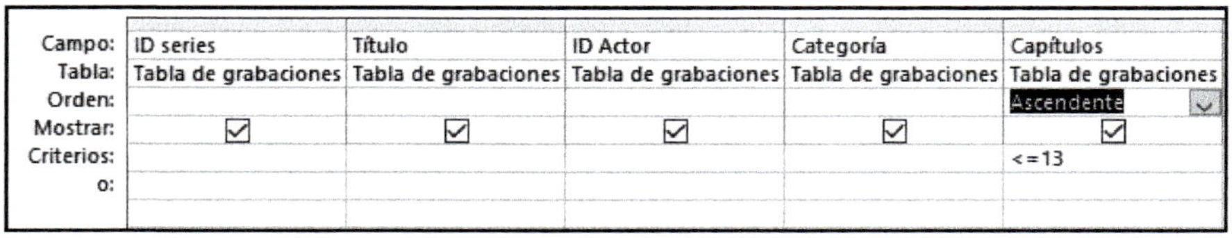

23. Los resultados se ordenarán, lógicamente, de modo Ascendente, esto es, de menor a mayor. Haga clic sobre el icono *Ejecutar*.

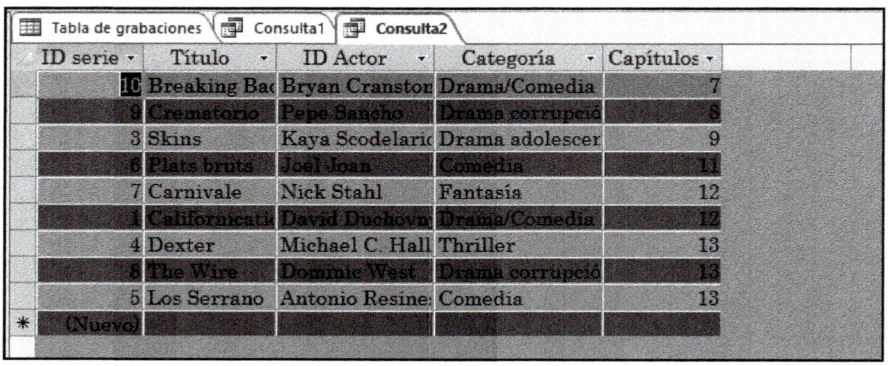

24. La consulta nos mostrará, con ordenación Ascendente, el resultado de nuestra consulta: todas las series con trece capítulos o menos han salido reflejadas. Las otras quedan ocultas. Pulse el botón *Guardar* de la *Barra de herramientas de acceso rápido*.

25. En el cuadro de diálogo *Guardar como*, escriba el término *Series con menos de 13 capítulos*.

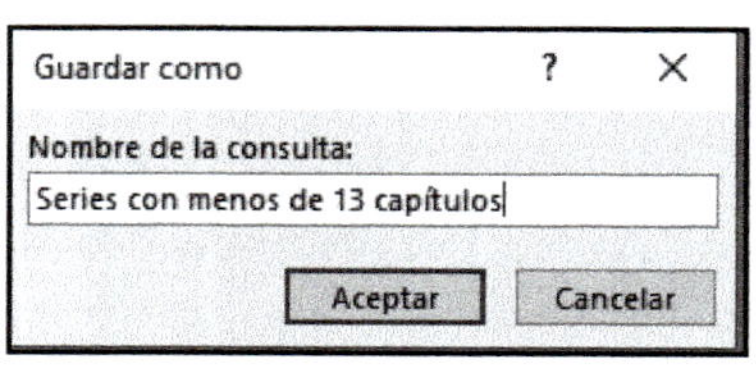

26. De este modo tendremos guardada la consulta en el espacio habilitado por el *Panel de navegación* llamado *Consultas*. Haga clic en *Aceptar* para darle nombre.

27. Pulse con el botón derecho del ratón sobre la cabecera de esta consulta ubicada en el área de trabajo y, para terminar con esta lección, cierre la consulta pulsando en la opción *Cerrar* del menú contextual que aparece.

PRÁCTICA

Practique con las consultas utilizando criterios, comodines y operadores aritméticos. Utilice los datos de sus tablas de referencia para generar nuevas consultas que muestren contenido filtrado según estos elementos estudiados en esta lección.

8.21 Creación de una consulta para eliminar registros

Existe un tipo de consultas denominado Consultas de acción, cuya utilización sirve para efectuar una misma acción sobre múltiples registros de la base de datos.

Este tipo de consultas actúan directamente sobre la tabla a la que están vinculadas. Ello quiere decir que los cambios realizados, como en este caso propondremos: eliminar registros, se efectuarán en las tablas. Si eliminamos un registro en una consulta, este desaparecerá de la tabla vinculada.

1. En esta lección crearemos una consulta para, como indica el título, eliminar registros. ¿Qué registros? Discriminaremos los registros de las series posteriores a 2008. Para hacerlo, y como viene siendo tónica habitual en este apartado, haga clic sobre la pestaña *Crear*.

2. Haga clic sobre el comando *Diseño de consulta* del grupo de herramientas *Consultas*.

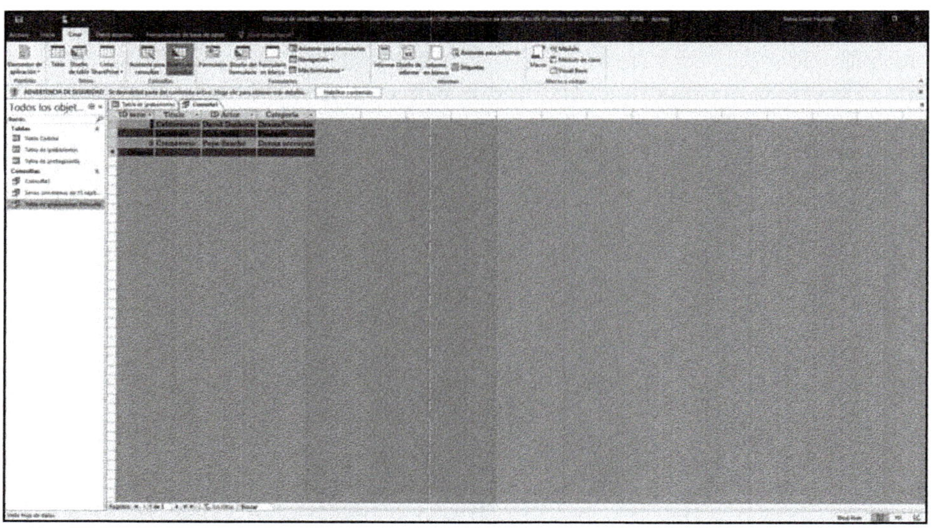

3. Una vez habilitada la nueva vista, haga doble clic sobre *Tabla de grabaciones* en el cuadro de diálogo que se abre.

4. A continuación, una vez integrada la *Tabla de grabaciones*, pulse el botón de aspa del cuadro de diálogo que se abre para cerrarlo.

5. Para hacerla más atractiva visualmente, agregaremos solo tres campos. Estos serán *Título*, *ID Actor* y *Año de estreno*. Selecciónelos.

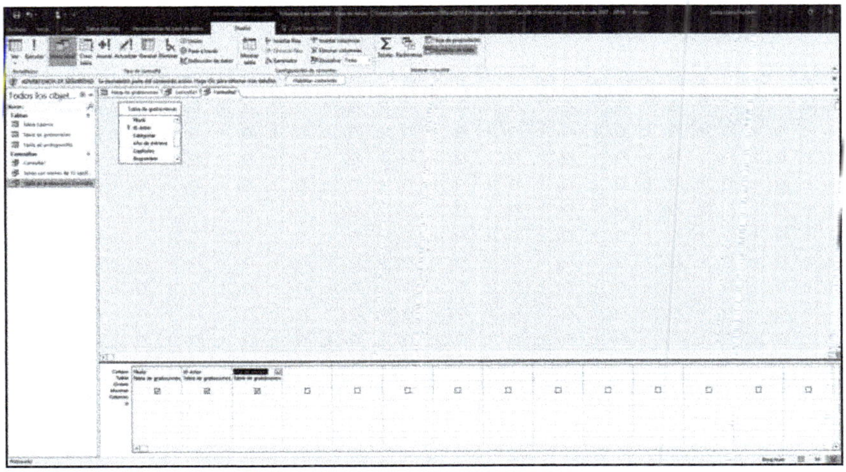

6. Una vez realizados los pasos previos, advertiremos que para poder llevar a cabo esta consulta necesitamos dos datos principales: los criterios correspondientes al año de estreno, y el tipo de consulta que se encargará de eliminar los registros filtrados. Procedamos del siguiente modo. Haga clic en la fila *Criterios* correspondiente al campo *Año de estreno* y escriba el valor *<2008*.

7. De este modo el programa se encargará de seleccionar todas las fechas posteriores a 2008. Pulse la tecla *Retorno*.

8. Ahora, indicaremos qué tipo de consulta deseamos aplicar. Es decir, qué pretendemos hacer. Como indica el título de la lección, nuestro objetivo es eliminar los registros que no nos interesen. Dentro del grupo de herramientas *Tipo de consulta*, haga clic sobre el comando *Eliminar*.

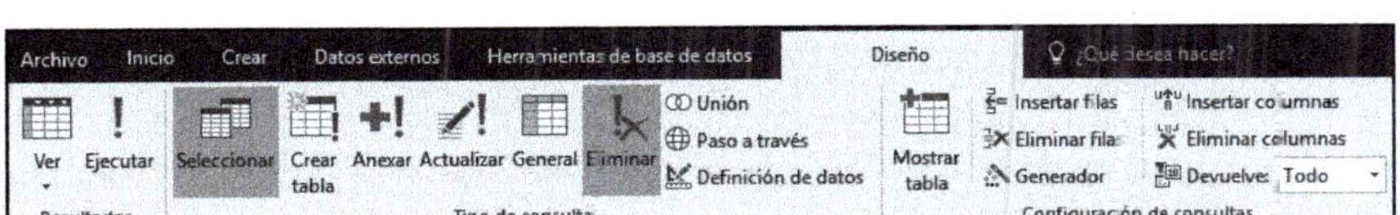

9. Una vez hecho el paso anterior, en lugar de una fila denominada *Mostrar*, tenemos una fila denominada *Eliminar* que pregunta *Dónde*. Para cerciorarnos de que estamos haciendo bien el ejercicio, haga clic sobre el icono *Ver* para cambiar de vista.

10. Como puede comprobar, aparecen tres campos (*Título, ID Actor, Año*) y todos están regidos por el criterio de ser anteriores, en su año de estreno, a 2008. Regrese a la *Vista Diseño* haciendo clic sobre el icono *Ver*.

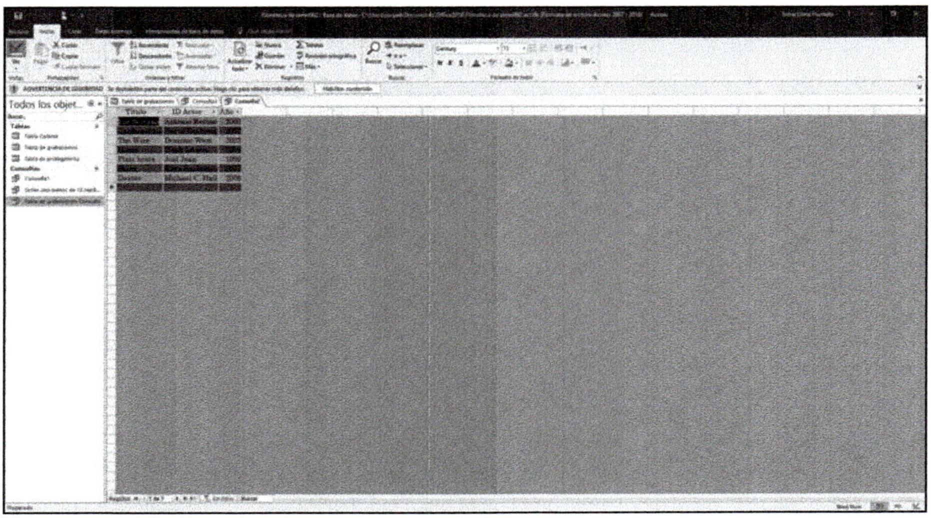

11. Pulse el botón *Ejecutar* del grupo de herramientas *Resultados*.

12. Un cuadro de diálogo nos advierte de que vamos a eliminar filas de la tabla especificada. Haga clic sobre el comando *Sí*.

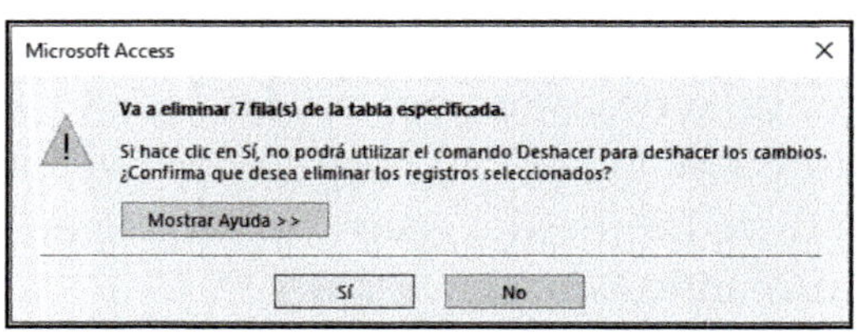

13. Ahora ya no hay marcha atrás. Los registros eliminados han desaparecido. Haga clic sobre el comando *Ver* para desplegar las opciones de vista y elija la opción *Vista Hoja de datos*.

14. A continuación, verá que se han borrado los registros con fecha de estreno más reciente a 2008. Aparece en los apartados la leyenda *Eliminado*. En los registros que no usamos aparecen tachado con almohadillas. Elimine la pestaña *Consulta1*.

15. En la consulta que se ha habilitado en el *Panel de navegación*, pulse con el botón derecho del ratón y elija la opción *Cambiar nombre* del menú contextual que se despliega.

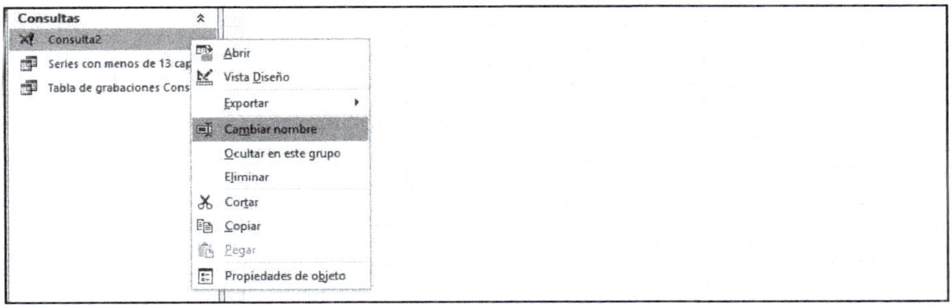

16. Registre esta consulta escribiendo el nombre *Consulta de eliminación* y, para terminar esta lección, pulse la tecla *Retorno*.

PRÁCTICA

Genere una consulta para eliminar registros de su tabla Establezca los criterios que necesite para llevar a cabo la eliminación y ejecute la consulta.

8.22 Creación de una consulta basada en varias tablas

Como su nombre indica, una consulta basada en varias tablas es la creación de una consulta usando los registros de otras tablas, y no una única como hemos visto hasta ahora. En resumen, es cuestión de seleccionar campos de varias tablas, aplicar criterios y fijarlas en una consulta. En este punto, Access 2016 permite combinar información procedente de varios orígenes.

1. A lo largo de los siguientes pasos confeccionaremos una consulta a partir de dos tablas. Para esta ocasión recuperaremos la base de datos *Filmoteca de series002.accdb* original, sin modificar, con el fin de agilizar el proceso. Recuerde que puede descargarla de forma gratuita con el código de acceso proporcionado en la primera página del libro. Explicaremos que en esta lección queremos unir en una misma tabla distintos valores como son: el título de la cadena de la tabla de grabaciones, el título de la serie e ID actor con los registros Id de la tabla *Cadena* y las temporadas de tabla *Cadena*. Para ello, haga clic sobre la pestaña *Crear*.

2. Dentro del grupo de herramientas *Consultas*, haga clic en el comando *Diseño de consulta*.

3. Hasta aquí estamos repitiendo los pasos previos de las lecciones relacionadas con consultas anteriores. Lo que diferencia esta lección de las anteriores es que en vez de seleccionar una tabla del cuadro *Mostrar tabla*, seleccionaremos dos. Haga clic sobre la *Tabla de grabaciones* y pulse el botón *Agregar*.

4. Una vez tenemos esta tabla, en lugar de cerrar el cuadro, haga doble clic sobre *Tabla Cadena* para seleccionarla.

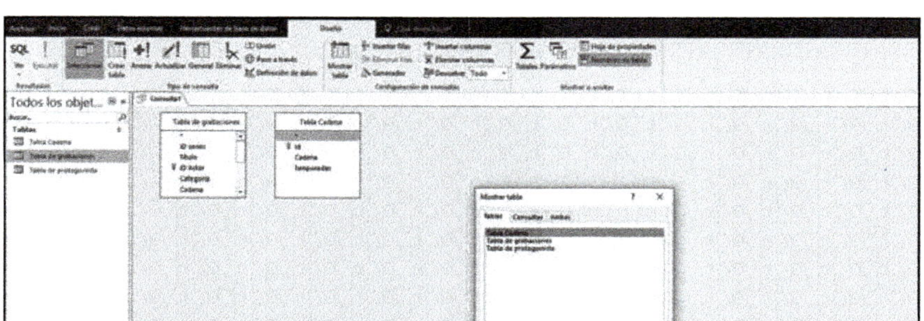

5. Para cerrar el cuadro *Mostrar tabla*, pulse sobre el botón *Cerrar*.

6. A continuación, haga doble clic en *ID Actor*, *Cadena*, *Título* en *Tabla de grabaciones*.

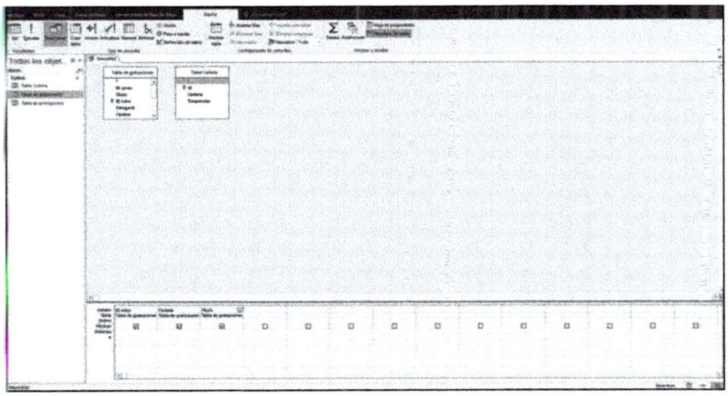

7. En la tabla *Cadena* buscaremos los registros *ID* y *Temporadas*.

8. De este modo tan sencillo hemos relacionado las dos tablas. Ocurre que desde la Vista Diseño no podemos verlo. Para comprobar que realmente hemos creado una consulta basada en dos tablas y que hemos relacionado los campos *ID Actor*, *Cadena*, *Título* con los campos *ID* y *Temporadas*, haga clic sobre el comando *Ejecutar*.

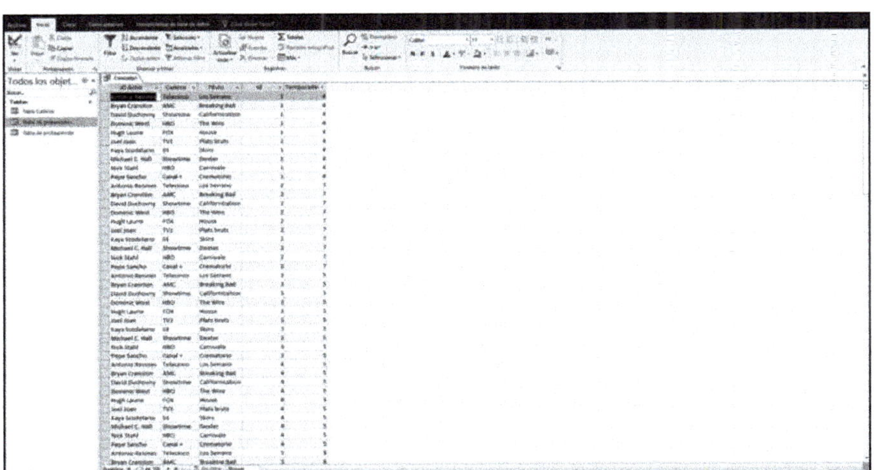

9. La vista Hoja de datos muestra, efectivamente, que hemos conseguido nuestro propósito. Proseguiremos haciendo clic sobre el botón de aspa para cerrar la consulta.

10. En el cuadro de diálogo *Guardar como*, escriba el nombre *Relación entre tablas* y pulse el botón *Aceptar*.

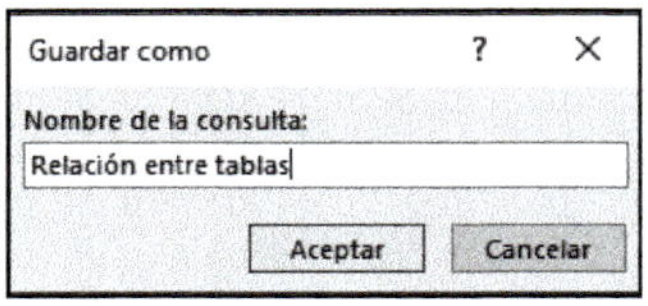

PRÁCTICA

Cree una nueva consulta relacionando dos de las tablas disponibles en su base de datos. Elija distintos campos de cada una de ellas para crear una consulta personalizada.

8.23 Creación de una consulta con criterios variables

Una consulta con criterios variables no es más que una nueva consulta de parámetros que permite que el usuario cree nuevas consultas a partir de los criterios introducidos en estas. Es una consulta que usa la celda Criterios de la cuadrícula de diseño de campo para crear otras consultas basadas en los datos y los operadores precisados.

1. En esta ocasión seguiremos tratando el tema de las consultas, más concretamente el tema de las consultas con criterios, pero lo haremos con una selección llamada criterios variables. En el Panel de navegación, haga clic con el botón derecho del ratón sobre la consulta *Series con menos de 13 capítulos* y haga clic sobre el comando *Vista Diseño*.

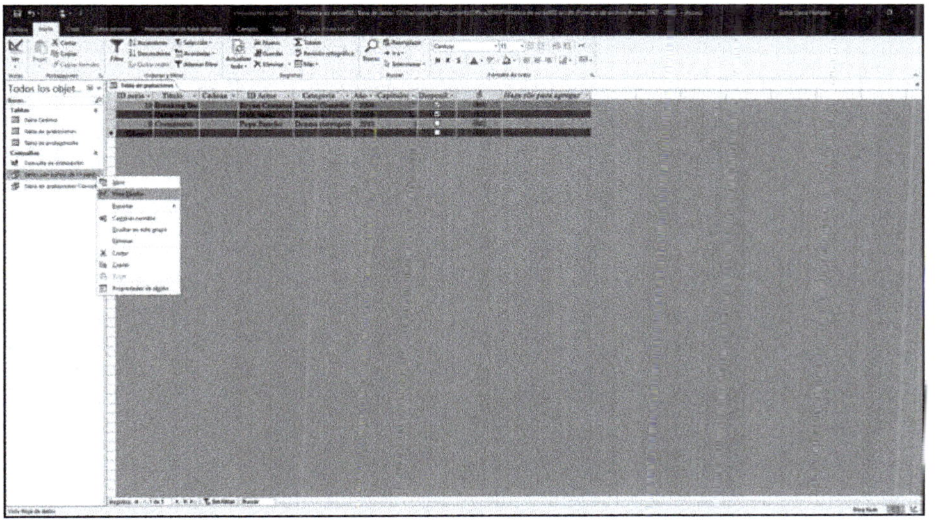

2. A continuación se abrirá la consulta en vista Diseño. Para crear una consulta con criterios variables tenemos que introducir un nuevo criterio, eliminando el valor que en lecciones anteriores escribimos para cribar. El valor era, como puede ver *<=13*. Lo sustituiremos por una frase entre corchetes. En la fila *Criterios* del campo *Capítulos*, escriba el siguiente término: *[Introduzca el número de Capítulos]*.

3. A continuación, haga clic en el comando *Ver* del grupo de herramientas *Resultados*.

4. Efectivamente, el programa lanza un cuadro de diálogo en el que se muestra el texto introducido como criterio. Debemos escribir el número de capítulos. En este caso, escriba *24*.

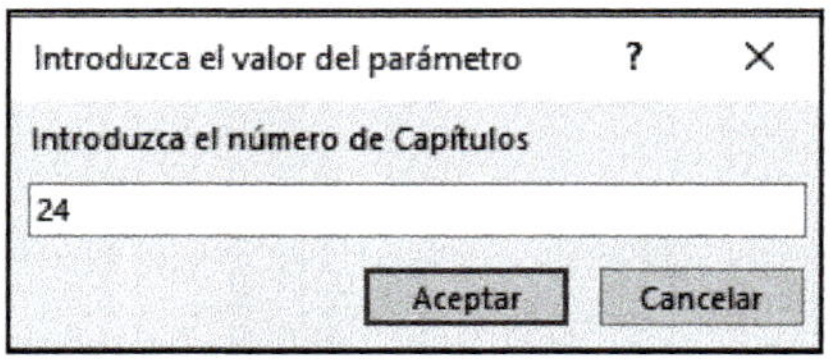

5. Pulse sobre el botón de *Aceptar* para entrar en la *Vista Hoja de datos*.

6. Como puede observar, no coincide ningún registro con el valor que hemos introducido anteriormente. Gracias a estos cambios, cuando abramos esta consulta nos preguntarán qué parámetro queremos localizar. Proseguiremos con esta lección creando una nueva consulta como esta. Para ello, haga clic sobre la pestaña *Crear* y pulse sobre el comando *Diseño de consulta* del grupo de herramientas *Consulta*.

7. Seguiremos los parámetros de *Año de estreno*, así que debemos seleccionar y agregar la *Tabla de grabaciones*.

8. Tras cerrar el cuadro *Mostrar tabla*, procederemos agregando los campos *Título*, *ID Actor* y *Año de estreno*.

9. Ahora tenemos que hacer como anteriormente: haga clic sobre la celda *Criterios* del campo *Año de estreno*, escriba, entre corchetes, *[Introduzca Año de estreno]* y pulse la tecla *Retorno*.

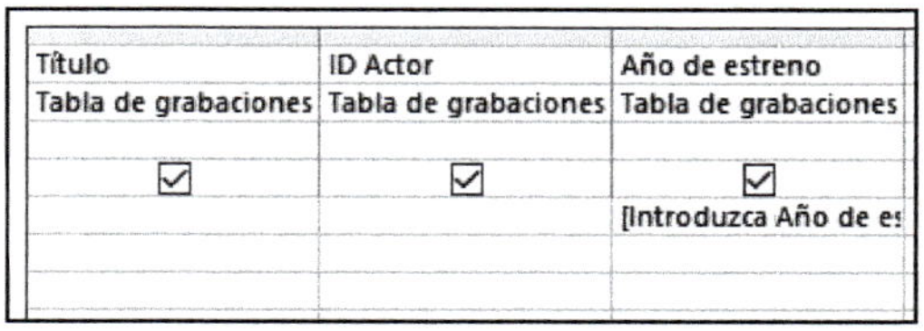

10. A continuación haga clic sobre el icono *Ver*.

11. De este modo aparece el cuadro de diálogo *Introduzca el valor del parámetro*. Como criterio refiere lo que hemos escrito entre corchetes. Introduzca el número *2004*.

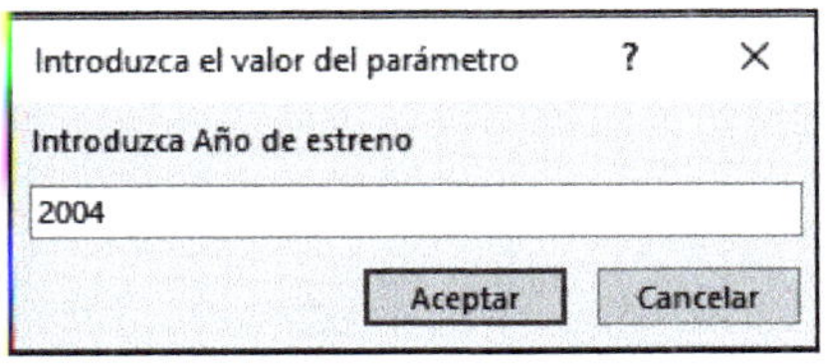

12. Como recompensa a nuestro trabajo aparecerá, en la Vista Hoja de datos el resultado de nuestra decisión. Una vez llegados aquí y ejercitados en las lides de la creación de consultas con criterios variables, solo nos queda cerrar estas consultas usando el botón con forma de aspa de sus pestañas.

13. Guarde los cambios de la segunda consulta.

PRÁCTICA

Genere en esta ocasión una consulta con criterios variables utilizando para ello una de las tablas de su base de datos y realizando una previsualización para comprobar si la consulta se ejecuta correctamente.

8.24 Utilización de autoformularios

Se entiende por formulario el objeto de la base de datos encargado de presentar la información que se almacena en las tablas de forma ordenada, con un diseño que facilite la comprensión de los datos presentados.

Su utilidad es la de imprimir datos en una tabla o consulta de base de datos, verlos. Sirven para insertar y modificar los datos almacenados en las tablas, presentándolos adecuadamente.

1. Empezamos aquí una serie de lecciones dedicadas al uso, conocimiento y trabajo de los formularios; en este caso, crearemos un formulario nuevo basado en nuestra *Tabla de grabaciones*. Sin embargo, antes de empezar, descargue una nueva actualización de nuestra base de datos *Colección de grabaciones004.accdb* de forma gratuita con el código de acceso proporcionado en la primera página del libro. Cuando disponga de ella, ábrala en el área de trabajo de Access 2016.

2. En general, la base de datos ha sido ampliada en muchos aspectos. En cuanto a la Tabla de grabaciones, contiene ahora un nuevo campo, campo que puede ser añadido manualmente por el usuario siguiendo el proceso de insertar campos, explicado en lecciones anteriores. Este contiene, como única diferencia, el nombre del campo *Precio* y el tipo de dato correspondiente a *moneda*. Hemos escrito, además, el precio de la primera temporada de cada serie comprada. Una vez matizado esto, empezaremos esta lección sobre los, como se conocían anteriormente, autoformularios. ¿Cómo lo haremos? Creando uno. Muestre en el área de trabajo la *Tabla de grabaciones*.

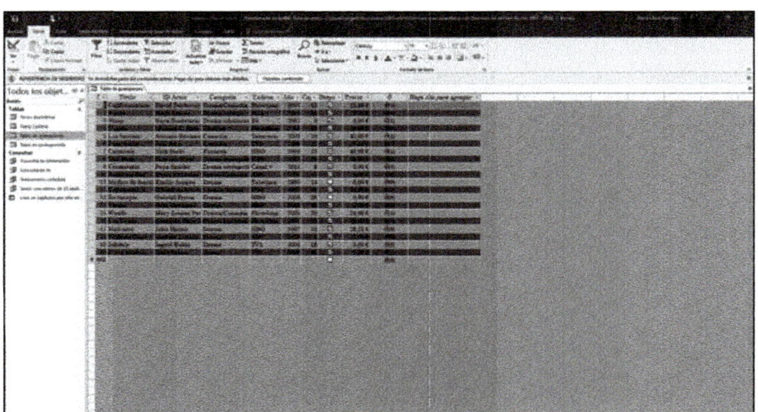

3. Para encontrar la herramienta que nos ayude a empezar con esta lección sobre los formularios, haga clic sobre la pestaña *Crear*.

4. En este caso, entre las funciones disponibles, encontramos el grupo de herramientas *Formularios*, repleto de opciones que iremos probando a lo largo de las siguientes lecciones. Por el momento, haga clic sobre el comando *Formulario*.

5. Aunque en esta versión no exista lo que se conocía como Autoformulario, entendemos que la opción desplegada, usada y tratada en esta lección, sirve del mismo modo. Usando el comando *Formulario* podemos crear objetos de este tipo de forma automática. Una curiosidad al respecto: al pulsar sobre el comando *Formulario*, aparece en pantalla, como podemos comprobar, el formulario con todos los campos contenidos en nuestra tabla. El formulario, además, adquiere el nombre de la tabla base de la que se ha nutrido para crearse. Una vez creado el registro y ahora que sabemos dónde se ubican y cómo se hace para crear uno, deambulemos unos instantes por las partes de que consta. Sobre la barra de registros situada en la parte inferior del formulario, haga clic sobre el botón con punta de flecha que señala hacia la derecha.

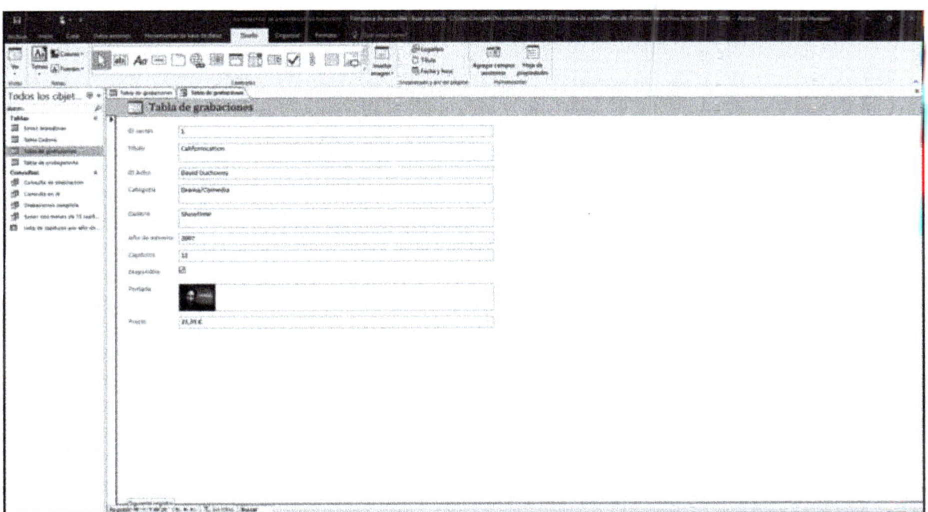

6. Verá que nos hemos desplazado al siguiente registro de la *Tabla de grabaciones*. Compruebe que el formulario ofrece todos los campos. Situados en el *Registro 1*, compruebe que el número de Id coincide con el asignado por el programa anteriormente, y compruebe también que están todos los registros. Para ello, desplácese por los registros con el ratón.

7. Una vez familiarizado con la forma y el modo de desplazarnos, usaremos el campo de búsqueda, situado en la misma barra de registros. Haga clic sobre el campo que muestra el texto *Buscar* y escriba el término *Dexter*.

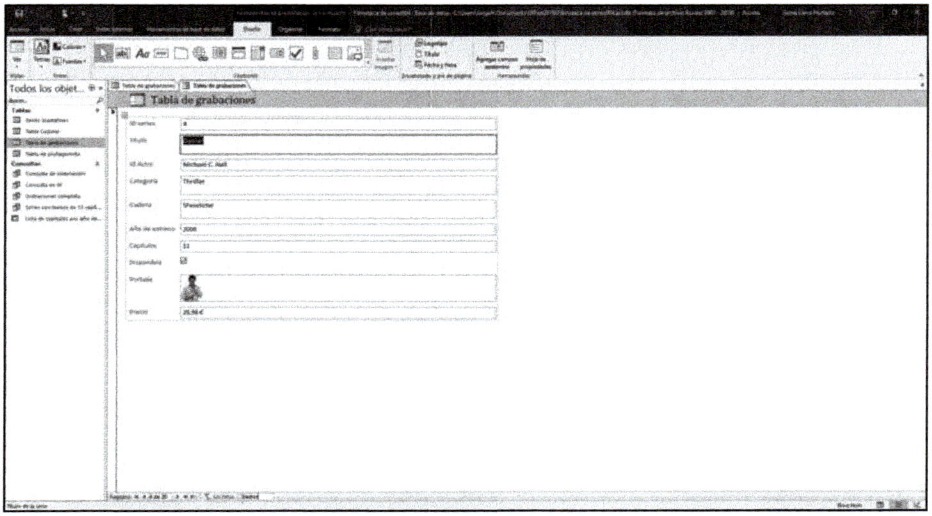

8. El programa recorre el formulario por sí mismo, buscando las coincidencias. Es un modo de buscar sencillo y utilísimo. Terminaremos este ejercicio cerrando el nuevo formulario para, posteriormente, guardarlo. Así pues, haga clic en el botón con forma de aspa y, en el cuadro de diálogo que aparece, pulse en *Sí* para guardar los cambios.

9. Por último, en el cuadro de diálogo *Guardar como*, mantenga el nombre predeterminado, esto es: *Tabla de grabaciones*, y pulse *Aceptar*.

PRÁCTICA

A partir de la tabla principal de su base de datos, genere un formulario (antes autoformulario) y navegue por los registros creados en el mismo. Guárdelo con el nombre que usted desee.

8.25 Crear un formulario con el asistente

Hay varios métodos para crear formularios. Uno de ellos es mediante el Asistente para formularios. Un asistente es un cuadro de diálogo con una serie de preguntas que, una vez cumplimentadas, Access tiene en cuenta para crear el formulario.

Access 2016 permite aplicar los temas de Office a los objetos de la base de datos, incluyendo una interfaz de diseño de formularios, que servirá para crear formularios de manera profesional.

1. Teniendo el área de trabajo en blanco, nos centraremos en la lección presente que consiste, como se ha dicho antes, en crear un nuevo formulario con el Asistente para formularios. Para no ser repetitivos y almacenar siempre el mismo tipo de formulario, esta vez escogeremos la Tabla protagonista. Haremos que, de tres opciones, el Asistente para la creación de formularios nos deje dos en un formulario Tabla protagonista. Para empezar, haga doble clic sobre la pestaña *Tabla de protagonista*.

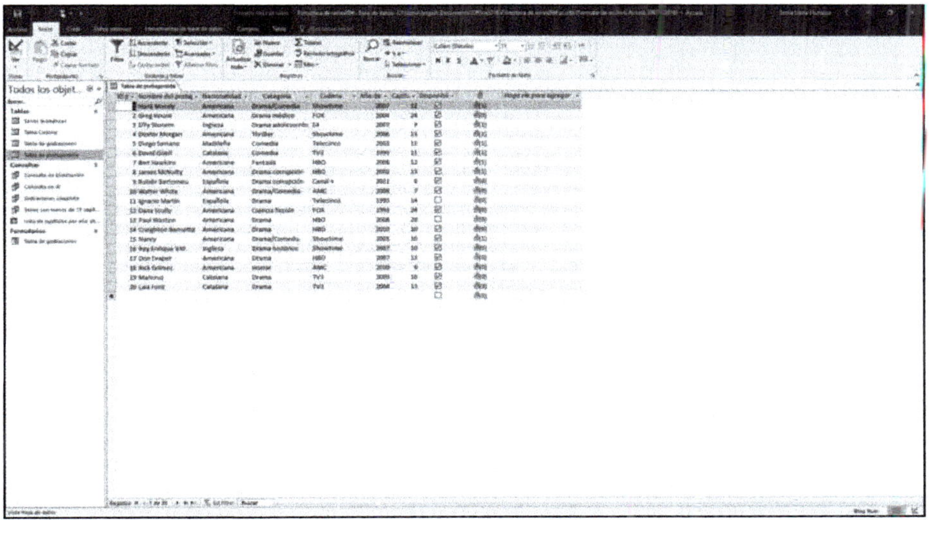

2. Seguidamente, y como en la lección anterior, haga clic sobre la pestaña *Crear* y, habilitadas las herramientas necesarias para crear plantillas, tablas, consultas, formularios, informes, haga clic sobre el comando *Asistente para formularios* ubicado dentro del grupo de herramientas *Formularios*.

3. El asistente se abrirá en una ventana emergente mostrándonos ya la tabla seleccionada. Nos muestra, asimismo, los campos disponibles y los campos seleccionados. En esta parte pulse sobre las dos puntas de flecha que señalan hacia la derecha.

4. Así volcamos la información para nuestro futuro formulario. A continuación haga clic sobre la pestaña *Siguiente*.

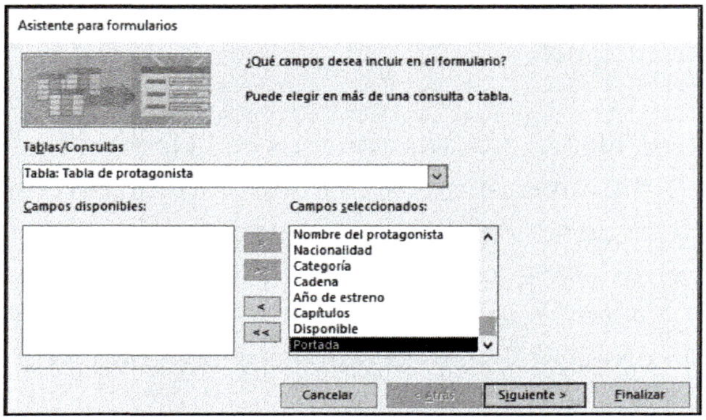

5. En el siguiente paso el asistente nos pregunta cómo queremos distribuir el formulario: en columnas, tabulado, como hoja de datos o justificado. Elija la primera opción y pulse sobre el botón *Siguiente*.

6. En esta última ventana, el asistente para formularios nos pregunta qué título deseamos aplicar al formulario. En este caso, insertaremos un título propio. Elimine el contenido del campo destinado al título pulsando la tecla *Suprimir*, escriba el término *El protagonista* y haga clic sobre el botón *Finalizar*.

7. De este modo tenemos ante nosotros un nuevo formulario en el que, en este caso, habrá escrita toda la información recabada para la Tabla de protagonista. Para terminar con esta lección, cierre el formulario usando el botón con forma de aspa.

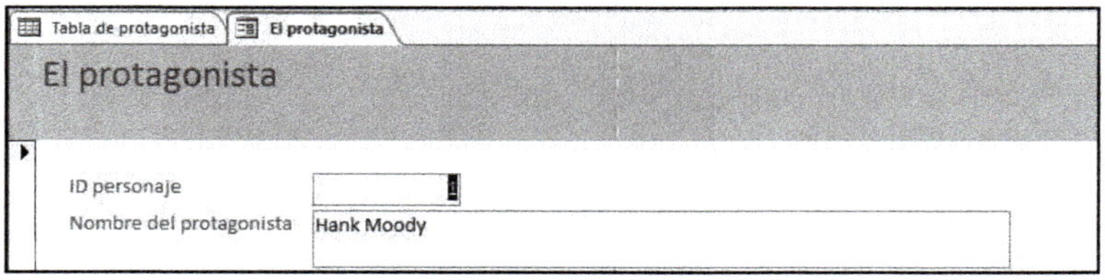

PRÁCTICA

Utilice una tabla distinta a la del ejercicio anterior para crear un nuevo formulario, esta vez utilizando el asistente para formularios de Access 2016. Utilice el formato que desee y asígnele un título descriptivo.

8.26 Cambiar el diseño de un formulario

Access 2016 ofrece múltiples vistas para la elaboración de las bases de datos y el trabajo sobre estas. En la Vista Diseño el programa ofrece una amplia gama de herramientas y fuentes para que el usuario modifique el aspecto predeterminado de sus formularios.

Desde el fondo hasta el tamaño de las celdas, podemos hacer las pertinentes modificaciones una vez ya creados.

1. Modificaremos el diseño de uno de nuestros formularios con el fin de mostrarlo más atractivo y divertido. Para ello, haga doble clic, en el *Panel de navegación*, sobre el formulario *Tabla de grabaciones*.

2. Pulse sobre el comando *Ver* ubicado dentro de la pestaña *Inicio* de la *Cinta de opciones* para situarnos en la *Vista Diseño* de la tabla.

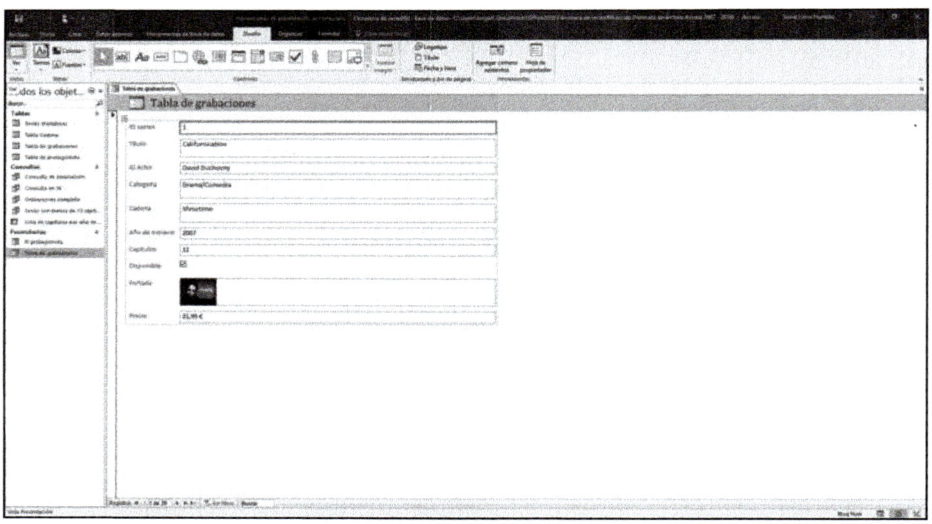

3. La presentación que se nos muestra es algo diferente de las que hemos visto con las consultas o las tablas. Sin embargo, eso no es problema porque, en esencia, el control de las acciones y los efectos es el mismo. Vea que, predeterminadamente, en la *Cinta de opciones* estamos ubicados ya dentro de la pestaña *Diseño*, en la ficha contextual *Herramientas de diseño de formulario*. En el grupo de herramientas *Temas*, haga clic sobre el comando *Temas*.

4. Surge una galería de temas predeterminados de Office. El primero que aparece es el que ya se ha aplicado de forma predeterminada al formulario. Haga clic en el tema que más le guste.

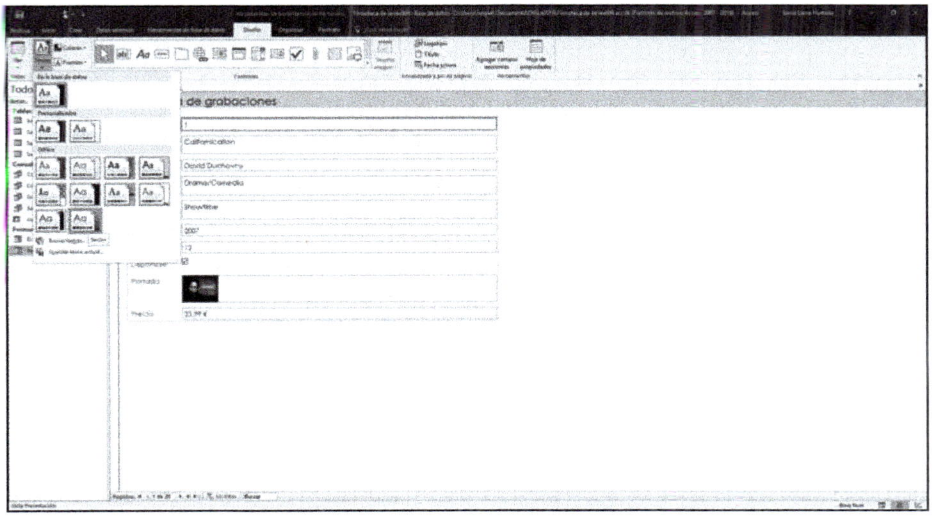

5. Ha incorporado el color del fondo y el estilo de la fuente. En el área de trabajo vemos que el formulario se divide en tres partes: Encabezado del formulario, Detalle y Pie del formulario. Haga clic sobre el encabezado del formulario para seleccionarlo.

6. Buscaremos ahora una fuente que sea más atractiva visualmente. Pulse sobre la pestaña *Formato*, despliegue el campo *Fuente*, en el grupo de herramientas del mismo nombre, y elija fuente de entre las disponibles.

7. A continuación, en el campo contiguo, escriba el valor *16*.

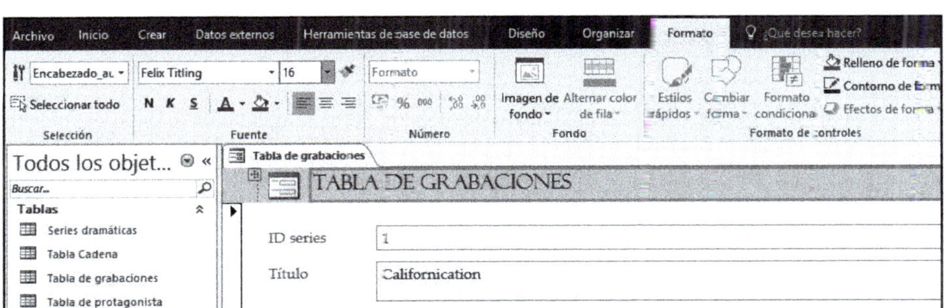

8. Vea que la letra se ha reducido sensiblemente. Pulse sobre la pestaña *Inicio*, haga clic sobre el comando *Ver* para cambiar la vista y poder ver los cambios realizados en el diseño de este formulario.

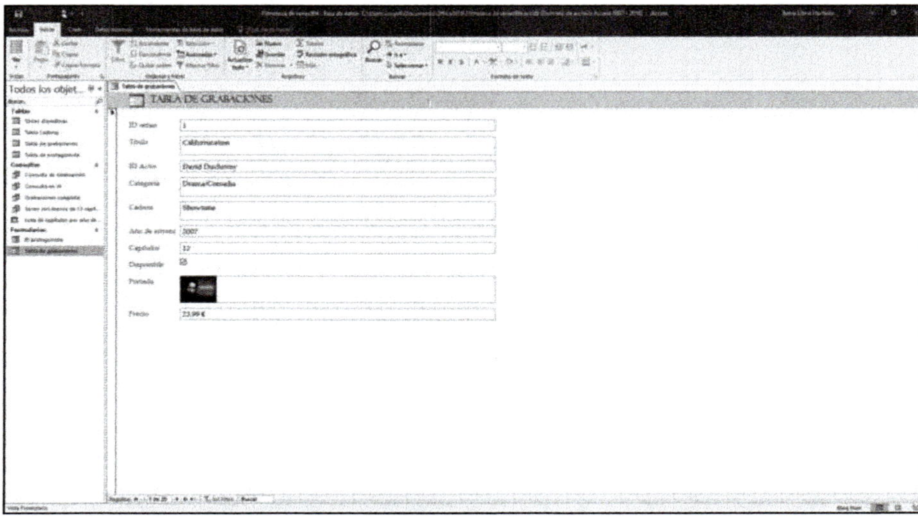

9. Cerraremos el formulario *Tabla de grabaciones* guardando los cambios. Haga clic en el correspondiente botón de aspa y, para guardar los cambios, haga clic en *Sí*.

PRÁCTICA

Acceda a uno de los formularios creados en las lecciones anteriores y cambie su diseño como usted guste. Aplíquele alguno de los temas de Office, ajuste el tipo de le letra y el tamaño, asigne estilos o efectos... En definitiva manipule el diseño del formulario hasta dejarlo como a usted le gusta.

8.27 Crear un informe con el asistente

Entre las muchas herramientas que hemos visto para crear documentos a partir de las tablas, aparecen los informes. Las herramientas de creación de informes de Access 2016 permiten crear, como su nombre indica, informes más o menos complejos.

El Asistente para informes es una guía paso a paso, práctica y sencilla, que facilita la creación de informes a través de distintas pantallas en las que se debe especificar las condiciones que tiene que cumplir el informe.

1. En este ejercicio crearemos un informe basado en nuestra *Tabla de protagonista*. Empecemos. Pulse sobre la pestaña *Crear* de la *Cinta de opciones* y pulse sobre el comando *Asistente para informes* del grupo de herramientas *Informes*.

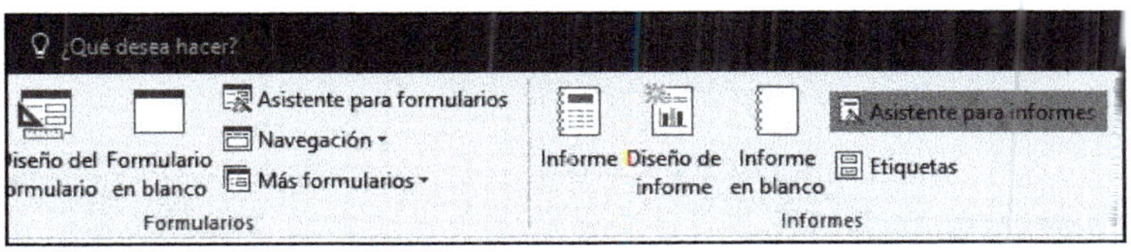

2. Se abre de este modo el *Asistente para informes*. En el primer paso es necesario especificar la tabla o consulta de donde procederán los datos del nuevo informe así como definir los campos que haremos constar en él. Despliegue el campo *Tablas/Consultas* y elija la opción *Tabla: Tabla de protagonista*.

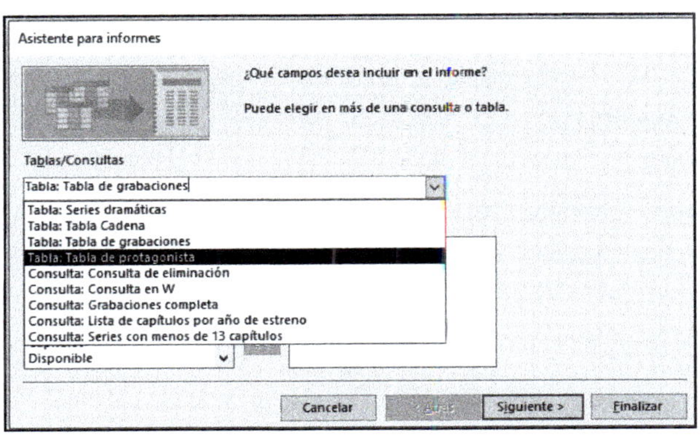

3. Queremos que en el informe aparezcan todos los campos de esta tabla. Para que todos los campos disponibles se añadan al cuadro *Campos seleccio-*

nados pulse el botón con dos puntas de flecha que señalan hacia la derecha y haga clic sobre el botón *Siguiente*.

4. De este modo pasamos a la siguiente pantalla del asistente. El segundo paso del asistente nos pregunta si deseamos agregar algún nivel de agrupamiento. En este caso, estableceremos que los registros se agrupen según el valor del campo *ID personaje*. Como este campo ya se encuentra seleccionado, haga clic en el botón de punta de flecha hacia la derecha para crear el nivel de agrupamiento.

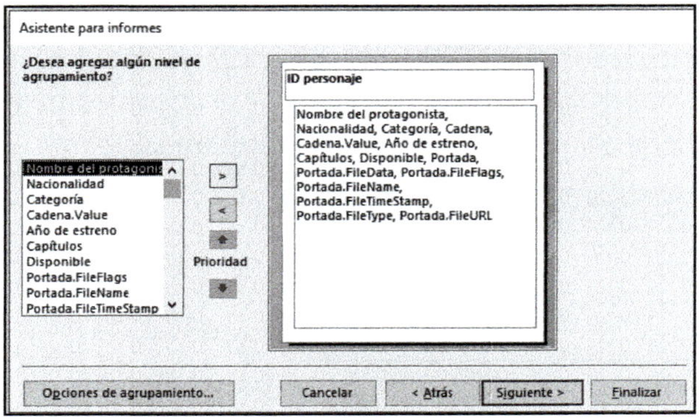

5. Pulse el botón *Siguiente* para continuar.

6. El nuevo paso del asistente nos pregunta en función de qué campo ordenaremos los registros. Tenga en cuenta que por defecto los datos aparecerán ordenados por el campo *ID personaje* en primer lugar, es decir, por el campo por el que se agrupa la información. Pulse el botón *Siguiente*.

7. Aparece una nueva ventana. En esta ventana, entre otras cosas, puede decidir la distribución de la información en el papel y su orientación. Por defecto, la orientación es vertical y la distribución, en pasos. Nuevamente, pulse el botón *Siguiente* sin realizar ningún cambio.

8. Tal y como indica el asistente, esta es toda la información necesaria para crear el informe, que, por defecto, se llamará igual que la tabla de la que toma los datos. Mantenga seleccionada la opción *Vista previa del informe* y pulse el botón *Finalizar*.

9. Aparece en pantalla el informe resultante en una vista preliminar. Observamos que el campo utilizado para agrupar los datos es el denominado ID personaje, tal y como se indicó en el asistente. Cierre la vista previa del informe pulsando el botón *Cerrar vista de impresión*.

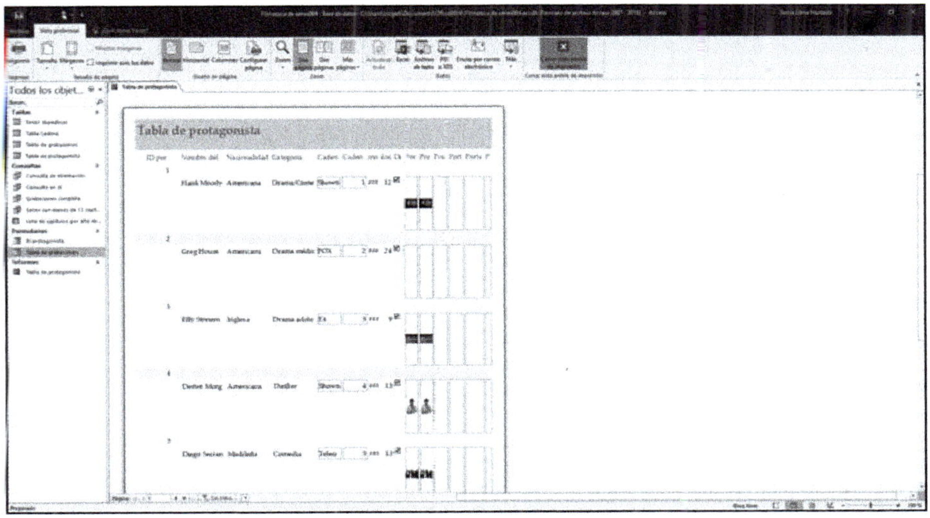

10. Para terminar con esta lección, guarde los cambios pulsando el icono *Guardar* de la *Barra de herramientas de acceso rápido*.

11. A continuación, cierre el informe desde su correspondiente botón de aspa.

PRÁCTICA

Para conocer los informes de Access 2016, genere uno de estos elementos a partir de una de las tablas creadas en su base de datos.

8.28 Crear relaciones entre tablas

Aunque este tema se ha ido tratando, y sobre todo lo hemos practicado en cierto momento, es tiempo de explicar que una de las ventajas de las bases de datos reside en la posibilidad de crear relaciones entre las tablas que la componen.

Para que los campos se relacionen tienen que ser del mismo tipo. De otro modo no podríamos crear ninguna relación entre ellos.

1. En este ejercicio aprenderá a crear una relación entre la tabla principal de nuestra base de datos, denominada *Tabla de grabaciones*, y la *Tabla de cadena*. Empecemos. Desde el *Panel de navegación*, pulse sobre la tabla *Tabla de grabaciones* para seleccionarla (no hace falta que la abra).

2. A continuación, sitúese en la pestaña *Herramientas de base de datos* de la *Cinta de opciones* pulsando sobre ella.

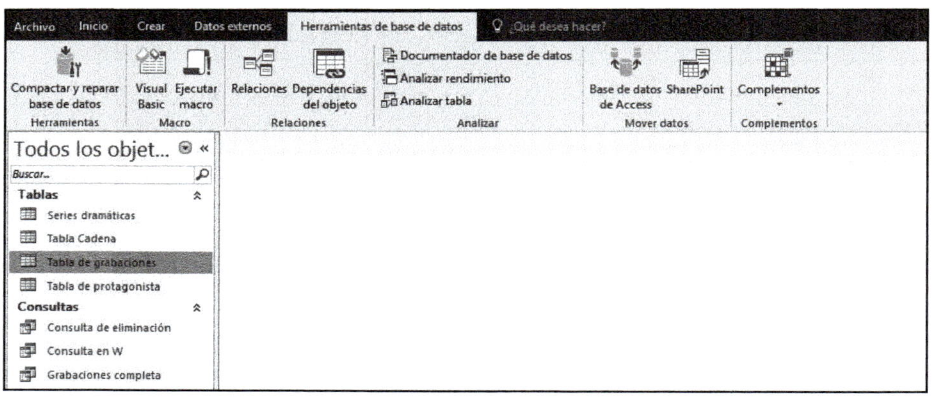

3. A continuación, pulse sobre el comando *Relaciones* en el grupo de herramientas del mismo nombre.

4. Se abre así el cuadro de diálogo *Mostrar tabla* en el cual debemos seleccionar las tablas que formarán parte de la relación. En este caso, seleccione la *Tabla de grabaciones* y pulse el botón *Agregar*.

5. Seguiremos repitiendo el mismo paso pero con la *Tabla de cadena*. Haga doble clic sobre ella en el mismo cuadro y pulse sobre el botón *Cerrar*.

6. A continuación, haga clic en el campo *ID series* de la *Tabla de grabaciones* y arrástrelo hasta el campo *Id* de la *Tabla de Cadena*.

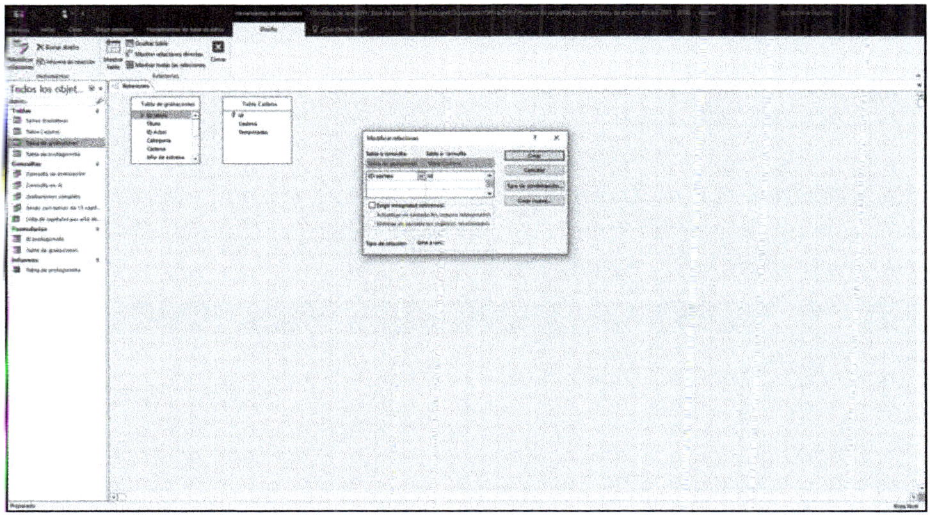

7. Al soltar el botón del ratón, aparece el cuadro de diálogo *Modificar relaciones*. Pulse el botón *Crear* para cerrar este cuadro y crear la relación.

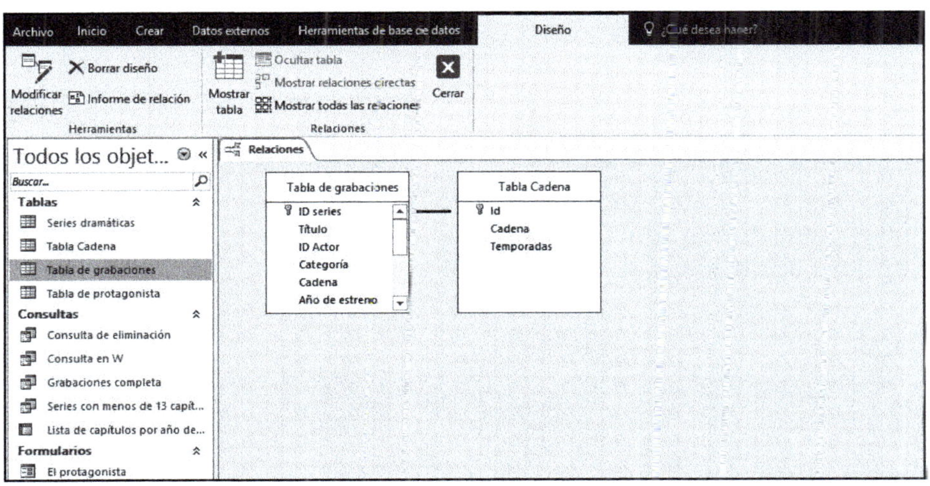

8. Aparecerá entre las dos tablas una línea que relaciona los dos campos incluidos en el proceso. En el grupo de herramientas *Relaciones*, pulse sobre el comando *Cerrar* para salir del modo de edición de estos elementos.

9. En el cuadro de diálogo que aparecerá acerca del almacenamiento del diseño de las relaciones, haga clic en *Sí* para mantener este diseño.

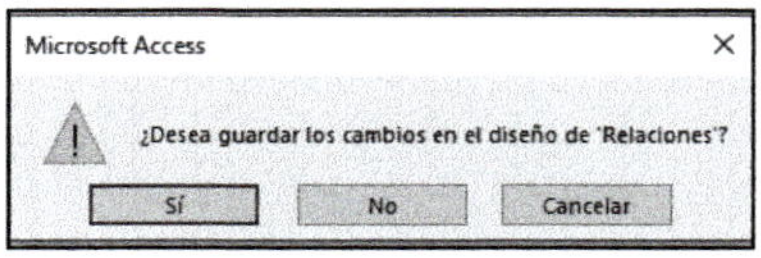

10. Para controlar en todo momento las relaciones y las dependencias entre estos objetos, haga clic sobre el comando *Dependencias del objeto*, en el grupo de herramientas *Relaciones*.

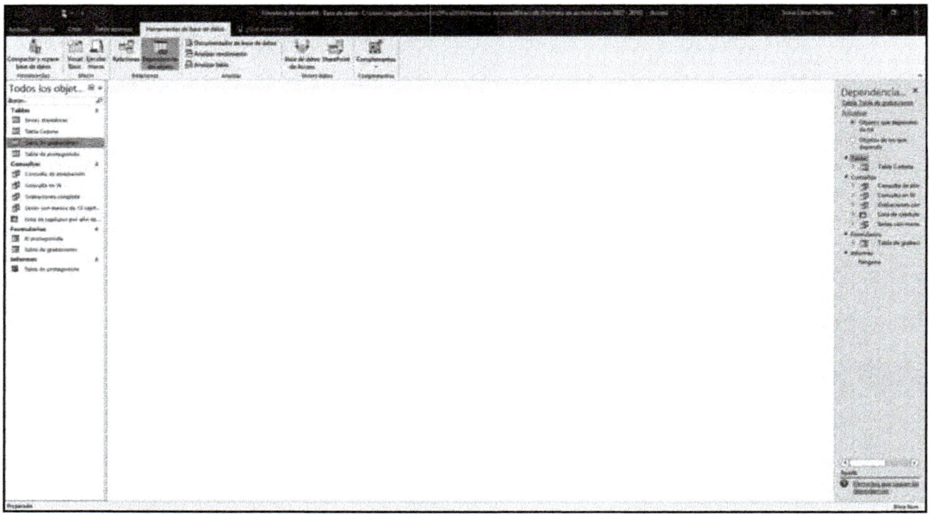

11. En el panel que se abre en la parte derecha del área de trabajo, consulte toda la información acerca de las dependencias.

PRÁCTICA

Cree una relación entre dos de las tablas existentes en su base de datos. Utilice los campos que usted desee y, cuando termine, muestre el panel Dependencias para visualizar las dependencias creadas.

8.29 Crear un informe de relación

Puede ocurrir que, una vez avanzado el proyecto de la base de datos queramos saber las relaciones que tienen las distintas tablas creadas. Para ello puede resultar aconsejable utilizar el informe de relación. En él podemos ver dichas relaciones.

Con Access 2016 podemos obtener este informe de manera automática. Listo para ser impreso.

1. Situados en el Panel de navegación, haga doble clic sobre nuestra *Tabla de grabaciones* para mostrarla en el área de trabajo de Access.

2. Oculte el Panel de navegación haciendo clic sobre la doble punta de flecha de su cabecera.

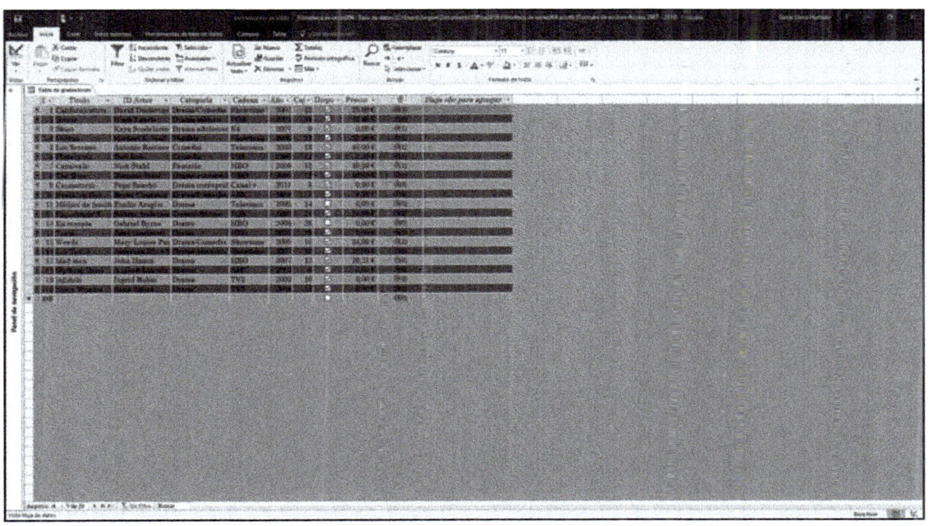

3. Como no tenemos ninguna tabla abierta en Vista Hoja de datos, utilizaremos otro procedimiento para mostrar cuáles son las relaciones existentes. Para ello, haga clic sobre la subficha *Tabla* de la ficha contextual *Herramientas de tabla*.

4. Ahora, en el grupo de herramientas *Relaciones* pulse sobre el comando del mismo nombre.

5. Se abre una nueva página en el área de trabajo, en una nueva pestaña mostrando las relaciones existentes para esta tabla. Compruebe que la Cinta de opciones también se actualiza. En el grupo *Herramientas*, haga clic sobre el comando *Informe de relación*.

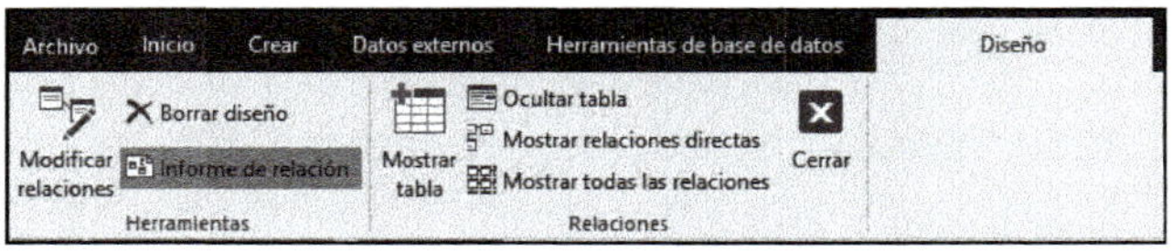

6. Fíjese en lo que ha acontecido. El programa ha creado un nuevo informe con las relaciones disponibles y lo muestra en la Vista preliminar, para imprimirlo si quisiéramos. El informe de relaciones adquiere el formato aplicado en su momento a otro informe, mostrando incluso la fecha de su creación. A continuación modificaremos un poco el documento para su impresión. En primer lugar, en el grupo de herramientas *Diseño de página*, haga clic sobre el comando *Horizontal* para cambiar la orientación de la página.

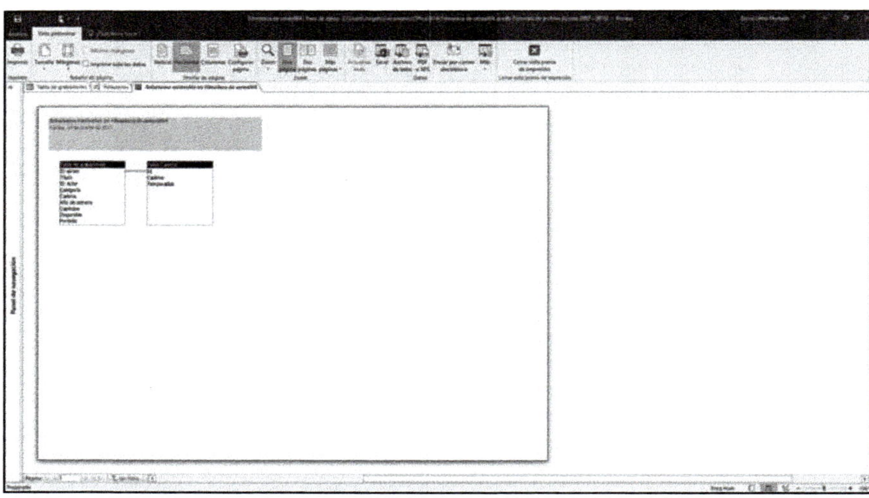

7. Proseguiremos del siguiente modo: despliegue el comando *Márgenes* del grupo de herramientas *Tamaño de página* y elija de la lista la opción *Normal*.

8. Ahora ajustaremos la página al área de trabajo para comprobar el aspecto. Para ello, despliegue el campo *Zoom* del grupo de herramientas del mismo nombre y elija la opción *Ajustar a la ventana*.

9. Una vez llegados aquí, podemos decidir si nos gusta cómo ha quedado. Pulse sobre el comando *Imprimir* y, en el cuadro de diálogo del mismo nombre, pulse sobre el botón *Aceptar*.

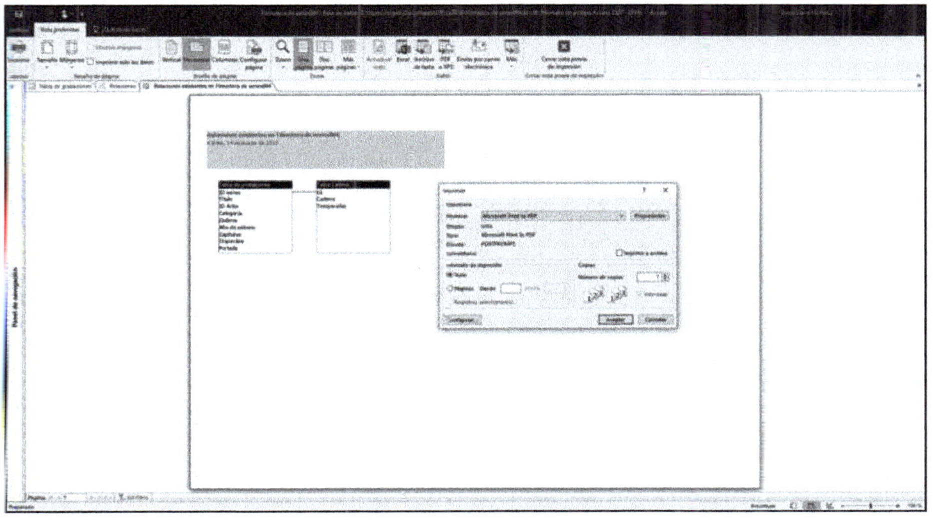

10. Pulse sobre el comando *Cerrar vista previa de impresión*.

11. El informe pasará a visualizarse en Vista Diseño. Esto le permitiría otras modificaciones en la configuración del documento. No obstante lo dicho anteriormente, en este caso, concluiremos la lección cerrando el nuevo informe guardando los cambios. Pulse sobre el botón de aspa y haga clic en el botón *Sí* del cuadro de diálogo que se abre.

12. Escriba en el cuadro *Guardar como* el término *Relaciones existentes entre tablas* y pulse el botón *Aceptar* para terminar.

PRÁCTICA

Con el objetivo de obtener una copia impresa, cree un informe de relaciones basado en las dependencias entre tablas de nuestra base de datos. Modifique algunos aspectos del diseño del informe e imprímalo. Guarde el informe con un nombre descriptivo.

8.30 Indexar campos

Para que dos tablas puedan relacionarse entre sí, es necesario que haya un campo común entre ellas. Deben tener, además, la propiedad indexada como verdadera. Esta propiedad permite que Access 2016 acceda más rápido a estos campos y, por consiguiente, a los registros que identifican. Es por ello conveniente que se utilice esta propiedad en los campos importantes.

1. En esta lección utilizaremos un par de tablas de nuestra base de datos para aprender a indexar campos. Empecemos. Muestre el Panel de navegación pulsando sobre el botón con una punta de flecha situado en su cabecera.

2. Haga clic con el botón derecho del ratón sobre la tabla *Tabla de grabaciones* y, en el menú contextual que se despliega, pulse sobre la opción *Vista Diseño*.

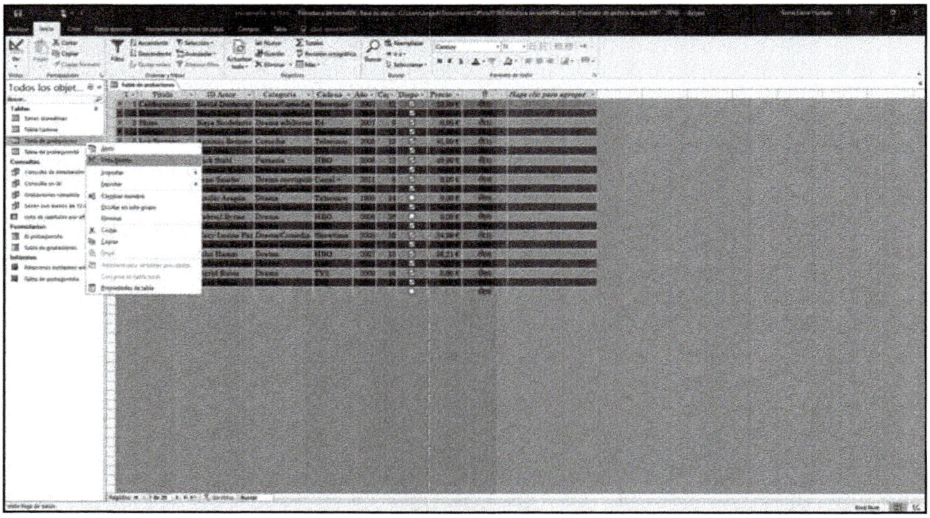

3. Indexaremos los campos desde el panel *Propiedades del campo* situado en la parte inferior del área de trabajo en esta vista. En primer lugar indexaremos el campo *ID Actor*. Pulse sobre el nombre de dicho campo y, a continuación, haga clic sobre el cuadro de texto de la propiedad *Indexado* situada en la pestaña *General*.

Texto de validación	
Requerido	Sí
Permitir longitud cero	Sí
Indexado	No
Compresión Unicode	No
Modo IME	Sin Controles

4. Una vez seleccionado este campo en el Panel de propiedades, se muestra en la parte derecha del mismo, a modo de ayuda, una descripción acerca de su funcionamiento y su finalidad en la tabla. Pulse sobre el botón de flecha que aparece en el cuadro activo y seleccione la opción *Sí (con duplicados)*.

5. Hemos optado por los duplicados para poder tener dos o más registros con valores repetidos en este campo. Si se activara la opción *Sin duplicados*, no podríamos tener dos o más registros con el mismo valor. Para concluir, también indexaremos el campo *Categoría*. Haga clic sobre el nombre de este campo en la columna *Nombre del campo*.

6. Ubique el cursor al final de la palabra *No* en el cuadro de texto de la propiedad de campo *Indexado*.

7. Terminaremos indexando el campo. Pulse sobre el botón de flecha que aparece en el cuadro activo y seleccione la opción *Sí (con duplicados)*.

8. Así de sencillo resulta indexar los campos de una tabla. Ahora, para terminar esta lección y, con ella, este libro dedicado a la suite de ofimática Office 2016, cierre la Tabla de grabaciones y en la ventana emergente que le pregunta si desea guardar los cambios, pulse sobre el botón *Sí*.

PRÁCTICA

Practique la indexación de campos en Access sobre una de las tablas de su base de datos. Desde la vista oportuna, asigne la propiedad de indexado a aquellos campos que crea conveniente y termine guardando los cambios en la tabla.